本书获暨南大学广东省高水平大学建设"华侨华人与国际问题研究"项目经费支持

编委会名单

主　　编：张振江

编　　委：（以姓氏笔画为序）

文　峰　　石沧金　　吉伟伟　　任　娜

李爱慧　　张小欣　　张振江　　陈奕平

赵子乐　　梁茂春　　潮龙起

教育部人文社会科学重点研究基地
Key Research Institute of Humanities and Social Sciences at Universities

暨南大学华侨华人研究院
Academy of Overseas Chinese Studies in Jinan University

海外侨情观察
2015—2016

Overseas Chinese Report 2015–2016

《海外侨情观察》编委会　编

暨南大学出版社
JINAN UNIVERSITY PRESS

中国·广州

图书在版编目（CIP）数据

海外侨情观察 . 2015—2016/《海外侨情观察》编委会编 . —广州：暨南大学出版社，2017.1

ISBN 978 - 7 - 5668 - 1972 - 7

Ⅰ. ①海… Ⅱ. ①海… Ⅲ. ①华侨状况—世界—2015—2016 Ⅳ. ①D634.3

中国版本图书馆 CIP 数据核字（2016）第 251858 号

海外侨情观察 2015—2016

HAIWAI QIAOQING GUANCHA 2015—2016

编　者：《海外侨情观察》编委会

出　版　人：徐义雄
责任编辑：黄圣英　杨柳婷　何镇喜　吴筱颖　牛　攀
责任校对：黄志波　李林达　周海燕
责任印制：汤慧君　周一丹

出版发行：暨南大学出版社（510630）
电　　话：总编室（8620）85221601
　　　　　营销部（8620）85225284　85228291　85228292（邮购）
传　　真：（8620）85221583（办公室）　85223774（营销部）
网　　址：http://www.jnupress.com　http://press.jnu.edu.cn
排　　版：广州市天河星辰文化发展部照排中心
印　　刷：深圳市新联美术印刷有限公司
开　　本：787mm×960mm　1/16
印　　张：22.5
字　　数：562 千
版　　次：2017 年 1 月第 1 版
印　　次：2017 年 1 月第 1 次
定　　价：68.00 元

《海外侨情观察》作者及其分工

上编　地区侨情

2015 年世界侨情：特点与趋势　　　　　　　　陈奕平　文　峰　万晓宏　石沧金
　　　　　　　　　　　　　　　　　　　　　　李皖南　彭伟步　杨万兵

东南亚地区　　　　　　　　　　　　　　　　　　　　　　　　　　任　娜
中亚地区　　　　　　　　　　　　　　　　　　　　　　　　　　　张小欣
中东地区　　　　　　　　　　　　　　　　　　　　　　　　　　　赵子乐
欧洲地区　　　　　　　　　　　　　　　　　　　　　　　　　　　文　峰
拉丁美洲地区　　　　　　　　　　　　　　　　　　　　　　　　　莫光木
非洲地区　　　　　　　　　　　　　　　　　　　　　　　赵思洋　张振江

下编　国别侨情

亚洲地区

印度尼西亚　　　　　　　　　　　　　　　　　　　　　　　　　李皖南
马来西亚　　　　　　　　　　　　　　　　　　　　　　　　　　廖小健
柬埔寨　　　　　　　　　　　　　　　　　　　　　　　　　　　许　梅
缅　甸　　　　　　　　　　　　　　　　　　　　　　　　　　　王子昌
泰　国　　　　　　　　　　　　　　　　　　　　　　　　　　　吉伟伟
菲律宾　　　　　　　　　　　　　　　　　　　　　　　　　　　代　帆
老　挝　　　　　　　　　　　　　　　　　　　　　　　　　　　张明亮
文　莱　　　　　　　　　　　　　　　　　　　　　　　代　帆　郭晓晨
日　本　　　　　　　　　　　　　　　　　　　　　　　鞠玉华　王　联
吉尔吉斯斯坦　　　　　　　　　　　　　　　　　　　　　　　　张小欣
蒙　古　　　　　　　　　　　　　　　　　　　　　　　　　　　张应进

美洲地区

美　国	李爱慧	梁焕华
加拿大	吴金平	邱小鹃
委内瑞拉	高伟浓	
智　利	莫光木	
秘　鲁	莫光木	
圭亚那	梁茂春	

非洲地区

毛里求斯	石沧金

欧洲地区

俄罗斯	程晓勇	
法　国	文　峰	
英　国	庄礼伟	
荷　兰	陈奕平	苏　朋
意大利	潮龙起	
西班牙	吉伟伟	
匈牙利	梁茂春	

大洋洲地区

澳大利亚	郭又新	
新西兰	李爱慧	张　强

序

张振江

    暨南大学被誉为"华侨最高学府","侨"字特色非常鲜明。从 1906 年创办之时招收第一批来自爪哇岛的侨生开始，历经晚清、中华民国直至中华人民共和国。伴随着 20 世纪风云激荡的世界形势和日新月异的中国巨变，暨南大学历经五次播迁、三落三起，但"侨"的使命与初心始终不改。今天的暨南大学，归属国务院侨务办公室直接领导，可谓暨南大学"侨"字特色之一；探索和实践专门针对港澳台侨生和外招生的教学管理与人才培养是暨南大学"侨"字特色之二；而围绕华侨华人的学术研究，则是暨南大学的"侨"字特色之三了。

    从 1927 年升格大学设立南洋文化事业部开始，华侨华人研究和东南亚研究就成为暨南大学的最大特色。南洋文化事业部开设涉侨课程，培养海外侨生和侨务干部，创办学术刊物，发表和出版涉侨成果，可谓国内最早系统研究东南亚和华侨华人的学术中心，催生了一批影响至今的学术巨擘，其中包括徐中舒、李长傅、姚楠、周谷城、谭其骧、陈序经等。1958 年暨南大学在广州重建后，迅疾成立东南亚研究所，恢复了华侨华人与东南亚研究；1978 年复办后，暨南大学又在国内率先成立了华侨研究所，在著名学者朱杰勤教授等一批学者的努力下，取得了一大批丰硕成果；1984 年开始招收和培养华侨史博士研究生；1996 年，"华侨华人与中外关系"研究被列入"211 工程"建设项目；2000 年，华侨华人研究院获批教育部人文社科重点研究基地，成为国内高校中从事华侨华人研究的最重要平台。

    2011 年，暨南大学整合相关优势学科和研究力量，成立了融国际关系学科和华侨华人研究为一体的国际关系学院/华侨华人研究院，投入 1 000 万元专设了华侨华人研究优势学科创新平台，把暨南大学的华侨华人研究推向了一个新的层次。2015 年，包含政治学（主要是国际政治）与世界史的"华侨华人与国际问题研究"学科组团被纳入广东省高水平大学建设；2016 年，华侨华人研究院顺利通过教育部人文社科重点研究基地评估，在社会服务和决策咨询方面进入了全国前三十名。

华侨华人是中国国际化与世界近现代进程中逐渐形成的一个社会群体，它既具有全球进程中越来越显著的跨国移民群体的普遍特征，又是近代以来中国与外部世界关系演变的一个特殊现象。无论是从庞大的人群数量和广泛的地理存在去看，还是从源远流长的中央政府侨务治理和侨务政策来说，华侨华人都是极富"中国特色"的一个研究话题，以至于很多权威学者持续呼吁应当建立"华侨华人学"。实际上，华侨华人研究需要多学科的视野和跨学科的方法，历史学、社会学、人类学、民族学、政治学、经济学、文学、新闻传播学等领域都有不少学者从事华侨华人研究，并产出一批又一批高质量的研究成果。更重要的是，随着全球化时代的到来，中华民族的伟大复兴与中国改革开放向纵深发展，越来越多的中国人走向海外，越来越多的海外华人在寻求加强和重建与中国的联结，华侨华人越来越成为和当代世界政治与经济、国际关系、中国外交相关联的一个现实问题和政策研究话题。

随着华侨华人群体在数量上的不断增加，他们的生活状况也变得更加复杂和多元化。为了及时反映这些新的变化与发展，我们从 2012 年起开始每年出版一本《世界侨情报告》（2014 年起更名为"海外侨情观察"）。本着薄古厚今的原则，我们鼓励每位研究人员注意和跟踪主要国家和地区华侨华人情况的最新变化，探讨华侨华人的热点问题，希望以此为当代华侨华人研究和侨务政策制定提供些许借鉴。无须讳言，在上述背景下，《海外侨情观察》的写作对每位作者都构成了很大的挑战。对最新侨情的了解与跟踪，仅靠案头工作是远远不够的，它需要长期、扎实和最新的田野调查，而实地的田野工作需要大量的时间、充裕的资金以及恰当的方法。不得不承认，几乎每位作者都或多或少地受制于时间、资金和方法的限制。再者，年度更新的压力也使得写作变得不易，兼顾信息的全面新颖与学术沉淀的要求亦存在相当大的困难。

当然，上述说明不是为这份报告的不足寻找借口，目的在于提醒读者这里的信息和分析只是提供了解海外侨情变化的一个视角，而不是全部。相信读者能够参阅对比，披沙拣金，共同还原和把握海外侨情的全豹。

2016 年 11 月

目　录

序 ……………………………………………………………………… 张振江　1

上编　地区侨情

2015 年世界侨情：特点与趋势 …………………………………………… 3
东南亚地区 ………………………………………………………………… 30
中亚地区 …………………………………………………………………… 38
中东地区 …………………………………………………………………… 45
欧洲地区 …………………………………………………………………… 57
拉丁美洲地区 ……………………………………………………………… 69
非洲地区 …………………………………………………………………… 80

下编　国别侨情

亚洲地区

印度尼西亚 ………………………………………………………………… 89
马来西亚 …………………………………………………………………… 101
柬埔寨 ……………………………………………………………………… 111
缅　甸 ……………………………………………………………………… 120
泰　国 ……………………………………………………………………… 132
菲律宾 ……………………………………………………………………… 140
老　挝 ……………………………………………………………………… 154
文　莱 ……………………………………………………………………… 160
日　本 ……………………………………………………………………… 170

吉尔吉斯斯坦 ·· 181

蒙　古 ·· 187

美洲地区

美　国 ··· 198

加拿大 ··· 211

委内瑞拉 ··· 219

智　利 ··· 236

圭亚那 ··· 246

非洲地区

毛里求斯 ··· 255

欧洲地区

俄罗斯 ··· 264

法　国 ··· 270

英　国 ··· 279

荷　兰 ··· 291

意大利 ··· 301

西班牙 ··· 312

匈牙利 ··· 321

大洋洲地区

澳大利亚 ··· 333

新西兰 ··· 342

上编

地区侨情

2015 年世界侨情：特点与趋势[①]

2015 年是我国"十二五"规划的收官之年和"十三五"规划的谋篇布局之年。国际政治经济形势复杂多变，世界经济下行压力加大，大国围绕国际秩序和地区热点加强博弈，"伊斯兰国"恐怖主义活动威胁人类安全，中东动荡引发的难民潮冲击欧洲社会。面对纷繁复杂的国际形势和国内改革发展的新常态，中国积极进取，全方位改善大国关系，稳固周边关系，参与全球治理，实施"一带一路"战略，进一步树立起负责任大国形象，为实现"两个一百年"的奋斗目标、实现中华民族伟大复兴的中国梦营造更加有利的国际环境。国际局势的动荡和经济不景气对世界各地的华侨华人来说，既是生存发展的压力，也是积极进取的动力。

一、世情、国情变化对海外华人社会的影响

2015 年世界政治经济局势变化和中国对内对外战略布局是影响海外华人社会的重要因素，具体体现在如下三个方面：

（一）新型大国关系的构建提升华侨华人的地位

2015 年，中国全方位改善大国关系，在稳定和改善中美关系的同时深化了中俄战略协作，与英、德、法三大欧洲国家的外交取得重要成果。习近平主席访美，对增进双方互信，推动构建中美新型大国关系，意义重大。中美双方在网络安全、气候变化、经贸领域、地区安全等问题上取得了一系列共识和务实合作成果。中欧关系是 2015 年中国外交的又一亮点，英、德、法、意等欧洲大国相继支持建立亚投行，习近平主席访英开启了中英"黄金时代"，德国总理默克尔和法国总统奥朗德接踵访华，在加强双边战略协调与加大务实合作方面均取得重要成果。[②]

华侨华人积极支持、参与中国与其他大国关系的改善，而大国关系的改善提升了当地华侨华人的地位，也为华侨华人带来实际的"福利"。习近平在西雅图出席美国侨界的欢迎招待会时，充分肯定旅美侨胞对中美两国发展及中美的友好关系所做出的独特贡献："广大旅美侨胞顽强拼搏、艰苦创业，为美国发展繁荣做出了贡献，赢得了美国人民尊重"，旅美侨胞关心祖国的前途命运，"是中美关系的参与者、建设者、推动者，在中美两

[①] 本文的撰写由陈奕平策划、组织，具体分工如下：陈奕平、文峰负责"世情、国情变化对海外华人社会的影响"和"海外新移民：融入与安全"部分，万晓宏负责"华人参政：稳步发展"部分，石沧金负责"华人社团：拓展与创新"部分，李皖南负责"华人经济：挑战与机遇"部分，彭伟步负责"海外华文媒体：坚守与突破"部分，杨万兵负责"华文教育：整合与创新"部分。陈奕平对各部分内容进行了调整和修改。

[②] 徐坚：《2015 年国际形势与中国外交》，《时事报告》2015 年第 12 期，引自中国社会科学网，http://ex. cssn. cn/zzx/201512/t20151223_2795185. shtml，2015 年 12 月 23 日。

国和两国人民间架起友谊和合作的桥梁。中美关系 30 多年发展所取得的成绩，同广大旅美侨胞的不懈努力密不可分"①。同时，习近平主席访美，双方达成的协定和共识也惠及旅美侨胞、留学生和游客。比如，中美投资协定（BIT）及中美省州经济、贸易和投资合作将会消除许多投资领域的障碍，"给希望在美进行投资的侨胞带来了更多的便利性"，"侨胞在中美双方进行的投资、合作也将会迎来更加公平的商业环境"；双方同意加强在预防腐败、查找腐败犯罪资产、交换证据、打击跨国贿赂、遣返逃犯和非法移民、禁毒和反恐等领域的务实合作，"有望扭正'海外华人'片面形象"；中美加强教育交流，将在未来多年内继续推动两国百万年轻人交流，将惠及留学生群体；中美互发十年签证政策实施近一年后，又宣布 2016 年举办"中美旅游年"，美国侨胞和中国游客将会迎来更加便利、舒心的旅程，"在美国的华人基本上可以随时买机票回国了"②。

习近平主席访英不但提升了当地华侨华人的社会地位，也为华侨华人提供了许多发展机遇。习近平受到高规格接待，让当地华侨华人感到无比自豪。《英中视界》杂志编辑杨婷说："在英华人很多，奋斗在英国各个城市和岗位。异国他乡，对家乡的思念是一样的，习近平主席来了，女王大道挂上了五星红旗，皮卡迪利广场欢迎词放出来了，让英国普通民众看到了中国的改变，华人非常激动，为自己的祖国感到骄傲，更觉得像是老家来了亲人长辈，还有一种安全感。"英国广东华侨华人联合总会会长黄亮认为，习近平访英"对英国的华人社会有里程碑式的意义"，"华人的社会地位得到明显提升，英国民众对中国的认知程度也极大提高，不仅有助于中英民众之间的文化认同，还为当地华人的社会融入加温"。中英关系开启"黄金时代"，也惠及华侨华人。英国中华总商会常务副主席杨腾波说："祖国强大，海外华侨华人是直接的受益者。尤其是最近两年，随着中英关系快速发展，越来越多来自金融、房地产、教育、生物制药、高技术、文化等多个领域的中国企业、投资人来英国投资兴业，以伦敦为企业国际化战略的桥头堡。这次习近平主席访英，将在教育、投资、文化、体育等多个领域合作签约，所以相信我们大多数侨胞都可以从中受益，更广泛、更深入地参与到中英新的历史机遇中来。"③

（二）世界经济下行的压力对世界华商既是挑战也是机遇

联合国 2015 年 12 月公布的《2016 年世界经济形势与展望》报告透露，由于宏观经济持续的不确定性、大宗商品价格走低和贸易流动减少、汇率和资本流动波动性上升、投资和生产率增长停滞、金融市场和实体经济活动之间持续脱节等原因，2015 年全球经济增长估计仅为 2.4%，比半年前预测数字下调 0.4 百分点。该报告预计 2016 年和 2017 年全球经济增长将分别为 2.9%、3.2%，其中，发达国家和新兴经济体的经济增长出现分化，前者总体向好，后者出现减速甚至衰退。2016 年，美国、欧洲和日本的经济增长预计分别为 2.6%、2%、1.3%，分别比 2015 年高出 0.2、0.1 和 0.8 百分点；而新兴经济体中，

---

① 《习近平：希望华侨华人为中美友谊大厦添砖加瓦》，新华网，http：//news. xinhuanet. com/politics/2015 - 09/24/c_1116668632. htm，2015 年 9 月 24 日。

② 《习近平访美为海内外华侨华人带来七大福利!》，中国新闻网，http：//www. chinanews. com/hr/2015/09 - 29/7549657. shtml，2015 年 9 月 29 日。

③ 《习近平访英提振华人精神 "黄金时代"开启新机遇》，中国新闻网，http：//www. chinanews. com/hr/2015/10 - 23/7585190. shtml，2015 年 10 月 23 日。

印度预计继续保持良好增长态势，中国经济增长则会下降0.4百分点，俄罗斯将出现零增长，巴西继续衰退0.8%。[①]

世界经济整体形势面临下行的压力，这必然影响世界华商事业的发展。恒通集团总裁、巴黎时尚中心总经理胡奇业就曾道出欧洲华商的真实处境："从前几年的欧债危机，到近期的欧元汇率不景气，华商在海外的生意遭受了沉重打击，事业发展也面临着困局。"[②]

当然，经济不景气的压力也是华商改革创新的动力。胡奇业认为："怎样在危机和变化中寻求经营模式的转型和思考，是所有华商面临的问题。巴黎时尚中心的建立，从'大市场'迈进'大商场'，是华商转型升级的重要标志。"[③] 华商的转型不但转"危"为"机"，渡过经济困难，也为当地社会增添经济活力，创造就业机会。同时，"一带一路"战略的实施更为华商带来前所未有的机遇。一方面，华商是"一带一路"建设的重要参与者和"天然桥梁"；另一方面，"一带一路"战略为华商事业的发展和转型升级提供了大舞台和广阔的发展空间。（详见"华人经济：挑战与机遇"部分）

（三）地区形势动荡影响华侨华人的生存和安全

2015年，国际形势总体平稳，但地区热点不断。"乌克兰问题没解决，中东问题又在持续升温，土耳其击落俄罗斯战机事件，更加剧了地区局势的复杂化；中东乱象使难民大量涌入欧洲，危机从边缘向核心地区蔓延，伊斯兰国的影响渗入欧洲；朝鲜半岛的局势依然很不稳定，伊朗核协议的达成并没有帮助解决朝鲜核问题，南海问题由于域外国家的介入而升温。"[④]

中东局势的动荡促发难民潮，大批难民涌入欧洲。国际移民组织公布的统计数字表明，2015年来自中东、经由地中海和陆路前往欧洲寻求庇护的难民和移民总数超过100万。对欧盟而言，新的难民潮是自20世纪60年代初以来又一次巨大的挑战，不仅仅是安全挑战，甚至导致西方社会内部出现所谓的"文明冲突"。[⑤] 为缓解难民带来的压力，一直持开放态度的德国也不得不收紧政策。德国执政联盟先后于2015年10月和2016年1月就两套难民问题的一揽子计划达成一致，决定采取一系列措施减少去德难民，包括加强边境检查、加快遣返不符合条件的难民、提高难民家庭团聚门槛、对在德犯罪的外国人实行

① 《联合国报告预计未来两年全球经济只有缓慢改善》，中华人民共和国商务部网站，http://www.mofcom.gov.cn/article/i/jyjl/k/201512/20151201209043.shtml，2015年12月12日。

② 《欧洲华商多元化"抱团"发展成当地经济复苏利好》，中国新闻网，http://www.chinanews.com/hr/2015/11-11/7617128.shtml，2015年11月11日。

③ 《欧洲华商多元化"抱团"发展成当地经济复苏利好》，中国新闻网，http://www.chinanews.com/hr/2015/11-11/7617128.shtml，2015年11月11日。

④ 左凤荣、赵柯：《2015年国际形势回顾与2016年展望》，《学习时报》，http://www.qstheory.cn/zhuanqu/bkjx/2016-01/02/c_1117647281.htm，2016年1月2日。

⑤ 德国柏林自由大学政治学系教授、全球政治中心主任Klaus Segbers于2016年3月14日在暨南大学国际关系学院/华侨华人研究院举行题为"当前挑战：欧盟危机"的讲座，其中提到当前欧洲移民的新特点：多为非正常移民；来自伊斯兰等不同的文化环境；不愿或难以融入。他认为"移民问题至关重要的挑战不是恐怖主义（尽管也存在），而是西方国家内部的文明冲突"。

更严厉的处罚等。① 2016 年 2 月 3 日，芬兰总统邵利·尼尼斯特在议会发表讲话，表示欧洲已无法继续承受失控的难民潮：“对那些有人身危险或受到迫害的人，我们应该提供帮助，但是我们不能帮助那些只是为了寻求更好生活或是感觉自己的国家面临困境的人们。”他表示，一旦突破了自身承受难民涌入的能力，欧洲的价值体系将会面临坍塌的危险。②

中东难民潮冲击欧洲，间接影响到当地的华侨华人。首先，难民潮和恐袭事件加剧了欧洲政治力量分化，右翼势力快速崛起，排外主义情绪增长，社会裂痕加深。在欧洲许多城市，难民融合问题拉大了社会鸿沟，族群之间的“新铁幕”正在扩展，不利于华侨华人融入社会。其次，难民潮给欧洲社会安全带来严重冲击，犯罪率大幅上升，华侨华人受牵连，生命财产屡遭侵害。在意大利、西班牙、法国等地不断曝出相关事件。而由于中餐馆、华人批发店铺现金交易较多，盗窃抢劫案更是不在少数。据意大利检察机关通报，2014 年普拉托平均每套华人住宅被盗次数约为 1.66 次。③ 再次，难民危机促使欧盟和成员国重新审视移民治理问题，加强边界控制，收紧难民政策，排斥低技术移民，打击非法移民，调整投资移民和技术移民，对华人移民产生深远影响。例如，英国 2016 年 T2 普通类工作签证新增 5 个短缺工作职位，分别是产品经理、数据研究员、高级开发者、网络安全专家以及护士④，对部分留学生毕业后留居英国是利好，但华人餐饮业一直期待的中餐厨师未能列入，对中餐业发展势必不利。此外，难民潮带来巨大的就业冲击，非法雇佣问题日趋严峻，各国政府打击力度不断增强，使得部分依赖非正常移民的华人企业人力成本上升，难以为继。

二、华人参政：稳步发展

2015 年世界海外华人参政继续稳步发展，已经形成五大力量中心，他们分别是北美的美国和加拿大、东南亚的马来西亚、大洋洲的澳大利亚和欧洲的英国，其他地区的华人参政也在不断发展壮大，有力地维护和增进了当地华人的合法权益，提升了他们在居住国的社会政治地位和影响，将对居住国与中国的关系发挥重要的促进作用。

（一）五大华人参政中心的重大进展

在美国，虽然 2015 年不是总统大选年，也不是中期选举年，但仍有一些州举行地方选举，华人参政取得了重大进展。比如，在 3 月 3 日举行的南加州地方选举中，有 11 位华裔参选市议员和小区学院理事等职位，结果有 6 位胜出；在 11 月 3 日举行的地方选举中，旧金山市华裔市长李孟贤（Edwin Lee）顺利实现连任，11 位华裔候选人在南加州地方选举中胜出；在美东新英格兰地区的地方选举中，共有 6 名华裔参选，结果有 4 人当

① 《国际观察：难民潮汹涌 欧洲大门关是不关》，新华网，http：//news. xinhuanet. com/2016 – 02/03/c_1117985112. htm，2016 年 2 月 3 日。
② 《芬兰总统说欧洲已无法承受失控的难民潮》，新华网，http：//news. xinhuanet. com/world/2016 – 02/04/c_128700261. htm，2016 年 2 月 4 日。
③ 《普拉托治安恶化逼近华人容忍底线》，中国新闻网，http：//www. chinanews. com/hr/2015/02 – 05/7037315. shtml，2015 年 2 月 5 日。
④ 《英国新移民政策正式生效 难惠及大部分华人》，凤凰网，http：//news. ifeng. com/a/20151124/46369705_0. shtml，2015 年 11 月 24 日。

选。此外，还有一批华人精英被推举或委任为市长、法官和大学校长等公职。

在加拿大，2015年是联邦大选年，华人参政再创辉煌。10月19日的联邦选举结果显示，有6名华人精英当选为联邦国会议员。其中谭耕来自湖南省，曾在多伦多大学留学，是第一个进入加拿大国会的中国大陆新移民。此外，在地方各级选举和委任政治中，华人精英的表现也很出色：李灿明（Richard T. Lee）获委任为不列颠哥伦比亚省议会副议长，成为有史以来首位担任此职的华人精英；邓凯尧（Thomas Dang）和姚谭力（Tany Yao）当选为省议员。①

在马来西亚，马华公会（Malaysian Chinese Association）在2015年4月举行的国会议员补选中，积极动员华人选民参加投票，使执政党国民阵线在华裔选民中获得的选票增加了15%，在选举中发挥关键作用；马华总秘书黄家泉（Ong Ka Chuan）被委任为第二贸易及工业部部长，马青总团长张盛闻被委任为教育部副部长，于是现政府有3位华人部长和4位华人副部长。

在澳大利亚，新南威尔士州2015年3月28日大选中，华人参政取得历史性突破：共有8位华裔候选人代表不同政党参加竞选，参选人数创历史新高；华裔梁珍妮（Jenny Leong）代表绿党在新城（Newtown）选区击败工党候选人，成功当选为下议员，是新南威尔士州历史上首位华裔下议员。

在英国，华人精英于2015年5月8日的大选中创造了两项纪录：其一，有11位华裔候选人代表保守党、工党、自民党和绿党参加大选，其人数之多，创下历史纪录；其二，来自中国香港的第二代华裔麦大粒（Alan Mak）当选为国会下议院议员，是英国国会首位华裔国会议员，这是英国华人参政的里程碑。

除了上述选举政治中的成绩外，海外华侨华人也积极参与游行、示威、上诉、请愿等非选举政治。比如，在美国"费希尔诉得克萨斯大学"一案中，有160多个亚裔团体和华人团体，以及53名个人于2015年11月2日向最高法院提交意见书，呼吁最高法院维护得克萨斯大学的平权法案。关于纽约华裔警察梁彼得（Peter Liang）在执行任务时误杀黑人青年格利（Akai Gurley）一案，梁彼得于2016年2月20日被控二级过失杀人等5项罪名，面临最高15年刑期，而多名白人警察涉嫌故意杀害黑人却都被免予起诉。面对这样的司法不公，美国华人社团和民众举行多次游行示威和抗议，要求给予梁彼得公平审判。在马来西亚，马华公会领导华人民众坚决反对在茨厂街（Petaling Street）、武吉免登（Bukit Bintang）一带唐人街中心地区举行所谓的"916大集会"，批评该集会带有浓厚的种族情绪和偏见，同时呼吁华人社团保持冷静，捍卫多元执政理念。② 在法国，2015年是法国华侨华人维权史上具有特殊意义的一年，华人社团组织了多次"反暴力、要安全"大游行，受到法国政府的高度重视。法国总理瓦尔斯不但亲笔回信给法国华侨华人会执行主席王加清（Jiaqing Wong），对华人的安全问题表达了关切，还责成内政部官员接见了王加清等代

---

① 《加拿大亚省选变天　新民主党两华裔当选省议员》，中国侨网，http：//www.chinaqw.com/hqhr/2015/05－08/48654.shtml，2015年5月8日。

② 《充满种族情绪和偏见　马华公会反对916马来人集会》，中国侨网，http：//www.chinaqw.com/hqhr/2015/09－09/63553.shtml，2015年9月9日。

表，并成立"华人安全专门小组"与华界对接。①

（二） 海外华人参政的主要特点

总体观察，2015 年世界海外华人参政有以下几个方面的主要特点：

第一，海外华人参政已经形成五大力量中心，但实力分布并不均衡。其中，美国、加拿大、马来西亚和澳大利亚四个国家的华人参政已经逐步走向成熟，成为当地华人日常生活的一个重要组成部分；英国华人参政虽然最近五年才开始快速崛起，但产生的政治影响深远，尤其是对其他欧洲国家的华人参政来说，既是榜样，也是激励。

第二，海外华人参政的热潮正在向各国不同地域蔓延，形成新的华人参政中心。例如，在美国，随着华人人口的快速增长，分布越来越均衡，华人参政不只集中在西岸的加州和东岸的纽约，在麻州的大波士顿地区、伊利诺依州的大芝加哥地区、靠近华盛顿特区的马里兰州，华人参政也在快速发展和壮大，逐步形成新的华人参政中心；在加拿大，华人参政的重心原来主要集中在东部的大多伦多地区和西部的大温哥华地区，现在正在向中部的阿尔伯塔、曼尼托巴、萨斯喀彻温和周边省份扩展。

第三，海外华人的政党政治参与愈加活跃，加入居住国主流政党参政和组建华人政党参政相结合，充分展现了海外华人政党认同的多元化趋势，丰富了当地社会的政党政治的发展。例如，在美国、加拿大、澳大利亚、英国等发达资本主义国家，由于政治制度原因，华人政党难以生存，加入主流政党是华人参政的捷径，而在马来西亚等国，由于华人人口占当地总人口近 1/4，组建华人政党参政能更好地维护当地华人的合法权益。

第四，华人社团长期从事选民教育和选举动员，在海外华人参政过程中发挥着关键的助推作用。海外华人精英要参政成功，必须得到当地华人社团在资金和选票上的大力支持与协助。例如 80/20 促进会、华人选民教育联盟等各种美国华人参政团体、宗亲团体、地域团体和新移民团体，加拿大的平权会和全加华人联合会，英国的华人参政计划，马来西亚的马华公会等，都在当地华人参政过程中发挥着重要的推动作用。

第五，华裔第二代精英和新移民精英齐头并进，积极参选各级政府公职；华人选票越来越受到居住国各大政党及其候选人的重视，开始在各级选举中发挥重要作用，尤其在华人人口集中的选区发挥关键性作用。每当进入选举季节，各级政客，无论肤色和族裔，都齐聚华埠筹款拉票，向华人社区做出各种承诺，甚至有些政客为了吸引华人的选票支持，学习用中文演讲，取中文名字，用中文做广告文宣，以拉近与华人选民的距离。

（三） 海外华人参政的不足与经验

虽然 2015 年世界海外华人参政取得了骄人的成绩，在很多国家还出现了历史性突破，但总体来看，海外华人参政还存在一些不足与隐忧，值得华人社区关注。

第一，参政包括参与选举政治和非选举政治，但海外华人参政仅在一些国家能够把两者相结合，在大多数国家只是偶尔参与选举政治，从不或者只是偶尔参与非选举政治，这都是不够的。选举政治包括参与竞选各级政府公职、参加选举登记和投票、争取各种政治

---

① 《法国华人安全问题堪忧　法总理亲笔信回应华人关切》，中国侨网，http：//www.chinaqw.com/hqhr/2015/06－30/55101.shtml，2015 年 6 月 30 日。

委任、提供政治捐款、为支持的候选人助选等，非选举政治包括参加游行、示威、请愿、上诉等。希望未来海外华人在居住国参政时，能够把这两种方式熟练地结合起来，更好地维护和增进他们的合法权益，提升他们的社会地位和政治影响力。

第二，海外华人精英参选人数多，增长速度快，但普通华人公民的政治参与意识仍然不强，选举登记率和投票率仍然太低，大多数人对政治仍然持冷漠态度。例如，在2015年的美国南加州地方选举中，虽然总体投票率不高，只有15%，但华人选民的投票率更低，仅为1%；另据调查，马来西亚华人对当公务员不热衷，报考者比例不到0.5%，更何况参政议政，这直接导致他们的自身权益受损。未来华人社区需要进一步加强选民教育和动员，提高他们的参政意识和觉悟，鼓励更多华人参与投票，特别是与自己生活息息相关的地方选举。一个投票率高而且团结的社区，才更能引起民选官员的注意。

第三，海外华人参政人才严重缺乏是未来海外华人参政继续发展壮大的主要瓶颈，未来华人社区应加大参政人才培养力度，从青少年抓起，为将来做准备。例如，在2015年的加拿大联邦大选中，华裔候选人主要集中在安大略省和不列颠哥伦比亚省，在人口大省阿尔伯塔有62个国会议员席位，但没有一位华裔候选人。此次大选有25名华人精英参选，只有6人当选，而2011年大选只有17人参选，但有7人当选。加拿大华裔人口现已超过160万，占加拿大人口的4.5%，在新一届国会中应该取得15个席位，说明未来还有很大的发展潜力，需要更多的华人参政人才。

第四，通过加入或组建政党参与政治是海外华人参政的重要路径，但有些国家的华人政党老化，没有随着社区的发展变化革新转型。把华裔民众紧密团结在自己的周围，需要尽快调整适应，保持对华人民众的吸引力。例如，马华公会过去一直是马来西亚最大的华人政党，但现在认同并支持该党的华人越来越少，如何重建与华社之间的相互信任是该党面临的最大困难。另外，海外华人通过加入各国主流政党参政和自己组建政党参政没有优劣之分，应因地制宜，选择适当的参政方式。针对华人精英经常代表不同政党在同一选区对决，应加强彼此之间的协调。

第五，华人社团在团结海外华人参政中的领导和表率作用尚未得到充分发挥，希望未来能进一步加强。选民教育和动员应成为华人社团的日常工作，而不只是选举期间的事。同时，华人社团也应加强与其他族裔团体的联系与合作，大胆尝试组建跨族裔参政团体，或基于共同利益与其他族裔在具体议题上结成联盟或通力合作，尤其是加强与其他亚裔团体的联盟与合作，共同参与当地政治，维护各少数族裔的合法权益。华人精英在选举中相互拆台的现象时有发生，有损华人社区的团结氛围，华人社团可充分发挥沟通与协调作用，推举胜算较大的候选人，尽量避免"同室操戈"。

展望未来，随着海外华人人口的快速增长，社会经济地位的进一步提升，以及他们参政议政意识的觉醒和提高，他们在居住国的参政前景十分广阔。

三、华人经济：挑战与机遇

如前所述，全球经济增长虽然有所恢复，但面临经济下行的巨大压力。全球经济的变动势必影响华人经济的发展，可以说既是挑战，也是机遇。总体来看，当前华人经济规模在增加，但在地区特征和行业特征上体现了不平衡。

（一）华人经济发展特点

1. 华人经济发展的规模特征

2007—2009 年，中国新闻社课题组连续三年在网络上公开发表《世界华商发展报告》，以华商上市公司市值为基础，假定华商企业的总资产和营业额可达到所在国家或地区同类企业综合的 75% 左右，对世界华商总体规模进行了估计，认为 2009 年全球华商资产达到 3.9 万亿美元，而当年世界 GDP 总额为 59.7 万亿美元，即全球华商资产占全球 GDP 的 6.5%。

如果沿用中国新闻社的这一假设和估计，假设华人经济与世界经济增长同步，那么可以粗略地估计世界华商的总资产。2014 年和 2015 年的全球 GDP 分别为 77.87 万亿美元、80.3 万亿美元，如果全球华商资产占全球 GDP 依然可以达到 6.5%，那么全球华商资产 2014 年和 2015 年分别可以粗略地估计为 5.1 万亿美元、5.2 万亿美元。当然，这种估计只是一种预估。

可以确定的是，随着世界经济的复苏，华人经济规模也获得了增长，这从福布斯每年公布的华人富豪榜中可以明显看出。如根据福布斯数据，2015 年全球亿万富豪中，新上榜人数为 181，其中逾四成是华人富豪；370 位华人富豪净资产总额高达 11 519 亿美元，在全球亿万富豪总人数中的比重也首次超过了 20%。

2. 华人经济发展的地区特征

华人经济发展在地区分布上一直呈现不均衡发展，其中华商富豪主要集中在中国大陆、中国港台、东南亚地区，而其他地区的华人富豪则相对较少。根据福布斯"全球华人富豪榜"数据，2014 年共有 290 位华人上榜，其中，大陆华商占 52%，香港华商占 15%，台湾华商占 10%。2015 年华人富豪榜人数比 2014 年多 80 人，为 370 人，其中，213 位华人富豪来自大陆，占 2015 年总上榜人数的 57.6%；来自香港、台湾的富豪各占 8.9%。

表 1 详细列明了 2013—2015 年福布斯华人富豪榜前 100 强中的华人国别/地区分布，从中可以看出，2015 年在华人富豪榜前 100 强，中国总共占了 72 人（其中大陆 45 人，香港 18 人，台湾 9 人），东南亚地区 21 人（新加坡、马来西亚、菲律宾各 5 人，泰国 4 人，印度尼西亚 2 人），美国 7 人，加拿大和法国各 1 人。而且，表 1 还显示了最近三年华人富豪榜的趋势变化，最明显的就是中国香港上榜的华人数量呈下降趋势，这与香港近几年因"占中"事件所带来香港营商环境变化、经济竞争力下降有关。而中国大陆由于经济稳健增长，上榜的华人富豪数量保持增加。

虽然相对于世界其他地区，欧洲经济不景气，欧洲华人经济实力相对较小，进入福布斯华人富豪榜前 100 强的企业也少，但是近几年来，欧洲华商利用中欧关系良好发展的机遇，积极转型创新，令欧洲华人经济充满活力。

表 1　福布斯华人富豪榜前 100 强国别/地区分布

（单位：人/亿美元）

国别/地区	2013 年	2014 年	2015 年
中国大陆	43	42	45
中国香港	23	22	18
中国台湾	10	9	9
新加坡	4	4	5
马来西亚	5	5	5
泰国	2	3	4
印度尼西亚	3	4	2
菲律宾	4	4	5
美国	6	7	7
加拿大	0	1	1
法国	0	0	1
奥地利	0	1	0
数量合计	100	102	102
资产合计	5 146	6 059	7 247

数据来源：根据福布斯"全球华人富豪榜"2013 年、2014 年、2015 年的数据整理。

3. 华人经济发展的行业特征

历史上，华人经济一直集中在唐人街的中餐馆小规模经营。但在全球化时代，华人经济也实现了转型升级，行业分布多元化，高科技化。根据胡润全球华人富豪榜，2015 年华人经济行业分布如下：房地产是上榜港澳台及海外华人富豪最主要的财富来源，占 24%；其次是制造业，占 16%；IT 与食品饮料业各占 9%，并列第三；金融与投资占 8%，排名第四。房地产和制造业占主导地位与大陆富豪相似，而港澳台及海外华人富豪从事食品饮料业的比例是大陆富豪的近 3 倍；从事物流行业的比例也是大陆富豪的近 2 倍。①

而根据福布斯的华人富豪榜，2015 年华人在房地产行业依旧牢牢占据着第一的位置，超过 20% 的华人富豪涉足房地产行业。其次是零售、制药与生物科技、多元金融、食品饮料、半导体与半导体生产设备、软件及互联网等，如表 2 所示。不过，随着大陆房地产市场进入调整期，楼市行情不断下探，房地产行业也面临转型，这对华商今后的行业布局提出了挑战。

---

① 《2015 年胡润全球华人富豪榜出炉》，欧华时报网，http：//www.kjcity.com/news_425901.html，2015 年 8 月 20 日。

表 2　2015 年华人富豪榜前十大行业分布

行业	富豪人数
房地产	80
零售	25
制药与生物科技	24
多元金融	24
食品饮料	18
半导体与半导体生产设备	18
软件及互联网	15
电气部件与设备	15
耐用消费品与服装	13
原材料	13

数据来源：《2015 福布斯华人富豪榜公布　房地产依旧排名第一》，中国青年网，http：//news. youth. cn/gn/201504/t2015042 1_6590862. htm，2015 年 4 月 21 日。

2015 年，被业界称为"跨境电商元年"，欧洲一些华商积极参与跨境电商竞争，被认为是"在欧华商的主要转型方向"。[①] 比如，欧洲华商理事会理事长、37VIP 华人生意公司董事长刘若进打造的 37 速运（37 Express）开业；法华工商联合会名誉会长黄学铭代理的法国品牌进驻京东全球购；法国华商参股的"唯品会"（VIP. com）已经成为国内发展最快的跨境电商；华商陆晓峰收购的法国品牌也入驻了"唯品会"。华商的转型不但转"危"为"机"，渡过经济困难，也为当地社会增添经济活力，创造就业机会。西班牙《世界报》报道，在西班牙经济危机期间，有 50% 的新开店铺、待租店铺都与中国人有关；巴塞罗那 80% 的店面转让、转租行为来自中国人。[②] 华商的积极努力得到了当地政府和民众的好评，这在一定程度上提升了华人形象。

（二）华人经济发展的动力与机遇

华人经济的发展离不开全球经济发展的大环境，更离不开中国经济发展的引擎。随着世界经济中心向亚太地区转移，华商网络也呈现出新的发展机制。回顾过去，展望未来，华人经济发展动力依然十足，机遇前景看好。

1. 中国经济稳健增长是华人经济发展的强大动力

在国际金融危机发生后的数年里，当世界经济深入危机困扰，国际贸易增速下降之际，中国经济保持一枝独秀发展，成为世界经济发展增长点。"十二五"期间，中国 GDP 年均增长 7.8%，经济总量稳居世界第二位，是全球第一货物贸易大国和主要对外投资大

[①] 《2015 年华商转型之战：法国华人电商"跨境"的曙光》，欧华时报网，http：//www. oushinet. com/news/qs/qsnews/20151221/215816. html，2015 年 12 月 21 日。

[②] 《欧洲华商多元化"抱团"发展成当地经济复苏利好》，中国新闻网，http：//www. chinanews. com/hr/2015/11 -11/7617128. shtml，2015 年 11 月 11 日。

国；此外，中国经济结构调整取得标志性进展，服务业成为第一大产业，2015 年首次占据半壁江山，占 GDP 比重达到 50.5%；工业化与信息化融合加深，高技术产业和装备制造业增速快于一般工业；消费对经济增长的贡献率达到 66.4%，成为支撑经济增长的主要力量。在"十三五"规划中，中国经济年均增长保持在 6.5% 以上，到 2020 年，中国经济总量将超过 90 万亿元，先进制造业、现代服务业、战略性新兴产业比重大幅提升，全员劳动生产率从人均 8.7 万元提高到 12 万元。2016 年，预计中国 GDP 将增长 6.5% ~7%，居民消费价格涨幅 3% 左右，城镇新增就业 1 000 万人以上，城镇登记失业率 4.5%以内，进出口回稳向好，国际收支基本平衡，居民收入增长和经济增长基本同步。[①]

在中国改革开放的 30 多年里，海外华商对中国经济发展做出了巨大贡献，如今中国经济稳健增长，让海外华人备受鼓舞；中国快速发展和巨大的市场吸引着海外华商的目光，为海外华商和华人经济发展提供强大动力。居住在日本大阪的海外华文传媒协会主席、中日新报社长刘成认为："海外华人看到了中国从小康到大国崛起，整个过渡的蓝图，非常振奋。"加拿大华商发展基金会共同主席庞燕认为：过去几年，中国各级政府重拳出击治理大气污染，通过努力取得了成效，但是在全面建成小康社会的决胜阶段，中国政府减排的目标非常清晰，环境治理的每一步大家看得见。[②] 中国经济发展和环境变化带来了新的投资商机，吸引了华商高科技人才。已经移民美国 30 余年的美国美东华人社团联合总会主席梁冠军将其投资业务重心逐渐向中国转移，在中国的房地产、矿产、教育等领域都有大手笔投资。根据《国际人才蓝皮书：海外华侨华人专业人士报告（2014）》，中国从 21 世纪初开始成为世界最主要的"人才回流"接纳国，在回流的人才中，不少人就是华商。[③]

2. "一带一路"战略的推进为华人经济发展提供新机遇

2015 年 3 月，中国政府特制定并发布《推动共建丝绸之路经济带和 21 世纪海上丝绸之路的愿景与行动》，清晰勾勒出"一带一路"建设的路线图，旨在促进沿线国家之间的互利合作，共同打造命运共同体。"一带一路"战略的推进为华人经济发展提供了新的机遇。

一方面，华商是"一带一路"建设的重要参与者和"天然桥梁"。"一带一路"沿线国家华商拥有广泛的商贸网络、资金与人脉优势，既熟悉住在国的政策法规、文化环境与风土人情，又与祖（籍）国乡亲血脉相通、同种同源，是连接中国与"一带一路"沿线国家的"天然桥梁"和纽带。他们有助于中国企业、商品"走出去"，实现中国与丝绸之路沿线国家的合作互利，不断夯实"一带一路"建设的基础。另一方面，"一带一路"战略为华商的发展和转型升级提供了大舞台和广阔的发展空间。总部设在北京的世界华商国际企业管理中心负责人沈海源就认为："早期的华商是'引进来'的代表、先行者，为中国经济发展做出了突出的贡献；现在要'走出去'就更要做好引路人。老一辈的华商已经

① 李克强：《2016 年政府工作报告》，新华网，http：//news. xinhuanet. com/fortune/2016 - 03 - 05/c_128775704. htm，2016 年 3 月 5 日。

② 《海外华人热议：中国经济稳健发展鼓舞人心》，网易，http：//gov. 163. com/16/0308/10/BHKM5JNK00234III. html，2016 年 3 月 8 日。

③ 《海外华商拥抱"中国机遇"》，凤凰网，http：//news. ifeng. com/a/20160203/47340010_0. shtml，2016 年 2 月 3 日。

遍布世界各地，他们了解当地的政治、经济、文化、风俗、民情。新一代国内优秀的华商代表，敢于创新，有技术、有实力、有能力，他们是新经济体系下的探路者。一带一路为世界华商带来了机遇，只要新老华商抱团前行，有目标、有指导，会沟通，知市场，未来不可限量。"①

中国政府目前正积极推动海外华商与"一带一路"建设的对接，探索让海外华商广泛参与"一带一路"的有效途径。全国政协常委、国务院侨办主任裘援平在 2016 年全国"两会"期间指出，可以从三个层次来探讨华商的参与：一是鼓励华商参与"一带一路"的道路建设，如泰国华商谢国民及其领导的正大集团参与泰国的高铁建设；二是鼓励华商用他们的产业与"一带一路"产业对接，如参与沿线的港口、城市以及工业园区的建设；三是鼓励那些主要从事国际贸易的华商、侨商与中国企业搭建跨境电商联盟。②

华商自身也在积极尝试与"一带一路"建设对接。前面提及的世界华商国际企业管理中心就正在积极组织各国华商参与"一带一路"战略实施与建设之中，拟开展的工作包括："与海外沿线国家政府沟通，建立华商与外商的合作桥梁，汇聚交流、分享经验，建设互为平台、互为市场、互为支点、互为通道、互为依靠的合作交流格局；积极加强交通对接、节会对接、贸易对接、运营对接，以发展混合经济等模式，引导企业在项目、技术、人才管理方面的合作。"③

3. 华商网络机制扩大为华人经济发展搭建广阔平台

早在 1991 年，东南亚华商开始主办"世界华商大会"，并以新加坡中华总商会、泰国中华总商会以及香港中华总商会为联络站，至今一共举办了 13 届，第 13 届"世界华商大会"于 2015 年 9 月在印度尼西亚巴厘岛召开。世界华商大会为世界华商提供了国际大会的平台，促进相互了解及建立华商网络。

然而，随着中国经济的发展和华商对中国机遇的关注，原有的"世界华商大会"难以满足广大海外华商的要求。所以，2015 年 7 月 6 日，为了引导海外华人、华商更好地助力"一带一路"战略，由国务院侨务办公室和中国海外交流协会主办的首届"世界华侨华人工商大会"在北京召开，来自世界 79 个国家和地区，代表 211 个工商社团和专业协会的海外华商和商会领袖共 300 余人参会。大会以"携手全球华商，同圆中华梦想"为主题，旨在促进全球侨商和侨商组织及专业人士对中国发展现状与前景的了解，引导海外侨胞积极参与中国现代化建设，促进中外各领域交流合作，参与"一带一路"建设等国家重大发展战略，共享中国发展机遇产生的积极影响。国务院总理李克强在会见出席首届"世界华侨华人工商大会"的全体代表时对华侨华人提出三个希望：一是当好促进中国经济转型发展的"生力军"；二是架起中外经济合作共赢的"彩虹桥"，为推进"一带一路"建设等发挥积极作用；三是打造华商在世界上的"新形象"，发扬中华民族传统美德，与居住国

① 《世界华商：践行一带一路 改变经济格局》，中华网，http：//news. china. com/zh_cn/domesticgd/10000159/20151228/21025046. html，2015 年 12 月 28 日。

② 《全国政协常委、国务院侨办主任裘援平接受中国国际广播电台专访》，国际在线，http：//gb. cri. cn/1321/2016/03/11/5452s5216682. htm，2016 年 3 月 11 日。

③ 《世界华商：践行一带一路 改变经济格局》，中华网，http：//news. china. com/zh_cn/domesticgd/10000159/20151228/21025046. html，2015 年 12 月 28 日。

人民和睦相处，诚信守法经营，承担社会责任。①

"世界华侨华人工商大会"是由中国官方主导的，主要是帮助全球华商共享中国机遇；而"世界华商大会"则由华商自身主导，主要是分享世界商业信息。二者发展并不矛盾，而是有机结合、互为补充、互相促进的，共同为全球华商编制起更强大、更广阔的华商网络机制，促进华人经济更好地发展。

四、华人社团：拓展与创新

近年来，随着海外华人人数的迅猛增加以及社会经济实力的不断增强，华人社团也愈发复杂和多样化，社团在数量、规模和功能等方面均已发生了明显的改变，同时在组织模式及活动内容上也在不断创新。观察 2014—2015 年海外华人社团的发展，我们可以大体上总结出如下特点和趋势。

（一）发展特点

1. 不断有新的华人社团成立，进一步壮大了华人社团队伍

近两年，伴随海外华人社会的不断发展变化，各类社团应运而生，应时而建。

在亚洲，2014 年 10 月 23 日，印度尼西亚龙冈亲义总会在雅加达成立。2015 年 3 月 3 日，中部日本华侨华人妇女联合会在名古屋成立，它是日本中部地区成立的第一个女性华侨团体。老挝的首个全国性华侨社团——老挝中华总商会于 2015 年 7 月 29 日在首都万象正式成立。

在欧洲，2014 年 1 月 9 日，欧洲华人旅游业联合总会在法国巴黎成立。5 月 29 日，欧洲华商理事会在法国巴黎成立。7 月 15 日，全球雅岙华侨华人同乡联合总会在西班牙马德里宣告成立，它以浙江青田雅岙村为纽带，创始成员来自西班牙、德国、奥地利、意大利、葡萄牙、法国等欧洲国家。同年，以中国非传统侨乡地区为纽带的地缘性社团也建立了不少，如英国天津同乡会、英国北京同乡会、英国内蒙古商会、法国湖南商会等。2015 年 3 月 18 日，英国岭南文商总会、英国广州文化经贸协会、全英旅游文化总会共同举办成立大会。3 月 22 日，浙江温州丽岙上坦村联谊会在巴黎成立。2015 年 7 月 3 日，欧华俱乐部成立，该会旨在推动华人融入和欧中交流。来自法国、英国、德国、西班牙、瑞士的 11 名创始会员代表举行欧华俱乐部成立会议。欧华俱乐部的创始会员中既有在参政议政方面成就突出者，也有在大型企业中担当重任者，还有在专业领域内表现杰出者，涵盖了政治、经济、文化、传媒、公益等各行各业，在当地华族群体和主流社会当中都具有相当的影响力。其中不少人都在推动华人积极融入和参与公共事务方面做出卓有成效的工作。②

在美洲，美国华侨华人联谊会（2014 年 1 月）、广东华裔青年协会（2015 年 3 月 20

---

① 《首届世界华人工商大会》，中国侨网，http：//www.chinaqw.com/z/2015/sjhqhrgsdh/index.html，2015 年 7 月 7 日。

② 《欧华俱乐部在巴黎宣告成立致力于推动融入和交流》，南方网，http：//gocn.southcn.com/hrst/201507/t20150706_663019.htm，2015 年 7 月 6 日。

日，美国马里兰州）、巴西海西飞华侨华人协会（2015 年 4 月 5 日）、巴中慈善公益基金总会大会（2015 年 5 月 9 日）先后成立。在大洋洲，新西兰潮属总会（2014 年 12 月）、澳大利亚中国和平统一促进会青年委员会（2015 年 5 月 2 日）也相继成立。

从上文可以看出，业缘性社团（商会）的影响力仍在不断加强。这应该与海外华人社会强烈的商业性质密切相关。

我国学者李明欢教授认为："当今海外华人社会的组织构建呈现的是多元化渠道，既不乏依托先赋性的乡缘、亲缘纽带（包括最传统、最基层的原籍地村缘纽带），亦可见依托自致性的业缘、学缘纽带，与此并行不悖的还有政治性联盟、教友会组织乃至依托网络新媒体建构朋友圈等。多元化路径寻求有效的社会黏合剂，是当今海外华人社团发展的普遍趋势，也与当今国际社会多元组织架构发展的大趋势相互吻合。"同时，她指出，近年来在欧洲新成立的地缘性华人社团出现两个并行不悖的趋势："一是以中国原居地为地缘纽带组建的新社团持续涌现；二是以当地国某一特定地域为地缘纽带组建的新社团不断诞生。"① 我们认为，这一特点在其他地区的华人社会也或多或少地存在。

2. 响应华社呼声和时代责任，积极开展相关活动

2015 年适逢世界反法西斯战争及抗日战争胜利 70 周年，海外华人社团也积极举办相关纪念活动。在马来西亚，当地华人社团举办了许多隆重的纪念活动。9 月 13 日，由 21 世纪联谊会霹雳州联委会等 7 个华团联办，16 个团体协办的"纪念马来亚人民抗日战争暨世界反法西斯战争胜利 70 周年大会"在霹雳怡保举行。9 月 26 日及 29 日，马来西亚华社分别在吉隆坡和槟城两地举行《南侨颂》交响合唱、独唱及朗诵艺术表演，以纪念抗战胜利 70 周年，歌颂英勇爱国的南侨机工战士。每年 11 月 11 日 11 时 11 分，槟城各华团、乡团、政党、文化团体等都会在槟榔屿华侨抗战殉职机工暨罹难同胞纪念碑前举行公祭。2015 年，槟城华社特地举办了抗日战争胜利 70 周年纪念会。会场特大的布条上写着"世界和平是全人类的共愿"。此次纪念会是历年来华团参与最多的一次。此外，在美国，7 月 25 日，纽约台山侨界举办了反法西斯暨纪念抗战胜利 70 周年晚会；在阿根廷，7 月 26 日，当地华侨青年举行座谈会，纪念抗战胜利 70 周年；在加拿大，8 月中旬，全加 20 多个侨团举办纪念抗战胜利研讨会及文物展。

3. 更加重视中华传统文化的继承弘扬，重视华文教育工作

许许多多的海外华人社团既是中华传统文化的承载者，也是传承发扬中华传统文化的积极推动者。从全世界各国各地区的华人社会来看，马来西亚华人社团的数量最为庞大，也是在政治、教育、文化等领域最为积极活跃的海外华人社团。在海外，马来西亚的中华传统文化保留最为完整，应归功于当地华人社团的积极努力和争取。2015 年，马来西亚华人社团依然积极重视传承中华传统文化。2 月 8 日，雪隆潮州会馆妇女组在该会馆底楼礼堂举办"2015 乙未年挥春比赛"（挥春即春联）。此项活动公开邀请各界人士参加，参加者无须缴费。2 月 22 日（正月初四），槟榔屿潮州会馆举办 2015 年新春大团拜活动。每逢农历新春，潮团纷纷举办新春团拜活动，借以联络同乡感情，传承传统文化。其他国家和地区的华人社团也注重积极传承发扬中华传统文化。在印度尼西亚，2 月 28 日，吉祥山

---

① 李明欢：《21 世纪初欧洲华人社团发展新趋势》，《华侨华人历史研究》2015 年第 4 期。

基金会在雅加达举办羊年新春团拜活动，来自印度尼西亚侨界逾千华侨华人欢聚一堂。在毛里求斯，5月2日至3日，毛里求斯华商总会举办唐人街美食文化节活动。5月9日至10日，即农历三月二十一日至二十二日，南顺会馆举行庆祝天后元君宝诞活动。南顺会馆的此项活动已经形成定制，并有比较严格的活动程序。除了天后宝诞，南顺会馆还于每年年初（农历岁末）举办酬神大典，每年春天举办春祭大典（坟场致祭），每年农历六月举办关圣帝君千秋宝诞庆祝活动等。4月初，全美中华青年联合会、美国华人公共外交促进会、全美中国民族音乐家协会等机构联合在洛杉矶主办"东方文化论坛"，邀请来自中国的青年古筝演奏家向美国民众专题介绍中国民族传统乐器——古筝。

近年来，海外华人社团宣传中华文化的功能日趋显著。弘扬中华文化成为海外华人社团的主要文化功能之一，并日渐显著和强化。其推动力一方面来自中国大陆，另一方面则来自华人社团自身。

海外华人艺术团体在居住地生存发展，它们能够系统地、持久地推广中华文化。不仅可以通过日常生活展示中华文化风采，还可以深入挖掘自身文化的内涵，传播推广中华民族的精华，策划有规模、成系列的剧目，让当地其他族群对中华文化的喜爱建立在比较深层的、长久的理解上。[1] 因此，我国相关政府部门应该加大对海外华人艺术团体的多方扶持，发挥其在传承和弘扬中国文化中的积极作用。

4. 新移民社团更具开放性

同老移民社团相比，新移民来源地的多元性使得新移民社团在人员构成方面有着明显的开放性特征，这主要表现在社团对于入会资格的要求更加宽容和灵活。2010年注册成立的新加坡天府会，到2016年初时有约3 000名会员，其中，四川籍人士及非四川籍人士各占超过四成，土生土长的新加坡人则约占一成。[2]

5. 新老社团尝试合作

2015年11月中旬，暨南大学国际关系学院/华侨华人研究院与全英华人社团联合总会在曼彻斯特合作举办"2015欧华高峰论坛"。在全英华人社团联合总会会长叶剑桥的推动下，传统老侨团与新侨团，华文学校和孔子学院，以及华文媒体、中国学联等都派出了代表参加会议，就英国华侨华人社会发展现状与未来趋势，华侨华人与祖（籍）国和当地社会关系，华人社团与中英文化交流，华人参政情况，华文媒体和华文教育发展等议题展开深入交流。新老侨团合作的尝试值得鼓励。

（二）发展趋势

1. 国际化

这一点主要体现在华人社团与祖籍国的跨国联系、跨国网络方面，两者之间的关系得到前所未有的拓展和延伸。

在加强与祖籍国（祖籍地）的联系交流方面，2015年3月19日至27日，应全国友协

---

① 《顾裕华：海外华人艺术团体可成传播中华文化主力军》，国务院侨网站，http：//www.gqb.gov.cn/news/2015/0323/35362.shtml，2015年3月23日。

② 《天府会新春团拜逾300人参与》，联合早报网，http：//www.zaobao.com/print/news/singapore/story20160214-581164，2016年2月14日。

邀请，毛里求斯华商经贸专业联合会（简称毛里求斯华商会）代表团一行13人访华。5月18日，以庄佩源为团长的美国洛杉矶（罗省）中华总商会代表团访问国务院侨办。在全国重点侨乡省份、侨务大省广东，海外华人社团与当地的联系更为密切，尤其是粤籍华人社团，更为重视加强与祖籍地的联系交流。上午，新西兰潮属总会（4月27日）、马来西亚东莞商会（6月15日）、委内瑞拉全国华侨华人联合总会（9月8日）、东非广东同乡会（10月9日至13日）、旅荷华人联谊会和意大利华侨华人贸易总会（10月27日）、美国华侨华人联谊会（11月13日）等众多的华人社团访问团访问了广东省侨办。

当前，随着我国改革开放事业的更深层次开展，海外华人社会与我国在经济、文化、教育、政治等诸多领域的联系更为密切。海外华人社团与我国的互动联系更为密切，内容更为丰富，涉及领域更加多元，形成互相交织的多重网络。因此，应该更为重视这种多重网络积极功能的发挥，以有利于我国国内各项事业的建设。

2015年，海外华人社团举办的多场次国际性、全球性活动，更加强了其国际化特征。其中，7月6—7日在北京召开的首届"世界华侨华人工商大会"最令人关注。大会由国务院侨办与中国海外交流会联合主办，李克强总理在人民大会堂接见了海外嘉宾并且发表讲话。2015年8月20日，国际潮团总会第18届国际潮团联谊年会在加拿大温哥华举行，来自全球各地200个潮团的3 000多名海内外潮籍华侨华人出席。大会围绕"大潮兴四海、乡谊盛五湖"的主题，敦睦乡谊、共谋发展。9月25—27日，第13届世界华商大会在印尼巴厘岛举行。大会以"融聚华商·共赢在印度尼西亚"为主题，希望能够通过世界华商大会的平台，更好地凝聚全球华人的智慧和力量，探寻当前困境的出路。10月5—6日，第八届世界广东同乡联谊大会暨第二届世界广东华人华侨青年大会在澳大利亚悉尼举行。此次大会以"百载粤侨路，心系中国梦"为主题，全球粤籍侨胞代表近2 000人出席仪式。10月12日，第四届世界客商大会在梅州开幕。该届客商大会以"汇聚客商力量、共创海丝未来"为主题，汇聚全球客商精英，抢抓"海丝"机遇，致力于打造发挥侨乡优势、传承客家文化、凝聚侨心侨力、增进交流合作的新平台。来自全球26个国家和地区、国内18个省市区的900多名嘉宾参会。12月3日，第二届世界广府人恳亲大会在珠海开幕，来自全球53个国家和地区的约2 500位广府乡亲参加大会。开幕式上，共有10个投资项目进行现场签约，投资总额1 060亿元。①

近年来，海外华侨华人社团逐渐走向国际化，形成了不少世界性华侨华人组织及网络。这些世界性华侨华人组织及网络不但是华侨华人贸易合作与文化交流的平台，也是密切华侨华人与祖（籍）国联系，加深对祖（籍）国了解与合作的重要渠道，也推动了华侨华人居住国与中国的交流合作。我国政府相关部门应该更加主动地推动、参与海外华人社团的国际化。

2. 本土化

目前，华人社团的社会功能已向本土转型，主要体现在海外华人社团将会愈发积极地参与居住国本土的政治、社会、文化等事务的方方面面。例如，新加坡天府会的活动多年来积极引入新加坡本地习俗，2006年至今，该会从川菜馆转移到本地餐馆举办新春团拜，

---

① 《胡春华何厚铧等出席第二届世界广府人恳亲大会》，南方网，http：//gocn. southcn. com/news2010/201512/t20151204_704691. htm，2015年12月4日。

汲取本地过年饮食文化；该会也颁发奖学金给 20 名优秀的马来族及印族学生。本土化的另一重要表现是欧美国家华人积极参与当地政治。比如，笔者在英国调研期间了解到，"英国华人参政计划"启动 10 年来，一直积极动员、组织年轻人，协助英国华人进行选民登记、参与选举投票，为各个党派英国华人候选人宣传，取得较好效果。本土化趋势未来将不断加强。

3. 多元化

由于移民来源地的广泛性和移民生活环境的多样性、复杂性，各地海外华人社会多姿多彩、异彩纷呈，进而使各地区华人社团的发展趋于多元化。前文已经提到当今海外华人社会组织构建呈现的多元化渠道。此外，在欧美地区的华人社团中，专业人士社团的影响日益强烈；而在东南亚地区的华人社团中，传统社团仍在发挥着无可替代的作用和影响。很多社团积极参与当地事务，积极推动当地华人参政，与此同时，有些社团则与祖籍国保持密切联系，并积极参与祖籍国的政治活动。

五、海外华文媒体：坚守与突破

2015 年恰逢海外华文媒体诞生 200 周年。这 200 年间，世界各地先后出现过 5 000 多家有影响力的海外华文媒体，"无论是在战火纷飞年代或是改革建设时期，也无论是传统媒体或是新媒体，遍布全球各地的华文媒体始终与中华民族和中华文化的兴衰沉浮相伴相随，虽历经艰辛磨难，却始终坚守理想，抒发民族情怀，唤起民众觉醒，传播中华文化，促进族裔和谐，维护世界和平"①。

据不完全统计，当前海外华文传媒接近 1 000 家，其中有华文报刊 854 家，华语广播 103 家，华语电视频道 71 家，华文网站超过 300 家，华文传媒客户端（App）超过 50 家，在微信上开设公众号的接近 100 家。从分布来看，亚洲仍然是传统华文传媒最集中、数量最多的地区。

由于各地区、各国的华人数量以及分布存在较大的差异，从世界各国的华文传媒发展状况来看，华文传媒出现分化的现象。一方面，传统华文报纸、电视、电台面临多种挑战，市场及受众呈现稳中下行的态势；另一方面，华文新媒体如雨后春笋般涌现，数量无法统计，新社交软件（如 Facebook、Twitter 和微信）日益成为海外华人的重要信息来源。

（一）传统华文报纸不断萎缩

新加坡和马来西亚仍然是亚洲华文传媒最发达的两个国家，由于华人众多，华文教育保持得比较完善，华文报纸的发行量仍然非常可观，特别是马来西亚。由于该国拥有完整和系统的华文教育，每年均能为华文报纸提供大量的读者，使得这两个地区的华文报纸在新媒体的冲击下仍然能够保持较高的销量。

2015 年 1—6 月，根据马来西亚报纸发行量稽查局（Audit Bureau of Circulation in Malaysia）的统计，若只统计西马华文报 3 份报纸（《中国报》《星洲日报》《光明日报》）

---

① 《裘援平在第八届世界华文传媒论坛上的讲话（全文）》，中国新闻网，http://www.chinanews.com/hr/2015/08 - 22/7483190. shtml，2015 年 8 月 22 日。

的销量，华文报销量接近英文报。华文报日销量为 662 206 份，英文报为 697 739 份。在 2015 年 1—6 月期间，马来西亚最大的华文报《星洲日报》日发行量为 352 761 份，《中国报》为 159 975 份。这些数据显示，马来西亚仍然拥有众多的华文读者。从目前华文报纸的发行量以及受华人重视的程度来看，马来西亚华文报业虽受到新媒体冲击，但是由于拥有大量受众群和完整的华文教育体系，其在未来一段时间内仍然可以持续繁荣。

在另一个华文报业重镇——新加坡，随着中国经济的迅速发展，华语商业价值不断提高，加上政府为保持华族文化不懈推广华语以及华文，华文报业的销量下滑势头有所减缓，从近两年的情况来看，华文报销量相对稳定。根据 2014 年 8 月的统计，最大的华文报《联合早报》日销量为 183 300 份，而 2015 年新加坡报业控股的年度报告显示，2015 年该报日销量为 187 900 份，销量有所上升，但是另一份华文报纸《新明日报》的销量却在下降，2014 年日销量为 129 800 份，到了 2015 年，日销量为 120 200 份，减少了 7%。从读者群的构成来看，由于新加坡本地出生的华人的华文水平较低，阅读《联合早报》的读者主要是马来西亚华人与中国大陆移民。这导致《联合早报》更倾向于为新移民服务，内容偏向为移民说话。

令人担心的是，在曾有过辉煌历史的一些东南亚国家的华文媒体如今日渐式微。如泰国华人人口超过 600 万，但华文报纸的总发行量却不足 8 万份，报社面临严重的财政危机。泰国 6 家华文报中规模最大的是《世界日报》，设备与人才都较充足，但日销量最多仅 5 000 份，其读者群主要为在泰国经商的 13 万中国台湾商人及其家属。而另一份历史悠久的《星暹日报》已于 2013 年被中国的《南方都市报》接管。在印尼发行的华文报纸中，面向全国发行的只剩 6 份，即《国际日报》《印度尼西亚星洲日报》《千岛日报》《印度尼西亚商报》《讯报》《印华日报》，地方性报纸有四五份。这些仍然发行的报纸，前景不容乐观。一些报纸发行量只有数千份，版面也很少，一般只有 4 个版左右。

在北美，华文报纸虽然还在发行，但是也萎缩得比较严重。加拿大原有四份华文日报：《世界日报》《星岛日报》《明报》《加拿大商报》，但是从 2016 年 1 月 1 日开始，《世界日报》停止发行，退出加拿大，集中资源经营美国市场。在美国，虽然仍然有 200 多家华文报纸，但是大部分都是免费发行的社区报，发行量都在萎缩。

欧洲目前只有两份华文日报，即《星岛日报》和《欧洲时报》，还有接近 100 份的华文周报，如《欧洲商报》《欧洲联合周报》《匈牙利导报》等，但发行量都不高，经营相对比较困难。非洲华文报纸集中在南非，有三份报纸：《华侨新闻报》《南非华人报》和《非洲时报》，它们都致力于维护华人的权益，主要为经商的华人服务，发行量各有 3 000 份左右。

澳洲的华文传媒接近 30 家，也是以报纸为主，主要有《星岛日报》《墨尔本日报》《澳洲新快报》等，但澳洲的华文报纸大都是免费发行，靠广告来维持生存，导致华文报业陷入无序竞争，甚至恶性竞争当中。

（二）华语广播电视有所发展

华语广播电视虽然面临华人分散、成本高昂的问题，但是 2014—2015 年却有所发展。如泰国中文电视台是少数能够取得良好业绩的华语电视台。该台于 2005 年 12 月 18 日开播（之后又改为泰国中央中文电视台）后，采取多种手段增加财政收入，开设电视购物时段、频道、有奖游戏栏目时段及节目合作广告招商等，节目内容丰富，大量播出中国节目，配上泰文字幕，或者采取泰语播音加中文字幕的方式，向华人传播电视节目。

由于境内有众多华人，马来西亚开设了华语频道，既有国家华语电视频道，也有私人华语电视台，如马来西亚的"八度空间"，公营的有国家电视台的第二电视台（TV2），华语电视在华人当中具有较高的收视率和欢迎度。新加坡共有19个免费的频率调制（FM）调频广播频道，11个须付费的数码声音广播频道，其中有5个频道用华语播出。华语广播很受华人欢迎，特别是清晨的广播，除了报道新闻外，还邀请嘉宾与听众互动，播出美食、健康、美容、休闲、情感等节目，收听率非常高。华语电视则由新加坡报业控股创办的"优频道"与新传媒集团创办的"8频道"组成。这两个频道播出由海峡两岸及中国香港、中国澳门制作的电视节目，其中尤以港台电视剧最受观众欢迎。最近两年，中国大陆电视剧制作水平得到较大的提高，内容多元化，剧情紧扣时代脉搏，也逐渐进入华语电视。

欧洲华语电视台也在招兵买马，发展华语电视。法国陈氏集团向主流有线电视网络购买晚间一小时的时段，播放由该集团制作的华语电视节目。在美国，美国中文电视台成为华人最喜爱收看的电视台。该台维护华人权益，在数起有关华人热点的新闻事件中，均看到该电视台的身影。美国中文电视台制作的电视节目，反映了美国华人的心声，贴近华人的生活，能排解华人的文化乡愁，为华人特别是新移民创建了一个精神家园。

此外，随着网络的发展，华文网站也开始播出华语电视，如马来西亚常青台，逐渐成为华人观看当地电视新闻与节目的平台。这些华语网站为华人提供了新的观看电视节目的渠道。网络电视节目丰富，收看方便，已经成为华文传媒新的发展方向。

（三）新媒体异军突起

自20世纪80年代以来，中国大陆留学生和新移民开始办报，并逐渐出现电子刊物。尤其是华文电子报刊的出现，标志着华文报刊走向更新换代的道路。如今，华文新媒体已经在世界各国落地生根，解决了新移民各种生活上的问题。

华文网站投资小，容易生存，又能为海外华人提供各种服务，因此华文网站数量不断增加，从而在世界各国均出现了主打社区化服务的华文网站，其中尤以北美和欧洲最为明显，对传统华文媒体构成了强烈冲击。在加拿大，大大小小的华文网站数量超过百家，涌现出枫华园、万维读者、加拿大华人信息港、多伦多在线、温哥华华人网等影响力较强的网站，华文聊天网和论坛更是数不胜数。而在美国，华文网站的数量则高达500家，出现留学园等影响力较大的网站。在欧洲，由留学生创办的华文网站也成为留学生和华人新移民的重要信息来源。在新媒体的压力面前，一些华文传媒在转型方面做出了许多有益的尝试，如美国的《世界日报》《星岛日报》和加拿大的《明报》《星岛日报》等，除了发行纸质报纸外，还建立了官方网站，网上不仅有纸媒信息，还有华语电台等。

目前，有80%以上的海外华文传媒建立了官方网站，把信息挂上网，建立官方在线资讯，开设官方微博平台、微信公众号等，以实现传统媒体与新媒体的互动传播、融合报道，贴近年青一代的读者，如意大利《欧洲华人报》在保留以往媒体形态的同时，建立从平面到网络、从资讯到观点的全媒体产业链条，形成对受众的立体覆盖。美国美南新闻电视报业集团采用内容、渠道、服务多位一体的操作模式，在日渐萎缩的传统受众中寻找新的增长点。《欧洲时报》努力发展多份子报，形成了拥有华文日报、周报、多媒体网站、视频节目、法文书籍出版社、旅行社、华文教育与文化传播中心的综合性传媒集团，实现传统媒体多元化、国家覆盖广泛化和传播语种多样化。

（四）华文媒体革新图存的机遇与使命

在西方媒体和"英语世界"强势包围下，传统华文传媒"面临多媒体冲击、同业竞争、资金短缺、人才匮乏、传播力弱、话语权微等多种挑战"，加上经营管理不甚理想，传播方式单一，在多数国家的整体生存能力与影响力有待提高。可以说，传统华文传媒到了"革新图存的重要关口"①。而新媒体的动员能力较为薄弱，很难担负影响当地主流媒体和主流社会舆论的重任。

海外华文媒体虽然面临多种挑战和生存的压力，但也迎来了中国快速发展的重要机遇。国务院侨务办公室主任裘援平就曾指出："中国的发展、民族的复兴，为海外华文媒体破冰前行提供了新机遇。中国综合实力和国际地位持续提升，中国传媒事业日益发展壮大，这为海外华文媒体成长提供了有力支撑；随着中国人持续移居全球各地，企业和人员加快走向世界，海外华社日渐成熟壮大，新老侨胞融入当地程度加深，文化素质和社会影响力提高，这为海外华文媒体发展拓宽了受众基础；中外交流合作深入开展，'一带一路'通向各国，中国与世界联系愈发紧密，更多人渴望学习中文、了解中华文化、认识中国，各国传媒和国际社会对中国资讯更加关注，世界范围兴起中华语言文化热潮，这为海外华文媒体开辟了广阔舞台。"②

同时，作为海外华人社团的旗帜，作为中华民族凝聚力和中华文化向心力的特殊标识，华文媒体应该有自己的使命担当。2015年8月，在中国贵阳召开的"第八届世界华文传媒论坛上"，华文传媒就其使命担当达成以下共识："做和谐侨社的建设者、联系华人社会与主流社会的双向桥梁；做中华文化的传承者、中华文化走向世界的重要载体；做'中国故事'的代言者，向国际社会说明一个真实的中国；做中外友好的推动者，增进中外民间交流、促进民众相互理解、分享中国发展机遇，创造下一个百年的新荣耀。"③

六、华文教育：整合与创新

2014年底，"第三届世界华文教育大会"在北京顺利召开，来自50多个国家和地区的500多名华文教育界代表出席大会，达成了"抓住机遇，推动华文教育转型升级，促进华文教育向标准化、正规化、专业化方向迈进"的重要共识④。2015年，海外华文教育取得了长足进展，在若干重要领域有新的突破，呈现出资源整合与创新发展的特点与趋势。

---

① 《裘援平在第八届世界华文传媒论坛上的讲话（全文）》，中国新闻网，http：//www. chinanews. com/hr/2015/08－22/7483190. shtml，2015年8月22日。

② 《裘援平在第八届世界华文传媒论坛上的讲话（全文）》，中国新闻网，http：//www. chinanews. com/hr/2015/08－22/7483190. shtml，2015年8月22日。

③ 《第八届世界华文传媒论坛闭幕达成"三共识"》，中国新闻网，http：//www. chinanews. com/hr/2015/08－23/7483894. shtml，2015年8月23日。

④ 裘援平：《发展华文教育，振兴华文学校——在第三届世界华文教育大会上的主题报告》，2014年12月7日。

以下分别论述。

（一）海外华文教育生态持续改善

随着我国综合实力和国际地位的持续提升，海外华文教育环境和生态得以持续改善，越来越多的国家和地区将汉语列入国民教育系列外语，华文教育受到各地政府、社会的高度重视。

新西兰达尼丁市政府给 13 所学校拨款，用于开设中国普通话课程。这是新西兰"亚洲语言学习计划"投入的第一笔资金。目前，新西兰已有 120 所学校开设汉语普通话课程①。乌干达政府支持 2017 年将汉语纳入国民教育计划②。南非政府此前已经宣布，从 2016 年 1 月 1 日开始，汉语将作为南非学校 4 年级到 12 年级学生的一门课程，为学生们提供学习汉语的机会③。马来西亚总理及国民阵线主席纳吉布强调，取消华小及推行单一源流教育并非国民阵线以多元性为核心的政策，将采取措施让华人社团成为国民阵线在国家发展道路上的"主流伙伴"，这一表态为马来西亚华文教育发展提供了良好的政策支持④。

国务院侨办及各地侨办也对海外华文教育大力支持。2015 年 4 月，温州市外侨办向西班牙马德里华侨华人中文学校捐赠 500 册课外读物和《温州童谣》《海外华裔青少年"温州城市家书"征文比赛优秀作品选》等教学资料，帮助该校兴建蒲公英图书室⑤。12 月 15 日，中国驻阿根廷大使馆陈志军领事代表国务院侨务办公室，将 6 000 余册图书赠送给阿根廷侨联中文学校，这些书籍将用于建立侨联中文学校的"华星书屋"，使当地的孩子更了解中华文化⑥。

在全国政协十二届三次会议上，列席会议的温籍侨领、意大利中国和平统一促进会执行会长项进光关注的焦点是侨二代、侨三代的文化认同问题，并强调这些问题如今在海外已经很普遍，想要解决这一问题，就要为华裔新生代搭建寻找身份认同的平台，努力为海外华人的中华文化"留根"，重视海外华文教育⑦。2015 年 8 月 5 日，华侨大学海外华文教育基地在西班牙巴塞罗那孔子学府挂牌⑧；这些都为华文教育发展创造了良好条件。

---

① 《获政府资金支持　新西兰逾百所学校开设汉语课程》，国务院侨办网站，http：//www. gqb. gov. cn/news/2015/1030/36829. shtml，2015 年 10 月 30 日。

② 《乌干达政府支持 2017 年将汉语纳入国民教育计划》，中国侨网，http：//www. chinaqw. com/hwjy/2015/12 - 17/74046. shtml，2015 年 12 月 17 日。

③ 《汉语教育获南非重视　已被纳入南非国民教育体系》，新华网，http：//news. xinhuanet. com/overseas/2015 - 12/03/c_128495120. htm，2015 年 12 月 3 日。

④ 《大马总理称华社是国家发展"主流伙伴"　不废华小》，新华网，http：//news. xinhuanet. com/overseas/2015 - 10/12/c_128308282. htm，2015 年 10 月 12 日。

⑤ 《温州外侨办为西班牙温籍华校捐建蒲公英图书室》，中国侨网，http：//www. chinaqw. com/hwjy/2015/04 - 29/47509. shtml，2015 年 4 月 29 日。

⑥ 《阿根廷中文学校获国侨办赠书　将设"华星书屋"》，中国侨网，http：//www. chinaqw. com/hwjy/2015/12 - 20/74285. shtml，2015 年 12 月 20 日。

⑦ 《列席全国政协会议温籍侨领吁关注海外华文教育》，国务院侨办网站，http：//www. gqb. gov. cn/news/2015/0309/35214. shtml，2015 年 3 月 9 日。

⑧ 《华侨大学海外华文教育基地在巴塞罗那揭牌》，中国侨网，http：//www. chinaqw. com/hwjy/2015/08 - 10/60099. shtml，2015 年 8 月 10 日。

海外华文教育生态持续改善，与第三届世界华文教育大会提出的"两大机制"（国内华文教育职能部门与业务部门之间、海内外华文教育机构之间协作机制）的建设密不可分。各国政府、社会重视华文教育，与国内华文教育相关支持密切配合，为华文教育发展提供了良好的政策和社会环境支持。

（二）"六大体系"建设成绩显著

"六大体系"指施教、教材、培训、帮扶、支撑及体验体系，是第三届世界华文教育大会明确提出的华文教育工作重点，与"两大机制"一并构成华文教育转型升级和"三化"建设的主体。2015 年，海外华文教育在"六大体系"建设方面都取得了一定的进步。

在华文教师施教与培训方面，国务院侨办与中国华文教育基金会投入了大量资源，在"输血"的同时着力打造海外华文教育的"造血"功能。2015 年，更多的以"培训—考试—认证"为中心的"华文教师职业能力认证"培训班走出国门，在印度尼西亚、泰国、意大利、德国等地培训华文教师 500 多名，同时接受了近千名华文教师、教学管理人员来华培训，着力打造年轻化、专业化的华文教师及管理队伍，确保华文教育薪火相传。海外对于华文教师的培训也更加重视。2 月 1 日，英国中文教育促进会 2015 年首次中文教师培训研讨会在伦敦大学亚非学院举行，来自 30 多所华文学校的 100 多位义工中文教师们参加了会议。此次培训的主体为运用科学方法提高学生学习中文的兴趣；正确评估学生的中文学习水平；了解英国的中文考试要求，提高学生的听说读写能力①。

华文教师教学技能比赛影响良好。2015 年 7 月 21 日，国务院侨务办公室、中国海外交流协会针对海外华文教师和外派教师举办了一次"华文教育·教案比赛"，旨在鼓励和增进海外华文教师的教学热情与经验交流，该次活动受到广大华文教师的热烈欢迎，取得了预期的效果。

在教材方面，除国务院侨办委托暨南大学研发的《中文》（澳大利亚高中版）、《中文》（高中版）、《华文写作》（柬埔寨小学、初中版）外，地方侨办编写的乡土文化教材也满足了海外华文教育的需要。2015 年 11 月 9 日，由温州市外侨办编印的海外温籍华裔青少年乡土教材《温州非遗》正式出版，这是继《温州童谣》之后温州外侨办编印的又一本帮助海外华裔了解中华文化的书②。12 月，首本爱沙尼亚语《中文》教材发布，该书将使爱沙尼亚中文学习者直接通过爱沙尼亚语学习中文，对中爱的文化交流促进影响深远③。华侨大学承担的国务院侨办项目"周末制中文学校教学大纲（小学阶段）"获得立项并进展顺利，将为相关华文教材提供参考标准和教学指南，提升教材编写的标准化水平。

在体验体系方面，2015 年，"中华文化大乐园"在美国芝加哥及华盛顿、澳大利亚墨尔本、柬埔寨金边、巴西圣保罗、斐济苏瓦、老挝沙湾拿吉等地开营，2 200 多名营员体

---

① 《英国中文教育促进会举办 2015 教师培训研讨会》，国务院侨办网站，http：//www. gqb. gov. cn/news/2015/0209/35019. shtml，2015 年 2 月 9 日。

② 《温州推出第二本华裔青少年乡土教材〈温州非遗〉》，中国侨网，http：//www. chinaqw. com/hwjy/2015/11 - 12/70188. shtml，2015 年 11 月 12 日。

③ 《首本爱沙尼亚语中文教材发布 献礼中爱建交 25 周年》，中国侨网，http：//www. chinaqw. com/hwjy/2015/12 - 29/75288. shtml，2015 年 12 月 29 日。

验了多个主题乐园。"中华文化大乐园"送园上门，使海外华裔青少年能亲身感受中华传统文化的魅力，增进了对中华民族的了解，对增强他们"寻根"的愿望大有裨益。

在支撑体系方面，华文水平测试、华文教师标准及华文教材大纲的研制进一步充实了"三化"建设内容，也很好地满足了海外华文教育的需要。

2015 年 6 月，国务院侨办委托暨南大学研发的重点项目"海外华裔青少年华文水平测试"正式立项，标志着该项目进入一个新的研发阶段。作为一个全新的主要针对华裔群体、填补汉语测试界空白的华文水平测试，其突出特点是与认知发展水平和汉语母语水平关联，不同等级的词汇、语法等大纲充分考虑不同学龄的认知水平、母语能力水平，为合理评估华裔群体的华文水平提供了更有实际意义的参照系；同时，在语言评估中重视汉字水平、中华文化内容的考察，凸显"祖语"的文化属性，在语言测试中合理兼顾文化，对引领海外华文教育的语言文化传播与传承、衡量海外华裔青少年的华文水平提供科学标准和依据，推动海外华文教育健康发展具有重要意义。

（三）华文教育理论研究取得新成果

2015 年海内外的学术研究与交流更为频繁。1 月 4 日，温州大学华文教育研究所与意大利协助发展中国家协会在温州大学签署合作协议，授权意大利协助发展中国家协会将专著《意大利华文教育研究——以旅意温州人创办的华文学校为例》翻译成意大利文出版发行①。11 月，日本汉语教育文献汇编——《日本汉语教科书汇刊（江户明治编）》正式发布。这部汇编由厦门大学人文学院中文系李无未教授主编，被认为是迄今为止最为全面的日本汉语教育文献汇编，这对于汉语语言学及日本海外华文教育有很大的指导意义②。

2015 年 4 月 29 日，第四届华文教育协同创新论坛在台北举行，来自海内外的 30 余位领导、专家学者参加了本次会议。论坛倡议两岸要通力合作，建立新形势下华文教育合作的新机制，推进中华文化在海外的传播，探索新模式，配合"一带一路"战略，加强沿线国家及地区的华文教育工作，实现华文教育的新突破③。2 月 3 日，意大利温籍华校校长赴国务院侨办华教基地交流访问，双方围绕如何提高海外办学质量、深化中意教育文化交流等方面进行探讨④。9 月 12 日，阿根廷华文教育界教师们与北京华文学院的专家召开座谈会，共同研讨阿根廷华文教育的现在与未来⑤；10 月 23—28 日，由荷兰中文教育协会执行会长马岭梅率领的"华文教育·华教机构"荷兰访问团一行 7 人到福建参访，活动围绕"探访福建教育与文化，促进中荷校际交流与合作"展开⑥。

① 《〈意大利华文教育研究〉一书将出意大利文版》，中国华文教育网，http：//www.hwjyw.com/info/content/2015/11/09/32284.shtml，2015 年 11 月 9 日。

② 《李无未教授主编大型海外汉学文献〈日本汉语教科书汇刊（江户明治编）〉出版问世》，中国高校人文社会科学信息网，http：//www.sinoss.net/2015/1015/65138.html，2015 年 10 月 15 日。

③ 《任启亮率团参加第四届两岸华文教育协同创新论坛》，华侨大学网站，http：//www.hqu.edu.cn/s/2/t/1804/92/fc/info103164.htm，2015 年 4 月 30 日。

④ 《意大利温籍华校校长赴国侨办华教基地交流访问》，中国侨网，http：//www.chinaqw.com/hwjy/2015/02-05/36879.shtml，2015 年 2 月 5 日。

⑤ 《阿根廷华文教育界与北京华文学院专家召开座谈会》，国务院侨办网站，http：//www.gqb.gov.cn/news/2015/0914/36563.shtml，2015 年 9 月 14 日。

⑥ 《促进中荷华文教育交流与合作 "华文教育·华教机构"荷兰访问团来闽交流》，闽侨网，http：//minqw.fjsen.com/2015-11/02/content_16832945.htm，2015 年 11 月 2 日。

　　海外华文教育在学术合作方面也取得了一定成绩。2015 年 2 月 27 日，马尼拉政府与菲律宾华教中心签署外派教师支持协议。此举不仅有利于马尼拉学生学习汉语和中华文化的传播，同时也促进了马尼拉国内外派教师的规范化①。9 月 7 日，暨南大学华文学院与智利边境大学华文教育合作洽谈会顺利举行，双方达成了合作意向②。9 月 18 日，中海协与泰国孔敬市政府签订华文教育合作备忘录，签约仪式在广西华侨学校举行。根据备忘录，双方将在中泰文教师培训、推荐留学生到广西华侨学校就读、华裔青少年夏（冬）令营、相互提供华文泰文教育教材和教学资料及相关机构的人员交流活动等方面进行友好合作③。12 月，由华侨大学和泰国曼谷吞武里大学合作的卫星电视栏目《你好，BTU》的全新板块《海丝·泉州》正式开播，此类由中国和泰国大学之间合作创办的通过卫星电视推广华文教育的形式，不论在中国还是泰国都是首创④。

（四）尚存问题与主要建议

　　21 世纪以来，海外华文教育发展迅速，这一方面得益于我国国际影响力的提升，另一方面也得益于所在国政府及社会对华文教育的重视。在国内外华文教育界的共同努力下，华文教育资源的协同与整合已初见成效，但还存在教材支援、教师业务能力提升，以及新侨民国民教育等问题。鉴于此，海内外华文教育界提出了以下主要建议：

　　1. 加强"一带一路"国家和地区华文教育调查与研究

　　"一带一路"构想是我国提出的与"一带一路"沿线国家合作共赢的和平发展构想，实现这一目标的重要基础是语言和文化的沟通与交流。为打好这一基础，学界和政府已经着手加强多语种人才的培养。同时，"一带一路"沿线国家和地区的华侨华人也是这一战略构想的重要资源，加强对当地华侨华人、华文教育等的调查研究，充分激活华侨华人在语言文化交流中的积极性、主动性，并对华文教育给予恰当的支持，调动华侨华人力量参与"一带一路"建设并分享成果，当收事半功倍之效。

　　2. 建设数字化华文教材编写支持平台

　　到目前为止，在侨务系统各级职能部门支持下，已经编写出版了若干种面向一定国家或地区的华文教材，在一定程度上满足了海外华文教育的需要。但长远地看，这样点对点的华文教材支援模式很难满足海外巨大的华文教材需求。由此，国内外华教界同仁提出，应建设一个数字化华文教材编写支持平台，该平台可提供华文教材编写的相应理念、模式、资源素材等，开放式地邀请世界各地华文教师提供本土化素材以满足华文教材需求，采取点面结合的华文教材编写指导与支持模式，激发海外华文教师教材编写的活力；同时，辅以一定地区的核心、典范教材编写支持，二者结合，可实现华文教材跨越式、可持

---

① 《马尼拉政府与菲华教中心签署外派教师支持协议》，中国华文教育网，http：//www. hwjyw. com/info/content/2015/03/02/31473. shtml，2015 年 3 月 2 日。

② 《暨大华文学院与智利边境大学洽谈华文教育合作》，国务院侨办网站，http：//www. gqb. gov. cn/news/2015/0910/36550. shtml，2015 年 9 月 10 日。

③ 《中海协与孔敬市政府签订华文教育合作备忘录》，中国华文教育网，http：//www. hwjyw. com/info/content/2015/09/22/32205. shtml，2015 年 9 月 22 日。

④ 《华侨大学与泰国高校合作利用卫视推广华文教育》，国务院侨办网站，http：//www. gqb. gov. cn/news/2015/1210/37375. shtml，2015 年 12 月 10 日。

续发展，也是实现华文教育转型升级的重要举措。

3. 重视对海外华侨的国家通用语言教学

随着全球化程度的不断加深，越来越多的中国人移民海外，其中不乏持中国护照的学龄青少年。这个群体作为中国公民，理应纳入中国国民教育序列，对他们实施国民教育序列相关学科包括接受国家通用语言教学，充分保障他们接受国民教育的权利。重视这项工作既可保障中国公民平等接受教育的权利，也能提高这个群体的国际交往能力，培养既忠于国家又具备较强国际交往能力的中国公民。为做好这项工作，侨务系统应主动挑起重担，在海外华文教育顶层设计中予以考虑，并通过教材、教师及建设、运作中国学校等形式确保落到实处。

4. 打造海外高层次华文教育人才培养体系

目前，国内相关高校，如暨南大学、华侨大学，已形成华文教育"本科—硕士"人才培养体系，暨南大学还有华文教育专业博士点，是海外高层次华文教育人才的摇篮。但长远地看，这远远不能满足海外日益增长的对更高层次华文教育人才的需求，很多大学需要华文教育、汉语国际教育硕士及以上学位的人才。鉴于此，建议加大对在海外培养华文教育本科和硕士人才的支持力度，提高本土化培养人才的效率，为海外华文教育的发展提供师资保障。

七、海外新移民：融入与安全

近几十年来，随着中国改革开放的推进和国际化进程的加速，中国企业"走出去"和中国移居海外公民的逐渐增多，中国新移民群体逐渐壮大。中国新移民群体在当地的社会、经济乃至政治影响逐渐增强，但也因各种原因面临社会适应、社会救济、安全预警和救助等问题。

（一）中国政府高度重视侨胞的安全和权益问题

以安全问题为例，随着大量中资企业、劳务人员和学生"走出去"，中国面临的领事保护压力也大幅上升。据中国外交部统计，2015年，内地居民出境人次突破1.2亿，中国在外劳务人员达102.7万人，在外留学人员达170.88万人，在近200个国家和地区设立企业近3万家；中国驻外外交和领事机构受理的领事保护和协助案件从2013年的4.2万起猛增到2015年的近8万起，3年间增长近一倍，包括撤离战乱和自然灾害地区大量的中国公民及安全营救遭绑架劫持人员等上百起重大领保案件。[①] 尽管当前中国公民安全预警与应急机制及海外领事保护制度有了很大改进，可相对于急速扩张的中国海外利益、大幅增长的中国海外公民和华侨人数而言，中国海外利益保护的力度和范围还十分有限。中国海外利益保护机制亟待健全，除了政府的积极作为，亟须华侨华人社团和华人移民服务机构等民间力量的参与。

---

① 外交部领事司：《"中国领事保护与服务：盘点2015，期冀2016"——外交部举行领事工作国内媒体吹风会》，中华人民共和国外交部网站，http://www.fmprc.gov.cn/web/wjbxw_673019/t1337903.shtml，2016年2月3日。

从社会融入看，不少新移民由于移居时间短，语言不通，不太熟悉当地文化宗教习俗和法律法规，采取一些不当经营手法，甚至有洗钱、偷税漏税等违法行为，加上自身陋习，不但与当地其他族群发生矛盾，也与传统老侨和中国港澳台以及东南亚等其他地区再移民侨胞出现一些隔阂。

中国政府一向高度重视海外中国公民和侨胞的安全和权益问题。《中共中央关于全面推进依法治国若干重大问题的决定》明确指出："强化涉外法律服务，维护我国公民、法人在海外及外国公民、法人在我国的正当权益，依法维护海外侨胞权益。"①

（二）国务院侨办推动华人社区服务和权益保护的国际合作

华人社团和机构在解决侨胞生存和发展问题，帮助侨胞融入当地社会，与当地人民和睦相处方面发挥了重要作用。但随着侨情的变化和全球化进程的加速，如何加强华人社团的规范化、功能化和机制化，推动华人社团和机构与住在国政府、中国政府的合作，是当前亟待突破的难题。侨务部门近年来采取一系列服务举措来推动华人社区服务的跨国合作，以解决海外侨胞的融入和权益问题，比如设立"华助中心"，召开海外"华助中心"年度工作会议②，并联手国际华人移民服务机构联会（CISANI）举办华人社区服务论坛等等。

"华助中心"建设是"惠侨工程"八大计划中非常重要的一环。自 2014 年初，裘援平主任宣布"华助中心"计划以来，国务院侨办先后分两批认定了 31 家"华助中心"。"华助中心"采用"侨社主办、侨办项目扶持"的运作模式，主要发挥融入、帮扶和关爱三大功能，通过示范、引领、辐射的作用，带动其他侨团和机构共同为侨胞提供更完备、更高效的服务，助力侨胞生存发展，适应并融入住在国，维护自身正当合法权益。一年多以来，"华助中心"建设发展，从无到有，逐步完善，不断进行尝试和创新。比如，巴西圣保罗"华助中心"不但编印生活指南，还举办葡语培训班，帮助新侨融入；悉尼"华助中心"推出手机信息平台；南非"华助中心"配备安保人员进行社区巡视；日本东京"华助中心"推出服务窗口，帮助侨胞创业发展；特多和安哥拉"华助中心"还尝试设立华助基金会。各地"华助中心"在印发生活指南、搭建网络、开通热线、组建法律援助队伍、组建志愿团队等基本服务项目上已经初见成效，不但得到"华助中心"设立地区广大侨胞的支持和响应，还在海外侨社引起巨大反响。③

为推动海外华人社团长期"团结互助、共荣发展"，国务院侨办国外司联手国际华人移民服务机构联会、广州市侨办，于 2015 年 12 月 8 日到 10 日在广州举办国际华人移民服务机构联会 2015 年会暨华人社区服务论坛（以下简称"年会和论坛"）。这是联会年度会议首次在中国内地举办，来自美国等国家和地区的近 50 名代表参会。国际华人移民服务机构联会于 1979 年成立，是一个国际性非营利性华人移民服务机构，目前拥有 24 个会员

---

① 《授权发布：中共中央关于全面推进依法治国若干重大问题的决定》，新华网，http://news.xinhuanet.com/2014-10/28/c_1113015330.htm，2014 年 10 月 28 日。

② 《裘援平：将"华助中心"建设为侨胞温馨之家》，中国新闻网，http://finance.chinanews.com/hr/2016/02-03/7747094.shtml，2016 年 2 月 3 日。

③ 《裘援平：将"华助中心"建设为侨胞温馨之家》，中国新闻网，http://finance.chinanews.com/hr/2016/02-03/7747094.shtml，2016 年 2 月 3 日。

机构，遍及美国、加拿大、澳大利亚等各地，争取当地政府和机构的经费达到 1 亿美元。多年来，联会以协助华人移民及难民，融入所移居的社会，促进外界对华人移民及难民的认识和理解等。这次年会和论坛是一个创举，既褒扬了华人移民服务机构的贡献和奉献精神，也使不同国家和地区的华人移民服务机构聚在一起，共同探讨华人社区服务问题，分享了经验，进一步加强了国务院侨办和融入主流社会的华人社团、服务机构及精英的联系与合作。①

八、结论

2015 年是我国"十二五"规划的收官之年和"十三五"规划的谋篇布局之年，也是国际政治经济形势复杂多变之年。世情、国情的变化对海外华人社会的发展也带来较大的影响，具体体现在：第一，新型大国关系的构建提升了华侨华人的地位，也为华侨华人提供了许多发展机遇；第二，世界经济下行对世界华商既是压力，也是改革创新的动力；第三，地区形势的动荡影响华侨华人的生存和安全，尤其是右翼势力的快速崛起和排外主义情绪的增长使新移民面临更艰难的生存环境。

2015 年，海外华人参政稳步发展，形成五大力量中心；"一带一路"战略为华商的发展和转型升级提供了大舞台和广阔的发展空间；华侨华人社团队伍不断涌现新生力量，并在组织模式和活动内容上呈现新的特点；海外华文媒体迎来中国发展、民族复兴的新机遇，在坚守中破冰前行；海外华文教育生态持续改善，越来越多的国家和地区将汉语列入国民教育系列的外语课程。同时，中国海外新移民群体逐渐壮大，其在当地的社会、经济乃至政治影响逐渐增强，但也因各种原因面临社会适应、社会救济、安全预警和救助等问题。

---

① 《国际华人移民服务机构联会年会首次在内地举办》，中国新闻网，http://cul.chinanews.com/hr/2015/12-08/7661997.shtml，2015 年 12 月 8 日。

东南亚地区*

  2015 年是中国"一带一路"战略的开局之年。这一年，中国"一带一路"建设在东南亚地区取得了可喜的早期收获，而这一成绩是与居住在东南亚的大量华侨华人密不可分的。作为推动"一带一路"建设不可或缺的独特力量，东南亚华侨华人在国家之间的增信释疑、经贸合作、智力支持、信息沟通、人文交往等方面扮演了无可替代的重要角色，其中，华商、华人社团、华文媒体在 2015 年表现较为突出，显现了对"一带一路"的热切关注和参与热情，并呈现出一些新的时代特征。

一、东南亚地区概况

东南亚地区概况

包含国家	越南、老挝、柬埔寨、泰国、缅甸、马来西亚、新加坡、印度尼西亚、文莱、菲律宾、东帝汶	人口数量	6.4 亿（2015 年）[1]
地理位置	位于亚洲东南部，包括中南半岛和马来群岛两大部分	华人数量及占比	超过 4 000 万[2]（约占东南亚总人口的6%）
气候	以热带雨林气候、热带季风气候为主	主要族群	有数千个民族，主要有马来族、高棉族、越族、佬族、泰族、缅族等
领土面积	约457 万平方千米	GDP	24 636.12 亿美元（2015 年）[3]
政体	主要包括：人民代表大会制（越南、老挝）、议会共和制（新加坡、东帝汶）、总统共和制（印度尼西亚、菲律宾、缅甸）、君主制（泰国、柬埔寨、马来西亚和文莱）	人均 GDP	3 849.4 美元（2015 年）[4]

  数据来源：①Internet World Stats, http：//www. internetworldstats. com/asia. htm#kh。

  ②国务院侨办最新统计资料。参见赵健：《华侨华人：建设 21 世纪海上丝绸之路的独特力量》，《玉林师范学院学报》2015 年第 3 期，第 39 页。

  ③根据 IMF 世界经济展望 2015 年 10 月数据计算所得。International Monetary Fund, http：//www. imf. org/external/pubs/ft/weo/2015/02/weodata/index. aspx。

  ④根据 IMF 世界经济展望 2015 年 10 月数据计算所得。International Monetary Fund, http：//www. imf. org/external/pubs/ft/weo/2015/02/weodata/index. aspx。

---

  * 注：本研究为 2016 年国家社科基金一般项目"跨国性视野下东南亚华裔与中国互动研究"（课题编号：16BMZ097）的阶段性成果。

二、东南亚与"一带一路"

继 2013 年中国国家主席习近平提出"一带一路"的战略构想之后，2015 年国家发展和改革委员会、外交部、商务部联合正式发布《推动共建丝绸之路经济带和 21 世纪海上丝绸之路的愿景与行动》，确定了"一带一路"建设的共建原则、框架思路、合作重点、合作机制等。由此，2015 年成为"一带一路"建设的开局之年。

以东盟为核心的东南亚地区是"一带一路"建设的重要战略区域，具有特殊的意义。在地理位置上，东盟十国是"一带一路"中"21 世纪海上丝绸之路"的交通战略枢纽。在地缘政治上，东南亚是中国周边外交的核心区域和优先方向，2015 年中国—东盟完成了《落实中国—东盟面向和平与繁荣的战略伙伴关系联合宣言行动计划（2016—2020）》磋商，举办了"中国—东盟海洋合作年"活动，并首次在中国举办中国—东盟防长非正式会晤，以及中国—东盟执法安全合作部长级对话，使双方的政治安全合作进入了一个新阶段。在双边贸易上，相比"一带一路"沿线的中亚、西亚、中东欧和北非等地区，东南亚是"一带一路"沿线中对华进出口贸易额最高的区域。2015 年 1—10 月中国与东盟的双边贸易额达到 3 792 亿美元，[①]占同一时期中国与沿线国家双边贸易总额的近 50%。在经济合作上，东南亚是中国在亚洲区域经济合作的中心"轮轴"，并建有该地区一体化程度最高的自贸区。2015 年，中国与东盟成功结束了自贸区升级谈判，区域全面经济伙伴关系协定谈判正在加快进行，中国与东盟之间将建成世界涵盖人口最多、成员构成最多元化、发展最具活力的自贸区。在对外投资上，东南亚也是亚洲基础设施投资银行与"丝路基金"重要的投资目标国。2015 年，中国在东南亚的一批产业园、跨境经济合作园区、临港工业园开工建设，中印（尼）铁路、中老铁路、中泰铁路等项目已经陆续启动。在文化交流上，目前中国与东南亚形成了全方位、多层次的格局，中国—东盟文化展、中国—东盟戏剧文化周、中国—东盟武术大赛、中国—东盟礼仪大赛等相继在 2015 年展开，中国—东南亚人文交流进一步深化。

可以说，2015 年中国"一带一路"建设在东南亚地区取得了可喜的早期收获，而这一成绩是与居住在东南亚的大量华侨华人密不可分的。中国国务院侨办主任裘援平在 2015 年 1 月召开的全国侨办主任会议上明确指出，华侨华人是推动"一带一路"建设不可或缺的独特力量。[②]根据国务院侨办最新统计资料显示，在 6 000 万世界华侨华人中，东南亚地区的华侨华人超过 4 000 万，占世界华侨华人总数的 68.62%。其中，20 世纪 80 年代以后进入东南亚的中国移民及其眷属在 250 万以上。[③]数量庞大的东南亚华侨华人在国家之间的增信释疑、经贸合作、智力支持、信息沟通、人文交往等方面扮演了无可替代的重要角

---

① 《李克强在第 18 次中国—东盟（10 + 1）领导人会议上的讲话》，新华网，http：//news. xinhuanet. com/2015 – 11/22/c_1117218197. htm，2015 年 11 月 22 日。

② 《裘援平冀华侨华人为"一带一路"建设发挥独特作用》，新华网，http：//www. chinaqw. com/sqjg/2015/01 – 14/33902. shtml，2015 年 1 月 14 日。

③ 《海外华人华侨已超 6 000 万 分布于 198 个国家和地区》，中国网：http：//news. china. com. cn/2014lianghui/ 2014 –03/05/content_31685623. htm，2014 年 3 月 5 日；赵健：《华侨华人：建设 21 世纪海上丝绸之路的独特力量》，《玉林师范学院学报》2015 年第 3 期，第 39 页。

色。下面围绕 2015 年东南亚华侨华人与中国"一带一路"建设二者互动过程中三个比较突出的重要元素——华商、华人社团、华文媒体,总结近一年来东南亚华侨华人社会的发展情形。

三、东南亚侨情的若干特点

(一)华商

东南亚华商在海外华商中资本最为雄厚,根据 2013 年《亚洲周刊》评出的"全球华商 1 000"中,除中国大陆和港澳台地区的企业占据了 912 家外,其余多为东南亚华商企业,其中新加坡 28 家、马来西亚 26 家、印度尼西亚 9 家、菲律宾 10 家、泰国 9 家。[①] 2015 年,华商与中国互动频繁,在"一带一路"建设中形成了积极互动、彼此期待、同益共赢的局面。中国方面,希望华商成为中外经济合作共赢的"彩虹桥"和促进中国经济转型发展的"生力军",并于 2015 年在北京举办了首届世界华侨华人工商大会,国务院总理李克强亲临,显示了中国对于华商在"一带一路"建设中所发挥作用的重视和期望。华商方面,则期待 2015 年正在加速建设的中国—东盟自贸区升级版和区域全面经济伙伴关系这两个议题的谈判尽快完成,以从不同侧面、通过不同方式发挥影响力,参与到海上丝绸之路中,[②]体现了东南亚华商对于"一带一路"中所蕴含的众多商机的强烈期盼。

东南亚华商基于对中国和住在国的经济、社会、文化和法规的熟知,在与中国和住在国双边长期经济互动的过程中得以发展和壮大。近年来,在中国经济迅速崛起的大背景下,随着中国与东盟经贸外交关系发展的良好态势,再加上东南亚与中国地缘相近的地理优势等因素,东南亚华商目前正呈现出一种在住在国与中国两地社会"双重嵌入"的特征,即华商在本土(住在国)融入和跨国(与中国之间)网络两方面并行的特点。基于笔者在 2014 年和 2015 年对于东南亚华商的调研,这一双重嵌入特征主要体现在以下三个层面:商业管理策略、社会经济网络、商业价值取向。[③]

在商业管理策略上,华商的双重嵌入特征主要表现为:第一,与本土人士共享企业所有权。其优势主要在于两点:一是帮助企业在较短时间内提升竞争力,包括接触本土的市场资源和获取成熟的商业网络;二是移民企业家能够轻松而快速地实现从"局外人"到"内部人"的转变。在笔者近一两年接触、访问过的东南亚华商中,60% 都与本土人士有企业合伙关系,并因此使所获的商业利润有明显提升。第二,人力资源本土化,即雇员绝大多数为本土人士。企业雇用本土员工的优势颇为明显,比雇用外籍员工的成本低;本土雇员在当地没有语言障碍,能够快速深入本土市场;此外,通过为本土人员提供就业机会,企业提升了在当地社会的形象等。人力资源本土化是华商的重要管理战略。一位受访的新加坡新移民华商就表示:"我虽然熟悉这一行业技术,但对新加坡本土市场而言,完

---

① 《2013 全球华商 1 000 排行榜》,世界华人企业家协会网站,http://www.wea.com.cn/newsdet.asp? ids = 1221,2014 年 12 月 17 日。

② 刘锦庭:《华商华人大有可为》,《北大商业评论》2015 年第 6 期。

③ 笔者以新加坡新移民企业家为个案研究,对当前华商所呈现出的这一特征做了详细分析。具体内容见任娜、刘宏:《跨国性与本土化:新加坡华人新移民企业家的双重嵌入》,《世界民族》2016 年第 2 期。

全是一个局外人。因此，在新加坡成立公司后，我的所有员工都是新加坡人。我只控制着公司发展的方向和目标。其他业务全部由我聘用的本土经理人进行管理。你越信任他们，他们越会为这个公司努力工作。"第三，多维空间的商业运作机制。在商业运作上，华商显现了明显的跨国性特征，即作为华人的文化背景和在中国或第三国的广泛社会网络，使商业形成多维空间运作机制的特点，即由两国或两国以上的商业资源组合而成的运作模式，如"中国市场＋西方技术＋本土管理"或"本土资本＋本土技术＋中国原材料"或"中国货源＋本土市场"等。跨国商业运作模式将华商在中国和住在国双重嵌入的优势进行了最大化，提升了在全球市场的竞争力。

在社会经济网络上，主要表现为他们嵌入住在国和中国的双边社会经济网络中。网络建构渠道有两种。一是制度化渠道。华商通过参加住在国和中国的社会组织嵌入两个社会中。如一位受访的马来西亚华商DT，他不仅参加了马来西亚和新加坡两地的中华总商会，而且也积极加入了上海的多个商业和社会组织。二是个人网络。这包括与中国家庭亲人朋友的联系，以及与住在国本土人士的日常交往等，其同样构成华商嵌入双边社会的重要渠道。

在商业价值取向上，华商显示了两种不同的商业"面孔"，即适应本土社会的"本土面孔"和适应中国社会的"中国面孔"。以新加坡华商为例，他们同时展现了"新加坡面孔"和"中国面孔"。"新加坡面孔"强调了华商对于新加坡商业价值观念的认同，如重视效率、商业竞争的公平性、任人唯贤等，并在自己的企业中将上述原则加以实践。华商LY说："在中国经商，需要花费大量的时间和精力去应酬合作伙伴和客户，建立商业关系。在新加坡，我们很少有这样的应酬。维持我们与客户之间的关系就是我们的产品质量，而不是私下关系。"而"中国面孔"强调关系、人情和面子在商业行为中的重要性。[①]在新加坡华商的商业理念和实践中也显现了这一面。出于华人社会文化背景，在中国，他们能够从容地在商业活动中面对和处理一些"中国式"的麻烦和问题。他们的华人背景在竞争激烈的商业环境中变成了他们的巨大优势，并在无形中强化了他们对于华人背景的认同。东南亚华商正在呈现出来的这种双重嵌入特征将随着中国"一带一路"建设在东南亚地区的深入而日渐彰显，并成为华商参与"一带一路"建设的独特优势，最终促成华商成为中国"一带一路"互联互通建设中的参与者、实践者和受益者。

（二）华人社团

东南亚是海外华人社团存在历史悠久且数量最为集中的地区。一直以来，东南亚华人社团在扶助华人社群、凝聚华人力量、整合华人资源等方面发挥着无可替代的作用。在中国"一带一路"建设中，2015年东南亚华人社团依然扮演着积极的推动角色，主要突出在以下四个方面：

第一，推动中国与东南亚国家之间的民间人文交流与合作，助力民心相通。推进"一带一路"建设，夯实双方睦邻友好的民间社会基础是关键。华人社团凭借着在当地社会的影响力和广泛的区域社会网络，在2015年深化中国—东南亚民间人文交流方面仍然扮演

---

① MAYFAIR YANG, Gifts, favors, and banquets: the art of social relationships in China, *New York*: *Cornell University Press*, 1994.

着积极的桥梁角色。如菲律宾菲华各界联合会为庆祝中华人民共和国成立 66 周年举办的"爱和平 共繁荣"大型文艺晚会,①印度尼西亚百家姓协会等社团邀请中国和印度尼西亚两国人士参加并主办的"2015 新春元宵节交响音乐会",②新加坡茶阳（大埔）会馆广邀中国、马来西亚、泰国、印度尼西亚等国家的相关组织打造的千人盛宴"客家文化节",③以及新加坡宗乡总会提供奖学金资助新加坡学生前往北京大学深造④等,都显示了东南亚华人社团在动员社会人士、民间团体力量,积极促进中外人文交流方面所发挥的重要桥梁作用。

第二,努力凝聚海外华人力量,营造和平稳定的国际环境。东南亚国家是中国的近邻,其中东南亚的重要成员国——越南、老挝、缅甸又与中国广西、云南等省接壤,因此,构建稳定和谐的边疆环境,营造安宁和平的周边国际氛围,是中国开展"一带一路"建设的必要条件。社团作为东南亚华人社会建构的重要基石,易于在较大范围内组织和动员华侨华人。2015 年是纪念中国人民抗日战争暨世界反法西斯战争胜利 70 周年,一些东南亚华人社团纷纷组织活动,如马来西亚七大乡团主办南侨机工回国抗战史——《南侨颂》演出,⑤菲律宾晋江同乡总会举行世界反法西斯战争胜利 70 周年征文活动,⑥泰国华人团体在曼谷举行抗战历史图片展⑦等,都显示了社团在团结海外华人、营造和平国际氛围的协调和组织能力。

第三,协助中外人文理念沟通,传播"一带一路"的正确内涵。"一带一路"理念提出后,国外不少民众对其产生误解。东南亚华人社团通过主办和参加研讨会、庆典、论坛等活动,向当地民众更好地传达了中国和平发展的规划和理念,维护了中国在海外的正面形象。如 2015 年马来西亚中华总商会与中国银行共同举办了马中"一带一路"经济大会,向马来西亚工商界详细揭示了"一带一路"的概念内涵以及中马合作的目标、领域和重点项目。⑧印度尼西亚中国商会在 2015 年庆祝 10 周年活动之际,邀请中国驻印度尼西亚大使、印度尼西亚投资委副主席以及当地企业家等 2 000 余人,讨论了中国"一带一路"建

---

① 《驻菲律宾使馆与侨团合办国庆 66 周年文艺晚会》,中国侨网：http：//www. chinaqw. com/hqhr/2015/09 - 30/65968. shtml,2015 年 9 月 30 日。

② 《印尼社团隆重举办"2015 新春元宵节交响音乐会"》,国家数字文化网：http：//www. ndcnc. gov. cn/zixun/huanqiu/201503/t20150324_1077711. htm,2015 年 3 月 24 日。

③ 《耗资 100 万元贺三庆 茶阳会馆办"客家文化节"》,联合早报网：http：//www. zaobao. com/news/singapore/story20150717 - 503774,2015 年 7 月 17 日。

④ 《新加坡宗乡总会颁奖学金 四学生赴北京大学深造》,中国侨网：http：//www. chinaqw. com/hqhr/2015/08 - 25/61909. shtml,2015 年 8 月 25 日。

⑤ 《马来西亚七大乡团联合举办〈南侨颂〉演出》,中国侨网：http：//www. chinaqw. com/hqhr/2015/09 - 28/65764. shtml,2015 年 9 月 28 日。

⑥ 《菲律宾晋江同乡会举办抗战胜利 70 周年征文奖评选》,中国侨网：http：//www. chinaqw. com/hqhr/2015/09 - 30/65947. shtml,2015 年 9 月 30 日。

⑦ 《泰国中国和统总会举办纪念抗战胜利 70 周年图片展》,泰华网：http：//www. thaicn. net/news/qsxw/2015 - 08 - 20/12379. html,2015 年 8 月 20 日。

⑧ 《吴政平参赞出席中国银行与马来西亚中华总商会共同举办的马中"一带一路"经济大会》,中华人民共和国驻马来西亚大使馆经济商务参赞处网站,http：//my. mofcom. gov. cn/article/todayheader/201507/20150701031916. shtml,2015 年 7 月 2 日。

设与印度尼西亚经济发展的结合和机遇。①菲律宾、新加坡等国的华人社团也在不同场合阐释了中国"一带一路"的正确理念,表达了"一带一路"为住在国所带来的发展契机。这些活动都为中国"一带一路"内涵在海外社会的正面传播产生了积极的辅助作用。

第四,整合社团资源,为"一带一路"建设提供人力和智力等多方面的支持。近年来,东南亚地区华人新移民数量不断增加,其中不乏专业人士和中国留学生。由这些成员组成的社团是东南亚华侨华人专业社团的典型代表,是"一带一路"在东南亚开展的重要参与者。如2015年国际潮籍博士联合会与深圳侨商智库研究院深化合作,将更多的科研成果转化为生产力;新加坡中国学者学生联合会与中国高校和创业园区合作,举办多场人才招聘、创业大赛和学术论坛等。这些华人专业社团虽然历史较短,经济基础薄弱,但在人力与智力资源方面具备丰厚的能量,为中国"一带一路"建设提供了重要的智力支持和助推力量。

总之,东南亚华人社团历史长、数量多以及稳定性强等特点使之成为中国"一带一路"建设的重要辅助力量。但当前华人社团存在的一些问题,如一些社团内部的恶性竞争、管理不够专业、社团资源分散、社团之间存在矛盾与竞争,新移民社团时有摩擦与排斥,以及部分社团的泡沫化和边缘化等,也在一定程度上消耗和降低了社团的能量和效率。

(三) 华文媒体

东南亚是华文媒体的诞生地。1815年,世界上第一份近代华文媒体《察世俗每月统记传》在马六甲诞生。目前,东南亚华文媒体规模庞大,市场化程度较高,具有深远的传播力和影响力,在"一带一路"建设中担负着向海外传播中华文化、讲好中国故事的重要责任。2015年是海外华文媒体诞生200周年。这一年华文媒体稳中前进,对"一带一路"进行了大量关注和报道,发挥了应有的传播力和影响力,但也面临着来自时代转型的巨大挑战。

首先,东南亚华文媒体继续在传播中华文化、建构中国国家形象、与居住国主流社会互动等方面发挥着重要作用,日趋彰显了大平台的效应。2015年的一项突出活动是包括东南亚华文媒体在内的60余家海外华文媒体参加了"文化中国——海外华文媒体地方行"活动,对中国的四川、山东、江苏、新疆等地进行参观、考察和报道,显示了海外华文媒体在深化民间交流,向海外社会积极传播和推介中国地方文化,建构积极的中国形象发挥着积极的作用。此外,东南亚华文媒体积极与主流社会互动,正确引导当地社会的舆论走向。如对于中国的"一带一路"理念和国际社会对之持有的各种偏见,新加坡《联合早报》举办过数次研讨会,并对一些重要的政经学界人士的言论加以报道,他们包括新加坡财政部兼交通部高级政务部长杨莉明、新加坡巡回大使许通美、新加坡历史学者柯木林等。②华文媒体对之的客观报道对于引导当地社会的"一带一路"的舆论走向起到了积极的作用。

---

① 印度尼西亚中国商会:《"印尼中国商会成立十周年庆典"在雅加达隆重举行》,http://www.chinachamber.co/Detail.aspx? id=236,2015年6月10日。

② 《新加坡掀起"一带一路"热》,新华网,http://www.xinhuanet.com.sg/2015-11/12/c_128420314.htm,2015年11月12日。

其次，东南亚华文媒体加大了对中国"一带一路"信息的关注和报道。主要体现在：第一，重视对于"一带一路"理念和相关时事活动的传播和介绍。以印度尼西亚最具影响力的华文报纸《国际日报》2015 年上半年的发文为例，在数量上，平均一天就有一条关于"一带一路"的报道，且通常都安排在报纸的重要版面；在内容上，覆盖了政治、经济、军事、文化等各个领域，报道的评估态度多为中立且客观；在稿源上，除印度尼西亚《国际日报》本报采编的新闻外，稿件均来自其他 20 个权威机构，如新华社、中新社、《环球时报》等，显示了其稿件的丰富性和权威性。[①]第二，与中国媒体互动频繁，积极参加了中国举办的以"一带一路"为主题的媒体活动。如 2015 年多家东南亚华文媒体参加了"一带一路"世界华媒经济论坛、"2015 行走中国·海上丝绸之路华文媒体海南行"活动、"2015 海外华媒看广东"活动，以及印度尼西亚《国际日报》和《千岛日报》、马来西亚《光华日报》、Astro 电视台和新加坡《联合早报》等对厦门东南亚"一带一路"采访团的报道等，均显示了东南亚华文媒体对于"一带一路"建设的热情和关注。

最后，东南亚华文媒体普遍面临着来自新媒体和自媒体的挑战和时代转型。随着传统媒体在世界市场的萎缩，以传统媒体为主的东南亚华文媒体正面临着严峻挑战。新加坡《联合日报》是在海外华人社会影响力颇大，本土日发行量高达 20 多万份的华文报纸，在当前也面临着年轻读者群严重流失的问题，且读者群年龄每年都上涨一岁，目前已达到 53 岁。[②]2015 年召开的第八届世界华文传媒论坛进一步明确指出海外华文媒体面临多种挑战，传统媒体到了革新图存的重要关口。但感到危机的同时，我们也欣喜地看到当前东南亚华文媒体在互联网时代的新发展，网络电视、门户网站、微博、数字电视、微信平台、手机 App 等新媒体传播渠道已经开始在东南亚华文媒体领域形成，如新加坡《联合早报》开发了 iPad 系统的 App 客户端，缅甸中文网利用微信平台进行传播，并荣居微信海外排行榜第五名，[③]2015 年泰国亚洲大众集团联合泰国三大电信公司推出"泰国头条新闻——华文新闻 SMS 短信平台"正式上线[④]，首届"海外华文新媒体合作委员会"也于 2015 年在泰国正式成立[⑤]。这些都显示了东南亚华文媒体在 2015 年向新媒体转变和发展的新态势。

四、政策建议

东南亚华侨华人是中国"一带一路"建设在东南亚地区的重要推动力量，是"一带一路"战略的传播者、实践者和受益者，但在具体制定实施政策时，要注意到以下几点：

第一，东南亚华侨华人社群构成的复杂性。在这一群体中既有对祖籍国中国充满感情的老一辈华侨华人和新移民，也有深刻同化于当地的华人或华裔；既有与中国保持密切联

① 王梦雪：《印度尼西亚〈国际日报〉对"一带一路"报道的分析》，《国际传播》2015 年第 10 期。
② 《〈联合早报〉总编：新媒体让报人和政府都在检讨》，腾讯网，http：//cul. qq. com/a/20150321/014836. htm，2015 年 3 月 21 日。
③ 《缅甸华人媒体走上世界舞台讲缅甸故事，受泰国皇室亲切接见》，今日头条，http：//toutiao. com/a621404137877250737/，2015 年 11 月 6 日。
④ 《泰国推出华文新闻短信平台》，手机人民网，http：//m2. people. cn/r/MV80XzQ3MTA0ODRfMjNfMTQ0MjQwMzkxOQ =，2015 年 9 月 16 日。
⑤ 《首届海外华文新媒体合作发展论坛在泰国清迈召开》，中国侨网，http：//www. chinaqw. com/hwmt/2015/11 -08/69700. shtml，2015 年 11 月 8 日。

系的华人社团，也有疏离中国、完全当地化的华人或华裔。因此，在具体实施"一带一路"战略时，我们既要看到东南亚华族社会文化与中华文化的一脉相承，也要避免因过分放大同种同根而忽略了东南亚华族社会与中国社会的重大差异，伤害到东南亚华人对于中国的文化情感。因此，在强调东南亚华侨华人在"一带一路"建设发挥主体性的同时，也要注意和充分尊重他们的客体性，在求同存异的基础上，广泛调动东南亚华侨华人参加"一带一路"的积极性。

第二，根据东南亚不同国家华侨华人社会的特点，因地制宜地发挥当地华商、华人社团和华文媒体的效能。尽管东南亚经常被作为一个整体区域来看待，但东南亚地区的11个国家的历史发展迥异，文化政经皆有不同，各地的华侨华人社会也各有特色和优势，因此，应针对各国的实际情况，结合各国华商的不同特点，选取若干重点华人社团、华文媒体作为支点，分重点、有层次、张弛有度地推进"一带一路"的建设进程。

第三，"一带一路"的复杂性和风险性。东南亚地区地缘政治关系错综复杂，大国政治博弈突出，华商经济在一些国家仍属敏感议题，这些区域的不确定因素使东南亚华侨华人在参与过程中可能面临着不可预料的挑战与风险，从而给当地华侨华人带来许多不确定性甚至利益损失，因此，我们在"一带一路"的推进过程中，要及时总结经验教训，并在政策上对之加以正确合理的引导，尽量避免或降低对东南亚华侨华人造成的负面影响。

中亚地区

中亚地区概况

地区名称	一般所说的中亚五国是：哈萨克斯坦、乌兹别克斯坦、吉尔吉斯斯坦、土库曼斯坦、塔吉克斯坦	人口数量	7 000 万左右
地理位置	位于亚洲中部腹地	华侨华人人口数量（含少数民族）	超过 60 万
气候	温带大陆性气候	华侨华人所占总人口比例	不足 1%
领土面积	400 多万平方千米	主要族群	哈萨克族、吉尔吉斯族、塔吉克族、土库曼族、乌孜别克族
政体	包括总统共和制、总统制、议会制等不同类型	GDP	约 3 000 亿美元
主要宗教	伊斯兰教逊尼派	人均 GDP	哈萨克斯坦：9 730 美元 乌兹别克斯坦：1 650 美元 吉尔吉斯斯坦：990 美元 土库曼斯坦：5 550 美元 塔吉克斯坦：860 美元

数据来源：参见中华人民共和国外交部网站国家和地区相关介绍，http：//www. fmprc. gov. cn/web/gjhdq_676201/gj_676203/yz _ 676205/；世界银行发布的《2013 年世界各国人均国内生产总值排名报告》，http：//www. mofcom. gov. cn/article/i/jyjl/m/201307/20130700204617. shtml 等。

一、中国与中亚五国交流现状

哈萨克斯坦、乌兹别克斯坦、吉尔吉斯斯坦、土库曼斯坦和塔吉克斯坦作为中亚地区五个重要国家，具有极为重要的战略位置，并蕴藏着十分丰富的能源矿藏。冷战结束以来，随着中亚五国走向独立，推动国内经济社会发展向平稳方向过渡，中国与中亚五国的合作关系也从单一、个别领域走向贸易往来、跨境人口管理、能源合作、水资源利用、安全合作、交通合作等全面合作发展之路，特别在共同应对和解决事关本地区的重大事务问题上，已建立起包括"上海合作组织"在内的对话和协商机制。中亚五国可以说在地理位置上是关系到中国西北安全稳定的重要地区，在经贸关系领域则是中国推进"丝绸之路经济带"战略构想的重要合作伙伴。2012 年，中国与中亚五国贸易总额超过 460 亿美元，是 20 年前的近 100 倍。① 而从 2013 年起，中国与中亚五国全部建立起战略级别关系。但受全球经济形势不景气以及国际社会对俄经济制裁、中亚五国国内经济发展滞缓、俄白哈关税同盟建立等多重因素影响，2015 年中国与中亚五国贸易总额仅达 245.36 亿美元，②比起 2012 年高峰时期有明显回落。但在多边合作领域，2015 年 7 月 10 日，上海合作组织成员国元首理事会第十五次会议在俄罗斯乌法举行。习近平主席同俄罗斯总统普京、哈萨克斯坦总统纳扎尔巴耶夫、吉尔吉斯斯坦总统阿塔姆巴耶夫、塔吉克斯坦总统拉赫蒙、乌兹别克斯坦总统卡里莫夫共同出席了会议。习近平主席在会上发表了《团结互助 共迎挑战 推动上海合作组织实现新跨越》的讲话，其中提出：

第一，坚持"上海精神"，打造本地区命运共同体。中方欢迎成员国签署《边防合作协定》，愿同各方加紧研究起草本组织《反极端主义公约》。中方愿同各方加强合作，优先实施已经达成共识的互联互通项目，在未来几年，推动建成 4 000 千米的铁路、超过10 000 千米的公路，基本形成区域内互联互通格局。要坚持成立上海合作组织开发银行这一战略方向，实施好"丝绸之路经济带"同"欧亚经济联盟"对接，促进欧亚地区平衡发展等等。③

与双边合作发展相伴随的是跨国人口流动的增长，特别是近年来中国西北地区向中亚以及西亚、南亚等地人口流动的数量呈现逐年上升的趋势，探亲、访友、贸易、留学、劳务、婚姻、定居等活动日渐频繁。这一现象当然与中亚地区与中国西北地区大量的同源跨境民族也有着重要关系。这类跨境民族按照人数分布地区多少而言大概分为两类：一类是在中国西北与中亚地区长期生存发展，并在民族国家边界确定后人口大多数主要在中亚地区的民族：哈萨克族、吉尔吉斯族（柯尔克孜族）、塔吉克族、乌孜别克族等；另一类是在中国西北与中亚地区长期生存发展，并在民族国家边界确定后人口大多数主要在中国西北的民族：维吾尔族、回族（中亚地区称为东干人）等。而哈萨克族、乌孜别克族、吉尔吉斯族、塔吉克族又分别是哈萨克斯坦共和国、乌兹别克斯坦共和国、吉尔吉斯斯坦共和国和塔吉克斯坦共和国的主体民族。同源跨境民族之间不仅在宗教信仰、体形外貌、文化风俗、情感表达和生活方式上相类似，而且关系往来十分频繁。④

据不完全统计，海外仅新疆籍侨胞就有约 100 万人，归侨侨眷约 50 万人，90% 为少数民族侨胞，其中维吾尔族侨胞约为 80 万。另外，从新疆地区来的哈萨克族人主要分布于哈萨克斯坦，柯尔克孜族人主要分布于吉尔吉斯斯坦，维吾尔族人主要分布于哈萨克斯

① 《中国与中亚国家近 20 年贸易总值增长近 100 倍》，中华人民共和国商务部网站，http://www.mofcom.gov.cn/article/i/jyjl/m/201305/20130500146769.shtml，2013 年 5 月 31 日。

② 《中国与中亚五国关系之双边贸易关系》，中华人民共和国外交部网站，http://www.fmprc.gov.cn/web/gjhdq_676201/gj_676203/yz_676205/。

③ 《习近平出席上海合作组织乌法峰会并发表重要讲话》，人民网，http://politics.people.com.cn/n/2015/0710/c1024-27287215.html，2015 年 7 月 10 日。

④ 丁建伟：《中亚与我国西北边疆地区同源跨国民族问题》，《西北第二民族学院学报》（哲学社会科学版）2004年第 1 期。

坦、吉尔吉斯斯坦、乌兹别克斯坦和土库曼斯坦。[①] 在甘肃籍的海外侨胞中，少数民族较多也是其显著特点。据甘肃省外事侨务办公室不完全统计，甘肃省海外华侨华人及港澳同胞亲属 10 余万人，归侨侨眷近 10 万人。而甘肃省籍国外回族等少数民族侨胞约 1.5 万人，主要分布在哈萨克斯坦、吉尔吉斯斯坦等 16 个国家和地区。甘肃省内少数民族归侨侨眷约有 1.5 万人，主要分布在临夏回族自治州、甘南藏族自治州和酒泉市阿克塞哈萨克族自治县、肃北蒙古族自治县等地。目前主要生活于哈萨克斯坦、吉尔吉斯斯坦、乌兹别克斯坦的约 12 万东干人在历史上就主要来自甘肃以及陕西。[②] 而据陕西官方数据，仅哈萨克斯坦就有来自陕西的东干人约 8 万，生活习惯与传统关中回族群众生活十分相近，陕西省每年为中亚培养 1 000 名学生。[③]

二、中资企业在中亚投资不断获得发展

2015 年 9 月，哈萨克斯坦的萨姆鲁克卡泽纳国家福利基金同中国公司签署了涉及交通、能源、核能、冶金和化工等领域的多项协议，总金额达 51 亿美元，其中，哈萨克斯坦铁路集团和江苏省人民政府签署了关于连云港港口和"霍尔果斯—东大门"经济特区战略合作框架的协议，投资高达 6 亿美元。双方将共同实施交通物流、编组列车项目以及在"霍尔果斯—东大门"经济特区建立仓储基础设施。马萨尔采矿加工厂（陶肯萨姆鲁克国家矿业公司的子公司）同中国技术进出口总公司签署协议，在阿克莫拉州马萨尔铁矿建立年产能为 100 万吨钢材的采矿冶金共合体。萨姆鲁克能源公司、哈萨克斯坦开发银行和中国开发银行商确定了为舍列克走廊 60 兆瓦风电站项目（未来可达到 300 兆瓦）融资的基本条件。中国开发银行和哈萨克斯坦开发银行分别为阿拉木图州发展绿色能源提供 1.2 亿美元和 3 500 万美元。哈萨克斯坦原子能公司同中国原子能工业公司签署了关于经中国向美国和加拿大出口铀产品的协议。该协议将有助于公司实现铀产品供应多元化。联合化工公司签署了江布尔州草甘膦和三氯化磷生产项目融资和实施协议，中国开发银行为其提供 1 亿美元贷款。哈萨克斯坦的石油天然气加工销售公司和中国庆华集团签署了建立合资企业的协议，该企业将实施卡拉干达州煤处理综合体建设项目，引进新技术从煤炭中提取液体燃料。[④] 中资企业在哈萨克斯坦发展过程中，中方人员赴哈萨克斯坦人数也在增长。据哈萨克斯坦卫生和社会发展部称，截至 2015 年 6 月 1 日，2015 年已经向超过 3.6 万名外国人发放劳务许可，其中向 2 038 人发放一类许可，向 6 411 人发放二类许可，获得三、四类许可的分别有 15 122 人和 11 534 人。农忙季节来哈萨克斯坦务工的外国公民有 1 759 人。主要的外国劳务来源国是中国、土耳其、乌兹别克斯坦等。[⑤]

① 《肖开提·依明：海外新疆百万侨胞是维稳重要力量》，中国新闻网，http://www.chinanews.com/zgqj/2014/02-21/5865957.shtml，2014 年 2 月 21 日。

② 《甘肃：最贴近中亚的新侨乡》，《人民日报》（海外版），2012 年 10 月 19 日。

③ 《娄勤俭谈"一带一路"陕西站到开放"最前沿"》，华商网，http://news.hsw.cn/system/2015/0310/227766.shtml，2015 年 3 月 10 日。

④ 《萨姆鲁克卡泽纳国家福利基金同中国公司签署价值 51 亿美元协议》，中华人民共和国驻哈萨克斯坦共和国使馆经济商务参赞处网站，http://kz.mofcom.gov.cn/article/zxhz/zhxm/201509/20150901102981.shtml，2015 年 9 月 2 日。

⑤ 《2015 年以来超过 3.6 万名外国人取得哈萨克斯坦劳务许可》，中华人民共和国驻哈萨克斯坦共和国使馆经济商务参赞处网站，http://kz.mofcom.gov.cn/article/zxhz/zhxm/201506/20150601019133.shtml，2015 年 6 月 22 日。

　　中国在塔吉克斯坦的贸易、投资也有超越其他国家的态势。按塔方统计，塔吉克斯坦2016 年 1—2 月对外贸易额为 5.86 亿美元，同比下降 4.7%，其中塔吉克斯坦出口 1.38 亿美元，同比下降 7.9%，进口 4.48 亿美元，同比下降 3.7%。1—2 月中塔贸易额为 1.5 亿美元，同比增长 1.3 倍，首次超越俄罗斯，中国成为塔吉克斯坦第一大贸易伙伴。① 据塔吉克斯坦统计署数据，截至 2014 年 6 月底，塔吉克斯坦吸引外资总额为 26.59 亿美元，中国对塔投资额为 4.67 亿美元，是塔吉克斯坦第二大投资来源国。俄罗斯为塔吉克斯坦第一大投资来源国，对塔投资 9.86 亿美元；伊朗为塔吉克斯坦第三大投资来源国，投资额为 3.02 亿美元。在接受无偿援助方面，2014 年上半年，塔吉克斯坦接受了来自 32 个国家约 4 360 万美元的援助。主要援塔国家有：美国（占比 70.9%）、荷兰（8.2%）、俄罗斯（5%）、中国（3.9%）、韩国（2.2%）。中国是塔吉克斯坦的第四大援助国。② 2014年 10 月，据《金融时报》公布，塔吉克斯坦副财长亚莫利丁·努拉列夫表示，中国将在未来 3 年内向塔吉克斯坦至少投资 60 亿美元。这个投资相当于塔吉克斯坦 2014 年国内生产总值的 2/3，并且为该国全年外国直接投资数额的 40 倍。③ 目前塔吉克斯坦正在实施的投资项目有 59 个，总额为 25 亿美元。据塔吉克斯坦统计署资料称，2015 年前 9 个月，外国对塔直接投资额约为 7.2 亿美元，同比增加了 2 060 万美元，塔吉克斯坦吸引直接投资的主要领域有：地质及矿产开采、建筑、农业、工业、金融服务等。④ 在两国政治关系顺利发展的前提下，以华新水泥、紫金矿业、特变电工、中国路桥公司、中石油、中国有色集团、中国水电股份公司等为代表的中国大型企业集团不断赴塔开展合作、投资、援建等工作，在经济领域有力地推进了中塔关系向前发展。紫金矿业集团股份有限公司是地处闽西的一家大型国有控股矿业集团，是中国最大的黄金生产企业、第二大矿产铜生产企业和重要的锌、钨、铁生产企业。紫金矿业集团自 2007 年入股塔吉克斯坦的泽拉夫尚公司以来，在中塔两国政府的高度重视和大力推进下，累计投入 4 亿多美元完成了泽拉夫尚公司矿山重建和技术改造，扭转了该公司过去长期亏损的状态，使泽拉夫尚公司成为塔吉克斯坦最大的黄金生产企业。至 2015 年 9 月，公司已累计生产黄金 12.7 吨，实现营业收入 5.2 亿美元，缴纳各类税费约 1.57 亿美元。2015 年 10 月，中塔泽拉夫尚公司吉劳万吨选厂项目正式投产，塔吉克斯坦共和国总统拉赫蒙出席投产仪式。吉劳万吨选厂是中塔泽拉夫尚公司的重点工程项目，项目如期实现建成投产，不仅是泽拉夫尚公司发展史上的重要里程碑，更是中塔矿业领域合作共赢的盛事。投产后，公司黄金产量将大幅增加，对泽拉夫尚公司提升盈利水平、拉动驻地经济社会发展具有重要意义。拉赫蒙总统公开表示："中国是塔吉克斯坦可靠的盟国、好朋友与好邻居，中塔泽拉夫尚合资企业是中华人民共和国与

---

　　① 《2016 年 1—2 月中国首次超越俄罗斯，成为塔吉克斯坦第一大贸易局伙伴》，中华人民共和国驻塔吉克斯坦共和国大使馆经济商务参赞处网站，http://tj.mofcom.gov.cn/article/jmxw/201603/20160301278422.shtml，2016 年 3 月 18 日。

　　② 《数据解读：中国已成塔吉克斯坦第二大投资国第三大贸易伙伴》，中国经济网，http://intl.ce.cn/specials/zxxx/201409/11/t20140911_3520157.shtml，2014 年 9 月 11 日。

　　③ 《中国将向塔吉克斯坦至少投资 60 亿美元》，中研网，http://www.chinairn.com/news/20141024/08303686.shtml，2014 年 10 月 24 日。

　　④ 《塔吉克斯坦正在实施的投资项目总额为 25 亿美元》，中华人民共和国驻塔吉克斯坦共和国大使馆经济商务参赞处网站，http://tj.mofcom.gov.cn/article/jmxw/201601/20160101237574.shtml，2016 年 1 月 19 日。

塔吉克斯坦共和国良好合作的结晶。"①

2016 年 2 月，应土库曼斯坦工业家企业家联盟邀请，中国商务代表团实现对土库曼斯坦的访问，双方签署了 9 个合作意向书，拟在土成立合资企业生产进口替代产品并出口。其中，中国青海省的集团有限公司与土库曼斯坦 Oguzabat 公司在阿什哈巴德利用当地原料合作生产开司米毛线；另有中国企业与土库曼斯坦 Merdana Turkmen 公司计划合作生产油气设备并提供服务；此外，其他中国公司准备建造纸浆厂和轿车、载重车、农业机械过滤器厂；合作生产金属制品、气体发电机，加工花岗岩和大理石。双方甚至合作成立合营商场和饭店。②

三、华文教育获得发展

在华文教育方面，中亚国家近年来掀起了汉语学习热。2006—2012 年，先后有 4 所孔子学院在哈萨克斯坦落户，汉语在该国高校乃至中小学课堂中很受欢迎。吉尔吉斯斯坦国家广播电台与吉尔吉斯国立民族大学孔子学院合作开办了"跟我学汉语"栏目，颇受当地汉语学习者们的青睐。乌兹别克斯坦政府非常重视汉语推广和中乌文化交流，撒马尔罕外语学院、费尔干纳大学等地方院校也陆续开设了汉语课程。虽然乌兹别克斯坦的汉语学校数量不断增加，但仍难以满足乌国民众学习汉语的热切需求。土库曼斯坦已有 3 所大学开设了汉语课：国立马赫图姆库里大学、阿扎季世界语言学院、土国外交部所属的国际关系学院。当地学生学习汉语热情很高，对中国文化、经济和国情很感兴趣，但汉语师资仍严重匮乏，已经不能满足当地需求。③

与新疆师范大学合作的塔吉克斯坦国立民族大学孔子学院是塔吉克斯坦的第一所孔子学院。该学院自 2009 年 3 月运行以来，积极面向幼儿、中小学、大学开展不同层次的汉语教育，该院在塔吉克斯坦设有 12 个教学点，逐步形成了覆盖塔吉克斯坦全国的汉语教学网络，成为塔汉语教学的核心机构。2011 年，该孔子学院注册学员近 2 000 人，2013 年注册学员达到了 3 414 人。孔子学院充分利用中塔文化优势和特色，开展了不少大型文化交流活动，有效地提升了汉语的吸引力和感召力，成为中塔文化交往和互相学习的重要平台。2014 年 9 月 13 日，在国家主席习近平和塔吉克斯坦总统拉赫蒙的共同见证下，孔子学院总部总干事、国家汉办主任许琳与塔吉克斯坦教育科学部部长萨义德共同签署了中国石油大学（华东）与塔吉克斯坦冶金学院合作设立孔子学院的协议。这也是塔吉克斯坦设立的第二所孔子学院。④ 塔吉克斯坦冶金学院在册学生近 2 500 名，该学院位于索格特州首府苦盏市，是塔吉克斯坦第二大城市。中国的一些大型企业相继进驻苦盏市投资设点，并雇用大量塔吉克斯坦员工，中国企业对当地员工的汉语培训表现出极大热情，表示迫切需要孔子学院给予支持。2015 年 8

---

① 《ZGC 吉劳万吨选厂正式投产　塔国总统拉赫蒙为项目剪彩》，紫金矿业网站，http://www.zjky.cn/news/zjnews - detail - 98374.htm，2015 年 10 月 19 日。

② 《中国企业家代表团访问土库曼斯坦，双方签订 9 个合作意向书》，中华人民共和国驻土库曼斯坦大使馆经济商务参赞处网站，http://tm.mofcom.gov.cn/article/jmxw/201603/20160301266644.shtml，2016 年 3 月 1 日。

③ 《中亚多国兴起"汉语热"　孔子学院"遍地开花"》，中国新闻网，http://www.chinanews.com/hwjy/2013/09 - 18/5298370_2.shtml，2013 年 9 月 18 日。

④ 《习近平和拉赫蒙共同见证塔吉克斯坦冶金学院孔子学院签约》，国家汉办网站，http://www.hanban.edu.cn/article/2014 - 09/15/content_551001.htm，2014 年 9 月 15 日。

月 20 日，塔吉克斯坦冶金学院孔子学院签约和揭牌仪式在该校举行，这也成为中国石油大学（华东）在海外设立的第一所孔子学院。两校代表共同签署了《中国石油大学（华东）与塔吉克斯坦冶金学院关于合作建设塔吉克斯坦冶金学院孔子学院的执行协议》和《理事会章程》。根据执行协议，中国石油大学（华东）将向塔吉克斯坦冶金学院孔子学院派驻汉语教师，开展汉语教学，培训当地汉语教师，提供汉语教学资源，开展汉语考试，提供中国教育、文化等信息咨询服务，并开展中外语言文化交流活动等。①

2013 年 6 月，由新疆师范大学和吉尔吉斯斯坦奥什国立大学合作举办的孔子学院，在吉南部奥什国立大学举行揭牌仪式，这是继比什凯克人文大学孔子学院、吉尔吉斯国立民族大学孔子学院之后，中国新疆高校在吉尔吉斯斯坦举办的第三所孔子学院。作为目前全球唯一一所以汉语本科教学为起点的孔子学院，奥什国立大学孔子学院开设了中国学专业及汉语言翻译专业，共招收全日制本科生 102 名。孔子学院在中方支持下配有多媒体教室、电脑室、汉语图书阅览室和中国文化活动室数间，为吉南部学习汉语者提供了优越的学习环境。② 吉尔吉斯斯坦第三所孔子学院的成立，是近年来在中吉关系不断加强的形势下，孔子学院和汉语教育在吉尔吉斯斯坦发展的真实写照。再如，吉尔吉斯斯坦国立民族大学孔子学院自 2009 年建院至今，学生数量增长了 10 倍，已有 2 000 多人，而整个吉尔吉斯斯坦国立大学学习汉语的学生共有 3 000 余人。学院每年都有大量教师和学生赴中国学习，很多学成回国的学生又成为该国汉语教学一线的骨干。2013 年 3 月，吉尔吉斯国立民族大学孔子学院还在吉尔吉斯斯坦内务部高等警官学院开设了新的汉语教学点。③ 而乌兹别克斯坦的孔子学院建设近十余年来也得到发展。2005 年建立的乌兹别克斯坦塔什干孔子学院不仅是中亚地区第一所孔子学院，也是全球较早建立的孔子学院，迄今培养了约 4 000 人次懂汉语的人才。④ 2014 年 11 月，由乌兹别克斯坦撒马尔罕国立外国语学院和中国上海外国语大学合作创办的乌兹别克斯坦的第二所孔子学院——撒马尔罕孔子学院在撒马尔罕市正式揭牌成立。⑤

中亚地区侨众的生存发展需要得到进一步关注和重视。目前，在"和谐侨社"建设发展方面，至少还存在亲我友我的华侨华人社团发展不均衡，新老接续工作存在一定困难的问题。目前，中亚地区相对成熟的侨团主要分布在哈萨克斯坦、吉尔吉斯斯坦、塔吉克斯坦等国。随着世情、国情、侨情的变化，近年来，现有侨团组织陆续遇到一些新问题，如一些社团的老一辈侨领年事已高，年轻侨领尚缺乏侨团工作的经验和实力，还要不断适应侨团工作的新内容、新任务。这就要求驻外使领馆、相关侨务部门给予年轻侨领更多的关注、培养和帮助。再有，为配合国家"一带一路"战略构想的实施，我国国有银行应考虑在中亚五国普遍设立分行，方便广大侨胞的经济生活，并起到向其他中亚国家辐射的作用。货币流通是"一带一路"战略中所提的"五通"之一，加强中国国有银行在中亚地

① 《石油大学与塔吉克斯坦冶金学院共建孔子学院》，山东省教育厅网站，http：//www. sdedu. gov. cn/sdjy/_jycz/_bkgx/702133/index. html，2015 年 9 月 1 日。

② 《中国驻奥什总领事出席国立大学孔子学院开学典礼》，中国新闻网，http：//www. chinanews. com/hwjy/2013/09－11/5271923. shtml，2013 年 9 月 11 日。

③ 《推进中吉友好关系不断深化》，《人民日报》，2013 年 9 月 10 日。

④ 《乌兹别克斯坦塔什干孔子学院校庆十周年》，中国经济网，http：//intl. ce. cn/specials/zxgjzh/201410/14/t20141014_3699216. shtml，2014 年 10 月 14 日。

⑤ 《乌兹别克斯坦第二所孔子学院在撒马尔罕成立》，新华网，http：//news. xinhuanet. com/world/2014－11/28/c_127259255_5. htm，2014 年 11 月 28 日。

区的网点建设，是从金融角度服务国家战略的重大举措，是"丝绸之路经济带"得以健康有效运行的基础。此外，当地华文媒体的发展还需时日，华文学校数量还有较大的提升空间，领事保护的力度也有待进一步加强，使领馆中懂少数民族语言的侨务领事岗位也应根据实际需要增加等等。只有做好这些，才能更好地为中亚广大侨胞在当地生存发展奠定基础。

中东地区

一、中东地区概况

"中东"作为一个地理概念，一般是指亚洲西部以及非洲东北部地区，具体包括伊朗、伊拉克、科威特、沙特阿拉伯、阿拉伯联合酋长国（以下简称"阿联酋"）、卡塔尔、巴林、也门、阿曼、约旦、以色列、巴勒斯坦、黎巴嫩、叙利亚、土耳其、埃及等国家和地区。中东地区人口约 4.07 亿，土地面积 742 万平方千米，2014 年 GDP 约 38 712 亿美元，经济体量巨大，市场腹地广阔。中东地区自古以来与中国的经济文化往来密切，是古代丝绸之路和古代海上丝绸之路的重要目的地和中转地，更是当下"丝绸之路经济带"和"海上丝绸之路"的重要节点。

表 1 中东地区概况

国家	人口（万人）	土地面积（万平方千米）	GDP（亿美元，2014 年）	人均 GDP（万美元，2014 年）	首都
伊朗	8 000	164.5	4 153	0.52	德黑兰
伊拉克	3 600	43.83	2 250	0.63	巴格达
科威特	396.5	1.78	1 810	4.56	科威特城
沙特阿拉伯	3 077	225	7 525	2.45	利雅得
阿联酋	930	8.36	4 164	4.48	阿布扎比
卡塔尔	212	1.15	1 980	9.34	多哈
巴林	123.5	0.08	340	2.75	麦纳麦
也门	2 360	55.5	392	0.17	萨那
阿曼	409.2	30.95	769	1.88	马斯喀特
约旦	663	8.9	366	0.55	安曼
以色列	846.2	2.5[①]	3 037.7	3.59	耶路撒冷[②]
巴勒斯坦	1 100[③]	1.15[④]	72.9	0.07	耶路撒冷[⑤]
黎巴嫩	458	1.05	499.2	1.09	贝鲁特
叙利亚	1 980	18.52[⑥]	330	0.17	大马士革
土耳其	7 874	78.36	8 001	1.14	安卡拉
埃及	8 670	100.1	3 022	0.35	开罗
总计	40 699.4	741.73	38 711.8	0.95	—

数据来源：根据中华人民共和国外交部网站数据整理所得。

①目前实际控制面积。

②1980 年以色列议会通过法案宣布耶路撒冷是以色列"永恒的与不可分割的首都"，但目前绝大多数同以色列有外交关系的国家将使馆设在特拉维夫及其周边城市。

③包括流落国外的难民和侨民。

④根据 1947 年 11 月联合国关于巴勒斯坦分治的第 181 号决议所划定的面积，但大部分土地目前实际为以色列控制。

⑤1988 年，巴勒斯坦全国委员会宣布耶路撒冷为首都，但目前政府主要部门在拉马拉。

⑥包括被以色列占领的戈兰高地约 1 200 平方千米。

在"一带一路"的大背景下，中国与中东地区各国的经贸往来增长迅速。可以发现，中国对中东地区的直接投资规模不小，但在不同国家的投资规模存在显著差异，主要集中在伊朗、沙特阿拉伯和阿联酋三个产油国，约占对中东投资额的70%。中东的另外两个大国——埃及和土耳其，虽然人口规模、国土面积和 GDP 总量也相当大，但是中国对这两国的投资额却要小一个数量级。另两个重要产油国科威特和卡塔尔，虽然是小国，但是中国对它们的投资却达到比较大的规模。综合上述情况可以判断，中国对中东地区的投资有相当大部分是与石油相关的投资。在贸易方面，可以发现中国对中东各国的出口数量普遍较大，出口规模基本与该国的经济及人口规模相称，例外的是阿联酋，中国对阿联酋的出口量特别大，这主要是因为阿联酋是中东地区的贸易中心，很多中国商品会经阿联酋中转到中东其他地区。进口方面的特点更加明显，我国从产油国的进口规模大，从非产油国的进口规模很小（以色列除外）。因此，大体上，中国对产油国形成逆差（阿联酋除外），对非产油国形成顺差，并且一般是压倒性的顺差（以色列除外），这反映了中国的制造业相对于中东国家有很强的竞争力。

表2　2014 年中国与中东地区投资及贸易情况

（单位：万美元）

国家	对外直接投资流量	年末对外直接投资存量	出口总额	进口总额
伊朗	59 286	348 415	2 433 849	2 750 385
伊拉克	8 286	37 584	774 384	2 076 124
科威特	16 191	34 591	342 872	1 000 496
沙特阿拉伯	18 430	198 743	2 057 524	4 850 803
阿联酋	70 534	233 345	3 903 451	1 576 336
卡塔尔	3 579	35 387	225 401	833 673
巴林	—	376	123 178	18 396
也门	596	55 507	220 131	293 285
阿曼	1 516	18 972	206 538	2 379 586
约旦	674	3 098	—	—
以色列	5 258	8 665	773 911	314 064
巴勒斯坦	—	4	7 551	9
黎巴嫩	9	378	260 486	2 539

（续上表）

国家	对外直接投资流量	年末对外直接投资存量	出口总额	进口总额
叙利亚	955	1 455	98 437	213
土耳其	10 497	88 181	1 930 546	370 540
埃及	16 287	65 711	1 046 051	115 952
总计	212 098	1 130 412	14 404 310	16 582 401

数据来源：根据《中国统计年鉴》（2015）、《中国对外直接投资统计公报》（2015）数据整理所得。

与世界很多地区不同，中东地区的华侨华人来源复杂，很多是少数民族华侨华人，在很多情况下缺乏统计。中东很多国家的华侨都是以"新侨"为主，出现时间很晚，并且流动性很大，数量变化剧烈。不少人的居留时间还达不到具备华侨身份的年限，严格来说不能算是"华侨"，但他们的经济活动、生活状况、社会联系与满足"华侨"标准的中国公民又没有明显差别，因此华侨与非华侨的界限存在模糊性，一些机构把他们一律称为华侨[1]，因此，中东地区的华侨华人数量难以准确统计。西南大学历史文化学院冀开运教授根据报刊和网络资料，指出伊朗华人不超过10人，中国人3 000~4 000人；埃及有华侨华人及留学生4 000人左右；阿联酋华侨华人约10万人；沙特阿拉伯华侨华人15万~18万人，其中90%以上是维吾尔族；土耳其华侨华人约6万~8万人，其中维吾尔族约4万~5万人，哈萨克族约2万~3万人[2]。厦门大学南洋研究院庄国土教授等估计，中东华侨华人总数超过40万人，其中20万人是维吾尔族，15万人是汉族，2.5万人是哈萨克族，2万人是回族，地域分布方面，伊朗华侨华人数量3 000~4 000人，以色列1 0000~25 000人，埃及4 000~5 000人，阿联酋10万~15万人，沙特阿拉伯15万~18万人，土耳其6万~8万人[3]。

二、华侨华人主要类型

（一）中国商人

除了叙利亚、也门、利比亚等少数战乱国家，中国商人遍布中东各国，主要集中在批发零售行业，其中以中东地区的贸易、航运、金融中心阿联酋居多，尤其是2000年以后，中国商人大量涌入阿联酋，使得阿联酋成为中东地区华侨最多的国家。根据广东省赴非洲—中东侨务资源调研团的调查[4]，阿联酋华侨数量高达20万人，阿联酋华侨来源主要包括三个：①20世纪90年代初从大型国有企业驻中东机构离职创业的人员，这类华侨在阿联酋扎根最久，在中阿两国都有着层次较高的社会关系，在商业上最为成功，是阿联酋侨界的"中流砥柱"；②20世纪90年代末开始进入阿联酋从事进出口贸易和批发生意的商人，

---

[1] 见广东省赴非洲—中东侨务资源调研团撰写的《阿联酋华侨社会的现状》。
[2] 冀开运：《论中东华侨华人的形成根源、民族构成和人数估计》，收录于国务院侨务办公室政策法规司编：《国务院侨办课题研究成果集萃2007—2008年度》。
[3] 庄国土等：《华侨华人分布状况和发展趋势》，《侨务工作研究》2010年第4期。
[4] 见广东省赴非洲—中东侨务资源调研团撰写的《阿联酋华侨社会的现状》。

主要经营产自中国的产品，尤其以浙江、福建、广东等地区的商人为多，这类华侨进入阿联酋的时间也相对较早，商业机会较多，又适逢中国出口贸易的高速扩张期，在商业上也比较成功，一些商人在早期的经营当中赚取到丰厚利润以后，开始投资商业地产，目前阿联酋多个大型商场和批发市场都是由这批华侨投资兴建；③2000年以后，尤其是2004—2005年，大量中国商人涌入阿联酋，这批商人在数量上构成了阿联酋中国商人的主体，他们虽然进入阿联酋较晚，在捕捉商机方面可能不如前两批商人，但是他们在中国有着多年积累，资金实力较为雄厚，起点较高。

阿联酋华商主要从事进出口贸易，此外在旅游、餐饮等行业也有分布，贸易领域的华商主要集中在纺织品、日用百货、汽车配件、建筑材料等领域，并以此为基础向物流、商业地产等上游环节延伸。在商业、地产方面的成绩尤其值得称道，最著名的有迪拜"龙城"，后来广东省电脑商会下属多家会员企业联合外国企业投资6亿元人民币在阿基曼自由贸易区兴建"中东中国商品采购中心"，超过龙城，成为面积最大的华商集中地。此外，还有阿联酋迪拜中国商品城、阿联酋轻工城、中国建材批发中心等。

以商人为主体，阿联酋华侨组建了约20个社团，其中影响最大的社团是阿联酋华侨华人联合会和中国商会，其中，阿联酋华侨华人联合会在中国侨联和中国驻阿大使馆的支持下于2009年12月成立，总部设在迪拜，另在阿布扎比、沙迦、富查伊拉设有分会，首批会员有824人，发起单位多达66个，并主办中东地区最大的华文报纸《中东侨报》。此外，还有10多个地缘性商会或社团（"同乡会"），有的以省为单位（广东、湖南、山东、江西、江苏、湖北等），也有的以市或文化区域为单位（温州、闽南、台州、温岭等）。这些地缘性团体往往实行商会与同乡会"两块牌子，一套人马"的运作模式，此外，还有的商会是以经营场所为单位组建的，例如迪拜龙城商会。这些地缘性社团中，阿联酋温州商会的影响较大，早于2004年2月便成立，会员企业多达500家。

数量庞大的中国商人也支撑起近10家华文纸质媒体，影响最大的为阿联酋华侨华人联合会主办的《中东侨报》，是中东地区第一家发行量超过10 000份的中文报纸，除了立足阿联酋，还辐射到其他中东国家，其他纸质媒体还包括《东方商报》《华人时报》《华人之窗》《海外浙商》《新民商报》等报纸以及《华人资讯》《海湾资讯》等杂志，另有迪拜华人网和阿联酋中国商会网等中文网站。

必须指出的是，阿联酋的华商群体并不是孤立的存在，相反，阿联酋之所以成为中东地区华侨最多的国家，原因在于阿联酋是中东的航运及贸易中心，因此，阿联酋的华商事实上是中东地区华商网络的中心节点，连接着整个中东地区的华商。2015年11月，首届中东华商大会在迪拜召开，来自阿联酋、埃及、沙特阿拉伯、卡塔尔、科威特、约旦、伊拉克、伊朗、土耳其、以色列等国的华商参会，会议以"一带一路·华商机遇"为主题，举办"一带一路"发展与合作论坛以及各项经贸洽谈、产品展示、专题论坛、商务考察、大型文艺专场演出等活动，此后将每年举办一届。

在以阿联酋为中心的中东华商网络中，埃及是一个比较重要的组成部分，埃及的华侨华人约有5 000人，其中商贸人士占了相当高的比例。华商主要集中在三大行业：一是华人的传统行业餐饮业，一些华人开设的中餐馆已经达到十几家连锁店的规模，有一定影响；二是旅游业，这主要得益于埃及丰富的旅游资源以及中国庞大的游客资源，以中国游客为主要服务对象；三是采石及石材加工业，这是埃及华商的最大行业，以大理石为最大宗，所产大理石大部分销往中国。除了这三大行业以外，华商在零售、电信、制衣、制鞋等行业也有所分布，并且都以民营企业为主，活动范围集中于开罗、亚历山大和塞得港。华商进入埃及主要是出于三种动因：一是利用埃及丰富的资源（以大理石行业为代表）；二是利用埃及 8 300 万人口背后庞大的市场资源（以商贸、制鞋等行业为代表）；三是利用埃及的"政策红利"，例如，纺织行业利用埃及纺织品不受欧美市场配额限制的优势，在埃及加工纺织品并向欧美出口①。中东地区的另一个重要经济体是土耳其，土耳其华商与埃及华商有类似之处，土耳其同样盛产大理石，成为吸引中国商人投资的一大动因，中国企业在安塔利亚、卜杜尔、厄斯帕尔塔等地收购的大理石矿山超过 100 座②；土耳其人口超过 7 500 万，与埃及接近，市场十分巨大，对华商有着较大吸引力。例如，土耳其华商会主席宋子彬便是发现土耳其节日很多，对礼品需求巨大，因此弃教从商，专门进口中国生产的礼品；土耳其的"政策红利"更加丰厚，土耳其地跨亚欧，与欧盟订有关税同盟协议，商品在土耳其纳税以后，进入欧盟无须征税，当地华商与中国公司共同出资 1.5 亿美元，在土耳其中部兴建占地 10 平方千米的"土耳其中国工业园"，专门吸引中国企业前来投资设厂。除了埃及和土耳其，一些传统上华商较少的国家，近年来也迎来数量颇多的华商，在临近阿联酋的阿曼，随着阿联酋华商之间竞争日益激烈，一些华商转战阿曼市场，在离阿曼首都马斯喀特 40 分钟车程的地方建立了名为金龙商城的"中国城"，成为阿曼最大的综合购物商城。

（二）大型中资企业员工

随着中国"一带一路"战略的提出，中东在中国的对外经济交往中所占据的地位日益重要，中国企业在中东的直接投资和工程承包（以及伴随着工程承包而来的劳务输出）数量都迅速增长，其主体是国有企业以及以华为为代表的大型民营企业。中东地区是世界主要的石油产地，因此中资企业很大比例的投资和工程承包都与石油开采、炼油和港口有关，例如，中海油在伊拉克的米桑油田项目，中石化与沙特阿美石油合作开发的 40 万吨GCC 炼油厂项目，中国港湾工程有限公司承建的卡塔尔多哈新港项目等。这些企业的员工构成中东地区中国人的重要组成部分。总体来说，这些国有企业和大型民营企业运作比较规范，员工的待遇、劳动条件、生活条件和人身安全较有保障，一般都由企业统一为员工安排比较安全的住宿，企业和员工在当地的行为也相对规范，在当地社会的影响较好。

表3 2014 年中国在中东地区工程承包及劳务合作项目中方人员数量

国别	工程承包		劳务合作	
	派出人数	年末在外人数	派出人数	年末在外人数
伊朗	645	1 371	—	—

---

① 欧亚非：《埃及的华侨华人经济》，《侨务工作研究》2006 年第 2 期。

② 《华商在土耳其购买大理石矿权遇阻》，17cn 石材网，http：//www.17cn.com/InfoPlatform/Detail/HH271100help19.html，2015 年 8 月 27 日。

（续上表）

国别	工程承包		劳务合作	
	派出人数	年末在外人数	派出人数	年末在外人数
伊拉克	7 816	11 586	240	183
科威特	1 832	2 833	32	2 252
沙特阿拉伯	17 062	22 960	2 275	9 548
阿联酋	1 421	5 461	1 350	6 187
卡塔尔	1 188	2 404	133	1 482
巴林	—	7		
也门	1 027	503		
阿曼	35	495	30	23
约旦	3	80	165	1 050
以色列	7	106	104	243
黎巴嫩	1	5	—	6
土耳其	3 359	3 495	26	33
埃及	159	185	—	—

数据来源：中国统计年鉴。

（三）少数民族华侨华人

与世界其他地方相比，中东华侨华人的一大特征在于少数民族华侨华人众多，基本是信奉伊斯兰教的少数民族。与汉族华侨华人主要是经济移民这一情况不同，少数民族华侨华人到中东定居的原因较为复杂，综合现有学者的研究①，中东地区少数民族华侨华人移民的原因主要包括朝觐未归、留学、经商和政治因素：①朝觐未归：朝觐天房是伊斯兰教规制的五大功课之一，每个穆斯林在身体及经济状况允许的情况下应该前往沙特阿拉伯麦加朝觐。但是前往麦加朝觐的穆斯林，尤其是在 19 世纪末和 20 世纪上半叶，有可能因为种种原因而滞留不归，例如，因为朝觐完成后盘缠耗尽、健康出现问题、国内出现动荡而被迫滞留当地，有的则因为路途遥远错过了朝觐时间只能逗留一年再朝觐，但久而久之，就定居下来。朝觐未归的华侨华人主要定居在沙特阿拉伯，也有部分辗转到土耳其、约旦、科威特等国家。②留学：1931 年便有云南回族学生前往埃及爱兹哈尔大学留学；新中国成立以后的不同时期，中国政府也先后向埃及派遣多批留学生；改革开放以来，一些少数民族学生前往土耳其（以伊斯坦布尔为主）、叙利亚（以大马士革为主）、伊拉克（以巴格达为主）、埃及（以开罗为主）等地留学，除了学习经文以外，也有的学习语言、医

---

① 王庆丰：《维吾尔族华侨移居西亚地区史探》，《华侨历史》1986 年第 3 期；谭天星：《现代中国少数民族人口境外迁移初探》，《华侨华人历史研究》1995 年第 2 期；赵和曼：《少数民族华侨华人研究》，北京：中国华侨出版社 2004 年版；冀开运：《论中东华侨华人的形成根源、民族构成和人数估计》，收录于国务院侨务办公室政策法规司编：《国务院侨办课题研究成果集萃 2007—2008 年度》；马明达：《西北穆斯林国外侨民的形成及其特点》，《暨南学报》（哲学社会科学版）2012 年第 11 期。

学等，部分留学生学成以后定居在当地，成为中东地区少数民族华侨华人的组成部分。③经商：维吾尔族、回族都有着悠久的经商历史。民国初年，新疆领护照出国经商者每年有20 000 人之多①，部分在外经商的少数民族商人最终在当地定居，成为华侨华人。④政治因素：新疆地区民族众多，历史关系复杂，新中国成立前又频繁出现民族政策的失误，加上外国势力的介入，成为少数民族外迁的动因。例如，20 世纪 30 年代，哈萨克族牧民在青海、甘肃与当地牧民因牧场划分而产生矛盾并遭到马步芳势力的镇压，大量逃往克什米尔，部分辗转到达土耳其；20 世纪 30 年代，一些分裂分子在帝国主义支持下企图"独立建国"，失败以后逃往土耳其等国；在盛世才统治时期，高压政策也让不少少数民族居民逃往国外。

按照李安山的估计②，沙特阿拉伯有维吾尔族华侨华人 15 万左右、回族华侨华人 2 万以上，在塔伊夫、吉达、麦加最为集中，三地合计约 9 万人，第二、三代华人的受教育水平很高，但对传统文化的传承较弱③；土耳其有维吾尔族华侨华人 5 万左右，哈萨克族华侨华人 2.5 万左右。中东地区的维吾尔族华侨华人主要从事工商业，包括皮货、绸缎、地毯等产品的零售，以及经营饭店、旅馆、理发店等，有的还经营工厂甚至涉足石油运输业、房地产行业；哈萨克斯坦华侨华人早期以从事农业为主，后来转而从事商业，尤其是对德国、意大利、中国台湾等地的对外贸易，也有的开办工厂，经营皮革、造纸、塑料、印染、机械、医药等行业，其中涌现出一批企业家。中东地区的华侨华人继承了中华民族重视教育的优良传统，新一代普遍受到良好教育，并有一定比例的欧美留学生，涌现了一批知识分子和专业人士④。

中东地区的少数民族华侨华人虽然已经移居外国多年，甚至就在当地出生，但是不少人依然心系祖（籍）国以及乡亲。例如，来自甘肃的沙特阿拉伯华侨马致忠每年都热情接待来自家乡的朝觐团；马步芳的侄孙女、沙特阿拉伯华侨马蓉瑛捐款 52 万元人民币帮助家乡兴建清真寺、学校和饮水工程；沙特阿拉伯维吾尔族华人艾明·阿不都乌蒲尔是成功的商人，为保护新疆重点保护文物捐资 600 万元人民币，又在维吾尔族同胞中积极宣传抵制分裂主义⑤；土耳其维吾尔族人萨比尔·博格达积极团结当地侨胞，向土耳其政府及民间介绍中国改革开放成就，带领成立了土耳其唯一的少数民族华侨华人商会——土耳其维吾尔工商协会，以加强土耳其华侨华人对新疆及整个中国的认识，避免产生误解，他又积极为中土两国的大学合作穿针引线，2015 年他还获邀列席全国政协会议⑥。

（四）劳工

总体而言，中东地区的生育率比较高，劳动力资源丰富，很多国家（例如埃及、也门、突尼斯）失业率非常高，呈现出劳动力过剩的情形。然而两个结构性问题使得中东地

---

① 马明达：《西北穆斯林国外侨民的形成及其特点》，《暨南学报》（哲学社会科学版）2012 年第 11 期。

② 李安山：《少数民族华侨华人：迁移特点、辨识标准及人数统计》，《华侨华人历史研究》2003 年第 3 期。

③ 朱慧玲：《新疆籍华侨华人在西亚》，《八桂侨史》1999 年第 4 期。

④ 张天、戴华年：《中亚西亚华人的历史与现状》，《宁夏大学学报》（社会科学版）1994 年第 3 期。

⑤ 冀开运：《论中东华侨华人的形成根源、民族构成和人数估计》，收录于国务院侨务办公室政策法规司编：《国务院侨办课题研究成果集萃 2007—2008 年度》。

⑥ 《两会上的维族面孔：在土耳其经商被疆独分子骂》，观察者网，http：//www. guancha. cn/politics/2015_03_13_312120. shtml，2015 年 3 月 13 日。

区对中国劳工仍然存在需求，一是中东国家之间的贫富差距极大，埃及、也门、约旦等不生产石油或生产石油较少的国家，经济发展水平低，就业岗位不足，劳动力严重过剩，但沙特阿拉伯、科威特、阿联酋、卡塔尔等产油国以及以色列非常富裕，对劳动力需求很大，本国劳动力远远不能满足需求，便产生了对外国劳工的需求；另一方面，中东的富裕国家所需要的劳动力当中，有很大一部分要求具有一定技能，例如建筑行业，但本区域的劳动力总量虽大，却不能很好地满足这一需求。大型中资企业在中东地区承揽了数量巨大的工程项目，包括建筑、基础设施、石油开采等，项目建设过程当中需要招募大量的中国劳工，这部分劳工从原则上讲是短期的、项目制的，是附属于工程承包的劳务输出，这在前文的论述中已有所涉及，此处不再赘述。但是，中东本地的企业同样对中国劳工有需求，这便产生了另一种类型的中国劳工，这种情况主要在以色列和阿联酋出现。

以色列原本主要依赖巴勒斯坦的工人，20世纪90年代中期开始，巴以关系日趋紧张，以色列开始限制使用巴勒斯坦工人，这便为中国向以色列的劳务输出创造了契机。以色列境内的中国劳工众多，但由于来源复杂，一直缺乏系统性的统计。根据不同的消息来源，以色列境内的劳工约有3万人，从行业分布来看，约90%都在建筑业，从来源地来看，大部分是福建人①。以色列的劳工签证，一般是由劳务公司或其他雇主向内政部申请，获得签证者不能转换雇主，否则即属违法。2002年以前，以色列对劳工签证的发放比较宽松，中国对以色列的劳务输出也相对规范，劳工需要向中介公司缴纳的费用相对较低。2002年，以色列政府实行"关闭天空"政策，一方面严厉打击非法劳工，另一方面大幅度减少劳工签证数量，这使得劳工签证名额十分稀缺，成为中介公司牟取暴利的手段。一方面，中国劳工想前往以色列打工，需要缴付10万元左右甚至更高的费用，这需要一年左右的工作才能赚回。但另一方面，外国劳工数量的减少，也使得其收入水涨船高，从2005年的8 000元人民币左右上升到2015年的30 000元以上②。除了需要缴纳高额中介费，中国劳工面临的问题还包括劳动时间过长，每天工作时间往往不低于10小时，工资不按时发放的情况时有发生，更严重的问题是工资被克扣。由于建筑行业常常有中国包工头介入，打破了以色列原有的薪酬通过劳务公司按政府标准统一支付的局面，薪酬的发放变得混乱，这便让工人常常面临着薪酬被克扣的情况。由于雇主所支付的薪水本身就明显低于市场价格，加上薪酬不时被拖欠或克扣，而且以色列政府的工作签证有效期过短（27个月），很难满足劳工偿还中介费债务以及挣钱的需要，不少工人违法地在本职工作以外再从事兼职，甚至干脆直接脱离现有公司到市场上"打黑工"，又或者在工作签证到期以后非法滞留，也有的劳工以旅游名义到达以色列后滞留不归，或者从埃及偷渡到以色列"打黑工"。上述种种情况都脱离了以色列劳动力市场的正轨，这又反过来加剧劳动力市场的混乱，包括包工头进一步介入建筑业劳动力市场，薪酬发放随之更加混乱，更有甚者，包工头以及工人依照地缘纽带结成各种帮派，互相之间常常发生摩擦甚至暴力冲突。

这些情况与以色列政府收紧外国劳工政策或多或少有一定关系，此后，以色列在2005年把劳工签证的有效时间由27个月延长至64个月，并在签证配额上有所放宽。2015年9

---

① 沈建农：《以色列的中国劳工》，《侨园》2005年第3期；王昭：《中国劳工在以色列赚钱不容易》，《人民日报海外版》，2006年5月2日第2版；李明欢：《谋生于合法与非法之间：在以色列的福建人》，《世界民族》2008年第4期。

② 非营利机构"以色列计划"的报告《中国建筑工人在以色列的现状》。

月，以色列政府为了对抗高房价，决定引进两万名中国工人以增加房屋供应量。这些举措可能有助于缓解以色列劳工市场的混乱。

与以色列不同的是，阿联酋的中国劳工虽然也有相当大的比例是在建筑装修行业，但由于阿联酋的商贸、旅游和航运业也十分发达，大量中国游客前往阿联酋消费或中转，零售业和航空业对会中文的服务员需求巨大，酒店业则需要大量普通服务员，因此不少中国劳工，尤其是女性劳工在阿联酋从事服务业。但是，由于在服务业外劳市场上，阿联酋面临着新加坡、中国澳门甚至美国等地的竞争，而阿联酋的薪金水平并无明显竞争力[①]，加上离中国较远，文化差异大，阿联酋服务业的吸引力有限，未来中国劳工的数量未必会有明显增长。

三、"一带一路"背景下华商在中东的机遇与挑战

无论是对于"一带"还是"一路"，中东都是非常重要的一环。中东本身是世界主要的石油产地，中东地区又有超过 4 亿的人口和接近 4 万亿美元的 GDP 规模，市场潜力巨大。从地理位置来讲，中东是中国通往欧洲和非洲的陆上通道，并扼住中国与大西洋地区航运贸易的咽喉。因此，中东地区必然是"一带一路"战略的一大重点。中东地区有着数十万华侨华人，他们熟悉当地社会文化状况，在当地社会建立了一定社会联系，甚至已经在当地建立起相当的商业基础，因此，中东华侨华人可以成为中国实施"一带一路"战略的重要抓手。事实上，已经有一些华侨华人抓住了国家实施"一带一路"战略这一历史机遇，大举投资，成为"一带一路"的"民间力量"。例如，埃及华人华商协会副会长王虎，看到埃及政府推出"苏伊士运河走廊计划"对接"一带一路"战略之后，意识到背后的巨大商机，迅速在 2014 年拿到三张钢铁厂许可证，在 2015 年正式进入常规性生产，被称为"钢铁大王"。然而，说华侨华人在中东地区具有一定根基，这只是相对而言的，事实上，中东的政治、宗教、社会状况异常复杂，华侨华人的经营活动也受到各种挑战，但挑战往往与机遇同在。

（一）宗教文化因素的影响

中东地区对投资者的一大吸引力在于劳动力价格低廉，但中国企业家到中东投资所面临的一大挑战在于中东国家的文化与中国有很大不同，劳动力的供应受到限制，中国企业家所熟悉的管理方法也难以适用，这在很大程度上抵消了廉价劳动力的优势，甚至成为中国企业投资失败的一个重要原因。例如，国有企业天津泰达集团有限公司在苏伊士运河附近，按照中国的工业园模式建起了 6 平方千米的中国—埃及苏伊士经贸合作区，吸引了 50 多家企业进驻，多数为中国企业。但是中国的企业家普遍认为当地男性较为懒惰，难以成为合适的雇用对象，但是已婚女性又不工作，未婚女性虽然工作但是晚上必须回到父母家，通勤时间过长，种种因素极大地限制了劳动力供应[②]。中国企业家常面临的另一个问题是穆斯林一天要进行多次礼拜，这打断了流水线生产的连续性，严重降低了工厂生产效

---

① 水潇：《阿联酋服务业劳务输出与国内招聘外包嫁接的研究》，天津大学硕士学位论文，2013 年。
② 见 Peter Hessler 在"纽约客"网站所撰写的报告《探寻内衣的秘密——中国商人和资本全球化》。

率。还有一个问题是，中东国家在斋月期间，港口与政府部门的工作基本停顿，企业员工即便上班也状态不佳，这都对企业运作带来极大的困扰。

但是，中东地区与中国的宗教文化差异，也为中国商人带来一些竞争优势。在商贸行业，中国商人往往采用"夫妻档"模式，实现高效又高信任度的分工合作，而当地女人在结婚以后一般不再工作，这使得中国商人在商贸行业的竞争中获得某种程度上的优势。再一个例子便是，中国商人在埃及的内衣零售业取得成功，这得益于在埃及这个风气保守的国家，中国商人对于内衣销售这种生意没有那么多的禁忌，也不会因为顾客购买某种货品而指指点点或飞短流长，有效地保护了客户隐私①。

面对中国与中东国家宗教文化的差异，很多华商也开始适应当地的宗教习惯。2015 年 6 月底，埃及华人石材协会连同埃及中国商会、埃及中华总会发起了"埃及华人慈善月"活动，向当地人提供开斋饭，还向低收入家庭派送斋月礼盒，受到当地人的广泛欢迎。

（二）经济周期的影响

中东虽然是全球经济体系的一部分，不可避免地受到全球经济周期的影响，但是中东的经济毕竟有不同于中国的一套体系和运行特点，因此经济周期与中国并不完全一样，这便为中国商人多提供了一个规避经济下行周期的机会。2015 年，中国的经济增长放缓，房地产等传统的投资渠道收益下降、风险增大；相反，阿联酋逐步从 2008 年金融海啸的谷底走出来，很多中国商人便跃跃欲试，希望前往迪拜投资，以分享经济发展的红利。

但是，中东地区与中国经济周期的错位，只是让商人可以在一个地区经济下行时转移到另一个地方进行经营，并不意味着中东地区本身是没有周期性风险的。几年前很多温州商人前往迪拜炒房，恰逢迪拜债务危机，房地产价格大跌，一些温州商人所购买的迪拜塔房产，单价从每平方米 25 万元人民币下跌到 18 万元，后来进一步暴跌到 8 万元，投资者资产严重缩水，经营贸易的华商的生意也受到严重影响②。经济周期给华商带来的另一风险在于，由于中东地区缺乏像美元、欧元、英镑这样的坚挺货币，各国的本币汇率往往波动较大，经济周期波动往往导致汇率波动，为当地华商带来双重风险。各国外汇政策的波动也对华商带来重要影响，例如，2015 年，埃及政府多次收紧政策，打击美元的流出，严重影响了华商在埃及投资的积极性。

（三）政治局面的影响

2010 年末以来，突尼斯、埃及陷入社会动乱，出现政权更迭，叙利亚、利比亚、伊拉克、也门陷入战乱，至今未能平息，2016 年开始，土耳其社会也开始出现不稳定迹象，整个中东笼罩着异常紧张的气氛。在数年的动荡当中，利比亚、叙利亚、也门和伊拉克北部的华侨已经基本撤出，中资企业蒙受了重大损失。埃及动荡期间，很多中国商人一度撤走，后来局势趋于稳定，才有部分商人回流，政治局面的动荡对于华商的不利影响是显而易见的。除了对华商人身财产的直接威胁以外，政局的动荡还造成几个方面的负面影响：政局不稳导致市场萧条，华商生意大受影响；政局动荡的国家本币大幅度贬值，造成华商

---

① 见 Peter Hessler 在"纽约客"网站所撰写的报告《探寻内衣的秘密——中国商人和资本全球化》。
② 见广东省赴非洲—中东侨务资源调研团撰写的《阿联酋华侨社会的现状》。

财产缩水；很多客户在兑换美元或资金周转方面遇到困难，造成华商回款困难；一些客户以政治动荡为由恶意逃欠货款，造成华商损失。目前来看，中东局面的平息还需要漫长的过程，甚至有进一步加剧的可能。在很长一段时间里，政治及社会的动荡仍会是阻碍华商投资及经营的一大因素。

（四）美国因素的影响

由于利益纷争、巴以问题、意识形态分歧以及宗教因素，中东不少国家与美国关系紧张，尤其是伊朗和叙利亚。这使得很多西方公司在政策限制以及或明或暗的压力下，放弃与中东一些国家做生意，很多中东国家本身也对西方企业持有警惕或排斥态度，这便给予了中国企业一些机会，尤其是在石油开采、工程承包、电信以及贸易领域。然而，随着中国企业日益国际化，也不得不越来越顾忌美国的反应。中石油的子公司珠海振戎就曾经因为与伊朗有能源业务而受到美国制裁，中海油在美国的压力下搁置了北帕斯项目，中国昆仑银行因为与伊朗银行有交易而受到美国制裁，被禁止与美国金融系统发生联系，美国的金融制裁还直接影响中国的贸易商人，导致他们无法使用信用证，对中伊贸易造成严重影响[1]。最新的例子是中兴通讯由于向伊朗提供设备而受到美国制裁，禁止美国供应商向中兴提供零部件和仪器，这将对中兴公司造成极为严重的打击。随着中国企业国际化程度的提高，中国企业在开拓中东业务过程中会遇到越来越多类似问题，需要引起充分的重视。

四、2015 年动荡局势下的中东华侨华人

2015 年，中东地区持续动荡，甚至有愈演愈烈之势，对当地华侨华人格局也有重要影响。2015 年 5 月 19 日，中国派遣了第 14 批赴黎巴嫩维和部队，其中扫雷工兵分队 180 人，医疗分队 30 人，建筑工兵分队 200 人，共计 410 人，在黎巴嫩执行为期八个月的维和任务，又在 5 月 26 日增派 210 人的第二梯队[2]。维和部队执行任务期间，曾在 12 月底遭遇黎巴嫩南部武装与以色列军队交火，并紧急疏散隐蔽，幸未发生伤亡。

中国境内也有一小撮极端分子受到"东伊运"势力以及国际恐怖势力的挑唆，由云南、广西等地边境非法出境，经由东南亚国家前往土耳其，最终到达叙利亚或伊拉克参加所谓的"圣战"，按照中方所掌握的情况，目前在叙利亚参战的极端分子约有 300 人。[3]

随着也门战乱的加剧，2015 年 3 月 29 日，中国在也门撤走 122 名中国公民，30 日再撤走 449 名中国公民前往吉布提，[4] 4 月 7 日再撤走 83 人，其中包括部分外国侨民。[5] 在中东的军事行动当中，还有一些数量稀少但非常特殊的华侨华人。2015 年，有不少西方国家的公民自愿前往叙利亚或伊拉克成为"志愿军"与极端组织交火，其中也出现了华人的

---

① 贺梦禹、罗来安：《左右为难的伊朗华商》，《世界博览》2012 年第 22 期。

② 孟磊磊、王永安：《我第 14 批赴黎巴嫩维和部队第一梯队出征》，《解放军报》，2015 年 5 月 19 日。

③ 澎湃社报道：《国家反恐局称约 300 中国人在叙利亚参战，多来自东伊运分支》，澎湃新闻，http://www.thepaper.cn/newsDetail_forward_1331689，2015 年 3 月 31 日。

④ 《也门 571 名中国人安全撤离》，和讯网，http://news.hexun.com/2015 – 03 – 31/174564854.html，2015 年 3 月 31 日。

⑤ 《［华人世界］也门华侨：中国军舰带我和孩子回祖国》，央视网，http://news.cntv.cn/2015/04/10/VIDE1428644044364904.shtml，2015 年 4 月 10 日。

身影。7 岁时从成都移居英国的黄磊，2015 年成为"叙利亚人民保卫军"的志愿军，与"伊斯兰国"武装交战。也有三名来自开封的具有犹太人血统的华人于 2014 年底正式进入以色列军队服役。

　　除了近年来陷入战乱的叙利亚、伊拉克、也门等国，一些传统上比较稳定的国家也出现治安隐患，对华侨华人的人身财产安全造成威胁。2015 年 7 月初，受到"东突"势力蛊惑，土耳其爆发反华示威，伊斯坦布尔的一些中餐馆受到极右翼组织的打砸，也有中国游客或长得像中国人的亚洲游客遭到殴打。在阿联酋的迪拜，也有来自泉州的中国商人遭劫杀，财物损失达 100 万迪拉姆（约 160 万～170 万元人民币），当地华侨华人为其家属捐款 54 万元。①

---

　　① 《阿联酋华人华侨为遇难同胞募捐 54 万》，《海峡都市报》，2015 年 7 月 2 日。

欧洲地区

欧洲华侨华人以新移民居多，参差不齐，分布不均，但总体实力和影响力有较大提升。回顾 2014 年、2015 年，欧洲经济逐步走出谷底，小步增长复苏，部分华商企业抓住结构调整机遇，获得新的增长；受地缘政治及难民问题影响，欧洲政治力量加剧分化，右翼势力崛起，反移民事件增加，社会安全有所恶化，华侨华人生命财产屡遭侵犯；欧洲多国调整移民政策，严格控制低技术和非法移民，但华人投资移民、技术移民、创业移民有所增加。展望 2016 年，欧洲经济前景将继续保持低速增长状态，中欧关系及中欧合作发展顺利，华侨华人将迎来历史机遇，应该进一步抓住新经济特征，推进跨境电商发展，探索多元化、专业化、品牌化的高端发展路线。

一、欧洲地区概况及中欧关系发展

（一）欧洲地区概况

欧洲基本概况

地区名称	欧洲，全称欧罗巴洲，该地区共有 48 个国家和地区，主要包括：爱沙尼亚、拉脱维亚、立陶宛、白俄罗斯、乌克兰、摩尔多瓦、俄罗斯、塞尔维亚、科索沃（单方面宣布独立，未获国际社会广泛承认）、黑山、克罗地亚、斯洛文尼亚、波斯尼亚和黑塞哥维那、马其顿、罗马尼亚、保加利亚、阿尔巴尼亚、希腊、意大利、梵蒂冈、圣马力诺、马耳他、西班牙、葡萄牙、安道尔、英国、爱尔兰、荷兰、比利时、卢森堡、法国、摩纳哥、冰岛、法罗群岛（丹）、丹麦、挪威、瑞典、芬兰、波兰、捷克、斯洛伐克、匈牙利、德国、奥地利、瑞士、列支敦士登等	华侨华人数量	250 万 ~ 300 万
地理位置	位于东半球的西北部，北临北冰洋，西濒大西洋，南滨大西洋的属海地中海和黑海	华侨华人所占比例	约占欧洲总人口的 0.4%
气候	温带海洋性气候，温带大陆性气候，地中海气候	主要族群	99% 属欧罗巴人种（白种人）
领土面积	1 018 万平方千米	GDP（欧盟 28 国）	19.338 万亿美元（2014 年）

（续上表）

政体	主要包括：君主立宪制（英国、挪威、瑞典、丹麦、荷兰、比利时、卢森堡、西班牙、安道尔、摩纳哥、列支敦士登）、议会共和制（法国、意大利、德国、希腊、匈牙利、爱尔兰、爱沙尼亚、奥地利、罗马尼亚、阿尔巴尼亚、黑山、捷克、斯洛伐克、克罗地亚、保加利亚、冰岛、芬兰、拉脱维亚、斯洛文尼亚、塞尔维亚、立陶宛、马耳他、马其顿、波黑、摩尔多瓦、葡萄牙、圣马力诺）、总统共和制（俄罗斯、白俄罗斯、乌克兰、波兰、塞浦路斯）、委员会制（瑞士）	人均 GDP（欧盟 28 国）	3.844 万 美元（2014 年）
人口数量	7.425 亿（截至 2013 年第 3 季度）		

数据来源：根据欧盟网站：http：//ec. europa. eu/eurostat/tgm/table. do? tab = table&language = en&pcode = tps00001&tableSelection = 1&footnotes = yes&labeling = labels&plugin = 1；世界银行网站，http：//data. worldbank. org/indicator/NE. GDI. TOTL. ZS/countries/1W? display = graph 发布的 2014 年相关资料等数据整理而成。

1. 欧洲地区概况

欧洲，全称欧罗巴洲，源于希腊神话的"欧罗巴"。欧洲经济发展水平居各大洲之首，工业、交通运输、商业贸易、金融保险等在世界经济中占重要地位。在科学技术的若干领域内也处于世界较领先地位。绝大多数国家属于发达国家，其中北欧、西欧和中欧的一些国家经济发展水平最高，南欧一些国家经济水平相对较低。欧洲宗教主要有基督教、伊斯兰教、犹太教。其中基督教徒占 91%，包括天主教、基督新教以及东正教。伊斯兰教徒占 8%，犹太教徒少于 1%，其他的宗教（如印度教、佛教等）的信徒都低于 1%。[1]

欧盟，即欧洲联盟，是欧洲乃至世界上具有重要影响的区域一体化组织。截至 2015 年 11 月，欧盟 28 国失业率为 10.6%。2014 年和 2015 年欧盟 28 国 CPI 分别为 0.5% 和 0。欧盟的宗旨是"通过建立无内部边界的空间，加强经济、社会的协调发展和建立最终实行统一货币的经济货币联盟，促进成员国经济和社会的均衡发展"，"通过实行共同外交和安全政策，在国际舞台上弘扬联盟的个性"。目前，欧盟成员国当中有 17 个国家使用统一的货币欧元。欧盟现已发展成一个超国家组织，是影响世界经济政治发展的重要因素。

2. 中国与欧洲关系发展

1975 年 5 月 6 日，中国与欧洲经济共同体建立外交关系。1983 年 10 月，中国与欧洲煤钢共同体和欧洲原子能共同体分别建立外交关系。1983 年 11 月 1 日，中国与欧洲共同体正式宣布全面建交。1998 年，中欧建立面向 21 世纪的长期稳定的建设性伙伴关系。2001 年，双方建立全面伙伴关系。2003 年，中欧建立全面战略伙伴关系。2014 年，中欧提出打造和平、增长、改革、文明四大伙伴关系，中国发表第二份对欧盟政策文件。双方

---

① Immigration in the EU，欧盟网站，http：//ec. europa. eu/dgs/home - affairs/e - library/docs/infographics/immigration/migration - in - eu - infographic_en. pdf.

迄已建立约 70 个磋商和对话机制，涵盖政治、经贸、人文、科技、能源、环境等各领域。建交 30 多年来，中欧关系不断向前发展。

欧盟是中国第一大贸易伙伴。据中方统计，2014 年中欧双边贸易额总值为 6 151.39 亿美元，同比增长 9.9%。2015 年 1—5 月，中欧双边贸易额 2 232.98 亿美元，同比下降 7.2%。截至 2014 年底，欧盟在华累计直接投资 966.3 亿美元。截至 2015 年 6 月，中国对欧直接投资累计 541 亿美元。① 此外，中国与欧盟在能源、科技、气候变化、城镇化、文教、青年、工业、农业、环保、社会保障等领域也开展了富有成效的对话与合作。

（二）欧洲地区基本侨情

1. 欧洲华侨华人发展历史

中国人踏足欧洲可追溯至汉代，但真正意义上向欧洲移民是从 17 世纪才开始的。早期欧洲华侨华人社会中占主导地位的是浙江人和广东人。浙江人最早进入欧洲时是在一些城市贩卖一种"青田石"。"二战"后，欧洲华侨华人增长幅度较快。他们主要是来自中国香港、澳门、台湾地区以及东南亚国家的华侨再移民。广东人因与持英国护照进入欧洲的香港人同属粤方言群，所以常混迹于经济实力较强的香港人之中。20 世纪 70 年代中期，中南半岛（旧称印支半岛）国家发生动荡，东南亚华裔大量进入欧洲，由于他们来自所在国的殖民地，并且会讲多种语言，所以发展较快。但总体上看，欧洲的华侨华人社会与同期东南亚或美洲的华侨华人社会相比，规模较小，层次较低，多从事餐馆业、手工业及小商业，没有产生具有较强经济实力的商人或企业家。

1978 年中国改革开放后，出入境政策逐步放开，中国大陆新移民开始进入欧洲，尤其是欧盟国家。1990 年以后，欧洲华侨华人紧随中国的"国际化"进程和欧洲的"一体化"这两个战略机遇，移民规模迅速扩大，形成了自中国人移民欧洲以来，人数最多、持续时间最长、分布最广泛的一次移民潮。这一阶段的中国大陆移民主要还是通过"移民链条"走向欧洲的。传统侨乡浙江温州、青田地区有移民欧洲的历史传统。他们依靠亲缘、乡缘网络进入荷兰、比利时、德国和法国等国，开始打工赚钱，之后为寻找商机和进一步发展，再到欧洲境内的其他国家，如意大利、瑞士、奥地利、西班牙、东欧等国创业。福建新移民主要是因为福州、福清地区向东南亚移民已有 100 多年的历史，东南亚华裔向西欧的再移民对于该地区也产生了影响，当地一些人通过这种"移民链"来到了欧洲。另外，因为在改革开放中率先富了起来，许多人将子女送出国留学，成为改革开放后一种新的移民方式。②

2. 欧洲华侨华人社会现状与特点

欧洲华侨华人社会在经历了数百年历史和数十年快速发展后，目前在人口规模、经济实力、社会地位等方面有重大变化。2008 年，在德国柏林召开的第 15 届欧华联会大会上公布的对欧洲华侨华人社会状况的调研报告指出，目前在欧洲的华侨华人总数约有 250 万，侨团组织有 800 多个，中餐馆有 4.3 万多家，华文报纸杂志社有 101 家，华文学校有

① 《中国同欧盟的关系》，中华人民共和国外交部网站，http://www.fmprc.gov.cn/web/gjhdq_676201/gj_676203/oz_678770/1206_679930/sbgx_679934/，2016 年 2 月 3 日。
② 傅义强：《改革开放以来欧盟国家中的中国大陆新移民》，《世界民族》2009 年第 1 期。

340 所。① 另据国务院侨办 2013 年调研报告统计，目前在欧洲的华侨华人总人数约为 255 万，另有短期游商、留学生、非法移民等中国人约 43 万；社团 1 199 个；中餐馆有 5 万多家；华文媒体 142 家；华文学校 455 所。② 在地理分布上，欧洲华侨华人与职业构成密切相关，基本特点是"小集中，大分散"，一方面，绝大多数华人移民较多的国家，多存在华人移民工作、生活聚居的"唐人街"；另一方面，由于市场分散、同业竞争等原因，华人移民又分散至欧洲各地。相对而言，专业技术移民比较分散，较易融入当地社会。总体而言，欧洲华侨华人发展呈现以下特点：

（1）华侨华人人数增多，整体规模不断壮大。

欧洲华侨华人数量由 20 世纪 50 年代的 1 万、60 年代的 5 万、70 年代的 50 万，增长到目前的 255 万人左右。在国家分布上，第一层次是法国和英国，大约 60 万人的规模。第二层次是荷兰、德国、意大利、西班牙，分别在 10 万~30 万人。其中，德国、荷兰的华人人数基本上相对稳定，在 15 万人左右，西班牙约有 20 万人，意大利可能达到 35 万人。③ 其余为第三层次，在 3 万人以下。另外，俄罗斯华侨华人数量特殊，估算差异太大，目前一般估计在 20 万~45 万人。④ 近年来，由于欧洲各国限制移民，门槛提升，华侨华人数量增长有所放缓。

（2）华侨华人经济实力增强，积极拓展新领域，部分行业间竞争激烈。

早期华人多从事餐饮业、手工业及小商业。20 世纪 90 年代以来，欧洲华侨华人社会经济取得飞跃式发展。欧洲华商借助"中国制造"的强劲竞争力，纷纷投身于进出口和批发、零售业等行业。尤其是近十多年来，在欧洲各主要国家，如异军突起的大型华人商城（又有"华人批发市场""中国商城""亚洲商城"等不同冠名），已经取代了原先分散在欧洲各地的中餐馆、制衣厂、皮包店及零星商铺，并且因其具有的规模性、标志性及影响性，成为欧洲华侨华人社会引人注目的新经济主体。⑤ 但随着新移民人数不断增加，经济行业门类不断开拓，包括保险、金融、房地产、电脑、旅行社、会计、律师等，呈现出专业化、多元化、本土化趋势。⑥ 近两年来，跨境电商及跨境物流也快步成为欧洲华商的重要进军领域。

（3）华人参政意识增强，不断取得新成绩，政治社会地位有所提升。

欧洲华人在自身经济地位提高，社会交往增加，突破了经济能力和语言文化能力局限后，参政意识有不同程度的提升，成绩也已开始显现。越来越多的华人从切身经历中认识到，以参政议政的形式反映诉求是争取自身权益最有效的途径。20 多年来，英国各地先后有约 20 位华人担任过地方议员。2015 年，华裔麦大粒（Alan Mark）成功当选英国第一位下院议员。法国华人参政近年来也有明显进展。2008 年初进行的法国市镇选举表中，华人陈文雄成功当选巴黎十三区副区长。2014 年陈文雄又成功当选巴黎首位华裔市议员。

（4）华文媒体遍布欧洲，但多数影响力较小，亟待结合特色创新发展。

① 见《欧洲时报》，2008 年 9 月 11 日，转自李明欢：《欧洲华人社会剖析：人口、经济、地位与分化》，《世界民族》2009 年第 5 期。
② 《2013 年国务院侨务办公室海外侨胞概况及结构性分析调研报告》（内部资料，2014 年）。
③ 法国、意大利、西班牙、德国、荷兰华侨华人数量经作者咨询当地社团侨领得出。
④ 《世界侨情报告》编委会编：《世界侨情报告（2011—2012）》，广州：暨南大学出版社 2012 年版，第 150 页。
⑤ 丘进、李明欢：《欧洲华人商城经济研究》，国务院侨办 2010 年侨务理论研究课题成果。
⑥ 《浅析欧洲华侨华人经济现状、发展趋势》，《侨务工作研究》2005 年第 6 期。

目前，与华人社会共生的华文媒体也已遍布欧洲主要国家。形式包括报纸、杂志、电视台、电台和网络媒体，其中有的还是中外文双语刊物，多由华侨华人创办经营。但由于经济、人才、机制等原因，欧洲华文媒体影响力较弱，主要局限于华人圈内，欧洲华文传媒的壮大还需各界力量付出长远的努力。欧债危机以来，又有多家华文媒体难以为继，停刊歇业。目前，欧洲华文传媒协会有 60 余家会员。媒体形态也从当时单一的平面媒体发展到包括电台、电视台、网站、手机报、视频等在内的多种形态。欧洲华文媒体在服务华人、维护华人权益、帮助华人融入、反独促统、增进对华理解、增进欧中友谊等方面发挥了积极作用，已成为欧中沟通、交流、合作的一个重要平台。① 欧洲华文媒体虽然处于边缘地带，但还是要凭借自己独特的思维和优势，使报道更为客观，使思维更为辩证。跨文化的特质使华文媒体成为中欧文化思想交流的重要桥梁，华文媒体要联合起来，加强对新媒体的研讨和交流，使欧洲华文媒体形成不同于中欧主流媒体的一道独特的风景线。②

（5）部分华侨华人聚散多变，区域内流动性强，呈现跨国化发展方式。

这一特征主要体现在新移民当中，尤其是新华商。很多新移民都是先到意大利、西班牙、法国等地打工生存下来，等到有一定实力后再去其他地方发展。20 世纪 90 年代，俄罗斯、东欧地区曾经是中国轻工业产品的天堂，聚集了很多华商。但随着后来各国产业结构的调整，中国商品过剩，很多华商又转移到其他国家去了。希腊华侨华人在 2008 年欧债危机爆发后走了近一半。西班牙小城市的华商也待不下去了，纷纷挤到大城市寻找机会。意大利罗马等华人聚集区也没有了昔日的繁华与热闹，不少华侨存在骑墙心态，去留欧洲摇摆不定。另外，部分商界、学界等精英分子，还有部分想叶落归根、想退休回国居住者和非法移民回国者，表现在他们频繁来往于祖（籍）国、居住国或第三国之间。不少海外华侨华人都争取享有事实上的"双重国籍"。这是全球化时代跨国移民社会业已存在的一个倾向，即"跨国化策略"（transnational strategy）或"跨国社会空间"（transnational social space）在欧洲华侨华人社会中的具体表现。③

二、欧洲经济、政治、社会发展变化对华侨华人的影响

（一）欧洲经济复苏疲软不均衡，增长率低于预期，经济环境依旧面临不确定性；华商经济重新洗牌，分化加剧，部分华商抓住机遇，找到新的增长点

欧洲主权债务危机自 2009 年希腊债务危机引爆以来，一波三折，目前仍未能得到实质性解决。许多救灾协议措施要进一步实施，其执行进程与效果都需拭目以待。欧债危机的影响不仅是地区性的，也是全球性的；欧债危机的表现不是单一层面的，而是全方位的。它由经济领域引发，逐步延伸至政治、文化、社会等各个层面。值得欣喜的是，受益于石油价格下降、投资拉动、量化宽松等利好，自 2014 年开始，欧盟经济终于有了转机，

---

① 《欧洲华文传媒协会举办年会》，光明网，http：//int. gmw. cn/2012 –08/25/content_4891591. htm，2012 年 8 月 25 日。

② 《海外网"走进"欧洲华文媒体圈——第十一届欧洲华文媒体论坛侧记》，人民网，http：// paper. people. com. cn/rmrbhwb/html/2014 –07/25/content_1456873. htm，2014 年 7 月 25 日。

③ 李明欢：《欧洲华人社会剖析：人口、经济、地位与分化》，《世界民族》2009 年第 5 期。

增长率为 1.4%。① 2015 年欧委会预测欧元区经济增长率上调到 1.6%，欧盟增长率由 1.8% 上调到 1.9%，并将 2016 年欧元区、欧盟增长率分别由 1.9% 和 2.1% 下调到 1.8% 和 2%。报告称，2016 年欧元区财政状况将持续好转，财政赤字占 GDP 比重将下降至 2%。② 低油价和量化宽松政策对欧洲经济的刺激作用好于预期，但新兴国家经济放缓和全球经济不确定性上升将减弱欧洲的增长动力。

尽管欧洲经济有所增长，但政府债务负担率仍然处于上升趋势。欧债危机爆发后，欧元区制订非常稳健的预算巩固计划，以克服债务危机。严格的财政巩固措施使欧盟和欧元区的财政状况得以改善。但欧元区的政府债务余额占 GDP 的比重逐年增加，并处于较高水平。2014 年，欧元区政府负债率为 91.97%，比 2013 年上升 1.05 百分点。2015 年，欧元区在进一步实施更宽松的货币政策的同时，又实施温和紧缩的财政政策。③ 总体而言，近两年各国紧缩财政，一定程度上抑制了国民消费水平，对华侨华人经济相对集中的餐饮、服装、旅游等消费型市场带来较大冲击。一方面，不少华商缺乏对市场环境的有效评估，错误地估计了形势，以为经济危机很快就会过去而盲目跟进铺开生意。尤其是一些中小华商企业，由于资金有限，难以为继。另一方面，部分华商抓住机遇，调整战略，迎来了新的增长点。一是加快跨境电子商务发展，包括在欧洲和国内设立平台，加强与国内电子商务平台京东、淘宝等之间的合作；二是创立品牌，或自主创立，或收购当地品牌，尤其是法国、意大利、西班牙等华商凭借当地诸多传统品牌，取得较大发展；三是华商借助华媒，共助发展。因为海外华人特殊的生活环境和生活方式，内部交往密切。海外华文网络的发展也为电子商务提供了更广阔的发展空间。例如，欧洲时报传媒集团旗下的法纵网、微信平台"欧洲时报内参"也转向电子商务平台，并且成功策划了很多企业推广活动。而一些华文媒体有一定的受众人数，运用读者优势"兼职"电子商务，对华商的转型有一定的引导意义。④

（二）周边地缘政治动荡，引爆难民危机和恐怖主义袭击；难民潮和恐袭事件加剧了欧洲政治力量分化，右翼势力快速崛起，社会裂痕加深

当前欧洲面临的一大危机源于 2010 年以来"阿拉伯之春"引发并被认为是"二战"以来最大的难民潮。⑤ 由于地理位置、历史文化、移民惯性等因素的影响，涌向欧盟的难民人数急剧上升，2014 年为 28 万人，2015 年超过 100 万人，⑥ 其中多来自叙利亚、阿富汗、索马

---

① http：//ec. europa. eu/eurostat/tgm/table. do？tab = table&init = 1&plugin = 1&language = en&pcode = tec00115，2016 年 2 月 8 日。

② European Commission，Autumn 2015 economic forecast：moderate recovery despite challenges，Brussels，5 November 2015，http：//europa. eu/rapid/press – release_IP – 15 – 5996_en. htm。

③ 《2015 年上半年欧洲经济形势：复苏疲软，通缩风险增加》，中鑫汇盈，http：//www. zxhy012. com/showonecontent_2_6842. html，2016 年 2 月 8 日。

④ 《后危机时代的法国华商：抓住电商 转型有道》，欧洲时报网，http：//www. oushinet. com/home/mainnews/20141230/177212_4. html，2014 年 12 月 30 日。

⑤ European Commission，Addressing the refugee crisis in europe：the role of EU external action，Joint communication to the European parliament and the council，Brussels，09/09/2015 JOIN （2015）40 final.

⑥ 《2015 年超百万难民涌入欧洲 明年 6 000 万人无家可归》，新华网，http：//news. xinhuanet. com/gongyi/2015 – 12/24/c_128562439. htm，2015 年 12 月 24 日。

里等国。① 此次难民潮形成原因主要有：①欧、美、俄等大国对中东，北非局势的干涉、"伊斯兰国"在叙利亚和伊拉克的武装冲突，导致当地局势大规模动荡。②非洲尼日利亚等国极端贫穷没有好转，部落武装冲突、恐怖主义等依旧猖獗。③难民来源国，邻国难民急剧增加，压力外溢。至 2014 年底，欧盟周边国家难民数达到 650 余万人，占全球注册难民的46%。② ④人口偷运组织开拓了新的路线，加快了难民的输送速度。2014 年，难民主要从中地中海路线进入欧洲大陆，但 2015 年，从东地中海路线进入欧盟的难民大幅增加。③ 此外，无政府治理、暴力蔓延、经济管理不善、国家失败、欧盟对中东和北非地区的全面支持策略没有完全兑现等，④ 也是引发难民危机的可能性因素。而这场地缘政治动荡带来的另一个恶果是 2015 年 11 月 13 日发生在法国巴黎的恐怖主义连环袭击事件，它对欧洲的文明价值观、国际关系、移民政策、族群关系等一系列问题带来了极其深刻的影响。

首先，难民危机引发了欧盟超国家行为体之间的矛盾，加剧了成员国之间的分歧。欧盟至今尚未完全走出欧债危机以来低增长、高失业的困境，2015 年的整体失业率为10.5%。⑤ 难民问题不仅将进一步给欧盟带来财政压力，同时也使得超国家组织内部对治理思路产生异见。在 2015 年 6 月 25 日的布鲁塞尔峰会上，提出强制性配额计划的欧盟委员会主席容克与欧洲理事会主席图斯克之间发生了对抗，后者认为应该采用自愿性的框架。欧盟 28 个成员国中有 12 个对此提案表示明确反对。过去五年来，由于缺乏充分有效的沟通渠道，欧盟委员会与欧洲理事会之间的紧张关系日趋明显。⑥ 其次，部分成员国对待难民的态度导致国内左、右翼力量的分化。在欧洲各国，难民和移民既是一个社会问题，也是一个政治问题。一方面，难民危机爆发后，多国民众游行示威，抗议政府的冷漠，要求加大难民接受力度；但另一方面，大量难民的涌入又加速排外情绪的增长和右翼势力的聚集。在德国，既有以鲜花掌声欢迎难民到来的，也有打着"保护家乡，禁止移民"旗号反对难民，并主张废除《基本法》中避难权的。在法国，国民议会中左翼和中左翼议员多数愿意接受欧盟难民分配方案，但右翼议员表示坚决反对。法国《快报》2015年 9 月援引一项民调显示，55% 的法国人反对放宽接收难民的政策，尤其是不能效仿德国，给予叙利亚移民以难民身份。2015 年底的法国地方议会选举中，极右翼政党民族阵线曾经一度领先，最终也和右派势力党派都占有更多席位，反映了部分民众右转的立场。

在欧洲许多城市里，难民融合问题拉大了社会鸿沟，族群之间的"新铁幕"正在扩展。移民形成的社区自成体系，语言、文化、宗教与主流社会迥然不同。新难民的加入将促进新移民"孤岛"会在一个个城市里形成，使融合问题更加凸显、尖锐，给当地居民带来焦虑与不安，引发保守势力煽动民族主义情绪。在过去的 2014 年欧洲议会选举中，欧

---

① UNHCR global trends forced displacement in 2014，联合国难民团网站，http：//www. unhcr. org. hk/files/Reports/2014%20Global%20Trend. pdf。

② UNHCR global trends forced displacement in 2014，联合国难民团网站，http：//www. unhcr. org. hk/files/Reports/2014%20Global%20Trend. pdf。

③ European Commission，*A European agenda on migration*，Brussels，13/05/2015 COM（2015）240 final.

④ 《德学者：能否共担难民危机将决定欧盟未来走向》，一财网，http：//www. yicai. com/mnews/2015/09/4687173. html，2015 年 9 月 17 日。

⑤ http：//ec. europa. eu/eurostat/tgm/table. do? tab = table&language = en&pcode = teilm020&tableSelection = 1&plugin =1。

⑥ ELIZABETH COLLECTT，The development of EU policy on immigration and asylum：rethinking coordination and leadership，2015，http：//www. MPIEurope. org.

洲政治重新洗牌，一大批欧洲怀疑主义政党（eurosceptic party）出现。① 极端政党从难民危机中获得渔利，中间力量衰退。难民危机中，一线的希腊和匈牙利，一个是极左政党在台上，一个是极右，对难民的态度与德国形成鲜明对比，而且他们对难民的"铁腕"政策反而强化了其执政地位。② 如果无法解决这一问题，如果没有能力找出可持续性的解决方案，欧洲大陆上极右分子将会激增。③

（三）难民潮给欧洲社会安全带来严重冲击，犯罪率大幅上升，华侨华人受牵连，生命财产屡遭侵害

在 2015 年 9 月 3 日叙利亚小难民尸体曝光海滩后，欧洲多国城市曾经爆发游行，抗议政府冷漠，要求接纳更多难民。但随着大量难民的涌入，欧洲各国应对能力面临挑战。部分难民甚至因对接待条件不满意发生过各种程度的示威，而在他们衣食住行有了着落又无所事事之时，新的问题更加层出不穷。2015 年 12 月 31 日跨年夜之际，德国西部重镇科隆爆发一起史无前例的大规模性侵案。上千名醉醺醺的男子在科隆火车站对女性进行调戏、性侵和抢劫。其中大部分嫌疑人为来自阿尔及利亚、摩洛哥、叙利亚等国的难民。据科隆警方数据显示，近年来的罪案率大幅上升。以偷窃为例，已经从 2010 年的 7 002 宗翻倍到 2014 年的 14 059 宗。2014 年 11 月 1 日至 2015 年 4 月 30 日的 570 宗罪案中，就有195 名犯罪人来自摩洛哥，162 人来自阿尔及利亚，117 人来自罗马尼亚，27 人来自叙利亚。④ 2016 年 1 月 25 日，瑞典一处难民中心发生袭击事件，一名 15 岁未成年难民刺死了一名 22 岁的工作人员。瑞典移民署的信息显示，由于抵达瑞典的难民人数创新高，庇护设施传出的威胁与暴力案件，从 2014 年的 148 起增加到 2015 年的 322 起。⑤

随着"欢迎文化"带来的兴奋渐渐消退，危机感重创欧洲国民，转为另一种情感反应，一种是担心新来者的男权中东价值观与自由的价值观格格不入所带来的情感反应。移民问题为欧洲右翼势力攻击当前政府的经济与社会安全危机找到了空间针对难民、移民的排斥言论及侵害行动增加。2015 年 1 月，法国极右翼政党国民阵线直接将袭击《查理周刊》的根源以及当前的高失业率归咎于"移民过于庞杂"。⑥ 根据德国警方统计，自 2015年初以来，至少发生了 817 起针对难民庇护所的袭击事件。在 2014 年，只发生了 199 起

① ELIZABETH COLLECTT, Future EU policy development of immigration and asylum：understanding the challenge, 2014，http：//www. MPIEurope. org.

② 《难民问题让欧洲分裂 "新铁幕"开历史倒车》，人民网，http：//world. people. com. cn/n/2015/0925/c1002 – 27635153. html，2015 年 9 月 25 日。

③ 《欧委会：若不解决难民危机 欧右翼激进主义将剧增》，新浪网，http：//news. sina. com. cn/o/2015 – 09 – 25/doc – ifxiehns3238565. shtml，2015 年 9 月 25 日。

④ 《"科隆性侵案"里大众的眼球和"失范"的界限》，观察者网，http：//www. guancha. cn/ChuXin/2016_01_27_349360. shtml，2016 年 1 月 27 日。

⑤ 《少年难民凶杀案给欧洲添堵 多国舆论场又现担忧》，人民网，http：//world. people. com. cn/n1/2016/0127/c1002 – 28087974. html，2016 年 1 月 27 日。

⑥ 《难民营引公愤？德国今年发生了 202 起攻击难民营事件》，欧洲时报网，http：//www. oushinet. com/news/europe/germany/20150725/200464. html，2015 年 7 月 25 日。

同类事件，而这一数据在 2011 年仅为 18 起。[①] 而针对华人中餐馆、批发店铺现金交易较多的特点，盗窃抢劫案更加不在少数。在意大利，由于近几年经济低迷，非法移民多，失业率高，社会治安日趋恶化，针对华侨华人的暴力抢劫和偷盗等犯罪活动日渐频繁，歹徒猖獗疯狂，犯罪手段令人发指，已严重威胁华侨华人的正常生活，华侨华人的财产也蒙受巨大损失。[②] 据意大利普拉托通报，2014 年普拉托检察机关累计公诉盗窃案件 9 211 起，抢劫案件 464 起，敲诈案件 2 080 起，其中不包括正在侦办尚未起诉的案件。而在普拉托合法居留的外来移民 43 016 人中，华人移民占 27 823 人。依据检察院通报的盗窃案件数量与华人住宅数量对比，普拉托平均每套华人住宅 2014 年被盗次数约为 1.66 次。事实上，个别华人的住宅有的被盗过两次、三次，甚至更多次。[③]

（四）多国移民政策调整，收紧难民政策，排斥低技术移民和非法移民，投资移民和技术移民依旧前景较好，中国赴欧投资移民持续增长

一方面，受地缘政治、难民危机和恐怖主义影响，欧洲增加了边界管理的经费预算和人员编制，加强了边境控制，即使是申根国家之间，在特殊时期也要进行边检，同时，各国还加大了对非法移民和人口贩运的打击力度。[④] 随着难民问题的不断出现，各国纷纷收紧难民政策，加强对违法难民的遣返力度。即使是德国，默克尔总理也于 2016 年 1 月 30 日就难民问题表态，要求在叙利亚和伊拉克的战争、冲突结束之后，现居德国的难民必须返回自己的国家。这是因为无论是民众还是政党都敦促默克尔政府采取措施，限制难民入境。[⑤]

另一方面，出于经济危机和人才短缺的考虑，各国在吸引投资和高技术移民的政策方面相对稳定，部分国家门槛甚至有所降低。西班牙除了 50 万欧元的购房移民项目外，还有一个更适合中产阶级的移民项目，即 15 万欧元非营利性居留项目，只需要证明申请者有足够的经济条件能在西班牙居住 1 年以上，申请人就可以通过在西班牙指定区域购买房产，获取本人及其家人的长期居留权。葡萄牙自 2012 年 10 月推出"黄金居留许可"计划以来，至 2014 年 12 月 30 日，葡萄牙移民局（SEF）共批准 2 022 个黄金居留投资申请，其中 1 629 位投资人来自中国。[⑥] 若以每位成功获得黄金居留人员附带申请的家庭成员为平均三人计算，华人社会因此增加的新移民数量则达近 5 000 人之多。[⑦] 2015 年 9 月 4 日，

　① 《科隆性侵案引发民众恐慌　德国右翼势力趁机发展壮大》，澎湃新闻，http：//www. thepaper. cn/newsDetail_ forward_1417794，2016 年 2 月 10 日。

　② 《意普拉托侨界举行联合会议　商议应对华人治安环境恶化》，华人街，http：//www. huarenjie. com/article － 286490 － 1. html，2016 年 2 月 10 日。

　③ 《普拉托治安恶化逼近华人容忍底线》，中国新闻网，http：//www. chinanews. com/hr/2015/02 － 05/ 7037315. shtml，2015 年 2 月 5 日。

　④ Management of the refugee crisis：commission shows the way forward，欧盟网站，http：//ec. europa. eu/news/2015/09/ 20150923_en. htm，2015 年 9 月 23 日。

　⑤ 《默克尔：战争结束之后　难民必须回家》，中国日报网，http：//world. chinadaily. com. cn/2016 － 01/31/content _23326108. htm，2016 年 1 月 31 日。

　⑥ 《世贸通：移民葡萄牙可规避恐袭后对申根签证影响》，新浪网，http：//finance. sina. com. cn/stock/usstock/ mtszx/20150114/131921296219. shtml，2015 年 1 月 14 日。

　⑦ 《形形色色新移民——华人社会新移民生活和工作现象观察》，葡华报网，http：//www. puhuabao. com/portal/ qiaojie/ptqiaoxun/4164 － 2015 － 01 － 15 － 16 － 55 － 132，2015 年 1 月 5 日。

葡萄牙又出台购房移民新政，购房移民门槛由 50 万欧元降至 35 万欧元。截至 2015 年 12 月 31 日，全球共有 2 788 位投资者获得葡萄牙的居留权，中国投资者居于第一位。[①] 希腊于 2015 年 1 月 1 日开始实施的购房移民最新改革条款有所放宽：一是投资者可以获得永久居留许可；二是允许父母、配偶、子女、配偶父母随行；三是居住满 7 年，每年住满 6 个月，通过希腊语考试，可申请入籍。意大利"入境签证类型和获取条件"的 850 号法令规定：欧盟以外国家的富裕人士，只要在当地购买 30 万欧元以上房产，并能提供 3.1 万欧元以上长期的、稳定的非工资性生活来源，本人及其家人可获得意大利长期居留权，并且购房移民项目申请条件简单，无语言、学历要求，无须解释资金来源，一人申请全家移民。英国于 2014 年 11 月 16 日调整了英国投资移民法案细则，投资金额由 100 万英镑抬高到 200 万英镑，同时取消了融资模式和允许 25% 购置房产的规定。但由于老牌的移民国家政策（美国面临变政、加拿大联邦移民关停）变化原因，并且凭借其文化底蕴、社会福利和一流教育，英国依然是移民者心中的"黄金宝地"首选。法国通过向政府提供捐赠金（400 万元人民币）的方式协助申请人获得法国公民身份。德国也启用"欧盟蓝卡"（Blue Card EU）计划，申请条件为本科及以上学历；工作合同：薪资至少 4 100 欧元/月，短缺职业如科学家、数学家、工程师、医生和 IT 专家至少 3 200 欧元/月，以方便国外专业劳动力进入本国劳动力市场。[②] 欧洲投资移民项目在移民市场上逐渐升温，不仅是因为其宽松的移民政策以及利率的波动，更是出于投资者对于资产全球配置、高品质教育以及免签通行主流国家的追求。此外，欧洲申根国居留权的最大优势在于：移民者可以自由在 26 个申根国中居住、学习、经商，享受当地教育、医疗、养老等福利。

（五）中欧关系发展书写新篇章，中欧合作取得全面进展，华侨华人机遇不断

2015 年是中欧关系全面发展丰收年。10 月，习近平主席对英国展开"超级访问"，开启了中英关系的"黄金时代"，将中英关系提升到前所未有的新高度，而且对中欧关系、亚欧合作均具有重要的推动作用。6 月，李克强总理出席中欧第十七次领导人会晤，双方发表了会晤联合声明和关于气候变化的联合声明，在科技、知识产权、区域政策、海关等领域签署多项合作文件，并就广泛议题达成共识。9 月，刘延东副总理赴欧盟总部与欧盟委员会教育、文化、青年和体育委员瑙夫劳契奇共同主持中欧高级别人文交流对话机制第三次会议，赴英国与英国卫生大臣亨特共同主持中英高级别人文交流机制第三次会议。[③] 2015 年中欧领导人密集互访的成果，集中体现在双方同意要推进三大对接，即中方的"一带一路"倡议与欧洲的发展战略相对接，中国国际产能合作同欧洲容克投资计划相对接，中国—中东欧"16 + 1 合作"与中欧整体合作相对接。双方正在探讨建立中欧共同投资基金，打造中欧互联互通平台。中欧之间的经贸合作领域大大拓宽，具体合作成果纷纷

---

① 《2016 年葡萄牙购房移民或迎全新利好》，新华网，http：//news. xinhuanet. com/abroad/2016 - 01/27/c_128675620. htm，2016 年 1 月 27 日。

② 《2015 年五大热门欧洲移民项目　门槛低至 15 万欧元》，赛迪网，http：//www. ccidnet. com/2015/0915/10025964. shtml，2015 年 9 月 15 日。

③ 《2015 年中欧关系十件大事》，中国网，http：//www. china. com. cn/news/world/2015 - 12/23/content_37380802. htm，2015 年 12 月 23 日。

落地。一是中欧双方互相加入对方主导的政策性开发银行，加强政策互动。英国率先宣布加入中国发起的亚洲基础设施投资银行，共有 17 个欧洲国家（不含俄罗斯）成为亚投行的创始成员国。12 月，欧洲复兴开发银行通过接受中国加入该行的决议。二是中欧在基础设施领域开展合作。10 月，中法宣布共同参加英国欣克利角核电站项目；11 月，中核电参加罗马尼亚核电项目；12 月，匈塞铁路塞尔维亚段正式启动。三是中欧开展产能合作，并共同开发第三方市场。中法发表了关于第三方市场合作的联合声明。中德决定加强发展战略对接，推动"中国制造 2025"和德国"工业 4.0"携手，并就拓展战略性新兴产业合作、探索三方产能合作等取得共识。[1]

中欧关系的平稳发展与各方面合作交流的深化为欧洲华侨华人发展带来历史性机遇。中欧经济、文化、教育、旅游等各方面具有较大的互补性，双边合作空间很大。广大华侨华人在当地生存发展，经过多年的艰苦打拼，拥有雄厚的经济实力、广泛的人脉联系，还有丰富的生产营销经验，以及融通中外的文化优势，因此，他们将发挥独特且重要的作用，成为"一带一路"建设中的重要力量。[2]

三、侨情发展趋势与应对思考

纵观当前欧洲发展形势，东部地缘政治动荡，难民潮大量涌至，恐怖主义威胁犹存，经济复苏低迷，右翼势力崛起，族群冲突不断，欧盟及各成员国日子很不太平。华侨华人的生存与发展面临巨大压力，喜忧参半。观望与坚守是当前欧洲大多数华商的生存状态，但转机与发展才是他们需要的目标。概而言之，未来欧洲侨情发展有两方面值得重点关注：一是移民的规范化发展；二是华商跨境电子商务发展。

（一）受经济低迷和政治向右的影响，各国移民发展空间受到挤压，华侨华人走规范化发展道路是必然趋势

当前华侨华人社会中出现的很多问题，归根结底其实都是空间问题，如生存空间、发展空间等。华商企业屡遭查抄、生命财产屡受侵犯等问题都是空间问题的外在表现。部分华侨华人的不正当操作带来的快速膨胀，无疑挤压了当地社会的生存发展空间，破坏了已有的社会秩序。作为经济和政治制度的本能反应，消除这些不规范现象，并给予一定惩罚，也是制度设计的主要目的。因此，在被制度处罚面前，似乎所有人都无计可施，甚至得不到同情。近年来，意大利、西班牙等国华商不断曝出被查事件，无论是当地社会还是华人社会都冷漠面对，甚至引发当地社会对华人的负面看法。即使是华人社会组织上街游行，试图给当地政府施压，似乎也无济于事，甚至不得不雇用私家保安。值得庆幸的是，部分社团及侨领已经觉悟，通过社团联合自强，组织大家走规范化道路，并且倡导华侨华人主动回报当地社会，融入主流环境。2014 年 12 月起，匈牙利福建商会针对警察、海关、

① 《盘点 2015 年中欧经贸关系》，新华网，http：//news. xinhuanet. com/comments/2015 - 12/31/c _ 1117642417. htm，2015 年 12 月 31 日。
② 《裘援平：华侨华人是"一带一路"建设的重要力量》，中国新闻网，http：//www. chinanews. com/hr/2015/03 -08/7110967. shtml，2015 年 3 月 8 日。

税务等部门一个多月的大检查后反思认为，华商必须彻底改变灰色经营模式，规范经营，着眼长远，积极作为，同心协力促进华商市场长期可持续发展。① 2016 年 1 月，意大利普拉托诸多华侨华人社团也针对华人治安环境恶化共同商议：成立一个专门的"服务中心"，牵头具体负责由华人治安而引发的案件；协调安排市内各区大范围的安保巡逻，争取官方机构支持及争取让华人参与配合合法巡逻检查。此外，当地华侨华人社团还组织提倡"和平文明共处"的行动，队伍的旗帜上写着"我爱普拉托""和平万岁""抗议犯罪行为"等标语。对此，普拉托当地新闻媒体也表示："在华人与意大利人各种相处关系中，这可谓至今我们所见到的最大的转折。新一代的华人孩子在意大利长大，然而没有出生在意大利的华人也希望能在真正意义上融入意大利社会并与其和平相处，同时他们还在不断进行思考及自我反思。"②

（二）机遇与挑战并存，华侨华人应该进一步结合跨国优势，重视品牌和平台建设，推动跨境电子商务发展，推动规模发展，实现经济转型

2016 年，中欧有望在"一带一路"建设、欧洲投资计划、5G 产业、城市化、能源、智能城市、创新等领域不断拓展合作空间。但作为以中小企业为主体的华商而言，"互联网＋"和"一带一路"给他们带来的机遇可能更多的是围绕大经贸格局，积极拓展中欧双边贸易，深耕华商传统行业和探索新产业发展，培育新的增长点。30 年来，欧洲华商从零开始，抓住了中国"入世"的历史机遇，通过进口"中国制造"销往欧洲取得成功。如今，面对低迷的消费市场，缺乏品牌和资本优势的中小企业如何生存和发展是迫在眉睫的问题。在互联网时代，在世界大格局下，华商应该再次抓住机遇，通过电商把欧洲产品带入中国市场。欧洲在农食、环保等领域拥有众多优秀产品，中国则拥有庞大的市场需求，相信跨境电商的发展必将推动中欧企业互利双赢。③ 2015 年，阿里巴巴的马云和京东的刘强东分别到巴黎寻找商机，法国众多华商也积极加入跨境电商大军，法国 37VIP 集团刘若进的"华人跨境电商"集展示、销售和物流于一体的"37 速运"开业；黄学铭代理的法国品牌 ELITE 在 F2C 的推动下，进驻京东全球购；法国华商参股的唯品会（http：//www. vip. com）已经成为国内发展最快的跨境电商；华商陆晓峰收购的法国品牌也入驻了唯品会。而在华商跨境电子商务发展过程中，尤为值得注意的主要是两点：品牌和平台。④ 很多人预测，2016 年对于华商来说还将是非常困难的一年，各种矛盾将在这一年中集中显现。⑤

① 《反思大检查影响 匈牙利侨团倡议华商规范经营》，凤凰网，http：//news. ifeng. com/a/20141220/42760954_0. shtml，2014 年 12 月 20 日。

② 《意大利"中国城"普拉托：华人如何实现治安逆袭》，网易，http：//money. 163. com/16/0119/15/BDN1IMKS00254TI5. html，2016 年 1 月 19 日。

③ 《中欧华商聚首巴黎 纵论新常态下跨境电商谋转型》，中国新闻网，http：//www. chinanews. com/hr/2015/05－31/7311791. shtml，2015 年 5 月 31 日。

④ 《2015 年华商转型之战：法国华人电商"跨境"的曙光》，欧洲时报网，http：//huashe. oushinet. com/qsnews/20151221/215816. html，2015 年 12 月 21 日。

⑤ 《转型升级迫在眉睫 2016 法国华商发展"狼来了"？》，欧洲时报网，http：//huashe. oushinet. com/qsnews/20151228/216462. html，2015 年 12 月 28 日。

拉丁美洲地区

在过去 200 年左右的移民历史上，中国人移民拉美经历了三个阶段、五次移民高潮。现在拉美有华侨华人 150 万人左右，如果将有华人血统的华裔算在内，总数达到 450 万 ~ 500 万。下文主要就改革开放后拉美华侨华人的生存发展做一综述，重点分析华侨华人人数及分布、华侨华人在拉美的经济发展状况及面对的利益保护问题、华侨华人融入当地社会的努力及政治参与、"华社三宝"与文化传承等问题。由于拉美国家众多，各国侨情特点迥异，只能选取较有代表性的国家进行分析和归纳。

一、拉丁美洲华侨华人与华裔的人口变迁与发展

自 19 世纪数十万华工进入拉美开始至 20 世纪 80 年代以前，拉美华侨华人数量经历了一个从增长到萎缩的发展轨迹。据李春辉、杨生茂的研究，进入拉美的华工人数大约有 50 万，而到 1945 年"二战"结束时，拉美华侨华人仅为 12.7 万人，由于中国香港、中国台湾移民的加入，到 20 世纪 60 年代末，拉美华侨华人增至 16.5 万人。"二战"后至 20 世纪 70 年代，由于拉美国家与新中国处于断交状态，来自中国大陆的移民几乎处于停滞状态；随着 70 年代中国与拉美国家逐渐建立外交关系，尤其是中国实行改革开放以后，华人新移民移居拉美掀起新高潮。据统计，到 20 世纪 70 年代末和 80 年代初，旅居拉美国家的华侨及已取得当地国籍的华人总数约为 20 万（其中外籍华人占 17 万人以上），分布在拉美 29 个国家和地区。到 20 世纪 90 年代初，拉美华人华侨总数约为 40 万人；到 2007 年，拉丁美洲华侨华人约为 100 万人，其中新移民约 75 万人。[①] 2008 年金融危机后，拉美再次成为中国新移民移居的重点地区之一，如今拉美华侨华人数量大约为 150 万[②]，七八年间，拉美华侨华人增长了 50 万人，其中主要增量来自新移民。

从国别来看，根据拉美国家华侨华人及华裔数量、移民规律及其与中国国家关系的特点，可以大致分为以下两类：

第一类是属于华裔众多的国家。由于历史上"契约华工"的大量涌入，他们"落地生根"后，在当地繁衍生息，到现阶段出现了为数众多的华裔群体，主要有秘鲁、墨西哥和厄瓜多尔等国家（见表1）。

秘鲁是"契约华工"最早到达的拉美国家之一，也是华人融入当地程度最高的拉美国家。据秘鲁内政部移民局局长里卡多·郑（华裔）1986 年公布的数据，旅居秘鲁的华侨华人约 3.9 万人，其中已加入秘鲁国籍的有 6 000 人，而到 20 世纪 90 年代初已达 5.4 万

---

① 庄国土、李瑞晴著，国务院侨务办公室政策法规司编：《华侨华人分布状况和发展趋势》，《侨务工作研究》2010年第 4 期。

② 此数据为 2015 年 11 月参加中国海交会办公室主任朱慧玲关于海外侨情的座谈会所获得。

人。此外，据估计，20 世纪 90 年代在秘鲁有华人血统的达 100 万人左右，而到 2015 年，这个数字可能达到了 300 万，旅居秘鲁的华侨华人约为 10 万人。① 秘鲁的华侨华人 60% ~ 70% 集中在首都利马市，其余分散在奇克拉约、卡亚俄港等地。

厄瓜多尔华侨华人数量不多，只有 2 万 ~3 万人。不过由于历史上的华人融入当地程度高，现在约有 20 万华裔，主要集中在瓜亚基尔、克维多和首都基多 3 个城市，他们大部分居住在瓜亚基尔市、克维多市及周边沿海省市。旅厄侨胞大部分从事餐饮业。20 世纪 70 年代后，一些侨胞开始转向进出口生意，经营五金、百货、农场、养虾、食品工业等。第二代华裔有不少是医生、工程师、律师和企业家，在克维多有一批华裔为农场主，其经济收入较高。台胞大多经商，也是从事汽车修理和金矿开采的，经济实力比大陆侨胞稍雄厚。

墨西哥华侨华人则由 20 世纪 80 年代的数千人增长至现在的约 6 万人。另据统计，墨西哥约有 40 万人是有华人血统的华裔②，数量也相当庞大。他们大部分居住在西北部、北部以及沿太平洋和大西洋海岸的一些城镇。墨西哥北部下加州与美国毗邻的墨西卡利、提华纳、恩塞纳达 3 个边境城市的华侨华人较集中，其次为首都墨西哥城、北部的华雷斯城、东南部边境的塔帕丘拉、北部奇瓦瓦市以及东部韦拉克鲁斯等。

第二类是新移民增长迅速的国家。自 20 世纪 70 年代与中国建交后，随着拉美国家与中国关系的升温、经贸合作的密切、文化交流的频繁，华侨华人新移民数量剧增，巴西、委内瑞拉、阿根廷、智利等国便属于这种情形（见表1）。

目前，巴西的华侨华人数量在拉美各国华侨华人人数中居首位。20 世纪 40 年代，巴西仅有 2 000 多名华侨，到 60 年代也不过万余人，20 世纪 90 年代初已有十二三万人，而到 2007 年，这个数字达到了 25 万，翻了一番，可见华人移民巴西之热。据巴西侨社估计，如今在巴西的华侨华人有 30 多万人，圣保罗是巴西华侨华人最集中的地方，有近 30 万③华侨华人居住于此，其次是在里约热内卢、巴西利亚、阿雷格里亚港、库里提巴、维多利亚、纳塔尔布等地区。

委内瑞拉华侨华人从 1980 年的万余人增至 2000 年的 9.5 万人；到 2007 年，又增长至 16.9 万人；至 2015 年，委内瑞拉的华侨华人达到 25 万。委内瑞拉的华侨华人主要来自广东恩平地区，近年陆续有福建、浙江等地的移民前往。

阿根廷的华侨在 20 世纪 50 年代只有 300 多人，到 70 年代末增至 7 000 人，80 年代中期增至 1.5 万人，90 年代初又迅速增加到约 3.5 万人。根据阿根廷国家移民局数据，从 2004 年 1 月至 2011 年第二季度，共批准 26 028 名中国人的居留申请。④ 现今的阿根廷华侨华人数量已从 2007 年的 6 万人增长至 12 万人，增幅非常迅速。在阿根廷的华侨除从中国香港和中国台湾来的之外，大多数来自中国大陆，新移民中以福建和浙江的移民居多。

此外，哥斯达黎加、苏里南、牙买加等国的华侨华人数量也增长较快。

---

① 化工:《秘鲁的华侨华人》,《侨园》2015 年第 10 期。
② 黎静:《墨西哥、厄瓜多尔华人社团的现状》,见吕伟雄:《海外华人社会新透视》,广州:岭南美术出版社 2005 年版，第 87 页。
③ 数据来自巴西华人网对在巴西华侨华人的估计。
④ 《阿根廷华人移民数量超 12 万》,中国新闻网, http://www.chinanews.com/hr/2011/10 - 17/3392527.shtml, 2011 年 10 月 17 日。

表1　拉美主要国家华侨华人数量分布表

（单位：人）

国家	1980 年	1995 年	2000 年	2007 年	2015 年
阿根廷	30 000	26 000	30 000	60 000	150 000
阿鲁巴岛	—	—	600		
巴巴多斯	—	60	150	30	
巴哈马	—	300	300	—	
巴拉圭	80 000	9 050	9 000		
巴拿马	20 000	10 000	40 000	130 000	150 000
巴西	—	120 000	130 000	250 000	300 000
秘鲁	—	50 万 ~ 100 万（含华裔）	100 万（含华裔）	250 万（含华裔）	310 万（含华裔）
伯利兹	—	3 000	1 000	7 000	7 000 ~ 8 000
玻利维亚	—	1 023	12 000	130 000	3 000
多米尼加	1 000	7 000	13 500	15 000	30 000 多
多米尼克	—	—	—	150	
厄瓜多尔	—	15 000	16 000	165 000	230 000（含华裔）
法属圭亚那	—	—	3 000	5 000	7 000
哥伦比亚	5 000	4 500	150 000		10 000 左右
哥斯达黎加	7 000	50 000	630 000	60 000	50 000
古巴	—	5 000	6 000	7 000	2 000
圭亚那	—	6 000	6 500	2 500（2003 年）	2 000
安的列斯群岛	—	3 000	2 000		
洪都拉斯	900	1 200	1 200		3 000
墨西哥	—	—	20 000	60 000	80 000（华裔 400 000 左右）
尼加拉瓜	4 000	400	750	2 200（2003 年）	
萨尔瓦多	700	1 800	1 800	2 000	2 000
苏里南	2 500	15 000	10 000	40 000	50 000
特立尼达和多巴哥	5 000	6 000	8 000	10 000（2003 年）	10 000 左右
危地马拉	—	12 000	150 000	20 000（2003 年）	
委内瑞拉	—	16 000	950 000	160 000	250 000
牙买加	8 000	20 000	250 000	20 000 多	20 000 ~ 30 000
智利	5 000	—	4 300	20 000 多	20 000 多

数据来源：参考高伟浓《拉丁美洲华侨华人移民史、社团与文化活动远眺》、李安山《拉丁美洲华侨华人的生存、适应与融合》、杨金发《拉丁美洲华侨华人的历史与现状》等论著及南美侨报网、巴西华人网、阿根廷华人在线、墨西哥华人网、委内瑞拉华人网、智利中文网、智利华商联合总会网站等对相关国家华侨华人人数的估计。

拉美国家新华侨华人数量的增加，得益于 20 世纪 70 年代以来中国实行改革开放政策和拉美相对宽松的移民环境。中国实行对外开放政策后，一些侨眷到拉美继承或协助经营餐馆或其他企业。此时期拉美国家为发展本国经济，对包括华人在内的外国移民入境放宽了限制，如允许投资移民、家庭团聚移民进入，有些国家如巴西对移民实行大赦政策（自 1980 年以来实施了三次大赦），使得当地华侨华人人数逐渐增多。

需要指出的是，无论是土生华裔众多的国家，还是新移民占较大比例的国家，华侨华人数量的增长，尤其是新移民人数的增加，都和中国与住在国国家关系的发展密不可分。由于历史原因，新中国与拉美国家的邦交大多始于 20 世纪 70 年代，在此之前，中国大陆移民移往拉美几乎停滞，仅有少量中国台湾、中国香港移民进入拉美。自中国与拉美各国逐渐建立邦交，移民"樊篱"逐渐被打破。华侨华人移民数量增长较快的国家，大多数与中国关系密切（见表 2）。中国已经与阿根廷、巴西、秘鲁、墨西哥、委内瑞拉、厄瓜多尔、智利建立了战略伙伴关系，其中与秘鲁、墨西哥、巴西、阿根廷更是建立了全面战略伙伴关系。中国与这些拉美国家关系的深化发展、双边经贸往来愈发密切、文化交流日渐活跃，为中国前往这些国家发展提供了良好的基础。

表 2　中国与拉美主要国家关系进程表

国家	与中国建交时间	建立战略伙伴关系时间	提升为全面战略伙伴关系时间
阿根廷	1972 年	2004 年	2014 年
巴西	1974 年	1993 年	2012 年
秘鲁	1971 年	2008 年	2013 年
厄瓜多尔	1980 年	2015 年	—
委内瑞拉	1974 年	2001 年（共同发展的战略伙伴关系）	—
智利	1970 年	2012 年	—
墨西哥	1972 年	2003 年	2013 年

数据来源：据中华人民共和国外交部网站（http://www.fmprc.gov.cn/web/gjhdq_676201/gj_676203/nmz_680924/）相关资料整理而成。

然而，在拉丁美洲 12 个（主要集中在加勒比地区）未与中国建立外交关系的国家中，一些国家的华侨华人数量亦相当可观（见表 1）。最典型的是巴拿马，20 世纪 80 年代仅有 2 万华侨华人，而现今数量已超过 15 万；多米尼加也有约 3 万华侨华人，他们不仅充当中国与这些国家经贸往来、文化交流的"民间大使"，还对发展中国与这些国家的外交关系做出了贡献。如哥斯达黎加华人华侨华裔协会会长翁翠玉对促进中哥建交（2007 年）起到了关键作用；多米尼加驻中国贸易代表吴玫瑰（第二代华裔，祖籍广东恩平）长期致力于发展中国与多米尼加的关系，曾多次回到其祖籍地恩平为乡亲颁发前往多米尼加的签证。

二、经济发展与利益保护

（一）经济发展

在拉美华人移民史上，最初进入拉美的以华工为主。小部分"契约华工"在 19 世纪 70 年代摆脱"契约"后，即向商业发展。大部分经商者为小本经营，如开餐馆、洗衣店、咖啡馆、杂货店、旅馆等。近几十年来，拉美国家经济结构弊端显现，工业发展较为薄弱，对外资及商品依赖度高，让新华侨华人看到了商机。与老一代拉美华商相比，新移民从事的商业规模要更大，一些资本较雄厚的商人和企业主从事进出口贸易，开自选商场，开办工矿企业等，有些拉美华侨华人甚至建立其规模宏大的集团公司。

在阿根廷的华人新移民主要从事超市行业，华人超市已经在阿根廷全国遍地开花，据估计阿根廷有将近 1 万家华人经营的超市。由于华人勤劳实干，营业时间相比当地人商店要长，许多阿根廷人商店因无法和华人超市竞争而难以为继。据统计，目前秘鲁全国共有大约 1 万家中餐馆，其中仅在利马就有大约 7 000 家。① 圣保罗华人在商业上取得了极大成功，"25 街"成为华人商铺的集散地。与老一辈华侨华人"华工"身份不同的是，这批新移民中，有相当一部分有文化、有资金、有专长、有现代化商业知识。他们活跃在商业领域，一些华人甚至当上律师、医生或者政府官员。巴西华人苏梓佑出生于华侨世家，从父辈一代开始就赴巴西圣保罗发展，经过数十年的艰苦打拼，苏梓佑一家在商业领域取得了不俗的成绩。在苏梓佑看来："巴西海洋无污染，矿产也非常丰富，这都是大有可为的领域。"因此，苏梓佑收购了巴西的多座矿山，全方位与中国合作。苏梓佑与云浮市签署了价值 6 000 万美元的合同，计划将巴西花岗石运往云浮深加工，共同开发巴西的花岗石资源。②

祖籍广东中山的黄炳辉先生在秘鲁成立了华人超市集团黄氏集团（Wong 超市）。1983 年，黄氏家族创办了第一间黄氏超市，随后派生出 Metro 超市，如今黄氏超市在利马市已经拥有 12 个 Wong 超市，11 家 Metro 超市，7 个仓储式超市以及利马南部 Plaza Lima Sur 大型综合商业中心，发展成为面向各种消费层次的大型超市集团，年营业额在 5 亿美元以上，员工达到 7 000 人，占利马超市份额的 72%。

在哥斯达黎加，华侨华人投资经营农业种植已渐成规模。旅哥华侨经营的香蕉菠萝种植和加工企业 ACON 集团是华人农工业成功的典型例子，它的香蕉、菠萝种植加工企业规模居哥斯达黎加私营企业前列，雇用员工总数 7000 余人，产品主要出口至美国、欧洲、亚洲等多个国家和地区的大型超市和跨国公司。其香蕉、菠萝出口额分别占哥国总出口量的 19% 和 9%，其规模之大可见一斑。据了解，ACON 集团的香蕉也已经出口至中国。③

① 栾翔、陈威华、刘国强：《秘鲁华人的历史与未来》，新华网，http：//news. xinhuanet. com/overseas/2008 - 11/24/content_10404729. htm，2008 年 11 月 24 日。

② 《迁徙南美　新移民不再卖苦力》，凤凰网，http：//news. ifeng. com/gundong/detail_2013_10/24/30602886_0. shtml，2013 年 10 月 24 日。

③ 《驻哥斯达黎加使馆馆员参观香蕉菠萝种植加工企业》，中华人民共和国驻哥斯达黎加大使馆网站，http：//cr. china - embassy. org/chn/sghd/t1177352. htm，2014 年 7 月 23 日。

在智利伊基克自由贸易区 ZOFRI 的 2 300 家国际公司中，有 50 家由中国人开设，另外还有 400 家大大小小的华商。中国大陆新移民胡为民先生用 600 万美元买下智利银山铜矿，雇用当地民众进行开采。[①]

（二）安全风险

拉美华侨华人在取得商业上巨大成功的同时，他们所面对的利益风险也日益增大。自 20 世纪 80 年代以来，拉美经济增长放缓，通货膨胀加剧，失业率上升，而拉美民众的工作观念和消费习惯又相对松散，拉美国家的社会治安日益恶化，当地民众在日常接触中对华侨华人不理解甚至仇视，这些都给华侨华人经济发展带来危害。

在过去的 10 年里，阿根廷的经济增长势头逐渐消失，年均超过 25% 的通货膨胀率引发贫困人口激增，国内矛盾积重难返。2014 年，阿根廷国内有 200 万人的收入不足以满足基本食品需求，属于赤贫阶层，约占总人口的 5%；约 1 000 万人收入不足以满足基本生活需求，属于贫穷阶层，占总人口的 25%。[②] 反观阿根廷华人超市数量庞大，盈利丰厚，且主要服务对象为当地民众，很容易成为当地不法分子的目标。近年，针对阿根廷华人超市的盗抢案件，几乎每天都见于媒体报道，不仅给华侨华人的经济带来极大的损害，甚至危及侨胞的生命安全。

近年来，由于经济下滑，巴西几个大城市治安形势欠佳。根据巴西应用经济研究所和巴西公共安全论坛最近联合发布的数字显示，近年来巴西的犯罪率呈上升趋势，2014 年巴西全国有近 6 万人死于非命。[③] 而巴西华侨华人聚居的圣保罗和里约热内卢更是治安案件频发的区域，2015 年上半年，在圣保罗、里约热内卢曾出现一伙专门针对华侨华人住所入室盗窃的犯罪团伙，部分侨胞损失惨重，导致两地侨界人心惶惶。

智利是南美治安较好的国家，但由于华侨华人经济取得的成功，而当地民众失业率上升，华侨华人面临的利益风险日益严峻。据智利华商安全委员筹备会调查发现，智利针对华商的盗抢案件逐年上升，2010 年，仅有一名同胞被抢，损失 400 万比索（约合人民币 36 400 元）；仅在 2015 年的前 7 个月，便有 137 名侨胞被抢，涉及被抢金额高达4.040 55 亿比索（约合 367 万元人民币）。[④] 2015 年 8 月，伊基克一名华商被 6 名劫匪抢走现金 1.27 亿比索（约合人民币 122 万元）。

（三）华侨华人利益保护举措

针对这些情况，中国驻拉美各国使领馆纷纷与当地政府沟通协调，建立警民联动的安全机制，鼓励侨胞积极反映受侵害情况，在遭到盗抢后敢于报案，并动员侨界增强安全防范意识，采取安全保障措施。

---

① 林克风：《巴西、秘鲁、智利华侨华人经济与中国企业"走出去"》，广东侨网，http：//www.qb.gd.gov.cn/qw2index/2006dzkwlsfbq/200610120036.htm，2006 年 10 月 12 日。

② 李佳璇：《阿根廷华人超市如何应对抢劫？》，人民网，http：//paper.people.com.cn/rmrbhwb/html/2014 – 02/19/content_1392509.htm，2014 年 2 月 19 日。

③ 陈威华、赵焱：《巴西华人平安三宝：依靠祖（籍）国 沟通警局 侨界互助》，新华网，http：//news.xinhuanet.com/2016 – 04/15/c_1118639448.htm，2016 年 4 月 15 日。

④ 《2015 年智利 137 名侨胞遭抢劫 涉及金额竟达 4 亿多比索》，智利中文网，http：//www.chilecn.com/32656.html，2015 年 7 月 27 日。

作为联系海外侨胞的侨务部门，国务院侨办对海外华侨华人权益保护的情况非常重视。为建立海外华侨华人利益保护的长效机制，2014 年以来，国务院侨办在华侨华人人数超过 10 万的城市成立"华助中心"。它是结合侨胞在住在国遇到的困难和需求，在现有服务侨胞工作的基础上，发挥侨团或服务机构自身能力和优势，建立起为侨服务平台。因拉美华侨华人面临的安全形势日益严峻，虽然苏里南、智利、特立尼达和多巴哥等国的华侨华人人数不足 10 万，但国务院侨办仍以巴西华人协会、秘鲁中华通惠总局、广义堂、智利华商联合会、特立尼达和多巴哥中华总会等侨团为依托，分别成立巴西圣保罗华助中心、秘鲁华助中心、苏里南"华助中心"、圣地亚哥"华助中心"、特立尼达和多巴哥"华助中心"，开展对侨胞的救助和帮扶工作。

为维护侨商的合法权益，增强法律意识，改善华商聚集区的安全经商环境，拉美华侨华人社团在权益保护方面也不遗余力。智利华商联合总会除了在华人社团定期举办各种安全防御座谈会、法律法规讲座之外，还成立了智利华商安全委员会，建立智利华商安全信息网，通过这些机制对安全问题进行预判和防范。阿根廷的中华工商企业联合总会通过与阿根廷 DACSSI 安全保障基金会签订安全合作协议。由 DACSSI 安全保障基金会为华商提供人身及财产安全、安全预防、法律顾问、安全培训、劳务纠纷、雇工官司等内容的服务，并在必要的时候协调政府安全部门提供协助，为旅阿侨胞提供商务安全及正常的经营秩序等服务，使华商能够安心经营。

2015 年底，为有效地解决巴西华人所面临的利益保护问题，巴西华人协会召开会议，会长朱苏忠提出了建立警民联动、设立华人安全联络员机制、建立侨界安全社会网络等计划，获得了与会侨领的一致赞同。[1] 朱苏忠也呼吁越来越多的热心侨胞加入安全社会网络建设，积极参与和帮助新侨报案报警、提供法律援助等具体工作，通过互助的方式，共同改善侨社安全环境。2016 年 4 月，圣保罗"警民治安联防委员会"（CONSEG）邀请华人代表加入，这将更有利于华人了解巴西治安管理体制的运转，参与社区治安事务，反映华人诉求。在当前圣保罗治安形势严峻的情况下，侨界与警方加强合作，将推动治安问题根本好转，这种模式也应该是解决拉美侨社治安问题的良方。

三、融入当地与政治参与

由于经济地位的加强，融入当地社会的程度加深，使得华侨华人和华裔在政治参与上获得更多的机会。[2] 一般而言，拉美华侨华人参政机会较多的国家，通常是华侨华人融入程度较高的国家，而新移民较多的国家，由于融入的时间较短，重心主要放在经济发展和社会融入上，参政的意愿和表现都有待提升。

拉美华人新移民融入主流社会采取的较为常用的一种方式为积极参与当地社会的公益慈善活动，主动增加华侨华人与当地民众的接触，利用他们在经济上所获得的成功，帮助所在地的弱势群体，树立良好的华人形象。

---

① 陈威华、赵焱：《巴西华人平安三宝：依靠祖（籍）国 沟通警局 侨界互助》，新华网，http：//new s. xi nhuanet. com/2016－04/15/c_1118639448. htm，2016 年 4 月 15 日。

② 李安山：《拉丁美洲华侨华人的生存、适应与融合》，载邱进主编：《华侨华人研究报告（2013 年）》，北京：社会科学文献出版社 2014 年版，第 187 页。

每逢儿童节、圣诞节等重大节日，智利、秘鲁、阿根廷等拉美国家的华人通过救助儿童、困难老人的形式，为当地有需要的民众提供帮助。2015 年圣诞节前夕，阿根廷长城基金会、阿根廷妇女儿童联合会陈静及阿根廷华人企业家主席严祥兴等为贫困地区的家庭子女送去关爱；拉普拉达华商将价值 30 万阿币（约 135 300 元人民币）的食品赠送给当地贫困居民，帮助他们度过一个快乐的圣诞节。秘鲁利马华人每年圣诞节期间都会邀请贫困老人到当地著名中餐馆"小熊猫"餐厅品尝地道的中国美食，并向他们发放过节礼物。

巴拉圭华人慈善基金会自 1998 年开始，就不分宗教、种族，免费为当地有需要的民众义诊、捐赠轮椅、发放食物，并形成中巴佛光康宁医院、零饥饿爱心豆浆计划、爱心营养午餐站等一系列品牌活动。这些扶助弱小的工作在改善当地贫民营养不足问题及提供医疗救助方面发挥了巨大的作用。为表彰其长期以来的特殊贡献，2015 年，在巴拉圭东方市 58 周年市庆典礼之际，该市市长珊德拉（Sandra Zacarias）特颁发荣誉奖状给巴拉圭华人慈善基金会[①]，对华人的善举予以高度赞扬。

拉美一些国家经常发生地震、洪水等自然灾害，华侨华人总是在第一时间捐钱捐物，把救灾物资送到灾民手里。2015 年 3 月，智利北部发生洪水灾害，智利华商在短时间内捐款捐物 5 万多美元。9 月，智利北部发生了 8.4 级的强烈地震和海啸，华商总会还牵线搭桥，组织中国廊坊的华路天宇集团为地震灾区居民捐赠 20 套住房（价值约 60 万美元）。2015 年 8 月，阿根廷部分地区遭受水灾，旅阿华人筹集 6 辆卡车价值 30 万阿币（约人民币 135 300 元）的赈灾物品，帮助阿根廷受灾民众渡过困境。此外，阿根廷华人向布宜诺斯艾利斯市妇幼医院捐赠妇女和儿童衣物、儿童玩具等已成为常态。由于华人在社区方面所做出的杰出贡献，先后有袁建平、沈敏、罗超西、陈瑞平、王庆苍、黄菁、陈静、陈文荣 8 名华人荣获"阿根廷杰出移民"奖，华人在当地的形象和地位也得到一定的提升，有助于他们融入当地社会。

在拉美各国中，有不少华侨或华裔在政府、议会、军队及政党中担任要职，尤其在华人融入程度较高的国家。如圭亚那前总统阿瑟·钟就是华裔。特立尼达和多巴哥前总督何才是华裔，前卫生部部长何五是华裔。曾任古巴国家物资储备全国委员会主任、少将、全国人民政权代表大会代表、古中友协主席邵黄是华裔。牙买加华裔毛·鲁埃尔·邓曾任财政部秘书长，卡尔·郭来曾任电气管理航运局局长，何生为工党议员。

在融入程度最高的秘鲁华裔中，参政已蔚然成风，不少华裔当选为议员或者在政府部门担任要职。亚裔人士藤森任总统的时期（1990—2000 年），共计有 7 位华裔担任政府各部门部长，华裔许会更是担任部长会议主席（总理）一职。1995 年秘鲁议会选举中，有 6 位华人当选，占总数的 5%。2001 年至 2009 年，华裔 Luis Chang（陈路）和 Victor Wu（伍绍良）先后担任秘鲁驻华大使。2006 年秘鲁大选期间，"为未来而联盟"党女候选人玛尔塔·查韦斯和"全国复兴党"总统候选人温托贝·黎两位华裔成为总统候选人。2010 年，何塞·陈出任部长会议主席（总理），这是秘鲁历史上第二次由华裔担任这一职位。2011 年秘鲁国会选举中有三名华人当选，现任总统乌马拉政府中，交通和通信部部长何塞

① 《巴拉圭东方市庆华人慈善基金会获荣誉奖》，南美侨报网，http://www.br-cn.com/news/qs_news/20150209/40268.html，2015 年 2 月 9 日。

·加利亚多·顾也是华裔。此外，在秘鲁还有不少华人进入了军界、警界，吉列尔莫·何、杨赫脱等 5 名华人还晋升至将军。

相对而言，巴西和阿根廷华人参政的步伐要缓慢很多，直至 21 世纪，才有政治精英跻身高层。巴西华人威廉巫（中文名叫巫佰禧）1968 年生于巴西，其祖父为广东饶平人，他的父亲巫钦亮于 1960 年由中国台湾移民巴西。威廉巫于 2000 年当选圣保罗市议员，2004 年连任市议员，2006 年当选联邦众议员，成为巴西历史上首位华裔国会议员，创下了巴西华人参政的记录。2014 年，威廉巫再度当选，同年参选的华人还有徐万星，尽管徐最后没有当选，但显示出华人参政的意识正在加强。圣保罗知名侨领李少玉在 2010 年成功当选为圣保罗市议会议员，成为该市历史上第一位华人女性议员。威廉巫和李少玉等通过在巴西政坛发出呼声，在保护侨胞利益、促进中国与巴西的经贸文化交流方面发挥重要的作用，2009 年巴西大赦法的通过，便与威廉巫的奔走呼号密不可分。

阿根廷华人参政起步较晚，政治力量也相对较弱，但在 2015 年却开了个好头。出生于福建省福州市的袁建平属于第一代移民，1987 年移民阿根廷后，在当地创下一片天地，他在促进中阿贸易发展的同时，对两国关系发展也有重大贡献。他除了在侨社拥有威望，也为当地人所熟知和接受。2015 年 3 月，他被正式提名为首位华人议员候选人，并于 7 月正式当选为布宜诺斯艾利斯市立法院议员，谱写了阿根廷华人参政的新篇章。袁建平表示，作为少数族群生活在阿根廷，要想获得好的生存和发展空间，除了具有一定的经济实力，还要争取自己的政治地位，这样才能够引起政府的关注，才能够有话语权，才能够争取到更多、更好的机遇。他也希望有更多的华人议员、华人政治领袖出现，促进华人在阿根廷的发展和进步。①

四、"华社三宝"与文化传承

华侨社团、华文学校、华文传媒是海外华侨华人社会"三宝"，华侨华人借此联络乡谊、沟通信息、传承文化。拉美华侨华人移民历史久远，自 19 世纪 80 年代开始，他们就在居住国建立起会馆组织，如秘鲁利马华侨先后建立起古冈州、南海、番禺、中山、中华通惠总局等 13 所华人会馆；智利华人于 1893 年在圣地亚哥成立的智京中华会馆，距今已有 123 年的历史。2003 年，智京中华会馆在国务院侨办支持下开办中文学校，有学生近百人。智京中华会馆还办有会员通讯杂志月刊《旅智华声》。这些社团组织、华文学校、华文报刊成为拉美华侨华人传承传统文化、保留中华文化之根的重要载体。由于拉美国家传统侨团衰落较快，而新的华侨华人社团以经贸通商协会、同乡会等为主，平时大多数活动以沟通商务信息、联络乡谊、帮助侨社融入主流社会为主，其在文化传承方面的作用还有待提升。

目前，拉美比较有名的华文学校有秘鲁的"三民联校"（1962 年建立）和"若望二十三世秘中学校"（1962 年建立）、巴西的华光中文学院（2001 年建立）、巴拿马的中山学校（1986 年建立）、厄瓜多尔华凯中文学校（2007 年建立）、阿根廷侨联中文学

---

① 柳军：《阿根廷首位华裔议员袁建平：华人参政有利于族群发展壮大》，阿根廷华人网，http://www.argchina.com/huarenpindao/huarenjingying/2015－07－24/14167.html，2015 年 7 月 24 日。

校（2014 年建立）等。这些学校大都为中文补习学校，利用周末的时间为华侨华人子女及对中文感兴趣的当地学生补习中文，借此在华人社团传承文化，并向友族传播中华文化。

在拉美还有为数不少的华文报刊发行。巴西主要的华文媒体有《南美侨报》《美洲华报》《巴西侨网》。《南美侨报》的发行网络遍布巴西各地和阿根廷、乌拉圭、巴拉圭、智利、玻利维亚、秘鲁等大部分南美国家，目前是巴西发行量最大的华文报纸。阿根廷目前仍在继续发行的有《新大陆周刊》《世界周刊》《新阿根廷通讯》等。委内瑞拉的华文媒体有《委华报》、《委国侨报》、《南美新侨报》、《委华博览》（杂志）、《南美新知》（杂志），以及"委国华人网"。巴拿马有《拉美快报》、《新报》、《拉美侨声》、《人民日报》（巴拿马版）共 4 份华文报纸，1 家中文电台，1 个中文网站。①

秘鲁的《东方月报》从 1931 年 4 月 20 日开始创办，以西班牙语为主报道祖国和家乡消息，成为在秘鲁出生的华人后裔了解中国新闻和侨团信息的纽带，更是传播中国文化的载体。月报除在秘鲁销售外，还远销阿根廷、智利、玻利维亚、厄瓜多尔、哥伦比亚、巴拿马、古巴等拉美各国，成为秘鲁乃至拉美华人文化传承和联系的载体。另外一份在秘鲁华人社团影响较大的报纸是《秘华商报》，创刊于 2000 年 11 月 8 日，是中华通惠总局的机关报，主要报道秘鲁华侨华人社会生活、商务信息，以报道的及时、深入等特点广受秘鲁侨界欢迎。

值得注意的是，除了上述传统的纸质报刊等传播手段，随着近些年拥有技术和现代媒体思维的新移民进入拉丁美洲，新媒体开始被拉美华人广泛运用，中文网站和微信公众号成为时下拉美华人流行的传播手段。南美侨报网、巴西华人网、阿根廷华人在线、墨西哥华人网、委内瑞拉华人网、智利中文网、智利华商联合总会网站等网站及公众号纷纷涌现，这些网站和公众号通常以社团为依托，有些网站的管理甚至设在国内，成为新一代拉美华侨华人沟通政商信息、了解各国时事、凝聚侨情乡情、传承传播文化的重要手段。

五、结论

从十九世纪至二十世纪七八十年代，自"契约华工"进入拉美后，仅有为数不多的中国香港、台湾及大陆居民移民拉美，这使得拉美华侨华人与亚洲、欧洲、北美等地区相比，相对地呈现出"移民孤岛"的状态。这种状态最直接的后果是当时的华侨"落地生根"，融入当地，因此在秘鲁、墨西哥、厄瓜多尔等国家出现了数百万的华裔。在这些国家，华裔社会地位相对较高，甚至完全融入当地。

二十世纪七八十年代以来，随着中国与拉美国家关系的逐渐正常化、中国实行改革开放，拉美国家经济结构调整及经济发展状况对于资金、劳动力尤其是商品的需求，使得拉丁美洲变成中国人心目中的"移民热土"，三十多年来，通过各种方式移往拉美的新移民有百万之巨。新一代华侨移民凭借资金、技术和敏锐的触觉，在拉美获得了经济上的成

---

① 林筠：《拉丁美洲华文传媒发展综述》，载夏春平主编：《世界华文传媒年鉴 2013》，北京：世界华文传媒年鉴社 2013 年版，第 3 - 38 页。

功，他们开始通过回馈当地社会的方式展示他们的力量，树立华侨华人的良好形象，并借此积极融入当地社会。然而，由于巨大的文化差异、生活习惯、工作风格和经济发展上的落差，华侨华人也必然招致当地民众的误解。近年来针对华侨华人的治安案件不断增加，给华侨华人带来极大危害的同时，也提醒华侨华人在拉美生存发展时应当尊重当地社会习俗，消弭不必要的矛盾。此外，尽管拉美目前有为数不少的华人社团、华文学校和华文报刊，在引导华裔新生代传承和传播中华传统文化方面，还任重道远。

非洲地区

与东南亚、北美和欧洲等地区相比，非洲地区的华侨华人由于人数不多、影响力不大和相关资料相对匮乏等原因，一直以来很少为中国学界所关注。然而，随着 21 世纪以来中非关系密切而深入的发展，非洲国家和地区的华侨华人数量极速增长，目前在非华侨华人已达百万。与此同时，中国在非洲的影响力日益增长，在此过程中，我们不仅看到在国家/政府层面交往的深入发展，同时还可以看到在人/社会交往层面上的非洲华侨华人，对于中非关系的发展也起着越来越重要的作用。另外，随着中国实力的增长和中国国际化进程的推进，部分西方媒体恶意炒作的"中国威胁论"也反映在非洲华侨华人群体的身上。由于西方国家掌握着话语霸权，越来越多关于非洲华侨华人的信息被西方媒体扭曲，进而建构起华侨华人在非洲实行所谓的"新殖民主义"的形象与话语。

基于上述背景和目前存在的问题，中国学者有必要更加深入地了解非洲华侨华人这一群体，将非洲华侨华人研究放到国际关系学与外交学的框架去研究，更有必要向世界说明当下非洲华侨华人的真实情况，澄清被部分西方媒体刻意污蔑的非洲华侨华人形象，同时也更为客观地反映与分析其存在的问题。下文将从三个方面对非洲华侨华人的发展现状及其存在的问题进行梳理。

一、非洲华侨华人的基本现状

目前关于非洲华侨华人的数量并没有确切的统计。由于一些非洲国家的移民政策较为宽松，21 世纪以来大量中国人移民非洲；同时很多非洲国家存在严重的腐败现象，导致大规模的非法移民存在。部分西方媒体出于煽动当地反华情绪的目的，严重夸大了在非洲的华侨华人的数量，但不可否认的是，近十年来越来越多的中国人前往非洲。根据中国社会科学院西亚非洲研究所的李新峰教授和新华社非洲总分社的统计和推算，截至 2012 年，在非华侨华人总数至少约 110 万。这些华侨华人在分布上呈现"大分散、小集中"的特点，即华侨华人广泛地分布在非洲近 50 个国家之中，同时较多地集中在某些国家，例如在南非、安哥拉和尼日利亚的华侨华人就占了非洲华侨华人总人数的 3/4。其中，南非华侨华人人数最多，在五年前便已达到 30 万人；安哥拉华侨华人在 2012 年已达 26 万，尼日利亚华侨华人近 20 万。其次，毛里求斯、坦桑尼亚、留尼旺、加纳、刚果（金）、马达加斯加各自分布着 3 万~5 万不等的华侨华人，即这六国华侨华人总数达到 24 万。再次，埃及、阿尔及利亚、苏丹、埃塞俄比亚、肯尼亚、乌干达、马里、刚果（布）、赞比亚、津巴布韦、纳米比亚、莫桑比克、莱索托和塞舌尔等国的华侨华人人数在 1 000 ~ 10 000 不等，而粗略估算总人数在 5 万~10 万。最后，还有 20 多个非洲国家的华侨华人人数分别不超过 1 000，它们集中分布在西非地区，而这类国家华侨华人的总数估计有 1.5 万。[①]

越来越多中国沿海传统国际移民大省的居民通过朋友、家人、老乡等关系网络前往非洲。具体而言，主要存在以下几种类型：第一类是餐饮、娱乐、诊所、批发零售等行业的个体老板。这类新移民在非洲人数众多，且分布极广，不仅集中在一些较大的非洲城市，同时渗透到很多非洲边缘的村庄。在约翰内斯堡、卡萨布兰卡、阿克拉、杜阿拉、雅温得等大城市出现了较大型的中国批发市场。它们是中国商品在非洲的主要集散地和一级市场，也成为在非洲的华侨华人个体老板的网络中心。在非洲的中国商人从这些非洲中心城市的大型中国商城进货，将来自中国的货物一层层地销售到非洲其他国家和一些边缘的省份和农村地区，进而初步构筑起一个覆盖整个非洲的华商贸易网络。第二类是在非洲投资办厂的中小型企业家。他们或是利用在国内积累的资本来到非洲投资办厂，或是从非洲批发零售业中获利而转型，留在非洲开厂创业。这类华人工厂和企业主要从事鞋服、建材、化工、食品加工和矿石冶炼等行业。而其他生活产品和零部件由于在非洲生产成本较高，则仍主要依靠从中国进口。第三类是非洲大型中资企业的中方员工，他们主要从事采矿、水泥、电信、金融、媒体和工程建设等行业。其中，大部分企业员工会在合同期满后回国，还有少量的管理人员或专业人员在合同结束后留在当地创业。第四类是通过政府项目来到非洲的援助者和志愿者。第五类是逾期居留在非洲的非法过境移民。他们大多在国内没有得到良好的教育，一开始以合法的旅游签证或商务签证来到非洲国家，寄希望于以非洲为跳板进入欧美。最后一类是在非洲的中国留学生，其数量目前并不多，且主要集中在南非。

从非洲华侨华人的代际构成上看，虽然近 20 年以来来自中国大陆的新移民占据了目前非洲华侨华人的绝大多数，但是实际上中国人移民非洲的历史十分悠久，早在 16 世纪就有中国人移居非洲，19 世纪末有成批的华工移民非洲，这批华人与后来 20 世纪 70 年代从港台地区移民非洲的华人构成了所谓的"老侨"。老侨主要集中在毛里求斯、马达加斯加、南非等国家，他们主要来自广东省的顺德、梅县以及港台等地。而在改革开放后（尤其是在 20 世纪 90 年代后）主要是来自中国大陆的新移民构成了非洲华侨华人的主体。

在非洲的中国新移民的来源地更加多元：一些东南沿海省份，例如福建、广东、浙江等仍是重要的中国新移民来源地；与此同时，其他一些内陆省份与北方省份，例如河南、山东、东北三省等，也成为一些中国新移民的来源地。值得注意的是，不同非洲国家中国新移民的主要来源地并不相同。例如，在南非、博茨瓦纳和莱索托南部非洲国家的中国新移民中，数量最多的是福建人。[②] 而在津巴布韦的中国新移民则主要来自辽宁鞍山和沈阳（约为 1 500 人），而黑龙江、甘肃、陕西、山西、江苏、浙江和山东等省，每个省份也有 300 ~ 500 人，而福建仅有 100 人左右。[③] 另外，不同于小规模的创业移民，近些年随着中非关系的日益紧密，一些中国大型国企纷纷在非洲国家设厂，而这些中国企业也带来了一

① 李新烽：《试论非洲华侨华人数量》，中国社会科学院西亚非洲研究所，http://iwaas.cass.cn/dtxw/fzdt/2013 - 02 - 05/2513.shtml，2013 年 2 月 5 日。徐薇：《华侨华人在非洲的困境与前景展望》，《东南亚研究》2014 年第 1 期，第 85 - 86 页。

② TERENCE MCNAMEE, et al., Africa in their words: a study of Chinese traders in South Africa, Lesotho, Botswana, Zambia and Angola, The brenthurst foundation, discussion paper 2012/2013, pp. 16 - 18.

③ 沈晓雷：《试析中国新移民融入津巴布韦的困境》，《国际政治研究》2015 年第 5 期，第 133 页。

些中资企业的管理人员和大量中国劳工，他们的来源地更加分散。

除了来自中国大陆的新移民外，在非洲，来自第三国的中国移民人数也十分众多。例如，不少非洲华侨华人来自法国、西班牙、葡萄牙等欧洲国家，他们在欧洲生活多年后移居到说法语或葡萄牙语的非洲国家。[①] 另外，目前出现了大量非洲大陆内部的华人移民现象，例如越来越多的南非华人移居到博茨瓦纳、赞比亚、纳米比亚等其他非洲国家。还有不少华人通过莱索托移民到南非。实际上，对于大多数在非洲的中国新移民来说，非洲或许不是他们最终的目的地，一些人将非洲视作自己发展事业的地点，最终还要落叶归根，回到中国；一些人将非洲视作中转站，在中国、非洲不同国家和欧美国家之间迁徙。这些既是全球化时代下跨国主义图景的重要组成部分，同时也为中国新移民在非洲的融入带来了新的问题和困难。

二、非洲华侨华人所面临的问题与政策建议

（一）经济领域

伴随着中非关系的日益密切和发展升级，越来越多的中国人选择到非洲发展。借助最近十几年大部分非洲国家国内稳定的局势和经济快速发展的机遇，华侨华人在非洲的经济领域取得了不小的成绩。与此同时，我们也应该看到非洲华侨华人在当地的商贸、投资与援建等方面的经济活动面临着转型的机遇和挑战，并且近十年在非洲的华侨华人经济活动也呈现出新的发展趋势。

首先，在传统的商贸领域，以中低档小商品批发为代表的中国商贸模式虽然在之前获得成功，"China"甚至成为很多非洲国家小商品批发的代名词。但从长远上看，该领域也面临着未来严重的同质化竞争的挑战，需要采取有效措施实现贸易的转型。对于这些在非洲从事商贸活动的华侨华人，危机不仅来自其内部，所在国政策对其发展也至关重要。为了促进国内就业，部分非洲国家"在诸如小商品、服装鞋帽等行业只许外国人做批发生意，而不能零售，并且要满足资金和场地的要求才能申请到营业执照"[②]。这使得很多华人不得不回国或转到其他非洲国家发展。

其次，在投资领域，近十年来越来越多的华侨华人利用非洲国家政府的税收鼓励政策，在当地投资设厂，虽然帮助解决了一些当地人就业的问题，但是这些工厂的发展存在很多不确定性和挑战。这些工厂集中在服装领域，存在着严重的同质化竞争问题；在劳资关系问题上经常发生纠纷，甚至引起了与当地劳工、工会组织的激烈对抗；最重要的是这些公司和企业主在当地发展存在着强烈的不适应感，遇到了很多在地化发展的困境，例如语言障碍、当地法律知识欠缺以及深层次的文化适应问题等。这些新现象、新问题需要引起中国驻当地使领馆以及国内侨务部门组织的重视，协调力量妥善处理，一方面更好地为当地的华侨华人服务，另一方面树立中国作为负责任的大国在非洲社会和普通民众中良好的国家形象。

---

① MA MUNG, Chinese migration and China's foreign policy, Journal of Chinese overseas, May, 2008, pp. 94 – 100.
② 徐薇：《华侨华人在非洲的困境与前景展望》，《东南亚研究》2014 年第 1 期，第 88 页。

最后，在政府间合作领域，中国公司在与非洲国家政府开展的项目合作中，亦存在着一些问题。例如，中国建筑公司虽凭借成本低、工期短、效率高等优势占据了一些非洲国家的建筑市场，但是，由于一些中国公司不懂经营，在供应商、物流、标准等方面存在着问题，甚至有内部恶性竞争的现象，导致工期拖延，并在当地产生了不良影响。

综上所述，不论是在商贸、投资还是援建合作方面，也不论是个体商户、中小型民营企业还是大型国有企业，如何"走出去"，在非洲落地发展壮大，这一问题的核心不仅在国家/政府层面，更在人的层面，亦即"走出去"的华侨华人层面。很多"走出去"的中国企业所面临的问题实质上是人的问题。在非洲的华侨华人如何处理与当地民众（包括当地工会与非政府组织）的关系、与所在国政府的关系、与其他华侨华人的关系，是解决上述在非中国移民经济领域问题和中国"走出去"战略问题的实质和关键。

（二）安全问题

在安全领域，非洲华侨华人面临着比其他地区华人更多的风险，其主要表现在以下三个方面：

第一，政治安全的风险。利比亚卡扎菲42年统治的瓦解及其后的中国撤侨行动提醒我们，所在国的政治稳定性对于华侨华人和中国海外资产的安全至关重要。同时，利比亚的状况并不是没有可能发生在其他非洲国家。例如，安哥拉的多斯桑托斯执政32年，津巴布韦的穆加贝和赤道几内亚的奥比昂执政了31年，喀麦隆的保罗·比亚执政了29年，布基纳法索的孔波雷执政了24年，以及维持44年的加蓬、39年的威士兰和34年的吉布提斯的王朝政治。[①] 这些非洲国家如果发生类似于利比亚的情况，将使中国在非洲的投资和承包工程蒙受巨大损失，同时使当地的数万华侨华人面临重大财产和生命风险。

第二，来自恐怖主义的非传统安全的风险。在非洲地区，专门针对华侨华人的恐怖袭击事件愈加严重。2007年4月，一个中资石油公司项目组在埃塞俄比亚索马里州遭武装分子袭击，中方9人死亡，7人被绑架。2007年7月，一家中国公司在尼日尔工地的负责人被"尼日尔争取正义运动"（Niger Movement for Justice）组织绑架。2012年1月28日，中国电力建设集团下属中水电苏丹公路项目营地遭苏丹反政府武装袭击，29名中国员工被苏丹人民解放运动北方局武装劫持。[②] 2015年11月21日，位于马里首都巴马科市中心的丽笙酒店遭到与"基地"组织有关联的恐怖组织——"纳赛尔主义独立运动"的袭击，中国铁建赴马里交通部洽谈合作项目的3名高管人员在此次袭击事件中不幸遇难。对于中国公民在非洲遭遇的类似的恐怖袭击，中国有关部门不仅要对恐怖袭击暴行表示愤慨和强烈谴责，更重要的是应该加强国际合作，提高领事保护的能力，加强在外人员和华侨华人的风险意识和自救能力，切实维护境外中国公民和机构的安全与合法权益。

第三，公共卫生安全的问题。自2013年12月埃博拉疫情在几内亚爆发后，短短几个月内就蔓延至周边的利比里亚、塞拉利昂、尼日利亚以及马里、塞内加尔等国。根据世界卫生组织2014年12月24日发布的最新报告显示，埃博拉疫情已导致19 497人疑似或确

---

① 刘海方：《安哥拉内战后的发展与中安合作反思》，《外交评论》2011年第2期，第38 - 39页。

② 夏莉萍：《海外中国公民安全风险与保护》，《国际政治研究》2013年第2期，第10页。

诊感染，其中 7 588 人丧生。① 这警示着非洲公共卫生安全危机的埃博拉疫情威胁着在非洲的华侨华人的生命和健康，如何做好在非华侨华人和中方工作人员的提醒、宣传和保护工作成为一大问题和挑战。在非洲华侨华人做好自身的保护的同时，在非华人民间组织亦可以积极参与抗击当地疫情的战斗。作为国际社会非政府组织力量中的一员，非洲华侨华人可以在国际社会共同化解作为非传统安全的公共卫生危机的过程中代表中国做出贡献。

（三）社会问题

在社会层面，非洲华侨华人所面对的问题和挑战，可以归结为非洲华侨华人与当地族群关系的问题。总体而言，非洲华人与当地族群和睦相处，并努力融入非洲当地社会。在一些老侨集中的国家和地区（如南非）已经出现了华侨华人积极参政和参与当地公共事务的现象。但是，我们仍能看到非洲华侨华人与当地民众之间存在着一些隔阂，甚至社会经济与文化的冲突。

首先是非洲华侨华人的融入问题。一方面，在非华侨华人封闭的生活习惯使得中非民众间缺少沟通，从而容易引发猜忌和冲突。例如，一些中资企业在非洲实行封闭式管理，很多来非工作的中国工人很少有机会和当地民众交流，几乎与当地社会隔绝。另一方面，即使一些华侨华人有机会和当地社会民众接触交往，但语言的隔阂使其很难有效地与当地人成为朋友。很多华侨华人在去非洲之前并没有在国内接受过良好的教育，语言水平限制了其与当地社会的交往和自身的发展。

其次是利益冲突。一些非洲制造商和手工业商人抱怨中国商品的竞争不仅让他们的产品越来越难卖，而且摧毁了非洲中小型企业，破坏了社会结构。他们将非洲纺织企业和其他领域中小型企业、外贸企业经营困境的部分原因归结于中国人，由此而引发针对非洲华侨华人的偷盗抢劫、敲诈勒索等犯罪活动不断增加。②

最后是华侨华人行为与形象的问题。很多中国新移民对非洲国家的风俗习惯和法律法规一无所知，再加上对自身的行为不加约束，因而经常会出现违法犯罪的行为，如非法猎取野生动物、非法携带野生动物制品、偷税漏税、不讲诚信、扰乱市场秩序、暗箱操作等，这些行为都招致当地人的反感。

上述这些隔阂与冲突不仅给在非的华侨华人带来生活上的问题，同时会带来非洲民众对中国人和中国的负面看法，进而影响中非之间的关系。我们可以设想，如果在非华侨华人不仅能够融入当地社会，同时能够积极履行社会责任，为促进当地经济和社会发展做出贡献，那么中非关系的社会基础将得以更加巩固。

三、非洲华侨华人与中非关系的发展

2015 年 12 月 1—6 日，习近平主席访问津巴布韦和南非两国，并在南非的约翰内斯堡主持中非合作论坛峰会。中非双边关系的定位不仅从"新型战略伙伴关系"提升为"全

---

① 贺文萍：《非洲安全形势特点及中非安全合作新视角》，《亚非纵横》2015 年第 2 期，第 6 页。
② ［中非］蒂埃里·班吉著，肖晗等译：《中国，非洲新的发展伙伴——欧洲特权在黑色大陆上趋于终结？》，北京：世界知识出版社 2011 年版，第 68 页。

面战略合作伙伴关系"，而且双方推出了资金总额达 600 亿美元、合作领域涵盖工业化、农业现代化、减贫惠民和公共卫生等在内的"十大合作计划"，给未来的中非合作注入了强大的发展动力。

要实现中非关系提升和发展，既需要中国与非洲国家政府间的交往与合作，更离不开中非社会与民间的交往与合作。而对于中非社会层面关系的发展，其核心在于人与人之间的和谐交往与相处，而在非洲的华侨华人在其中所起的作用则不容忽视。"非洲华侨华人在非洲国家的活动、表现及其与中国所存在的特殊情结、特殊联系会给中国外交带来可能是政府渠道不易控制或是忽视的沟通途径。"①

首先，对于中非合作的政府间或非政府类的合作项目，其具体落实的主体是人——在非华侨华人。不论是中国在非洲的工程建设人员，还是中国援非医生，他们虽然是在非洲短期居住，但与非洲当地民众直接接触、共同生活。因为中国的遥远与抽象，所以这些在非华侨华人的形象对于非洲普通人来说就是中国的形象。因此，非洲华侨华人须规范自身行为，树立自身良好形象。

其次，非洲华侨华人社会中作为公共领域的侨社和侨报，不仅可以起到联系华侨华人社会内部感情、促进信息沟通的作用，同时它们还应该肩负宣传中国在非洲形象的使命，让非洲民众更加了解真实的中国，让部分西方国家对中国的污蔑不攻自破。

最后，非洲华侨华人应该主动而积极地融入非洲当地社会，并且承担其更多的社会责任。不论是在非华侨华人个体，还是在非的华商企业，怀有社会责任都是其融入当地社会的重要基础。华侨华人应该为非洲当地的社会经济多方面的发展做出无私的奉献，以民间组织的身份和社会力量更多地参与非洲的环境保护、公共卫生等全球治理过程。非洲华侨华人作为社会力量，如果可以积极地在非洲当地参与社会志愿活动、有效地为当地提供有价值的帮助，那么中非之间的社会基础则会因华侨华人的贡献而更加夯实，同时这亦是中国作为负责任的大国的社会表现和中国软实力的应有之意。

---

① 赵俊：《论非洲华侨华人与中国对非公共外交》，《非洲研究》2013 年第 1 卷，第 211 页。

下编

国别侨情

印度尼西亚

　　2015 年，印度尼西亚（以下简称"印尼"）国内政局稳定，政治生态好转，执政联盟扩大，成功改组内阁，首次举行地方省长同步选举。经济上，印尼政府出台多项配套措施，应对经济下滑。中国的"21 世纪海上丝绸之路"与印尼的"全球海洋支点战略"进一步对接，由中国投资的东南亚第一条高铁，即雅万高铁在印尼顺利破土动工，标志着中国与印尼全面战略伙伴关系继续良性发展。虽然雅加达受到恐怖袭击，印尼国内安全形势受到威胁，但印尼华人 2015 年仍积极参政议政，成功举办第 13 届世界华商大会，利用印尼政府发展经济的各项优惠措施，抓住中国"一带一路"的战略机遇，这彰显着印尼华人进一步融入当地社会，在促进印尼经济发展的同时，也推动着中国与印尼关系的大发展。

一、印尼基本国情及中国—印尼关系

（一）印尼基本国情

表 1　印尼概况

国家全名	印度尼西亚共和国（Republic of Indonesia）
地理位置	北纬 6 度至南纬 11 度；东经 95 度至 141 度。位于亚洲东南部，地处赤道线上，以"千岛之国"闻名于世，由太平洋和印度洋之间 17 508 个大小岛屿组成，其中约 6 000 个有人居住，是世界上岛屿最多、面积最大的群岛之国
领土面积	全国陆地面积 190.4 万平方千米，居世界第九位，相当于中国的 1/5。海洋 790 万平方千米（包括专属经济区），海岸线长 54 716 千米，领海宽度 12 海里，专属经济区 200 海里
首都	雅加达（Jakarta）
官方语言	印尼语
主要民族	爪哇族（41.65%）、巽他族（15.41%）、马都拉族（3.37%）等
政体	宪政体制下的总统内阁制
执政党及主要反对党	由斗争民主党领导的执政联盟，包括民心党、民族民主党、民族复兴党、团结公正党等
现任总统	佐科·维多多（Joko Widodo）[又称佐科维（Jokowi）]
人口数量	2.55 亿（印尼中央统计局数据）

（续上表）

华侨华人人口数量	241 万～3 000 万（各方估算）
华侨华人占总人口比例	1.5%～12%（各方估算）
CPI	3.35%（印尼中央统计局 2015 年数据）
失业率	6.18%（印尼中央统计局 2015 年 8 月数据）
GDP 增长率	4.79%（印尼中央统计局 2015 年数据）
GDP	115.4 万兆盾（8 365.9 亿美元，根据印尼中央统计局 2015 年数据计算）
人均 GDP	4 525 万盾（3 274 美元，根据印尼中央统计局 2015 年数据计算）

（二）中国—印尼关系的新发展

2015 年是中国—印尼建交 65 周年和万隆会议召开 60 周年，也是印尼建国 70 周年，可谓"三喜临门"。在这一年里，中国与印尼"全面战略伙伴关系"发展取得了可喜的成绩，习近平主席和佐科总统三次会面、两次通话，推动中国"21 世纪海上丝绸之路"倡议和印尼"全球海洋支点"战略对接，深化和拓展各领域务实合作。

2015 年 3 月 25—28 日，佐科总统对中国进行国事访问并出席博鳌亚洲论坛 2015 年年会。访问期间，两国签署了《中华人民共和国和印尼共和国关于加强两国全面战略伙伴关系的联合声明》。[1] 2015 年 4 月 21—24 日，习近平主席赴印尼出席亚非领导人会议和万隆会议召开 60 周年纪念活动，双方发表《中华人民共和国与印尼共和国联合新闻公报》，两国元首就中国—印尼建交 65 周年互致祝贺，一致同意在"和平繁荣伙伴"主题下办好相关庆祝活动，弘扬两国传统友谊，深化民众相互了解，打造面向未来、世代友好的中国—印尼关系。[2] 2015 年 11 月 15 日，习近平主席和佐科总统在土耳其安塔利亚进行年度第三次会面，两国领导人再次强调进行两国对接发展战略、深化务实合作的重要性。[3] 此外，两国政府的其他高级官员也进行了多次的互访和磋商。总之，2015 年，在纪念双方建交 65 周年的大环境下，中国—印尼之间的政治互信进一步加强。

2015 年，在中国—印尼经济合作领域的大事莫过于中国投资印尼雅万高铁（雅加达至万隆）。2015 年 8 月，中国向印尼正式呈交关于雅万高铁的可行性研究报告。[4] 经过与日本激烈的竞争和比较，中国高铁方案最终胜出。2016 年 1 月 21 日，佐科总统在万隆瓦利尼地区主持雅万高铁的动工仪式，习近平主席致贺信并指出：雅万高铁的成功实施，创

---

[1] 中华人民共和国驻印度尼西亚共和国大使馆网站，http：//id. china - embassy. org/chn/zgyyn/hfyjl/。

[2] 《中华人民共和国与印尼共和国联合新闻公报》，中华人民共和国驻印度尼西亚共和国大使馆网站，http：//id. china - embassy. org/chn/zgyyn/hfyjl/t1257842. htm，2015 年 4 月 22 日。

[3] 《习近平主席会见印尼总统佐科》，中华人民共和国驻印度尼西亚共和国大使馆网站，http：//id. china - embassy. org/chn/zgyyn/hfyjl/t1315218. htm，2015 年 11 月 16 日。

[4] 《中日争夺亚洲高铁项目：印尼雅万高铁今日公布结果》，凤凰网，http：//finance. ifeng. com/a/20150902/13950876_0. shtml，2015 年 9 月 2 日。

造了中国—印尼合作的新纪录。① 雅万高铁是印尼历史上建设的第一条高铁，也是东南亚的第一条高铁；是中国高铁第一次全系统、全要素、全产业链走出国门，也是中国在印尼迄今单笔最大合作项目，意义重大。②

总体上，2015 年，中国—印尼庆祝建交 65 周年，双边关系发展处于历史最好时期，双方高层政治互访和交流多，经济往来日益密切，两国的人文交流和合作不断深入发展。这种良好的发展势头无疑为印尼华侨华人的生存与发展提供了良好的大环境。

二、印尼华侨华人简况

（一）印尼华侨华人的基本构成

印尼是一个多元民族国家，在全国 134 个民族中，华人属于少数民族。由于印尼国内特殊的排华历史，部分华人不敢、不愿承认或不认同自己为华人或华裔，所以印尼国内华人的人口数据用估算数据。2010 年印尼官方进行的人口普查所得数据，显示华人人口仅有 283. 25 万人，占印尼总人口的 1.2%，这被学术界认为不准确，大大低估了印尼华人实际数量，学术界认为印尼华人人口为 790 万 ~3 000 万，占印尼总人口的 1.5% ~12%。③ 姑且不论具体数字，有一个可以确定的事实就是：印尼是东南亚地区华人人口最多的国家。

印尼华人的祖籍多是福建省，其次为广东省，也有少数是海南、广西、江苏、浙江、山东、湖北等省，目前印尼 90% 以上的华人都已入籍印尼。印尼华人分布于印尼全国各地，主要集中于爪哇岛、北苏门答腊、廖内群岛和西加里曼丹一带。④ 根据印尼建国五项原则，每个国民必须有宗教信仰，所以印尼华人基本都有宗教信仰。印尼华人有近 90% 的人信仰佛教和基督教（含天主教、基督新教），与印尼 88% 的国民信仰伊斯兰教的整体信仰情况有明显不同。⑤

随着中国—印尼全面战略伙伴关系的发展，中国、印尼两国政治互信不断加强，民间交流日益增多，中国移居印尼的新移民和侨民也日益增加，尤其体现在中国到印尼旅游、投资和务工人数直线上升。2015 年，约有 130 万中国大陆游客前往印尼，对印尼来说，虽然中国游客不是最多的，但是增长速度是最快的，2015 年比 2014 年增长了 21%，印尼目前采取包括免签证在内的多种旅游促进措施来吸引中国游客，2016 年印尼希望能够吸引

① 《佐科宣布东南亚第一条高铁动工》，《印华日报》，2016 年 1 月 22 日。

② 《印尼高铁中国完败日本：惊人内幕首次披露》，环球网，http://tech.huanqiu.com/science/2015 - 10/7773752_2. html。

③ 李皖南、胡安琪：《印尼侨情》，载《海外侨情观察》编委会编：《海外侨情观察. 2013—2014》，广州：暨南大学出版社 2014 年版。

④ Aris Ananta, Evi Nurvidya Arifin and Bakhtiar, Chinese Indonesians in Indonesia and the Province of Riau Archipelago: A Demographic Analysis, in Leo Suryadinata, *Ethnic Chinese in Contemporary Indonesia*, Singapore: Institute of Southeast Asian Studies, 2008, p. 27.

⑤ 2000 年人口普查数据显示印尼全国信奉伊斯兰教的占 88.22%，基督教和天主教占 8.92%，佛教 0.84%，印度教 1.81%，其他 0.2%。参见：Aris Ananta, Evi Nurvidya Arifin and Bakhtiar, Chinese Indonesians in Indonesia and the Province of Riau Archipelago: A Demographic Analysis, in Leo Suryadinata, *Ethnic Chinese in Contemporary Indonesia*, Singapore: Institute of Southeast Asian Studies, 2008, p. 30.

200 万中国游客。[①] 目前，中国有超过 1 400 家中资企业在印尼投资，2015 年中国成为印尼第一大投资大国。[②] 据统计，2015 年 1—8 月，中国在印尼外劳数量达 10 291 人，占印尼外劳总数的 21.4%，居各国之首。[③] 在印尼的中国劳工、技术人员有相当一部分服务于工业领域，主要是近年来中国对印尼矿业投资开发、对印尼基础建设的支援，以及印尼自中国进口大量机器设备后续相关劳务服务所致，而贸易及服务业领域多为经理、顾问、主管、技术人员等。

新移民、劳工、游客等虽然与已经入籍的印尼华人有明显的不同，但是他们的到来也推动了印尼经济社会发展。2015 年，印尼劳工部曾试图"规定在印尼工作的外国人必须懂印尼文，才能申请工作证"[④]，但由于受到包括中国劳工在内的外国劳工反对，印尼劳工部终于宣布放弃这一条规定。

（二）印尼华人参政情况

2006 年印尼《新国籍法》的颁布以及 2008 年消除种族和民族歧视法令法规的出台，使得印尼民族平等的观念逐步深入人心。2014 年 3 月，印尼正式废除 1967 年第 6 号通告，把带有歧视的以及含义模糊不清的"支那"（Cina）一词重新改为使用"中国/中华"（Tiongkok/Tionghoa）。[⑤] 这进一步改善了印尼社会对华人的认同，改善了印尼华族与主流族群之间的关系。

印尼国内种族歧视的消除和民族平等的改善，为华人参政提供了法律基础和社会环境。近年来参政的印尼华裔精英呈年轻化趋势，他们都是土生土长的侨生一代，与印尼主流社群打成一片。如今印尼华人参政不再是单打独斗或自立山头，而是依附于固定政党，多年积极投入党务工作，他们也不再局限于代表华人族群利益，而是为广大的印尼社群服务。

2015 年印尼政坛再添一名华裔大员。2015 年 8 月，佐科总统进行内阁改组，更换 6 人。新任命的贸易部部长托马斯·拉蓬就是一位年轻的华人政治家。根据资料显示，托马斯·拉蓬 1972 年出生，哈佛大学毕业，长期供职于德意志银行、摩根士丹利和 Farindo 投资公司等，曾在印尼银行重组机构担任部门主任和高级副总裁，目前是私募股权基金（Quvat Capital）的管理合伙人和首席执行官。此次佐科总统对托马斯·拉蓬委以重任，希望通过其丰富的国际经验，广泛推销印尼产品，扭转印尼对外贸易的颓势局面。[⑥]

随着印尼民主制度逐渐走向巩固，选举观念深入社会各阶层，参与竞选成为华人参政的一个主要特征。2012 年，华人钟万学与佐科搭档，通过激烈的竞选，成功当选为雅加达

① 《印尼多管齐下吸引中国游客——访印尼旅游部长阿里夫·亚赫亚》，《国际日报》，2015 年 12 月 10 日。

② 《印尼总统佐科会见谢锋大使和中国企业家》，人民网，http://world. people. com. cn/n/2015/0217/c157278 - 26577566. html，2015 年 2 月 17 日。

③ 《印尼中国劳工人数逾万人居首 政府收紧外劳政策》，中国劳务信息网，http://www. laowuxx. com/view_ news. asp? id = 2145，2015 年 9 月 14 日。

④ 《印尼劳工部拟规定：在印尼工作的外国人必须懂印尼文》，中国经济网，http://intl. ce. cn/specials/zxgjzh/ 201501/19/t20150119_4376697. shtml，2015 年 1 月 19 日。

⑤ 李皖南、胡安琪：《印尼侨情》，载《海外侨情观察》编委会编：《海外侨情观察. 2014—2015 年》，广州：暨南大学出版社 2015 年版。

⑥ 《浅析印尼政府内阁局部改组》，中华人民共和国商务部网站，http://id. mofcom. gov. cn/article/ziranziyuan/ huiyuan/201508/20150801088889. shtml，2015 年 8 月 1 日。

特区副省长。2014 年，佐科省长当选为印尼总统后，根据该国法律，副省长钟万学出任雅加达省长，成为当代印尼华人参政的楷模。在担任省长期间，钟万学依法治理，反对贪污腐败，坚持透明执政，但同时也得罪了雅加达特区议会。2015 年，钟万学就因为预算案与雅加达特区议会不和，面临特区议会调查。特区议会后来通过决议，委任调查团在一个月内对钟万学的表现进行调查，调查委员会发现钟万学违反了多项法律，包括《国家财政法》《区域政府法》《区域政府财政管理法》，因此建议特区议会根据调查结果采取相应行动。① 而钟万学却认为自身清廉，雅加达市民也认为钟万学清廉而聚集示威，支持钟万学。② 2015 年 12 月，民调机构"人民呼声中心"（Populi Center）对雅加达六个地区（北区、南区、中区、西区、东区和千岛群岛区）的 400 名受访者进行面对面采访调查，结果显示：63% 受访的雅加达市民对钟万学的表现非常满意。③

2015 年，钟万学宣布以独立候选人身份参加 2017 年雅加达省长选举。截至 2016 年 1月，"钟万学之友"的志愿者们帮助钟万学征集到雅加达居民证（复印本）52.5 万张（目标是 100 万张），已超过成为独立候选人的最低条件。④ 印尼民族民主党也宣称无条件支持钟万学竞选连任 2017—2022 年雅加达省长。⑤ 2016 年 2 月 24 日，民调显示，钟万学的支持率高达 52.5%。⑥

正如印尼"印华心声"研究机构辅导主席伍耀辉所说："华裔进入主流社会参选各级议员，是印尼民主改革的重大政绩之一，也是印尼多元文化和多元民族健康发展的可喜现象，更是印尼从大国走向强国进程的积极步伐。"⑦

（三）印尼华人经济情况

1. 印尼成功召开第 13 届世界华商大会

2015 年 9 月 25—27 日，"第 13 届世界华商大会"在印尼巴厘岛隆重开幕，本次会议由印尼中华总商会筹办，会议主题为"融聚华商·共赢在印尼"，旨在融聚全球华商力量，构建更加稳健、广泛的世界华商交流合作平台，引领新时期全球华商合力共赢。大会除主旨论坛外，还分"商道启示录：成功企业家论坛""机遇与挑战：东盟区域一体化合作论坛""海上新丝路，合作创未来：海洋合作发展论坛""世界青年华商企业家论坛"等分论坛。

中共中央政治局常委、全国政协主席俞正声向大会发去贺信。印尼前总统梅加瓦蒂，印尼总统特使、政治法律与安全事务统筹部长鲁胡特，印尼人民协商会议主席祖尔基弗利，中国全国政协副主席、全国工商联主席王钦敏，中国国务院侨办主任、中国海外交流协会常务副会长裘援平，印尼巴厘省省长代表及印尼中华总商会总主席、大会筹委会主席

---

① 《印尼雅加达议会公布调查结果　确认钟万学违反法律》，中国侨网，http://www.chinaqw.com/hqhr/2015/04-08/44467.shtml，2015 年 4 月 8 日。

② 《雅加达市民声援华裔首长钟万学　与特区议会对抗》，新华网，http://news.xinhuanet.com/overseas/2015-03/03/c_127538201.htm，2015 年 3 月 3 日。

③ 《63% 市民满意雅京省府业绩》，《国际日报》，2015 年 12 月 14 日。

④ 《钟万学出席牛头党大会受热烈欢迎》，《国际日报》，2016 年 1 月 11 日。

⑤ 《民族民主党无条件支持钟万学竞选连任》，《国际日报》，2016 年 2 月 13 日。

⑥ 《钟万学的支持率高达 52.5%》，《国际日报》，2016 年 2 月 24 日。

⑦ 尹鸿伟：《钟万学省长的从政之路》，360doc 个人图书馆，http://www.360doc.com/content/15/0806/06/461276_489800550.shtml，2015 年 8 月 6 日。

纪辉琦等发表大会致辞。中国侨联主席林军、印尼交通部部长、印尼国家行政改革部部长、印尼警察副总长及来自世界各地的3 000余名华商代表及媒体出席大会。① 印尼中华总商会成功举办第13届世界华商大会，有助于提高印尼华商在国际上的地位，也是2015年印尼华人经济中的一件大事。

2. 印尼华人经济新发展

由于受世界经济整体形势的影响，2015年印尼华人富豪资产也有缩水迹象。根据《福布斯》2015年亚洲50富豪榜，印尼富豪有14人，其中6人是印尼华人，这与2014年印尼11位华人上榜相比大大减少。这6人包括印尼富豪黄惠忠和黄惠祥兄弟、金光集团黄奕聪、印多拉马集团业主普拉卡什、盐仓香烟厂主蔡道平、印多福公司和三林集团首席执行官林逢生。其中，黄惠忠和黄惠祥兄弟的针烟集团除了烟草，还涉及银行、房地产、农产品加工业、电器及多媒体产业。金光集团黄奕聪是世界上第二大棕榈油生产商，主要业务是"金光农产业"，同时还有造纸厂、投资公司、煤矿和发电厂。印多拉马集团业主普拉卡什现在拥有南非最大的化学原料生产商——塞内加尔化学工业66%的股份，普拉卡什于1976年开始创业，最初生产棉纱，后来业务不断发展，目前产品多元化，包括医疗手套。盐仓香烟厂主蔡道平是印尼东爪哇省谏义里盐仓香烟厂创立人苏尔雅的第三子。林逢生是印尼最大富豪林绍良之子，林绍良过世后遗留的大型商业王国包括生产方便面的印多福食品公司，还有杂货店、银行、水泥以至汽车工业。②

在2015年福布斯全球富豪榜和华人排行榜中，印尼有12位华人富豪上榜，不过上榜人物与同年度福布斯公布的亚洲富豪排行榜略有不同，可能是由评价标准和评价范围不同所致。多数华人富豪进行多元化经营，具体见表2。

表2　2015年福布斯富豪榜中的印尼华人排名

序号	华人富豪榜排名	全球富豪榜排名	姓名	年龄	净资产（亿美元）	行业
1	22	142	黄惠忠/R. Budi Hartono	74	90	烟草、银行
2	26	151	黄惠祥/Michael Hartono	75	87	烟草、银行
3	118	714	李文正/Mochtar Riady	85	26	多元化经营
4	170	1 054	徐清华/Ciputra	83	18	房地产
5	170	1 054	陈江和/Sukanto Tanoto	65	18	多元化经营
6	180	1 105	翁俊民/Tahir	62	18	多元化经营
7	184	1 118	傅志宽/Murdaya Poo	74	17	多元化经营
8	184	1 118	吴笙福/Martua Sitorus	55	17	原材料
9	237	1 324	陈明立/Hary Tanoesoedibjo	49	14	媒体

---

① 《第13届世界华商大会在印尼召开》，人民网，http://world.people.com.cn/n/2015/0926/c1002 - 27638046.html，2015年9月26日。

② 《〈福布斯〉公布2015年亚洲50富豪榜 印尼6人入榜》，网易，http://news.163.com/15/1014/19/B5TMIS8100014JB6.html，2015年10月14日。

（续上表）

序号	华人富豪榜排名	全球富豪榜排名	姓名	年龄	净资产（亿美元）	行业
10	298	1 533	谢重生/Edwin Soeryadjaya	66	12	原材料、多元金融
11	324	1 638	郭桂和/Djoko Susanto	65	11	零售
12	350	1 741	刘德光/Low Tuck Kwong	66	10	原材料

数据来源：综合《福布斯 2015 华人富豪榜》（http：//baike. baidu. com/）和《印尼华人富豪榜》（http：//www. phb123. com/renwu/fuhao/3722. html）整理。

　　此外，2015 年 8 月 19 日，胡润研究院首次发布"全球华人富豪榜"，上榜总人数达到 1 577 人，覆盖全球 18 个国家和地区，上榜门槛 20 亿元。[①] 其中，前 100 名富豪中，印尼上榜的华人有 8 人，具体见表 3。

表 3　2015 年胡润全球华人富豪榜前 100 名中的印尼华人

序号	排名	姓名	财富（亿人民币）	公司	行业
1	24	黄惠祥	400	中亚银行、针记香烟	烟草、银行、投资
2	37	蔡道平家族	225	盐仓	烟草
3	46	黄奕聪家族	190	金光集团	造纸、农业、投资
4	63	李文正家族	155	力宝集团	投资
5	66	傅志宽	145	梅达亚	投资
6	73	林联兴	135	哈利达	棕榈油
7	83	林逢生家族	120	第一太平	电信
8	97	范乔家族	110	第一资源	棕榈油

数据来源：《2015 年胡润全球华人富豪榜出炉》，http：//www. kjcity. com/news_425901. html。

　　富豪榜排名吸引了人们的关注，但也会带来误解，认为印尼华人都很富有。但实际上，印尼华人富豪只占印尼华人很小比重，印尼华人中的贫富两极分化很严重。印尼著名学者索菲安·瓦南迪认为，印尼华人中 56% 为下层平民，20% 为专业技术人员，20% 为中产阶级，财团老板只占 4%。[②] 虽然印尼政府致力于减贫，佐科总统自 2014 年 10 月上台以来，一直把减贫扶困当作施政重点之一，但印尼下层人民的贫困状况仍然没有得到显著改善。据印尼中央统计局（BPS）的资料显示，从 2014 年 9 月至 2015 年 9 月，印尼全国贫穷人口增加了 78 万人，2015 年印尼全国新增贫穷人口 110 余万人，全国绝对贫困人口有

---

　　① 《全球华人财富排行：马云屈居第三》，环球网，http：//tech. huanqiu. com/news/2015 - 08/7317191. html，2015 年 8 月 19 日。

　　② 《印尼华侨华人概况》，中国侨网，http：//www. chinaqw. com/news/2006/0630/68/34591. shtml，2006 年 6 月 30 日。

2 820万人，同比上升2.8%。印尼各省贫穷人口占比参差不一，有"希望之岛"之称的苏门答腊岛10省中，有9省贫穷状况恶化，只有楠榜省减贫有成绩。苏北、廖内和占碑三省的贫穷率升幅达到两位数。① 所以，对于大多数处于中下层的印尼华人来说，富豪只属于少数人。

（四）印尼华人文化进一步融入当地社会

民主改革时代，随着印尼政府对华人各项歧视政策的废除，印尼华人社团、华文媒体和华文教育都获得了很大的发展，而且难能可贵的是，华人文化进一步融入当地社会，并获得了当地政府和民众的尊重。最典型的表现就是印尼各界对华人农历新年春节的态度。实际上，自春节被印尼政府规定为法定假日以来，春节已不单是印尼华人的节日，也是印尼其他族群同胞共同欢庆的节日。例如，为庆祝农历猴年的到来，2016年2月8日，印尼中华总商会总主席、著名企业家纪辉琦于大年初一在其住宅举行春节团拜，印尼国内阁秘书伯拉莫诺·阿依、国军总参谋长逊逊特·赫迪阿宛中将、海军参谋长玛史迪奥上将、前工业部部长希达悦、前最高检察长巴斯利夫、印尼驻华前大使苏特拉查特、前财长阿利芬、比利时驻印尼大使贝特利克·赫尔门、华社领袖俞雨龄、著名企业家阿利芬·巴尼科罗、印尼全国企业家协会总主席林绵坤及社会名流们等前往庆祝。② 印尼民族复兴党中央理事会于2016年2月3日在雅加达举行迎接新春佳节联谊会，主题定为"加强民族政治，共同建设民族自主"，并呼吁印尼全国人民在班查西拉思想下，发扬殊途同归精神，遵守1945年宪法，促进印尼共和国的建设。③

2016年2月13日，中国驻登巴萨总领馆与印尼巴厘省政府首次联合举办跨文化交融春节晚会，邀请中国深圳艺术学院的演员们与巴厘岛的艺术家同台献演。巴厘省政府的高级官员，如正副省长、军长、警长、议会要员等地方显要都到场了，巴厘族与华族兄弟姐妹近千人参加，由官方推动这种文化交融活动，在印尼被认为是首次。④这些都显示着印尼华人文化得到当地社会的尊重，华人与其他族群友好相处。

三、2014—2015年印尼政治经济形势变化对华侨华人的影响

（一）2015年印尼政治局势

2015年是印尼"平民总统"佐科上台执政的第一年，印尼政治生态政治环境向好和稳的方向发展，但国内安全因恐怖袭击而受到威胁。

第一，佐科的执政联盟扩大，顺利改组内阁，夯实了执政的政治基础，有助于政局稳定和各项政策的推行。2015年，印尼反对党国民使命党和福利公正党都宣布加入拥护政府的辉煌联盟，这使原本处于少数党地位的执政联盟变成了多数党联盟，为其今后执政和各

① 椰峰：《减贫扶困政绩差强人意》，《国际日报》，2016年2月12日。
② 《党政军高官要员和华族共度新春佳节》，《国际日报》，2016年2月12日。
③ 《民复党中央迎接新春佳节联谊会，吁同心协力建设国家》，《国际日报》，2016年2月5日。
④ 《中国驻登巴萨总领馆与巴厘省政府联办别开生面的跨文化交融春晚节目演出》，《国际日报》，2016年2月16日。

项经济政策的推进铺平了道路。2015 年 8 月 12 日，佐科总统宣布调整部分政府内阁成员，更换 3 名统筹部长和 3 名其他部长。佐科总统称，此次内阁调整主要考虑目前印尼经济形势总体表现不佳，希望通过此次改组，特别是调整部分经济内阁成员，推动印尼经济步入增长快车道。①

第二，印尼首次举行地方同步选举。2014 年以来，印尼全国 34 个省 515 个县都是分别举行选举，耗资巨大。2015 年初，印尼国会通过第 8 号《地方政府首长同步选举法》，对地方选举的时间进行统一规定。② 2015 年 12 月 9 日，印尼全国 269 个省县首次举行地方同步选举，有 800 对竞选搭档，竞争 9 名省长、36 名市长和 224 名县长。③

第三，雅加达发生恐怖爆炸，国内安全受威胁。2016 年 1 月 14 日，印尼首都雅加达发生连环爆炸，爆炸地点分别位于联合国办事处、外国使领馆区和首都金融街购物中心附近区域，造成 7 人死亡、17 人受伤，ISIS 极端组织当天宣称制造了此次爆炸。④ 印尼是世界上最大的伊斯兰国家，88% 的国民都信仰伊斯兰教，随着 ISIS（伊斯兰国）对世界威胁的上升和世界各国对 ISIS 的打击，印尼成为极端组织发展新成员的目标，印尼的安全也日渐受到威胁。

（二）2015 年印尼经济形势

正如佐科总统所说的那样，2015 年是印尼经济充满挑战的一年，尤其是金融领域，受到全球经济发展减慢和美国中央银行加息政策的影响。⑤ 同时，国际市场持续不振影响印尼大宗产品出口，国内消费和外来投资增幅下降，国内为抑制高通胀和货币贬值维持较高利率而采取的货币从紧的政策，是经济增长低于预期增长的主要原因。根据印尼中央统计局 2016 年 2 月 5 日发布的 2015 年经济统计数据，按可比价格计算，2015 年印尼国民生产总值增长 4.79%，是 2009 年以来增长最低的年份。⑥

自 2014 年起，印尼政府将旅游、基建、海洋、食品、能源列为五大优先发展的支柱产业。佐科总统亲自制定了旅游部工作指标，希望到 2019 年吸引外国游客数量达到 2 000 万。⑦ 为了促进旅游业的发展，2015 年印尼向 47 个国家公民实行免签政策，来印尼观光旅游的外国游客总数上升了 19%。而 2015 年 12 月，印尼又将免签国额外增加了 84 个，其中有澳大利亚、海地、亚美尼亚、牙买加、肯尼亚、乌干达、乌克兰、巴基斯坦、马里和津巴布韦。⑧

总体上，2015 年印尼经济增长比较疲软，整体竞争力下降，根据世界经济论坛 2015 年 9 月发布的《2015—2016 年全球竞争力报告》，在全球 140 个经济体中，印尼排名第 37

---

① 《印尼内阁经济团队"大换血"》，中国经济网，http://intl. ce. cn/specials/zxgjzh/201508/13/t20150813_6214127. shtml，2015 年 8 月 13 日。

② 《印尼举行地方选举》，《国际日报》，2015 年 12 月 10 日。

③ 椰峰：《加强保安确保选举顺利》，《国际日报》，2015 年 12 月 7 日。

④ 《雅加达爆炸案警方调查：印尼籍 IS 分子策划袭击》，华夏经纬网，http://www. huaxia. com/zk/qrsj/wz/2016/01/4706481. html，2016 年 1 月 25 日。

⑤ 《佐科总统为 2016 年的股票交易开幕》，《印华日报》，2016 年 1 月 5 日。

⑥ 印尼中央统计局网站，http://www. bps. go. id/。

⑦ 《印尼多管齐下吸引中国游客》，《国际日报》，2015 年 12 月 10 日。

⑧ 《外国游客多不影响安全与稳定》，《国际日报》，2016 年 1 月 6 日。

位，比 2014 年的第 34 位下降了 3 个名次，而且落后于新加坡（第 2 位）、马来西亚（第 18 位）、泰国（第 32 位）。①

（三）2015 年印尼国内政治经济形势对华侨华人的影响

1. 印尼华人政客参政议政心态渐趋成熟，但华人选民仍谨慎投票

在 2014 年的印尼国会大选中，印尼华人取得了不错的选举成绩，在 560 个国会议席中，至少有 13 人是华人议员，虽然只占全国议席的 2.3%，但"这意味着印尼华人已直接参政"。② 作为曾经世界上排华最严重的国家，印尼华裔的政治地位一直是种族和谐的重要"晴雨表"，2014 年的大选中有很多华裔参与其中，开创了印尼民主政坛的新气象，体现了印尼华裔参政心态日趋成熟。③

2015 年，印尼首次举行地方同步选举，有 269 个省市举行地方首长选举。在这轮选举中，虽然还没有确切的数字来描述有多少位华裔候选人参与地方选举，但华人政治家的参政热情已经被广为传播，地方选举中出现了华裔身影。例如，2015 年 12 月 9 日，著名华人律师伍瑞章作为印尼民主党、大印尼民主党和民心党联合推举的人选，与棉兰市市长候选人拉马丹搭档，竞选棉兰市下一任正副市长，他们的竞争对手是寻求连任的现任棉兰市正副市长。棉兰是印尼第三大城市，也是华人人口比较多的城市，华人市民毫不掩饰地说："我们想要一位棉兰的'Ahok'（Ahok 是指雅加达省长钟万学）。"但"钟万学现象"的产生并不容易，需要政治强人的带动。而且，棉兰不同于雅加达，选民投票热情不高，棉兰登记在册的选民有近 200 万人，选举委员会在 16 个镇设立了 3 024 个投票站，但最终投票率仅为 25.5%，低于印尼全国整体水平。更为重要的一点，棉兰部分下层华人仍然谨慎地认为：棉兰华人最好不要参与政治，因此也不要投票。所以根据官方发布的最终选举结果，伍瑞章组合得票率不足三成（竞争对手的得票率超过七成），伍瑞章没能当选棉兰副市长，棉兰也没能迎来一位"Ahok"式的人物。④

2. 印尼国内安全局势受威胁，印尼华人的生存风险依然存在

如前文所述，2015 年，印尼受到恐怖主义极端组织 ISIS 的威胁，2016 年发生在雅加达的恐怖袭击案更是让印尼国内的安全局势受到严重威胁。虽然在恐怖袭击中没有华人受伤，但是华人的生存环境受到威胁。根据当地华人的口述：恐怖袭击后，部分华人紧张得都不敢出门。⑤ 因为袭击事件容易使华人想起历史上的排华袭击，历史阴影让印尼华人成了惊弓之鸟。2015 年 9 月，描写 1965 年排华暴动的纪录片《沉默之像》在印尼上映，但是由于印尼东爪哇官员担心该影片会引起骚动，禁止公开播放。据媒体报道称，印尼某高官是反华分子，曾称屠杀华人是必须的，言语狂妄至极，实在可恶。⑥

① 《面对 MEA 时代不断提高竞争力》，《国际日报》，2016 年 1 月 4 日。
② 廖建裕：《印尼大选与华人参政》，（新加坡）《联合早报》，2014 年 6 月 2 日。
③ 尹鸿伟：《印尼华裔参政日趋成熟》，360doc 个人图书馆，http：//www.360doc.com/content/15/0806/07/461276_489804805.shtml，2015 年 8 月 6 日。
④ 《印尼地方选举：华人参政"火山口"气候渐变》，http：//www.jlszyy.com/hot/HTs4x60118n434897407XH.html。
⑤ 《印尼华人：爆炸案发生后气氛紧张不敢出门》，http：//news.21cn.com/world/guojisaomiao/a/2016/0115/09/30491568.shtml。
⑥ 《印尼高官称屠杀华人是必须的 反华阴谋真相曝光》，http：//finance.gucheng.com/201509/3122077.shtml。

虽然从印尼全国大局势上看，印尼华侨华人生存发展的宏观政治、经济、文化、社会环境都有了积极的改善，印尼全国大范围的排华现象不会再次发生，但这不能消除局部地区的某些极端分子的排华情绪和排华心态，因此，印尼华侨华人仍然要居安思危。

3. 印尼华商积极参与印尼经济建设，但机遇与挑战并存

印尼经济一直依靠消费和内需拉动作为主要推动力，消费对经济的贡献率超过 50%，而投资和进出口对经济增长的贡献率则相对较小。印尼佐科政府提出"海洋强国"战略的同时，也提出要推动印尼经济从消费型模式向投资型模式转变。在 2011 年《加速和扩大印尼经济发展的总体规划》（MP3EI）的基础上，2014 年印尼政府又公布《2015—2019 年中期改革日程和经济发展规划》（NAWA CITA），2015 年下半年再次公布十大配套措施，简政放权，释放投资机遇。值得一提的是，印尼政府特别强调要发展中小企业、微型企业，经济统筹部长达尔敏（Darmin Nasution）指出：印尼政府着重推动更多的国内外投资者进入微型、中小企业，希望能通过微型、中小企业的发展创造更多的就业机会。[1]·2016 年 2 月，佐科总统参加东盟—美国峰会时再次强调中小企业和微型企业对印尼经济的支撑作用，今后要鼓励大型企业对中小企业的市场和知识转让。[2] 虽然印尼富豪榜上有不少华人大企业上榜，但是对于印尼众多的华人来说，中小企业还是主要的生存和发展之本，这些华人企业世代经营，在印尼零售、流动体系占有一定的优势。如今印尼政府通过多种措施发展中小企业，这对于广大印尼华人来说是个机遇。

但是印尼华人经济的发展也面临着挑战，可以说是机遇与挑战并存。例如，印尼基础设施落后，这为华人企业发展增加了成本。世界银行 2014 年发布的《物流绩效指数报告》，印尼以综合评分 3.08 排名第 53 位，落后于新加坡（第 5 位）、马来西亚（第 25 位）、泰国（第 35 位）、越南（第 48 位）。[3] 印尼外交部东盟合作司总干事罗萨里斯表示，印尼政府以建立海洋强国的精神启动了海上捷运的建设项目，旨在降低物流成本，但物流成本在 GDP 的比重中仍高达 25%，而发达国家的物流成本已控制在 GDP 的 10% 左右。[4]

4. 印尼华人积极抓住"一带一路"的战略机遇，推动中国—印尼关系良性发展

2013 年，中国国家主席习近平在印尼国会演讲时提到要与包括印尼在内的东盟国家共建"21 世纪海上丝绸之路"。2014 年和 2015 年，习近平主席和佐科总统多次会晤都表示，中国的"21 世纪海上丝绸之路"与印尼的"海洋强国"战略高度契合。

2015 年，华侨华人通过举办多种形式的活动，探讨"一带一路"为中国—印尼合作带来的机遇。如 2015 年 12 月中旬，印尼侨胞（中国）联合总会邀请印尼海洋及基础设施副部长达加多顿（Dr. Ir. Ridwan Djamaluddin），与印尼留学中国大学生协会、中国女企业家协会联合主办主题为"新时期发展中的印尼和中国以及两国之间的友好交往，'一带一路'建设给两国带来的新机遇"的讨论会。[5] 2016 年 1 月 28 日，由香港贸易发展局、中国驻印尼大使馆、中华总商会、印尼国家科技委员会、印中经济发展协会，在雅加达联合

---

① 《第十期经济配套措施出台》，《国际日报》，2016 年 2 月 12 日。
② 《佐科要求美东盟峰会重视发展中小微型企业》，《印华日报》，2016 年 2 月 17 日。
③ 《面对 MEA 时代不断提高竞争力》，《国际日报》，2016 年 1 月 4 日。
④ 《面对 MEA 时代不断提高竞争力》，《国际日报》，2016 年 1 月 4 日。
⑤ 《"一带一路"建设给印中两国带来的新机遇》，《国际日报》，2015 年 12 月 10 日。

举办"一带一路，印尼如何收益"研讨会。这些研讨会引发了人们对"一带一路"投资机遇的追捧。正如印尼中华总商会常务副总主席张锦雄所说："要积极发挥印尼华商的桥梁作用，在印尼私有经济体中，约七成是华商企业，而私有经济是印尼经济中极富活力的组成部分。经过历史的沉淀，印尼华商已经深深扎根于印尼，融入主流社会。中国很多企业到印尼投资，首先就是通过印尼华人企业来了解当地的投资政策，印尼华商愿意帮助中国企业在印尼本地找到一个好的合作伙伴，遵循印尼的法律法规，实现共赢。"① 可以说，印尼华商既熟悉印尼国情，又了解中国文化，在中国改革开放大潮中，已经为中国与印尼的友好合作架起了桥梁，而且还将在未来中国、印尼两国的战略对接中继续发挥桥梁作用。

四、大事记

（1）2015 年 4 月 10 日，佐科总统视察华人企业家创办的"燕球寒天"食品加工厂，鼓励"燕球寒天"食品公司总经理钟延筹先生要抓住时机，根据印尼国情配合"一路一带"的"中国方案"，来促进建设印尼海洋"亚洲中心"的战略规划，为印尼经济建设做出贡献。

（2）2015 年 5 月，钟万学接受媒体采访时表示，将会以独立候选人身份参加 2017—2022 年雅加达省长选举，根据印尼民调显示，钟万学当选率高达 52.5%。钟万学是华裔客家人，1966 年出生于印尼东勿里洞县。从 2004 年开始从政，钟万学先后担任勿里洞岛的县议员、县长和国会议员。2012 年 9 月 20 日，钟万学作为当时新当选的雅加达特区省长佐科的搭档，成功就任雅加达特区副省长。佐科当上印尼总统后，钟万学于 2014 年 11月 19 日就任雅加达特区省长，成为雅加达特区首位华裔首长。钟万学就任雅加达特区省长后，被媒体评论为对印尼华裔具有里程碑式的意义。

（3）2015 年 9 月 26 日，第 13 届世界华商大会在印尼巴厘岛隆重开幕，会议主题确定为"融聚华商·共赢在印尼"。印尼前总统梅加瓦蒂，印尼总统特使、政治法律与安全事务统筹部长鲁胡特，印尼人民协商会议主席祖尔基弗利，中国全国政协副主席、全国工商联主席王钦敏，中国国务院侨办主任、中国海外交流协会常务副会长裘援平，印尼巴厘省省长代表及印尼中华总商会总主席、大会筹委会主席纪辉琦等发表大会致辞。中国侨联主席林军、印尼交通部部长、印尼国家行政改革部部长、印尼警察副总长及来自世界各地的3 000 余名华商代表及媒体出席大会。

---

① 《巧用一带一路政策，带动世界经济发展》，《印华日报》，2016 年 1 月 28 日。

马来西亚

受货币贬值和石油价格下滑等因素的影响，2015 年马来西亚经济增长放缓，华人经济备受冲击。在"一马公司"和政治献金等议题的影响下，2015 年马来西亚政局动荡，集会抗议频频，"净选盟 4.0 大集会"和"9·16 马来人尊严集会"先后举行，种族言论层出不穷，种族关系一度非常紧张。虽然在一定程度上受到马来西亚国内局势的影响，但中马关系发展势头持续良好。

一、马来西亚基本国情与基本侨情

（一）马来西亚基本国情

马来西亚概况

国家全名	马来西亚联邦	人口数量	3 117.6 万
地理位置	东南亚	华人人口数量	约 670 万
气候	热带雨林气候	华人占总人口比例	约 21%
领土面积	330 257 平方千米	主要族群	马来人、华人、印度人
政体	君主立宪联邦制	GDP 增长率/CPI	GDP 4.5% ~ 5.5%/CPI 2.5%
执政党/现任总理	国民阵线/纳吉布	失业率	3.3%
官方语言	马来语	GDP	3 523 亿美元
首都	吉隆坡	人均 GDP	11 305 美元

（二）马来西亚基本侨情

马来西亚是一个以马来人、华人和印度人三大族群为主的多元族群国家。华人移居马来西亚的历史悠久，"二战"后，特别是马来亚独立后，由于马来西亚限制甚至禁止普通中国移民进入，当地华人人口主要通过自然繁衍增长。据 2010 年马来西亚人口普查的统计，当年全国人口 2 825 万人，其中拥有马来西亚国籍者有 2 593 万人，占 91.8%。在马来西亚本国人口中，占人口比例最大的是以马来人为主的当地土著族群，占 67.4%，约 1 748 万人；华族是该国的第二大族群，占总人口的 24.6%，约 638 万人；第三大族群是印度族，占 7.3%，约 189 万人；其余的是来自欧亚等地的族群。[①] 2015 年 12 月马来西亚

[①] 马来西亚统计网，http：//www. statistics. gov. my/，2011 年 11 月 22 日。

总人口增加到 3 117 万人，华人占人口比例约 21%，约 670 万人，[①] 仍然是该国的第二大族群。马来西亚华人与当地其他民族保持着比较友好和谐的关系，彼此在政治、经济和文化等领域的交流融合不断加深。

由于种族因素的影响，马来西亚不具备公民身份的外国侨民有 300 多万人，以印尼人为主。在马来西亚居住的中国移民，估计有 10 多万人，其中不少是新移民，主要包括通过婚姻入境定居的中国籍配偶移民、中国留学生、中国劳工，以及旅游滞留者。随着中马两国经贸和文教关系的迅速发展，到马来西亚做生意的中国商人，到马来西亚学校任教的中国教师，以及到马来西亚的中马合资企业工作的中国技术人员逐渐增多。近年，通过大马第二家园计划，投资定居马来西亚的中国公民逐渐增多。马来西亚第二家园项目起源于 1996 年，是当时马来西亚旅游部对外国退休老人实施的一项较长时间的居住计划，又称"马来西亚银发族项目"，鼓励符合标准的外国退休人士到马来西亚旅游、在马来西亚养老并长期居住生活。2004 年，马来西亚政府把"马来西亚银发族项目"正式改为"马来西亚我的第二家园计划"，申请者不再局限于退休老人，而是放宽至年满 21 周岁的外籍人士。目前，该计划的签证年限已由原来的 5 年时间增加到 10 年，而且 50 岁以上的马来西亚第二家园申请者可持有工作准证等等。据统计，马来西亚移民局已累计批准大约 50 000 个符合条件的外籍个人或家庭到马来西亚安家落户，中国位居马来西亚第二家园十大来源地之首，到 2014 年，获批家庭累计达到了 13 000 多个。[②]

二、经济形势及其对华人经济的影响

（一）2015 年的经济形势

2015 年的马来西亚经济面临各种因素的干扰，发展放慢。影响经济发展的因素包括石油价格下降、一马发展公司调查、国内局势动荡、马来西亚货币令吉贬值等。如对一马发展公司（1MDB）的调查以及国内局势动荡，都对国内外投资者的信心造成了很大的影响。马来西亚是一个出口大国，石油是主要的出口商品之一，世界原油价格大幅下跌超过 50%，不仅使政府从国家石油公司（Petronas）收取的石油税减少了数百亿令吉，而且矿业及相关行业发展也深受其害。

其中，马来西亚令吉贬值对经济的冲击尤为突出。2015 年，马来西亚令吉蒙受了 1998 年金融危机以来的最大跌幅。1998 年由泰铢贬值引发的金融危机曾导致令吉一年内下跌 35%，促使马来西亚中央银行实施资本管制，前总理马哈蒂尔还实行把令吉锁定于 1 美元兑 3.80 令吉的固定汇率政策，直到 2005 年 7 月才解除这个固定汇率政策。进入 2015 年，令吉汇率"跌跌不休"，到 2015 年 9 月下旬，美元兑令吉汇率一度跌至 4.4015，这是令吉自亚洲金融危机以来的最低汇价。至此，令吉 12 个月的跌幅已达 26%，是亚洲各国表现最差的货币。[③] 其他东南亚国家的货币，跌幅排在第二的是印尼盾，下跌了 18%，新

---

① 马来西亚统计网，https：//www. statistics. gov. my/，2015 年 12 月 13 日。
② 《马来西亚第二家园计划的历史沿革、渊源和当今现状》，通亚投资咨询有限公司网站，http：//www. mm2hservices. com/dynamic/698. html，2014 年 8 月 12 日。
③ 《令吉创 1998 年以来最大单周跌幅　债券也因一马公司调查扩大猛跌》，（新加坡）《联合早报》，2015 年 9 月 26 日。

加坡元和泰铢兑美元分别下跌 12% 和 10%。[①] 令吉汇率后来略略提升，12 月 20 日的汇率约为 4.30。[②] 导致令吉贬值的因素，主要有美元走强，以及美联储加息等。早几年美国推行量化宽松政策，不少资金流入马来西亚，随着对美国加息预期的增强，一些外国资金陆续流出。另外，中国是马来西亚最大的贸易伙伴，中国经济增长放缓，以及商品价格下跌等，对令吉汇率也有一定的影响。

为了应对令吉大幅贬值等因素对经济的冲击，2015 年 8 月下旬，马来西亚政府宣布成立以总理署部长阿都华希为首的特别经济委员会，汇集各经济领域的翘楚，协助政府应对因全球经济不稳定造成的经济增长放缓，尤其是令吉大幅贬值的问题。9 月 14 日，马来西亚总理兼财政部部长纳吉布宣布推出总值约 275 亿令吉的中短期振兴经济措施，包括拨 200 亿令吉扶持股市、拨约 75 亿令吉刺激商业活动与旅游业，并要求政府以及政府相关公司将海外盈利调回本国等。[③]

因各种因素的影响，2015 年的马来西亚经济，上半年取得 5.3% 的经济增长，全年经济增长率估计为 4.5%～5.5%[④]。影响 2015 年经济发展的各种因素仍在持续，2016 年的马来西亚经济将继续面对外部环境、国内局势等各方面的挑战。

（二）2015 年的华人经济

受国内经济大环境的影响，包括华人企业在内的不少马来西亚企业都有点内外交困。正如马来西亚雇主联合会文告所指出的，马来西亚企业如今内忧外患，外有希腊倒债、中国股市暴跌、澳大利亚房地产泡沫影响；国内面临令吉贬值、通货膨胀、消费税、消费情绪低迷的挑战[⑤]。

有关华人企业的调查显示，虽然私人领域依然是马来西亚国家经济的支柱，但 2015 年的企业营运成本节节上升，加上消费税[⑥]推行后的严重冲击，企业的销售额不断滑落，不少企业感叹生意越来越难做。令吉持续贬值，本地进口商面对原料成本上涨的压力也越来越大。当有关调查问卷问到"经商营运成本"时，高达 71% 的回复者投诉他们的营运成本明显上涨；当被问到"消费税的落实对您的销售业绩带来什么影响"时，绝大部分（90%）的回复者表示自消费税在马来西亚实施后，公司的销售业绩下滑。销售额平均下滑率为 6%～17%，其中国际贸易业务所受打击最小，而房地产业务则受到最严重的打击。大部分商家（67%）表示他们业务的利润率已经收缩。令吉贬值对华人进口商的影响

---

① 《东南亚货币相继贬值　马来西亚令吉和印尼盾跌幅最惨》，凤凰网，http：//finance. ifeng. com/a/20150820/1392078 8_. shtml，2015 年 8 月 20 日。

② 《今日美元对马来西亚林吉特汇率表》，中国纸金网，http：//www. zhijinwang. com/huilv/？ from = USD&to = MYR&num =100，2015 年 12 月 20 日。

③ 《包括 69 亿元救市　马国推出 95 亿元振兴经济措施》，（新加坡）《联合早报》，2015 年 9 月 15 日。

④ 《马来西亚总理：预计 2016 年马经济增长将达 4% 至 5%》，新华网，http：//my. xinhuanet. com/2015 – 10/27/c_128361885. htm，2015 年 10 月 27 日。

⑤ 《马经济不景气大规模裁员》，中华人民共和国驻马来西亚大使馆经济商务参赞处，http：//my. mof-com. gov. cn/article/jjdy/201507/20150701057178. shtml，2015 年 7 月 23 日。

⑥ 马来西亚总理兼财长纳吉布 2013 年提呈 2014 年度财政预算案时，宣布从 2015 年 4 月 1 日起实施 6% 消费税，取代当时的销售税和服务税。

特别大，93%的回复者表示营运成本已经提高，他们不得不提高售价。[①]

受冲击的不仅是占华人企业大部分的中小企业，连大企业大财团也不能幸免，2015 年的数据显示，著名大财团的财富明显缩水。如连续 10 年蝉联马来西亚首富的郭鹤年，2015 年其集团资产为 113 亿美元，比 2014 年减少了 2 亿美元。排名第三的丰隆集团郭令灿家族，2015 年的集团资产为 56 亿美元，也减少了 8 亿美元。[②]

为了节省成本，不少企业陆续裁员，2015 年上半年，已有数家大公司宣布大规模的裁员计划，仅马航及联昌国际裁员及离职人数就超过 7 000 人；另有建筑业、银行业、石油天然气企业、电子企业等通过自愿离职计划辞退了 4 000 人。除裁员以外，企业为了节省成本，还实行减少雇员薪酬、奖励金等措施。一些企业提供新职位招收新雇员时，还以合约性质岗位取代长期工作性质岗位。[③] 由于缺乏新的工作机会，就业市场有所萎缩，失业逐渐增加。凡此种种，令不少华人收入减少，甚至面临失业，陷入困境。物价不断上涨，使马来西亚的通货膨胀率从 2015 年 2 月的 0.1%，持续上升至 6 月的 3.3%，华人等普罗大众的生活压力日益沉重。[④]

因此，2015 年 12 月，马来西亚年度汉字评选出炉，"苦"字以最高票当选。该年的评选活动由马来西亚中华大会堂总会（华总）与马来西亚汉文化中心联办，共有来自 65 个国家和地区的 14 078 名马来西亚人投票。华总会长方天兴认为，2015 年的年度汉字"苦"，非常贴近马来西亚人民的心情。这反映马来西亚人民对生活充满不安、不满、焦虑及倍感压力，犹如哑巴吃黄连。他希望此字能尽快远离大家，苦尽甘来。[⑤] 一个"苦"字，确实是很形象地表现出 2015 年马来西亚华人经济的窘迫境况。由于内外各种因素的影响还将持续，大多数华人对 2016 年的经济前景不太乐观，期盼 2017 年的经济有所改善。

三、国内局势与种族关系

马来西亚一向以政治稳定著称，1957 年独立建国以来的历届大选，以巫统为首的政党联盟连续执政至今，超过了半个世纪。然而，从 2008 年开始，马来西亚政治"海啸"频频，局势动荡，2015 年同样是多事之秋。

（一）引发局势动荡的主要原因

导致 2015 年局势动荡不安的因素很多，其中最直接的导火索，是一马公司和 7 亿美元的"政治献金"。2015 年初，已有传闻指总理纳吉布主导成立的国营公司一马公司成立至今已是负债累累，5 年间累积了高达 420 亿令吉的庞大债务。2015 年 7 月，更有

① 《2015 上半年大马经济状况调查报告》，马来西亚中华总商会，http：//www. acccim. org. my/blog/topic/26/，2015 年 9 月 15 日。

② 《10 年稳占大马首富　郭鹤年身家"缩"2 亿美元》，（马来西亚）《光明日报》，2015 年 2 月 26 日。

③ 《马经济不景气大规模裁员》，中华人民共和国驻马来西亚大使馆经济商务参赞处，http：//my. mofcom. gov. cn/article/jjdy/201507/20150701057178. shtml，2015 年 7 月 23 日。

④ 《2015 上半年大马经济状况调查报告》，马来西亚中华总商会，http：//www. acccim. org. my/blog/topic/26/，2015 年 9 月 15 日。

⑤ 《马国人选出年度汉字：苦》，（新加坡）《联合早报》，2015 年 12 月 12 日。

国外媒体指控有 7 亿美元（约 26 亿马币）资金流入总理纳吉布的私人账户，总理纳吉布有侵吞公款的嫌疑。① 尽管纳吉布一直否认私吞公款，马来西亚反贪会也称 26 亿马币是一位中东捐赠者提供的"政治献金"，但相关指控还是持续发酵，传言纷起，质疑不断，总理纳吉布也面临巨大的政治压力，危机空前。正如当地评论所指出的，"马来西亚的政治已经出现了空前的危机。至今还没有一位在任的总理面对公开要求其下台的舆论压力。虽然对延烧了数个月的一马公司弊案的调查还未有结论，纳吉布的政治诚信，已然因为其在应对贪污指控时，表现得进退失据而遭到严重质疑。"② 由于政治献金事件，加上经济不振等因素，纳吉布政府民望迅速下降，根据马来西亚默迪卡民调中心 2015 年 10 月的一项民调，仅有 23% 的受访者满意政府，而马来人的支持率更下跌至 31%，创下新低。③

（二）种族关系面临连串冲击

马来西亚的种族关系历来比较敏感，1969 年曾发生了震惊国内外的"5·13 种族冲突事件"，骚乱自吉隆坡蔓延到其他地方，从冲撞发展到杀人、放火，混乱持续了近半个月，财物损失无数，死伤者众。此后 40 多年，在马来西亚政府和各族人民的共同努力下，马来西亚成功地避免再度发生种族流血冲突。但种族矛盾依然存在，正如 2006 年末马来西亚前副总理慕沙希旦接受马来西亚《星洲日报》专访时所表示的："让我们对自己坦白，在多元种族社会中，种族敏感和情绪问题不可能完全消弭，即使独立了 100 年也将如此。"④ 既然种族敏感和种族情绪不可能完全消弭，种族关系就很容易受到各种因素的干扰与冲击。

1.7 月刘蝶广场手机事件

2015 年下半年，受经济低迷，特别是受"政治献金"议题等的影响，马来西亚国内政局动荡，稍有风吹草动，甚至与种族无关的小事，也有可能引发马华两族的敏感情绪。例如，2015 年 7 月，一个"小偷盗窃手机"事件，曾引起当地马来人和华人的对峙。据马来西亚媒体报道，2015 年 7 月 11 日，一名 22 岁的马来族青年在位于吉隆坡武吉免登区的刘蝶广场内一家华人经营的手机店偷东西，华族店员发现后，立即报案交由警方处理。这名马来青年被释放后，当天晚上带着一群人重返手机店，殴打店员并砸坏店面。当时，另外一批华裔青年也加入殴斗，双方人马大打出手。事发后，网络上充斥着种族冲突的言论。在马来文的讨论区里，不少人指责华人商家售卖山寨版手机欺骗马来客户，并称是华人先出手殴打马来青年。中文社交媒体上也掀起了骂战，怒吼华人在马来西亚长期遭受不公。12 日傍晚，几百名马来群众到刘蝶广场聚集示威，骚乱持续了数小时。据报道，滋事群众还追打华族民众，路人以及一些中文报刊的记者都受到波及。⑤ 由于冲突的双方是

---

① 《马纳吉布政府民望创新低》，新华网，http://my.xinhuanet.com/2015-10/18/c_128330089.htm，2015 年 10 月 18 日。

② 叶鹏飞：《风雨飘摇的马来西亚》，（新加坡）《联合早报》，2015 年 8 月 2 日。

③ 《马纳吉布政府民望创新低》，新华网，http://my.xinhuanet.com/2015-10/18/c_128330089.htm，2015 年 10 月 18 日。

④ 《虽和睦共处 种族偏见仍无法消除》，（马来西亚）《星洲日报》，2007 年 1 月 1 日。

⑤ 李慧敏：《偷窃事件引发骚乱 马国种族情绪一触即发》，（新加坡）《联合早报》，2015 年 7 月 16 日。

华人和马来人，事件发生后，网络上传出许多谣言渲染"种族冲突"①。

在马来西亚警民的努力下，"手机事件"很快平息。

2.8 月"4.0 大集会"

针对一马公司和"政治献金"事件，马来西亚各种组织发起各种规模的集会，抗议此起彼伏。其中非政府组织净选盟在 2015 年 8 月 29—30 日举行了持续 2 天的大集会即"净选盟 4.0 大集会"，声势最浩大。净选盟全称"干净、公平选举联盟"，曾在 2007 年、2011 年和 2012 年先后发起举行了三次大集会，2015 年的大集会是净选盟举办的第四次大规模集会，所以又称为"净选盟 4.0 大集会"。"净选盟 4.0 大集会"提出干净选举、廉洁政府、异议权利、巩固议会民主、挽救国家经济五大诉求，并要求总理纳吉布下台。集会参加者包括马来人、华人、印度人和其他族群，首都吉隆坡、东马沙捞越古晋及沙巴亚庇三地，以及海外多个国家 74 个城市的马来西亚人，也同步举行"净选盟 4.0 大集会"。吉隆坡主会场历时 30 多个小时，据称参与者多达 30 万人。② 集会始终没有任何挑衅言论或动作，井然有序，最后顺利结束，避免了出现像上两次集会，也就是 2011 年"净选盟 2.0 大集会"及 2012 年"净选盟 3.0 大集会"最终以警方出动水炮及发射催泪弹镇压结束的局面。

"净选盟 4.0 大集会"本来是一个多民族参与的争取民主权利的和平大集会，但由于参与"净选盟 4.0 大集会"的华人众多，这个无关种族的大集会不幸地被种族化了。一些极端的马来人指责"净选盟 4.0 大集会"是华人反政府、反马来人的集会，认为该集会为"华人的净选盟 4.0 大集会"，他们呼吁召开马来人大集会与之抗衡，认为马来人和土著是时候要上街夺回应有的权利了。③

3.9 月的"9·16 马来人尊严集会"

2015 年 9 月 16 日，也就是马来西亚"国庆日"，一些马来人举行了针对华人的示威游行"9·16 马来人尊严集会"，举办方宣称参与者多达 20 万人。其间，一些极端分子还几度试图闯入俗称"唐人街"的茨厂街，并与警方起冲突，警方最后出动了镇暴队与水炮车，才驱散了聚集在唐人街周围的马来人。④ 因"净选盟 4.0 大集会"参与者统一穿黄色的服装，参加"9·16 马来人尊严集会"统一穿红色衣服，两次大集会也被称为"黄红对决"。"9·16 马来人尊严集会"之后，一些极端分子还扬言要继续抗争，举行更大规模的示威游行。一时风声鹤唳，人心惶惶。

"9·16 马来人尊严集会"引发的示威游行，是自 1969 年"5·13"种族冲突以来，首次出现的针对华人的大规模游行示威，对马来西亚种族关系无疑造成了很大的冲击，马来西亚最大的华人政党马华公会总会长廖中莱也承认，马来西亚种族关系正处于一个令大家担忧且随时一触即发的敏感时期。当地各族民众都担心这将激化种族关系⑤。马来西亚

---

① 《马来骚乱非排华活动　其实无关种族》，侨报网，http：//news. uschinapress. com/2015/0714/1029318. shtml，2015 年 7 月 14 日。
② 《海外 74 城市　马国人同步举行集会》，（新加坡）《联合早报》，2015 年 8 月 30 日。
③ 《一地方巫青团吁马来人上街"夺回权利"》，（新加坡）《联合早报》，2015 年 9 月 4 日。
④ 刘汉良：《种族狂徒窃据 9·16》，（马来西亚）《光明日报》，2015 年 9 月 21 日。
⑤ 《廖中莱：马国处种族关系敏感期》，（新加坡）《联合早报》，2015 年 9 月 17 日。

种族关系因而面临严峻的考验。中国还有媒体称马来西亚国内可能再掀反华浪潮。①

（三）马来西亚种族关系的走势

"9·16 马来人尊严集会"是 1969 年"5·13 事件"以来，在马来西亚首都发生的最大规模的针对华人的种族示威活动。马来西亚虽然经常举行集会游行，但大多数是反政府或为大选造势的集会，1987 年马来人曾试图举行针对华人的 10 万人以上的集会示威，不过后来被政府压下，没有举行。因此，像"9·16 集会"这样针对华人的大规模集会示威，以及试图暴力冲击唐人街的事件确实非常罕见。"9·16 马来人尊严集会"对马来西亚华人和马来人关系造成了严重的冲击与伤害，种族关系一度非常紧张，并引起了国内外的关注。

然而，中国国内有些舆论当时惊呼"马来西亚或掀反华浪潮"，则明显言过其实。马来西亚虽然存在个别种族不平等的现象，但种族关系还是相对和谐的，尽管 2015 年的种族关系一度非常紧张，但有惊无险，最终也没有像媒体所言"掀反华浪潮"。如果没有特别的变故，近期也不太可能出现大规模的排华活动。

"9·16 马来人尊严集会"对马来西亚的种族关系确实造成了较大的冲击。事件之所以没有进一步恶化，没有造成更大规模的骚乱冲突，主要归功于马来西亚全国上下所做的种种努力。为了避免再度发生类似 1969 年"5·13 种族冲突事件"，几十年以来，马来西亚官民各族已经达成了"维护和谐稳定"的普遍共识。坊间流传的极端种族言论，一般都会遭到各族人民，包括马来人政客名流的抨击。刻意挑起种族冲突的行为在马来西亚屡遭唾弃。2015 年 9 月 16 日当天，为了防止极端分子在"9·16 马来人尊严集会"期间到俗称"唐人街"的茨厂街闹事，马来西亚警方一早就派出大批警员在茨厂街严阵以待，后又出动镇暴队增援，施放水炮驱散人群，防止事态进一步恶化。之后，警方实施各种必要的惩戒，逮捕了多名极端分子，包括"9·16 马来人尊严集会"召集人嘉马尤诺斯，以及绰号"拳王阿里"的莫哈末阿里。"9·16 马来人尊严集会"后，巫统大港区部主席嘉马曾表示，如果执法当局再不对付茨厂街内贩售赝品的商贩，将有 5 000 名红衫军再到茨厂街集会抗议。莫哈末阿里也证实，他原计划在 10 月 10 日号召 50 万名红衫军在雪兰莪州加影、适耕庄和槟城集会，向雪槟两州的原民联州政府表达照顾及维护马来人权益的诉求。② 多名极端分子被逮捕或被告诫，他们策动更大规模示威游行的计划也随之无疾而终。为了避免发生种族暴力冲突，当地华人十分克制地采取措施回避。如在"9·16 马来人尊严集会"前，由于各种谣言充斥社交媒体，人心惶惶，尽管警方保证当天不会失控，但是许多民众仍在网上发起"9·16 不上街"运动，号召吉隆坡市民当天留在家中，让吉隆坡变成"死城""空城"，以免有心人借机闹事。结果，9 月 16 日当天，被称为唐人街的茨厂街空无一人，华人商家为了避祸已纷纷拉闸关门撤离，避免与可能冲进茨厂街的马来人发生暴力冲突。

7 月刘蝶广场手机事件发生后，曾有评论指出："令人感到欣慰的是，在事件发生后，

---

① 《马来西亚数万人示威冲击唐人街或掀反华浪潮》，腾讯网，http://news.qq.com/a/20150918/002399.htm?pgv_ref=aio2015&ptlang=2052，2015 年 9 月 18 日。

② 《马国红衫军召集人嘉马被捕》，（新加坡）《联合早报》，2015 年 9 月 26 日。

各族也有不少理性的一群，他们纷纷呼吁自我克制，不要听信谣言。其实，吉隆坡刘蝶广场手机事件没有进一步造成更大的悲剧，就是社会中依然存在理性的力量，而这股力量的强大，显然不是那些煽动家可以轻易阻挡的。"①正是马来西亚各族人民中的这股理性力量，阻止了 2015 年种族关系走向极端恶化，这股理性力量也将继续影响着马来西亚种族关系的走向。

四、中马关系

2015 年的中马关系持续发展，中国政府提出的"一带一路"重大战略，以及倡创"亚洲基础设施投资银行"（简称"亚投行"），均得到马来西亚方面的大力支持与积极参与，马来西亚总理纳吉布在不同场合多次表达对亚投行的信心。2014 年 10 月 24 日，亚投行正式在北京筹建，首批 21 个意向创始成员国的财长和授权代表在北京签署《筹建亚投行备忘录》，共同决定成立亚投行，标志着这一由中国倡议设立的亚洲区域新多边开发机构的筹建工作进入新阶段。当天签署的国家中，包括了马来西亚、文莱、柬埔寨、老挝、缅甸、菲律宾、新加坡、泰国、越南 9 个东南亚国家。2015 年 8 月 21 日，马来西亚驻华大使扎伊努丁作为马来西亚政府全权代表在北京签署《亚洲基础设施投资银行协定》。马来西亚政府和社会上下各界人士，对"21 世纪海上丝绸之路"的建设也充满了期待，希望参与其盛，在共同建设"21 世纪海上丝绸之路"过程中，与中国展开更广泛的合作，发挥更积极的作用。

2015 年底，应马来西亚总理纳吉布的邀请，中国总理李克强于 2015 年 11 月 20 日至 23 日赴马来西亚出席东亚合作领导人系列会议并对马来西亚进行正式访问。访问期间，李克强总理同纳吉布总理举行会谈。双方回顾了近年来中马关系发展成就，特别是对 2014 年 5 月两国领导人在北京签署联合公报后中马全面战略伙伴关系发展取得的成果表示欢迎。双方重申致力于在相互尊重的基础上发展积极、全方位的中马伙伴关系，推进两国政治、经济、人文、安全等领域合作，进一步提升中马全面战略伙伴关系水平，服务于两国人民的利益和福祉。两国关系因此大大地向前推进了一步。

不过，主要是由于马来西亚种族关系的影响，2015 年的中马关系也出现了一点小小的风波。2015 年马来西亚发生"9·16 马来人尊严集会"后，9 月 25 日即中国中秋节前夕，中国驻马大使黄惠康按惯例到访茨厂街（唐人街）并发表讲话。根据媒体报道，黄惠康大使在茨厂街接受采访，有些访谈内容被马来西亚各大媒体转载，在马来西亚国内引起了一定的争议，一些巫统政要还做出了激烈的反应，闹出了一场小小的外交风波。不过，在各方的努力下，这场风波很快就过去了，并没有对中马关系造成多大的影响。

五、形势评估与对策思考

马来西亚是一个多元种族的君主立宪制国家，国情比较复杂。中马两国虽然早在 20 世纪 70 年代便建立了外交关系，过去影响中马两国关系发展的各种问题，大多数已逐渐淡

---

① 陈利威：《马国种族关系与言论空间》，（新加坡）《联合早报》，2015 年 7 月 22 日。

化，但华人问题与种族问题始终还是比较敏感。马来西亚华人早期到中国投资曾引起"效忠"问题的争论，中马教育合作之所以比其他合作起步更迟，其中的主要障碍，就是因为涉及种族问题。

2008 年发生"政治海啸"和 2013 年发生"华人政治海啸"后，马来西亚局势一直比较动荡，华人与政府的关系也起伏不定。华社与政府的一些固有矛盾始终存在，华社也依然为了争取本族的合法权益而努力。例如，对政府拟实施的《2013—2025 年教育大蓝图》，马来西亚华社始终非常不满，不断促请政府修正《2013—2025 年教育大蓝图》内不利于华族母语教育生存与发展的政策和措施。①华人也不满物价上涨的现象，以及政府决定征收消费税等措施。马来西亚政局的急剧变化，也为一些马来政客的极端解读提供了更大的空间，在一些极端分子的挑拨煽动下，极端种族言论层出不穷，种族纷争问题不断涌现，屡屡触犯人民敏感的神经，种族间的不满情绪有所飙升，马来西亚的种族关系相对比较紧张。潜在的种族意识在动荡的政治氛围下异常敏感。在各种种族问题上经常争论不休，种族情绪日趋高涨之际，稍有不慎，就可能会引起纠纷。

2015 年下半年，虽然马来西亚没有发生大规模的种族冲突，种族对峙也逐渐平息，但"9·16 马来人尊严集会"还是显示了马来人的力量和不满，种族之间的摩擦碰撞随时都有可能出现。例如，2015 年 12 月 20 日，吉隆坡又发生华人手机业者与马来顾客的纠纷。大家购物中心（Kotaraya）一家手机店因早前遭人恐吓勒索而向警方报案，不料后来却遭十余人手持木棍及头盔上门"讨公道"。闹事者不仅动手破坏店面，还打伤八名员工并抢走一些手机。这也是继 2015 年 7 月刘蝶广场手机事件后，吉隆坡再次发生由于购物纠纷而在商场内引发的殴斗。万幸的是，由于警方处理及时，事态没有进一步发展。

一位马来西亚学者曾形容，大马族群关系脆弱，实在不容有半毫的闪失，如果有人蓄意达到某种目的，只需星星之火，就可以摧毁数十年的果实了。②虽然由于及时采取了各种有效的应对措施，马来西亚没有出现"反华浪潮"，没有发生大规模的种族暴力冲突，但 2015 年种族关系一度非常紧张，却是不争的事实。"净选盟 4.0 大集会"和"9·16 马来人尊严集会"的大规模"红黄对决"，以及层出不穷的极端种族言论，特别是"9·16集会"显示部分马来人的强烈不满情绪，应引起华社的重视。在争取民主权利和华族权益的过程中，如何争取获得更多马来人的共鸣与支持，如何避免给马来人极端分子可乘之机，应是马来西亚华人思考的问题。马来西亚各族人民，为了维护种族和谐，无疑还要付出更多的努力。

虽然 2015 年中马关系中小小的外交风波很快就平息了，并没有对中马关系造成多大的影响，但这场外交风波也说明马来西亚种族问题自始至终都比较敏感。在促进中马关系发展过程中，要非常谨慎地对待涉及马来西亚种族关系的敏感问题。

在这种情况下，我们在与马来西亚方面打交道时，应尽量避免触及马来西亚的种族情绪。如对马来西亚的种族纷争，不要做倾向性的评论。过去，香港某一中文台对马来西亚"白小事件"的报道，就曾招致马华公会的严厉批评。特别要注意的是，在马来西亚当地，尽量不要对华人问题多加议论，以免引起马来人的反感，尤其是一些马来西亚华人，喜欢

① 《2014 年董总会员代表大会大会提案》，董总，http：//www.dongzong.my/，2014 年 6 月 16 日。
② 郑良树：《马来西亚华文教育发展史》（第四分册），吉隆坡：马来西亚华校教师会总会 2003 年版，第 349 页。

在到访的中国人面前抱怨马来西亚政府，抨击马来西亚的华人政要，甚至抨击马来西亚的政府部长乃至总理。一些赴马的中国公民也随声附和，甚至言辞更为慷慨激昂。这其实是很不合适的。本国人抱怨本国政府司空见惯，但外国人到自己国家抨击自己的政府则很容易引起当地人的反感。这些都应要引起注意，尽可能避免。

柬埔寨

2015 年柬埔寨经济形势较为稳定，依然保持增长态势；中柬关系密切友好，"一带一路"战略为两国合作发展创造新的机遇；政治形势趋向平和，但不确定因素始终存在，表现在执政党与反对党之间的明争暗斗，对政局和社会稳定造成一定影响。另外，罢工和土地纠纷等问题，都不同程度地对华商的经营环境、华人与当地的关系，以及中柬经贸合作带来负面影响。

一、柬埔寨基本国情

柬埔寨概况

国家全名	柬埔寨王国	人口数量	1 533 万
地理位置	中南半岛南部	华人数量	70 多万
气候	热带季风气候	华人占总人口比例	约 5%
领土面积	181 035 平方千米	主要族群	高棉族
政体	君主立宪制	GDP 增长率/ 通货膨胀率	GDP 增长率 6.9%/ 通货膨胀率 3.5%
执政党/现任首相	人民党/洪森	失业率	1.7%
官方语言	高棉语、英语、法语	GDP	162.7 亿美元
首都	金边	人均 GDP	1 061 美元

数据来源：世界银行网站，http：//data. worldbank. org/country/cambodia；中华人民共和国外交部网站，http：//www. fmprc. gov. cn/mfa_chn/gjhdq_603914/gj_603916/yz_603918/1206_604282/，2014 年 12 月 12 日；中国驻柬使馆经商处，http：//cb. mofcom. gov. cn/article/zwrenkou/201510/20151001148002. shtml；中华人民共和国商务部网站，http：//fec. mofcom. gov. cn/gbzn/upload/jianpuzhai. pdf。

二、柬埔寨华人社会发展现状

（一）华人人口

华人移居柬埔寨已有上千年的历史，最早可以追溯到 11 世纪左右。从古代、近代一直到"二战"结束，曾出现过几次大规模的华人移居柬埔寨的移民潮。据有关资料记载，1890 年，柬埔寨约有华侨华人 13 万人，20 世纪 60 年代中期则达到 43 万人。[①]

---

① 《柬埔寨的华侨华人》，人民网，http：//www. people. com. cn/GB/paper39/8858/826655. html，2003 年 4 月 3 日。

20 世纪 70 年代中后期，由于战乱及柬埔寨国内外各种因素的影响，华侨华人数量急剧减少，直到 80 年代才开始逐步回流。目前，柬埔寨有 70 多万华人，约占总人口的 5%（见上表），大都分布在经济较发达的省份以及省会城市，其中，首都金边的华人最多，有 10 多万人。若加上 80 年代中后期以来进入柬埔寨的华人新移民，其中主要包括中资企业员工及在柬经商务工人员，以及来自中国的港澳台地区和其他东南亚国家的华人投资者，估计已超过 100 万人。①

（二）柬华社团

自 1991 年柬埔寨政府逐步放宽华人政策，尤其是 1993 年柬埔寨王国新政府建立后，在柬埔寨政府的支持下，柬埔寨华人社会逐渐恢复并发展起来。与东南亚其他国家的华社相比，柬华社会内部非常团结，虽然社团机构众多，但组织架构合理，运作有序。柬埔寨华人理事总会是柬埔寨华社最高领导机构，成立于 1990 年 12 月，现任会长杨启秋，也是柬埔寨最大的华人会馆——潮州会馆的主席，1994 年被柬埔寨政府授予勋爵爵位。柬华理事总会下辖五大会馆，即潮州会馆、福建会馆、广肇会馆、客属会馆、海南会馆，以及十三个宗亲总会；柬华总会还在各省市设立了柬华理事分会；还有醒狮团、锣鼓班、庙宇、善堂等，共管理 140 多个分支机构和 55 所华文学校。② 二十多年来，柬华理事总会不仅担负着领导全柬华人社会的责任，继承并发扬华人互助的传统和精神，促进华人慈善、公益事业的发展，而且为促进中柬友谊、推动柬埔寨社会的安定繁荣和经济发展做出了积极贡献，赢得了柬埔寨政府的支持和当地民众的尊重。

近年来，柬华社团除不断强化自身力量外，也日益重视与世界其他侨团尤其是世界性华人社团组织的联系与合作，并在其中担当重要角色。2002 年成立的越柬寮华人团体联合会，是越南、柬埔寨和老挝华人共同组建的世界性华人社团组织，柬埔寨华人欧佳霖是创会会员，他于 2014 年当选为第一任秘书长，该组织每两年召开一次会议。在 2015 年 10 月世界越柬老华人联合会第七届代表大会上，来自柬华社团的方灿成勋爵当选为名誉秘书长，郑源来当选为亚洲常务副秘书长。2015 年 8 月和 12 月，柬埔寨潮州会馆的代表分别参加了在加拿大举办的国际潮团第 18 届联谊会和在澳门召开的天下潮商经济年会。除了联络感情外，贸易和投资等合作事宜是会议的重点议题。2015 年 8 月，柬埔寨江夏黄氏宗亲会组成的 35 人代表团，参加了第十二届世界黄氏宗亲总会的恳亲大会，经贸合作与文化交流是恳亲大会的主题。随着柬埔寨华人社团逐步走向国际化，其地位和影响力也在不断提升。

（三）华文教育与传媒

在柬华理事总会的统筹管理下，柬埔寨华文教育的发展十分兴盛。柬埔寨五大会馆下

---

① 据柬华理事总会会长杨启秋 2015 年 9 月 2 日接受专访时提供的信息，载《柬华日报》，http：// www. jianhuadaily. com/index. php？ option = com_k2&view = item&id = 18373；2015 – 09 – 02 – 13 – 42 – 26&Itemid = 591，2015 年 9 月 2 日。

② 据柬华理事总会会长杨启秋 2015 年 9 月 2 日接受专访时提供的信息，载《柬华日报》，http：// www. jianhuadaily. com/index. php？ option = com_k2&view = item&id = 18373；2015 – 09 – 02 – 13 – 42 – 26&Itemid = 591，2015 年 9 月 2 日。

均设有直属华校，如潮州会馆的端华学校、福建会馆的民生学校、广肇会馆的广肇学校、客属会馆的崇正学校以及海南会馆的集成学校。目前，柬埔寨共有大小华校 55 所，1 000 多名教师，学生约 5 万人。① 端华学校是柬埔寨最大的华文学校，也是东南亚规模最大的华文学校，至今已有一百年的历史，共有学生 16 000 多人。②

兴办学校、敦亲睦族一直被柬埔寨华人社团视为重要职责。柬华理事总会也一直将华人的文化和教育事业作为首要任务，并于 2002 年专门设立了"柬埔寨华人文化教育基金会"，每年都要拨出 9 万美元帮助经济困难的华校。③ 2015 年 6 月，柬华理事总会通过柬华文教基金会为 37 所贫困华校拨发了 30 600 美元的资金。12 月又拨出了 31 200 美元给需要资助的 40 所华校。④ 同时还拿出各界人士捐款中的 12 万美元，奖励并资助 50 多年来一直在华文教育岗位上辛苦工作的 180 位老教师。⑤

柬埔寨华文教育的迅速发展也离不开柬埔寨政府的开明政策，以及中国政府及其相关机构的扶持。尤其是中国驻柬大使馆、中国侨办和汉办等均在人力、物力和财力上给予了力所能及的帮助。2010 年以来中国国家汉办的汉语教师志愿者项目在师资上给予了大力支援。2015 年，侨办和汉办分别选派了 89 位教师和 135 位教师志愿者到柬援教。⑥ 中国广州暨南大学华文学院在教材编写和师资方面也提供了很大的帮助。继小学教材投入使用后，从 2013 年起，暨南大学又开始为柬华校撰写初中版华文教材。2015 年下半年，该教材已在柬埔寨华校试行。驻柬中国大使馆从 1998 年起每年都向华校提供数万美元的建设资金。此外，中国海外交流协会、来自中国的高校等机构以及一些新华侨华人社团等，都对柬埔寨华文教育事业提供了人力、物资和资金援助。2015 年 6 月，中国驻柬使馆携同优联发展集团公司和华为公司，向华校分别捐赠了 10 台投影仪、34 部电脑和 30 425 美元的建校经费。⑦ 为了使柬华青少年更多地了解中华传统文化，2015 年，柬埔寨华校与中国相关教育机构和组织合作，开展了一系列文化活动。2015 年 9 月举办的"2015 中华文化大乐园——柬埔寨金边营"活动，就是由中国海外交流协会主办、中国广州暨南大学和柬埔寨崇正学校承办的。书画、音乐、武术等十多个学习项目和活动，激发了华校学生学习中文的兴趣与热情，也使他们对祖籍地文化有更多直观的了解。这些均构成了柬埔寨华文教育发展壮大的巨大动力。2015 年 12 月 6 日，在第 10 届孔子学院大会上，柬埔寨王家研究院获得"全球先进孔子学院奖"，这是该学院 2009 年成立以来第三次获奖。随着华文地位

① 柬华总会副会长兼文教处处长蔡伟华在接待广州暨南大学副校长一行时提供的数据。《柬华日报》，http：// www.jianhuadaily.com/index.php？option＝com_k2&view＝item&id＝19649；2015－12－02－02－56－37&Itemid＝591，2015 年 9 月 2 日。

② 《柬华理事总会会长杨启秋勋爵接受社会人类学博士专访》，《柬华日报》，http：//www.jianhuadaily.com/index.php？option＝com_k2&view＝item&id＝18373；2015－09－02－13－42－26&Itemid＝591，2015 年 9 月 2 日。

③ 《泰国朱拉隆学院防问柬华总会》，《高棉日报》，http：//cn.thekhmerdaily.com/homepage/detail/9353，2015 年 10 月 8 日。

④ 《柬华理事总会召开会议审议多项议题》，《柬华日报》，http：//www.jianhuadaily.com/index.php？option＝com_k2&view＝item&id＝17165；30600－37&Itemid＝591，2016 年 1 月 20 日。

⑤ 《柬华总会奖励资助 180 名华校教师》，《高棉日报》，2015 年 5 月 6 日。

⑥ 《柬华理事总会宴请汉办国侨办援柬教师》，《柬华日报》，http：//www.jianhuadaily.com/index.php？option＝com_k2&view＝item&id＝18471；2015－09－08－13－58－31&Itemid＝591，2015 年 9 月 8 日。

⑦ 《中国使馆等赠设备捐建校经费 助外省华校创造更好学习环境》，《高棉日报》，http：//cn.thekhmerdaily.com/homepage/detail/11729，2015 年 12 月 15 日。

和影响力的日益提高和扩大，在柬华文学校就读的非华裔子弟已达到20%以上。①

目前，影响柬埔寨华文教育进一步发展的主要问题是教育资金的缺乏，导致不少华校设施简陋、缺乏足够的教学仪器设备、教师的待遇难以提高。据柬华理事总会的数据，每年资助乡村华校所需的经费，已达到7万~8万美元。② 另一个主要的问题就是师资的缺乏，尤其是缺少高素质的教师。目前华校教师大都是20世纪70年代之前本地华校毕业的学生，年事已高；还有少量年青一代的华校初中毕业生，也有一些来自中国的新移民，他们学历较高，但大都不懂柬语。虽然中国政府和有关教育机构每年都有选派教师和志愿者，但工作时间只有1~2年，难以解决根本问题。此外，华校还面临着如何融入本地教育体系的问题。柬华社会普遍认识到，华人要在当地更好地生存发展，只有先学好柬文，同时学好华文，才能更好地适应现代社会多元文化的需求，与柬埔寨各民族融合发展。如果华校不对教育制度进行改革，早日融入柬埔寨国家教育体系，华文教育的发展也将步履艰难，最终难以为继。为了使华文教育能够长期、稳定、健康地发展，同时又有利于华校毕业生顺利进入柬埔寨大学深造并尽快融入当地社会，柬埔寨华校开始尝试对教学制度进行改革，从2003年起，逐步开设柬埔寨文课程，实行柬华双语教育，加快融入柬埔寨国家教育体系的步伐。目前，越来越多的华校已开始柬华双语教育，这必将成为一种趋势。

（四）华人传媒

随着柬埔寨华文教育的兴盛，作为华社"三宝"之一的柬埔寨华人报刊也得到迅速发展。最早创刊的是创办于1994年的《华商日报》。目前，在传统媒体中较有影响力的主要有5家，即《柬华日报》《华商日报》《柬埔寨星洲日报》《金边晚报》《高棉日报》。此外，随着新媒体的发展，尤其是华人新移民的不断涌入，柬埔寨新老华文媒体纷纷开始借助网站和微信平台开展工作、传播交流信息。除前述5大报纸均设有中文网站外，2013年5月，《柬华日报》还开通了微信平台。近几年开设的柬埔寨中文社区网站、柬单网等也吸引了大批华人新移民。华人新移民创办的《吴哥时报》等主要以微信平台的形式展现。以微信为代表的新媒体的出现，正在给柬埔寨华人传媒和华人社会带来新的气象。

《柬华日报》是柬华理事总会主办的主流华文媒体，素有柬华理事总会机关报之称。2015年8月创刊15周年之际，报社举行了隆重的庆典仪式，华社领袖、报社员工，再加上各界人士和社会名流，有近600人出席。15年来，柬华日报社已发展成为集纸媒、网媒和手机在内的多种形式的媒介平台，还与新华社、中新社、中国侨网等权威媒体开展合作、建立信息往来，为在柬生活、工作的华人新移民提供了不少帮助。鉴于《柬华日报》在柬的地位和影响力，有许多柬埔寨社团、本地知名企业、中资企业等纷纷寻求合作。2015年15周年庆典期间，柬华日报社与天津优联发展投资集团、柬埔寨太子房地产投资发展集团签订了《战略合作发展协议》，就打造柬埔寨经贸信息和房地产信息方面达成合作意向。为培养更多的年青一代后续力量，《柬华日报》还开设有学生园地专刊，专门为华校学生记者们提供培训。2015年6月，《柬华日报》参加了在北京举行的"中国—东盟

---

① 《延续中华民族的文化血脉 ——端华学校校长李辉明谈柬埔寨华文教育》，《高棉日报》，http：// cn. thekhmerdaily. com/index. php？page = news_detail&ref_id =596119&ref_aid =52716393，2014年12月8日。

② 《柬王家研究院汉语推广研讨会 罗世兴剖析柬华文教育现状与发展》，《柬华日报》，http：//www. jianhuadaily. com/ index. php？option = com_k2&view = item&id = 19886；2015 - 12 - 17 - 14 - 39 - 42&Itemid =591，2015年12月17日。

海上丝绸之路"中外媒体联合采访活动；8月，《柬华日报》与全球近50家媒体一起，参与了"文化中国·海外媒体聚焦广西'一带一路'建设"参访活动。《柬华日报》在柬国内外的知名度日渐提高。

（五）华人经济与参政

1993年，柬埔寨王国新政府成立以来，对华人经商采取宽容鼓励的政策，华人经济迅速恢复并发展起来。据日本学者野泽知弘的调查统计数据，目前，柬埔寨华人大部分从事工商业，从事第三产业的华人约占70%，主要行业有：贸易、运输、旅游、酒店、不动产、饮食、夜总会、超市、日用杂货、钟表销售、家电销售、摩托车销售和药店经营等；约20%的华人从事第二产业，具体行业有木材加工、食品加工、饮料水制造、酿酒、香烟制造、金属机械制造、建筑、制衣制鞋等；约有10%的华人从事农业和渔业等初级产业，主要是种植橡胶、胡椒、水果、蔬菜等。① 据《华商日报》报道，柬埔寨92%的商业是由华人控制的，主要是零售业和批发业，其次是进出口贸易。此外，柬埔寨华人在金融领域也有不少建树，如加华银行和湄江银行都是柬埔寨国内规模较大的银行，特别是加华银行是柬埔寨最大的私人银行。部分有实力的华商已开始走向世界。可以说，柬埔寨税收的相当大部分是来自华人经营的企业。华商为柬埔寨经济的发展做出了很大贡献，为此，柬埔寨政府专门为这些有突出贡献的华商颁发"勋爵"荣誉头衔以示表彰。维基百科上9位上榜的柬埔寨华人富商均有勋爵称号。

经济上的成就和地位的提高也推动华人在政治上有所作为，除积极参加选举投票外，不少有经济实力和影响力的华人积极参政议政，他们既是企业家，又是参议员，如刘明勤、曹云德、徐光秀等。政府内阁中包括副总理、国务部部长、经济财务部部长、信息部部长、公共事业运输部部长、国会参议院议长等半数以上的内阁部长都拥有华裔血统，可见华人的政治参与度与政治地位之提升。柬埔寨首相洪森的妻子也是来自中国海南的华裔。华人在柬埔寨拥有较高的政治经济地位。

（六）华人新移民

自20世纪80年代中后期开始，尤其是1993年柬埔寨王国成立后新的投资法的颁布，吸引了一批来自中国港澳台的投资经商者，他们成为较早来到柬埔寨的华人新移民。进入21世纪以来，随着柬埔寨政局的稳定，中柬关系不断加强，双方经贸合作日益密切，来自中国大陆的国有和私营企业纷纷进驻柬埔寨。从基础设施的建设到能源开发再到电力、交通、制造业、酒店服务行业等各领域，涌现出越来越多的来自中国的新移民，他们主要是投资经商者、企业的管理者及务工人员。目前虽然没有华人新移民的确切统计数据，但根据官方数据，华人占柬总人口的5%，有70多万人，再依据柬华理事总会关于"旅柬、在柬华人已过百万"的数据信息，可以估算出目前在柬华人新移民已超过30万人。这与有关专家的估计是一致的②。贸易和投资是他们来到柬埔寨的主要目的。

---

① ［日］野泽知弘著，乔云译：《柬埔寨的华人社会——关于金边华人华侨聚居区的调查报告》，《南洋资料译丛》2012年第2期。

② David Fullbrook, China's growing influence in Cambodia, (Hong Kong) *Asia Times*, Oct 6, 2006, http：//www. atimes. com/atimes/Southeast_Asia/HJ06Ae01. htm.

随着华人新移民数量的不断增加，新的华人社团也应运而生。目前较具规模和影响力较大的华人新移民社团主要有：1996 年成立的柬埔寨中国商会，会员主要是来自中国大陆的国企和民营企业，目前也有一些来自中国港澳台的企业加入成为会员。成立于 1998 年的柬埔寨中国港澳侨商总会，会员主要是来自中国香港和中国澳门的企业，也有来自中国大陆和其他国家的华人企业，至今会员企业已达到 86 个。① 还有 1996 年由中国台湾投资者设立的柬埔寨台商协会。这三大社团的会员所从事的行业主要集中在制衣业。此外，华人新移民还在商贸、农业、电信、交通、电力、房地产、矿业和旅游业等领域开展贸易和进行投资。

与其他大部分国家中新老华人移民之间多少存在隔阂、矛盾、分离的状态有很大不同的是，柬埔寨新老华人移民之间关系相对融洽。对此，日本学者野泽知弘进行了实地调研，认为双方已形成了一种较为牢固的共生关系，这种共生关系是以社团组织为媒介建立起来的，并有进一步扩展到商务经贸合作领域的趋向。② 一方面，新老华人在主要商业区混居的情况较为普遍；另一方面，新老华人社团之间的联系非常密切，尤其是"柬埔寨中国和平统一促进会"（以下简称"促进会"）这一复合型组织的建立，更拉近了彼此的距离。2001 年 4 月成立的"促进会"是由本地华人社团的最高领导机构——柬埔寨华人理事总会与代表新华人社团的柬埔寨中国商会和柬埔寨中国港澳侨商总会共同发起的，其宗旨是"团结国内的华侨华人，增进发展与中国大陆、台湾人民和世界各国华侨华人及社团组织的交流，早日实现中国和平统一"。③ 柬华理事总会会长杨启秋也是"促进会"的会长，中国商会会长高华和中国港澳侨商会会长任瑞生为副会长。"促进会"通过社团活动，加强了新老华人间的经济与文化联系。近年来，在许多华人文化活动和重要节日等庆典仪式上，以及有关华文教育和一系列慈善捐赠活动上，都能看到新老华人社团的并肩参与、相互支持。华人新移民社团不仅致力于维护自身会员企业权益，也与当地有实力的华人企业、华人社团以及柬埔寨政府建立了良好的关系。这是其他国家华社中少有的现象。

新老华人之间和谐的关系无疑有利于双方的合作与共同发展，但与此同时也衍生了新的问题。尤其是华人新移民及其组成的新移民社团，由于是新来乍到，对当地环境缺少了解，本地华人成为他们与当地政府和民众沟通的桥梁，但也因此导致华人新移民及其社团与当地基层民众和组织的直接沟通和联系较为不足，极易产生矛盾和误解。

三、2015 年柬埔寨政治社会环境的变动对华侨华人的影响

经历了 2013 年大选的喧嚣和 2014 年大选后的政治僵局，2015 年柬埔寨政局大致回归相对平静的状态，但不稳定因素依然存在。尤其是执政党与反对党之间的权力斗争并未因大选结束而终止，首相洪森和反对党主席桑兰西之间的矛盾有不断发酵的迹象。先是 2015

① 《港澳侨商总会第八届理事会就职暨中秋联欢晚会　宋安与千余华人金边共度中秋佳节》，http：//cn. thekhmerdaily. com/index. php？ page = news_detail&ref_id =596119&ref_aid = 23317334，2014 年 12 月 8 日。

② ［日］野泽知弘著，乔云译：《柬埔寨的华人——华人与新华侨的共生关系》，《南洋资料译丛》2011 年第 4 期。

③ ［日］野泽知弘著，乔云译：《柬埔寨的华人社会——关于金边华人华侨聚居区的调查报告》，《南洋资料译丛》2012 年第 2 期。

年 8 月，救国党议员洪速华在柬越边界争议地区与越南人发生冲突，其后对柬越边界问题提出怀疑，认为与 1979 年两国的协议内容不符，洪森对此十分不满。法院最后以伪造和使用假公共文件并制造严重骚乱等三项罪名将洪速华逮捕。桑兰西也被指控为共谋者。接着，2015 年 10 月 26 日，两位救国党议员在国会门外遭到不明身份人士的暴力殴打，事发 7 天后，在舆论关注下，柬王家军的三名士兵现身自首，引发人们对幕后主使的种种猜测。洪森的儿子洪玛尼担任主席的人民党青年联盟成员被认为嫌疑较大，但洪玛尼坚决予以否认。之后，救国党副主席金速卡的国会副主席一职遭到在国会占多数席位的人民党议员的罢免。这两件事发生在桑兰西出国期间。正当桑兰西准备回国之际，金边法院发布了一条通缉令，指出由于 2008 年 4 月桑兰西在一次演说中，指认副总理兼外长何南丰具有红色高棉背景且身份敏感，被何南丰起诉，法院判处桑兰西诽谤和煽动种族歧视罪成立，入狱 2 年，但其一直未服刑。之后，国会又召开紧急会议，宣布桑兰西有罪在身，不再拥有议员资格，桑兰西再次流亡国外。柬埔寨接二连三发生的这几起政治事件，均是针对桑兰西及其领导的救国党的，这令大选后原本平静下来的政局再起波澜。

尽管目前局势仍在洪森领导的人民党控制下，但未来发展却隐含着不少问题，对华人的影响也存在不确定因素。柬埔寨有不少人希望能改变人民党近 20 年来一党独大的格局，这从 2013 年大选反对党得票率直逼人民党的结果中已见端倪。就华人而言，拥护洪森和支持桑兰西的人呈现两极分化态势。《华商日报》于 2013 年大选期间进行的民意调查显示，华人中年长一辈大都支持洪森的人民党，尤其是华商；而年轻人则看好桑兰西的救国党。支持人民党的华人认为，人民党给柬埔寨带来稳定和发展，且对华人友好；而救国党有美国支持，对华人的态度不确定。支持救国党的华人认为，人民党贪污腐败，导致社会贫富分化严重，让人看不到未来。但也有华人持中立态度，认为不论谁执政，只要不排斥华人，让人民生活幸福、国家稳定，就应支持。①

除政党之争时不时引发局势不稳，令投资者有所顾忌外，柬埔寨频繁而随性的罢工活动也是令企业经营者尤其是华人经营者颇感困扰的问题。因为罢工活动大都集中在制衣和制鞋企业，这也是柬埔寨劳动力相对集中的行业，其投资经营者 80% 以上都是华人。罢工活动不仅影响到经营环境，也影响到社会安定。而政府却难有作为。虽然与 2014 年相比，2015 年的罢工数量大大减少，但其发展势头并未有减弱的迹象。此外还有政府的腐败问题和土地纠纷导致的社会矛盾、社会治安等问题，都不同程度地对原本良好的投资环境产生不利影响。

四、中柬关系现状及其对华侨华人的影响

2015 年，中柬两国政治关系稳步发展，高层互访频繁。首相洪森一年 3 次出访中国，并在多个大型国际会议上与中国领导人会晤；西哈莫尼国王也于 4 月和 8 月到中国访问，并出席了中国人民抗日战争暨世界反法西斯战争 70 周年纪念活动。双方在各个层次上的交流合作频繁，互信不断增强。在良好的政治氛围下，中柬两国的经贸合作发展迅速。两

---

① 《支持哪个党？华人看法两极》，柬埔寨华人社区网，http://www.7jpz.com/article-25503-1.html，2013 年 7 月 13 日。

国贸易规模不断扩大。据中方统计，2015 年 1 月至 10 月，中柬双边贸易额为 35.95 亿美元，同比增长 17%，增幅在东盟十国中位居第一。其中，中国对柬出口 30.42 亿美元，同比增长 14.06%，自柬进口 5.53 亿美元，同比增长 36.36%。在投资方面，中国已连续多年成为柬埔寨最大的外资来源国。据柬方统计，2015 年 1 月至 10 月，中国对柬直接投资 2.92 亿美元。截至 2015 年 9 月底，中国对柬协议投资 103.2 亿美元，是柬最大的外资来源国。① 中国在柬投资企业超过 500 家，主要投资电站、电网、制衣、农业、矿业、开发区、餐饮、旅游综合开发等领域。除华电、大唐、中水电等国企投资的水电站外，约三分之二的对柬投资来自民营企业，投资领域主要是制衣业。②

世界银行预测 2015 年柬埔寨经济增长率为 6.9%。对 GDP 贡献最大的依然是制衣、建筑、旅游、农业这四大产业。这也是华人投资的重点领域，尤其是制衣业和建筑业。据柬埔寨商业部统计，在柬埔寨服装纺织企业中，80% 以上都是来自中国的华人企业。③ 近几年来，中资企业大举进军柬埔寨建筑和房地产市场，2000 年至今，在柬埔寨国土规划和建设部注册的中资公司有 135 家，排名第一，总投资额已达 9.46 亿美元，仅次于韩国。④ 由此可见，华人企业在柬埔寨经济发展中的重要地位与作用。而持续、稳定、良好发展的中柬关系无疑是巨大的推力和助力。

2013 年中国推出了"一带一路"战略构想，作为"21 世纪海上丝绸之路"沿线重要国家的柬埔寨，对中国的倡议做出了积极的回应，因为这一倡议与柬埔寨提出的"四角战略"⑤ 所涉及的领域十分吻合。首相洪森提出，希望能利用中国政府提供的"丝路基金"、亚投行资金，加强柬埔寨的基础设施项目建设，促进"四角战略"的推进。柬埔寨政府正着手将西港经济特区建设等中柬重点合作项目打造成"一带一路"的样板项目。这给中柬经济合作带来了新的动力，也为在柬华商提供了更多的发展机会。许多华商企业都希望能抓住这一有利时机，拓展商机。2015 年，中方在建的重大项目共有 21 个，涵盖道路、桥梁、农业、水利、电网、航空、旅游、职业培训、经济特区和工业园区等各个领域。⑥

目前，双方合作中仍存在着不少制约因素，其中最大的问题就是柬埔寨日益频繁的罢工潮，其背后有反对党和非政府组织的支持和参与，使得形势更加复杂。2013 年大选后发生的柬埔寨有史以来最严重的罢工潮，就引发了暴力冲突，造成人员伤亡，对投资制衣制鞋业的中资企业和华商造成较大冲击和损失，不少华商产生了从柬埔寨撤资，转移到其他国家发展的想法。另外，诸如国际劳工组织和人权组织等国际非政府组织的影响力也比较大，由于对中国不了解、不信任，再加上某些组织特殊的政治背景，他们会利用环保、土

---

① 《中国援柬及投资项目画册首发　中柬两国不愧为好朋友和真朋友》，《高棉日报》，http：//cn. thekhmerdaily. com/homepage/detail/14108，2016 年 1 月 24 日。

② 中国驻柬使馆经商处，http：//cb. mofcom. gov. cn/article/zwrenkou/201510/20151001148002. shtml。

③ 《柬埔寨投资纺织企业八成来自中国》，《高棉日报》，http：//cn. thekhmerdaily. com/homepage/detail/13726，2016 年 1 月 24 日。

④ 《比韩国多五倍：注册中资建商最多》，柬埔寨华人社区网，http：//www. 7jpz. com/article - 40565 - 1. html，2016 年 1 月 21 日。

⑤ "四角战略"是柬埔寨政府提出的经济政策，重点是促进以下 4 个方面的发展：提高农业生产；发展私人经济和增加就业；恢复与重建基础设施；培养人才与发展人力资源。

⑥ 《布建国在王家行政学院发表演讲"一带一路"能为柬埔寨带来什么》，《高棉日报》，http：//cn. thekhmerdaily. com/homepage/detail/11040，2015 年 12 月 14 日。

地纠纷、反腐等议题，号召民众向柬埔寨政府和中资企业发难，导致一些合作项目无法启动。此外，由于柬埔寨土地制度的不完善，中资企业因投资开发引起的土地纠纷也日益突出。如2011年因万谷湖开发拆迁问题，在非政府组织的组织下，部分居民发起了针对中国的抗议活动。至今，反对党仍把这一问题与政府腐败联系起来向洪森发难，而参与投资的中资企业也因此受到牵连。2015年，在柬中资企业遭遇的土地纠纷事件呈急剧上升趋势，建材、通信、经济特许地开发、综合开发等多个领域都有企业遭受重大损失。对此，中国驻柬使馆经商处专门发布风险提示，希望到柬投资的中国企业遵守当地法律，详细了解土地权属及相关债权债务关系，慎选合作伙伴。

当然，中资企业对柬埔寨的投资在很大程度上促进了柬埔寨经济和社会的发展，其贡献也得到了当地的普遍认可，其积极效应是有目共睹的，但也应该看到自身的不足。如中资企业往往更关注经济效益，且一向比较注重跟政府搞好关系，与当地民众的直接交流、沟通较少，对当地民生和环境的改善重视不够，跟日本、韩国、欧美等其他国家的企业相比，社会责任意识薄弱；而且，在中柬关系的发展中，双方在官方层面上的沟通与交流较多，民间层面交流较为薄弱，缺乏类似NGO这样的民间组织在其中发挥作用，跟柬埔寨其他NGO组织的沟通与联系也明显不足；华社内部虽然新老侨团之间的联系较为密切，但与当地民众的融合不够，尤其是华人新移民社团，与当地的沟通较依赖本土华人社团，尤其是有权有实力、与政府关系较好的华商，这易引发当地人的反感，以及"中资企业助长政府贪污腐败"的质疑。上述因素都是当前乃至今后中资企业在投资过程中需要重视的问题，处理得不好不仅会影响到中柬合作，也容易引发当地民众对中国的误解和抵触。柬埔寨国内就有人担心在经济上过度依赖中国会导致不利后果；在柬中资企业在是否能够承担好环保、社区服务等社会责任，如何保证输柬产品的质量等问题上都受到不少质疑。因此，不论是具有政府背景的中资企业还是华人私营企业，都应该认识到，既要与柬埔寨政府和当地有实力的华人加强合作建立良好关系，也应重视加强与当地民众和基层组织，以及普通华商间的沟通与联系。

缅　甸

2015 年缅甸议会选举中缅甸民主联盟的大胜出乎专家学者们的意料，这是因为专家学者们太注重理性分析，对选举政治感性的一面估计不足。民盟虽然大胜，掌控缅甸新政府组建的主导权，但依然面临一系列的政治变数。虽然如此，依据昂山素季目前所持的相关立场和观点，缅甸新政府与中国的双边关系将稳定向好。

一、缅甸基本国情

表 1　缅甸概况①

国家全名	缅甸联邦共和国	人口数量	5 150 万
地理位置	地处北纬 9°32′至 28°31′之间和东经 92°10′至 101°11′之间	华侨华人人口数量	约 250 万
气候	热带季风气候	华侨华人占总人口比例	4.85%②
领土面积	67.66 万平方千米	主要族群	缅族
政体	总统制	GDP 增长率/通货膨胀率	GDP 增长率 8.3%③/通货膨胀率 8.67%④
执政党及现任总统	执政党：全国民主联盟；现任总统：登盛（2011 年 3 月—2016 年 3 月）；新总统：吴廷觉（2016 年 3 月—2021 年 3 月）		
官方语言	缅语	GDP	69 670 亿美元⑤
首都	内比都	人均 GDP	1 353 美元⑥

①　关于缅甸的基本数据除特别注明外均摘引自中国驻缅甸大使馆网站，http：//mm. mofcom. gov. cn/article/ddgk/201506/20150600999521. shtml。
②　笔者根据 2014 年的人口统计数据计算得出。
③　世界银行数字，http：//www. mofcom. gov. cn/article/i/jyjl/j/201503/20150300923942. shtml。
④　中国驻缅甸曼德勒总领事馆经济商务室提供的信息："缅甸计划将通货膨胀率降低 50%"，http：//mandalay. mofcom. gov. cn/article/jmxw/201601/20160101236825. shtml。
⑤　笔者根据 2015 年东盟秘书处提供的缅甸 2014 年的 GDP 数据 643.30 亿美元和世界银行预估的 8.3% 的增长率计算。
⑥　笔者根据 2015 年的 GDP 数据和 2015 年公布的人口数据计算。

二、民盟大胜及其原因

2015 年 11 月 20 日，缅甸联邦选举委员会公布了 2015 年缅甸联邦议会①和省邦议会选举的最终结果。根据公布的选举结果，在这次选举中，昂山素季领导的全国民主联盟（National League for Democracy）获得了压倒性胜利。具体选举结果见表 2：

表 2　2015 年缅甸议会选举结果

主要政党	获选人民院议席及其占比			获选民族院议席及其占比			获选省邦议会议席及其占比②		
	获选议员数量	占选举议员的比例	占议员总数的比例	获选议员数量	占选举议员的比例	占议员总数的比例	获选议员数量	占选举议员的比例③	占议员总数的比例
全国民主联盟	255	79%	59%	135	80.4%	60.3%	496	77.0%	57.4%
巩发党	30	9%	6.8%	12	7.1%	5.4%	73	11.3%	8.4%
其他政党	38	11%	8.6%	21	12.5%	9.3%	61	9.5%	7.1%
合计	323④	99%	74.5%	168	100%	75%	630	97.8%	72.9%

数据来源：维基百科 "Myanmar general election, 2015"，https：//en. wikipedia. org/wiki/Myanmar_general_election，2015。

从表 2 数据可以看出，昂山素季领导的全国民主联盟，无论是在联邦议会还是在省邦议会，无论是联邦议会的民族院还是人民院，都取得了半数以上的议席。这样的选举结果可以说是出乎所有人的意料。

首先，是出乎执政党巩发党的意料。巩发党一些领导人曾在选举前乐观地估计，巩发党将会获得 80% 以上的选举议席。他们也曾经预期过可能会失败，但他们预期的最坏结果是获得 20% 的选举议员席位。

其次，选举结果也出乎民盟的预料。昂山素季虽然有很高的声望，但其领导的整个民盟领导层比较老化，民盟几乎就是她一个人的政党。而且她缺乏执政的经验，再加之她自己受宪法限制不能出任总统，能获得多少选民支持，确实难以预料。他们预期过胜利，即成为选举中获胜的第一大党，但对于能否获得三分之二以上的选举议员席位并没有把握，

---

①　根据缅甸现行宪法，缅甸联邦议会由两院组成，即民族院和人民院。每个议院由两部分组成，即选举议员和军人指派议员。在每个议院中，军人指派的议员占四分之一。民族院由 224 名代表组成，其中军人指派议员 56 名，选举议员 168 名。人民院由 440 名代表组成，其中军人指派议员 110 名，选举议员 330 名。

②　缅甸省邦议会议员共 864 名，其中选举产生 644 名，任命 220 名。本次省邦议会选举席位为 630 席。14 个掸邦议会议席的选举因为武装冲突被取消。

③　在计算民盟、巩发党和其他政党和个人所获省邦议会议席占选举议席的比例时，选举议席总数包括了被取消的 14 个议席。这 14 个议席占选举议席总数的 2.2%，占议席总数的 1.6%。

④　因局势动荡，掸邦 7 个选区的投票被取消。

如果能，那将是"令人意外"的胜利。

再次，出乎专家学者的意料。笔者从 2009 年起，由于研究分工的需要，开始关注缅甸的政治发展，负责撰写暨南大学《东南亚研究》杂志每年的缅甸形势分析和综述，并参加由云南大学主办的每年一度的缅甸国际学术研讨会和缅甸形势发展年度分析会，基本上了解国内外学术界以及新闻界人士关于缅甸形势发展的大致判断。根据笔者的了解，关于缅甸 2015 年的选举，学者分析的结论大致是，民盟会取得议会选举的胜利，但不会大胜，具体说来，即获得选举议员数量的 60% 左右，上限是 67%，超过 67%，也即意味着将获得联邦两院选举议员 333 席以上，这也就意味着民盟将在联邦议会占有总议席半数以上的席位。专家学者们之所以得出这样的结论，主要的依据有以下几个方面：

一是登盛政府的执政业绩。登盛政府在 2011 年 3 月上台以后，对缅甸的内政外交进行了全面的改革，取得了重大成就。在外交方面，打破了西方国家多年来对缅甸实施的封锁。在登盛政府的外交努力下，西方国家取消了绝大多数对缅甸的制裁措施，不仅如此，缅甸政府还作为东盟轮值主席国，在 2014 年成功举办了大大小小两百多场国际会议，向世界展示了新政府的执政能力。在经济上，登盛政府通过颁布和实施新的投资法等一系列法律，大大改善了缅甸的投资环境，GDP 总量和人均 GDP 也有了迅速的提升，缅甸在今年也跳出了世界银行最低收入国家名单。[①] 登盛执政以来缅甸 GDP 增长的具体数据见表 3。

表3　2011—2014 年缅甸的 GDP 和人均 GDP

年份	GDP 总量			人均 GDP（单位：美元）
	现价计算		不变价格计算	
	单位：百万缅币	单位：百万美元	单位：百万缅币	
2011 年	39 777	51 518	20 946	853
2012 年	46 308	53 961	42 001	885
2013 年	51 259	54 661	45 080	888
2014 年	63 320	64 330	欠缺	1 251

注：本表由笔者编制。2011—2013 年数据采自东盟秘书处网站的东盟统计年鉴（http：//www. asean. org/images/2015/July/ASEAN – Yearbook/July% 202015% 20 – % 20ASEAN% 20Statistical% 20Yearbook% 202014. pdf），2014 年缅甸的 GDP 数据采自新浪财经网提供的全球宏观经济数据（http：//finance. sina. com. cn/worldmac/nation_MM. shtml）。人均 GDP 由笔者根据前一项数据和 2014 年的人口最新统计数据（5 140 万）计算得出。

在政治方面，新政府释放了全部政治犯，并且通过了新的新闻法律，大大放松了对新闻和言论的限制。在边境事务方面，登盛政府致力于和少数民族地方武装签订新的停火协议，通过对话和谈判促成民族和解，提出了详细的实现民族和解的路线图，展现出较高的诚意。这是专家们预测民盟不会大胜、巩发党不会大败的主要依据。

----

① 根据世界银行 2015 年 7 月 6 日发布的公告，缅甸已不再是低收入国家，步入中低收入国家行列。世界银行中低收入国家的标准是人均国民生产总值在 1 046 ~ 4 125 美元。见中国驻缅大使馆经参处网站新闻：《世界银行将缅甸从低收入国家名单中除名》。

　　二是民盟方面存在一些不利因素。专家们预测民盟不会大胜的另一个因素是民盟自身存在的一些问题和昂山素季在一些重要问题上的立场和表态。大多数专家认为，民盟实际上是昂山素季个人的政党，领导层老化，新的一代难以挑起大梁，组织机构不健全、不完善，在选举中难以挑选出有竞争力的候选人。专家们认为这些因素会阻碍民盟取得大胜。专家们还认为，昂山素季在一些重要问题上的立场和表态，会影响一些选民对民盟的支持，其中最主要的是昂山素季对佛教极端势力的表态。

　　维拉都（Wirathu）是缅甸佛教极端势力的代表，被称为缅甸的"本·拉登"，他极力抨击缅甸的伊斯兰势力。他散布言论说："缅甸大约90％的穆斯林都是激进的坏人。"① 昂山素季对此采取了明确的批判立场，表示自己"谴责任何基于仇恨和极端主义的运动"②。在佛教极端势力的推动下，缅甸议会通过了严格限制不同宗教信仰的人相互通婚的法律，以限制信仰佛教的女性嫁给信仰伊斯兰教的男性。对此昂山素季直言不讳，指责这是"对妇女权利和人权的侵犯"③。昂山素季的表态激起了佛教极端势力的反弹，他们明确提出，为了保卫缅甸种族和宗教的纯洁性，反对昂山素季当选，并为此举行一系列的游行示威（昂山素季的表态可能确实影响了一些选民对民盟的支持，西部若开邦是唯一一个民盟未取得省邦议会多数的省邦，也许与昂山素季的立场和表态存在一定的因果联系）。

　　最后是昂山素季在少数民族武装问题上的立场和表态。缅甸中央政府和少数民族地方武装之间的武装冲突问题是一个老问题。缅甸宣布独立不久，一些少数民族就组成了武装组织与缅甸中央政府展开斗争，要求更多的权利和利益。登盛组建政府以后，虽然致力于通过谈判和对话促成中央政府和少数民族武装之间的和解，但缅甸政府军和少数民族武装之间的武力冲突一直持续不断。对这样一个重要问题，昂山素季的立场是反对一切暴力，不站在任何一边。反对一切暴力是因为她认为暴力不能解决问题。不站在任何一边，是因为她认为双方都有责任。她指出："不要忘记，双方都实施了暴力行为。"④ 不仅如此，她还进一步认为，正是由于她没有站在任何一边，使她能够致力于真正的民族和解。专家们认为，昂山素季在这一问题上的立场和表态，会影响少数民族地区的选民对民盟的支持。基于以上理由，专家们分析认为，民盟会胜利，成为第一大党，但不会大胜，获得过半议会议员席位。选举结果证明，专家们的预测是错的。

　　目前还很少看到专家们对缅甸选举误判的反思和研究⑤。笔者曾试图就这一话题在中国国内缅甸研究的微信群发起讨论，但得到的反应不多。一些专家反思的结论是对缅甸选民人心思变的估计不足。在诸多的预判中，现在中国驻缅大使馆挂职锻炼的云南大学祝湘

---

① Rena Pederson, *The Burma Spring*: *Aung San Suu Kyi and New Struggle for the Soul of a Nation*, New York and London: Pegasus Books, 2015, p. 501.

② Rena Pederson, *The Burma Spring*: *Aung San Suu Kyi and New Struggle for the Soul of a Nation*, New York and London: Pegasus Books, 2015, p. 500.

③ Rena Pederson, *The Burma Spring*: *Aung San Suu Kyi and New Struggle for the Soul of a Nation*, New York and London: Pegasus Books, 2015, p. 501.

④ Rena Pederson, *The Burma Spring*: *Aung San Suu Kyi and New Struggle for the Soul of a Nation*, New York and London: Pegasus Books, 2015, p. 499.

⑤ 云南大学的李晨阳教授在选举后对选举进行了调研和研究，对民盟在少数民族选区的胜利给出了一个心理学的解释。他认为，少数民族选民之所以不把选票投给声称代表当地利益的少数民族政党，而投票给民盟，是因为他们认为，投给少数民族政党只会增加少数民族政党在议会的席位，但不能将执政的巩发党拉下马，只有将选票投给民盟，让民盟大胜，才能做到这一点。

辉博士正确预计了这次缅甸选举的结果。10 月 26 日，祝湘辉博士提出"我觉得巩发党不会超过 10%，没有理性分析，就是凭感觉。除非在提前投票等上做手脚。"写作本文（2015 年 11 月 22 日）时，笔者再次向祝湘辉博士请教他当时预感的依据。他提出了两点："一是对于沉默的大多数来说，凭直觉感到他们面对六十多年军人背景的执政者有多么希望实现政党轮替。二是专家假定巩发党在农村的买票措施能够成功，但我认为在不记名投票和事后不受追究的情况下，这些措施未必会成功。"（微信访谈）笔者认为祝湘辉博士的分析是很到位的，而且后来的选举结果也证明他当时的预判是有依据的。除此之外，笔者还想从选举政治的本质角度来做一些补充。

选举政治从本质上来说就是感性的，如果仅仅是从个人理性的角度进行分析，那么会有很多人不去投票。据笔者了解，在 10 月 8 日投票日这一天，许多缅甸人为了早早投票，不惜提前一两个小时去排队。如果从理性的角度分析，登盛政府这 5 年取得的成绩还是不错的，在多方牵扯的情况下，即使昂山素季上台执政 5 年也未必会比登盛好多少。但选举政治的本质在很大程度上是非理性的，选举前夕十几万人围聚在昂山素季身旁，听她演讲，为她欢呼，这很难被认为是理性的。

不知道昂山素季是因为长期生活在西方，对西方国家选举中呈现的非理性深有体会，还是因为她真诚地感到需要贴近民众，需要从民众中汲取力量，从其传记来看，她是十分注重竞选宣传和鼓动的。1990 年时，为了选举，昂山素季和她的助手几乎跑遍了缅甸所有的乡镇。2015 年，为了选举，昂山素季又不顾政府设置的种种限制，到处去为自己的政党进行拉票演讲。亲近选民，与选民交谈，十分令人感动。再看执政党，几乎很少看到执政党的拉票竞选活动（祝湘辉博士认为，这主要是受到缅甸法律的限制。"登盛本人因为宪法限制，不能公开拉票，只能以考察为名到各地站台。"因此"巩发党主要是依靠一些部长到各地拉票"）（微信访谈），以为靠政绩和纲领就够了，不需要进行什么宣传。笔者认为这是巩发党选举失利的一个主要原因。

笔者认为，姑且不说缅甸，即使像美国这样经历过百年竞选的国家，选民也很少是在理性分析与认真弄懂了一个总统候选人的执政纲领后再去决定投谁一票的。与其说他们选择的是某个人的治国纲领，不如说他们更多是因为喜欢某一个候选人。巩发党主席在选举之后的谈话也为笔者的这一分析与推理提供了佐证。

11 月 18 日下午，巩发党代理主席吴泰乌在内比都巩发党总部接受了中国《财经》记者的采访，在谈到民盟在选举中大胜的原因时，吴泰乌认为"一个可能的原因是，民盟在选举之前，改变了选民的想法"①。选举之前一些西方人士在缅甸做的民意调查也为他的这一观点和笔者的分析与推理提供了支撑。

"亚洲民主动态调查（Asian Barometer Survey，ABS，也称亚洲晴雨表）今年 8 月公布了一项关于缅甸大选的调查结果，调查时间为 2014 年 5 月—2015 年 5 月，实际调研对象总人数为 1 620 人，地点为随机选取的 36 个市镇，范围覆盖缅甸各省邦。""在关于支持哪个政党问题上，有 24% 的人宣称将支持民盟（NLD），有 17% 的人表示支持巩发党

① 张伟玉、姚颖：《数字展示缅甸大选微妙所在——一切取决于沉默者》，观察杂志网站，http：//m. guancha. cn/zhangweiyu/2015_11_08_340485. shtml。

（USDP），另外有 5% 的人表示支持民族团结党（NUP）。"[①]

从亚洲民主动态调查提供的数据可以看出，在选举前有一大批选民（占 54%）在民意调查时给出的是以上三个政党之外的选择。结合前面给出的民盟的胜选比例，可以认为，这些过半数的选民几乎把他们的选票都投给了民盟。如果说这期间有什么重大的因素让他们改变了选择，那就应该是民盟的竞选拉票。是民盟的竞选拉票改变了这部分选民的想法。综上分析，选举前的民意调查、选举的最终结果和巩发党代理党主席吴泰乌的总结为笔者的分析结论提供了一个相对完整的推理逻辑：民盟出人意料的大胜来自于其党主席昂山素季深入民众的拉票竞选。

三、缅甸未来政局的几大变数

从前面表 2 所列民盟议员在议会两院中所占的比例可以看出，全国民主联盟在未来五年缅甸联邦和大部分省邦政府（若开邦除外[②]）组建中都将占有主导权。

首先是对联邦政府组建的主导权。缅甸总统由议会议员选举产生。具体选举办法是，选举产生的人民院议员、民族院议员和由军方指派的两院议员各自推举一名副总统候选人。然后由所有议员对三位候选人进行投票，依据得票多少，依次选出总统、第一副总统和第二副总统。由于民盟在人民院和民族院均占据半数以上议席，因此可推举两名副总统候选人，并且凭借席位优势，民盟可确保其推举的候选人当选总统。根据缅甸宪法，缅甸为总统制国家，总统既是国家元首，也是政府首脑。联邦政府将由总统挑选和任命各部部长组成，民盟既然可以确保其推举的候选人出任总统，这也就意味着获得了组建新一届联邦政府的主导权。

其次是获得了大部分省邦政府组建的主导权。根据缅甸现行宪法，省邦首席部长由总统任命。首席部长提名省邦各部的部长候选人名单，部长候选人经省邦议会批准后，由总统任命。由于民盟可以控制总统和大部分省邦议会，实际上也就控制了大部分省邦政府机构的主导权。

这也就意味着，在大多数领域和地方政府，民盟可以按照自己的意愿进行施政。但这并不意味着民盟可以随心所欲。展望未来缅甸政局和缅甸新政府，笔者认为存在以下一些变数和难题。

第一个变数是昂山素季如何处置和新总统的关系。根据缅甸宪法，缅甸总统将由新一届国会选出。由于自己的两个儿子是外国人，昂山素季不具有出任总统的资格，因此民盟推举吴廷觉（Htin Kyaw）和亨利班提育作为总统候选人。2016 年 3 月 15 日，经过缅甸议会选举，吴廷觉成为缅甸新总统。昂山素季将如何处理和新总统的关系，这可能成为缅甸政坛的一个重要变数。

昂山素季在选举前就放出风声，如果民盟选举获胜，她的权力将超越总统（above the president），未来的总统没有权力，并认为自己的这种想法不违反宪法，因为宪法并未禁止

---

① 《专访巩发党代理主席：与军队关系过近不是巩发党失利原因》，财经杂志网站，http://www.mycaijing.com/yuanchuang/2015/11/19/224326_2_9.html。

② 若开邦议会选举中，若开民族党获得 22 席，超过总席位 34 席的半数，从而获得邦议会控制权。

这种做法，这也就意味着，不管谁出任总统，都要听命于昂山素季。与此相关的问题就是：昂山素季将如何操控总统，是通过自己政党控制的议会，还是通过自己与未来总统之间的私人关系和联络？未来的新总统有多大的自由度处理缅甸政务？如果是通过私人之间的联系，那么就意味着总统是一个纯粹的傀儡；如果是通过自己控制的议会多数，那就可能会出现总统府和议会之间的冲突和摩擦，甚至引发一定的政治动荡。

第二个重要变数是政府和军队之间的关系。这涉及两个方面：一是权力之间的协调关系。根据缅甸宪法，缅甸政府中三个关键的部长职位——国防部长、内政部长和边境事务部长都由武装部队总司令说了算。2008 年宪法关于这一点的规定是总统"任命国防部、内政部和边境事务部部长时须向国防军总司令征求合适的军人人选"[①]。这就决定了以后这三个部长的行动会更多地听命于武装部队总司令，民盟及其组建的新政府对他们的控制有限。不仅中央政府如此，在省邦政府也是如此。根据宪法，省邦首席部长在组建政府时，"须请求国防军总司令推荐担负安全事务和边境事务的部长的合适人选"[②]。当他们之间出现矛盾和冲突时，如何协调？民盟不同于登盛政府，登盛是军人出身，与军队有着密切的联系，而民盟领导人和现任军队领导人则几乎没有任何直接的联系，而且过去长期处在军政府的压制之下，相互的协调可能不如登盛那样容易。需要指出的是，即使是登盛执政时期，也常常出现政府和军方的不协调，这一点在少数民族地方武装问题上表现得特别明显：在过去的几年中，常常是一方面政府在和少数民族武装谈判，另一方面军方在向少数民族武装发动猛烈的进攻（也有人认为，这是政府边打边谈、以打促谈的一种策略，是政府和军方演的一出双簧戏）。政府和军方在一些重要问题上的不一致，严重影响了政府的威信，影响到少数民族武装问题的解决。民盟主导的新政府上台以后如何处理和军方的关系将是影响未来缅甸政局和新政府执政业绩的一个关键因素。

二是涉及经济利益。军方在其长期执政过程中，基本上已经把既有的公共资源，包括土地、矿产等瓜分得所剩无几。新政府上台之后，基本没有太多的资源可以利用。如果新政府想有一番作为，就肯定要重新分配一些既有的资源，这势必会引起与军方之间的冲突。一个重要的变数可能就是对玉石矿资源的控制与重新分配。

2015 年 10 月 23 日，"全球见证"（Global Witness）发布了关于缅甸玉石矿业的一个调查报告：《玉石：缅甸国家的巨大秘密》（"Jade：Myanmar's 'Big State Secret'"）。根据该报告分析，仅 2014 年一年缅甸玉石的贸易额就高达 310 亿美元（具体计算方法是：2014 年缅甸宝石中心每种等级翡翠的平均价格乘以缅甸政府发布的 2014 年翡翠产量数据。报告认为，如果以中国政府 2014 年列示的每公斤翡翠的平均价格乘以缅甸同一年的产出数据，则可以计算出缅甸销往中国的玉石总值高达 380 亿美元）。而缅甸官方的玉石贸易统计数据只有大约 120 亿美元。这其中巨大的差额被相关公司隐藏了起来，目的是逃避国家的税收。这些公司主要是军方控股的公司和一些前军队高官家族控股的公司。[③]

参与其中的军方控股公司主要是缅甸经济控股有限公司（Union of Myanmar Economic Holdings）和缅甸经纪公司（Myanmar Economic Corporation）。报告分析认为，这两个公司

① 李晨阳主编：《缅甸法律法规汇编（2008—2013 年）》，北京：经济管理出版社 2014 年版，第 32 页。
② 李晨阳主编：《缅甸法律法规汇编（2008—2013 年）》，北京：经济管理出版社 2014 年版，第 41 页。
③ Angus Watson，Jade：Myanmar's "Big State Secret"，https：//www. globalwitness. org/campaigns/oil - gas - and - mining/myanmarjade/.

2014 年的玉石销售收入超过 1.8 亿美元。参与其中的前军方高官的家族势力包括前三军总司令丹瑞、前少将昂敏和前准将貌貌登及其各自的家族势力，报告认为，这三大家族控股和关联的公司 2014 年的玉石销售额为 2.2 亿美元。报告将这些销售额与著名的军方控股的密友公司（如 Asiaworld、KBZ 和 Htoo Group）的登记销售额加在一起，计算出每年有价值 120 亿美元的翡翠流入中国。报告调查认为，仅丹瑞之子 Kyaing San Shwe 和 Htun Naing Shwe 控制的 Kyaing 国际和缅甸 Naing 两个公司，就占有帕敢 6 座翡翠矿的许可证。以上数据表明，军方和前军队一些高官家族势力通过控制玉石矿业实际上控制了缅甸经济的半壁江山。新政府上台以后，如果想要有所作为，必须将玉石矿业控制起来，这势必会和军方既得利益集团发生冲突，而这一冲突所产生的影响可能远远超过部门权力不协调可能产生的影响。因此，新政府上台以后，如何处理与军方既得利益集团之间的关系将是影响未来缅甸政局和缅甸经济的重要因素。

第三个重要变数是新政府如何处理与少数民族武装的关系。缅甸独立后不久，一些少数民族就为了自己所在地区的利益，在一些精英人物的领导下，与缅甸中央政府展开武装斗争。20 世纪 80—90 年代，缅甸中央政府和其中的一些少数民族武装达成了停火协议，但其他一些少数民族武装组织一直和中央政府展开武装斗争。2011 年新政府上台以后，企图以边境警卫队（Border Guard Forces）的名义强制收编少数民族地方武装，和已经停战多年的少数民族武装重开战火。在国内和国际的各种压力之下，登盛政府重新和少数民族武装签署了一系列停火协议。

与前一次的仅签署停火协议有所不同，这一次登盛政府提出了具体的全国民族和解路线图：①签署全国停火协议，提交议会批准；②草拟政治对话框架（签署停火协议后 60 天之内）；③召开政治对话会议（签署停火协议后 90 天之内）；④召开联盟和平会议；⑤签署联盟协议；⑥将联盟协议提交议会批准；⑦实施联盟协议过渡条款和安全整合。

根据这一路线图，缅甸政府 2013 年 6 月最初向地方武装提出签订全国停火协议（National Ceasefire Agreement）的倡议，当时政府乐观地预期 2013 年 8 月能够进行签字仪式，但实际进程缓慢。经过 9 轮的谈判，到 2015 年 10 月，缅甸中央政府才同力量较弱的 8 支武装组织的代表签署了所谓的全国停火协议。

需要指出的是，昂山素季基本上没有参与全国停火谈判的进程。2015 年 10 月 15 日的全国停火协议签署仪式，昂山素季也没有参加。但昂山素季的立场是明确的：即本着彬龙会议①精神与少数民族武装组织达成可持续的长期和平，而不是为了某个特殊的政治目的达成一个短暂的停火协议。

2010 年 10 月昂山素季刚被释放，就表示其主要工作有二，一是召开第二次彬龙会议，二是修改 2008 年宪法。

2012 年 7 月 25 日，昂山素季在首次发表的议会演讲中呼吁为了建立一个真正民主、平等和以彬龙会议精神为基础的国家，应该出台法律保证缅甸境内所有的少数民族的

①　Panglong Conference，即 1947 年昂山素季的父亲昂山与少数民族代表关于为缅甸独立和各民族的联合在缅甸掸邦彬龙镇召开的协商会议。与会者达成的协议史称"彬龙协议"。该协议保证"边疆地区内政完全自治"。但仰光政府掌权后却从未落实该协议，引起少数民族的愤恨和谴责，导致延续至今长达半个多世纪的内战。

权益①。

2015 年 9 月 8 日，民盟在彬龙附近的南掸邦 Hopone 举行集会，在这一次集会上，昂山素季再一次明确了她解决少数民族武装问题的具体设想：召开第二次彬龙会议，通过政治谈判和政治协议解决少数民族的权利和利益问题。她表示：民盟一旦当选，将把同各民族武装组织达成"值得信赖的"停火协议作为第一位的工作，并将信守诺言召开"第二次彬龙会议"②。

召开第二次彬龙会议，与少数民族签署基于彬龙协议的政治协议，为此民盟需要的不仅仅是诚意，还需要掌握真正的政府权力，这意味着要对 2008 年宪法进行实质的修改。登盛政府也提出，要召开第二次彬龙会议，签订比原彬龙协议更好的协议，去解决少数民族的武装抗争问题。

2015 年 11 月，缅北 11 支民族武装领导人签署公告，呼吁新一届政府必须重视少数民族的正当权益，并通过政治和谈解决争端。其中最核心的是，公告希望缅甸新政府信守1947 年缅族与各少数民族达成的民族高度自治、相互平等的承诺，放弃对缅北各少数民族的武装进攻、武力威胁，并最终实现民族和解，建立真正的联邦国家。③ 这一公告，可以说直戳多年来少数民族武装抗争问题的核心，也是昂山素季主导的新政府需要直接面对的问题。

昂山素季领导的民盟上台以后，能够解决政府与军队之间的协调问题吗？能够对 2008年宪法进行实质性修改，满足少数民族的自治要求，实行某种形式的联邦制吗？从目前看，新一届政府要做到这一点难度不小。

第四个重要变数是新政府如何处理罗兴加人问题。关于罗兴加人问题，不同的学者有不同的看法。一种观点认为罗兴加人是缅甸人，距今 1 000 多年以前，他们就居住在今天缅甸西部的若开邦。他们的问题是，政府应该如何本着平等的原则，给予他们公民权和公民待遇。另一种看法是，他们是来自孟加拉的非法移民，根本就不存在"缅甸的罗兴加人"这一说，更谈不上给予他们公民权和公民待遇的问题。第二种看法也是当今政府的看法。在罗兴加人问题上，昂山素季起初和当今政府的看法基本一致，但后来有所变化。

2012 年 6 月，在缅甸西南部的若开邦，一名女佛教徒的被奸杀引发了若开人和罗兴加人之间的族群冲突，该冲突造成了上百人丧生，十多万人无家可归。两个族群之间的冲突引起了国际社会的广泛关注。为了恢复和维护秩序，登盛政府一度在若开邦实施紧急措施，并成立了一个以昂山素季为首、由各界人士组成的调查委员会，调查冲突的起因和各方的违法行为，并就问题的解决提出对策方法。

调查之后，该委员会向总统提交了一个调查报告。该报告认为，若开邦发生族群冲突的主要原因是穆斯林人口增长太快，损害了佛教徒和穆斯林和平共处的基础。因此报告建议对若开邦的穆斯林实行生育控制，并增派更多安保力量。根据调查，该报告还建议：不

① Aung San Suu Kyi urges minority rights in first parliament address，新华网，http：//news. xinhuanet. com/english/world/2012 –07/25/c_131738059. htm。

② 《昂山素季承诺召开"第二次彬龙会议"》，缅甸中文网，http：//www. md – zw. com/thread – 172311 – 1 –1. html？jdfwkey = slftq3。

③ 《缅北 11 支武装发声：望中国和军方参与和谈》，环球军事新闻网，http：//www. armystar. com/hqjs/2015 –11 – 11_31227. html。

承认罗兴加人，在官方文件中不使用罗兴加人这一称谓，而使用孟加拉人（Bengali）；政府应该继续实施1982年国籍法，以此作为判定罗兴加人身份的法律依据①（依据该法，超过50%的罗兴加人都成了外国人，无法获得缅甸公民资格）。昂山素季是该委员会的负责人，因此，一些人指责昂山素季，认为她已经从"道德的巨人变成了一个工于算计的政客"②。如果认为上述报告的观点反映了昂山素季的立场和看法，那么随后昂山素季的一些表态表明，她对罗兴加人问题的立场和态度又有了转变。

2013年4月17日，在访问日本东京时的一个新闻发布会上，昂山素季谈到罗兴加人问题时说，她曾向登盛政府要求重新审查缅甸公民权宪法以符合国际标准。③ 在2013年5月27日的一次讲话中，昂山素季指责若开邦限制穆斯林（主要是罗兴加人）只能生两个孩子的政策和规定是歧视性的、非法的和不符合人权的。④ 2015年6月18日，昂山素季在接受《华盛顿邮报》采访时指出，罗兴加人是一个十分敏感的问题，在处理时需要"非常非常谨慎"⑤。

从以上的表态可以看出，昂山素季在罗兴加人问题上是十分谨慎的。之所以如此，是因为罗兴加人问题确实十分复杂，它不仅涉及如何看待缅甸的官方历史、当今缅甸政府的相关法律和政策，而且也涉及缅甸的佛教极端势力——他们期望把一百多万罗兴加人赶出缅甸；涉及世界的伊斯兰极端势力；涉及缅甸与印尼和马来西亚之间的关系——这两个国家有大量的穆斯林，民间和政府都对缅甸穆斯林的生活状况表示极大的关切；涉及缅甸与联合国之间的关系——联合国大会几乎每年都会通过与缅甸穆斯林特别是罗兴加人相关的决议，谴责缅甸发生的对穆斯林的暴力事件，对穆斯林实施人道主义救助。民盟主导的新政府上台以后，能够正视罗兴加人的历史，在拨乱反正的基础上，给予罗兴加人应有的地位和权利吗？从昂山素季的相关表态来看，这一问题不那么容易解决。

四、中缅关系稳定向好

缅甸的对华政策会有什么样的变化？对这一问题的回答，并没有什么客观的依据，到现在为止，民盟主导的缅甸政府还没有成立，笔者只能依据昂山素季的一些讲话和表态做一些推理。关于缅甸和中国的关系，笔者认为，昂山素季的三点表态值得特别关注：

一是她主张尊重国家之间的契约关系。二是如果她上台，她可能会考虑重启密松水电

---

① 缅甸2013年4月月报，http：//www. altsean. org/Docs/PDF% 20Format/Burma% 20Bulletin/April% 202013% 20Burma% 20Bulletin. pdf。

② Rena Pederson，*The Burma Spring*：*Aung San Suu Kyi and New Struggle for the Soul of a Nation*，New York and London：Pegasus Books，2015，p. 498.

③ 缅甸2013年4月月报，http：//www. altsean. org/Docs/PDF% 20Format/Burma% 20Bulletin/April% 202013% 20Burma% 20Bulletin. pdf。

④ 缅甸2013年5月月报，http：//www. altsean. org/Docs/PDF% 20Format/Burma% 20Bulletin/May% 202013% 20Burma% 20Bulletin. pdf。

⑤ Rachel Middleton，Myanmar's Suu Kyi says Rohingya citizenship issue needs 'very careful handling'，http：//www. ibtimes. co. uk/myanmar – aung – san – suu – kyi – says – rohingya – issue – needs – careful – handling – 1506733.

站建设①。2015 年 9 月 21 日，昂山素季在仰光乡村进行选前拉票活动时，有人提问："如果民盟在大选中获胜，密松水电站是否会重启？"昂山素季直言不讳地表示："如果我们当选政府的话，首先将会向民众公开合同内容，然后再做决定。"②她对此还进一步引申：一个国家必须遵守国家间的契约。"如果不遵守合同失去别人信任的话，以后会很难再进行其他项目。同样，与国际签署的任何合同，都需要遵守承诺。但是作为国家政府签署的合同，必须是对自己国家有利的。至于是否符合自己国家的利益，这基于签署合同的政府。"③三是她对中缅关系的理解。昂山素季认为中缅关系十分重要，"她做了一个很生动的比喻说，夫妻不和还可以离婚，但是中国和缅甸是邻居，这是永远无法改变的事实"④，从这一比喻我们看出她对中缅关系的理解：中缅关系应该坚定地立基于中缅地理上相邻这样不可改变的基础之上，超越政治经济和文化差异，建立一种稳定可期的国家间关系。

基于以上几点，笔者认为，昂山素季掌控的民盟上台执政以后，中国和缅甸之间的经济合作，特别是在中国对缅甸投资问题上，将会更加透明公开，更规范，从长远来讲，更有利于中国和缅甸之间经济关系的顺利发展。从莱比塘铜矿事件的处理，我们也可以推测昂山素季领导的新政府上台以后处理类似事件的一些线索。

莱比塘铜矿是缅甸北部蒙育瓦铜矿的四个矿段（莱比塘段、萨比塘段、萨比塘南段、七星塘段）之一。2010 年中国万宝矿产公司与缅甸经控公司签署莱比塘铜矿合作开发协议，2011 年从加拿大艾芬豪矿业公司手中整体收购萨比塘和七星塘矿。2012 年 11 月 19 日，在莱比塘铜矿外发生了群众抗议事件，约 200 名僧人和 500 名民众堵住营地大门，他们要求停止开采铜矿，增加对搬迁民众的补偿，甚至有人提出了要参与铜矿开采的中国企业撤出缅甸，有些人甚至高呼"这是我们的土地，不是中国人的""不要做中国人的奴隶"等反华口号。⑤

莱比塘铜矿事件发生以后，为了处理这一事件，登盛总统任命了一个以昂山素季为首的调查委员会。2013 年 3 月 12 日，缅甸公布了以昂山素季为首的莱比塘铜矿调查委员会的报告。经过调查，该报告建议经过一定的整改后继续运行该铜矿。在经过合同修改⑥和补交了完善后的铜矿开采环境影响和社会影响报告之后，莱比塘铜矿的开发得以继续进行，并且得到了政府的保护。虽然事后也发生了一些村民阻挠铜矿开发的事件，但都无关大局。

从以昂山素季为首的调查委员会对莱比塘铜矿事件的处理建议来看，昂山素季对中国在缅甸的投资并没有偏见，只不过相对于以前军政府来说，更注重公开公平和规范，因此

① 2011 年 9 月 30 日，缅甸总统登盛在给议会的一封信中宣布：暂停缅甸北部克钦州境内、伊洛瓦底江上游的密松大坝的建设。密松大坝是密松大型水力发电站工程的一部分，密松水电工程由中国和缅甸合资建造。该电站预计投资 36 亿美元，建成后为世界第 15 大电站。
② 《昂山素季：若胜选将公开密松水电站合同内容》，凤凰网，http：//news. ifeng. com/a/20150922/44706530_0. shtml。
③ 《昂山素季：若胜选将公开密松水电站合同内容》，凤凰网，http：//news. ifeng. com/a/20150922/44706530_0. shtml。
④ 《昂山素季访华有望增进中缅相互理解》，凤凰网，http：//news. ifeng. com/a/20150608/43931759_0. shtml。
⑤ 《民主转型伤及中资生存》，中国环球网，http：//world. huanqiu. com/exclusive/2012－11/3323438. html。
⑥ 重新修订的合同中，产品分配分别为：缅甸政府占 51%、缅甸经控公司占 19%、万宝公司占 30%。同时决定，万宝公司每年要拿出 100 万美元作为企业社会责任基金，拿出 200 万美元作为环保和发展基金。

笔者认为，在民盟主政之后，中缅之间的经贸关系会趋于规范和平稳。至于两国之间政治方面的往来，笔者认为，在 2015 年 6 月昂山素季访华时，习近平主席和昂山素季在大的方面就已经达成了基本的一致，不会出现大的变化。

综上所述，笔者认为，正是昂山素季坚定地贯彻了群众路线，在选举前，尽可能地深入民间进行宣传和拉票，造就了 2015 年民盟在缅甸议会选举中的大胜。而既有的权力架构和缅甸一些棘手的历史遗留问题，则又决定了即使昂山素季及其民盟能够主导中央和地方省邦政府，其仍然面临诸多的变数，但依据昂山素季目前持有的相关立场和观点，缅甸新政府与中国的双边关系将稳定向好。

泰　国①

　　泰国是东南亚华侨华人人数最多的国家之一，华人社团历史悠久，最为活跃。泰国华侨华人社会地位较高，对居住国认同感较强，与居住国其他族群融合程度较高，彼此关系较和谐。2015 年适逢中泰建交 40 周年，两国非常重视进一步发展中泰关系，"中泰一家亲"的观念已深入人心，政治互信更加深厚，两国贸易平稳发展。"一带一路"构想凸显了泰国在中国—东盟关系中的枢纽作用，为泰国华侨华人带来了机遇。

一、泰国基本国情

泰国概况

国家全名	泰王国	地理位置	中南半岛中南部	领土面积	513 115 平方千米
首都	曼谷	官方语言	泰语	主要民族	泰族、老挝族、华族、马来族、高棉族
政体	君主立宪制	执政党/主要反对党	军政府	国家元首/政府首脑	普密蓬·阿杜德国王/巴育·占奥差总理
人口数量	6 700 万(67 976 405)②	华侨华人人口数量	1 000 万	华侨华人占总人口比例	14.7%
GDP/人均 GDP	3 735 亿美元/16 100 美元③(2015 年)	CPI	2.1%(2015 年)	失业率	3.4%（2015 年）

二、泰国与中国关系

　　中泰两国政治互信将更加深厚，传统友好关系进一步加强。2015 年，泰国诗琳通公主于 4 月 3 日至 6 日访华，全国政协主席俞正声等领导人先后访问泰国，国务院总理李克强

---

　　①　本文为国务院侨务办公室 2015—2017 年课题《泰国华侨华人及其在"一带一路"建设中的作用研究》（青年课题：GQBQ2016007）的阶段成果。

　　②　美国中央情报局（CIA），https：//www.cia.gov/library/publications/the - world - factbook/geos/th.html。

　　③　美国中央情报局（CIA），https：//www.cia.gov/library/publications/the - world - factbook/geos/th.html。

会见了泰国第一副总理兼国防部长巴威，中泰两国领导人频繁互访。

中泰两国经贸往来关系愈发密切。中国现为泰国第二大出口市场和第一大进口来源地，是泰国的第一大贸易伙伴。旅游业方面，2015 年中国赴泰旅游人数达 793 万人，为泰国带来大量的经济收益。人员交流方面，2015 年有 2 万多泰国留学生在中国学习，人数在东盟国家中最多，中国也是泰国最大的留学生生源国，在泰学习的中国留学生超过 2 万人。[1] 2015 年，由于中国从泰国进口额降低，泰国政府推行出口重点开发东盟市场，特别是 CLMV 四国（柬埔寨、老挝、缅甸、越南）市场的措施，目前泰国对这四国出口增长较快。

中泰两国双向投资额每年以 10 亿多美元的速度快速增长。特别值得一提的是，由中国承建的泰国铁路项目正加紧磋商。该项目的实行能够大幅度刺激投资、拉抬市场、扩大就业、振兴经济，不仅将使中泰两国受益，而且作为泛亚铁路的重要组成部分，中泰铁路将极大促进东南亚地区的经济繁荣。

三、泰国实施严格的入境管理措施

2015 年 8 月 17 日晚，泰国首都曼谷市中心商业区发生炸弹爆炸，造成 22 人死亡，120 多人受伤，6 名中国公民遇难。[2] 再加上 2015 年 8 月 17 日泰国曼谷发生的四面佛爆炸案，泰国开始积极检讨外籍人士逗留管理措施。以往在泰逾期逗留只会被罚款，逾期 1 天罚 500 铢，但无禁止再入境规定。2016 年 3 月 20 日，泰国开始实施严格的入境管理措施，防止外籍恐怖分子及罪犯匿藏境内。[3] 凡逾期逗留 90 天以上的外籍人士，在有关人士主动自首的前提下将被禁止入境 1 年；超过 5 年者，禁止入境 10 年。若被警方查获逾期停留，即使未满 1 年，除立即驱逐出境外，仍将被禁止入境 5 年；超过 1 年者，禁止入境 10 年。有关人士认为，实施严格的入境管理措施后，将有助于泰国政府对外籍人士签证的有效管理，有助于警示部分有心制造动乱，甚至恐怖袭击的人士，一定程度上有助于保护泰国华侨华人的安全。

四、泰国各界积极参与"一带一路"建设

2015 年 5 月，中国驻泰国大使宁赋魁在参加"走访东方海上丝绸之路"活动中表示，泰国是海上丝绸之路重要一站，是"一带一路"建设的重要枢纽。"一带一路"战略计划对泰国等苦于缺乏资金改善和加强基础设施建设的沿线国家是雪中送炭。中国的海上丝路计划恰好同巴育政府的 8 年基础设施建设计划相吻合。泰国方面积极参与亚投行，赞赏中方成立丝路基金。在同李克强总理的谈判中，泰国总理巴育也表示，泰国欢迎并愿积极参

---

① 《中泰合作共建"一带一路"——访中国驻泰大使宁赋魁》，人民网，http://world.people.com.cn/n/2015/0618/c1002-27175715.html，2015 年 6 月 18 日。

② 《曼谷爆炸 6 名中国公民遇难 暂无证据显示针对中国人》，中国侨网，http://www.chinaqw.com/hqhr/2015/08-19/61182.shtml，2015 年 8 月 19 日。

③ 《泰国首次禁逾期逗留外籍人士入境 最长达 10 年》，中国侨网，http://www.chinaqw.com/hdfw/2016/03-21/82919.shtml，2016 年 3 月 21 日。

与中方提出的"一带一路"等重大合作倡议,愿以泰中两国建交 40 周年为契机,积极推进铁路、农业、旅游等各领域合作,促进人员往来,增强传统友谊。

泰国作为"一带一路"沿途国家,地处东盟中心位置,越来越多的中国企业正进入泰国市场。1987 年至 2015 年中国各省市赴泰投资企业共 525 家。① 1987 年至 2005 年间,赴泰投资的中国企业数量较少,主要是中央企业。从 2005 年开始,企业数量逐年增加,2013 年、2014 年更是井喷式增长,企业性质也从单一的中央企业改为以民营企业为主。以企业来源地来讲,对泰投资企业主要集中来自浙江、广东、湖南及江苏。投资行业几乎涵盖国民经济全部,前五位分别是制造业、批发和零售业、建筑业、租赁和商务服务业、采矿业。其中制造业又以电器机械和器材制造业、专用设备制造业、橡胶和塑料制品业和汽车制造业为主。泰国矿产资源丰富,盛产橡胶,以农业为主,基础设施投入逐年加大,泰国政府高度重视发展新能源项目。

(一) 中资企业在泰投资

泰国素来享有"东南亚粮仓"的美名。作为传统的农业国家,泰国的耕地面积占国土总面积的 38%,全国 80% 的人口从事农业生产,农业在经济发展中占有举足轻重的地位。但泰国本土没有生产化肥的原材料,绝大部分化肥都依靠进口。每年 600 万吨左右化肥的需求,成为世界肥料企业的必争之地。不过,泰国政府对于化肥的准入条件非常高,使得只有高端肥料在泰国才能具有巨大的市场潜力。2015 年,中国企业金正大生态工程集团成功进入曼谷泰国农业大学内的诗琳通公主农业示范园。借着"一带一路"政策东风,金正大依靠技术、产品、资本等优势积极践行中国农资企业"走出去"战略。

2007 年,海尔集团在收购三洋环球电器有限公司冰箱厂的基础上组建了海尔泰国电器股份有限公司(位于泰国巴真武里府),并迅速实现本土化的研发和制造,还将该工厂作为海尔集团在东南亚重要的生产基地。目前,该企业通过 300 多家的销售网点为用户提供冰箱、洗衣机、空调、冷柜、LED TV、热水器、微波炉等"当地化"的产品。海尔接收三洋冰箱厂后,发现其产品单一,根本不能满足市场需求。于是海尔从丰富产品线入手,针对泰国乃至东南亚个性化需求,开发富有针对性的产品。如冰箱,泰国消费者有着重视面板颜色的消费嗜好,为此,海尔迅速生产出五彩斑斓的冰箱。海尔还通过市场调研和用户需求分析,着重从满足实用性需求入手,针对泰国人喜欢衣服带有香气,在洗衣机内设芳香洗涤装置推出芳香洗衣机;针对泰国郊区水压不稳,推出更具实用性的双缸洗衣机。在企业和经销商的共同努力下,海尔在泰国从边缘"小角色"成长为主流品牌,冰箱和冷柜更是占据泰国 10% 以上的市场份额。

2015 年 6 月山东玲珑轮胎股份有限公司泰国公司在泰国全线投产,标志着中国轮胎企业海外生产的首条卡车全钢子午线成功下线。泰国玲珑是山东玲珑轮胎建设的第一个海外生产基地,项目由山东玲珑轮胎投资近 7 亿美元建设,占地 700 多亩,可年产 1 320 万条高性能子母线轮胎。

---

① 《中国企业对泰国投资大数据报告》,泰中罗勇工业园网站:http://www.sinothaizone.com/5dt_con.asp?id=2146。

（二）中国在泰国的工业园区

国务院侨办主任裘援平指出东南亚是海外华商经济最发达地区，强调广大华商在"一带一路"建设中进行各类互联互通业务，参与工业园、开发区建设。[①] 裘援平主任建议广大华商对于自由贸易区、侨梦苑、"一带一路"沿线地带应充分关注。[②] 了解中国在泰国的工业园区活动显得尤为重要。

近年中国经济飞速发展，逐步向东南亚进行跨国投资，受到泰国政府投资促进部门和泰国工业园区的重视。目前，有两家中资企业与泰国企业合作参与了两个工业园的开发，即泰国罗勇工业园[③]和泰国湖南工业园。两者均采用"园中园"形式。[④]

泰中罗勇工业园位于泰国安美达城市工业区，有超过 60 家中资企业入驻。泰中罗勇工业园开发有限公司是由中国华立集团与泰国安美德集团在泰合作开发的面向中国投资者的现代化工业区。园区位于泰国东部海岸、靠近泰国首都曼谷和廉差邦深水港，总体规划面积 12 平方千米，包括一般工业区、保税区、物流仓储区和商业生活区，主要吸引汽配、机械、家电等中国企业入园设厂。泰中罗勇工业园开发有限公司已被中国政府认定为首批"境外经济贸易合作区"，是中国传统产业在泰国的产业集群中心的制造出口基地，最终形成集制造、会展、物流和商业生活于一体的现代化综合园区。

泰国湖南工业园由泰国湖南商会会长刘纯鹰创立，于 2009 年 4 月在泰国巴真府甲民工业区内成立。该工业园距离曼谷市中心 150 千米，距离越南 60 千米，水陆空交通便利，已有多家中资公司入驻。[⑤] 泰国湖南工业园总面积 3 平方千米，整个园区分五大块进行规划布局：①纺织服装工业园。拟引进年产服装 1 000 万件的服装企业，帮助泰国民族工业提升品牌价值。同时，打通通向欧美的新通道。②家电电子工业园，规划家电电子工业园区用地 500 亩，引进 15 家家电、电子信息类企业进入园区，年产值达 60 亿元左右。③轻工机械制造园区。根据泰国木材、水果资源丰富的优势，引进农产品加工企业，从事水果深加工、魔芋深加工、粮食产品加工等；引进木材加工企业，对红木等稀有珍贵木材进行深加工，提高附加值；引进磨具制造企业，为中国加工企业进入泰国市场搞好机械配套服务，形成完整产业链。④建材冶金工业园区。拟引进建筑公司，建材公司，矿产开发冶炼公司。⑤生活配套设施区。兴建医院、小学、初中、幼儿园、邮政、银行等配套服务机构。

（三）泰国特别经济开发区

2013 年初，泰国政府开始研究成立特别经济开发区的可行性。2014 年 6 月，泰国国家维安委员会任命了特别济开发区政策委员会委员，该委员会于同年 7 月发布第一号决

① 《裘援平："一带一路"为华商提供无限发展空间》，新华网，http：//news. xinhuanet. com/overseas/2015 – 03/30/c_127636049. htm，2015 年 3 月 30 日。

② 《裘援平：华商参与"十三五"需先了解"十个字"》，中国新闻网，http：//www. chinanews. com/hr/2015/11 –10/7616292. shtml，2015 年 11 月 10 日。

③ 泰中罗勇工业园网，http：//www. sinothaizone. com/index. asp。

④ 邹春萌、罗圣荣编著：《泰国经济社会地理》，广州：世界图书出版广东有限公司 2014 年版，第 270 页。

⑤ 邹春萌、罗圣荣编著：《泰国经济社会地理》，广州：世界图书出版广东有限公司 2014 年版，第 270 页。

议，公布了首批五个特别经济开发区所在区域。泰国政府组建特别经济开发区的目的主要是为了吸引外资，提升国家整体实力，促进地区繁荣，缩减贫富差距，提升人民生活水平，缓解国家安全形势。有关特别经济开发区的主要战略是：①开拓新经济区域，初期以边境地区为主；②支持泰国中小企业，支持泰国投资人在邻国持续发展业务；③治理边贸，有效解决非法劳工和农产品走私的问题。2014 年泰国特别经济开发区政策委员会首次会议确定首批五个地处边境地区的特别经济开发区：泰国西部来兴府夜束特别经济开发区、东北部莫拉限府边境特别经济开发区、东部沙缴府亚兰特别经济开发区和桐艾府边境特别经济开发区、南部宋卡府昔罗特别经济开发区。

西部来兴府夜束特别经济开发区和缅甸接壤，范围涵盖夜束等三县，总面积 1 419 平方千米。该地区具有良好的投资基础，纺织业等产业雇用了大量劳动力，主要产业还包括农业产品加工、家具等，可发展工业生产，打造仓储基地和物流中心。开发区与缅甸美瓦底（Myawaddy）特别经济区相对应，交通运输线延伸至毛淡棉（Mawlamyine）海港和仰光。2013 年通过夜束海关的边境贸易额约为 463.09 亿铢。

东北部莫拉限府边境特别经济开发区与老挝相连，区域覆盖莫拉限等三个县，总面积 578.5 平方千米。开发区位于东南亚东西经济走廊，地处泰国东部门户位置。开发区与老挝沙湾—色诺经济特区（Savan Seno Special Economic Zone）相邻，交通运输线向东可延伸至越南岘港（Da Nang Port），最远还可以延伸到中国广西南宁。2013 年边境贸易额高达约 304.42 亿铢，2009 年至 2013 年平均年增幅为 20.1%。该地区为电子工业生产基地、产品批发中心，可以深化发展工业，建立产品集散中心、仓储基地和物流中心。

东部沙缴府亚兰特别经济开发区与柬埔寨比邻，区域涵盖亚兰等两个县，总面积 332 平方千米。开发区位于南部经济走廊（Southern Economic Corridor，SEC），地处泰国东部门户位置。开发区与柬埔寨 Sanco – Poipet 经济特区、吴哥窟和诗梳风（Sisophon）邻近，交通运输线可延伸至越南海港。2013 年边境贸易额高达约 596.52 亿铢，2009 年至 2013 年平均年增幅为 28.2%。该地区是泰国著名批发零售市场、农产品加工基地，未来可发展成国际仓储中心。现有泰、柬双边委员会准备成立经济特区。

东部桐艾府边境特别经济开发区与柬埔寨接壤，范围涵盖空艾县，总面积 50.2 平方千米。开发区位于南部海岸经济走廊（Southern – Coast Economic Corridor），为泰国东部门户位置。开发区与柬埔寨戈公省经济特区（Koh Kong Special Economic Zone）邻近，交通运输线向柬埔寨可延伸至西哈努克港（Sihanoukville Port），对内可延伸至林查班港（Port of Laem Chabang）。2013 年边境贸易额高达约 268.26 亿铢，2009 年至 2013 年平均年增幅为 10.5%。该地区是泰国知名旅游区，可以加强发展自然旅游，未来可能设立边境免税区，建立产品集散中心和物流中心。现有泰、柬双边委员会准备成立经济特区。

南部宋卡府昔罗特别经济开发区与马来西亚相连，区域覆盖昔罗县，总面积 552.3 平方千米。开发区位于南北经济走廊（the North – South Economic Corridor，NSEC），地处泰国南部门户位置，该府是泰国连接马来西亚和新加坡的陆路及铁路运输干道，开发区与马来西亚槟城港和中央港，以及主要橡胶工业、清真食品工业及多种重工业地区相邻。2013 年宋卡府昔罗海关辖区和巴丹勿刹海关辖区边境贸易额分别为 3 300.23 亿铢和 1 633.09 亿铢，2009 年至 2013 年平均年增幅分别为 9.1% 和 6.2%。该地区临近工业地区，便利的跨国陆路及铁路运输有助于出口贸易，主要货运产品包括橡胶、清真食品、海鲜产品等。

2015 年，泰国特别经济开发区政策委员会公布了第二批特别经济开发区名单，具备发展潜力的地区包括北碧、清莱、那空拍侬、廊开和那拉提瓦等五个府的 13 个县，下辖 54 个乡。

泰国政府为在特别经济开发区进行投资的投资者提供了丰厚的优惠待遇和便利政策。免除企业所得税，可额外再增加 3 年期；已获得 8 年免税优惠的企业（A1 和 A2 类企业），还可获得为期 5 年的减税 50% 的优惠。其他还包括计税基价扣除两倍运输、水电费用，为期 10 年；扣除 25% 安装生活设备、设施费用；免除机械设备进口关税；免除以出口为目的的生产原料进口关税；其他非税务优惠（Non – Tax Incentives）；允许合法雇佣外籍非技术劳工。对于投资特别经济开发区政策委员会规定的特惠工业的企业，免除企业所得税，最高为期 8 年；还可获得为期 5 年的减税 50% 的优惠。其他计税基价扣除运输、水电费用、安装生活设施、设备费用等与一般企业一致。没有获得泰国投促委员会支持的企业也可获得企业所得税从 20% 减至 10% 的待遇，为期 10 年（仅限 2017 年内注册成立的企业）。在资金方面，国家储蓄银行提供额度在 100 万 ~ 2 000 万铢的低息贷款；小型工业信贷保证公司为企业免除首期 2 年的信贷担保手续费，且后两年手续费按贷款额度以年息 1.75% 计。外籍人士租用土地方面，允许外籍人士以商业和工业为目的租用房地产，期限 30 ~ 50 年，且租期届满可续约，期限不超过 50 年；符合 1977 年版《投资促进条例》者有权拥有一定面积土地的所有权，用于经营投促委员会规定的业务类别，唯出现结束经营或转让企业的情况下，投资者须于 1 年内出售拥有所有权的土地。

泰国华侨华人在中国企业走进泰国特别经济开发区中发挥着引导者作用，为中国企业提供了相关的招商项目、市场信息等，并且将自己的成功经验介绍给中国企业，有助于中国企业熟悉泰国投资环境和相关法律法规，以及当地的风俗习惯、意识形态和社会文化规则，更好地融入当地社会。泰国华侨华人也对进驻泰国特别经济开发区、工业园的中国企业起到了辅助和促进的作用。泰国华商的营销网络，可以为园区内的中国企业打开销售渠道，推广中国企业品牌，消除当地市场对中国品牌的不了解和偏见。

五、泰国华商发挥桥梁纽带作用

泰国期盼能搭上中国的"一带一路"快车，在泰华商也希望能与赴泰投资的中企进行合作。尽管中泰铁路合作是中泰政府主导，但泰国华侨华人也在非官方领域推动着这种合作。在泰华侨华人主要通过论坛、研究等活动搭建各种沟通平台，聚集中泰企业和专业人士，交换意见和资源。泰国正大集团董事长谢国民表示正大集团将响应中国"一带一路"战略与泰国政府国策，准备在泰国开设"特区"，以优惠的政策和优质的服务吸引包括中国在内的优秀企业到泰国投资。[①]

泰国中华总商会作为泰国历史悠久的华商组织，深受泰国政府重视，相关侨领经常与泰国政府主管经济的领导商讨中泰交流合作的问题，借助商会的平台优势，发挥桥梁和纽带作用，协助中泰两国协调，促进中泰铁路项目的合作。泰国作为东盟成员国，拥有独特的地理位置及资源优势，并且拥有完善的投资环境与配套设施，是东盟经济共同体的重要

---

① 《汕头首次到泰国推介华侨试验区》，光明网，http：//economy. gmw. cn/newspaper/2016 – 01/12/content_110716320. htm，2016 年 1 月 12 日。

枢纽。2016 年泰国中华总商会计划设立一站式服务专门委员会，① 收集泰国的经贸信息、投资政策，并与泰国政府配合中国及东盟各国来泰投资者提供相关信息及咨询服务，为投资者提供便利，缩短开办时间，提高投资效率，促进双边乃至多边经贸的发展。

2015 年 7 月 22 日，泰国开泰银行胡锦通副总裁指出，"一带一路"倡议被提出后，开泰银行领导层高度重视。② 2014 年开泰银行国际业务总部组建成立，组织研究团队对"一带一路"战略进行专项研究。开泰银行目前海外的全部十四家分支机构，十三家分布在"一带一路"沿线国家，这些分支机构将为"一带一路"沿线国家的客户提供便利的跨境金融服务。开泰银行将整合在中国内地的分支行网络，申请改制为外商独资银行，促进中国业务战略的实施。拟申请的开泰银行（中国）将进一步加快服务网络建设，整合在中国、泰国和东盟的资源，加大为中国中小企业、泰国及东盟在中国投资企业、中国到泰国和东盟投资企业服务的力度，支持促进区域内贸易投资和优化区域产业链。

东南亚活跃着大量欧美和日本的 NGO（非政府组织），但是极少有中国 NGO 的身影，这种缺位在一定程度上影响了中国形象。在世界需要听到中国声音的时候，在泰的华侨华人尤其是华商可以担此重任。

六、泰国新华侨及民间交流

1980 年之后，陆续移民到泰国的中国人，被称为"新移民""新华侨"，这类人群有 55 万~60 万人。③ 其中有 15 万~20 万人来自中国广东潮州（沿海地区）、梅州（客家地区），来自海南省、福建省人数最多，其次，近十年陆续从广西、湖南、四川、重庆、江苏、浙江、东北三省迁往泰国的移民逐渐增多。来自云南的中国人族群移民也较多，有 10 万~15 万人。此外，中国台湾人从 20 世纪 60 年代末 70 年代初开始大规模自由移民，有 15 万~20 万人来到泰国。来自中国大陆的新华侨从事国际贸易的较多，其中云南新华侨从事旅游业较多，中国台湾新华侨从事体实业开办工厂的较多。中资公司是新华侨中的特殊群体，大多是央企的外派人员，人数不多。

泰国是世界上使用社交媒体最活跃的国家之一，超过 80% 的泰国人都有使用社交媒体的习惯。据泰国《世界日报》，微信在泰国的用户已经达到数百万。微信进入泰国市场后，在泰国使用微信的人数不断增加，微信已经成为泰国新生代华侨华人使用最多的社交软件之一。微信由于免费且没有植入式广告，在泰国广受欢迎，越来越多的泰国人也开始使用微信。

华人移居泰国的历史已逾百年，华文传媒业在泰国也有上百年历史，但中文电视台一直是空白。华侨华人期盼已久的"中文电视台"于 2015 年 12 月 18 日在泰国问世。④ 泰国

---

① 泰国中华总商会网站，http：//www. thaicc. org。

② 《泰国开泰银行借势"一带一路"加快区域布局》，新华网，http：//news. xinhuanet. com/world/2015 - 07/23/c_128050274. htm，2015 年 7 月 23 日。

③ 《泰国新华侨面面观》，泰国风网，http：//www. thaiwind. net/index. php? option = com_content&view = article&id =519；2014 - 10 - 02 - 13 - 45 - 48&catid =2；panorama - on - thailand&Itemid =48，2014 年 10 月 2 日。

④ 《泰国华人创办首家"中文电视台" 将于 18 日开播》，中国新闻网，http：//www. chinanews. com/news/2005/2005 - 12 -12/8/663817. shtml。

中文电视台设在曼谷繁华的金融商业街是隆路 ITF 大厦，开播后将在当地晚上 9 点到 12 点的时间段每天播放三个小时。节目由新闻、纪录片、文艺三大板块构成，以中文会话、泰文字幕为主播出，同时也有泰文会话、中文字幕或潮州话、客家话等地方方言的节目。中文电视台的开播，将有助于增加泰国华人第三代、第四代华裔对中国的了解，也有助于他们学习中文。时下泰国方兴未艾的"中文热""中国热"为泰国中文电视台创造了良好的发展环境。

2000 年，泰国政府正式批准中医合法化，泰国的"中医热"持续升温。目前泰国合法中医师已近 800 名，中医日益获得泰国民众的认可。泰国东方大学孔子学院（简称"东大孔院"）是泰国第一家以中医文化交流为特色的孔子学院，2016 年 2 月 25 日东大孔院与泰国中医师总会签署了中医文化交流合作协议。① 东大孔院每年将为泰国中医师总会提供一定数量的赴华奖学金名额，学员将在中国温州医科大学或者温州大学学习中医及汉语课程。东大孔院同时会提供不少于 5 个中医赴华学习名额，让学员在中国接受为期两周的中医理论知识和临床技能等课程培训。

2015 年，适逢中泰建交 40 周年，"中泰一家亲"的观念已深入人心。泰国华侨华人在中泰两国友好交往中扮演着不可或缺的重要角色，其中最著名的要数历经百年仍长盛不衰的华侨报德善堂。② 泰国华侨报德善堂是融宗教信仰和慈善义举为一体的道教慈善团体。1910 年，泰国著名潮州籍侨领郑智勇等 12 人共同发起报德善堂，供奉北宋著名高僧大峰祖师，以"慈善济世"为宗旨，施粥济困，敛尸义葬，帮助了大批来泰国谋生的华侨华人和遭遇不幸的泰国民众。如今，报德善堂已发展为拥有 300 多名全职人员和近 4 000 名志愿者的庞大机构，很多支援来自善堂创立者的后代，他们活跃在泰国社会各个角落，为弘扬中华慈善文化做贡献。华侨华人坚持百年的义举得到泰国社会高度肯定，泰国皇室成员多次参观报德善堂，并主持华侨医院和崇圣大学揭幕仪式。

---

① 《泰国"中医热"持续升温　合法中医生近 800 名》，中国侨网，http：//www.chinaqw.com/zhwh/2016/02 - 29/80987.shtml，2016 年 2 月 29 日。
② 《泰国华侨报德善堂：百年传承慈善文化》，新华网，http：//news.xinhuanet.com/overseas/2015 - 09/12/c_ 128221941.htm，2015 年 9 月 12 日。

菲律宾①

2015 年菲律宾经济发展态势稳定，但稍逊于 2014 年。尽管菲律宾政府与南部分裂势力摩洛伊斯兰解放阵线达成和解，但双方于 2015 年再度发生严重冲突，菲南地区和平进程因此受到影响。中国新移民及中国劳工引发的一些问题依然存在，但尚在可控范围之内，菲律宾华人社会支持菲律宾移民法规定的修改。中菲政治关系持续冷淡，"南海仲裁案"成为双方角力的焦点，但总体而言，华菲族群关系融洽，华人在菲律宾的生存不太可能受到中菲双边关系的影响。

一、菲律宾政治经济形势

（一）菲律宾基本国情

表 1　菲律宾概况

国家全名	菲律宾共和国	人口数量	1 亿左右
地理位置	亚洲东南部	华人人口数量	150 万左右
气候	热带雨林气候	华人占总人口比例	1.47% 左右
领土面积	30 万平方千米	主要族群	他加禄人、宿务人、伊洛戈人等
政体	总统制	GDP 增长率	5.8%（2016 年 1 月）
执政党/现任总统	自由党、人民力量党/贝尼尼奥·西米恩·阿基诺三世	失业率	5.8%（2016 年 1 月）
官方语言	英语、他加禄语	GDP	301 亿美元（据 2015 年 GDP 增长率计算）
首都	马尼拉	人均 GDP	约 1 753 美元（按人口规模计算）

数据来源：菲律宾 National Statistical Coordination Board，National Statistical Office，GDP 增长率采用菲律宾政府网公布的数据。

（二）菲律宾人口与社会

根据美国中央情报局（CIA）的数据，截至 2015 年 7 月，菲律宾人口已超过 1 亿（100 998 376），为世界第 13 大人口大国，而实际人口规模很可能已超过官方预测。在人

---

① 本研究为"华侨华人在新时期中国经济国际化战略中的作用研究"（课题编号：14JJD81007）的阶段性成果。

口结构方面，0～14岁人口占34.02%，15～24岁人口占19.18%，25～54岁人口占36.72%。①

根据美国和平基金会（The Fund for Peace）发布的2015年脆弱国家指数（Fragile States Index），菲律宾的得分为86.3分，处于第四等级（Very High Warning），排第48位，比2014年高出4位，这显示菲律宾的整体情况在过去一年呈现恶化的趋势，该指数以零分为满分，对社会及经济指数，例如不平衡发展、人才外流和贫穷，以及公共服务、人权、派别精英和安全等因素进行综合评估。指数显示，自2013年以来，菲律宾在上述指数所涉及领域的综合表现呈恶化趋势，其中人口压力指数、群体不满指数（group grievance）、安全设施（security Apparatus）尤其严重。② 另据美国组织Social Progress Imperative发布的2015年社会发展指数（Social Progress Index for 2015），菲律宾的恐怖现象——谋杀、失踪和酷刑等尤为严重。③

（三）经济形势与中菲经贸关系

2015年菲律宾GDP增长率为5.8%，低于预期的7%～8%，④ 也低于2014年的6.1%。其中工业部门和服务业部门的增长率分别为6%和6.7%，而农业等部门的增长率仅为0.2%。在所有行业中，建筑业（8.9%）、运输和存储业（7.9%）的表现尤为抢眼。⑤

在旅游业方面，尽管有关菲律宾社会治安的负面新闻经常见诸报端，但受教皇访问、APEC会议等利好因素的带动，2015年菲律宾旅游业产值仍然实现了5.92%的增长。全年共有553 002名游客访问菲律宾，较2014年高出10.91%。前五大游客来源地与2014年一样，韩国游客人数仍居首位，占菲律宾游客来源的25%。尽管中菲关系持续低温，但是中国游客似乎没有受到诸如治安、双边关系等因素的影响，2015年访菲中国游客增长了24.28%，增长速度最快。⑥ 为了吸引更多的中国台湾游客，2015年菲律宾移民局对中国台湾游客启动网上签证申报系统，最快只需半个小时即可办妥访菲签证。

表2 2015年菲律宾主要游客来源地

来源地	人数	比例
韩国	1 340 000	25%
美国	779 217	14.54%
日本	495 662	9.25%
中国	490 841	9.16%
澳大利亚	241 187	4.50%

数据来源：根据菲律宾旅游部（Department of Tourism）数据整理。

---

① CIA world factbook，https：//www.cia.gov/library/publications/the－world－factbook/geos/rp.html.
② 和平基金会网站，http：//fsi.fundforpeace.org/2015－philippines。
③ Social Profess Imperative 网站，http：//www.socialprogressimperative.org/en/data/spi/countries/PHL。
④ 参见菲律宾政府网站，http：//www.gov.ph/report/gdp/。
⑤ 此处数据源自菲律宾统计署，http：//www.nscb.gov.ph/sna/default.asp。
⑥ 菲律宾旅游部网站，http：//www.tourism.gov.ph/pages/industryperformance.aspx。

在外来投资方面，菲律宾官方数据显示，2015 年 1—6 月，菲律宾前五大投资国分别为荷兰、日本、新加坡、韩国和美国，占比分别为 31.2%、19.3%、17.2%、11.8%、6.2%。中国为菲律宾第八大投资国，占比仅为 0.9%，比 2014 年同期下降 94.4%。[①] 菲律宾贸工部代理部长克里斯托波在 2016 年 1 月初表示，2015 年经过菲律宾投资署（BOI）和菲律宾经济区管理局（PEZA）审批的投资金额较前一年上涨了 4%，一反 2014 年全年投资额下降的趋势。两家机构发布的报告都指出，2015 年菲律宾投资额达 6 618.3 亿比索，高于 2014 年的 6 342.4 亿比索。2015 年菲律宾的主要外来投资国分别是荷兰（45%）、新加坡（18%）、马来西亚（4%）和韩国（4%），[②] 中国对菲整体投资规模仍然偏小。

在贸易方面，如表 3 所示，2015 年 1—9 月间，中国已经跻身为菲律宾第二大贸易伙伴，仅次于日本而高于美国。中国是菲律宾第三大出口市场和最大的进口市场，菲律宾对华贸易出现逆差状态，可见中菲贸易在过去一年发展非常快速。不过，2015 年 1—9 月间菲律宾的对华出口比 2014 年同期下降了 24%，在其主要贸易伙伴中下降幅度最大。就菲律宾对华出口而言，电子产品和矿产为最大出口类别，分别占 48.15% 和 18.1%。就对华进口而言，电子产品、金属制品和机械为最大进口项，占比分别为 20.95%、11.43%、10.27%。[③]

表 3　2015 年 1—9 月菲律宾主要进出口对象

（单位：美元）

排名	市场	出口额	份额（%）	进口额	份额（%）	进出口总额	份额（%）
1	日本	9 314 819 421	21.04	4 456 205 828	8.91	13 771 025 249	14.61
2	美国	6 713 291 176	15.16	5 565 554 390	11.13	12 278 845 566	13.02
3	中国大陆	5 040 535 180	11.38	8 058 843 029	16.12	13 099 378 209	13.89
4	中国香港	4 568 566 107	10.32	1 347 389 794	2.69	5 915 955 901	6.27
5	新加坡	2 704 207 556	6.11	3 456 660 760	6.91	6 160 868 316	6.53
6	德国	1 943 997 338	4.39	2 159 029 869	4.32	4 103 027 207	4.35
7	韩国	1 932 074 127	4.36	3 147 140 887	6.29	5 079 215 014	5.39
8	泰国	1 697 666 957	3.83	2 966 104 150	5.93	4 663 771 107	4.95
9	中国台湾	1 458 486 752	3.29	3 870 725 439	7.74	5 329 212 191	5.65
10	荷兰	1 365 055 180	3.08	296 865 567	0.59	1 661 920 747	1.76

数据来源：Philippine Department of Trade and Industry，http：//www. dti. gov. ph/emb/images/PHL_Trade_Performance/PHILIPPINE_MERCHANDISE_TOTAL_TRADE_TO_THE_WORLD_AS_OF_JULY2015. pdf。

---

① 菲律宾贸工部网站，http：//www. dti. gov. ph/dti/index. php/resources/statistics。

② 中国商务部网站，http：//www. mofcom. gov. cn/article/i/jyjl/j/201601/20160101229960. shtml。

③ 菲律宾贸工部网站，http：//www. dti. gov. ph/dti/index. php/resources/statistics。

（四）政治形势

2015 年菲律宾国内政治主要有两大热点：2016 年总统大选造势和南部叛乱活动加剧。

2016 年是菲律宾总统大选年，截至 2015 年底，真正有望角逐总统一职的有四名参选人，他们分别是自由党的罗哈斯（Manuel Roxas II）、副总统比奈（Jejomar Binay）、参议员格蕾丝·傅（Grace Poe）、菲律宾南部纳卯（Davao）市长杜特地（Rodrigo Duterte）。

罗哈斯是菲律宾第三共和国首任总统曼努埃尔·罗哈斯的孙子，出生于政治家族，其丰富的从政经历和家族资本让其在政坛上占据独特的优势。不过，尽管有来自执政党自由党和现任政府的支持，罗哈斯本人在大部分菲律宾民众心目中的形象依然欠佳，这是其竞选的一大软肋。比奈出生于草根阶层，其出生背景及早年反抗独裁的正义形象为其赢得了大量支持者，但是在过去一年里，菲律宾媒体不断曝出其本人及家人涉嫌贪污的丑闻，严重损害了其亲民的形象。尽管如此，比奈仍然是下届菲律宾总统的强有力竞争者。棉兰老岛纳卯市长杜特地是总统大选中的一匹黑马，其铁腕治理下的纳卯是菲律宾治安最好的城市，也因此为其积累了深厚的政治资本。① 参议员格蕾丝·傅是菲律宾知名电影明星费尔南多·傅的养女，虽然从政时间较短，但是其清丽亲和的形象赢得不少菲律宾民众的信任，而且其弃儿的身份也容易激起菲律宾选民的同情。② 尽管格蕾丝·傅的总统候选人资格一度遭到质疑，但菲律宾高等法院在 2016 年 3 月已经做出裁决，判定其参选资格合法。不过，尽管目前格蕾丝·傅在民意中领先，并且其竞选的法律障碍已经被清除，但很多菲律宾人对其竞选资格的疑虑并没有消除。此外，其过往的从政经验，以及其丈夫在美国军中服役的历史，都为其当选增添了未知性。

一旦新的菲律宾总统上任，其对华政策就有可能做出调整，中菲关系也将因此迎来转机。比如副总统比奈在 2015 年 4 月出席雅加达亚非峰会时表示，欢迎与中国合资开发南海争端地区的石油与天然气，这一立场就与现任总统阿基诺三世相左。③

尽管菲律宾政府在 2014 年与摩洛伊斯兰解放阵线（MILF，简称"摩伊解"）签署了"邦萨摩洛全面协议"，但在 2015 年与该组织再度发生大规模冲突，和平协议岌岌可危。2015 年 1 月 25 日，在菲律宾南部马京达瑙省的马马沙巴诺市，菲律宾国家警察特别行动队与摩伊解和"摩洛伊斯兰自由战士"的武装分子发生冲突，大约 250 名反政府武装分子被杀死，④ 但也有 44 名菲律宾特警死于与武装分子的交火之中。此事在菲律宾政坛和社会掀起轩然大波，阿基诺三世的部分政治盟友呼吁暂停落实和平协议的立法进程，甚至有政治家要求总统阿基诺三世为此引咎辞职。惨案发生次日，菲律宾参众两院均停止了原定对《邦萨摩洛基本法》法案的审定。27 日，两名参议员表示决定停止对该法案的支持。

（五）中菲关系

南海问题依然是中菲两国持续交锋的核心焦点。2015 年 1 月底，东盟各国外长在马来西亚出席为期两天的外交部长非正式会议，菲律宾外交部长德尔·罗萨里奥（Albert del

① 据笔者 2016 年 1 月在菲律宾的访谈整理。
② 据笔者 2015 年 9 月的访谈整理。
③ 《副总统：愿与中国共同开采南海油气》，（菲律宾）《商报》，2015 年 4 月 23 日。
④ （菲律宾）《商报》，2015 年 2 月 9 日。

Rosario）呼吁东盟国家就中国在南海填海造地"表达立场"，并"警告"中方的行为终将对东南亚国家"构成威胁"。这是菲律宾自去年指责中国在南海岛礁"填海造地"以来，首次公开要求东盟国家明确表态。① 在 4 月的东盟峰会召开前夕，罗萨里奥再次呼吁东盟国家采取一致行动。他表示，中国在南海岛礁的填海正在制造实质性的"威胁"，不能漠视也不能否认。"东盟必须向世界显示，我们具有为共同利益而行动的决心。"②

尽管中菲关系冷淡，习近平主席还是出席了 2015 年 11 月在马尼拉举行的亚太经合组织（APEC）领导人高峰会议。根据皮尤研究中心《2015 年亚太地区对全球威胁认知》的调查，菲律宾人对与中国的领土纠纷表示担忧的人数比例高达 91%（其中 56%"非常担心"，35%"有些担心"），是受访国家中最高的。虽然菲律宾人对领土争端的忧心程度在亚太地区最高，但皮尤公司的调查同时发现，超过半数（54%）的菲律宾人仍对中国持正面看法，而且大多数菲律宾人对习近平主席有好感。③

法律和外交手段仍然是菲律宾在处理南海问题上主要采取的途径，一方面，菲律宾仍然持续推动"南海仲裁案"，另一方面，菲律宾表示继续利用外交手段解决与中国的领土争端，并不打算增加在争端水域的军事存在。④ 实际上，菲律宾国内一直有学者对菲律宾政府单方面提请"南海仲裁案"的效果表示质疑，呼吁当局与中国进行双边谈判以解决南海有关争端。2015 年 11 月，菲律宾大学政治学教授、人民赋权治理中心政策研究主任图雅松（CenPeg）指出，"南海仲裁庭"不能强迫中国参与仲裁或接受其裁决，不管作出何种裁决，对各国来说都并非强制性的。"菲律宾当局应当考虑和平谈判等其他选项。而且历史证明，中国确实通过与其他国家双边谈判解决了一些领土争端。"菲律宾参议院外交委员会副主席、参议员小马科斯呼吁菲律宾当局启动与中国的双边谈判，强调"这是解决海上争端的最佳选项""中国不会接受南海仲裁案的结果，因此，（两国）必须进行谈判、磋商"。菲律宾大学海事与海洋法研究所所长巴通巴卡尔（Jay Batongbacal）也表示，菲律宾当局"过于依赖""南海仲裁案"。在他看来，菲中两国本来就应当通过外交途径友好地解决南海争端。⑤

二、菲律宾华侨华人社会

（一）华人经济与社会

在 2015 年福布斯亚洲"商界女强人"榜单上，有 3 名菲律宾女性上榜。这 3 名女性皆为华人，她们分别是 SSI Group 和 Rustan's Commercial 董事长兼总裁森乃达·瑜斯智亚—陈道戈、金融银行（BDO）董事长施蒂丝和中华银行董事长海伦·杨应琳·李。68 岁的陈道戈掌管着在 69 家商场内拥有 700 家销售店的公司，以及许多国际生活品牌的特许经营权。64 岁的施蒂丝是菲律宾首富施至诚的女儿，也是 SM Investments 的副董事长，其领

① 《菲外长首次公开要求东盟就中国南海填海表立场》，中华网，http：//news. china. com/internationalgd/10000166/20150130/19261945. html。
② 《东盟峰会菲律宾呼吁强硬对华》，（菲律宾）《世界日报》，2015 年 4 月 25 日。
③ Bruce Stokes, How Asia-Pacific Publics See Each Other and Their National Leaders, *Pew Center*, Sept. 2015.
④ 《总统府：将通过外交手段解决南海问题》，（菲律宾）《商报》，2015 年 4 月 9 日。
⑤ 《菲学者质疑强推南海仲裁效果》，（菲律宾）《世界日报》，2015 年 11 月 4 日。

导的 SMIC 为菲律宾最大的上市公司。70 岁的海伦·杨应琳·李掌管杨应琳集团（Yuchengco Group），该集团是菲律宾金融界最重要的品牌之一，拥有 449 家分行。[①]

在福布斯发布的 2015 年菲律宾富豪榜上，占据前十大富豪榜的华人与上一年相同，只是排名略有不同，施至诚连续八年居菲律宾首富。在前十名富豪中，除第五、七、八名外，其余榜位皆为华人占据，足以说明华人及其经济在菲律宾国民经济中的重要地位。

表 4　2015 年福布斯菲律宾富豪榜

排名	姓名	净资产（亿美元）	年龄	财富来源
1	施至诚/Henry Sy	144	90	多元化经营
2	吴奕辉及其家族/John Gokongwei，Jr.	55	88	多元化经营
3	吴聪满/Andrew Tan	45	63	多元化经营
4	陈永栽/Lucio Tan	43	81	多元化经营
5	小恩里克·雷颂/Enrique Razon，Jr.	41	55	港口
6	郑少坚/George Ty	40	82	银行业
7	阿沃伊蒂斯家族/Family Aboitiz	36	—	多元化经营
8	海梅·佐伯尔·阿亚拉/Jaime Zobel de Ayala	35	81	多元化经营
9	大卫·孔松吉/David Consunji	32	93	建筑
10	陈觉中/Tony Tan Caktiong	22	62	快餐

数据来源：根据 2015 年福布斯富豪榜整理。

在胡润发布的《2015 瀚亚资本·胡润全球华人富豪榜》上，共有 13 名菲律宾华裔上榜，在东南亚地区仅次于新加坡、马来西亚和印尼，而进入前 100 位的共有 5 名菲律宾华商。[②]

表 5　2015 年胡润全球华人富豪榜前 5 位菲律宾富豪

排名	姓名	财富（亿人民币）	公司	行业	年龄	国家
6	施至诚家族	850	SM	零售	91	菲律宾
81	陈觉中家族	130	快乐蜂食品	食品与饮料	62	菲律宾
83	康孙吉	120	DMCI	建筑	93	菲律宾
83	郑少坚家族	120	GT 资本	金融服务	83	菲律宾
93	吴奕辉	115	JG Summit	电信	89	菲律宾

数据来源：2015 年胡润全球华人富豪榜。

菲律宾华人与其祖籍地福建的经济往来密切。2015 年 4 月，福建泉州市官方在与菲律

---

① （菲律宾）《商报》，2015 年 2 月 27 日。

② 参见好酷网，http://www.haokoo.com/wmit/7293083.html。

宾媒体访华团成员进行交流时指出，菲律宾跟泉州的经贸往来最为密切，每年出口10亿美元，进口6 000万美元。泉州吸引了来自50多个国家的13 000家外资公司的投资，其中菲律宾是最大的外资来源国。①

（二）华文教育

2015年菲律宾华文教育界的发展主要体现在如下几个方面：

1. 华文教育/汉语教育在菲律宾取得较大发展

2015年2月25日，马尼拉市政府与华教中心签署了关于支持中国国侨办外派教师来菲工作的协议。按照协议，马尼拉市政府将确保中国国侨办外派教师在菲任教期间的安全和福利，保证华教中心此方案的稳定执行，并且提供一切必要的协助和支持。此前，马尼拉市议会还在2月24日通过决议，授权马尼拉市长与华教中心签署协议并表达对该议案的真诚支持。

上述进展的背景与菲律宾司法部的一项决定有关。受中菲关系以及多种因素的影响，中国国侨办外派到菲律宾的汉语教师一度难以取得工作签证，但经过菲律宾华教中心以及华社的共同努力，菲律宾司法部于2014年7月颁布法令，从而为中国国侨办外派教师办理工作手续开启方便之门。②

中国国侨办外派教师来菲工作（即"输血计划"）是华教中心华语教学师资队伍建设的重要组成部分。从2013年9月到2015年，华教中心已经先后与奥杉弥斯、碧瑶、红奚礼示、怡沙迷拉、务端、仙朝峨等省市政府签署谅解备忘录。各地方政府均与华教中心展开积极合作，安排中国国侨办外派教师到各省市所在华校任教，并且表示确保教师们在菲期间的安全和福利等事宜。

汉语教育在菲律宾也得到发展。2011年，菲律宾教育部宣布汉语正式作为外语课程纳入基础教育体系。截至2015—2016学年，全菲共有72所公立中学开设汉语课程。③

11月14日，由中国驻菲律宾大使馆文化处、菲律宾首都地区教育局、菲华各界联合会与菲律宾华教中心联合举办的第九届"中国走进课堂"菲律宾中学生中国知识竞赛，在大马尼拉市17个城市的16所公立学校中同步进行，参加初赛的学生达1 600人。初赛以中国历史、地理、文化、当代发展、菲中关系、世界反法西斯战争和中菲两国人民抗战历史为比赛内容，以笔试方式进行。有参赛学校的校长表示，随着中国的崛起，全世界都掀起了学习汉语的热潮，菲律宾各校都在争取开设汉语课程，有的学校甚至已将中国历史、地理、文化等内容纳入社会科学课程中，让学生们在日常的学习中就能了解中国。④

2. 华文教育师资的发展

师资是华文教育的基础，因此一直受到菲律宾华社的重视，菲律宾华教中心以及华人

---

① 《菲律宾为泉州最大外资来源国》，菲龙网，2015年4月17日。

② 《马尼拉市政府与华教中心签署合作协议 邱舰陈永栽洪英钟等见证场面庄严隆重》，菲律宾华教中心网站，http：//www. pcerc. org/xinwen/2015/20150228. html。

③ 《菲律宾洪溪礼示大学孔子学院举行成立五周年庆典》，中国侨网，http：//www. chinaqw. com/hwjy/2015/07 - 26/58323. shtml。

④ 《中国走进课堂中学生中国知识竞赛初赛隆重开赛，十六所菲公校一千六百名学生积极参加反响热烈》，菲律宾华教中心网站，http：//www. pcerc. org/xinwen/2015/20151115. html。

社团一直热心支持华文教育师资的培训，中国国内各级侨务机构和大学也对此提供各类帮助。除了上述的"输血计划"外，菲律宾华社还推行"造血计划"，即输送菲律宾华文教师到中国大陆学习，接受专业的华文教育师资培训。

表6 2006—2015 年菲律宾华教中心"造血计划"表

年度	2006	2007	2008	2009	2010	2011	2012	2013	2014	2015
人数	6	12	18	13	30	14	22	16	20	26

数据来源：根据菲律宾华教中心资料整理。

2015 年 5 月，菲律宾华教中心"华语与华文教育"专业硕士研究生班开班，该课程班由中国华文教育基金会主办，中国的华侨大学承办，华侨大学华文学院和菲律宾华教中心协办，完美（中国）有限公司赞助，[①] 该中心今年的"造血计划"还选派了 26 人赴中国的暨南大学、华侨大学等高校攻读华文教育专业本科。[②]

类似的师资培训课程还有不少。比如 2015 年 1 月 24 日至 2 月 1 日，菲律宾晋江同乡总会和菲律宾华文学校联合会成功举办了第十七届华文教育研习班。本届华文教育研习班得到中国国务院侨办和中国驻菲律宾大使馆的大力支持，国侨办特派专家组团赴马尼拉助力菲律宾晋总校联华文教育研习班。在中国国侨办的大力支持下，华文教育研习班每年从中国聘请华语教学督导，举行华文教育研习班，为大马尼拉区华文教师提供学习、研修、交流的平台，迄今累计培训华文教师逾万人次，受到各华校老师的广泛欢迎和好评。[③]

8 月 13 日，由国侨办主办、江西省外侨办承办的"华文教育·名师巡讲"赴菲讲学活动在菲律宾红溪礼示市拉开序幕，来自吕宋地区 18 所华校 100 多名教师参加培训。"华文教育·名师巡讲"项目是国侨办多形式、多渠道培训海外华文教师的项目之一，旨在通过选派国内优秀教师赴海外，以师资培训的形式推动海外华文教育向标准化、正规化、专业化发展。[④]

10 月 24 日至 25 日，菲律宾亚典耀大学孔子学院举办马尼拉汉语教师培训，来自菲律宾 22 所学校的 127 名教师参加了由亚典耀大学孔子学院组织的汉语教师培训。[⑤]

11 月 15 日，由中国海外交流协会主办、福建省海外交流协会承办、菲律宾华教中心协办的菲律宾首期"华文教师证书"培训班在菲律宾侨中学院开班。"华文教师证书"培训工作旨在通过专业化的课程培训，提升海外华文师资的华文教育专业素养，打造规范发展的华文师资队伍，引导华文学校转型升级，推动华文教育向标准化、正规化、专业化方

---

① 《华教中心华语师资硕士班开班 陈永栽博士亲自前往探访学员》，菲律宾华教中心网站，http://www.pcerc.org/xinwen/2015/20150507.html。

② 《华教中心华语师资造血计划进入第十二年，十一所华校二十六人将赴华攻读华教专业》，菲律宾华教中心网站，http://www.pcerc.org/xinwen/2015/20150825.html。

③ 《国侨办派专家团助力菲晋总校联华文教育研习班》，华文教育网，http://www.hwjyw.com/info/content/2015/02/09/31353.shtml，2015 年 2 月 9 日。

④ 《华文教育·名师巡讲团赴菲培训当地华文教师》，华文教育网，http://www.hwjyw.com/info/content/2015/08/17/32159.shtml，2015 年 8 月 17 日。

⑤ 《菲律宾亚典耀大学孔子学院举办汉语教师培训》，中国侨网，http://www.chinaqw.com/hwjy/2015/10-27/68367.shtml，2015 年 10 月 27 日。

向迈进。①

3. 华裔青少年活动

华裔青少年的教育关系到华人社会的未来,在菲律宾,华文学校和华人社会一直大力支持各类华裔青少年文化活动。2015 年 4 月,菲律宾华人企业家陈永栽设立的陈延奎基金会与菲律宾华教中心共同举办了"2015 年暑期菲华学生学中文夏令营",共有 1 022 名来自菲律宾全国各地的华裔学生和教师到中国福建省 5 所华文教育基地学校里开展为期 50 天的学中文活动。② 11 月,由中国国务院侨办主办、北京华文学院承办的 2015 年海外华裔青少年"中国寻根之旅"秋令营——菲律宾光启学校北京游学营,也在北京华文学院开营。

此外,菲律宾亚典耀圣心学院还举办"2015 年中华文化大乐园—菲律宾宿务营"夏令营活动。2015 年是亚典耀圣心学院举办"中华文化大乐园"夏令营活动的第八个年头,此活动已经成为该校的一个传统。③

(三) 中国劳工与中国新移民

1. 中国劳工

为进一步保障菲律宾人优先工作权益,菲律宾劳工部在 2015 年 9 月颁布第 146 – 15 号命令,修订了外籍人士就业许可证的申请规定。劳工部部长巴尔道斯(Rosalinda Baldoz)指出,只有菲律宾人无法胜任或是不愿从事的工作,才能由外国人占缺。根据新修订的规定,打算申请工作许可证的外国人,需向工作地点的劳工部办事处缴交申请表、附签证护照的影印本或难民证明、聘用合约、市长营业许可证(如工作地点在特别经济区,则为经济区证明文件)、雇主培训计划书(由外籍人士执行,以将知识转移于菲律宾人)等文件。④

这一文件出台的背景是:一方面菲律宾国内存在大量失业人口,另一方面每年又有很多外国公民未能持有合法的工作许可证而在菲律宾工作,这其中既有中国大陆人、中国台湾人,也有韩国、巴基斯坦等国的公民,因此本地媒体上时不时就爆出外国公民在菲律宾非法务工的新闻。

2015 年 4 月,菲律宾劳联表示,"大批移民劳工是菲国一个日益严重的现象。我们估计他们不少于 3 500 人",其中 3 000 人是中国人,其他则来自韩国、日本、印尼、马来西亚和越南等国,这些非法劳工受雇于建筑、制造、电子、服务等行业。上述劳联的表态肯定对政府形成了压力,因为在菲劳联发出类似言论之后的几天,菲律宾移民局和国调局探员就到描东岸省等地的工地拘捕了涉嫌非法务工的中国劳工。⑤

---

① 《首期菲律宾"华文教师证书"培训班开班》,华文教育网,http://www.hwjyw.com/info/content/2015/11/20/32303.shtml,2015 年 11 月 20 日。

② 《陈延奎基金会学中文夏令营将分四批赴福建学习》,华文教育网,http://www.hwjyw.com/info/content/2015/03/31/31558.shtml,2015 年 3 月 31 日。

③ 《2015 年中华文化大乐园—菲律宾宿务营开营》,华侨大学网站,http://hjw.hqu.edu.cn/newsdetail.php?id=305。

④ 《菲加严外国人打工规定》,(菲律宾)《世界日报》,2015 年 9 月 4 日。

⑤ 《菲劳联:3 000 中国人在菲非法工作》,(菲律宾)《商报》,2015 年 4 月 14 日。

2015 年 1 月，菲律宾移民局逮捕了 74 名外国人，这些人主要来自中国、韩国、泰国以及印度尼西亚，他们在金融中心马卡蒂市的商业外包公司工作，但其中的 58 人仅持有游客签证。① 7 月 20 日，菲律宾移民局对大马尼拉地区帕赛市一处写字楼内的呼叫中心和网络博彩公司进行外国人签证身份检查，191 名外国人因涉嫌从事与所持签证不符活动被送往移民局接受调查，其中大部分是中国人。② 9 月 9 日，菲律宾移民局在墨拉兰（Baclaran）一处购物中心逮捕 46 名外国人，其中包括中国人、孟加拉人和巴基斯坦人，这些外国人涉嫌非法从事零售业。③

2015 年全年，菲律宾共逮捕 507 名非法外侨，其中 273 人为中国人（54%）。移民局长米顺（Siegfred Mison）在声明中说，他们大多数是在没有适当许可证的情况下在菲律宾工作，只有 12% 是因为逃犯的身份被捕。④

2. 中国新移民

截至 2015 年 2 月底，在菲律宾移民局进行年度申报的外侨总共有 111 923 人，其中中国大陆人居第一位，有 27 834 人，其次是美国人，有 10 631 人，接下来分别是印度人、韩国人和中国台湾人，⑤ 中国移民持续几年居菲律宾外侨首位。

从 2014 年起，菲律宾移民局对根据 1995 年 7919 法案获得菲律宾永久居留权的外侨重新登记，尽管菲律宾移民局在华社的要求下一再延迟重新登记的最后截止期限，但截至 2015 年 5 月 8 日，在当年根据 7919 法案获得永久居留权的 14 673 名外侨中，仍然只有 6 129 名外侨办理重新登记手续，而最终完成全部程序并成功在护照上重新盖章的人则更少。在 8 549 名获得居留权的中国移民中，有 65% 的人还没有办理登记手续。移民局发言人 Elaine Tan 认为这些人之所以没有重新登记的原因有很多，比如一些人没有兴趣保留菲律宾的永久居留权，或者一些人对此持有怀疑态度。⑥

不过，鉴于中国在菲律宾的新移民——不管是否具备合法的身分，很多人都从事菲律宾法律所不允许的零售业，这就决定了他们脆弱的政治地位。而且，由于菲律宾现行的移民法是 1940 年参照当时美国法律所制定的，距今已超过半个世纪，被很多人认为已经不合时宜。马尼拉市华人议员洪英钟在出席 2 月参议院司法与人权委员会举行的公开听讯会

---

① "BI arrests illegal foreign nationals"，菲律宾移民局网站，http：//www. immigration. gov. ph/news/press – release/98 – january – 2015 – press – releases/742 – bi – arrests – illegal – foreign – nationals.

② "Mison orders probe on missing Chinese"，菲律宾移民局网站，http：//www. immigration. gov. ph/news/press – release/114 – july – 2015 – pr/846 – mison – orders – probe – on – missing – chinese.

③ 只有 169 人被带到移民局，另外 21 名被当场释放，这 21 人据说因为持有特别签证（Cagayan Economic Zone Authority special visas）而被释放，但移民局下令对此展开调查，参见 "46 illegal workers arrested at Baclaran mall"，菲律宾移民局网站，http：//www. immigration. gov. ph/news/press – release/116 – september – 2015 – press – release/868 – 46 – illegal – workers – arrested – at – baclaran – mall.

④ "BI issues 25，000 visas in 2015 exceeds targets, raises bar for 2016"，菲律宾移民局网站，http：//www. immigration. gov. ph/news/press – release/122 – december – 2015 – pr/922 – bi – issues – 25 – 000 – visas – in – 2015 – exceeds – targets – raises – bar – for – 2016.

⑤ "111，923 foreign nationals comply with annual report requirement"，菲律宾移民局网站，http：//www. immigration. gov. ph/news/press – release/107 – march – 2015 – pr/759 – 111 – 923 – foreign – nationals – comply – with – annual – report – requirement.

⑥ "BI gives final deadline for RA7919 visa restamp"，菲律宾移民局网站，http：//www. immigration. gov. ph/news/press – release/112 – may – 2015 – pr/791 – bi – gives – final – deadline – for – ra7919 – visa – restamp.

时，指出移民局官员"先抓后证"不合法逮捕甚至展开围捕行动，诸如168、999、墨拉兰商场围捕事件，还有黑名单问题等，都是有损菲律宾国家声誉和直接伤害国家利益的不法行为，洪英钟因此建议政府完善外侨居住手续。①

3月初，洪英钟又召开座谈会，邀请华社工商团体代表、媒体及文化界人士出席，呼吁华社人士为即将进行的《菲律宾移民法》修改草案提建议。洪英钟展示了《新移民法》修改草案全文，希望能够译成中文并发布，让所有关注的华人参考并提出意见。洪英钟还郑重向华社保证，对提出意见的华人将予以保护，如果有人受到移民官员的威胁和骚扰，可直接向市政府报告，马尼拉市政府会出面干涉，市政府已设立了免费的司法服务中心，可随时为有需要者提供帮助。这一立场与马尼拉市长埃斯特拉达的立场一致，2014年在前往香港为香港人质事件道歉时，埃斯特拉达同样曾向香港方面表示，将全力维护在菲华侨华人的切身利益，无论是新移民还是老移民，他们都在为市政增加税收，因此，他们也应该得到合法保护。②

基于马尼拉市政府的表态，菲律宾华社一方面推动政府出台新的社会融合案即外侨逾期特赦提案，另一方面又积极酝酿参与移民法规的修改，而菲华商联总会在其中则发挥着中坚作用。③考虑到在菲中国新移民群体规模庞大，如果相关议案能够通过，无疑将造福于大量中国新移民。

3. 涉嫌违法活动

2015年，菲律宾各媒体仍不时充斥着有关中国公民在菲律宾的违法活动的新闻，如售卖假冒产品，贩毒，持有假证，违法活动或者违法工作等。

比如在2015年1月6日，菲律宾当局在中国城的零售商场168购物中心和仓库进行搜查，查获超过2 000件冒牌的Jansport和North Face包，价值1 100万比索（披索）。④12月，国调局对马尼拉巴西市的多家商场和仓库展开突查，没收价值至少2 800万比索的假冒名牌包和服装，其中包括多家华商所有的仓库。⑤

1月31日，2名中国人和2名菲律宾人因在奎松市售卖毒品而被菲律宾警方诱捕，嫌犯的组织在大马尼拉区及邻近省分销毒品。⑥3月，一名中国人在菲律宾南部的巴拉湾涉嫌非法伐木被捕，4名中国人因在海岸线附近非法挖沙被捕。⑦9月，菲律宾警方在宿务市开展一系列突查行动，拘捕了63名外国人，大部分人来自中国大陆和中国台湾，他们涉嫌利用网络进行诈骗。⑧

---

①《洪英钟就抓捕华人及黑名单等问题批移民局滥权》，菲龙网，http：//www.flw.ph/threa d - 45202 - 1 - 1. html，2015年2月27日。

②《洪英钟就修改移民法案征求华人意见》，菲龙网，2015年3月7日。

③《商总召集华社团体讨论华助中心移民法修订案》，（菲律宾）《商报》，2015年3月7日。

④《168、999商场被没收价值1 100万披索冒牌》，菲龙网，2015年1月6日。

⑤《国调局突查大岷华商仓库没收价值2 800万冒牌服装和皮包》，（菲律宾）《世界日报》，2015年12月3日。

⑥《两中国人涉贩卖价值五千万元毒品被捕》，菲龙网，2015年1月31日。

⑦《4中国人在菲采沙被捕》，菲龙网，2015年3月24日。

⑧《63名中国网络诈骗犯在菲落网》，（菲律宾）《世界日报》，2015年9月9日。

三、中菲关系与华侨华人

（一）中菲关系对中国公司的影响

中菲关系的恶化对中国公司在菲律宾的运行造成了一定的消极影响。由于中国国有电力公司持有菲律宾国家电网公司40%的股份，2015年2月，菲律宾参议员仙爹戈在一份新闻声明中表示，"菲律宾宪法强调民族主义，但像电力这样一个重要的战略性产业，却感染了国家安全的病毒"。虽然没有指名道姓，却明确表达了对中国参股菲律宾国家电网公司的担忧。①随后，菲律宾政府在2月25日宣布，基于对"国家安全的担忧"，中国技术人员日后将不会再参与菲律宾国内的电力输送工程。菲律宾能源部长佩蒂拉说，目前菲律宾国家电网公司旗下的16名中国技术人员将在2015年7月返回中国，今后菲律宾国家电网的运作技术及管理将完全由菲律宾人负责。实际上，自中菲关系因南海问题恶化以来，中国国家电网公司在菲律宾的工作已经遭到菲律宾方面的刁难。比如2012年11月，菲律宾取消了28名中国国家电网公司技术人员的赴菲签证和工作许可。②

不过，在一些非敏感的领域，没有迹象表明中资企业的活动受到了干扰。而且，无论是基础设施建设还是外来投资，菲律宾都需要中国企业的参与，菲律宾政府不可能愚蠢到因为南海问题而对中资企业的发展全面施禁。

2015年11月，菲律宾公私合作伙伴中心执行主任科赛特·卡尼劳（Cosette V. Canilao）在接受中国记者采访时表示，菲律宾拥有相当多公私合作（PPP）项目，目前正在竞标的就有14个，包括建设小型机场、供水和供气系统、港口和轨道交通的建设和翻新等。中国企业在交通运输方面相当具有创新意识，尤其是在铁路、公路交通方面，引进中国投资有助于菲律宾发展交通。卡尼劳说："在未来几个月即将开始的PPP项目中，我们打算邀请来自中国的投资者参与其中。"目前较积极参与菲律宾PPP项目的国际投资者主要来自日本和韩国，此前来自中国的投资者大都因为不了解菲律宾投资情况而半途折戟，卡尼劳建议中国投资者可先通过菲律宾PPP中心官网了解项目流程以及法律法规方面的问题，再参与具体项目。由于菲律宾法律对外资有所限制，卡尼劳建议中国企业可以从当地企业中寻找合作伙伴，组成联合体来参与竞标。③

（二）中菲关系中的华侨华人

2015年4月，菲律宾外交部一名前副部长表示，菲律宾除了应该与中国进行双边对话外，还应动员菲华大班（华人大企业家）与中国进行幕后管道谈判。他表示，"政府应进行幕后管道谈判，一如我所说的，商业及贸易通道是可以探索的方法，外交谈判不应停止，而是继续进行的。"早在2014年，该政治家即建议菲律宾政府利用华人大班们的个人

---

① 《中国参股菲国家电网公司参议员表示不安》，（菲律宾）《商报》，2015年2月22日。
② 《菲律宾电网结束与中方合作称技术已学到手》，环球网，http://mil.huanqiu.com/observation/2015-02/5754833.html，2015年2月26日。
③ 《菲律宾期待中国企业投资公私合作项目》，新华网，http://news.xinhuanet.com/fortune/2015-11/13/c_1117139469.htm，2015年11月13日。

影响力——投资和文化以及对中国的亲和力与中国政府谈判。不过，政府一名高级官员说："外交部对是否采用这个方法感到犹豫，因为怀疑有些大班可能是亲中国的。"[①] 以上相互矛盾的信息表明，一方面，华人也许可以在中菲关系中发挥积极的作用，另一方面，菲律宾政府对于华人仍未完全信任。

就第一个方面而言，毫无疑问，菲律宾华人社会的主流仍然是希望中菲友好，一些华裔对菲律宾对外政策中过分亲美的态势表示担忧，认为这不符合菲律宾的国家利益。一些华人学者、社会活动家、企业家，努力以各种温和、渐进的方式向菲律宾大众介绍有关中菲交流的历史，以及中菲在经济方面的合作与潜力，希望菲律宾的外交政策能够更加平衡。

以菲律宾中华研究学会为例，该社团由菲律宾知名华人学者、社会活动家洪玉华女士（Teresita Ang See）创办，同时囊括了菲律宾国内的一些知华友华人士，他们一直试图从民间层面推动中菲友谊，促进菲律宾大众对中国的认识。前菲律宾商会（PCCI）主席、菲华青年企业家俱乐部（Anvil Business Club）前主席李栋梁（George Siy），通过组织各种论坛和学术会议，来促进菲律宾大众对菲律宾经济、中国文化和中菲关系的了解。菲律宾华人记者李天荣（Wilson Lee Flores）、专栏作家张万兴（Herman Tiu Laurel）等人则在媒体上评论菲律宾政府的对外政策，甚至批评菲律宾政府的南海政策。因此，华人即便不能以直接的方式对政府的对华政策施加影响，也能以渐进的、温和的方式在民间层面推动大众以更全面和客观的方式看待中菲关系。

从第二个方面来看，就华人自身而言，他们还需要持续地推进与本土社会是否融合。其实，直到今天，华人对本土社会是否效忠，仍然时不时成为菲律宾社会中的一个话题。

2015年6月，菲律宾华人学生庄泽美（Tiffany Grace Cheng Uy）以1.004的平均分完成菲律宾国立大学生物系学士课程，成为该大学自"二战"以来获得最高分的学生，但因其华人的姓氏而引起一些菲律宾人的议论，比如有菲律宾人认为庄泽美是中国人而不是菲律宾人。6月20日，《询问者日报》刊登了一篇题为"福布斯杂志第一个纯正菲律宾富豪曼尼维惹教会他子女什么？"的文章称，曼尼维惹（Manny Villar）是登上福布斯世界富豪榜的"第一个纯正菲律宾人"。[②] 7月，菲律宾文学家尚尼扶西（F. Sionil Jose）在媒体上公开怀疑华人的忠诚，认为华人会在中菲冲突时支持中国。[③]

对此，华人专栏作家Melanie Lim发表题为"华人依然是二等公民"的评论，抨击种族主义仍然在菲律宾存在。Lim的祖父在100多年前从中国移民到菲律宾，其父亲出生于薄荷岛（Bohol），直到75岁都不曾踏足中国半步，但人们仍然视他为中国人而不是菲律宾人。Lim自己在年轻的时候，每次申请护照时，都必须出示多种证件来证明她"听似外国人"的姓氏是菲律宾的姓氏。Lim写道："因此我不断说服我父亲，种族主义已死。我渴望在他的脑海中，删去那段他的家人因他们的族裔背景而遭当地人掷石头的记忆。"但

---

① 《菲官员称菲华大班可与华进行幕后沟通》，（菲律宾）《世界日报》，2015年4月21日。

② Eric S. Caruncho, "What Forbes' 1st all – Filipino billionaire Manny Villar has taught his children", *Philippine Daily Inquirer*, June 20, 2015.

③ F Sionil Jose , "A memoir of war（then）and China（now）", *The Philippine Star*, June 7, 2015。不过此人的言论遭到很多菲律宾人包括华人的批判，相关回应可参见：http：//www. rappler. com/thought – leaders/101173 – f – sionil – jose – donald – trump。

最后 Lim 悲伤地得出结论："掷石头是停止了，但叛国的指责来了。因此我们心碎了。我的父亲是对的，种族主义仍然存在。我们是这个国家的二等公民。"①

另根据笔者的观察，一些菲律宾人对华人和中国的关系并不太清楚。2015 年 8 月，笔者随菲华商联总会（FFCCCII）到邦邦牙省（Pampanga）参加商总农村校舍交接仪式时，很多接受华人捐赠的学校学生在欢迎商总一行时，挥舞着中菲两国的国旗。②

总的来说，菲律宾华人在本地的发展有两种非常明显的趋势：一方面，华人已经在很大程度上融入当地，族群关系较为融洽；另一方面，菲律宾本地族群对华人的误解依然存在，而且很可能会长时间存在。不过，由于菲律宾人已经在法律、文化和社会等多方面接纳了华人，因此族群之间的偏见，或者菲律宾与中国之间的双边关系，已经不大可能对华人造成负面的影响。

---

① Melanie Lim，"Lim：2nd - class citizens"，*Sun Star Cebu*，July 4，2015，http：// www. sunstar. com. ph/cebu/opinion/2015/07/04/lim - 2nd - class - citizens - 416987.

② 一名受访者对笔者表示，华人来自中国，他们捐赠给菲律宾农村校舍，因此受益的菲律宾学校对中国非常感谢。

老 挝

　　老挝是东南亚华侨华人数量较少的国家，但也是中国在外新侨增长较快的国家。老挝的华侨华人大多从事商业与手工业，生活水平略高于当地其他族群。老挝华侨华人从政者较少。老挝华侨华人社团以万象中华理事会为主。老挝的华文教育发展迅速，并有望继续扩大发展。中老两国同为社会主义国家，双边关系快速发展，有助于老挝华侨华人创业。老挝华侨华人是中老关系的"桥梁"。2015 年，老挝政局稳定，经济发展较快，有助于华侨华人在老挝兴业与生活，老挝党政高层多次访问中国，有利于稳定和推动中老关系，且有助于老挝华侨华人的融入与发展。

一、老挝基本国情与华侨华人数量

　　老挝位于亚洲中南半岛北部，北与中国云南省接壤，西邻缅甸，南邻泰国、柬埔寨，东邻越南。2008 年 11 月，老挝第六届国会审议确定：老挝只有一个主体民族——老挝族，一个老挝族之下又有 49 个少数民族。

老挝概况

国家全名	老挝人民民主共和国
位置	中南半岛北部
气候	热带、亚热带季风气候
领土面积	23.68 万平方千米
执政党	人民革命党
总理	通辛·坦马冯
官方语言	老挝语
首都	万象（永珍）
国际机场	瓦岱机场
人口数量	691 万多（2015 年 7 月，数据源自 CIA 网站）
华侨华人人口数量	3 万多
华侨华人占总人口比例	不到 1%
主要民族	老挝族
经济增长率	7.5%（2015）
通货膨胀率	1.33%（2015）
国内生产总值	117 亿美元
人均国内生产总值	1 800 美元（2015）

因地缘之便，中国云南的边民从宋代末期就开始移居老挝。[①] 清朝中后期，来自广东、福建等地的民众经越南、泰国、柬埔寨等地移居老挝。20 世纪 70 年代，老挝政局动荡，当地华侨华人生活深受影响，不少人离开了老挝。目前在大洋洲、北美洲、中国香港等地的一些华侨华人社团就是由当时离开老挝的华侨华人建立的，如老挝华侨华人香港联谊会、大洋洲越南柬埔寨老挝华人团体联谊会等。

关于老挝华侨华人的人数，至今没有一个较为确切且一致认可的数据。中国外交部网站提供的数据显示：目前在老挝的华侨华人有 3 万余人。这一数据与老挝华社"万象中华理事会"提供的数据基本一致。[②] 不过，台湾"侨务"部门的相关统计数据与上述数据差异较大。据台湾"侨务委员会"2005 年的数据：在老挝的华人（Ethnic Chinese）有 185 765 人（2004 年有 181 571 人），华人人口增长率为 2.31%，[③] 占老挝人口总数的 0.4%。[④] 上述差异可能是由统计的对象、时间等不一致所造成的。上述数据均未包括最近十几年来到老挝务工和经商的中国人。据中国驻老挝使馆商务处提供的数据：2015 年工程承包项目下中国向老挝派出的人数大幅增长，超过 1.1 万人，他们与在老挝经商的中国人一起构成了中国在老挝的新侨群体，如来自湖南邵东县的商人群体。

历史上老挝华侨华人的数量也缺乏准确统一的数据，仅有大致的数据。1927 年，法国殖民政府的统计显示，在老挝的华侨华人有 2 000 人；[⑤] 到了 1959 年，有 4 万人；[⑥] 1954 年 7 月在日内瓦会议期间，老挝外长告诉中国总理：老挝有 1 万多中国人。当地华人曾告诉西方学者：老挝华侨华人最高峰时期大概有 10 万人；但西方的相关统计更多地采用了"4 万多"这一数据，学者们也多采信"4 万"这一数据；[⑦] 国内的相关研究中也有采用"4 万多"这一数据的。[⑧] 中国台湾 1988 年出版的《寮国华侨概况》称老挝有华侨华人 15 万人之多，这是根据老挝各个主要市镇的华人人口推算出来的。[⑨] 据估计，20 世纪 90 年代中期时，在老挝的华侨华人有 1 万多人；其中首都万象有华人 8 000 余人。[⑩]

近些年，随着老挝与中国关系的快速发展，到老挝从事商务活动的中国人越来越多，形成了构成侨居老挝的中国"新侨"群体。在老挝北部临近中国云南的边境地区，来自云南的商务人士和务工者较多。在老挝首都万象，来自中国湖南邵东县的商人占有较大比

---

① Florence Rossetti, The Chinese in Laos: Rebirth of the Laotian Chinese Community as the Peace returns to Indonesia, *China Perspectives*, September – October, 1997.

② 李家忠：《印支外交亲历》，上海：上海辞书出版社 2010 年版，第 208 页。李家忠于 1994 年至 1995 年担任中国驻老挝大使，他提供的老挝华侨华人数据应该是较有参考价值的。

③ The Ranking of Ethnic Chinese Population，台湾"侨务委员会"，http://www.ocac.gov.tw/english/public/public.asp? selno =1163&level = B, 2012 – 11 – 09.

④ 海外华人人数，台湾"侨务委员会"，http://www.ocac.gov.tw/public/public.asp? selno =9429&no =9429&level = C, 2012 – 11 – 09.

⑤ Centre des Archives d'Outre – Mer in Aix – en – Provence, France. Division of Economic Affairs, Indochina General Government, Courrier 1927. 转引自：Florence Rossetti, The Chinese in Laos: Rebirth of the Laotian Chinese Community as the Peace returns to Indonesia, *China Perspectives*, September – October, 1997.

⑥ Joel Martin Halpern, The Role of the Chinese in Lao Society, *The Journal of Siam Society*, Vol. 99, July 1961.

⑦ Florence Rossetti, The Chinese in Laos: Rebirth of the Laotian Chinese Community as the Peace returns to Indonesia, *China Perspectives*, September – October, 1997.

⑧ 朱芳华：《老挝汉语推广的对策初探》，《海外华文教育》2010 年第 1 期。

⑨ 蔡天：《寮国华侨概况》，台北：中正书局 1988 年版，第 57 ~ 59 页。

⑩ 李家忠：《印支外交亲历》，上海：上海辞书出版社 2010 年版，第 193 页。

例，他们基本是在最近十多年到老挝的。这些新到老挝的中国商务人士流动性较大，在老挝时间不一，也较难统计具体数量。目前，还没有关于中国在老挝新侨群体的研究，仅有零星的新闻报道。

二、老挝华侨华人地域分布与从业状况

老挝华侨华人主要集中在老挝的中南部，以首都万象（Vientiane）与沙湾拿吉（Savannakhet）、巴色（Pakse）、琅勃拉邦（Luang Phrabang）等省会城市最为集中。华人多以经商为主，生活水平略高于其他族群，从事的行业包括：餐饮、旅馆、服装贸易、食品加工、日用百货。老挝外长 1954 年 7 月在日内瓦告诉中国总理：在老挝的中国人主要从事经济活动，很少介入政治。[①] 这一态势延续至今，华人在政治领域的表现逊色于经济领域，华人参与政治活动者较少。

近些年到老挝的中国新侨多从事矿产、交通、银行、酒店、网络、手机、摩托车等行业。来自湖南邵东的中国商人在老挝经贸领域发挥越来越大的作用，在摩托车、手机、服装和箱包生意等领域都占有较大份额。万象的宏格亚星商业街被称为"邵东街"。

不过，随着中国的援助与投资在老挝的份额逐渐增长，关于中国经济与中国人对老挝造成负面影响的猜测与报道也不断出现。[②] 2015 年 11 月，近 300 名中国人涉嫌在老挝从事针对中国境内的跨境电信诈骗活动；2016 年初，老挝警方与中国合作，将上述嫌犯押解回中国。2016 年 1 月，三名在老挝的中国务工人员被不明身份人士袭击身亡，这也是近些年少有的有关在老挝的中国新侨群体的负面事件。

三、万象中华理事会

"万象中华理事会"（Vientiane Chinese Association）是老挝最大且历史久远的华人社团，其前身为万象华侨公所，成立于 1934 年。1948 年 9 月 28 日，中国政府要求法国殖民政府取消公所名称，代之以"永珍中华理事会"。1959 年，老挝政府要求取消中华理事会，代之以"中华会馆"。

中国驻老挝大使馆延续着同万象中华理事会互动的传统，在华人农历新年期间同老挝华人社团共贺新年，并拜访永珍善堂。永珍善堂是中华理事会管理下的华人慈善机构，成立于 1966 年，每年在盂兰节等节日举行慈善捐助活动，还赡养一些孤寡老人——目前有 11 位。善堂还为贫困人士办理丧葬事宜，其善行赢得老挝各界的赞誉。

2015 年 12 月，在永珍善堂成立了老挝海外华侨华人互助中心。该中心是中国政府推动的"海外惠侨工程"重点之一，也是全球首批"华助中心"之一。2016 年 3 月，永珍善堂为因车祸在老挝巴色去世的中国商人办理后事，这显示了老挝传统华人社团与在老挝

---

① 中华人民共和国外交部档案馆编：《中华人民共和国外交部档案选编第一集：1954 年日内瓦会议》，北京：世界知识出版社 2006 年版，第 329 页。钱江：《周恩来与日内瓦会议》，北京：中共党史出版社 2005 年版，第 388 页。

② Ian Storey, China and Vietnam's Tug of War over Laos, *China Brief*, Vol. 5, Issue 13, June 7, 2005. Tom Fawthrop, Laos's Chinese Gamble, *The Diplomat*, December 24, 2010, http://www.thediplomat.com/2010/12/laoss-chinese-gamble/, 2012 – 11 – 09.

的中国新侨群体之间的良性互动。

理事会下属机构还包括万象寮都公学、福德庙、伏波庙、寮都教育基金会、寮都修校委员会、中华妇女会、中华少狮团、寮都校友总会。"拥有会员1 000多人，多数为粤籍潮汕地区的乡亲"。万象中华理事会的委员会通过选举由15位人员组成，现任理事长为李燕金。

四、商会

2015年7月成立的老挝中华总商会，是老挝首个全国性的华侨社团，是在各地中华理事会的基础上成立的。

2015年5月，老挝中国总商会广东商会成立。老挝中国总商会前身是成立于2005年的中国商会，广东商会是总商会成立的第五个分会。

五、华人代表

老挝华人的代表主要包括华社的领导与重要的企业界人士。

张贵龙是老挝中国和平统一促进会会长。作为老挝的华人企业家，他被不少媒体称为老挝华人首富；他是"中国海外交流协会第四届理事会理事"，也是该协会仅有的两位来自老挝的华人之一。1997年，张贵龙作为老挝华侨华人代表参加香港回归仪式；1999年到北京参加新中国成立50周年庆典。[①] 除经营企业外，华人企业家也都投身公益事业。张贵龙积极投身于公益事业，担任了数个民间社团的职务，如担任老挝中国和平统一促进会会长、崇德学校名誉董事长、万象寮都公学副董事长、万象中华理事会监事、老挝潮州乡亲会会长等。[②]

另一位华人企业家姚宾是老挝吉达蓬集团董事长。他于20世纪90年代到老挝经商，涉足房地产开发、建筑、政府采购贸易、木材加工、酒店旅游等行业。他目前担任老挝万象中华理事会副理事长，曾多次捐款给福德庙、永珍善堂等华侨华人文化和慈善机构，还曾资助文化与体育事业，赞助过参加广州亚运会的老挝体育代表团、老挝乒乓球队以及老挝贫困地区的学校。他常随老挝政府代表团访问中国，以更多的实际行动服务于两国友谊与经贸合作。

六、华文教育与中华文化

老挝华文教育以本土的华文学校为主，此外还有大学里设置的中文系与孔子学院。2015年11月开播的老挝国家广播电台汉语节目，可望与此前一年开设的中国文化中心一道，开启在老挝传播中国文化的新局面。

---

① 辛秀玲：《张贵龙：力促中老友好合作的华人首富》，《民营经济报》，2011年9月29日。
② 陈玩穗：《张贵龙：老挝华人首富》，《民营经济报》，2012年9月29日。

（一）中国文化中心

2014 年 11 月在老挝首都万象成立的中国文化中心，是在老挝传播中国文化的新机构。与中国汉办在老挝设立孔子学院教授汉语不同的是，由中国文化部组织设立的中国文化中心旨在让当地民众更直接地体验中国文化。中国文化中心有望与当地的华文学校/孔子学院一道，成为在老挝传播中国文化的主力军。

（二）华文学校

在老挝的孔子学院/中国文化中心成立之前，当地的华文学校是教授汉语和传播中华文化的主要力量。老挝的华文教育办学条件较好、师资力量较强、教学水平较高，不仅华人子女到华文学校就读，家庭条件较好的其他族裔也会把子女送到华文学校。由当地华社创办的华文学校遍布老挝各地，主要有以下几所：

（1）寮都公学。寮都公学是中华理事会所属的主要华文学校之一，1937 年创办，是老挝规模最大、学生最多、师资力量最强的华文学校。该校是中国国务院侨办确定的老挝三所华文教育示范学校之一，现有学生 2 000 余名。寮都公学每年都有毕业生到中国的暨南大学和华侨大学接受高等教育。中国驻老挝大使每年都会访问寮都公学，并为寮都公学提供支持和帮助。

（2）巴色华侨公学。拥有 85 年历史的巴色华侨公学是老挝南部最著名的华文学校，是当地华社创办管理的学校，也是"汉语桥"在老挝的协办单位。

（3）寮东公学、崇德学校与新华公学。寮东公学是甘蒙省他曲中华理事会创办的华文学校。崇德学校建于 1931 年，位于沙湾拿吉省，被中国国务院侨办、中国海外交流协会评为"华文教育示范学校"。理事会派专人负责华校工作，筹集办学经费，争取政府对华校的支持，解决师资、教材等方面的困难，并改进教学方法，提高教学质量等。琅勃拉邦新华公学也是老挝知名的华文学校，是老挝副总理宋沙瓦的母校。

（三）其他

在老挝教授汉语及传播中国文化的机构还有以下几所：

（1）老挝国立大学中文系，成立于 2003 年。其教师由中国汉办委派，使用从中国引进的教材。

（2）2015 年 10 月 26 日，老挝国立大学举办了孔子学院建立五周年庆祝活动。孔子学院成立于 2010 年 3 月，是目前老挝唯一一家。

（3）琅勃拉邦的中文培训中心，是由中国昆明理工大学与老挝苏发努冯大学合作设立的。

（4）短期培训班。这是老挝华文教育的另一种形式，分政府创办和私人创办两种。私人创办的华文培训班在规模和收费方面都很灵活。

七、华文媒体

随着网络的发展，老挝的华文新媒体发展较快。名为"老挝通"的公众微信号，及时刊发关于老挝的信息，传播范围较广。网络媒体成本较低、运行便捷、传播范围广、影响力持续上升，尤其是在老挝至今仍没有纸质版华文媒体的背景下，新媒体的发展更值得关注。

目前，老挝还没有本土编辑出版的华文报纸。老挝曾经有过华文报纸，但存在时间短、销量小，1959 年创办的第一份华文报纸《寮华日报》因销路有限而停办；随后创办的《自然报》和《虎报》也都时间不长；1965 年创办的《华侨新闻》和 1967 年创办的《永珍日报》发行量都不超过 1 000 份；20 世纪 70 年代创办的《老华日报》于 1978 年被查封。[①]

八、老挝局势与中老关系及其影响

老挝华侨华人是中老关系发展的见证者，也是发展两国关系的纽带，他们积极地通过自身的努力为老挝同中国关系的健康发展做出贡献。老挝华侨华人深受中老关系变化的影响。当老挝同中国关系健康发展之时，就会有不少中国人到老挝从事经济、文化活动，近 20 年来的情况就是如此。当老挝同中国关系不佳时，不少老挝的华侨华人就被迫离开老挝，留在老挝的华侨华人的文化活动也受到限制。目前中老关系的状态越来越有利于华侨华人在老挝生活、发展。如今，老挝政府对待华侨华人的政策较为宽松，基本不存在歧视华侨华人的现象。

2015 年老挝政局稳定，经济快速发展。老挝经济多年来都保持较高的发展速度。2015 年是老挝第七个五年计划（2011—2015）的收官之年，也是老挝建国 40 周年（1975—2015）。老挝经济继续保持稳定增长，通货膨胀率较低（1.33%）。

2015 年老挝同中国关系也在原有良好基础上稳定发展，客观上有助于老挝华侨华人的生活与创业。老挝人民革命党总书记、国家主席朱马里 2015 年 9 月到中国出席中国人民抗日战争暨世界反法西斯战争胜利 70 周年纪念活动；中共中央总书记、中国国家主席习近平会见朱马里。2015 年 11 月，老挝总理通邢在马来西亚吉隆坡会见中国总理李克强。2015 年 12 月，中共中央政治局常委、中国人大委员长张德江到老挝，同朱马里一道出席中老铁路开工奠基仪式；通邢 2014 年 4 月访问中国时，同中国达成了修建老挝铁路的协议。中（国）老（挝）两党两国的高层互动于 2015 年达到了前所未有的高度，对于推动中老两党两国关系发展至关重要，客观上也有利于老挝华侨华人的创业与生活。2015 年 9 月，老挝派代表参加了在北京举行的阅兵仪式，这在东南亚国家中是少有的。2015 年 11 月，中国为老挝发射"老挝一号"卫星。"老挝一号"卫星升空与中老铁路开工分别列为老挝巴特寮通讯社评选出的 2015 年度老挝十大新闻中的第二位和第三位。2015 年 11 月，老挝国立大学成立的中国研究中心有望丰富老挝对中国的认识，为进一步发展老挝同中国的关系做出贡献。

2016 年初老挝人民革命党换届，这可能会影响到近些年快速稳健发展的中老关系。换届后的老挝有望继续保持政局稳定、经济快速发展的态势，但老挝人民革命党新的领导集体是否会延续之前同中国发展更紧密关系的态势，这还有待观察。新的领导团队在内政与外交领域的连续性与否，不仅会影响到中老关系，还可能会影响到中国在老挝的投资，以及中国在老挝务工与经商人员的工作。

---

① 傅曦、张愈：《老挝华侨华人的过去与现状》，《八桂侨刊》2001 年第 1 期。

文 莱①

2015 年文莱政治稳定，在经济方面，受国际油气行业不景气的影响，文莱经济发展受到一定影响，但中文两国经贸关系发展势头良好，在经济领域开展了一系列合作。文莱华人在很大程度上仍保留了对中华文化和传统的认同，传统的华人社团依然活跃在华人社会。

一、文莱政治经济形势

（一）文莱基本国情

表 1　文莱概况

国家全名	文莱达鲁萨兰国	人口数量	429 646
地理位置	亚洲东南部，濒临南海，与马来西亚接壤	华人人口数量	44 253
气候	热带雨林气候	华人占总人口比例	10.3%
领土面积	5 765 平方千米	主要族群	马来族、华族
政体	君主立宪制	GDP 增长率	−1.2%
现任国家元首/政府首脑	哈吉·哈桑纳尔·博尔基亚苏丹	失业率	2.7%（2014 年估计）
官方语言	马来语	GDP（ppp）	329 亿美元
首都	斯里巴加湾市	人均 GDP（ppp）	79 700 美元

数据来源：文莱经济计划与发展部，http：//www.depd.gov.bn/SitePages/National%20Statistics.aspx。

（二）人口与社会

根据美国中央情报局（CIA）的数据，截至 2015 年 7 月，文莱人口数量近 43 万，世界排名第 175 位。在民族构成方面，文莱的主体民族是马来族，约占全国人口的 2/3；华族是文莱的第二大民族，约占 10%。在人口结构方面，0～14 岁人口占 23.82%，15～24 岁人口占 17.13%，25～54 岁人口占 46.9%。②

根据美国和平基金会（The Fund for Peace）发布的 2015 年脆弱国家指数（Fragile States Index），文莱的得分为 63 分，处于第七等级（Low Warning），排第 121 位，比 2014 年下降了 0.6 分。与 2006 年相比，该指数降低了 8.2 分，表明文莱的国家整体情况在这

① 本研究为"华侨华人在新时期中国经济国际化战略中的作用研究"（课题编号：14JJD81007）的阶段性成果。
② 美国中央情报局（CIA）网站，https：//www.cia.gov/library/publications/the-world-factbook/geos/bx.html。

十年中呈现明显改善的趋势。该指数以 0 分为满分，对社会及经济指数，例如不平衡发展、人才外流和贫穷，以及公共服务、人权、派别精英和安全等因素进行综合评估。截至 2015 年，文莱在上述指数所涉及领域有着较为突出的特点。其中文莱政府的合法性（State Legitimacy）一项在众指标中得分最高，为 8 分。不平衡发展（Uneven Development）和人权（Human Rights）问题紧随其后，也均高于 7 分。[①] 作为世界上为数不多的君主立宪政体国家，文莱在这些方面存在问题也不难理解。而对于公共服务和难民问题，文莱得分均很低，这主要源于文莱社会的高福利。对于无须纳税的文莱公民来说，政府会免费为其提供一切医疗服务以及直至大学阶段的教育费用。这也使得文莱的总体社会环境稳定和平。

（三）政治概况

从政治体制看，文莱是世界上为数不多的仍然实行君主立宪制的国家，即独特的马来伊斯兰君主制。文莱于 1959 年颁布了第一部宪法，从而确立了《伊斯兰教法》的重要地位，并将伊斯兰教定为国教。文莱宪法规定，苏丹为国家元首和宗教领袖，拥有全部最高行政权力和颁布法律的权力；设宗教委员会、继承与册封委员会、枢密院、立法院和内阁部长会议协助苏丹理政。文莱虽然颁布了宪法，名义上是君主立宪制，实质上实行的却仍然是君主专制。根据宪法规定，国家最高权力归苏丹。立法院并不具有真正的立法职权，法律最终的制定和颁布由苏丹决定，立法院议长也由苏丹任命。内阁是国家的行政机构，首相是最高长官，由苏丹自己担任，内阁下设各部部长以及国家大祭司，管理国家财政、外交、教育、卫生等各项事务。宗教委员会主要协助苏丹管理国家宗教事务，继承与册封委员会负责国家苏丹的继承与委任。司法方面，最高法院首席大法官和总检察长均由苏丹任命，难以做到司法独立。

在政党制度方面，文莱虽然允许政党注册，参与政治生活。但实际上，不符合现行政体的政党都会遭到取缔。目前主要政党即文莱国家团结党，该党由于拥护君主制，宣誓忠于文莱苏丹而受到政府的肯定。但是需要指出的是，文莱政党并不参与议会选举，文莱立法院最高议长和议员均由苏丹任命。

同时，文莱还是一个政教合一的国家，伊斯兰教是其国教，国内设有专门审理穆斯林案件的伊斯兰教法院，国家的格言是永远服从于真主的指引。文莱苏丹及其政府将伊斯兰教作为维持社会稳定的灵丹妙药。一方面通过正面宣传、隆重庆祝穆斯林节日的方式来弘扬正统的伊斯兰教；另一方面通过谴责以及警告伊斯兰异端，并在此基础上进一步要求穆斯兰强化自己的信仰，以杜绝穆斯林触犯伊斯兰教法令。伊斯兰教教规已成为当地文莱马来人的生活准则。不过文莱并不限制宗教信仰自由，国内推行的伊斯兰刑事法，也仅适用于穆斯林群众。

在对外关系上，文莱奉行不结盟和同各国友好的外交政策，主张国家无论大小、强弱，都应相互尊重。1984 年 1 月 7 日文莱成为东盟第六个成员国，与东盟各国关系密切，视东盟为外交基石，并于 1984 年 2 月 24 日加入联合国。文莱政府认为近年来国际形势的变化对国际关系产生了深刻影响，联合国和地区组织应在维护和平、保持稳定和促进发展

---

① Fragile States Index 2015，The Fund for Peace，http：//reliefweb. int/report/world/fragile – states – index – 2015.

中发挥作用；支持联合国改革，希望通过改革加强联合国的地位和作用，提高联合国的效率和活力，认为安理会改革应多倾听中小发展中国家的声音，增加发展中国家的代表性；重视同中国、美国、日本等大国的关系；积极发展同伊斯兰国家间的关系，是伊斯兰会议组织成员国。此外，文莱还是英联邦和不结盟运动等国际组织成员国。2013 年，文莱作为东盟轮值国主席，承办包括东亚峰会、"10＋1""10＋3"领导人会议在内的多项国际会议，影响重大。中国提出与东盟国家共建"21 世纪海上丝绸之路"，也得到了文莱的积极配合。

（四）经济形势

文莱是一个高收入国家，2015 年人均 GDP 达到 79 700 美元，位居世界第八位。文莱的发展奇迹主要得益于资源开采，以原油和天然气为主的对外出口贸易控制着文莱的经济命脉，主要出口市场为日本和韩国。据美国中央情报局（CIA）的数据显示，2015 年文莱出口额达到其 GDP 总额的 67.5%，固定资产投资和政府消费分别占比 32% 和 22%。

2015 年以来，由于国际油气行业不景气，国际油价在 2015 年全年跌幅高达31.08%[1]，以原油和天然气出口为命脉的文莱经济呈现下滑趋势，年度国民生产总值（GDP）较 2014 年下降 1.2%[2]。2015 年贸易总额达到负增长 28.3%。尽管国际油气价格形势严峻，但 2015 年 12 月文莱出口原油收入同比增加了 3.8%，这主要得益于出口原油量的增加。据统计，2015 年 12 月平均日出口 129.87kbbl，高于 11 月的 114.88kbbl。[3] 据预测，到 2016 年，国际油气市场将逐渐复苏，文莱 GDP 有望增长 0.8%。

随着原油和天然气等自然资源储量的递减，文莱近些年也开始注重发展非油气行业，加大招商引资力度，发展外向型经济。文莱重点招商领域为石油化工、清真产品、信息通讯、伊斯兰金融服务、航空和油田服务，并出台一系列优惠政策，包括免除个人所得税、进出口税、薪工税、销售税、营业税和生产税，外国投资者还可以享受免除 20 年公司税的优惠待遇，[4] 以发展私营经济，实现经济多元化。2015 年 1 月 5 日，文莱内政部和工业与初级资源部宣布实施新的营业法规，允许企业先注册公司，再确定业务性质和营业地点。凡不涉及公共安全的小微企业，均可注册获得有效期一年的营业执照，注册成功次日便可开展经营活动，待确定营业性质、内容及地点后，于一年内向注册单位报告。鉴于企业须先在财政部注册登记，再从内政部领取营业执照，内政部还在财政部办事大厅设立了便民窗口，以方便手续办理。[5] 根据《2015 年营商便利指数报告》显示，文莱在 189 个国家中排名降至第 101 位，因此文莱仍需努力改善营商环境。[6]

从文莱整个国民经济体系来看，农业所占 GDP 份额极小。工业领域、油气行业是文莱主导行业，建筑业目前成为第二大产业，同时服装加工出口也带来了巨大收入。作为东

---

① 《国际油价 2015 "低谷过山车" 2016 恐难等来 "春天"》，汇通网，http：//futures. hexun. com/2016－01－07/181651514. html。

② 联合国儿童基金会网站，http：//www. unicef. org/infobycountry/bruneidarussalam. html。

③ "Brunei Darussalam international merchandise trade statistics—December 2015", Department of statistics, Department of economic planning and development, Prime minister's office, Brunei Darussalam.

④ 中国驻文莱大使馆，http：//bn. mofcom. gov. cn/article/jmxw/201503/20150300922087. shtml。

⑤ 文莱旅游网，http：//www. visitbrunei. cn/news/? 219. html。

⑥ 中国驻文莱大使馆，http：//bn. mofcom. gov. cn/article/jmxw/201503/20150300922087. shtml。

南亚的"袖珍国家"和"礼仪之邦",旅游业也是文莱未来经济发展的重点之一。政府计划未来 5 年大力发展旅游业,其中力争实现 2016 年吸引 40 万外国旅客入境的目标,年收入增至 3.51 亿文元,约合 3 亿美元。政府希望 5 年计划期间,至少可落实国家旅游发展总体规划的 70%,为该领域创造大量就业机会。①

在国际经济合作方面,文莱在 2005 年与新加坡、新西兰、智利共同签署的多边自由贸易协定目前已发展成重要的多边组织——跨太平洋伙伴关系协定(TPP),并与其他东盟九国在 2015 年建立了东盟经济共同体。

二、文莱华侨华人社会

由于文莱政府对入籍的严格控制,大部分在文莱居住的华人尚未获得文莱国籍,华人的政治参与也因此受到一定程度的限制。此外,政府还刻意扶持马来人并致力于国家伊斯兰化,鼓励异教徒皈依伊斯兰教。不过,政府仍在经济领域留给华人相当大的发展空间,容忍华人维持相对优势的经济地位,保持原有宗教和发展华文教育,组成华人社团,维持和发展华人意识和华族认同。② 在经济领域,除不能涉足石油、天然气和橡胶等关系文莱国计民生的大型工业外,文莱 70% 的中小型企业多由华人经营。华文教育在文莱也有一定发展,华人得以从整体上维系其传统的宗教信仰和文化。

(一) 华人身份与政治参与

文莱《国籍法》规定,在文莱出生或已在文莱居留 20 年以上,通晓马来语,尊重马来风俗的永久居民可申请参加入籍考试。父母有一方是文莱公民的可申请加入文莱国籍。文莱不承认双重国籍,取得国籍前须首先放弃外国国籍。此外,属下列情形之一者,可申请永久居留权:第一,外国女子与文莱公民或永久居民结婚,在文莱连续居住 5 年以上的;或外国男子娶文莱女子为妻,在文莱连续居住 15 年以上的;第二,在文莱出生的外国人,在文莱连续居住 5 年以上的;或在外国出生,在文莱连续居住 15 年以上的;第三,在文莱投资 50 万文元以上,对文莱社会有贡献的人士。

目前文莱居民按其法律身份状况可分为三类:第一,"黄卡"身份证持有者,为真正意义上的文莱公民,享有文莱国民待遇,但真正拥有文莱国籍的华人并不多;第二,"红卡"身份证持有者,为文莱永久居民,但很多人是无国籍者;第三,"绿卡"身份证持有者,为临时性居民,不享有文莱政府的任何福利。目前文莱全国 42 万居民中,10% 为华裔,尽管文莱政府放宽了入籍限制,但真正能够拥有文莱国籍的华人仍是少数。根据笔者 2015 年在文莱的问卷调研,拥有"黄卡"的华人占 34.1%,"红卡"和"绿卡"持有者分别为 10.7% 和 55.3%。

(二) 华人的文化保持与认同

2015 年 7—8 月,笔者在文莱开展了一项田野调查,调查对象为居住在文莱当地的华

---

① 文莱旅游网,http://www.visitbrunei.cn/news/? 602. html。
② 庄国土:《"马来化、伊斯兰化和君主制度"下文莱华人的社会地位》,《东南亚研究》2003 年第 5 期。

人，目的在于了解当地华人对中国和中华文化的态度，包括对中华文化的认知、对自我身分的认识，学习中文的意愿、态度和原因，以及对下一代传承中华文化的认识和看法等。

问卷采用了中英双语对照的方式，调查地点选择在文莱首都斯里巴加湾市以及华人相对集中的马来奕区。文莱华人社区由福建人（主要是金门人）、广府人、客家人、海南人、潮州人与兴化人等组成，其中金门人主要聚集在首都，而客家人、广府人与海南人则分布在文莱西部的马来奕区。

本次调查共回收有效问卷754份，但本文只涉及其中的641份，另外113份问卷尚未统计。受访者中12～17岁占12.4%，18～34岁占61.7%，35～45岁占20.9%，45岁以上占5%。在职业构成上，学生为最大的群体，占42.1%，其次为公司职员，占35.5%，专业人士占15.2%。

在所有的受访者中，拥有文莱国籍的比例为38.8%，而拥有马来西亚国籍的比例则为57.9%。这一比例和上述34.1%的"黄卡"持有者略有出入，也许某些受访者将永久居民等同于国籍拥有者。

在所有受访者中，混血比例为18.2%，这一比例明显高于我们在马来西亚调研所获得同类数据。在宗教信仰方面（表2），文莱华人的信仰与东南亚除菲律宾之外的大多数国家一样，以信仰佛教为主，不过他们信仰佛教的比例相对较低，为63.2%，低于马来西亚华人（69.2%），而信仰基督教的比例，在整个东南亚地区仅次于菲律宾华人，为26.5%，远高于马来西亚华人信仰基督教的比例（8.5%）。

表2　文莱华人的宗教信仰

基督教	天主教	佛教	伊斯兰教	其他宗教	无信仰
26.5%	1.8%	63.2%	5.6%	0.2%	2.9%

在家庭主要庆祝节日上，如表3所示，华人传统的节日如春节和中秋节，仍然是文莱华人最重要的节日，庆祝人数比例远超过庆祝本土重要节日如开斋节和国庆节的人数比例。在家庭主要沟通语言上，如表4所示，中国方言和汉语普通话仍然是文莱华人使用最多的语言，比例分别为73.8%和68.8%，而使用马来语的比例只有7.1%。

表3　华人家庭主要庆祝节日人数比例

新年	春节	圣诞节	中秋节	开斋节	国庆节	其他
22.9%	82.7%	10.5%	74.9%	1.1%	11.9%	3.8%

表4　华人家庭主要沟通语言使用比例

马来语	汉语方言	英语	汉语普通话	其他
7.1%	73.8%	27.6%	68.8%	1.4%

在族群身份认同上，如表5所示，"华人"身份仍然是文莱华人最重要的认同，占比66.9%，其次是"文莱华人"，占比21.8%。虽然高达57.9%的受访者持有马来西亚国

籍，但认可自身为"马来西亚华人"的只有4.1%，可见文莱华人仍然在很大程度上保持着对传统族群身份的认同。这一特点也反映在华人的社会交往上，如表6所示，华人的社交圈子仍然以华人为主，这一点与马来西亚华人非常相似。

表5 对族群身份的认同

文莱人	文莱华人	马来西亚华人	华人	视情况而定	其他
3%	21.8%	4.1%	66.9%	3.1%	1.1%

表6 您的朋友主要来自哪个族群？

华人	马来西亚人	华人、马来西亚人各一半	其他
65.6%	5.5%	27.8%	1.1%

我们还可以通过对跨族群婚姻（与马来人通婚）以及对族群关系的认知来进一步了解华人与马来人之间的关系。在对跨族群婚姻的态度问题上，如表7所示，无论是本人的态度还是父母的态度，对于马来族人之间的跨族群婚姻，持反对意见的比例都在70%以上，而赞成的比例低于10%。在对族群关系的认知上，反对"马来人对华人朋友没有偏见"这一观点的比例高达74.2%，而反对"和马来人交友没有障碍"这一观点的比例略低，但仍为66.7%。以上数据都显示，在文莱平静稳定的社会秩序之下，华人和马来人之间的关系，实际上仍然存在一些不和谐之处。

表7 对跨族群婚姻的态度

	赞成	反对	无所谓	不清楚
你的态度	8.7%	73.2%	11.5%	6.6%
父母态度	6.5%	77%	7.9%	8.7%

表8 对族群关系的认知

	赞成	反对	不清楚
马来人对华人没有偏见	10%	74.2%	15.8%
和马来人交友没有障碍	24.5%	66.7%	8.8%

（三）华文教育

文莱的官方语言是马来语，但同时强调英文教育。华人通常掌握马来语、英语、汉语普通话以及其他方言等多种语言。文莱政府的文化政策较开明，允许华文教育的存在。在文莱，目前有8所华校，包括3所中学和5所小学。3所中学分别是：文莱中华中学、诗里亚中正中学和马来奕中华中学，其中文莱中华中学是最大、历史最悠久的一所，目前有学生3 100名，教职人员225名。就读的学生并不只限于华人后裔，文莱本地的马来人及外侨的印度人和菲律宾人也喜欢把子弟送到华文学校就读。2015年，国务院侨办为首批

58 所海外华文教育示范学校授牌，文莱中华中学也被评为首批示范学校之一。文莱还有 5 所华文小学，分别是都东中华学校、双溪岭中岭学校、九汀中华学校、那威中华学校和淡武廊培育小学。

不过，和马来西亚华人相比，文莱华人的整体华文（汉语普通话）水平要显得逊色。如表 9 所示，认为自身普通话水平为"非常好"和"好"的比例分别为 4.6% 和 20.4%。不过，文莱华人对学习华文的重要性还是非常认可的，如表 10 所示，认为华文"非常重要"和"比较重要"的比例，分别为 23.4% 和 51.3%。

表 9　华文（汉语普通话）水平

非常好	好	一般	比较差
4.6%	20.4%	58.8%	13.2%

表 10　学习华文的重要性

非常重要	比较重要	不好说	不太重要
23.4%	51.3%	18.8%	4.3%

文莱的华校都由华人自己创办，属私立性质，办学经费除依靠学生学费外，主要靠华人自己的赞助。华校学费的收入远远无法满足开销，文莱国内 8 所华校几乎都处于赤字经营中。粗略估计，8 所华校每年大约需要 160 万的资金援助，以维持教职员及行政开销。各校董事及老师每年都通过新春筹款、周年庆典等活动，向社会及各界人士筹募逾百万元的经费。文莱 6 名商人就在 2015 年 7 月联合赞助了 60 份电子报、6 台平板电脑和 2 台打印机给文莱中华中学。在文莱华人的支持下，数所规模较大的华校教学设备相当先进，大都设有视听教室、电脑教研室以及颇具规模的图书馆。① 同年 6 月，文莱东方公司董事经理郑其成也向诗里亚中正中学捐赠 30 份电子报及平板电脑。诗里亚中正中学董事长陈金明认为，如果没有热心华教的人士出钱出力支持华校，华校是很难办下去的。②

华校除了要遵循马来语和英语的双语教育之外，还将华文设为必修主科。在学校行政、课外活动和人际沟通上则是汉语、马来语和英语三语并用。由于学校教授三种语言，并且能够配合政府的教育政策，而且由于华人数学好，因此吸引了越来越多的文莱本地的马来人及外侨的印度和菲律宾子弟就读。

华校的师资来源多样。除本地教师外，也聘请东盟多个成员国的专业教师执教，其中以马来西亚教师为主，还有来自中国的公派志愿者在当地支教。

文莱华校，除个别学校的考试外，也参加政府会考。华校生在这些会考上，都有不俗的表现，在各领域的活动方面的表现也可圈可点，如全国学警操演比赛，华校就曾多次夺魁。其他如科学、体育、美术等比赛方面，华校生的表现也令人瞩目。

---

① 《支持华教发展　文莱华商向当地最大华校赠电子设备》，中国侨网，http：//www.chinaqw.com//hwjy/2015/07-09/56372.shtml，2015 年 7 月 9 日。

② 《文莱华商向当地华校赠送平板电脑　支持华文教育》，中国侨网，http：//www.chinaqw.com/hwjy/2015/06-18/53858.shtml，2015 年 6 月 18 日。

为了增进文莱华裔青少年对华文和中华文化的热爱，2015 年 3 月，由中国海外交流协会主办、广东省海外交流协会和惠州市海外交流协会承办、文莱中华中学协办的"2015 中华文化大乐园—文莱营"夏令营在文莱中华中学开营。中国海外交流协会特别派遣了 12 名教师到文莱参加这一活动，分别教授中国民族舞蹈、国画、书法、武术和手工等中华文化课，并吸引了将近 300 名学生的参与。① 12 月，在文中友好协会的安排之下，文莱中华的 24 名学生到广东惠州，参加 2015 年度第 4 届东南亚华裔青少年学生"中国寻根之旅"冬令营活动。

文莱华文教育同样面临师资短缺的问题，因此华文师资培训，以及接受来自中国大陆等地的师资援助也是文莱华社解决师资问题的主要途径。为了满足教师个人专业领域及教学发展的需求，进而提升教师的业务素质，文莱中学于 2013 年 8 月 1 日在北京与中国华文教育基金会、北京燕京文化专科学校、北京四中网校等多家单位签订合作协议，由中国方面对文莱小学华文教材编写和远程华文教师培训等项目提供有力的资助。到 2015 年，文莱中华中学已有 128 位教师获得各类远程培训课程的证书。②

（四）华人社团

文莱虽然限制政党的存在和发展，但允许华人社团的存在。目前文莱有 40 多个华人社团，主要是经济文化和地缘方面的。这些社团多以促进经济发展及彼此联络为宗旨，以地缘和业缘性社团为大宗，包括文莱广惠肇公会、文莱福建会馆、文莱马来奕福州公会、文莱群声音乐社、文莱海南会馆、文莱客属公会、文莱留台同学会、文莱中华总商会等。其中规模最大的是斯里巴加湾市中华商会，该会与马来商会和国际商会并列为文莱三大商界组织。而且由于华人祖辈大多来自福建金门，华人也以说闽南语居多，因此文莱福建会馆在华人社团中有着相当重要的影响力。

总的来说，文莱的华人社团依然在发挥其作用和功能。每年举办各种各样的活动，积极参与世界性华人社团活动。他们也非常重视华人的传统文化，每年都会举办活动庆祝华人传统节日。比如 2016 年 5 月 31 日，文莱华人与来自中国、印度尼西亚、新加坡和马来西亚各地的 3 000 多人共同出席了古晋海南公会创会 130 周年庆典系列庆祝活动。③ 2015 年春节期间，为配合庆祝华人农历新年，与往年一样，文莱瑞狮团在大年初一清早来到文莱腾云殿向诸神明舞狮贺岁，祈求平安，并向在场的公众人士舞狮贺岁。④ 文莱广惠互助社主席叶文清表示，春节对于华族而言是非常重要的节日，它的重要因素在于"怀念和亲情"，所有在外工作的游子们为了怀念而返乡过年，为了亲情而回乡与父母及家人团聚，

① 《2015 中华文化大乐园文莱营在汶莱中华中学开营》，中国华文教育网，http：//www. hwjyw. com/activity/content/2015/03/31/31564. shtml，2015 年 3 月 31 日。

② 《文莱中华中学 128 名教师获远程培训合格结业证书》，中国侨网，http：//www. chinaqw. com/hwjy/2015/09 –15/64263. shtml，2015 年 9 月 15 日。

③ 《驻古晋总领事刘全出席古晋海南公会创会 130 庆典》，中国侨网，http：//www. chinaqw. com/hqhr/2015/06 –02/51681. shtml，2015 年 6 月 2 日。

④ 《文莱瑞狮团 19 日将赴腾云殿舞狮贺岁 庆祝华人新年》，中国侨网，http：//www. chinaqw. com/hqhr/2015/02 – 16/38358. shtml，2015 年 2 月 16 日。

显示了华族所提倡的伟大"孝道精神"。① 可见文莱华人依然认同中华传统文化，这也构成了文莱华人社团的功能性活动之一，比如在 2015 年 2 月，福建会馆、马来奕扶轮社与文莱大埔同乡会等三个团体的代表团，到诗里亚社会福利老人中心看望并慰问孤寡老人。② 文莱福州十邑同乡会在新春联欢晚会上，向 70 岁以上老年华人颁发敬老金。③

三、中文关系

当前中文关系已进入全面发展的新时期。双方贸易发展迅速，交往不断深化。两国政府之间开展了包括水稻研发、渔业养殖、石油开采、港口航运等多个领域的项目合作，成果显著。未来，在中国—东盟自贸区框架下，"泛北部湾合作"将成为中文双边经济合作新亮点。中国将继续从文莱进口原油，并积极拓展油气领域内的其他合作。中国恒逸集团的炼化项目、葫芦岛钢铁集团的钢管厂项目等正在筹备中，2016 年将陆续进入建设或投产期。

据文莱初级资源与旅游部消息，文莱 2015 年入境游客达到 218 213 人次，比 2014 年增加 17 224 人次，增幅 8.6%。这一增长主要得益于中国游客同比增加 1 万多人次，入境中国游客达到 3.69 万人次，在马来西亚之后位居第二位，占文莱当年入境游客的 16.9%，比 2014 年提高 3.7 个百分点。④

鉴于中国已成为文莱第二大旅游客源地，文莱旅游局高度关注庞大的中国旅游市场。文莱旅游局 2015 年在中国的珠海、广州和深圳等地举行多场路演推介活动，向中国民众推介专为中国游客量身定做的系列深度旅游项目，进一步开拓中国市场。⑤

"文莱—广西经济走廊"是文莱与中国广西壮族自治区政府共同搭建的合作平台，也是中国与文莱双边合作的重要项目。该项目旨在利用双方各自优势资源，推动双方在种养殖业、食品与药品生产加工、交通物流、旅游等领域的务实合作，加强两地互联互通建设。这一构想由文莱工业和初级资源部于 2013 年 9 月提出，2014 年 9 月正式签署合作备忘录，随后组建了双边合作工作委员会，广西壮族自治区一位副主席与文莱工业和初级资源部常任秘书联合担任委员会主席，全面规划、协调和推动双方合作。2015 年 2 月底，广西壮族自治区党委书记彭清华访文期间就"文莱—广西经济走廊"建设提出了"一港、两园、三种养"的合作建议。为了落实上述合作建议，5 月 12 日至 14 日，广西派出由来自政府和企业共 20 多人组成的代表团赴文莱参加"国际食品与生物技术投资大会"，与文莱相关机构分别进行了对口洽谈，并就中国（南宁）—文莱农业产业园、中国（玉林）—文莱中医药健康产业园、文莱海洋养殖和文莱水稻种植合作等 4 个项目与文莱签署

---

① 《文莱斯市华团负责人：春节团聚体现华族"孝道"》，中国侨网，http：//www.chinaqw.com/hqhr/2015/03－04/39989.shtml，2015 年 3 月 4 日。

② 《文莱三华人社团老人中心献爱心 赠送春节礼物》，中国侨网，http：//www.chinaqw.com/hqhr/2015/02－11/37665.shtml，2015 年 2 月 11 日。

③ 《文莱福州十邑同乡会公布 2015 敬老金得主名单》，中国侨网，http：//www.chinaqw.com/hqhr/2015/02－26/39115.shtml，2015 年 2 月 26 日。

④ 中国驻文莱大使馆网站，http：//bn.mofcom.gov.cn/article/jmxw/201602/20160201262660.shtml。

⑤ 《文莱推出专为中国游客量身定做的系列深度旅游项目》，文莱旅游局，http：//www.visitbrunei.cn/news/?234.html，2015 年 1 月 29 日。

合作意向。① 7 月底，云南省也派遣代表团在文莱开展公务活动，并就云南省与文莱人民在旅游、清真产业以及生物产业等领域的交流和合作达成共识。②

2015 年 11 月，由文莱工业和初级资源部主办的"文莱国家推介会"在中国南宁国际会展中心举行，推介会以文莱国情介绍、文莱旅游资源项目推介为主题，围绕加强文中两国在中国—东盟自由贸易区建成后的经贸合作，尤其是进一步推进文莱与中国在旅游项目开发与推广、基础项目投资建设、农业科技合作、清真食品研发、文化交流等领域的互利合作，推动双边经济合作向纵深发展等议题展开研讨，旨在促进两国经贸投资伙伴关系的深入发展，实现互利共赢。文莱相关官员表示，该国非常欢迎外国投资，到文莱投资可享受一系列的优惠政策，其中包括可免除 20 年的企业税，免除原材料、机械、设备、零件及附件等进口税。③

总的来说，中文双方经济合作领域广、潜力大，虽然双边经贸总量基数小，但是保持稳步增长趋势。据海关数据统计，2015 年 12 月，中国与文莱双边贸易总额达 1.56 亿美元，环比增长 27.22%。其中，中国自文莱进口 0.29 亿美元，环比激增 392.51%；中国对文莱出口 1.26 亿美元，环比增长 8.59%。④

---

① 《"文莱—广西经济走廊"务实合作已现雏形》，文莱旅游局，http：//www. visitbrunei. cn/news/？ 395. html，2015 年 5 月 18 日。

② 《云南省与文莱达成多项合作意向　双方合作潜力巨大》，文莱旅游局，http：//www. visitbrunei. cn/news/？ 535. html，2015 年 8 月 3 日。

③ 《"和平之邦"欢迎各国嘉宾》，文莱旅游局，http：//www. visitbrunei. cn/news/？ 684. html，2015 年 11 月 17 日。

④ 《2015 年 12 月中国与文莱双边贸易额环比增长 27.2%》，南博网，http：//customs. caexpo. com/data/country/2016/02/22/3657874. html。

日 本

2015 年，中国迎来了抗日战争暨世界反法西斯战争胜利 70 周年。70 年间，中日关系历经波折，直至 1972 年中日恢复邦交正常化，才真正开启了近百年中日关系史正常化的新纪元。然而，2012 年日本政府"9·11 购岛"事件发生后，中日关系骤然降温。安倍执政后，推行遏制中国发展战略，不断挑战中日关系底线，导致中日关系全面衰退，并日趋恶化，几年间几乎降至"冰点"。2015 年，在世界人民铭记历史、珍爱和平、远离战争的氛围下，尽管安倍政府依旧顽固推行遏制中国的外交方针，但面对中国的原则立场与周边环境，以及日本国内经济连年陷于低迷和衰退状况，不得不采取一些缓和中日关系的举措，中日高级别会谈相继实现，两国关系出现积极的迹象，开始趋向缓和。

近百年的中日关系史表明，日本华侨华人社会是中日关系冷暖的风向标，中日关系的亲疏直接关联着在日华侨华人生活、生存的质量。目前，面对处在"争议犹在"的中日关系，日本华侨华人社会充分发挥民间外交的作用，牵线搭桥，为中日和平发展添砖加瓦。

表 1　日本概况

国家全名	日本国	地理位置	亚欧大陆东部	领土面积	约 37.79 万平方千米
首都	东京	官方语言	日语	主要民族	大和民族、阿伊努族
政体	天皇为国家象征；以立法、司法、行政三权分立为基础的议会内阁制	执政党/主要反对党	自民党、公明党/民主党、维新会等	现任天皇/首相	明仁天皇/安倍晋三
人口数量	1.268 9 亿（截至 2015 年 11 月）	华侨华人人口数量	华侨华人、留学生、在日中国人共约 85 万	华侨华人占总人口比例	0.67%
GDP/人均 GDP	41 162.42 亿美元/32 439 美元	CPI	比 2014 年增长 0.8%	失业率	3.51%

一、中日关系

1972 年中日邦交正常化后，双方相继签署了四个政治文件①。这四个政治文件是巩固两国关系的政治基础，是中日两国发展合作关系的基石。因此，1972 年至 2012 年的 40 年间，两国的各项交流有了长足的发展，经济关系也日趋成熟和稳定，经历了历史上最好的发展时期。"9·11 购岛"发生后，安倍晋三重新出任日本首相，非但没有为修复因"购岛"而遭到损害的日中关系做出努力，反而变本加厉，为恢复所谓"正常国家"，加速推进自卫队扩军、解禁集体自卫权的步伐，相继推出"防卫装备转移三原则""修改《和平宪法》"等否定"二战"成果，挑衅战后秩序的政策，导致中日关系日趋恶化。2015 年，在中日双方共同努力下，中日关系已走出对立对抗的最坏时期，双方有望在有争议问题上互作妥协，以保持相互关系缓和改善势头。但是，在"二战"结束 70 周年之际，安倍晋三于 2015 年 8 月 14 日发表战后 70 周年谈话，仅以回顾历届内阁历史认识的方式间接提及"反省"和"道歉"，并宣称战后出生的日本人不必肩负"谢罪的宿命"，这一谈话表明安倍的错误史观难以改变。同时，安倍政府除继续强化钓鱼岛紧张局势外，又插手中国南海争端，遏制中国崛起。由此可以看出，安倍内阁对华强硬政策一时不会大变，中日之间一些结构性矛盾仍将存在，中日关系重返睦邻友好合作共赢的主流尚需时日。

（一）强行通过新安保法，给亚太乃至国际安全带来潜在威胁

"二战"后，日本新宪法确立了和平主义的基本原则，但自安倍上台以来，日本一直谋求修宪、推动新安保法，为日本谋求军事化提供所谓的正当性。经过紧锣密鼓的筹划，安倍内阁于 2015 年启动制定新安保法议程，7 月 16 日，日本执政的自民、公明两党凭借国会多数议席优势，在众议院强行通过旨在解禁集体自卫权的新安保法案。随后在 9 月 17 日，两党又故技重演，联合多个在野党，强行通过了新安保法案，在法律程序上完成了"二战后前所未有之举"。新安保法案包括 1 部新立法和 10 部修正法，核心的新立法是《国际和平支援法案》，实质就是"海外派兵永久法"。据此，日本可随时根据需要向海外派兵，为盟国军队提供支援，即公开行使集体自卫权。新安保法的通过，本质上扩大了日本自卫队的军事活动范围，成为"二战"后日本自卫队发展的新突破。这一举措可以使日本在军事上配合美国与中国对抗的政策得到更彻底的实行。而对于澳大利亚、菲律宾这样的日本"盟友""准盟友"，日本可以更加不受限制地与其进行军事合作，联合制约中国，达到对中国造成军事威胁的战略目的。安倍政府强行通过新安保法的极端行为引来了日本全国性的抗议热潮。首先是民主、维新、共产等在野党 5 党的集体讨伐，接着是 3.5 万人冒雨在国会前的集体抗议，还有 11 279 名学者发表了"强行通过是破坏以国民意愿为根基的立宪主义与民主主义的行为"的共同声明②。在《朝日新闻》关于新安保法的合法性调查中，122 名宪法专家中有 104 人认为其违反了宪法。③ 由此，安倍强行通过新安保法

---

① 四个政治文件：1972 年恢复邦交时发表的《中日联合声明》、1978 年两国签署的《中日和平友好条约》、1998 年双方发表的《中日联合宣言》及 2008 年两国发表的《中日关于全面推进战略互惠关系的联合声明》。

② 《学者 1 万人超が抗議声明 ＝ 強行採決「民主主義の破壊」》，（日本）东京时事通信社，2015 年 7 月 20 日。

③ 《安保法案「違憲」104 人、「合憲」2 人 憲法学者ら》，（日本）《朝日新闻》，2015 年 7 月 11 日。

案引发日本朝野的激烈对立，安倍内阁的支持率也随之大幅下降。根据朝日新闻社开展的民意调查，反对该法案的为54%；赞成的仅为29%。安倍内阁的支持率比此前下降2个百分点，为36%；不支持率增加一个百分点，为42%。支持率降至2012年12月第2次安倍内阁开始以来的最低点。[①] 实行新安保法案是日本迈出了"二战"后最危险的一步，这部"埋葬和平、遗患无穷"的法案将日本引上不归的歧途。

新安保法案的通过，使日本政府的右倾化驶入快车道。新安保法案的实质是允许行使集体自卫权，而日本政府之所以极力推动行使集体自卫权，就是针对中国，通过渲染"中国威胁"等手段，展开一系列的攻势，其中军事性动作无疑是最有力的佐证。7月21日，日本公布的2015年版《防卫白皮书》中提到中国在钓鱼岛周边活动，在南海"强行推进快速且大规模的填海造岛行动"。日本时事通信社2015年1月14日报道称，日本政府正式敲定了2015年预算案，其中防卫预算连续3年增加，达到4.98万亿日元（约合人民币2 629.52亿元），成为日本历史上最大规模国防预算。其中，日本用于钓鱼岛周边事态的保安预算飙升至371亿日元（约合20亿元人民币），同比增长52%。为了填补编制是24.7万实际却只有22.6万的日本自卫队人员空缺，安倍政府大力美化自卫队，鼓动学生等积极参军，以强大自卫队队伍。

安倍内阁急于通过新安保法案，与美国亚洲再平衡战略密切相关。一直以来，美日两国都希望将美日同盟作为亚太地区安全的"基石"，实现美日统治下的"亚太和平"。此次的新安保法案，则是进一步将日美同盟的"保卫"对象扩展到全球的"升级"，而其"重点防范"的，正是中国。在美日同谋将矛头直指中国的同时，更彰显了日本谋求军事化大国的企图，对中国、亚太乃至国际安全构成潜在威胁，而且使得本已错综复杂的中日关系又蒙上一层阴影。

（二）"积极和平主义"与"俯瞰地球仪外交"，旨在围堵中国

"积极和平主义"是安倍上台后力推的政策之一，其重心是假借"和平"之名，达到修改日本"和平宪法"、解禁"集体自卫权"、减少武器出口限制，摆脱"二战"后体制的束缚，成为政治军事大国的目的。为此，安倍推出所谓的"俯瞰地球仪外交"，要使日本外交"像旋转地球仪那样，俯瞰整个世界"。透过"俯瞰地球仪外交"的表象，其重心是围绕"和平"、中国及经济外交而展开。正如前面所言，安倍偷换"和平"概念，甚至将"解禁集体自卫权"都纳入是更好地奉行"积极和平主义"的理念。安倍在将自己扮成"和平"使者的同时，肆意杜撰、渲染中国"威胁"，制造紧张局势。2012年至2014年的三年间，安倍出访地已经接近60个国家和地区。2015年更是不顾鞍马劳顿，马不停蹄地先后访问了中亚、中东、东南亚、欧美等地的国家，接连参加了G20、APEC等一系列外事活动，不遗余力地推行所谓"俯瞰地球仪外交"。观察安倍所到之处的言论，暴露出其真实目的无外乎为日本行使集体自卫权、进行军事扩张找借口。即便是安倍极力推行的经济外交，固然有为低迷日本经济寻找出路的企盼，但其中注入了谋取扩张军事实力的意图，为日本转变出口武器装备的资金方向提供支持。日本一方面加大对本国对外战略有利的一些国家出口武器，要求相关国家遵守日本规则，限制转让武器装备给第三国；另一

---

① 张石：《参议院强行通过安保法激怒日本》，《中文导报》，2015年9月19日。

方面加大刺激国内军工生产，赢得国内军工企业对自身执政地位的支持。

近年来，并非"南海"主权纠纷当事国的日本，大有唯恐"南海"不乱的架势，已多次在"南海"问题上煽风点火。2015年，安倍继续在"南海"问题上大做文章，散布"中国威胁论"，寻求更多"伙伴"以营造围堵中国的格局，从而抵制与对抗中国。安倍政府在高调支持美国派军舰、航母巡航南海的同时，还表示支持菲律宾对领土的主张，决定在"南海仲裁问题"上，向菲律宾提供法律援助等。安倍在众多公共外交场合挑起南海事端，目的是：其一，助推解禁集体自卫权，拉拢更多国家抵制和对抗中国；其二，借南海问题使中国孤立于世界，强化日美同盟，从而在钓鱼岛问题上赢得世界其他国家的舆论支持。事实证明，安倍竭力推行"俯瞰地球仪外交"，就是企图破坏中国与邻国的关系，挑拨中国与周边国家的矛盾，最终将导致地区局势的不稳定，危害整个国际社会的和平发展，也势必阻碍中日关系向正常方向发展。

（三）实现政府高层会谈，破解中日关系冰冷局面

中日关系形成今天的困难局面，安倍内阁难辞其咎。中国政府为维护中日关系大局，增信释疑，为破解困局做出了必要的努力。2014年11月，习近平主席会晤出席亚太经合组织（APEC）峰会的安倍晋三首相，这是2012年日本购买钓鱼岛以来跌入谷底的中日关系重新破冰与修复的一次重要会晤，成为中日关系转圜的开始。2015年4月22日，习近平主席与安倍首相在印尼首都雅加达会谈，习近平主席在阐述处理中日关系的原则立场时强调，我们愿同日方加强对话沟通，增信释疑，努力将中日第四个政治文件中关于"中日互为合作伙伴、互不构成威胁"的共识转化为广泛的共识。双方要继续开展各领域交流。5月23日，习近平主席在人民大会堂出席中日友好交流大会并发表重要讲话，强调中日双方应该本着以史为鉴、面向未来的精神，在中日四个政治文件基础上，共促和平发展，共谋世代友好，共创两国发展的美好未来，为亚洲和世界和平做出贡献。2015年11月，中日韩三国领导人会谈在韩国首尔举行之际，李克强总理与安倍晋三首相进行了双边会谈。李克强总理指出：在双方共同努力下，两国关系逐步走出僵局，保持回稳势头。但同时两国关系敏感性、复杂性特点仍较为突出，重回正常发展轨道依然任重道远。李克强建议，中日要牢牢把握两国关系的大方向，妥善处理和管控敏感问题，培育相互信任。此次会谈为保持中日关系回暖势头，改善两国关系起到积极的作用。11月12日，安倍在缅甸内比都向李克强总理表示，日本愿意按照双方达成的四点原则共识，正视历史，基于共同利益发展日中战略互惠关系，推进两国经贸等领域合作。中日政府首脑的多次会晤，体现了中国政府一贯主张的通过对话磋商找到妥善管控和解决问题的有效方法。

在中日首脑达成一系列共识的基础上，双方政党、团体、职能机构也为落实这些共识开展了富有成效的沟通与磋商。2015年1月12日，中日两国防务部门在东京举行了海上联络机制第四轮专家组磋商，双方确认了迄今达成的共识，协商了防务部门海空联络机制相关内容及技术性问题；5月20日，由日本自民党总务会长二阶俊博率领的3 000名各界人士来到中国开展旅游交流活动，这是近年来日方组织的一次较大规模的访华旅游交流活动。习近平主席23日出席了在北京人民大会堂举行的"中日友好交流大会"，阐释了中国政府对日政策的原则立场，并明确表示："中国高度重视发展中日关系，尽管中日关系历经风雨，但中方这一基本方针始终没有改变，今后也不会改变。"体现了中国政府为改善

中日关系所持有的诚意与信心；11 月 4 日，日本防卫相中谷元与中国国防部长常万全在吉隆坡近郊会谈，就尽早启用避免中日偶发性冲突的防卫部门间"海上联络机制"以及防务交流的重要性达成了一致，实现了时隔 4 年的中日防长会谈。12 月，日本自民和公明两党干事长在北京参加与中国共产党之间的"中日执政党交流机制"会议，这是时隔 6 年多后重启该机制。

虽然中日关系摩擦与争议仍然存在，但中日政府高层次会谈的相继实现及中日之间已有的对话交流机制的逐步恢复，让紧张的中日关系有了新的转机与希望。如果日本政府能够与中国相向而行，逐步落实四点原则共识，中日关系将会趋于改善，缓和的迹象将得以持续。

二、日本华侨华人社会现状及变化

2015 年中日关系呈现回暖迹象，为期许中日关系正常发展的在日华侨华人带来了曙光。长期以来，日本华侨华人在中日政治、经济、文化交流等领域发挥着桥梁和纽带作用，他们既是两国关系友好的最直接的受益者，也是化解两国紧张关系的践行者。在过去的一年中，在日华侨华人秉持着自身"逆境求生存，困局谋发展"的品格，在复杂多变的中日关系困境中依然呈现出稳定的发展局势。

（一）在日华侨华人基本现状

在日华侨华人人口近年来一直保持着稳定的发展态势。据日本法务省最新公布的在日外国人统计调查数据显示，截至 2015 年 6 月，在日中国人总人数为 701 612 人（含台湾），占在日外国人总数的 32.29%，仍是日本在日外国人数中人口最多的国家。其中，留学生有 104 051 人，较上一年度减少 3 304 人。另外，近期不少人取得"永住"签证，或加入日本国籍。从 2012 年末至 2015 年 6 月，在日中国人"永住者"从 191 958 人增至 219 557 人，自 2012 年至 2014 年的三年间，加入日本国籍的中国人有 9 503 人[1]。由此，取得日本国籍的中国人达到 133 105 人。战后中国遗留孤儿归国者及眷属有 12 608 人（共 5 882 个家庭，18 608 人中 6 000 人左右是日本人，眷属虽为中国人，但也绝大部分加入了日本籍）。[2] 综合各类数据，目前包括日本的华侨、华人、留学生、就学生、研修生、日本人配偶、持有工作签证的中国人及非法滞留的中国人（截至 2014 年 1 月 1 日为 8 257 人）[3]等，在日华人可统计人口达到 855 582 人（含台湾），较去年（833 764 人）有增加。

---

① 孙辉：《日本吸引力不再：在日华人增长钝化》，《中文导报》，2015 年 12 月 10 日。

② （日本）财团法人入国管理协会：《在留外国人统计》，http：//www. nyukan - kyokai. or. jp/，2001 年。

③ 乔聚：《在日中国人"黑户"为何大幅减少》，日本新华侨报网，2014 年 12 月 18 日。

表 2　在日华侨华人基本情况

性别	总人数		男		女
	893 219		372 397		520 822
籍贯	辽宁		黑龙江		吉林
	105 100		77 800		56 900
年龄	0～20	20～40	40～60	60～80	80 以上
	134 988	485 297	202 305	42 194	3 662
区域分布	东京	神奈川	埼玉	大阪	爱知
	157 559	57 242	53 847	51 845	45 433
职业分布	技术·人文知识·国际业务	技能与技能实习	经营·管理	医疗·研究·教育	研修
	64 761	57 602	7 919	1 369	267

数据来源：根据日本入国管理局的《在日外国人统计》整理制作，数据截至 2015 年 6 月末，含中国台湾地区，http：//www. e – stat. go. jp/SG1/estat/List. do？lid =000001139146。

如表 2 所示，截至 2015 年 6 月，在日中国人女性有 520 822 人，而男性仅为 372 397 人，男女比例严重失调。从年龄层次上看，20 岁至 40 岁年轻人口（劳动力）达到485 297 人，这一定程度上为少子老龄化的日本社会注入新的生机，缓解了紧迫的社会劳动力问题。其中，20 岁以下、60 岁以上特别是 80 岁以上人口的发展态势，也显现出新老华侨社会的交替演变。从分布区域上看，在日中国人与日本人一样也主要集中于从东京、名古屋、大阪三都市的市中心延伸 50 千米内的范围，其中最多的便是东京，在日中国人超过 1 万的日本都道府县更是有 13 个之多①。

在职业工作方面，由于日本经济不景气，日元持续贬值，中国收入的逐渐提高，加上在日外国技能实习生工作条件恶劣，愿意赴日务工的中国人越来越少。而在强化争夺国际人才的战略部署下，日本也在尝试着吸引外国人才。从 2015 年 4 月开始创立了针对外国精英人才的"高度专门职"签证，367 名中国人成为首批获得此类签证者②。

（二）华侨华人社团

爱国念乡，是在日华侨华人固有的传统；"双语言、双文化"，是在日华侨华人具备的优势；抱团取暖，则是在日华侨华人远在异邦的生存妙法。华侨华人社团的相继成立与发展不仅得到在日华侨华人的支持与欢迎，而且其影响力已逐步漫入日本社会，极大促进了中日之间的交流与合作。近年来随着全球化进程的日益加快，中日间关系越发复杂与严峻，在日华侨华人社团凭借着作为其强力依托和后盾的中国社会经济的强势发展以及在日华侨华

---

① 13 个城市分别是：东京都 15 7559 人，神奈川县 57 242 人，埼玉县 53 847 人，大阪府 51 845 人，爱知县 45 433 人，千叶县 42 336 人，兵库县 22 353 人，福冈县 19 027 人，广岛县 13 939 人，岐阜县 12 887 人，茨城县 12 760 人，京都府 11 915 人，静冈县 11 334 人。

② 孙辉：《日本吸引力不再：在日华人增长钝化》，《中文导报》，2015 年 12 月 10 日。

人社团的集体智慧，积极应对困境，开辟出一条集团化、专业化、影响力颇大的路径。

1. 弘扬传统，情系祖国，铸造心灵交流平台

20世纪80年代以来，新的日本华侨社团功能向多样化和国际化方向发展，日本华侨社团不再仅仅关注商业经济利益，更多的是注重会员之间的感情联系，涉及在日华侨生活的方方面面：经济、宗教、娱乐、教育等，如2005年成立的在日华人花艺协会、2008年成立的日中汽车交流协会、2006年成立的全日本华人书法家协会、2009年成立的日中女性经营者联谊会，种类多种多样，功能齐全。2015年2月13日至15日，中国驻日本新潟总领事馆联合新潟华侨华人总会，在新潟市举行了日本海沿岸地区第一届中国"春节祭"活动，不计其数的大红灯笼、彤红的"中国结"、红色的贺春横幅、红得耀眼的旗帜，尽显中国元素，引众多华人感慨。以社团为平台打造的众多文化纪念活动如忘年会、联谊会、新年会，是在日华侨华人的感情共鸣之所，汇聚了侨心，凝聚了侨力。日本华侨华人社团在对中华文化的宣传，弘扬中华文化和加强日中友好，促进日本华侨华人的中华文化认同方面发挥着重要的作用。

社团在维系在日华侨华人感情交流的同时，也时刻挂念着祖国的发展事业。面对"9·3大阅兵"，全日本华侨华人联合会会长颜安说："今天是扬国威的日子，我那藏在灵魂深处的军魂在洋溢。"①；面对时隔多年召开的"习马会"，中国留日同学总会会长汪先恩表示，大陆与台湾本是同根生，两岸同胞都是中华儿女。"习马会"让我们旅日学子深深感受到，两岸领导人秉持大义，承担起了为中华民族复兴，为两岸人民谋福祉，为台海谋和平的神圣责任。② 华侨社团，不仅是在日华侨华人的感情汇聚所，更是与祖（籍）国进行心灵对话的舞台。

2. 牵线搭桥，为中日和平发展添砖加瓦

在当前中日关系复杂的时局下，日本华侨华人社团发挥自身优势，为中日经济、文艺、教育等诸多领域牵线搭桥，促进了中日和平事业的发展。2015年11月21日，中国第一汽车集团海外高层次人才对接洽谈会在东京开幕，中国留日同学总会动员组织了150余名相关的留日高端人才参加了洽谈会。11月15日，安徽省侨联专职副主席杨冰率领安徽省侨联访日代表团在东京椿山庄出席日本徽商协会、日本安徽联谊会组织的座谈会，称将支持和关注由日本徽商协会继承发扬徽商传统模式，与在日华人艺术家联袂打造的"东京新画派"，今后还将进一步加强与旅日侨团、华侨华人的联系与合作，将安徽省与日本的各种交流推向新的层次③。作为中日两国高等教育在高层次人才培养、合作科研等领域开展深层次合作交流的重要平台的"中日大学校长论坛"第九届论坛也于10月28日在日本九州举行，深化了中日两国教育的交流与合作。10月31日，中国世界华文文学学会会长王列耀教授率领暨南大学研究学者一行来到东京和大阪，与日本华文文学笔会的作家们进行了文学交流活动。在日华侨华人社团始终抱着推动中日两国人民坚定和平友好信念，持之以恒地传递和平友好声音，搭建起了中日间友好交流的桥梁，使得中日关系的民众基础更加稳固。

---

① 《在日华人现场观摩大阅兵如是说》，《中文导报》，2015年9月10日。

② 蒋丰：《旅日华侨华人为"习马会"欢欣鼓舞热切盼望中华民族伟大复兴》，日本新华侨报网，2015年11月7日。

③ 王鹏：《安徽省侨联赴日看望老乡盛赞侨界"两会"服务家乡》，日本新华侨报网，2015年11月16日。

3. 集体化、专业化、时代化持续加强的新老华侨华人社团

近年来，在日华侨华人社团保持平稳发展，呈现出集体化加速、专业化加深、影响力增强的态势。全日本华侨华人联合会（2003）蓬勃发展，组织由最初的 8 家团体发展到 31 家团体；广东同乡会（1965 年成立）至今已有 50 年的历史，秉承服务侨乡、增进中日友好合作的宗旨，为众多粤籍乡亲搭建了团结进取、友谊交流、贡献祖国的良好平台；日本海南总商会（2014）成立一年以来，秉承创会宗旨，充分发挥商会的职能作用，开展了各种有声有色的活动，积极沟通与世界各地商会以及社团的联系，加深了彼此间的友谊和友情，为促进日本与中国、东南亚等多边经济健康发展起到积极作用①。此外，北海道中国会（2013 年成立）至今已有会员 206 名，成为北海道最大的华侨华人友好团体，日本福建经济文化促进会迎来了成立四周年暨横滨分会成立三周年。各新老华侨华人社团通过不断整合和改革，与时代相接轨，结构日益优化，活动丰富多彩，集体化和专业化越发突出，影响力日趋扩大。

同时，2015 年也涌现出众多新兴社团，使得在日华侨华人社团的队伍更加壮大和成熟。在日校友会作为近几年来在日华侨华人社团的新兴力量，今年又有华南理工大学日本校友会、西南交通大学日本校友会等加入，在加强与中国母校联系的同时，也推动了中日间各方面的友好交流。此外，日本川渝总商会、中国旗袍会日本总会、宫城华侨华人联合会、留日博士总会上海分会、日本河南总商会、日本黑龙江总商会、中部日本华侨华人妇女联合会、中日企业联谊会东京分会、日本安徽联谊会关西分会等社团相继成立。特别是日本川渝总商会的成立，不仅突出了在日四川、重庆华侨华人的地位和作用，更鲜明地把当今中国"一带一路"战略作为自身关注的重点，把未来如何为国家战略服务当作自身开展工作的重点，给华侨华人社会的侨团发展提供了新的启示②。

（三）华文传媒

在日华文传媒是"讲述好中国故事，传播好中国声音"的重要渠道，在增进中日民间了解，增强民族互信中发挥着重要作用。自 1980 年以来的 30 余年中，日本华文报纸、华文电视、广播等媒体取得了飞跃性的发展。目前，发行的报纸有《日本新华侨报》《中文导报》等 40 多家，还有网上电子刊物、中文广播和电视，电视有《CCTV 大富》《乐乐中国》《上海》等三家共 5 个放送频道的中文电视台，使日本华文媒体由过去单一的报刊印刷媒体走向了立体的信息传媒③。伴随着网络媒体的日益普及，新媒体下的华文传媒也开始崭露头角，走上信息化、网络化、多样化的新道路。当前，包括偏右翼媒体在内的众多日本媒体大多倾向于报道中国负面消息甚至是虚假消息，造成了恶劣影响，以《日本新华侨报》《中文导报》为首的华文媒体以尊重事实、还原真相、促进理解的理念，为日本民众提供有关中国报道的客观材料，积极有效地批驳日本媒体的偏见性报道，降低了日本社会对中国的误解度，也缓解了在日华人生活的压力。日本华文传媒的存在与发展，在使华人的生活变得更加丰富多彩的同时，也吸引了越来越多日本的读者和观众，为传播中华文

---

① 王鹏：《旅日侨团同庆日本海南总商会成立一周年》，日本新华侨报网，2015 年 3 月 24 日。

② 蒋丰：《日本川渝总商会关注"带路经济"引爆人气》，《日本新华侨报》，2015 年 10 月 22 日。

③ 鞠玉华：《日本新华侨华人状况及未来发展走向论析》，《世界民族》2006 年第 2 期。

化，增进中日友好，做出了特殊的贡献。

2015 年，日本华文媒体发挥自身平台优势，围绕促进两国友好交流的主题，开展了一系列有特色的日中文化交流与合作活动。众多由媒体主办的汉语类比赛，一方面给在日华侨华人提供交流与自我提高的机会，另一方面也向日本民众普及了中华文化。在打造以媒体为平台的特色文化下，各华文媒体得到了各方面的认同与支持，其自身也通过各种平台统筹合作，共促发展。2015 年 6 月 12 日，中国驻日大使程永华首次视察了华文报社《中文导报》，对在日华侨华人社会的发展和华文媒体的作用寄予强力支持和新的期待。11 月 12 日，人民出版社总编辑辛广伟前往《日本新华侨报》及《人民日报·日本月刊》（海外版）编辑部，与华侨华人记者进行交流，指出华文媒体"既要深入研究日本，又要全面把握中国，多层次、全方位报道日本，讲好中国的故事，发挥促进中日两国相互理解的桥梁作用"[1]。

《人民日报·日本月刊》（海外版）创刊于 2011 年，由《日本新华侨报》与《人民日报》（海外版）合作出版，如今已走过四个年头。创刊四年来，《人民日报·日本月刊》（海外版）通过及时报道中国政治、经济、社会等各个领域的最新形势，以及采访日本颇具代表性的人士，为日本读者了解中国架起了一座桥梁，也为增加两国人民相互理解发挥了积极作用。如今该月刊不仅是在日华侨华人的心灵必需品，也受到日本社会的认可，"以前仅仅依靠日本媒体上的信息，对中国没有好印象。阅读海外版的各种文章并亲自了解后才知道，日本媒体很多消息都是断章取义，事实并不是这样。媒体对世界有着巨大的影响，应该传递全面真实的信息"[2]。同时，《人民日报·日本月刊》（海外版）还与公明党的党报《公明新闻》建立了合作关系，为两国民众传递信息、增进彼此了解发挥了重要作用。

（四）华文教育

伴随历史的发展和时代的需要，如今的日本华文教育主要包括由老一代华侨依靠自己力量创办的五所全日制学校（即神户中华同文学校、横滨山手中华学校、横滨中华学院、东京中华学校、大阪中华学校）和 20 多年来由新华侨华人创办而兴起的周末中文学校以及新兴发展的电视教学。这些华侨学校坚持发扬中华民族的优良传统，把握鲜明的办学方向，执行严谨科学的治学方针，坚持"华侨子女的教育由华侨办"的宗旨，坚持"以侨助教，以教兴侨"的办学原则，靠着传承中华文化的坚定信念、刻苦自勉的教育实践、顽强不息的生命力而延续至今，走过了艰苦的年代和严峻的时期，培养了大批优秀人才[3]。

华侨学校不断进行着教育改革的尝试，在继承和传播中华文化的同时，融合多元文化，从而达到既培养国际化优秀人才，又能够成为中华文化在海外传播的重要基地的目的。同时，为适应在日华侨华人心理与生存等多方面的需求，特别是在日华侨华人子女教育与文化认同的要求，华文教育被提升到一个更高的平台，成为一个具有传承历史、服务华人以及教育下一代的综合性教育舞台。近年来，围绕华文教育的国际交流合作增多，加

---

① 王鹏：《人民出版社总编辑走访日本华媒激励深入研究日本全面报道》，日本新华侨报网，2015 年 11 月 13 日。
② 蒋丰：《人民日报海外版融入我的生命中》，日本新华侨报网，2015 年 1 月 7 日。
③ 鞠玉华：《日本华侨华人子女文化传承与文化认同》，广州：暨南大学出版社 2015 年版，第 81 页。

上政府的日益重视、华侨华人及华侨学校自身及时的改良，在日华文教育取得喜人的硕果。同源中文学校在 2013 年被中国国务院侨务办公室评选为"华文教育示范校"。中国驻日本大使馆刘亚明总领事在 2015 年同源中文学校即将迎来 20 周年校庆的日子里视察该校时指出："为传播中国文化辛勤耕耘，海外留根工程意义重大。祖国对华文教育的事业的支持还在逐渐深化，不论是现任还是后任，驻日大使馆都会一如既往不遗余力地帮助、支持同源中文学校，也呼吁更多新华侨关注、支持这一事业。"① 华文教育事业的发展始终离不开政府和华人对华侨学校的关注与支持。有着 117 年历史的著名侨校横滨山手中华学校 2015 年 11 月 14 日如期举行了第 55 届中文演讲大会，让每个参会学生都能站在台上，当着大家的面努力自信地说好中文，更勇敢、大方地表现自信的自己，展现了华文教育的重大意义。海外的华文教育不仅是单纯的文化知识的传授，还应该是一个培养孩子们爱国意识和对祖国认同感、荣誉感的过程，使命重大，任重道远②。除了传统的华文学校，在新华侨华人中兴起的周末中文学校以及受网络普及影响的电视教学也都在华文教育上逐渐担当起重要角色，弥补了传统单一华侨学校教育方式的不足，丰富了在日华侨华人的汉语学习生活，提高了学习热情。

素有"华侨最高学府"之称的广州暨南大学凭借自身良好的平台，在华文教育上也做出了骄人的业绩。2015 年 11 月，"暨南大学博士硕士日本教学中心"授牌仪式在东京千代田国际语学院举行，面向海外华侨开启的全新教学模式正式启动。由千代田教育集团携手暨南大学在日本开设的"暨南大学文学博士硕士班"旨在推广中国传统文化之精髓，让更多的在日华侨华人感受中国文化的博大精深和深厚底蕴，并且通过生动活泼的教学模式使学生们更加理解国学在现实生活中的价值与意义③。

三、结论与趋势

中日两国是近邻，友好相处符合两国利益，也是两国人民的愿望。但是，近代以来，日本推行扩张主义、军国主义国策，侵华、反华、敌视中国，中日关系一直处于非正常状态。这种状态至 1972 年迎来了转机，中日恢复邦交正常化。邦交正常化后的 40 年间，尽管也曾出现过波折，但仍可称之为中日关系史上的最好时期。中国政府与中国人民十分重视与珍视来之不易的中日友好局面，努力营造中日友好的氛围，创造中日关系持续发展的条件，以造福两国人民。然而，日本政府置中日友好大局于不顾，在 2012 年挑起钓鱼岛争端，导演出"9·11 购岛"闹剧，触及了中国的核心利益，也严重伤害了中国人民的感情。其后几年间，日本安倍内阁非但没有为改善受到损伤的中日关系做出努力，反而一再制造事端，凭空渲染"中国威胁论"，更加露骨地推行敌视中国的政策，借以达到实现所谓"正常国家"的目的，给中国、亚太乃至世界和平带来潜在威胁，致使中日关系持续恶化。

2015 年，中日关系虽然出现回暖迹象，但是两国仍有众多尚未解决的分歧与争议，如

---

① 《刘亚明总领事视察同源中文学校》，《中文导报》，2015 年 5 月 18 日。
② 高航：《执着华教，我心无悔——与大使馆刘总领事共进晚餐有感》，《中文导报》，2015 年 7 月 13 日。
③ 林道国：《千代田教育集团携手暨南大学共同推广中国国学文化　暨南大学文学博士硕士日本教学点第二期课程开课》，日本新华侨报网，2015 年 4 月 3 日。

日本发表防卫白皮书再炒"中国威胁论"、中国台湾前领导人李登辉访日受热捧、"8·14安倍谈话"缺乏诚意、中国"9·3"盛大阅兵日本缺席、若干起有关日本在中国的间谍活动案、日本国会安保的相关法案等。安倍在不同场合声称愿意改善中日关系，实际上却接连采取损害中日关系大局的种种举措，这是安倍一贯玩弄的两面派手法。事实证明，安倍政府没有改善中日关系的真诚意愿，势必继续挑动新的纷争。值得关注的是，2016 年 3 月，日本正式实施新安保法，日本的安保政策将发生根本转变，导致和平宪法名存实亡，标志着日本将向"可战国"迈出重要一步，这将会严重破坏战后国际秩序及亚洲的和平稳定，给乍暖还寒的中日关系带来不可预测的变数。对此，我们要有充分的准备。

中日政治关系僵冷局面严重制约着民间的交流与往来，影响了两国民众间的理解与信任度。据日本 NHK 新闻网 2015 年 10 月 22 日报道，日本民间团体"言论 NPO"和中国国际出版集团联合进行了一项民意调查，结果显示，2015 年两国民众对对方国家的印象，虽然比 2014 年有所改善，但日本仍有 89% 的民众回答"不好""不太好"，中国的这项数据为 78%。[①]"不好印象"的高数值，反映了出安倍内阁的右倾政治政策导致中日民间友好意愿的降低。这样的氛围，势必给在日华侨华人事业发展与日常生活带来不利影响。截至 2015 年 6 月末，因永久居住或留学等原因在日本生活 3 个月以上的中国人超过 65 万人，[②]其中永居的华侨华人达 30 万人。面对中日间磕磕绊绊、阴晴不定的关系，在日华侨华人发挥自身集体智慧优势，积极应对与处理困局，仍保持着平稳发展的态势。他们在完善自身生存发展、使华侨的社会地位得到整体提升的同时，继续承担着促进中日民间友好交流的使命。

"国之交在于民相亲"，习近平主席 2015 年 5 月 23 日在人民大会堂出席中日友好交流大会时指出："中日友好的根基在民间，中日关系前途掌握在两国人民手里。"日本 30 万华侨华人是促进中日友好的民间使者，是联系中日两国关系的桥梁与纽带。目前，中日关系发展不顺，更加需要华侨华人积极作为，为两国关系的改善发展创造条件和环境，继续发挥华侨社团、媒体以及华侨华人的作用，利用华文媒体传播中国声音和中国文化，宣传中日间的友好交流事迹，通过舆论和民间交流沟通，让日本人民认识了解一个真实的、热爱和平的中国；继续努力搭建以在日华侨社团为中介的交流平台，发挥社团的牵线搭桥作用，在各个层面、各个渠道，通过"以经促政""以民促官"的方式推进中日友好交流，为化解中日关系的困局注入热量与能量。在日华侨华人是播撒"友谊种子"的播种人，将精心呵护"中日友好长成大树、长成茂密的森林"，成为亲历"中日两国人民友好世世代代延续下去"的践行者。

---

① 《中日民调显示两国人民对对方好感度有改善》，国际在线网，http：//www.cri.cn/index.html，2015 年 10 月 22 日。

② 郭桂玲：《侨居日本外国人超过 217 万 中国人数居首位》，日本新华侨报网，2015 年 12 月 4 日。

吉尔吉斯斯坦

吉尔吉斯斯坦是中国西北最重要的中亚邻国之一，也是"丝绸之路经济带"战略格局中最重要的国家之一，在吉华侨华人约有 15 万人。2015 年以来中吉两国关系总体进展良好。2015 年 9 月吉尔吉斯斯坦国总统阿塔姆巴耶夫来华出席中国人民抗日战争暨世界反法西斯战争胜利 70 周年纪念活动。同年 12 月，吉尔吉斯斯坦总理萨里耶夫对华进行工作访问并出席上海合作组织总理会议。①

吉尔吉斯斯坦概况

国家全名	吉尔吉斯斯坦共和国	地理位置	地处中亚，与中国接壤	领土面积	19.99 万平方千米
首都	比什凯克	国语/官方语言	吉尔吉斯语/俄语	主要民族	吉尔吉斯族
政体	民主共和制	执政党及主要反对党	社会民主党、尊严党、祖国党组成执政联盟；共和国党和故乡党为议会反对党	现任总统	阿塔姆巴耶夫
人口数量	566.3 万人（2014 年 1 月）	华侨华人人口数量	约 15 万	华侨华人占总人口比例	约 2.65%
GDP/人均 GDP	4 236.355 亿索姆/74 400 索姆（约合 1 154 美元）	通货膨胀率	3.4%	失业率	2.2%

数据来源：《吉尔吉斯斯坦国家概况》（最近更新时间 2016 年 2 月），中华人民共和国外交部网站，http://www.fmprc.gov.cn/web/gjhdq_676201/gj_676203/yz_676205/1206_676548/1206x0_676550/；《2015 年吉尔吉斯斯坦社会经济发展概况》（2016 年 2 月 5 日），中华人民共和国商务部网站，http://www.mofcom.gov.cn/article/i/dxfw/ae/201602/20160201252969.shtml。

一、中吉两国发展现状与人员交流

2015 年吉尔吉斯斯坦因经济低迷、货币贬值等原因造成内需不振，并直接导致自中国

---

① 《中国同吉尔吉斯斯坦的关系》（最近更新时间 2016 年 2 月），中华人民共和国外交部网站，http://www.fmprc.gov.cn/web/gjhdq_676201/gj_676203/yz_676205/1206_676548/sbgx_676552/。

进口机械设备和工程车辆等的数量下降。另自2015年8月加入欧亚经济联盟后，吉尔吉斯斯坦进口关税提高，海关通关手续进一步严格，纺织材料和服装鞋帽等商品自中国进口数量大幅下降。① 另据吉尔吉斯斯坦国家统计委员会发布数据，2015年1—12月吉尔吉斯斯坦与中国贸易额为10.65亿美元，同比下降13.7%。其中，吉方出口0.36亿美元，同比增长9.4%；吉方进口10.29亿美元，同比下降14.3%。吉中贸易额占吉尔吉斯斯坦整体外贸总额的18.5%，中国是吉尔吉斯斯坦第二大贸易伙伴和进口来源国。在吉中贸易结构中，吉方出口占3.4%，吉方进口占96.6%，吉方贸易逆差为9.93亿美元，占吉方整体外贸逆差额的41.5%。② 在中国对吉贷款援建方面，近三年来中国一直是吉尔吉斯斯坦的最大债权国。中国政府在上海合作组织框架内向吉尔吉斯斯坦提供多笔优惠贷款，推动吉南部电网改造、"达特卡—克明"输变电线、"北—南"公路和比什凯克热电站等吉尔吉斯斯坦能源与交通领域重大基础设施项目建设。截至2015年底吉尔吉斯斯坦外债总额为36.06亿美元，其中中国进出口银行贷款余额12.96亿美元，占吉尔吉斯斯坦外债总额的35.9%；自2013年起中国已连续3年成为吉尔吉斯斯坦的最大债权国。③ 在政治领域，2015年9月吉尔吉斯斯坦总统阿塔姆巴耶夫来华，出席中国人民抗日战争暨世界反法西斯战争胜利70周年纪念活动。习近平主席在会见阿塔姆巴耶夫总统时表示，双方要继续深化经济和安全合作，推动中吉关系不断提档、增速、升级。经济合作要做好顶层设计和战略对接，稳步推进能源、交通、农业等领域的大项目建设。中方愿在丝绸之路经济带框架内积极参与吉尔吉斯斯坦国家稳定和发展战略中的重大合作项目，同吉方携手共建中国—中亚—西亚经济走廊。阿塔姆巴耶夫则表示，中国人民抗日战争暨世界反法西斯战争胜利70周年纪念活动意义重大。吉尔吉斯斯坦人民同中国人民在反法西斯战争中并肩作战，结下深厚友谊。吉方感谢中方对吉经济社会发展提供的帮助，愿加强同中方的经贸、安全合作，参与"一带一路"同"欧亚经济联盟"对接合作，不断巩固同中国的友好关系。④

随着近年来中吉两国关系的不断发展，中国赴吉尔吉斯斯坦的人数从2013年到2015年不断增长。2015年6月5日吉尔吉斯斯坦国家注册局官员在谈及在吉外国劳务移民时则称，持有中国护照在吉生活和工作并在官方注册的中国人已达2万人，主要从事商贸、餐饮等服务业，以及建筑业等。⑤ 而目前吉尔吉斯斯坦有各族华侨华人同胞约15万人。其中，维吾尔族约5万人，回族（含东干人）约8万人，汉、哈萨克、乌孜别克、柯尔克孜

① 《2015年1—11月吉尔吉斯与中国贸易额下降14.8%》，中华人民共和国驻吉尔吉斯斯坦大使馆经济商务参赞处网站，http://kg.mofcom.gov.cn/article/zxhz/201601/20160101244537.shtml，2016年1月27日。
② 《2015年吉尔吉斯与中国双边贸易额同比下降13.7%》，中华人民共和国驻吉尔吉斯斯坦大使馆经济商务参赞处网站，http://kg.mofcom.gov.cn/article/zxhz/201602/20160201264501.shtml，2016年2月29日。
③ 《自2013年起中国已连续三年为吉尔吉斯斯坦第一大债权国》，中华人民共和国驻吉尔吉斯大使馆经济商务参赞处网站，http://kg.mofcom.gov.cn/article/zxhz/201603/20160301270698.shtml，2016年3月8日。
④ 《习近平会见吉尔吉斯斯坦总统阿塔姆巴耶夫》，中国政府网，http://www.gov.cn/xinwen/2015-09/02/content_2924405.htm，2015年9月2日。
⑤ 《目前约有2万中国人在吉尔吉斯斯坦工作》，中华人民共和国驻吉尔吉斯斯坦大使馆经济商务参赞处网站，http://kg.mofcom.gov.cn/article/zqzj/201506/20150601007386.shtml，2015年6月10日。

各族约 2 万人，① 其中从商人数约 4 万人。② 众多在吉的华侨华人成为沟通中吉两国各领域关系的重要媒介，推动中吉关系取得显著成效。吉尔吉斯斯坦与中国在民族关系上有互融互通之处。吉尔吉斯斯坦的主体民族是吉尔吉斯族，与中国境内的柯尔克孜族同属一个民族，而清代从中国西北迁居于此的中国回族人口形成当地的"东干族"，是吉尔吉斯斯坦几个主要民族之一，他们日常使用陕甘方言，在饮食习惯和宗教信仰方面保留了中国陕甘地区回族传统。③ 东干人在居住国当地多从事农业、商业工作，是推动中国与居住国友好关系发展的桥梁。此外，在吉尔吉斯斯坦的首都比什凯克还有一条"邓小平大街"，以此纪念中国改革开放的总设计师，街道起始处有一座邓小平半身塑像纪念碑，碑文以吉、俄、中三种文字铭刻在花岗岩纪念碑正面。④

二、吉尔吉斯斯坦华商经济的发展与社团建设的成熟

中国商品在吉尔吉斯斯坦市场颇受欢迎。自吉独立以来，中国商民为吉尔吉斯斯坦居民提供了各领域的商品和物资，如位于吉尔吉斯斯坦的奥什和比什凯克的"卡拉苏""麦地那""中海""国英""大唐"等商城，已成为中国商品的直接代表，而且从事中国商品对吉进口的商人绝大多数是来自中国西北的少数民族个体商户。据比什凯克的麦地那市场的经营者介绍，麦地那市场是中亚地区最大的布料、丝绸制品批发市场，目前约有 800 多家商户、1 000 多名经营者，主要经营者和商品多来自中国西北。目前麦地那市场每年向吉尔吉斯斯坦海关上缴利税超过 700 万美元，产品除提供吉尔吉斯斯坦外，还大量向塔吉克斯坦、乌兹别克斯坦、土库曼斯坦销售。每周从比什凯克麦地那市场与喀什对开的国际长途客车就有三班。比什凯克的多尔多伊市场批发市场也是当地最大的服装市场之一，商品主要来自中国。该市场的批发客户主要来自俄罗斯和哈萨克斯坦。据世界银行统计，2011 年，多尔多伊市场流通额达到 28.42 亿美元。2012 年，多尔多伊市场为吉尔吉斯斯坦内生产总值的贡献率达到了 1/3。⑤ 而中海市场大约有 700 个摊位，一半是由中国浙江、福建等地的商人经营，可带动千余名吉尔吉斯斯坦人就业。"大唐市场"中有 70% 的吉尔吉斯斯坦人，30% 的中国人。⑥ 但随着 2010 年后乌吉两国贸易边境口岸的关闭，吉尔吉斯斯坦加入俄白哈关税同盟后对同盟外进口关税的提高，造成部分华商的商品销量下降，利润受到严重影响，不少商户开始向家用电器、制鞋等领域发展。在大型中资企业在吉投资方面，2015 年 7 月中国紫金矿业集团在吉尔吉斯斯坦参与投资的塔尔得布拉克—左岸金矿

①　庄国土：《华侨华人分布状况和发展趋势》，《侨务政策研究》2010 年第 4 期；刘宏宇、王静、张全生：《吉尔吉斯斯坦维吾尔华人华侨社会探究》，《中亚局势新动向》，北京：社会科学文献出版社 2012 年版。

②　《〈大陆桥〉杂志和〈吉尔吉斯华侨报〉开辟对中亚外宣工作的新途径》，（新疆经济报社）亚心网，2008 年 7 月 9 日。

③　《从舌尖到出行——感受吉尔吉斯斯坦人的中国情结》，人民网，http：//chinese. people. com. cn/n/2014/0708/c42309－25252870. html，2014 年 7 月 8 日。

④　《吉尔吉斯纪行》，德州新闻网，http：//www. dezhoudaily. com/xiuxian/liuhu/whdl/2013/11/2013－11－12509244. html，2013 年 11 月 12 日。

⑤　《走近吉尔吉斯斯坦多尔多伊纺织服装市场》，《中国纺织报》，http：//www. tnc. com. cn/info/c－013003－d－3440040－p1. html。

⑥　《中资企业及华商：带动吉尔吉斯斯坦民众就业》，中国新闻网，http：//finance. chinanews. com/cj/2014/07－05/6353971. shtml，2014 年 7 月 5 日。

项目举行投产仪式。中国驻吉尔吉斯斯坦大使馆经济商务处参赞孙贺在投产仪式上说，塔尔得布拉克—左岸金矿是中国企业在吉最大的投资项目之一。项目建成后，有望年产黄金 3.7 吨，新增 1 000 个就业岗位，创造产值 1.5 亿美元，每年贡献税收 2 400 万美元。塔尔得布拉克—左岸金矿是吉尔吉斯斯坦第三大金矿。自 2012 年开工以来，紫金矿业持有 60% 股份的奥同克公司对该项目的投资已超过 2 亿美元。①

随着在吉中国人数量的增加，相关的华侨华人社团、华商商会也逐渐成立，目前较大的几家社团组织有吉尔吉斯斯坦华商（民族）联合商会、吉尔吉斯斯坦华侨华人联合会、吉尔吉斯斯坦中亚华侨华人友好协会、中海市场中商商会等。如吉尔吉斯斯坦中亚华侨华人友好协会于 2004 年在吉尔吉斯斯坦国家司法部正式注册成立，现有会员近百人，包括汉、回、维吾尔、柯尔克孜、俄罗斯、哈萨克、乌孜别克等各民族华侨华人。会长（虎玉梅，回族）一人，副会长六人，正副秘书长两人。协会每年都举办三四次大型联谊活动。协会在 2012 年还创办了中亚五国第一份中文报纸——《中亚侨报》，使大家能及时了解国内的政治、经济、文化、教育等新闻信息。另外，为实现华裔新生代能够学习中文的愿望，协会开办了吉尔吉斯斯坦第一个华侨华人子女中文教育中心，并在国侨办、新疆维吾尔自治区政府外侨办的资助下，中文教育中心扩大了招生，增加了教学设备，正式更名为"吉尔吉斯李白中文小学"。目前学校已经开办两年多，有 50 多名华侨华人子女在此学习中文。②

三、华文教育

据不完全统计，截至 2010 年在吉尔吉斯斯坦境内有 13 所大学和 7 所中学开设了汉语课程，在校学生超过 4 000 人，比 4 年前增长了近 7 倍。目前，吉尔吉斯斯坦在华文教育中使用教材超过 20 种，打破了一套教材一统天下的局面。每种课型都有多种教材可供教师选择，如北京语言大学出版社出版的《新目标汉语》《速成汉语初级教程》《中级汉语教程》等较受欢迎。③ 目前吉尔吉斯斯坦全国汉语在学人数累计达 1.5 万人，在吉尔吉斯斯坦的孔子课堂和孔子学院建设取得较快发展。2015 年 5 月吉尔吉斯斯坦外长阿卜杜勒达耶夫与中国驻吉大使齐大愚参加了吉尔吉斯斯坦首都比什凯克第 31 中学孔子课堂揭牌仪式。比什凯克第 31 中学孔子课堂是吉尔吉斯斯坦国立民族大学孔子学院下设的第 9 个孔子课堂，也是吉尔吉斯斯坦第 18 个孔子课堂。孔子课堂由中国国家汉办授权开班，除用汉语教学外，还开展小型研讨会、比赛、文化培训等与中国文化相关的活动。阿卜杜勒达耶夫表示，孔子学院不仅是传授汉语的学校，更使吉尔吉斯斯坦年轻人有机会了解中国优秀文化和悠久的历史，相信孔子学院将发挥愈加重要的友谊桥梁作用。④ 2015 年 9 月 27

---

① 《中企在吉尔吉斯斯坦投资的金矿项目投产》，新华网，http：//news. xinhuanet. com/2015 – 07/30/c＿1116090794. htm，2015 年 7 月 30 日。

② 《华人华侨虎玉梅》，天山网，http：//topic. ts. cn/201501/yrq/2015 – 01/27/content_10964452. htm，2015 年 1 月 27 日。

③ 古丽尼沙·加玛力：《吉尔吉斯斯坦汉语教育现状及发展前景展望》，《世界汉语教学学会通讯》2010 年第 1 期。

④ 《吉尔吉斯斯坦外长称赞孔子学院增进与中国友好》，新华网，http：//news. xinhuanet. com/world/2015 – 05/14/c_1115290278. htm，2015 年 5 月 14 日。

日，吉尔吉斯斯坦国立民族大学孔子学院举办第二届"孔子学院日"暨中秋节系列庆祝活动，中国驻吉尔吉斯斯坦大使馆代表、中资企业代表、各教学点师生、当地群众等一千余人参与此次活动。孔子学院举办的类似活动借助中国传统的民俗文化丰富了汉语教学和实践手段，让吉尔吉斯斯坦学生进一步感受到中国传统文化的魅力，也充分展示了孔子学院秉承"让中国了解世界，让世界了解中国"的使命。①

2015 年 12 月中国的中南民族大学与吉尔吉斯斯坦的比什凯克人文大学签订合作协议，双方院校将在科学研究、教学管理、学生培养等方面加强合作。中南民族大学校长李金林，比什凯克人文大学校长 Musaev ABduda、孔子学院院长 Isamatova Gulzat、中方院长廖东梅等出席了签约仪式。中南民族大学中亚、南亚孔子学院巡演团于 2015 年 11 月赴比什凯克人文大学孔子学院演出，与比什凯克人文大学建立起了良好的校际合作关系。本次协议的签订不仅深化了中南民族大学与比什凯克人文大学的交流与合作，更进一步推动了中南民族大学"一带一路"国际化发展战略的实施。②

四、应注意的问题

（一）吉尔吉斯斯坦经商的社会和法制环境恶化

2010 年奥什爆发吉乌民族冲突后，骚乱波及广大华侨华人。原本奥什地区有各类华商 1 万人以上，但在骚乱后至今吉尔吉斯斯坦南部华商仅剩 2 000 人左右。大部分华商迁移到塔吉克斯坦、乌兹别克斯坦经商。此外，吉尔吉斯斯坦政府对中国商人征收的税率比当地人高数倍。当地政府向中国公民颁发的商务许可数量也被削减。再加之吉尔吉斯斯坦货币信用度低，银行体系稳定性不足。在吉华商均对吉货币和银行抱有疑虑，而吉的外国银行如俄罗斯银行、土耳其银行的手续费用则高达 10% 以上，中资银行在吉又未设立分行，华商手中持有大量现金，极不安全。目前在奥什经商的中国商人中已有不少前往邻近国家，尽管周边国家的经商环境也有不足，但总要好过吉方限制性的经济政策。而乌鲁木齐至奥什的航班也由一周两班减少为一周一班。

（二）吉尔吉斯斯坦经济企稳尚需时间

根据吉尔吉斯斯坦国家统计委员会公布的数据，2015 年全年吉尔吉斯斯坦对外贸易进出口总额 57.459 亿美元，同比下降 24.6%。其中出口额为 16.764 亿美元，同比下降 11%（对独联体国家出口下降 13.7%，独联体以外国家出口下降 8.6%）；进口额为 40.695 亿美元，同比下降 29%（对独联体国家进口下降 21.6%，独联体以外国家出口下降 36%）。进口额是出口额的 2.4 倍，贸易逆差 23.931 亿美元（2014 年贸易逆差 38.51 亿美元）。③

---

① 《吉尔吉斯斯坦掀最炫"中国风" 孔院现场教汉语》，中国侨网，http：//www.chinaqw.com/hwjy/2015/09 - 29/65841.shtml，2015 年 9 月 29 日。

② 《中南民族大学与吉尔吉斯比什凯克人文大学签订合作协议》，国家民委门户网站，http：//www.seac.gov.cn/art/2015/12/18/art_34_244650.html，2015 年 12 月 18 日。

③ 《2015 年吉尔吉斯全年对外贸易情况》，中华人民共和国驻吉尔吉斯斯坦大使馆经济商务处网站，http：//kg.mofcom.gov.cn/article/ztdy/201603/20160301265131.shtml，2016 年 3 月 1 日。

吉尔吉斯斯坦国内经济企稳，还需要政府加大改善经济的举措，实施有效的社会经济改革政策。

（三）俄白哈关税同盟对中国商品的排斥

2010 年 1 月 1 日起俄白哈三国关税同盟启动，对外实行统一进口关税（部分商品有过渡期）。7 月 6 日起关税同盟海关法正式生效。根据 2014 年 11 月 27 日吉尔吉斯斯坦议会审议通过的《对外经济活动商品名录法》和《对吉尔吉斯海关法和海关关税法修订案》两项法案，自 2015 年 1 月 1 日起，吉尔吉斯斯坦境内开始启用俄白哈关税同盟（即欧亚经济联盟）对外经济活动商品名录，并将于 5 月 9 日起实行统一的所有商品平均进口关税税率为 7.36% 左右的俄白哈关税同盟关税税率。同时，要求所有进口商品必须提供原产地证明和发票，由此造成中国货物进入吉尔吉斯斯坦的价格由于关税同盟的存在而无形中将抬高，而经吉尔吉斯斯坦转道哈萨克斯坦、俄罗斯等国的中转枢纽地位也将丧失。中吉贸易会受到冲击。

（四）华文教育

在吉尔吉斯斯坦华文教育方面，应推动华文教育从主要集中于比什凯克、奥什等大城市，扩大到吉尔吉斯斯坦华侨华人聚集地区，华文教育的教材也应注意语种的多元化，特别是增加少数民族语言和吉尔吉斯斯坦通用语言如吉尔吉斯语、俄语等不同语种，适合华侨华人子女的学习和生活习惯，这样将有利于推动少数民族华侨华人子女接受华文教育。在师资结构上，注重培养教学方式方法灵活的华文教育教师，活跃课堂气氛并能增强学生的学习兴趣，如此才能进一步推动华文教育在吉尔吉斯斯坦获得更大发展。

蒙 古

蒙古国是我国的一个重要邻邦，也是陆上丝绸之路经济带沿线的一个重要国家。由于受历史与现实环境下国际局势与中蒙关系变迁的影响，蒙古华侨经历了诸多波折。目前，居住在蒙古的华侨有 4 300 余人，占蒙古总人口的比例约为 0.14%，与其他国家在蒙的侨民相比，华侨数量可谓相当之少。近年来，随着中蒙两国关系稳步发展，两国各领域的合作交流不断深化，蒙古华侨的生活也有了一定的改善与提高。蒙古华侨人数虽少，但是在中蒙双边政治、经贸、军事、文教等领域的交流中发挥着重要作用，他们是中蒙两国睦邻友好的重要使者。

一、蒙古基本国情

蒙古国地处东北亚，是世界第二大内陆国家，北面与俄罗斯，东、南、西三面与中国接壤。蒙古地广人稀，人口密度约为每平方千米 2 人，是全球人口密度最低的国家之一。蒙古全国总人口约为 306 万人，其中近半数人口集中在首都乌兰巴托。蒙古的国土面积为 156.65 万平方千米，境内多沙漠戈壁，自然环境恶劣。西部、北部和中部多为山地，东部为丘陵平原，南部是戈壁沙漠。山地间多河流、湖泊，主要河流为色楞格河及其支流鄂尔浑河。经济主要以畜牧业和采矿业为主。

蒙古国原称"外蒙古"或"喀尔喀蒙古"。1911 年 12 月蒙古王公在沙俄支持下宣布"自治"，1919 年放弃"自治"。1921 年 7 月建立"君主立宪政府"。1924 年 11 月 26 日废除"君主立宪"，成立"蒙古人民共和国"。1945 年 2 月，苏、美、英三国首脑签订雅尔塔协定，规定"外蒙古（蒙古人民共和国）的现状须予维持"，并以此作为苏联参加对日作战的条件之一。1946 年 1 月 5 日，当时的中国政府承认外蒙古独立。1992 年 2 月改国名为"蒙古国"。2015 年 10 月 28 日，第 70 届联合国大会改选联合国人权理事会成员，蒙古成功获选，任期由 2016 年至 2018 年。①

蒙古概况

国家全名	蒙古国	人口数量	306.16 万
地理位置	东北亚	华侨人口数量	4 300
气候	大陆性温带草原和温带沙漠气候	华侨占总人口比例	0.14%

---

① 18 个国家成功当选联合国人权理事会成员，新浪网，http://news.sina.com.cn/o/2015 – 10 – 29/doc – ifxkfm-hk6479993.shtml。

（续上表）

领土面积	156.65 万平方千米	主要族群	蒙古族、哈萨克族、杜尔伯族
执政党及现任总统/总理	民主党总统：查希亚·额勒贝格道尔吉/总理：其米德·赛罕毕力格	GDP 增长率/CPI	5.3%/14.6%
政体	议会共和制	失业率	6.3%（城镇）
官方语言	蒙古语	GDP	120 亿美元
首都	乌兰巴托	人均 GDP	4 170 美元

数据来源：《蒙古国家概况》，中华人民共和国外交部网站，http：//www.fmprc.gov.cn/web/gjhdq_676201/gj_676203/yz_676205/1206_676740/1206x0_676742/；《2015 年蒙古经济运行整体情况》，中华人民共和国驻蒙古国大使馆网站，http：//www.fmprc.gov.cn/ce/cemn/chn/mgdt/t1335451.htm。

二、蒙古与中国的关系

中蒙两国是友好邻邦。多年来，中国政府坚定不移地对蒙古奉行睦邻友好政策，尊重蒙古的独立与主权，尊重蒙古人民自己选择的发展道路。蒙古国家大呼拉尔 1994 年通过的《蒙古国对外政策构想》规定，蒙古奉行开放、不结盟的外交政策，强调"同俄罗斯和中国建立友好关系是蒙古对外政策的首要任务"，主张同中俄"均衡交往，发展广泛的睦邻合作"。多年来，蒙古强调对外政策的统一性和连续性。在此基础之上，中蒙关系稳步发展，双方高层互访频繁，经贸务实合作不断扩大，人文交流日益活跃。

（一）外交关系不断发展

中蒙建交 60 多年来，两国关系虽然经历过一些曲折，但睦邻友好始终是主流。尤其是近些年来，两国关系发展迅速，成果显著。中蒙两国于 1949 年 10 月 16 日建立外交关系。20 世纪 60 年代中后期，两国关系步入低谷。70 年代，两国恢复互派大使。80 年代，两国关系开始逐步改善。1989 年，两国关系实现正常化。1994 年两国修订《中蒙友好互助条约》，并在此基础上签订《中蒙友好合作关系条约》。双方确认，两国在和平共处五项原则基础上加强和发展友好合作关系。此后两国高层互访频繁，政治互信和各领域合作不断深化。2014 年 8 月，习近平主席对蒙古进行国事访问，同蒙古总统查希亚·额勒贝格道尔吉举行大小范围会谈，分别会见蒙古国家大呼拉尔主席恩赫包勒德、总理阿勒坦呼雅格。双方发表联合宣言，将中蒙关系由战略伙伴关系提升为全面战略伙伴关系①，开辟了中蒙关系发展的新阶段。2014 年 11 月，蒙古总理改由其米德·赛罕毕力格担任至今。

2015 年中蒙关系稳步发展。在这一年中，习近平主席同蒙古总统进行了多次会晤。2015 年 7 月 9 日，习近平主席在俄罗斯乌法同蒙古国总统额勒贝格道尔吉、俄罗斯总统普

---

① 《中蒙关于建立和发展全面战略伙伴关系的联合宣言》，中华人民共和国国务院新闻办公室，http：//www.scio.gov.cn/zhzc/3/2/Document/1378518/1378518.htm。

京举行中俄蒙三国元首第二次会晤。三国元首就将中方丝绸之路经济带倡议、蒙方"草原之路"倡议、俄方跨欧亚运输大通道倡议进行对接达成重要共识。9月2日至5日，蒙古总统额勒贝格道尔吉赴华出席中国人民抗日战争暨世界反法西斯战争胜利70周年纪念活动。蒙军方队参加阅兵式。11月9日至11日，蒙古总统额勒贝格道尔吉对中国进行国事访问，双方发表了《中华人民共和国和蒙古国关于深化发展全面战略伙伴关系的联合声明》，并签署了多项重要合作文件。此外，蒙古国家大呼拉尔主席恩赫包勒德赴华出席亚洲政党丝绸之路专题会议、蒙古总理赛罕毕力格赴华出席夏季达沃斯论坛、全国人大常委会副委员长严隽琪访蒙并启动中蒙立法机构间定期交流机制等两国领导人出访交流活动，都推动了中蒙关系的发展，密切了双边合作，为中蒙关系的发展指明了方向。[①] 目前，蒙古已将发展对华关系作为其外交政策的首要方针，我国亦积极推动中蒙关系不断向前发展。

（二）经贸合作日益密切

目前，中国不仅是蒙古的最大贸易伙伴国、最大出口市场和最大进口市场，还是仅次于荷兰的蒙古国第二大投资国，在蒙注册的中资企业数量约6 500家，占在蒙外资企业总数近半。蒙古国地大物博，自然生态资源丰富，尤其是矿产最为丰富。但是，蒙古资源开发尚处于起步阶段，国内供水、供电、道路等基础设施较为落后，目前尚有部分矿藏仍处于转让、勘探、建设阶段，中蒙双方在基建、投资等领域的经贸合作仍有进一步发展的较大空间。

2015年是中蒙经贸合作顺利推进和成果丰硕的一年。为落实习近平主席访蒙重要成果，中蒙双方于2015年年初成立专门工作组，就研究建设中蒙跨境经济合作区开展合作，并取得良好开端。2015年6月，蒙古作为初始成员国签署《亚投行协定》。2015年7月9日，中蒙俄三国元首举行第二次会晤，明确了三方联合编制《建设中蒙俄经济走廊规划纲要》的总体框架和主要内容，中蒙俄经济走廊建设顺利推进。10月23日至27日，首届中蒙博览会在内蒙古自治区呼和浩特市成功举办。11月9日至11日蒙古总统额勒贝格道尔吉赴华进行国事访问期间，中蒙双方签署多项涉及中蒙重点经贸合作项目的文件，内容涵盖经济技术、食品安全、基础设施建设、航空、能源、金融等多个领域。2015年，阿木古朗供热站、蒙欣巴音嘎拉水泥厂、巴格诺尔电站等中蒙经贸合作重大项目成功落地。[②]

长期以来，中国政府一直致力于通过无偿援助方式促进蒙古经济社会，特别是民生领域经济发展，增进中蒙相互了解与友谊。除无偿援助外，中国政府向蒙方提供多笔优惠出口买方贷款，支持蒙方道路、能源、农牧业、教育、通讯、边检等各领域经济社会发展。目前，中蒙双方正积极开展工作，推动相关贷款使用落实到新世纪教育、大型农业机械、乌兰巴托新机场高速路等具体项目。

---

① 参见中华人民共和国外交部网站，http：//www. fmprc. gov. cn/web/gjhdq_676201/gj_676203/yz_676205/1206_676740/xgxw_676746/default. shtml。

② 《2015年中蒙经贸合作十大新闻》，中华人民共和国驻蒙古国大使馆网站，http：//mn. china – embassy. org/chn/zmgx/sbgx/t1326656. htm。

（三）军事联系不断加强

2015 年，中蒙两国在军事领域的交流与合作不断深化。2015 年 6 月 25 日至 30 日，内蒙古军区司令员车华松率团访蒙，与蒙古边防军司令扎哈钦扎布准将举行会谈。双方签署《边境地区突发事件处置协议》，为共同打击有组织跨境犯罪、妥善处置边境地区突发事件、维护边境地区安全稳定奠定了基础。6 月 17 日至 7 月 2 日，中国人民解放军首次派战斗部队参加在蒙古举行的"可汗探索—2015"多国维和演习。应中方邀请，8 月 16 日至 9 月 5 日，蒙古武装力量总参谋部抽组 80 名官兵，赴华参加"9·3"阅兵活动。10 月 8 日至 10 日，国务委员兼国防部长常万全上将访蒙。10 月 10 日至 18 日，中蒙两军在蒙武装力量总参谋部综合训练中心组织了联合反恐演习。[①] 此次演习是对建立中蒙两军联合反恐机制的有益尝试，对共同维护两国安全利益具有重要作用。如此密切的军事交流与合作，有力地增进了中蒙两军的互信，促进了两军的关系发展。

此外，中蒙两国还开展了其他形式的军事交流。2015 年 6 月 26 日至 7 月 5 日，由中国 106 名顶级艺术家组成的解放军艺术代表团首次赴蒙访问演出。8 月底，蒙古百余名军人赴中国军事院校和高校培训。此次赴华培训人数之多，专业之广为历史之最，将对促进中蒙友好关系发挥重要的作用。2015 年 11 月至 12 月，蒙古国防大学组织师生开展以"中蒙关系发展"为主题的论文征集活动，就中蒙关系发展问题展开相应的研讨。总之，无论是反恐合作，还是文艺交流上，中蒙双方的军事合作已达到一个新的高度，这将有力增进两国在军事上的了解与互信。

（四）人文、科教交流不断深化

中蒙两国于 1951 年开始建立文化联系。近年来，中蒙两国开展了多渠道、多层次、多形式的文化交流与合作。例如，2008 年 5 月，蒙古国立大学孔子学院揭牌；2010 年 6 月，乌兰巴托中国文化中心揭牌。乌兰巴托中国文化中心和孔子学院共同举办了丰富多彩的中国文化活动，包括"谁最了解中国""谁最会唱中国歌""谁最会弹中国乐曲"和汉语征文比赛、中文书法竞赛、中华典籍朗诵比赛、中文歌唱大赛、中国民族舞蹈比赛等。2012 年，中蒙两国相互举办了"文化月"活动。2014 年 8 月，中国文化周在蒙举办，双方签署《中蒙 2014—2017 年文化交流执行计划》。2015 年 1 月，蒙文版的《中国文化史》正式出版发行。[②] 该书由蒙古文化体育旅游部前副部长图门扎尔格勒主编、蒙古国立大学汉学家撰写，是一部系统阐述中国文化历史演变过程及特点的著作，该书图文并茂、通俗易懂。2015 年 10 月，乌兰巴托中国文化中心网站开通，受到蒙古社会各界的关注和好评。

值得高兴的是，中蒙地方性的文化交流与合作也在普遍开展。2015 年 4 月至 11 月，中国武汉市文化名人讲座及魅力武汉摄影展、武汉市杂技团访蒙演出和武汉市非物质文化艺术手工作品展、"万里茶道东方茶港图片展"、纪念世界反法西斯战争暨中国人民抗日战争胜利 70 周年湖南省交响乐团专场音乐会等在蒙成功举行，深受蒙古人民欢迎。同年 8 月，驻蒙古使馆与内蒙古自治区人民政府新闻办在蒙古布尔干省和库苏古尔省共同举办蒙

---

① 参见中华人民共和国驻蒙古国大使馆网站，http：//mn. china - embassy. org/chn/zmgx/sbgx/t1326657. htm。
② 《蒙古国出版〈中华文化史〉一书》，新华网，http：//news. xinhuanet. com/world/2015 - 01/09/c_1113934977. htm。

古国—中国内蒙古系列文化交流活动。活动内容丰富，形式多样，受到蒙古布尔干省、库苏古尔省以及临近省民众的普遍欢迎。

在科技交流方面，1987 年，中蒙双方签署了《1987—1988 年度科技合作计划》，中断了 20 多年的科技交流得到恢复。2014 年 8 月，双方签署《中蒙关于推进科技人员交流的协议》和《中蒙关于共建中蒙生物高分子应用联合实验室的谅解备忘录》。2015 年，中蒙双方的科技交流持续深入。首届中蒙博览会中特设以"弘扬丝路精神，传承友谊，深化合作，协同创新，共同发展"为主题的科学技术交流展和技术转移暨创新合作大会。双方通力合作，共同推进相关科技交流的深入进行。

中蒙两国教育交流始于 1952 年。多年来，两国在教育领域的交流与合作发展顺利。双方先后签署了《中蒙教育交流与合作计划（1996—2000）》《中蒙教育交流与合作计划（2005—2010）》和《中蒙教育交流与合作执行计划（2011—2016）》。以及其他协议，如《中蒙相互承认学位学历的协定》《中蒙相互承认学历、学位证书的协定修订备忘录》《利用中国无偿援助款项培养蒙古留学生项目执行计划》《关于组织国际汉语教师中国志愿者赴蒙古国任教的协议书》等。2013 年 5 月，中国教育展在蒙古举行。为落实习近平主席访蒙成果，2015 年 3 月至 8 月，驻蒙古使馆积极开展中国政府奖学金招生工作，进一步促进了中蒙人文教育领域的交流合作。

三、蒙古华侨概况

蒙古国情较为特殊，1946 年 1 月 5 日后才从中国版图分离出去，因此，在华侨问题上，区别于其他国家，较难有确切的认定与区分。目前，蒙古华侨人口约 4 300 人，仅占蒙古国总人口 0.14%。[①] 华侨人数较少，且集中于蒙古首都乌兰巴托市内，多从事商业活动。此外，蒙古国内还有一万多名中国务工人员，主要集中于建筑业、矿产行业及其他专业技术领域。蒙古国是我国的重要邻国，与我国共享 4 000 多千米的国境线，拥有得天独厚的地缘与亲缘优势，却仅有如此少的华侨，这是与历史及蒙古国情等特殊情况密切相关的。

旅蒙华侨史大致分为四个阶段，由四代华侨组成。新中国成立前，在蒙古独立的一系列动荡事件中，有两批国人莫名被迫成为华侨。第一批华侨是 1924 年前从山西、河北等地到外蒙古做皮毛等生意的商人，因为蒙古独立而被迫定居下来；第二批华侨是 1945 年 8 月抗战胜利，蒙苏联军从中国撤军时，因战乱等原因滞留于蒙古。他们中的多数人来自内蒙古和东北，在蒙古以做建筑工、开饭馆、做小买卖为生。受历史变迁和地缘变化的影响，新中国成立前后，旅居蒙古的华侨总数约为 1 万人，多从事各种手工业、农业种植业及采矿业方面的工作。当时蒙古是一个以畜牧业为主的国家，全国人口仅 100 余万人，华侨占蒙古总人口的 1% 左右。

新中国成立的消息传到蒙古后，大批华侨要求回国，其中以第二批华侨为甚。华侨强烈的归国要求，除因被迫为侨、长期与国内亲人音信隔绝外，更主要的是蒙古政府的防范政策，使华侨在这一时期较难融入蒙古当地社会。这些政策包括华侨不加入蒙籍就不准入

---

① 《蒙古华侨华人概况》，中国侨网，http://www.chinaqw.com/hqhr/ggqq/200612/06/54008.shtml。

中学、大学读书，也不准学习专门的技术；华侨购买物品与蒙人有所差别，在蒙古物资困难的情况下，华侨连许多生活必需品都较难买到，有时一盒火柴也需要数天才能买到。在如此的差别对待与生活的窘境下，华侨纷纷要求回国。然而蒙古当局对华侨回国一事却予以否定。究其原因在于蒙古地广人稀，劳动力本就不足，再加上华侨多为手工、种植等行业的专业技术人才及矿区工人等缺乏人才。华侨回国，势必会影响到蒙古本国的生产。在综合考虑华侨境况与诉求及蒙古方面的实际情况后，周恩来总理专门就此问题给予指示，表示中方愿意动员一批工人赴蒙，以替换要求回国的华侨。这一方案虽然当时并未立即付诸实施，但也成为此后中国大规模派遣工人赴蒙援建的缘起。在此次蒙古华侨返国浪潮中，中方采取了区别对待和说服教育的方针，即凡属年老病弱或国内有亲属需要返国者，经征求蒙方意见后办理返国签证；对于在蒙古国营企业工作的青壮年或技术工人以及已毕业或尚未毕业的内蒙古留学生，则尽量说服教育，并特别加强对一般青壮年的说服教育工作，以动员这些"建设生力军"留在蒙古。通过上述方法，到 1953 年 7 月时，在蒙华侨剩余 7 000 余人，其中多数为建筑工人。

人员援助是冷战时期中国发展与其他社会主义国家关系的重要内容。据统计，1949 年至 1973 年间，在蒙古的要求下，中国政府累计派遣 26 000 多名工人赴蒙援建，其中 1955 年 7 451 人、1957 年 1 000 人、1958 年 2 370 人、1959 年 6 575 人、1960 年 639 人、1961 年 3 796 人、1964 年 3 700 余人。[①] 连同家属的话，则这一时期赴蒙的中国人达到 3 万余人。这一时期中国赴蒙援建工人的命运，始终受到中苏关系变化的影响。在中苏矛盾和分歧公开化的过程中，夹在中苏之间的蒙古地位渐趋重要，一度成为中苏争取的对象。后因泽登巴尔的全面掌权，蒙古日趋倒向苏联，中蒙关系不断恶化，从而不可避免地导致中国工人最终撤离蒙古。在这个过程中，留在蒙古当地的援建工人，则成为蒙古的第三代华侨。

同赴蒙援建的工人一样，这一时期蒙古华侨的命运也受到中苏关系恶化的影响，遭遇了较为严重的蒙古排华事件。1983 年，全面倒向苏联的蒙古当局要求乌兰巴托的蒙古华侨迁往外省偏远荒凉的牧区居住。这个无理要求遭到华侨拒绝后，蒙古遂要求华侨限期返回中国，最后导致了限期大批蒙古华侨 72 小时出境的排华事件。针对蒙古当局有意刁难华侨的行为，我国外交部门很快就作出了相应的反应，在 14 次交涉未果后，近三分之二的蒙古华侨被迫返回祖国，主要被分散安置在河北、山西、内蒙古等省份，我国相关侨务部门对这批蒙古难侨进行了较好的接待与安排，保证了他们正常的工作与生活。[②] 除这批受排华影响而回国的难侨外，这一时期还有部分蒙古华侨因思念家乡、部分蒙古侨生因升学而回国定居，这都致使这一时期的蒙古华侨数量大大减少。

20 世纪 90 年代初，伴随着苏联解体及中蒙关系的恢复，蒙古增加了很多中国移民，即第四代蒙古华侨。蒙古开始采取民主政策后，华侨纷纷与国内亲友联系，并开拓商机。尤其是蒙古归侨，利用自身与蒙古国的广泛联系，开始与蒙古华侨合作，从发展边贸开始，为中蒙贸易、中资企业在蒙设厂及蒙古吸引中国投资作出了积极的贡献，成为中蒙之间不可忽视的一股重要力量。蒙古华侨的生活也慢慢稳定下来，并逐渐获得改善与提高。

---

① 谷继坤：《中国工人"赴蒙援建"问题的历史考察（1949—1973）》，《中共党史研究》2015 年第 4 期。

② 高伟浓、张应进：《蒙古归侨的社会适应初探——以山西省为例的分析》，《华侨华人历史研究》2015 年第 1 期。

目前蒙古华侨多从事商业。在蒙古首都乌兰巴托市有多家中餐馆,这些中餐馆大多是由华侨经营,生意较为火爆。乌兰巴托新建的大量楼房,其中许多是新侨建筑企业承建的。近年来新侨创办了数百家建筑建材公司,其中新侨投资的砖厂就达一百多家。相比蒙古国民,华侨的收入较为稳定,生活较为富足。因为追求安稳的生活,华侨很少涉足蒙古政治,也较少有人在政府部门任职。蒙古华侨较为重视子女对汉语和中国文化的学习。自蒙古政府承认华文学校的学历,并规定就读华文学校的学生可以进入蒙古国内的大学深造后,越来越多华侨选择送自己的子女到华文学校读书。华校的开销多数需要华侨自己承担,中国驻蒙古使馆也会提供相应的津贴,以保证蒙古华文学校的正常运转。

四、蒙古华侨华人社团

旅居海外的华侨向来有建立社团以联络乡谊、互助互利的传统,蒙古华侨也不例外。蒙古华侨人数不多,加上受历史原因与国际形势影响,几经波折。目前蒙古国内仅有旅蒙古国华侨协会这唯一的侨团组织。旅蒙古国华侨协会成立于1952年,自成立以来得到了旅蒙华侨、中国政府、中国驻蒙古使馆及社会各界的关心与支持。蒙古华侨人数较少,且多沾亲带故,因此旅蒙华侨协会与会员的关系较为紧密,至今已成为联系蒙古华侨、关怀华侨民生、组织侨众活动、见证蒙侨发展的重要社团组织。

作为蒙古侨界最重要的社会力量及最有利的活动组织者,旅蒙华侨协会见证了蒙古华侨的奋斗史、爱国史及中蒙关系的发展史。每每在相应的驻蒙使馆新春招待会①及各类外事侨务活动中都会见到旅蒙华侨协会的身影。每当中国重大节日时,协会都会定期举办国庆庆祝联欢会②、庆祝农历新年活动,邀请使馆工作人员、在蒙华侨华人、中资企业、孔子学院及留学生等社会各界代表参加庆贺,成为我国传统文化及亲情乡谊的联络者与推动者。侨协的身影深入侨界,常常代表侨界发声,支持祖国的决议,表达蒙古侨胞的心声。③2013年2月28日,旅蒙华侨协会主办的"'追忆历史,珍惜现在,展望未来'首届华侨图片展"在旅蒙华侨学校文体中心开幕。图片展共展出图片380余幅,分为中蒙两国领导人与华侨华人合影、旅蒙华侨协会发展历史、旅蒙华侨学校发展历史等八部分。④这些珍贵的图片见证了蒙古华侨史最珍贵的记忆。除了举办活动外,协会还致力于在日常生活中服务侨众。旅蒙华侨协会会长白双占表示:"当前华侨的文化素质和生活质量大大提升。原来华侨大多聚居在蒙古首都市中心区名为'一百户'的地方,现在大都搬到博格达小

---

① 《驻蒙古使馆临时代办王福康举行旅蒙华侨和在蒙中资企业代表春节招待会》,中华人民共和国外交部网站,http://www.fmprc.gov.cn/web/gjhdq_676201/gj_676203/yz_676205/1206_676740/1206x2_676760/t790467.shtml。

② 《旅居蒙古华侨协会举办国庆62周年联欢会》,中华人民共和国外交部网站,http://www.fmprc.gov.cn/web/gjhdq_676201/gj_676203/yz_676205/1206_676740/1206x2_676760/t864616.shtml;《驻蒙古大使王小龙出席旅蒙华侨协会举办的庆龙年活动》,中华人民共和国外交部网站,http://www.fmprc.gov.cn/web/gjhdq_676201/gj_676203/yz_676205/1206_676740/1206x2_676760/t904191.shtml;《驻蒙古大使邢海明出席华侨协会2015年国庆招待会》,中华人民共和国外交部网站,http://www.fmprc.gov.cn/web/gjhdq_676201/gj_676203/yz_676205/1206_676740/1206x2_676760/t1302622.shtml。

③ 《旅蒙古国华侨协会发表声明》,人民网,http://world.people.com.cn/n/2014/0227/c1002-24486824.html。

④ 《驻蒙古大使王小龙参加首届旅蒙华侨图片展》,中华人民共和国外交部网站,http://www.fmprc.gov.cn/web/gjhdq_676201/gj_676203/yz_676205/1206_676740/1206x2_676760/t1017697.shtml。

区，分散到不同的楼房中，要发挥'抱团精神'，我们华侨协会的担子更重了。"① 对此，华侨协会每月印发专门的免费报刊，派送到乌兰巴托 30 多个华人单位、中国餐馆及华人旅社。并开展与蒙古华侨华人的定期交流，在具体事项中为他们服务，以更好地彼此守望、互相照应。此外，华侨协会重视华资企业在中蒙经贸中的重要作用，将与在蒙投资的华资企业建立广泛联系，加强蒙古新老华侨的沟通交流作为协会的重要工作。

除了传统性的侨团外，近年来蒙古华侨还新建了很多地缘性的商会组织，成为蒙古侨界中另一股重要的新兴力量。这些商会组织主要有蒙古国中华总商会、蒙古国福建总商会、浙蒙经贸促进会、蒙古国内蒙古商会等。蒙古国中华总商会是中国在蒙古国最大、最具有影响力和代表性的华人企业联合会。总商会成立 13 年来，在中国大使馆的支持和帮助下不断发展壮大，已成为拥有 114 个会员企业的大商会。多年来，商会积极进取、主动服务，为在蒙中资企业搭建了信息交流、帮扶互助、对外交流、经济活动四大平台，先后举办了中资企业同蒙古总理见面会、蒙古法律法规论坛等重要活动，有力地促进了中国企业在蒙发展，扩展了企业的业务范围。地方性的商会，如蒙古国福建总商会亦已初具一定的规模。商会成立七年来，已拥有 50 多个成员单位，在蒙投资涉及矿产、房地产、服务、餐饮等多个行业，为促进中蒙经贸合作做出了积极贡献。历任驻蒙古大使都十分重视商会的发展及商会在中蒙经贸中的重要作用，先后接见商会成员，了解了商会情况，听取商会汇报。② 2011 年 12 月 14 日，驻蒙古使馆王福康代办更在使馆召开中资企业商会会长座谈会③，邀请蒙古国中华总商会会长张春山、福建商会会长连东升、内蒙古商会会长刘巴特、浙蒙商贸促进会会长薛化栋等出席会议，并广泛讨论各商会的特点、优势和困难等问题，以寄希望于商会这一平台，为在蒙中资企业提供更多、更好的服务，为发展中蒙经贸合作关系做出新的贡献。

新形势下，商会的作用越发凸显。2015 年 12 月 11 日，驻蒙古大使馆和蒙古国中华总商会在乌兰巴托共同主办在蒙中资企业践行"一带一路"战略高峰论坛，在蒙中资企业主要负责人和商会代表共 200 多人出席。④ 2015 年 12 月 29 日，由蒙古国中华总商会、浙蒙经贸促进会与蒙古国雇主联盟共同举办的首届中蒙企业家友好合作新年联谊会在乌兰巴托成功举行。⑤ 相信今后，商会必将会继续紧密团结，为加强中蒙互利合作、推动中蒙经贸务实合作做出新的努力。

① 《旅蒙华侨协会会长：蒙古华侨用团队精神拥抱成功》，中国新闻网，http：//www. chinanews. com/hr/2012/05－23/3908985. shtml。

② 《驻蒙古大使王小龙会见蒙古国中华总商会理事》，中华人民共和国外交部网站，http：//www. fmprc. gov. cn/web/gjhdq_676201/gj_676203/yz_676205/1206_676740/1206x2_676760/t811999. shtml；《驻蒙古大使邢海明会见蒙古国中华总商会理事会成员》，中华人民共和国外交部网站，http：//www. fmprc. gov. cn/web/gjhdq_676201/gj_676203/yz_676205/1206_676740/1206x2_676760/t1320296. shtml。

③ 《驻蒙古使馆临时代办王福康召开在蒙商会座谈会》，中华人民共和国外交部网站，http：//www. fmprc. gov. cn/web/gjhdq_676201/gj_676203/yz_676205/1206_676740/1206x2_676760/t887418. shtml。

④ 《驻蒙古大使馆成功举办在蒙中资企业践行"一带一路"战略高峰论坛》，中华人民共和国外交部网站，http：//www. fmprc. gov. cn/web/gjhdq_676201/gj_676203/yz_676205/1206_676740/1206x2_676760/t1320296. shtml。

⑤ 《首届中蒙企业家友好合作新年联谊会在蒙成功举行》，中华人民共和国外交部网站，http：//www. fmprc. gov. cn/web/gjhdq_676201/gj_676203/yz_676205/1206_676740/1206x2_676760/t887418. shtml。

五、蒙古华校与华文教育

（一）旅蒙华侨友谊学校

旅蒙华侨友谊学校是蒙古国目前唯一一所华文学校，学校属于私立性质，在蒙古开展汉语教育方面有一定的影响力，被国务院侨办评为"海外华文教育示范学校"。其历史可溯及 1956 年 9 月在乌兰巴托成立的培才学校。培才学校是中国政府为解决当时赴蒙援建工人子女教育问题而设立的，由周恩来总理亲自命名。培才学校同时招收华侨学生，由于中蒙两国关系的交恶，培才学校规模逐渐缩小。为解决当地华侨子弟的教育问题，时任旅蒙华侨协会会长的赵廷源先生于 1964 年 9 月在培才学校的基础上创建了华侨子弟学校，随着 1989 年中蒙关系正常化，特别是自 90 年代中期开始，蒙古对汉语的需求日渐增加。应蒙古学生家长的要求，华侨子弟学校自 1993 年开始招收蒙古本地学生。为了顺应时代发展的要求，经有关方面研究批准，华侨子弟学校于 1999 年 9 月 29 日更名为旅蒙华侨友谊学校。2001 年在国务院侨办、中国驻蒙古大使馆、香港浸信会联会、旅蒙华侨协会等单位的大力协助下，学校建成了 1 440 平方米的新校舍，拥有 14 个教室、1 个电脑室、1 个体育馆，学校办学规模进一步扩大，教学质量也进一步提高。学校目前共有 600 余名学生，其中 94% 为蒙古学生，教职工 40 余人，现设有小学至高中和全日制班 21 个。[1] 学校秉承"友谊、求实、奋进、创新"的校训，多年来培养了一大批蒙古优秀青年，为中蒙两国友谊做出了积极贡献。

旅蒙华侨友谊学校的发展得到了社会各界的支持与帮助。2015 年 11 月 13 日，中国驻蒙古大使邢海明等人出席旅蒙华侨友谊学校举办的年度教学成绩庆功会，12 月 28 日，他代表大使馆向该校捐赠了 20 万人民币和 1 000 万图格里克（蒙古国货币），用于资助优秀学生和贫困家庭学生就学。此外，中蒙教育文化基金和在蒙中资企业代表也向该校进行了捐赠。旅蒙华侨友谊学校的发展，为推动中蒙人文交流、中蒙友好关系发展做出了贡献。

（二）蒙古华文教育发展

蒙古华文教育发展的原因包括以下几个方面：首先是蒙古当局自实行民族政策以来，对华校教育持肯定和支持的态度。蒙古政府承认华侨的学历，允许就读华侨学校的学生毕业后进入蒙古国内的大学深造。华校的课程参照中国国内的标准，将华文作为主要语言媒介，并兼顾传授蒙古文，以方便学生日后到蒙古的大学深造。这就解除了许多华侨及当地民众的后顾之忧，更多人愿意选择送子女到侨校读书。这样既不耽误升学，又可以学习华文、感受中华文化。其次是持续升温的中蒙关系及中国在蒙社会经济生活中愈发重要的地位，使华文教育日益受到重视，越来越多的蒙古人开始主动学习华文。在新形势的影响下，蒙古于 2007 年颁布的新课程改革理念"2006—2015 年蒙古国教育发展主要规划"里提出，在高中阶段将汉语列为选修第二外语之一。这体现了蒙古政府对汉语教学的重视，也直接促进了华教的发展。近年来，蒙古国汉语教学发展迅猛。据不完全统计，蒙古全国

---

① 扎娜：《蒙古国旅蒙华侨友谊学校高年级汉语课教学现状调查》，东北师范大学硕士学位论文，2014 年。

现有30多所大学及30余所中小学开设汉语课，其中绝大多数学校采用汉语授课，还有部分学校是专门的中文学校。目前，在蒙古国的外语教学中，使用汉语教学的学校数量和规模仅次于英语，位居第二，汉语也成为仅次于英语的蒙古国第二大外语。

随着近些年中蒙两国文化交流的加强。2008年5月，蒙古国立大学孔子学院挂牌成立。2010年6月，乌兰巴托中国文化中心揭牌设立。这些即是"中国热""华文热"的写照，也是蒙古华文教育发展的重要动力。汉语教师是推动华文教育发展的重要力量。2014年10月21日，中蒙两国签署《中国孔子学院总部/国家汉办与蒙古国教育科学部关于组织汉语教师志愿者赴蒙古国任教的协议》。① 根据相关协议，2014—2015学年，中方将派出174名汉语教师志愿者到蒙古国51所学校任教。该协议对汉语教师志愿者赴蒙古国任教的机构、期限、数量、管理和教学工作及有关各方的职责做出了明确规定，自双方签字之日起生效，为期5年。2016年1月24日，百余名在蒙汉语志愿者教师举行迎新春、共欢乐活动，驻蒙古大使邢海明等出席并同志愿者老师们共同联欢。② 这些汉语教学的志愿者担负起了发展蒙古华文教育的重任，为蒙古持续升温的"汉语学习热"贡献了自己的力量。

六、结论与思考

蒙古华侨的生活状况及社会境遇与蒙古国情及中蒙关系的发展有着直接的关系。一方面，不管中蒙两国国家关系如何，汉蒙两族之间都有着数千年的融合、依存及割舍不断的兄弟情谊。中蒙文化相通、习俗相近，蒙古华侨与蒙古国民有着天然的联系。另一方面，由于历史及现实的一些原因，蒙古华侨在蒙古始终处于较尴尬的地位。蒙古对中国存有戒心，使得华侨在蒙的处境一向不佳，直到近年中蒙两国关系改善、中国投资大幅提升后，华侨处境才获得明显的改善。尽管如此，蒙古华侨内心仍有焦虑与担心，也因此始终保有低调谦谨的作风。受蒙古国情及经济发展状况制约，我国在蒙务工经商人数较多，但移民人口较少。在蒙华侨在数量上没有较大提升，更是有不少人在内心里仍心向祖国。再加上《在蒙外国公民法律地位法》规定，各国外国公民在蒙因私居住人员不得超过蒙总人口3%，一个国家在蒙因私居住人员不得超过蒙总人口1%。按蒙古现有人口约306万计算，即一国因私在蒙的人口不得超过3万人。无论从主观还是客观上都决定，在蒙华侨及务工人员的数量和现今相比，都不可能有较大的提升。华侨如何在蒙自处、如何较好地融入当地，始终是蒙古华侨所要面对的重要问题。

蒙古持续升温的"中国热"及中蒙两国"全面战略伙伴"关系的发展，为蒙古华侨更好地生存和发展提供了坚实基础。蒙古华侨华人在推动新时期中蒙经贸，发展蒙古中餐馆、建筑建材业、其他专业技术领域及促进中蒙人文交流及邻邦友好中发挥着重要的作用；在蒙中资机构工作人员是中蒙务实合作的主力军，是丝绸之路经济带与草原之路倡议对接的践行者和中蒙共同发展的推动者、见证者；汉语教学教师志愿者是中华文化的传播

① 《中蒙续签汉语教师志愿者赴蒙任教协议》，环球网，http://china. huanqiu. com/News/fmprc/2014 - 10/5175736. html.

② 《在蒙汉语志愿者教师欢度新年》，中华人民共和国驻蒙古国大使馆网站，http://mn. china - embassy. org/chn/sghd/t1334478. htm.

者和中蒙友谊的重要使者。他们共同担负着促进新时期中蒙友好、中蒙互利、中蒙共荣的重任。

但在旅蒙华侨华人利用自身独特优势，为蒙古社会、经济及中蒙友谊做贡献的同时，如何保证华侨华人在蒙古当地的人身财产安全也是我们需要关注的问题。近年来，随着赴蒙古国从事商务活动、旅游和学习的外国人数量不断增加，蒙古境内针对外国人的盗窃、抢劫、诈骗活动数量也随之攀升。当地诸如"蓝色蒙古""泛蒙古运动"等排华、反华组织，经常针对华侨和中资企业进行盗窃和抢劫活动。据蒙古国警察部门统计，2010—2013年共有 365 名外国公民遭到违法行为侵害，其中中国公民 155 人。① 在蒙中国劳务人员酒后同蒙古公民发生争执，在蒙中资企业员工在公共场所遭到蒙方人员滋扰等事件也时有发生。个别蒙古国政客和媒体为捞取政治资本或赚取关注度而炒作"中国威胁论"，部分蒙古国民众抱怨中国"抢走"当地的就业机会，对少数中国人炫富、商业欺诈和破坏环境等不良行为的曝光炒作及部分中蒙民众对历史问题上的不同认知，都造成了中蒙关系稳步发展大局下的偶发冲突。在中蒙关系日益密切的今天，在蒙古华侨华人地位及生活状况逐步改善并担负起重要使命的情况下，如何正确引导、利用华侨华人力量，调动华侨社团及华人商会参与新时期中蒙经济建设及和平友好事业，鼓励华校及汉语教学志愿者传播中华文化，努力发展侨教以增强我国的软实力，保障华侨华人的合法权益及人身财产安全，已经成为新时期我们在认识和处理相关侨务问题时所需要首先关注和思考之所在。

---

① 《蒙古国投资指南》，中华人民共和国商务部网站，http：//images. mofcom. gov. cn/mn/201512/20151210155815172. pdf。

美洲地区

美 国

2015 年，中美关系既有"竞争"和"摩擦"，也有"对话"和"合作"，不过，总体上在中美新型大国关系的框架下保持稳步发展。中美关系局势、美国的社会政治环境、经济发展状况和移民政策影响了居美华侨华人的生存发展空间。目前，美国华侨华人人口已经超过 450 万，他们的整体社会经济地位处于中等偏上的位置。其中，一部分受过高等教育者通过在主流公司、高校、政府机构任职或自创技术公司，已较好地融入当地社会，并涌现出一批杰出人才；而以福州新移民为代表的劳工移民也通过同乡、亲戚等关系网络构筑起独特的族裔经济体系。在政治领域，华人"参政热"从美国西部向美国东部蔓延，年轻一代政坛新星冉冉升起。在中文教育方面，无论是在华文学校还是在主流学校，学习中文的学生数量均增长迅猛。可与此同时，华人依然不时遭遇隐性或显性的种族歧视，在司法领域被"区别"对待，他们的忠诚度被质疑，尤其体现在不断发生的华人科学家"被间谍"的冤案上。

一、美国基本国情和中美关系态势

（一）基本国情

美国概况

国家全名	美利坚合众国	地理位置	本土位于北美洲中部，另有阿拉斯加州位于北美大陆西北方，夏威夷州则为太平洋中部的群岛	领土面积	962.9 万平方千米
首都	华盛顿	官方语言	英语	主要族群	欧洲各族后裔、拉美裔、非洲裔、亚裔、印第安裔
政体	联邦共和立宪制	执政党/主要反对党	民主党/共和党	现任国家元首/政府首脑	巴拉克·奥巴马

（续上表）

人口数量	323 094 464①	华侨华人人口数量	452 万②	华侨华人占总人口比例	1.4%
GDP/人均 GDP	17.8 万亿美元/5.51 万美元③	CPI	1.4%④	失业率	5.3%⑤

（二）中美关系：冲突与合作并存

2015 年是中美构建新型大国关系的第三个年头。在这一年里，中美关系可谓"波澜起伏"，冲突与合作并存。一方面，中美两国在南海问题、网络安全、人权以及国际秩序的构建方面存在博弈与摩擦。美国政府给中国建立亚投行设障，支持日本解禁集体自卫权；美国学界在有关对外政策的讨论中鼓吹遏制中国的声音不断高涨。另一方面，两国在坚持中美新型大国关系的基本框架下，加强了在经贸、人文交流、应对全球气候变化和伊朗核问题方面的合作。2015 年 9 月 22 日至 28 日，中国国家主席习近平上任后对美国进行首次国事访问，并在纽约出席联合国成立 70 周年系列峰会。"习奥会晤"后，中方发布访问成果清单，共五大类 49 项，涉及政治、贸易、金融、全球治理、环保、军事、科技、农业、卫生、人文等领域。⑥ 应当说，习近平主席此行为中美关系发展拓展了思路，增强了动力，带动"跨越太平洋的合作"迈上了新的台阶。⑦

在经贸方面，2015 年 1—10 月，中国对美国出口额为 3 397.6 亿美元，同比增长约 6%，也相当于全球出口增长率的近两倍。前三季度，中美双方贸易额达 5 029.9 亿美元，超过美加贸易额（4 898.7 亿美元）。⑧ 这意味着中国将取代加拿大，成为美国第一大贸易伙伴。

在人文交流方面，第六轮中美人文交流高层磋商会议于 2015 年 6 月在华盛顿开幕。中美两国在教育、科技、文化、妇女、卫生等多个领域达成合作共识，取得了 119 项具体成果。持续扩大的合作领域和不断增长的成果数量，表明中美人文交流高层磋商机制正推动中美人文交流迈向更加系统化、战略化的高度。

在共同应对全球气候问题上，中美两国领导人通过第七轮中美战略与经济对话、"习

---

① U. S. Census Bureau, U. S. Population, Mar 2, 2016.

② 中国新闻网于 2015 年 5 月 4 日报道，据最新数据显示，美国华人人口总数已达 452 万。http：//www. chinanews. com/hr/2015/05 – 04/7249459. shtml.

③ U. S. Department of Commerce, National Income and Product Accounts Gross Domestic Product：Fourth Quarter and Annual 2015（Second Estimate），February 26, 2016, http：//www. bea. gov/newsreleases/national/gdp/gdpnewsrelease. htm.

④ U. S. Bureau of Labor Statistics, Consumer Price Index Summary , February 19, 2016 , http：//www. bls. gov/news. release/cpi. nr0. htm.

⑤ U. S. Bureau of Labor Statistics, Regional and State Unemployment, 2015 Annual Average Summary, February 26, 2016, http：//www. bls. gov/news. release/cpi. nr0. htm.

⑥ 参见外交部网站：《习近平主席对美国进行国事访问中方成果清单》，http：//www. fmprc. gov. cn/web/ziliao_674904/1179_674909/t1300767. shtml，2015 年 9 月 26 日。

⑦ 《专家盘点：2015 年影响中美关系走向的十大事件》，环球网，http：//oversea. huanqiu. com/article/2015 – 12/8187924. html，2015 年 12 月 16 日。

⑧ "U. S. International Trade in Goods and Services," U. S. BEA News, October 2015, http：//www. bea. gov/newsreleases/international/trade/2015/pdf/trad1015. pdf.

奥会晤"及 11 月份的"巴黎气候大会"达成共识，发表《中美气候变化联合声明》，重申加强应对气候变化双边合作的重要性，并承诺将携手其他国家共同应对气候变化。

可见，"竞争""摩擦""对话""合作"等因素交替影响着 2015 年中美关系的发展。不过，总体来说，两国关系在坚持了中美新型大国关系的正确方向下稳步发展。首脑外交的沟通机制在这个过程中起到了关键作用，经贸合作、战略互信、人文交流构成支撑中美新型大国关系大厦的三大支柱。

二、侨情新变化

（一）华侨华人人口数量的增长与新老唐人街的"荣衰"

据美国人口普查局公布的最新数据显示，在美华人人口已达 452 万，其中自称"华人"的有 434.7 万人，自称"台湾人"的有 17.3 万人，两项合计美国华人总数超过 450 万。华人人口迅速增长，主要归因于移民人口的快速增加。华人中有六成是外来移民，其中有 162 万人已入籍归化美国，1/7 为 2010 年后才来美的新移民。[①] 新移民中 85% 来自中国大陆、台湾和香港，其余 15% 是来自东南亚及其他地区的再移民。若按代际划分，美国华人中 54.2% 是第一代移民，29.8% 为土生华裔，16% 是 1.5 代移民（即童年来美，而后在美国成长的一代）。

从分布看，全美大约有 57.6% 的华人居住在两个州：加利福尼亚州（加州）（38.4%）和纽约州（19.2%），大约 60% 的华人都住在大都会地区。华人之所以选择加州是因为那里环境适宜，经济机会比较多。[②] 根据纽约州主计长狄纳珀力（Thomas P. Dinapoli）2016 年 2 月 25 日参加纽约农历新年庆祝活动时公布的数据，1990 年以来纽约州的亚裔人数增速最快，目前共有 180 万名亚裔，其中华裔比重最大，占 39%；印度裔次之。[③]

就华人的聚集程度而言，纽约几大唐人街的华人数量已经超越旧金山。随着华人新移民数量的不断增加，美国唐人街的范围也不断拓展，形成了很多新唐人街。如在纽约市，除曼哈顿老唐人街外，在皇后区的法拉盛、布鲁克林区第八大道、艾姆赫斯特区、日落大道都形成规模不小的华人聚集区。一般来说，那些教育水平低下的中国新移民初抵美国时仍然在老唐人街落脚谋生，而高素质的专业技术移民则直接前往环境相对舒适、人口密度小的郊区居住。

中国移民（尤其是低端的劳工阶层）具有同乡同宗相互牵引，形成连锁移民的特点。他们在美国往往依来源地形成不同的聚居群落，这点在福州新移民身上表现得尤为典型。

---

① 《最新数据指美国华人总数达 452 万　受教育程度高》，中国新闻网，http：//www.chinanews.com/hr/2015/05-04/7249459.shtml，2015 年 5 月 4 日。

② 《美国华人缘何钟情加州?》，《深圳侨报》，http：//www.bzdrs.com/readPaper.do? id＝4A8E3407263B4E6BAE9FDEB751A637F9459E4EFBEDCBE6F1407640C3259C58273BA9F6E2AC9BB558F519FB00E45E8206，2016 年 1 月 12 日。

③ 《纽约州主计长华埠贺新春　赞亚裔增速最快》，中国侨网，http：//www.chinaqw.com/hqhr/2016/02－26/80900.shtml，2016 年 2 月 26 日。

2016 年初连任美国福建同乡会主席陈雪顺称,全美福建乡亲近 100 万人①。90% 的福州籍移民都聚集在美国东部地区,其中纽约的福州籍移民数量有 50 万左右,居全美之冠。以前纽约唐人街以粤籍老侨为主,如今福州籍移民在人数上已经超过粤籍老侨,成为纽约最大的华人移民群体,其中人数最多的是长乐人。现在华人圈流行这样一个说法:在纽约唐人街,只要会讲福州话你就饿不死。② 纽约唐人街的东百老汇街已经是福州移民的天下,在纽约华人圈子里被称为"福州大街"。将东百老汇街称为"福州街",倒也名副其实,这里不但满街可以遇见福州人,还举目可见用中文书写的"福建同乡会""福州会馆""长乐同乡会""亭江同乡会"等牌子;甚至连商店也多取跟福州有关的名字,如"榕城地产公司""福州大花店""闽江小吃""福州鱼丸""长乐水产""连江饭店"等。显而易见,冠有"福州""榕城""长乐""亭江"之类店名的老板必定是来自福州的移民。如今,福州话已成为纽约唐人街的第二大语言,满街随时随地可以听到福州话。除纽约及周边地区之外,福州移民目前更有向中、南部扩散的趋势;另外 10% 福州籍在美国西部,如洛杉矶和圣地亚哥地区就有不少福建人。福州人的足迹现已遍布全美,甚至在密西西比州、佐治亚州和南卡罗莱纳州等俗称美国"南方腹地"的乡野小镇,都有他们的足迹。他们所开的中餐外卖店遍布全美各地,变成了美国人生活的一部分。

从全美范围来看,中国城的繁荣似乎与衰落并存。一方面,郊区新型中国城的数量不断增加,另一方面,许多城市的中心改造或物业租金的增长正威胁着居住在老唐人街的华人。有统计数据显示,全美比较古老的几大唐人街的华裔居民比例都在因为房产改造和增值而不断减少,而其他族群人口比例则在随之增加,唐人街似乎正在失去其原本的意义。2009—2014 年,旧金山唐人街的华裔居民从 81% 降至 72%,西雅图从 44% 降至 32%,纽约从 55% 降至 49%,波士顿从 43% 降至 37%,华盛顿从 14% 降至 11%,洛杉矶从 29% 降至 27%,费城唐人街降幅最为显著,从 74% 降至 48%。只有少数唐人街的华裔居民比例有所上升,如芝加哥唐人街的华裔居民从 64% 升至 73%,檀香山唐人街的华裔居民比例从 40% 升至 48%。③

旧金山房价不断飙高,租金也大幅上涨,华埠散房(SRO)租金过去两年来暴涨逾 60%。④ 随着高科技业员工大举搬进旧金山,中国低收入新移民唯一的落脚地将无法保留,纽约唐人街的情况也是如此。美国人口普查局的社区调查报告显示,2009—2014 年,住在曼哈顿中国城的华裔数量从 4.7 万下跌到了 3.8 万,越来越多的华裔因为不断上涨的房租而被迫搬离他们的"舒适区"。原本住在曼哈顿中国城的居民收入就相对较低,根据美国住房及城市发展部门的数据统计,住在中国城的四口之家 2013 年的人均收入为 37 362 美元,大大低于纽约其他地区的人均收入(85 900 美元)。由于中国城的房租近年来不断上涨,许多华裔家庭只好举家搬至租金相对低廉的布鲁克林区日落公园和皇后区的法拉盛等

① 《美国福建同乡会改选 陈学顺连任主席》,中国侨网,http://www.chinaqw.com/hqhr/2016/01-07/76212.shtml,2016 年 1 月 7 日。

② 以前的说法是,在唐人街只要会说台山话,就不愁没饭吃。

③ 《美华埠现状:华裔人口缩水 因房租激增被迫搬离》,中国侨网,http://www.chinaqw.com/hqhr/2016/02-28/80981.shtml,2016 年 2 月 28 日。

④ 《美国旧金山华埠散房租金暴涨 60% 新移民无处安身》,新华网,http://news.xinhuanet.com/overseas/2015-08/16/c_128133625.html,2015 年 8 月 16 日。

地。越来越多的开发商购入曼哈顿"中国城"的地产，兴建新的住宅或商店，将它们租给那些负担得起的租客。可是，对于教育技能水平不高、不会说英语的华人新移民来说，离开老唐人街将无处谋生、无所适从。

波士顿尽管号称全美国第三大华埠，可由于近年来波士顿生活成本的增加，这里的华裔人口已经开始呈现减少的趋势。随着近年来高端房产的开发，目前华埠已经成为波士顿租金最高的社区，这使得低收入的工薪阶层移民被迫离开。住在华埠的白人人口增长速度已经超过华裔。2015 年，波士顿华埠标志性的美心饼屋在经营了 33 年后，因为难以负担租金而被迫关张。华盛顿华埠的华裔居民也面临同样的困境。位于华埠的博物馆广场公寓楼的业主想要拆除这栋廉价住宅楼，另建高租金的豪华公寓。这栋廉价公寓楼一共有 302 个单位，华裔移民家庭占据了其中的 60%。如果长期住户被迫离开，最后残存的华埠痕迹之一也将随之消失。①

与上述城市老中国城面临的窘迫境况相反，芝加哥华社有识之士则努力保存和修复唐人街的中华传统文化遗产，并积极为华埠居民争取权益，为他们带来新生机。2015 年 8 月，耗资 1 900 万美元建成的芝加哥图书馆正式开放。在这所新图书馆里，既有《芝加哥论坛报》（*Chicago Tribune*），也有《中国日报》。人们在这里除了能读到中英文书籍外，还可以上太极课以及欣赏粤剧。② 另一个引人注目的大事就是，描绘芝加哥华埠百年历史过程、展望未来美好远景的"华埠百年壁画"工程于 2016 年 1 月 23 日举行落成典礼。这两幅纪念华埠百年的大型壁画"得来不易"，从一开始提出，再经过重重审议，加上近年历经伊州政府、芝加哥市府经费短绌，都让这项壁画工程一波多折；突破困难完工的壁画，彰显了华人坚持努力的传统精神，也为华埠百年留下最佳历史注记。③

（二）华人的两极分化和独特的族群经济体系

美国华人的受教育程度较高，远高于全体美国总体水准。25 岁以上的华人中 52.7% 拥有学士以上学位，远高于全体美国人 40% 的水平；其中拥有研究生以上学历的华人占 1/4 以上，而全体美国人只有 1/9 的人拥有相同学历。④ 华人的总体社会经济地位虽然高于非洲裔、拉美裔，亦高于美国平均水平，可在亚裔族群中远不及印度裔。美国华人的两极分化现象比较突出。一方面高级专业技术人员比较多，他们多拥有较高的学历，一般在主流公司就职或自创科技公司，收入很高。另一方面，从事体力劳动和服务性行业的劳工阶层也占有不小的比例。他们中相当一部分是新移民，既有以非正规渠道入境、后通过大赦获得合法身份的，也有家庭团聚类移民，他们工资低下，多居住在老唐人街。不过，总体来说，华人中从事高科技和白领职业的比例明显高于美国总体的移民水平。

就收入水平而言，华人在美国亚裔中居中等偏下水平。亚裔家庭中位年收入 72 472 美

---

① 《美国华盛顿华埠一公寓要拆 大量华裔无处可去》，中国新闻网，http：//www.chinanews.com/hr/2015/06 - 26/7367574.shtml，2015 年 6 月 26 日。

② 《谁说美国华埠在消失？芝加哥华埠逆袭》，侨报网，http：//news.uschinapress.com/2016/0222/1054755.shtml。

③ 《美国芝加哥华埠百年壁画落成 彰显华埠传统精神》，中国新闻网，http：//www.chinanews.com/hr/2016/01 - 27/7735234.shtml，2016 年 1 月 27 日。

④ 《最新数据指美国华人总数达 452 万 受教育程度高》，中国新闻网，http：//www.chinanews.com/hr/2015/05 - 04/7249459.shtml，2015 年 5 月 4 日。

元，最富裕的印度裔家庭中位年收入超 10 万美元，华人家庭中位年收入为 68 435 美元，不仅低于亚裔总体水平，与印度裔的差距更大；同时，华人 15% 的贫困率也高于亚裔总体 12.7% 的贫困率。[1]

在美国谋生存的过程中，华人新移民构筑起独特的族群经济体系。拿福州籍移民来说，他们在唐人街从事各行各业，大到银行、旅馆、酒店、超市，小到卖熟食和电话卡的摊位，都经营得红红火火。在美福州人互相扶持，不但宗亲关系非常密切，连行业的关联也密不可分。福州移民目前大多集中在餐饮业、装修业、杂货和客运业。他们经营的巴士客运业，以纽约市为中心，向波士顿、费城、华盛顿和芝加哥等城市辐射发展。全美许多州际高速公路的休息点，多了很多中国自助餐馆，其中大部分由福州移民经营。福州人初到美国时，由于不会讲英文，也没什么一技之长，只能到早期华人移民的中餐馆里去打工。待积累了一定的资本后，福州移民就开起小型中餐外卖店。这种外卖店不需要专业厨师，只需要一个人或者夫妻二人雇几个帮手就能开张。如今，遍及纽约各区的 5 000 多家中餐外卖店有 90% 都是福州长乐人开的。福州新移民还把中国式的食品超市带到了纽约，并由此带动了唐人街周边很多的边缘行业。随着福州新移民逐渐在美国站稳脚跟，成家立业的人就多了起来。由此产生的婚庆市场也被长乐人看在眼里，他们很快就在纽约办起了一家又一家婚纱影楼，仅曼哈顿下城的老唐人街就有 17 家由他们开的婚纱摄影店。

在美国华人的族群经济体系中，中餐馆始终立于不败之地。据大众点评研究院 2015 年 12 月发布的一份《中国人海外游餐饮消费报告》显示，目前美国的中餐馆数量近 5 万家，居全球之首。[2] 报告分析认为，中餐馆在美国数量多，最主要的因素是华人社群的聚集。

（三）科教界英才辈出

美国是华人杰出人才汇聚的地方，各界华裔英才辈出。2015 年 5 月 9 日晚，第 29 届艾利斯岛杰出移民奖（Ellis Island Medals of Honor）在纽约市港口举行颁奖典礼，在今年 101 位各族裔杰出移民中，共有 3 位杰出华人移民获奖，他们是纽约的美中文化协会主席杨雪兰、纽约大都会歌剧院演唱家田浩江及加州医师陈运仁。除专业领域之外，杨雪兰、田浩江及陈运仁在文化、教育、政治等领域也有卓越贡献，为美中关系、华裔音乐教育及亚裔维权贡献良多。[3]《自然》杂志 2015 年 12 月 17 日公布了该年度十大人物，美国斯坦福大学华裔女科学家鲍哲楠以及胚胎编辑者黄军就曾入选。鲍哲楠带领研究小组用碳纳米管制造出了一种具有触觉、能分出轻重的人造皮肤，该成果为机器人制造、可穿戴设备等领域带来了无限可能。美国白宫于 2015 年 12 月 22 日公布了该年度美国最高科技奖项获得者名单，包括 9 名国家科学奖获得者以及 8 名国家技术和创新奖获得者。华人科学家胡正明是国家技术和创新奖获得者之一。胡正明是加利福尼亚大学伯克利分校电气工程和计

---

① 《最新数据指美国华人总数达 452 万　受教育程度高》，中国新闻网，http：//www.chinanews.com/hr/2015/05 -04/7249459.shtml，2015 年 5 月 4 日。

② 《大众点评：中国人海外游餐饮消费报告》，中商情报网，http：//www.askci.com/news/chanye/2015/12/07/ 1649592iax.shtml，2015 年 12 月 7 日。

③ 《美国 3 位华裔荣获艾利斯岛杰出移民奖》，中国新闻网，http：//www.chinanews.com/hr/2015/05 – 11/ 7266738.shtml，2015 年 5 月 11 日。

算机科学教授，1997 年当选美国国家工程院院士，不久前又当选美国国家发明家科学院院士。[①]

年轻一代华裔英才亦如冉冉升起的新星，璀璨夺目。美国有小诺贝尔奖之称的英特尔科学奖于 2015 年 3 月 10 日晚在华盛顿国家建筑博物馆宣布该年最后得奖名单，共有 3 名华裔高中生获奖，占 9 名获奖者的 1/3，各奖项都有华裔获奖。来自加州圣荷西的金程获全球福祉领域第一名，新泽西州的黄谕蒙获基础研究第二名，佛罗里达州的李佳嘉获创新类第三名。[②] 美国教育部于 2015 年 5 月 4 日公布该年度美国总统学者奖获奖名单。全美范围内的 141 名高中生因学术或艺术水平出类拔萃，获此殊荣。其中，华裔学生的表现更是亮眼，共有近 30 人获奖，约占总获奖人数的 1/5。[③]

（四）华人"参政热"从美西向美东蔓延

美国华人在竞选国会议员、州议员、市议员及各级政府公职，以及获委任各级官职等方面，均取得了骄人的佳绩。从现任各界华裔政界精英的祖籍地和出生地看，祖籍广东的美国土生华裔占绝大多数，其次就是出生于台湾或香港的移民，而中国大陆新移民目前还鲜有崭露头角者。陈灿培编著的《全美华裔民选官员名录（2014—2015）》收录了 85 位现任华裔民选官员的简历。按祖籍地划分，祖籍广东的共有 47 位，占了一半多；祖籍福建的有 9 位，祖籍上海的有 5 位，祖籍浙江、云南、山东、江苏的各 2 位，祖籍天津、河北、辽宁的各 1 位；按出生地分，美国本土出生的共 49 位，中国台湾出生的共 18 位，中国香港出生的共 11 位，加拿大出生的 1 位；从其任职所在地看，除在华盛顿任职的赵美心外，在州市级官员中，加州的人数居首位；从任职级别看，联邦国会议员仅 3 位，州级官员达到 26 位，市级官员有 53 位，其中加州各市共有 43 位。[④] 究其原因，主要在于中国大陆新移民大多专注于提升经济地位，同时语言能力差，不熟悉美国的政治制度，参与美国主流政治的意愿和能力均比较差。

2015 年，参与美国地方政府公职竞选的华裔候选人比 2014 年增加了一倍多。在南加州各个城市和学区涌现出 18 名华裔候选人[⑤]，最终有 10 人当选，8 人惜败，这与华人投票率不高有一定关系。在北加州的地方选举中，最大的赢家莫过于李孟贤。他担任旧金山市长 5 年，在 11 月 3 日选举又赢得最多票数顺利连任，将于 2016 年 1 月开始他的第二个 4 年任期。他因此成为旧金山 165 年历史上任职时间最长的一位市长。[⑥] 在美东地区，华人参政的热情亦逐渐高涨，华裔候选人亦有斩获。新英格兰地区共有六名华裔候选人，其中马萨诸塞州五人，缅因州一人，刮起新一轮华裔参政旋风。波士顿首名华裔不分区市议

① 《华人科学家胡正明获美国最高科技奖》，《长江日报》，2015 年 12 月 24 日。

② 《美国英特尔科学奖揭晓　三华裔学生上榜一人夺冠》，中国新闻网，http：//www.chinanews.com/hr/2015/03 –12/7122535.shtml，2015 年 3 月 12 日。

③ 《2015 年美国总统学者奖揭晓　华裔学生约占五分之一》，中国新闻网，http：//www.chinanews.com/hr/2015/ 05 –07/7258297.shtml，2015 年 5 月 7 日。

④ 陈灿培：《全美华裔民选官员名录（2014—2015）》，美国洛杉矶华埠中心，2015 年版。

⑤ 《华媒盘点：美国华人参政者翻番　但投票率不足 1%》，中国新闻网，http：//www.chinanews.com/hr/2015/ 12 –30/7694397.shtml，2015 年 12 月 30 日。

⑥ 《美旧金山华裔市长李孟贤再次连任　任职时间最长》，新浪网，http：//news.sina.com.cn/c/2015 – 11 – 05/ doc – ifxknius9641898.shtml，2015 年 11 月 5 日。

员吴弭、剑桥市首名亚裔市议员张礼能、从 1997 年连任至今的牛顿市市议员马惠美都竞选连任。在缅因州，孙陈华将竞选刘易斯顿市（Lewiston）市长。[①] 2016 年 1 月 4 日波士顿市议会投票选出市议长，年仅 30 岁的吴弭成功当选，成为波士顿史上首名亚裔议长，她是首名担任此要职的有色人种女性，也是该市史上第三位女议长。[②]

在美中地区，2016 年 3 月 15 日，芝加哥选委会公布伊利诺伊州第二众议员选区 66 个投票所开票结果，祖籍中山的马静仪共获得 1.47 万张票，初选得票率 51.22%，赢得该州第二众议院选区初选。至此，马静仪成为伊州首位华裔众议员，也是第一位进入伊州议会的亚裔人士，改写了伊州议会百年无亚裔的历史。[③]

华裔选票的重要性也日益受到总统候选人的重视。2016 年总统大选和国会选举预选已拉开帷幕。民主党总统参选人希拉里于 1 月 7 日上午由联邦众议员赵美心引介，来到加州华人最集中的圣盖博谷社区造势。1 200 位亚太裔支持者和几十位民选官员到会。作为民主党总统参选人，希拉里的一些政见和政策对于亚太裔极其重要，如照顾低收入者和少数族裔利益，改革移民政策、减少个案积压、加速亲人团聚进程，暂缓遣返包括亚太裔在内的无证移民，扶持小企业发展，减少大学生负担等。

（五）华人的社团发展新动向：地缘性商会蓬勃发展

美国华人社团具有数量大、类型多的特点，呈现出老社团焕发新活力，新社团迅速崛起的繁荣局面。位于纽约曼哈顿唐人街的福建同乡会，随着福州新移民的增加，规模不断扩大，会员人数超过 10 万人，可谓美国规模最大的社团。该社团每年为福建乡亲打过的官司超过 300 件，同时为不懂英文的乡亲翻译文件或信件，并帮助他们免费报税。2016 年 1 月 5 日福建同乡会举行换届选举，现任主席陈学顺获得全场超过百名常委举手投票一致通过，连任第 74 届主席，任期两年。福建同乡会大厦于 2014 年修葺一新，成为东百老汇"小福州"的标志建筑。

随着粤闽两省之外的其他省份移民的增加，相应的同乡团体也纷纷建立，而且在形成一定规模后，组建起社团联合体。2015 年，经过美东地区、美南地区和美西地区东北侨团和企业负责人长达半年多的酝酿和商讨，全美东北同乡社团联合会于 8 月 18 日宣告成立。其宗旨是：服务美国的中国东北移民、为家乡中国东北三省经济的发展和与美国的经贸及文化交流作出贡献。凡是认同该社团联合总则的全美各地中国东北三省及内蒙古各地市的同乡会、联谊会、同学会等社团和组织，经自愿申请，都可以成为会员。2016 年 1 月 17 日，美国东北总商会又在美国中国东北海外联谊会的基础上成立，路霞担任总商会首任会长。总商会目前成员近百人，聚集东北在美商界精英，将建设东北老人公寓、开发房地产等。[④] 2016 年 2 月 28 日晚，北美河南总会成立，首任主席为侯春来，会长为陈艳红、副

---

① 《美国市镇级选举投票启动　华裔掀新一轮参政旋风》，中国新闻网，http：//www. chinanews. com/hr/2015/11 -04/7605120. shtml，2015 年 11 月 4 日。

② 《美国波士顿选出首名华裔女议长　曾任该市议员》，新华网，http：//news. xinhuanet. com/overseas/2016 -01/ 05/c_128596643. html，2016 年 1 月 5 日。

③ 《中山华侨马静仪成美国伊州首位华裔众议员》，广东侨网，http：//www. qb. gd. gov. cn/hsxw2010/201603/ t20160323_759547. html。

④ 《美国东北总商会成立　路霞任首届会长》，中国侨网，http：//www. chinaqw. com/hqhr/2016/01 - 19/ 77315. shtml，2016 年 1 月 19 日。

会长为张新力。该社团是一个由居住在北美地区的河南华侨华人、学生学者和热心于河南建设与发展的人士组成的一个非盈利社会团体。其宗旨是密切联系在美河南华侨华人的关系，增进相互的友好与合作，促进在美河南同乡与美国各界人士的交流与合作；同时还承担宣传河南，树立河南华侨华人良好形象，扩大河南在海外知名度，为河南政府及海内外企业、公司牵线搭桥的任务。[①]

（六）华文学校和美国主流中小学的中文教育持续推进

中国国际地位的提高和美国华人社区的发展壮大，给美国华文教育的繁荣带来前所未有的机遇，华文学校无论是数量还是规模均增长迅速。成立于1994年的美中实验学校，不到十年，学生数量由最初的80名增加至近千名，校区也由开始的一个增至现在的三个。旧金山华侨学校涵盖从幼儿园到高中七个学段的华文教育，学生数量从最初的30多名增加到现在的近2 000名。华夏中文学校创建于1995年，已走过20年，截至2014年底开设20所分校，注册人数7 000多人，成为全美规模最大的中文学校之一。[②] 成立于1994年的全美中文学校协会，会员学校达到两百多所，遍布美国37个州的几乎所有大中城市；学生人数达3万以上，服务和影响遍及千万个华裔家庭。

美国政府近年来也更加注重在中小学校推进中文教育。2015年9月，习近平主席访问美国，奥巴马总统提出一项名为"百万强"（One Million Strong）的倡议，计划于2020年前将幼儿园至12年级学习中文普通话的学生数量从当前的20万提高到100万。该倡议由无党派非营利组织"百万强"基金会发起，倡导设置常规中文课程，增加在美中文教师数量，利用科技推广中国语言和文化教育。[③] 在不到5年时间里将中文学习者数量提高5倍，这是个雄心勃勃的目标。此举显示了美国的一种紧迫感，特别是当中国已成为世界第二大经济体之时。

在中美构建新型大国关系过程中，华文教育在中美人文交流领域发挥了独特作用，也面临诸多挑战。其中最重要的挑战之一就是如何融入美国主流教育体制。美国在汉语教学政策方面已经出现了有利于华文教育融入主流的多项进展，其中最重要的三项就是设立SATⅡ中文考试、设立AP中文项目、汉语被定为"关键语言"。尽管这些政策制定的出发点是为了美国国家利益，但在客观上也推动了美国汉语教学的发展，同时为华文教育与主流教育的接轨提供了良好的接口。美国部分大学还从课程设置入手，逐步提升中文课程的地位；一些主流学校和机构也尝试举办全体学生参加的中文竞赛或文化活动。

---

① 《北美河南总会成立　侯春来任首任主席》，中国侨网，http：//www.chinaqw.com/hqhr/2016/02 – 29/81101.shtml，2016年2月29日。

② 《华夏中文学校20周年校庆》，侨报网，http：//ny.usqiaobao.com/spotlight/2015/05 – 17/70215.html，2015年5月17日。

③ 《美国中文学校"新常态"：非华裔面孔越来越多》，中国侨网，http：//www.chinaqw.com/hwjy/2015112 – 01172336.shtml，2015年12月4日。

三、本年度涉侨重大事件及其后果

(一)"梁彼得案"引发全美华人抗议热潮

2016 年初,"梁彼得案"的判罚结果引发全美华人抗议热潮,并再一次唤醒了美国华人的维权意识。2014 年 11 月,担任警察不到两年的纽约华裔警察梁彼得在巡逻布鲁克林的一栋危险建筑时,在黑暗的骚乱环境中扣动了手枪扳机,子弹经墙壁反弹后射进非裔男子格利的胸膛,致其死亡。虽然梁彼得以枪支走火、没有足够训练进行急救作为辩护理由,可 2016 年 2 月 11 日,由 12 名成员组成的陪审团裁定,梁彼得过失杀人罪、渎职等 5 项罪名成立,最高将面临 15 年监禁。[①] 从法律角度看,陪审团对梁彼得的有罪判定并无不当,只是并不公平。因为同类事件中,他是十年以来第一例被定罪的。在早先发生的几次白人警察开枪杀人案件中,涉事警察要么不被起诉,要么被无罪释放。[②] 如此悬殊的判罚结果激起了华人的极大愤怒。

华人社区为此组织各种活动,联署、捐款、组织集会游行,发起了美国华人历史上最大规模的一次维权行动。2016 年 2 月 20 日,美国华人第一次同时在 41 个城市里举行大规模游行示威,其中纽约市先后有近 5 万华人参加抗议集会,人数最众。[③] 纽约市四区华人商家自发组织的"挺梁请愿信联络站"于 2 月 22 日开启,众多参与的商家无偿贡献商铺空间,让民众填写请愿信并免费提供信封与邮票或帮忙收集邮寄。据媒体 2 月 24 日报道,在请求撤回对梁彼得起诉的白宫请愿上已有超过 12 万个签名[④]。"梁彼得信托基金"也于 2 月 26 日正式宣告成立,其中的大部分款项将用于支付非常高昂的上诉律师费用。[⑤] 据统计,截至 2016 年 3 月 2 日,由亚裔维权大联盟与美东联成公所展开的筹款活动已总共收到逾 60 万元善款。[⑥] 华人大规模的"抗议挺梁"活动,让我们看到了美国华人在面对重大种族歧视事件时的团结精神。

(二)华裔科学家"间谍"冤案频发

2015 年,多名华人科学家"被间谍"的冤案引发广泛关注。美国《科学》杂志网站发表长篇通讯指出,近年来被美国政府冤枉为间谍的华人科学家数量之多"令人吃惊",导致华人科学家人人自危,担心与中国的正常合作会招来美国政府的无端猜疑。仅过去一

---

① 《美国华人发动全美大游行 为梁彼得维权》,新浪网,http://news.sina.com.cn/w/zg/2016-02-20/doc-ifxprucs6283467.shtml,2016 年 2 月 20 日。

② 《一文读懂梁彼得案:白人警察"滥杀"要华裔背锅?》,北青网,http://news.ynet.com/3.1/1602/21/10913067.html,2016 年 2 月 21 日。

③ 《在美学者谈美国华人大规模抗议梁案:华人参政意识的觉醒》,中国新闻网,http://www.chinanews.com/hr/2016/02-23/7769735.shtml,2016 年 2 月 23 日。

④ 冯黛梅:《梁彼得事件被指涉及种族歧视 华裔历史性示威抗议司法不公》,《中国社会科学报》,2016 年 2 月 24 日第 3 版。

⑤ 《美国闽侯联合总会呼吁乡亲捐款助梁彼得上诉》,侨报网,http://news.uschinapress.com/2016/0301/1055666.shtml,2016 年 3 月 1 日。

⑥ 数据参见《挺梁维权筹款活动已获逾 60 万元善款》,侨报网,http://news.uschinapress.com/2016/0302/1055792.shtml,2016 年 3 月 2 日。

年中，就有 5 名中国出生的科学家被指控窃取商业机密或充当经济间谍后又被撤诉。①

2015 年 5 月，世界著名的美籍华人超导专家、天普大学物理系主任郗小星教授被捕，其罪名是"向中国泄露了由美国公司开发的技术"。检察官声称，出生在中国、现为美国公民的郗小星在发给中国的电子邮件中泄露了超导薄膜装置技术。但几个月后，一批独立物理学专家发现，在检察官掌握的电子邮件证据中，郗小星所提及的是另一项不受保密限制的技术。2015 年 9 月，美国司法部宣布撤销对郗小星的所有指控。2016 年 3 月 21 日，郗小星的辩护律师之一迈克尔·舒尔茨表示，美国联邦检察官将不会再对郗小星提出新的指控和搜集新的证据，并将退回郗小星被没收的财产。②

在美华裔缘何频频成为所谓"间谍案"主角，甚至莫名"躺枪"？这种现象引起华人圈热议，有人感慨"华裔混得再好，也被美国主流社会当作外国人"。一些人想到了这类事件与 20 世纪 50 年代"麦卡锡主义"的关联，指其死灰复燃。还有人将其与当下的中美关系联系起来思考，称层出不穷的"中国间谍案"微妙折射出两国关系的变化。

（三）中国留美学生被开除问题

2015 年 5 月 26 日，美国厚仁教育在 NAFSA（国际教育工作者协会）大会上发布了《2015 版留美中国学生现状白皮书——开除学生群体状况分析》。这是继 2014 版白皮书后，该机构再次聚焦"被开除中国留学生"问题。根据对 2013 年、2014 年和 2015 年的 1 657 个案例的调查，学术表现差是造成中国留学生被开除的最主要原因，占了总样本的 57.66%。

数据显示，被开除的留学生群体有以下几方面的共同点：80.55% 因学术表现差或学术不诚信而被开除；69.43% 来美国不到 2 年；过半数（51.28%）的学生 GPA 低于 2.0；88.7% 的被开除学生为 18~25 岁；79.04% 本科或硕士学位在读。估算被明确开除的中国留美学生，占留学生总数的 3% 左右，去年被开除的中国学生总数约有 8 000 人。被开除的并非都是"后进生"，来自排名前 100 的名校生超过了 60%，数据里收录的数十个被开除的学生甚至有来自常青藤大学的。理工类专业学生和经济商管类专业学生、大型州立大学、低龄留学生，都成为被开除的"重灾区"。特别值得关注的是，被开除的学生中，87% 以上在美时间不超过 3 年，其中 43.22% 的学生在美不超过 1 年，第一个学年是被开除风险系数最高的留学年。③

相比于学术表现差，中国留学生在学术不诚信上占了总样本的 22.98%，作弊和抄袭是这些学生犯的主要错误。此外，出勤问题（9.67%）、行为失当（3.87%）、国际学生身份问题（2.96%）、违反法律（1.93%）、心理问题（0.57%）和财务问题（0.23%）等也是中国留学生被高校开除的原因。

① 《美国杂志〈科学〉发文：美国政府无端冤枉华人科学家》，中国新闻网，http：//www.chinanews.com/cul/2015/11-15/7623774.shtml，2015 年 11 月 15 日。

② 《美撤销对华裔教授郗小星所有指控 退回被没收财产》，中国新闻网，http：//news.chinanews.com/hr/2016/03-22/7806417.shtml，2016 年 3 月 22 日。

③ 《2015 留美中国学生现状白皮书——开除学生群体状况分析》，厚仁，http：//www.wholeren.com/wp-content/uploads/2015/06/2015-WhitePaper_CN.pdf。

四、美国移民政策改革对中国移民的影响

（一）美国移民政策改革举步维艰

近年来，美国政府一直想进行全面的移民政策改革，其主要目的是想增加高技术移民的配额，适当削减家庭团聚类移民，为美国经济发展延揽人才；另外一个目的是用合适的途径解决国内庞大的非法移民问题。奥巴马总统在两个任期内均力图推进全面的移民改革，可是面对国会两党和民间利益集团的较量，显得举步维艰。美国国内两极分化的政治形势逐渐深化，未来移民政策将如何变化充满了不确定性，但美国的移民政策一向是以自身利益为最根本的出发点这一点不会动摇，所以吸引海外优秀人才和资金投入的政策趋势依然会继续增强。

（二）中国投资移民升中有降

美国政府仍然需要吸引外来移民人才振兴美国经济，特别是接纳能为美国创造工作机会的投资移民。既然全面的移民法规改革难以推进，奥巴马总统只好对现有的一些移民法规做出补充，以满足经济发展的需求。其中最重要的一项是"EB—5 投资区域中心"项目，于 2009 年 9 月签署，后不断延期，持续至今。这个项目客观上推动了中国的投资移民。据美国公民和移民服务局发布的报告，2011 年共有 2 969 名中国公民申请了投资移民EB—5 签证，共 2 505 人获得批准。① 2012 年，通过投资移民到美国的中国人升至 6 124人，比 2011 年翻了两倍多，更是 2010 年获批人数的近 8 倍。美国移民局发布的最新数据显示，在 2013 年美国颁发的投资移民签证中，中国人占了 3/4 以上。同时，中国人已成为美国第二大海外房地产买家。截至 2013 年 3 月底之前的一年里，中国人在美国购房总价值达 123 亿美元，占当年外国人在美国购房总额的 1/8。更令人惊叹的是，这 123 亿美元的购房款中，有 69% 为全额现金支付。② 2014 年，通过投资移民到美国的中国人达9 128人，在当年美国颁发的 EB—5 签证中占 85.4%。③ 2016 年初，美国国务院公布了2015 财年（2014 年 10 月 1 日至 2015 年 9 月 30 日）美国投资移民数据，美国政府共签发9 764 张 EB—5 签证，其中中国大陆为 8 157 张，占总数的 83%，该签证配额比 2014 财年有所减少。④

五、结论与趋势

美国华侨华人目前的生存发展状况有喜有忧，这表现在以下方面：

（1）在社会经济领域，随着美国经济的缓慢复苏，无论是高端技术人才，还是低端的

---

① 《中国移民潮逾半留美国》，《世界日报》，2012 年 12 月 18 日。

② 王辉耀主编：《国际人才蓝皮书：中国国际移民报告（2014）》，北京：中国社会科学出版社，2014 年版，第125 ~ 143 页。

③ 王辉耀主编：《国际人才蓝皮书：中国国际移民报告（2015）》，北京：中国社会科学出版社，2015 年版，第130 ~ 136 页。

④ 《2015 年财年有多少中国人投资移民美国？》，搜狐网，http://mt.sohu.com/20160111/n434160004.shtml。

劳工移民都不用再担心收入缩水或失业的困境；但与此同时，许多城市中心改造或物业租金的增长正威胁着居住在老唐人街的居民，尤其是初来乍到的低技能、低收入的中国大陆新移民。纽约曼哈顿的老唐人街、旧金山的老唐人街曾经长期是低端新移民的第一个"落脚点"，如今这些旧城区将被改造成高档公寓区，使得低收入者负担得起的廉价公寓被蚕食。低收入华人的居住权益能否得到保障，需要华社维权团体和政界人士的积极作为。

（2）在政治领域，华人的参政"热"不仅局限于美西的加州，美东和美中都有政坛新星出现；但与此同时，普通华人的投票率还是偏低，甚至一些受过高等教育的人士对选举都表现得非常"冷漠"，认为华人在美国政治中发挥不了什么作用。普通华人的选举意识没有切实的提升，不仅影响了华裔候选人的胜选率，最终也会影响到华人的资源分配和权益保护。虽然华人的维权意识和政治动员能力比以前大有提高，如"梁彼得案"所引发的全美抗议高潮，但也有媒体质疑这次抗议行动是受人操纵。

（3）在国际关系领域，中国的经济实力增强和国际地位的提升令海外华人挺直了腰杆，他们在促进中美经贸、科技、文化合作的同时发展了自己的事业。但与此同时，中美之间的博弈会不可避免地殃及在美华侨华人和旅美中国学者，频繁发生的华人科学家"被间谍案"就是明显的例证。

（4）在留学教育和人才培养方面，中国每年向美国输入了数量最多的国际留学生，不仅为美国经济作出了重要贡献，同时也壮大了中国的海外人才库；但与此同时，中国赴美留学生良莠不齐，特别是留学生的低龄化带来很多问题，诸如语言沟通和文化适应问题、因炫富而招致的人身安全问题，更突出的是学术能力弱而被开除的问题。

面对上述问题，不仅需要美国华侨华人及中国潜在的移民群体自身努力去解决，中国涉侨部门及驻外机构也应以适当的方式伸出援手或加以引导教育。目前，国务院侨办已经依托旧金山华商总会和休斯敦中国人中心在美国设立了两家"华助中心"，与民间团体或基金会合作，也可考虑在低收入新移民聚集的纽约，依托对我友好、实力较强的侨团（如崇正会、福建同乡会）设立华助中心，关爱救助有需要的侨胞，这样做有助于凝聚侨心。

在华人科学家被冤枉为"间谍"的时候，美国亚太裔维权联盟和华人社团出来发声为当事人鸣不平，然而在中国这一方除了看到一些媒体报道外，很少看到媒体或官方发言人为此发出抗议或谴责之声。面对美国子虚乌有的指控，中国一方涉事机构，无论是政府部门还是私人公司，都应该给予当事人以道义上的声援，也可以帮助其聘请优秀的辩护律师，这对树立中国的国际尊严至关重要。

在留学教育中出现的问题，中国驻外使领馆部门应给予足够的重视，因为这是事关中国人在海外形象的问题。第一，要依托中国留学生组织进行预防教育；第二，要实时追踪，防微杜渐；第三，可考虑在留学生中建立以老带新、以优帮差的互助机制，帮助新人留学生形成良好的学习和生活风气。

加拿大

2015 年，中加关系整体上在过去的基础上继续平稳向前发展，两国各级政治领导人的交流和交往密切，经贸文化合作进一步深化。2015 年的加拿大侨社整体上发展形势不错，但也有一些隐忧：留学生队伍继续扩大，但呈低龄化趋势；在社会融入与政治参与上表现突出，获得加拿大社会肯定，但部分人的不法行为也使得华社形象受损。2015 年加拿大移民政策的一些变化对加拿大华社影响巨大。移民总的配额增加主要集中在难民和经济移民上。由于难民主要针对中东和北非，对华社影响不大。但经济移民配额的增加对人数众多的中国留学生将是一大福音。父母团聚担保要求提高，对很多华人家庭而言将是极大负担，住家保姆改革或许有利于部分华人移民，但最大的受惠者将是菲律宾保姆。总体而言，不管是家庭团聚类移民，还是独立技术移民或商业移民，华人移民进入加拿大的要求将越来越高，所面临的困难也将更大。尤其是独立技术移民政策对移民申请者的语言要求进一步提高；更加重视加拿大经历，这对于许多外语水平不高的华人移民来说无疑将成为难以逾越的一大障碍；而且加拿大从申请者的职业和配额两方面进行限制，还进一步减少紧缺职业类别数量和配额，将使以后华人技术移民的数量减少。

一、加拿大基本国情与中加关系

（一）基本国情

表 1　加拿大概况

国家全名	加拿大	人口数量	35 985 751
地理位置	北美洲北部	华人人口数量	170 万①
气候	大部分地区属大陆性温带针叶林气候，东部气温稍低，南部气候适中，西部气候温和湿润，北部为寒带苔原气候。北极群岛终年严寒。中西部最高气温达 40℃ 以上，北部最低气温低至 −60℃。	华人占总人口比例	4.7%
领土面积	9 984 670 平方千米	主要族群	英裔、法裔

① 加拿大平权会估计华裔人口达到 170 万，参见中国新闻网，http://www.chinanews.com/hr/2013/05 − 10/4803963.shtml。

（续上表）

政体	联邦议会民主与君主立宪制	GDP 经济增长率/通货膨胀率 CPI	1.1%①/1.61%②
执政党及现任总统/总理	自由党戴维·约翰斯顿/贾斯廷·特鲁多	失业率	6.85%③
官方语言	英语和法语	GDP	1.628 万亿美元④
首都	渥太华	人均 GDP	45 488 美元

（二）2015 年加拿大与中国的关系

2015 年，中加关系整体上在过去的基础上继续平稳向前发展，两国各级政治领导人的交流和交往密切，经贸文化合作进一步深化。

1. 省级交流频繁

2015 年是广东省和不列颠哥伦比亚省缔结姐妹省份 20 周年，也是江苏省与安大略省缔结友好省份 30 周年。因此，中加两国在这一年的省级交往频繁。10 月 30 日，不列颠哥伦比亚省省长简蕙芝（Christy Clark）率领一个近 200 人的商务代表团前往广东；11 月 5 日，加拿大安大略省省长韦恩（Kathleen Wynne）也率领一个 85 人的代表团到访江苏；与此同时，蒙特利尔市长也率领访问团正在中国访问。两位省长的访华也都包含了访问香港的内容。6 月，梁振英特首曾经率领一个百人商贸团访问安大略省，并与韦恩会面。这是韦恩第二次访华。去年，这位新任省长首次外访就选择了中国，并取得了价值 10 亿加元的经贸成果。据说去年的访华为安省创造了约 1 800 个工作职位。韦恩说："我决意优先再度前往中国，深化这些重要的关系，促进两地更多的往来投资。我信心十足。"⑤

2. 国家领导人交往密切

2015 年也是中加建交 45 周年和中加建立战略伙伴关系 10 周年。非常巧合的是，45 年前作出与中国建交决定的皮埃尔·特鲁多总理，是 2015 年新当选总理贾斯廷·特鲁多的父亲。2015 年 11 月 5 日，特鲁多就任加拿大总理，11 月 16 日特鲁多就在土耳其安塔利亚与中国国家主席习近平见面，就中加关系未来发展交换意见，并达成重要共识，一致同意在互利共赢基础上，加强经贸、人文、旅游等领域合作，密切高层特别是领导人之间

---

① 根据联邦移民部的资料，加拿大有接近 150 万的华裔，http：//news. fx678. com/C/20160 120/201601202 303002175. shtml.

② http：//www. inflation. eu/inflation – rates/canada/historic – inflation/cpi – inflation – canada. aspx.

③ http：//data. eastmoney. com/cjsj/foreign_7_1. html.

④ International Monetary Fund. "Report for Selected Countries and Subjects：Canada". Retrieved November 23，2015.

⑤ 《加拿大省长市长接踵访华　望从中国市场分杯羹》，http：//www. chinanews. com/gj/2015/11 – 06/ 7610136. shtml.

的往来，增强政治互信，在应对气候变化等全球性问题上密切沟通和协调①。

3. 经贸合作保持良好势头

在 2015 年，中加贸易继续保持良好势头。据加拿大统计局公布数据，2015 年 1—8 月，中国加拿大贸易总额为 552.56 亿加元，同比增长 11.48%。其中，加拿大对华出口 131.4 亿加元，同比增长 3.5%；自华进口 421.16 亿加元，同比增长 14.2%；贸易逆差 289.77 亿加元，同比增长 19.9%。中国是加拿大第二大贸易伙伴、第二大进口来源国、第二大出口目的地。加拿大对华出口主要是矿产品、木浆、废纸及纸板、矿物燃料、农副产品和饲料等；自中国进口主要是机械产品、机电产品、家具、纺织品、服装、塑料制品和钢铁制品等②。

4. 金融合作等更深入

在 2015 年，中加金融合作更加深入。11 月底，中国银行间市场交易商协会接受加拿大不列颠哥伦比亚省在我国银行间债券市场发行 60 亿元人民币债券的注册。此前，国际开发机构、境外非金融企业和境外商业银行已先后在我国银行间债券市场发行了人民币债券。此次加拿大不列颠哥伦比亚省人民币债券在银行间债券市场注册发行，将进一步扩大债券发行主体范围，有利于促进我国债券市场对外开放，推进人民币跨境使用③。当地时间 5 月 29 日，中国工商银行（加拿大）蒙特利尔分行成立，这是中国工商银行在加拿大的第 9 家分行。此前 2010 年，中国工商银行通过收购加拿大东亚银行进入加拿大金融市场，在大多伦多地区、大温哥华地区以及阿尔伯塔省卡尔加里市共设有 8 家分行。

此外，在 2015 年，中加两国在农业、水产等方面的联系更进一步，6 月 24 日两国达成协议，正式让卑诗省的新鲜蓝莓出口中国，11 月 3 日，第二届加拿大海鲜节在青岛正式开启，数十家加拿大海洋鱼类企业及行业协会亮相本届海鲜节。加拿大驻华大使馆商务公使穆大纬表示，随着 2014 年中国成为加拿大第二大海鲜出口国后，许多加拿大海洋鱼类企业逐渐重视并纷纷涉足中国市场，特别是看重在电子商务方面的合作④。

5. 文化交流热烈

为了庆祝两国建交 45 周年，"中加文化交流年"于 4 月 13 日晚在加拿大温哥华市陈氏演艺中心正式拉开序幕，中国民族器乐演奏艺术团演奏了《金蛇狂舞》《花好月圆》《反弹琵琶伎乐天》《夜雨双唱》等民乐，将中国民乐传统典雅与西方音乐时尚动感的特色相结合，完美诠释了跨越国界的艺术魅力。"中加文化交流年"是 2014 年 11 月加拿大总理哈珀访华的成果，希望以文化年为契机，进一步推动中加政治、经济、文化等各领域的合作。策划中的活动包括 26 个项目、上百场活动，涵盖影视、体育、文学、艺术表演和文化机构交流等。"2015—2016 中加文化交流年"成功启动后，双方组织了一系列的精

---

① 《习近平会见加拿大总理特鲁多》，http://new.xinhuanet.com/politics/2016-08/31/c_1119488948.htm。

② 《2015 年前 8 个月中加贸易总额增长 11.48%》，质量检验网，http://www.wtoqc.com/html/15/n-30415.html。

③ 《加拿大不列颠哥伦比亚省在银行间债券市场注册发行人民币债券》，中华人民共和国驻加拿大大使馆网站，http://ca.china-embassy.org/chn/zjwl/t1320414.html。

④ 《加拿大海产企业踊跃试水中国电子商务市场》，中华人民共和国驻加拿大大使馆网站，http://ca.china-embassy.org/chn/zjwl/t1312003.html。

彩文化活动，既包括在加拿大举办的"欢乐春节""河北文化周""南京文化周""中加文化对话"藏文化访问团、第十届中国加拿大电影节（2015 年 11 月 5 日开幕）等，也包括在中国西安举办的加拿大食品节（2015 年 10 月 20 日开幕），来自加拿大的几十种产品将在食品节期间与当地民众零距离接触，其中大部分品牌为首次在西安市场上销售，包括加拿大海鲜、亚麻籽油、果汁和果条、矿泉水、蜂蜜、枫糖、冰酒、红酒、牛奶等。丰富多彩的文化活动，不但为庆祝两国建交 45 周年营造了热烈气氛，也为增进两国人民之间的了解和友谊发挥了积极作用，为两国在相互尊重、合作共赢基础上发展长期健康稳定的战略伙伴关系打下了良好的社会基础。

6. 互免签证范围扩大

继 2015 年 5 月 19 日宣布扩大中国访美旅客过境加拿大免签证的范围后，当地时间 7 月 30 日，加拿大再次宣布扩大免签证范围。加拿大联邦移民部长亚历山大当晚表示，从中国厦门、福州、成都、沈阳和哈尔滨五个城市的空港启程赴美的中国旅客，过境多伦多皮尔逊国际机场和温哥华国际机场时，可以享受免签证待遇。在此之前，作为加拿大中国运输项目的一部分，加拿大已经批准中国访美旅客从 9 个亚洲空港离境，在过境加拿大时可享受免签证待遇。这 9 个亚洲空港包括北京、香港、广州、上海、马尼拉、台北以及东京成田、东京羽田和首尔仁川。移民部同时规定，独立个人不能申请这个免签证过境项目，只有机场和航空公司可以提交申请①。

除了过境免签证之外，中国国际航空公司还于 2015 年 9 月底开通北京至蒙特利尔直航航线，12 月 27 日，该航线将延伸到古巴首都哈瓦那。北京直飞蒙特利尔的航线是目前蒙特利尔至亚洲的唯一一条直航航线。"蒙特利尔辐射加拿大东部方圆 500 公里的城市群，很多华人、留学生、加拿大东部的对华商务活动等，大部分搭乘这个航班"。蒙特利尔市旅游局副局长米歇尔·鲍登表示，直航航线消弭了蒙特利尔与北京的空间距离，使两个古老文明城市更加贴近，他同时期待 2016 年北京访问蒙特利尔的游客能够突破 4 000 人②。

二、加拿大基本侨情

2015 年的加拿大侨社整体上发展形势不错，但也有一些隐忧：留学生队伍继续扩大，但呈低龄化趋势；华人在社会融入与政治参与上表现突出，获得加拿大社会肯定，但部分人的不法行为也使得侨社形象受损。

1. 留学生队伍继续扩大

2015 年，留学加拿大的中国学生在 2014 年 6.4 万人的基础上继续攀升，达到 7 万人

---

① 《加拿大再次扩大中国访美旅客过境免签证范围》，中国新闻网，http：//www.chinanews.com/gj12015107 - 3117440480.shtml。

② 《国航将在今年底开通北京至哈瓦那直航线路》，中国新闻网，http：//www.chinanews.com/sh/2015/10 - 17/7574150.shtml。

左右，占加拿大22.5万外国留学生的三分之一①。而且，愈来愈多的中国家长送子女去加拿大读高中，中国留学生低龄化的现象将成为大势所趋②。

2. 全方位融入主流社会

2015年，加拿大华社继续致力于全方位融入加拿大。

一方面，他们要让加拿大社会了解华社先辈过去对加拿大的贡献：加拿大华人的历史也是加拿大的成长史。为此，加拿大华裔军事博物馆在5月11日推出新展，介绍二战华裔参战历史，铭记华裔军人对世界和平及为华人社区争取公民权的不懈努力③。另外，华社推动不列颠哥伦比亚省（卑诗省）在10月12日公布一项关于菲沙河走廊（Fraser Corridor）沿岸华人遗迹的研究，并发表影片推介这些深具历史价值、证明华人在本省开埠之初已参与建设的遗迹，其中一个地点便是亚历山德拉大桥（Alexandra Bridge），这座铁桥曾是横过菲沙河的唯一桥梁，也是当时陆地运输最重要的桥头堡。华社正联合原住民及历史学家努力争取为这座铁桥进行保护④。

另一方面，他们也积极参与加拿大社会各项事务，作出自己的贡献，从而赢得了主流社会的肯定：

（1）关注当地环境问题。华裔少女姚珍妮长期以来在小区倡导环境问题，还曾在2013年应邀出席美国加州的TED研讨会，其发言获得近百万的观看点击率⑤。3月6日，加拿大慈善组织"规划加拿大"（Plan Canada）颁发给她"全国20岁以下的20名顶尖青少年"（Top 20 Under 20）奖，对其长期关注环境问题予以嘉奖。

（2）服务当地社区。6月25日，加拿大列治文山市一名华裔学生获市议会资助500加元，在中国3个城市推广列市的商机，并承诺若市议会不满意其表现，他将退还款项⑥；12月17日，来自北京的新移民张雷获卑诗省省长简蕙芝颁发的小区贡献奖。

（3）积极参与当地政治。在2015年，无论是省市选举，还是联邦大选，华人的参与度，包括登记候选人数和投票人数都有相应的提高，也获得了较好的成绩：5月12日，加拿大华裔邓凯尧（Thomas Dang）成为亚省最年轻省议员，年仅20岁。在2015年联邦大选中，据不完全统计，在包括安大略省、不列颠哥伦比亚省和魁北克省三大选区中，共有27位华裔候选人参加角逐，其中谭耕、陈家诺、陈圣源、黄陈小萍（Alice Wong）、关慧贞等成功当选国会议员，其中谭耕为自由党人，1988年移民加拿大，是首位中国大陆华人移民，开创了历史。而关慧贞来自香港，幼时移民加拿大，1993年当

---

① 《赴加中国学生今年将超7万 成加国留学生最大来源》，中国新闻网，http：//www.chinanews.com/hr/2015/08-13/7464721.shtml。

② 《加拿大高中选校指南首发 中国留学生呈低龄化趋势》，中国侨网，http：//www.chinaqw.com/hqhr/2015/03-19/42085.shtml。

③ 《加拿大华裔军事博物馆推新展，介绍"二战"华裔参战史》，中国侨网，http：//www.chinaqw.com/hqhr/2015/05-11/48829.shtml。

④ 《加华裔力保华人遗迹阿力山德桥，盼成旅游景点》，中国侨网，http：//www.chinaqw.com/hqhr/2015/10-12/66707.shtml。

⑤ 《华裔女生获加拿大顶尖青少年奖，关注环境问题》，中国侨网，http：//www.chinaqw.com/hqhr/2015/03-06/40370.shtml。

⑥ 《加拿大华裔学生获资助访华，推广烈治文山市商机》，中国侨网，http：//www.chinaqw.com/hqhr/2015/06-25/54621.shtml。

选为市议员，1996 年获选为温哥华快乐山区省议员。在 2015 年 7 月辞去省议员职位后参加联邦大选，是华人历史上首位三级（市、省、联邦）议员。来自多伦多的士嘉堡—爱静阁选区的华裔国会议员陈家诺（Arnold Chan）被加拿大总理特鲁多委任为加拿大联邦议会副议长。

3. 不法犯罪令华社蒙羞

加拿大华社在 2015 年也有一些令人忧虑的事情发生，让整个华社蒙受阴影。其中一些重要的事件包括：列治文山市无牌移民顾问王迅（Xun Wang，译音）伪造中国护照及出入境记录，协助未住满所需年期的新移民入籍或保留身份，被判监七年及罚款近 100 万元，案件涉及多达 1 200 名中国移民。法官哈里斯（Reg Harris）在判刑时直指，移民部一定会展开调查，重新检查这 1 200 人的文件，如确实做假相信会有不少人被逐离加拿大。根据联邦移民法例，用虚假手段取得居留权或公民身份者，都会遭褫夺而逐离加拿大①；活跃于卑诗省政商界的华裔商人 Michael Ching，在中国发出百人红色缉捕名单后，遭揭发原来是名单内排第 69 的程慕阳。他原来是前河北省委书记程维高之子，程维高落马前即安排其子取得香港永久居民身份，其后移民加拿大。程慕阳 1996 年成为加国永久居民，2000 年寻求公民身份被拒；2014 年 12 月 31 日，IRB 拒绝了他的难民身份申请，理由是他在加国之外犯了严重的非政治罪。起初，Michael Ching 通过律师否认是程慕阳，但后来在司法复核聆讯时证明无讹。此外程慕阳的政治献金也引发政坛风波，联邦各大政党都在大选期间撇清与他的关系②。卑诗省华裔男子汤远熙 2012 年杀害母亲郭炼结一案 2015 年秋季开审，汤最终被陪审团裁定二级谋杀罪成立。12 月 1 日法官宣判汤远熙至少服刑 17 年才能假释。扣除羁押时间，汤最快要到 2029 年 9 月 7 日后方可提出假释。多伦多中国台湾商会前会长辛明珊命案同样令人震惊。辛在 2014 年 11 月 13 日首度遭刺，身中 16 刀但死里逃生，但 2015 年 4 月仍惨遭谋害。多伦多警方自 11 月 9 日起的三天之内，接连逮捕涉及命案的嫌犯杜古元、欧多诺和卢彦轩，而卢彦轩正是辛明珊的独子③。此外，大温地区在 2015 年也发生两起令加拿大华社震惊的谋杀案：5 月 2 日，一栋位于乔治王路（King Georges）963 号的豪宅发生杀人分尸案，5 000 万富豪苑刚遭表姐夫赵利杀害；9 月，孙姓华裔男子被绑架杀害，4 名疑犯中也有一名叫作张天义（Tian Yi Zhang，音译）的华裔男子④。

三、加拿大移民政策变化对华侨华人的影响

在 2015 年，加拿大移民政策发生了许多变化，主要有以下 7 条⑤：

---

① 《无牌移民顾问判刑　1200 华裔移民资格恐撤销》，温哥华港湾，http：//www.bcbay.com/news/2015/12/25/386718.html#sthash.ZATivrov.dpuf。

② 《程慕阳献金案引发政坛风波》，温哥华港湾，http：//www.bcbay.com/news/2015/12/25/386718.html。

③ 《东西两岸弑母案震撼加拿大》，温哥华港湾，http：//www.bcbay.com/news/2015/12/25/386718.html。

④ 《大温重大华人命案都在北岸》，温哥华港湾，http：//www.bcbay.com/news/2015/12/25/386718.html#sthash.ZATivrov.dpuf。

⑤ 《不可不知的 2015 年加拿大移民新政 10 大要点及 7 条新法规》，http：//mp.weixin.qq.com/s?__biz=MjM5MzQwMzI0Mg==&mid=205515898&idx=2&sn=e506a6c050047cacba5e6954ffb188ed&3rd=MzA3MDU4NTYzMw==&scene=6#rd。

1. 增加移民人数，最高至 28.07 万，2014 年只有 26.04 万人（见表 2）

表 2 2005—2014 年中国人移民加拿大一览表①

年份	加拿大移民总数	中国移民总数	中国大陆	中国香港	中国台湾	中国移民占加拿大总移民数百分比（%）
2005	262 224	46 410	42 584	729	3 097	18
2006	251 640	37 048	33 518	712	2 818	15
2007	236 753	31 082	27 642	674	2 766	13
2008	247 244	33 927	30 037	897	2 993	14
2009	252 170	32 751	29 622	657	2 472	13
2010	280 687	33 643	30 391	623	2 629	12
2011	248 747	30 797	28 502	591	1 704	12
2012	257 903	34 737	33 024	728	985	13
2013	259 023	35 677	34 130	774	773	14
2014	260 404	25 917	24 640	586	691	10

2. 增加其他类别移民

主要增加经济类别移民，其占整体移民人数的 65%（18.13 万人），比去年多 2 百分点。当局会通过海外留学生及临时雇员计划来达成目标，把这两个界别的移民名额由 15 000 人增加至 23 000 人。

3. 投资移民重启，开出"天价"条件

"投资创业资本试验计划"在 2015 年 1 月份开启，要求资产至少有 1 000 万元加币的申请人，并做出 200 万元加币有风险投资达 15 年，移民部还首度要求投资移民必须具备中等英语或法语能力，以及具备大专以上教育程度。新计划 1 月下旬接受申请，而在试验阶段，移民部只会核准 50 个申请。

4. 家庭团聚名额不变

家庭团聚预计接收的移民为 68 000 人，占移民总数的 24.4%，其中 48 000 人为配偶、同居伴侣及子女团聚，200 000 名为父母和祖父母团聚。

5. 父母团聚仍只有 5 000 个配额

1 月 1 日重开父母团聚项目，2015 年新的父母及祖父母团聚担保人资格申请的名额上限与去年一样，依然是 5 000 名。

父母团聚对担保者的要求大幅度提高，需要提供三年报税证明、依亲年纪从 22 岁降

---

① http：//www.cic.gc.ca/english/resources/statistics/facts2014/permanent/07.asp.

到 18 岁、担保周期从 10 年增加到 20 年、担保者收入幅度增加三成以上。

6. 住家保姆改革

在 2015 年的移民计划中的亮点，是对住家保姆移民计划的改革和拓展。在以往的住家保姆计划中，不时传出住家保姆受雇主虐待的新闻。为此，移民部将取消对保姆及看护者必须住在雇主家中的要求，并迅速清理申请积压个案以及拓展新的移民渠道。

同时，移民部还大力清除住家保姆计划的积压案例。目前该类积压案例逾 6 万人，当局在 2015 年处理 3 万宗申请，两年后该类别将不再有积压个案，该类别移民的等待审批时间将从目前的 10 年降到 3 年，以便住家保姆申请人可以早日与家人团聚。

7. 增加难民名额

以人道理由的难民申请名额会增加 4 000 个，占移民总数的 10.7%，以此减少往年的积压个案，预计到 2015 年底，难民申请积压的个案可以减少 40%。加拿大计划在 2015 年接收 14 500 名难民。

当局还增加两项看护者移民类别，分别是儿童看护及对长期病患和长者的看护。包括护士及相关的照护者，这类申请者既可以在患者家中工作，也可在各类看护机构工作。两项类别配额每年都是 2 750 人，而申请处理只需 6 个月。

上述移民政策的变化，对加拿大华社有很深刻的影响。移民总的配额增加主要集中在难民和经济移民上。由于难民主要针对中东和北非，对华社影响不大。但经济移民配额的提高对人数众多的中国留学生则将是一大福音。父母团聚担保要求提高，对很多华人家庭而言将是极大负担，住家保姆改革或许有利于部分华人移民，但其最大的受惠者将是菲律宾保姆。

总体上，根据上述移民政策变化看，不管是家庭团聚类移民，还是独立技术移民或商业移民，华人移民进入加拿大的要求将越来越高，所面临的困难也更加大。尤其是独立技术移民政策对移民申请者的语言要求进一步提高，更加重视加拿大经历，这对于许多外语水平不高的华人移民来说无疑将是难以逾越的一大障碍；而且加拿大从申请者的职业和配额两方面进行限制，还进一步减少紧缺职业类别数量和配额，将使往后华人技术移民数量减少。2014 年 2 月加拿大计划终结联邦投资移民与企业家移民项目，这将使近 5 万华人商业移民申请者无法移民加拿大。2015 年重启的投资移民项目将金额提高至 1 000 万加元，使得许多原来想投资移民的华人无奈地望而却步。近几年来的数据也显示，华人移民加拿大的数量呈现下降趋势（参见表 1），在 2009 年、2011 年和 2012 年被菲律宾超过①，2014 年更被印度和菲律宾超过，加拿大权威机构也预测未来中国将不再是加拿大移民的最大来源，其最大移民来源地可能会是印度或菲律宾。

---

① http://www.cic.gc.ca/english/resources/statistics/facts2014/permanent/10.asp.

委内瑞拉①

一、委内瑞拉的物资短缺现状

委内瑞拉的混乱局势众说纷纭，归根到底就是四个字：物资短缺。简单来说，物资短缺的表现，一是不能自给，特别是粮食，有70%依赖进口；二是因为原料不断涨价，产品限价无利可图，本国的生产商纷纷减产或停产。这样一来，委内瑞拉物资的日趋短缺，更受制于玻币持续大幅贬值。

民以食为天，委内瑞拉的物质短缺首先是食品的极度缺乏。很多商店没有库存，为了争取买到所需食品的机会，人们需要在商店外大排长队。排"长龙"是委国的一大"奇特现象"。无论在城市，还是在城郊，只要有食品到，心急如焚的顾客就必定会迫不及待地头顶烈日、披星戴月地彻夜等待。总有人到最后因人多货少，空手而归，若谁成为这样的不幸者，也无法怨天尤人，只有一声叹息。当然，不仅食品，其他"限价货"（特指按政府规定价格出售的货物）或紧缺货也是如此。

2014年以来，委内瑞拉食品超市门前排"长龙"的现象越来越严重。每天还没有营业，国营超市门前已排起长队。到下午再去，可能不用排队，但超市内的商品已经所剩不多，特别是鸡肉、牛肉、奶酪、植物油等，早被抢购一空，连水果蔬菜货架上也可能只剩下几串香蕉。2015年开始，很多地方的居民不仅抢购紧缺的限价货，就连饼干、罐头、瓶装水等都争相抢购。经过一番折腾，不少商铺的货架成了空架子。下半年以来，抢购狂潮愈演愈烈。国内超市的货架上，如果是以食物为主的，基本上空空如也。大米（特别是平价米）、粟米粉、面粉、面条、食用油、鱼罐头、白糖、沙律酱、牛奶、咖啡等生活必需品都成了"奢侈品"，一货难求。人们寻找食物的心情越来越焦虑，一听到某个店铺有食物供应，便如潮水般汹涌而至，一条长长的"人龙"立马形成。超市里的粮食，无论贵贱，都会被一抢而光。有人甚至为争最后一包粟米粉、最后一罐牛奶而大打出手。不少供货公司因外汇不到位而关门歇业。其他日用消费品，如油、洗发水、卫生纸、纸尿布、肥（香）皂、洗衣粉、洗涤剂等，也渐渐成了珍稀物品。

抢购短缺物品的人潮中，虽不乏专事炒货牟取暴利的炒家，但更多的还是积谷防饥、以备不时之需的顾客。委内瑞拉不少杂货（超市）、京解野（百货店）等，几乎每天都有人在店门前排起长长的"人龙"，有时甚至长达一千米。一看到哪里有人排队，不用说，肯定是限价货来了。

委内瑞拉的物资奇缺，还催生了满街皆商的奇特现象。只要肯花比限价货高出数倍的

① 本文作者在加勒比海地区进行侨情调研期间，委内瑞拉《委华报》总编辑黎惠权先生为本文的写作提供了所需的第一手资料，包括2013年至2015年期间该报已刊和部分未刊的稿件，在此特致以最诚挚的谢意。

价钱，想购买什么就有什么。走在街头，随时可以看到兜售紧缺、奇缺货物甚至限价货的人。举凡商场里买不到的货物如咖啡、粟米粉、纸尿布、洗发水、香皂等，都可以从他们那里用高价买到，而这些高价货都是从商场里抢购来的。有人一次又一次地排队抢购，就是为了把平价货买回来，然后到处高价炒卖。有的人还为此请人帮助，到处抢购限价货。这样一来，就催生出一批"排队购物专业户"，只要哪里有货，他们就出现在哪里。有人为了获得限价货何时来、哪里有等"情报"，甚至不惜花钱向超市员工购买"内幕"信息。一旦排队抢购到限价货后，转手高价出售，即可牟取暴利。据说转手高价出售的限价货、紧缺货，起码可以获得 3 倍以上的暴利，如一包价格 200 千玻利维尔（委内瑞拉货币单位）的纸尿布，可以卖出 1 000 千，一包 80 千的牛奶，可以卖出 300 ~ 400 千；一包价格 30 多千的肥皂粉，可以卖出 100 多千。而真正需求者碍于排队，也只好以高价从这些二道贩子手中购买。据说这些二道贩子每天所赚，不下于 3 个微翁（委内瑞拉货币单位，1 微翁等于 100 万玻利维尔）。超乎寻常的暴利，使许多投机者发了财。政府本欲利民、为民谋福祉的限价货物，却成了一些"排队专业户"快速致富的捷径。但政府有关部门也很无奈，不管也无法去管这些由排队购物"专业户"组成的游兵散勇。相比之下，很多人一周的打工所获，还比不上他们一天排队炒货所得。也正因为如此，不少人放弃了打工生涯，做起了全职的排队炒货"专业户"。街边一些小摊档也成了中介代售档，短缺货物包括吃的用的应有尽有，当然，尽是不限价格的高价货。此外，一些沿街叫卖果汁、面包的人，说不定也在暗地售卖粟米粉、白糖、奶粉等物品。以上乱象，对于一个国家来说，不能不说是一个危险信号。

因石油价跌外汇减少，使本来就外债重重、赤字严重的委内瑞拉财政雪上加霜。这个问题在 2014 年 8、9 月时因为受债务偿还等因素影响而显得特别突出，从而促使美元汇率开始上涨，黑市美元再次疯狂。委内瑞拉华侨华人经常以衣食住行中最重要的物品之一的"白菜价格"作为衡量通货膨胀和生活水平升降的标准。到 9 月底，"白菜价"已跃升到 1∶100.93，现在又创出 1∶133 的新高。之后不到 3 个月，"白菜价"又缩水至 32.07 百分点。到目前为止，玻币（即委币）难有稳定的迹象。在物价的不断上涨和美元汇率的攀升中，百姓手中的玻币很有可能成为越来越不值钱的废纸。2014 年，委内瑞拉的经济增长下降了 4%，通货膨胀率达到了 60% 以上。据西班牙媒体 2015 年 7 月 15 日报道，国际货币基金组织称，委内瑞拉 2015 年的通货膨胀率将超过 100%。拉美国家也面临着经济衰退，国民生产总值下降了 7%。

在"白菜价"还没跌破 10 的年月里，侨胞们把在委内瑞拉的打拼当作淘金。白菜的"烂市"始于 2013 年初。2 月 13 日，委国政府宣布玻币大幅贬值。从此，"白菜价"掉头向下，走向悬崖，从当时的 20 左右一路狂跌，直至现在的 450 之上。在两年多的时间里，"白菜价"跌了 20 多倍，经济学家分析委内瑞拉经济正"走向崩溃的边缘"，有人则把委内瑞拉经济比喻为"悬崖式下滑"。2014 年 3 月，委国政府推出 sicad 2 时，曾令很多人为之一振。因为官方消息称这是 2003 年以来委内瑞拉政府在外汇管理体制改革上最重要的措施之一，出台的目的是要抑制黑市美元交易，促进金融市场的稳定和经济的发展。3 月 24 日，sicad 2 首日交易正如有人预料的那样，"白菜价"应声大升，本来徘徊在 1∶80 以上的汇率，一下升到了 1∶60 之下。可是，正当饱受黑市美元横行之苦的商家对 sicad 2 的推出充满期待时，"白菜价"一夜之间恢复了本来的面目，次日就跌到了 1∶80 上下的幅度。

2015 年 2 月，政府又出新招，启用新浮动汇率外汇平台 Simadi。当时，不少人对此持怀疑态度，还有人直指它是官方的"白菜价"。虽然政府用意是要以此遏制外汇外流，可是 Simadi 实施后"白菜价"很快就进入 3 字和 4 字头，尽管这与 Simadi 的实施没有直接关系，但其实际意义便不能不被人打上一个问号。

2015 年 6 月初，媒体广为传播的"委内瑞拉的钱一文不值"的消息，让世人从一个侧面看到了委内瑞拉当前的窘境。海外媒体的报道指出：委内瑞拉的货币在一周内贬值了30%。就在一个月前，1 美元可兑换 279 玻利瓦尔，对于委内瑞拉来说，这已经很凄凉了。不过，根据非官方汇率，眼下 1 美元可兑换 408 玻利瓦尔。反过来，1 玻利瓦尔只能兑换0.02 美元。这则报道是 6 月初发表的，不到 20 天，委内瑞拉货币——玻币的"一文不值"一再凸现。当一些人庆幸委国政府又得到中国 50 亿美元贷款支持时，委国特色的"白菜价"（玻币兑换黑市美元的价）却不近人情，向下再创出新低，跌破 450。

市场涨价风的背后原因，归根到底是供应不足。而供应不足的重要原因，就是缺少生产原料或是生产成本太高，企业和农业生产者见无利可图，为减少亏损，不是停产待料就是削减产量。由于农产品价格多年持续低迷，农民缺乏生产积极性，农牧业产量下降。对于物价的暴涨老百姓有切肤之痛，对依靠工资收入的家庭来说影响更大。

二、连年经济危机对华商的沉重打击

（一）物价暴涨、资产缩水行情下的惨淡经营

经济和民生问题是华侨华人必须时刻面对的。当年购买力超强的委内瑞拉，曾经造就了数以万计的华商。不论是在中心城区还是在偏远小埠，都有华侨华人的足迹。然而，今天一切已成为历史，经济形势动荡，危机无处不在。值得注意的是，在委内瑞拉的杂货、百货行业，华商占有 70% 以上的份额，大量限价的食品、日用品要通过他们进行销售。这样一来，华侨华人便成为经济危机巨浪冲击下的第一道堤坝。政府打击"超价""囤积"的大棒，就不可避免地在第一波打击中指向华商。因而，华商往往是委内瑞拉经济恶化的第一群替罪羔羊。不少华商生意惨淡，开门难，不开门也难，进退维谷，一筹莫展，有的濒临破产，即使勉强能撑下去，也是度日如年。

华侨华人经济环境恶劣的表现，首先是来自委币的大幅贬值。在委内瑞拉，人们可以相信点石成金，但没有人相信委币可以保值。虽然委内瑞拉在全球享有资源丰富的美名，但可惜这个国家不善于利用其优势创造传奇。经济每况愈下，事到如今，已别无他法，只能在钞票上做文章，即通过印钞机去缓解财政重压。在此背景下，遭遇最惨的无疑是商家，特别是华商，他们好不容易积累或回笼的资金，或许就在一瞬间蒸发。

对华商的打击还来自黑市美元的走高。不过，黑市美元节节冲高，也让侨胞如堕云里雾里，看得眼花缭乱。有些生意，如多年来一直兴盛不衰的进口贸易，在黑市美元和物价一日多变的行情下一落千丈。一些商家即使资金再雄厚，实力再强大，也不敢轻举妄动，不能不高挂"免进牌"。

这里且以委内瑞拉华侨华人经营最广泛的杂货与百货业以及餐馆业为例做一说明。

杂货和百货用品在日常生活中是不可或缺的，薄利多销，市场需求很大，因而尽管限

价货的利润空间不高，有时甚至要倒贴人工，委内瑞拉华侨华人依然多选择经营杂货和百货为业。委币大贬值和随之而来的物价上涨和物资紧缺，直接冲击了在委经商的华侨华人。他们辛辛苦苦赚来的钱和积累的资产，常常在一夜之间失去一半。当一些批发超市和百货店铺门前莫名其妙地排起"长龙"时，最感尴尬的还是店主本人。他们那时候甚至还不知道店里有没有、有什么限价货出售，只好苦笑地看着店门前汹涌的人头。这时候，他们的心情会越来越矛盾，越来越惶恐不安。他们既希望生意兴隆，又怕销售限价货。一者，如果没有限价货到，排队的人会硬说你有货，在店前胡搅蛮缠，于是以讹传讹，造成群情激奋；如果真的有限价货来，人们便会像潮水般涌来，让店主和店里工人喘不过气来。即使限价货终于卖完了，店主也不能松一口气，那些排了老半天"长龙"而买不到货的不幸者可能会把满腔怨愤发泄到店主身上。他们会说店主私瞒余货不卖，囤货以牟巨利，这时候，筋疲力尽的店主多半百口莫辩。如果现场没有警察维持治安，店主的处境就很难预测了。

2015 年初以来，委内瑞拉东部城市就开始缺米，到了六七月，情况越来越严重，就连从未缺过大米的中部地区也无法幸免，保持有米销售的超市少之又少。这样一来，不少餐馆（特别是炒饭档）就成了无米的巧妇，生意日渐下降，甚至难以为继。

本来，货币贬值是国家调控经济的一种正常手段，但它是一把双刃剑，有利也有弊。作为生意人，总不希望货币贬值，特别是大幅贬值，这意味着眼睁睁地看着自己辛辛苦苦赚来的血汗钱一夜之间"缩水"。故在委国营商的华侨华人，最怕的就是玻币贬值。然而，玻币一次又一次贬值，总是让人们大跌眼镜。西方国家称委内瑞拉的货币贬值是其解决国内经济危机的"撒手锏"和"核弹"。自查韦斯执政以来，玻币的贬值一泻千里。有人统计过，从 1998 年查韦斯第一次赢得选举开始，委内瑞拉货币累计每年贬值 17% 左右。尽管查韦斯曾多次拒绝贬值本币，但物价不断上涨，还有难以缓解的政府财务状况和本国市场对美元的深度依赖等因素，迫使他不得不通过本币贬值甚至大幅贬值来缓解政府财政赤字等压力。

顺便指出，玻币贬值还有"劫富济贫"的考虑。查韦斯自执政以来，一直标榜自己是穷人的总统，让玻币贬值应该隐含着这样的公开秘密。马杜罗执政之后，也不会有所改变。这个以穷人为社会基础的执政党，不会眼看着富人富得流油而穷人穷得挨饿。而大量"吃掉"富人财富的最有效手段，就是货币贬值。

2015 年 2 月 8 日，委内瑞拉政府宣布了一项对工商界来说近乎经济地震的决定：从 2 月 13 日起，委币玻利瓦尔兑美元汇率上调 32%，升至 6.3。同时规定，政府对 1 月 15 日以前订购的特定进口产品保留 4.3 的汇率不变。这样算来，实际升幅为 46.51%。换句话说，委币贬值近 50%。不少在委华商根本不可能想到，自己赚来的钱或积累的资产在一夜之间蒸发了一半，或许会有人想到，却不曾料到来势如此凶猛。这次委币贬值给华人中小工商企业者带来了巨大的资产缩水，就是那些实力雄厚的在委内瑞拉有销售业务的中国公司，对此也感到无可奈何。过去，有的工商业者在一次次委币贬值的吃亏中变得聪明起来，他们会把手中的委币兑换成美元，哪怕是黑市的。但有的经营者总是心存侥幸，认为兑换黑市美元不合算，他们只能在一次次的吃亏中后悔不迭。

（二）进口贸易冷淡与工资难发

在委内瑞拉，没有人看好委币玻利瓦尔，只有美元才是真金白银。因而，在牌价美元得不到满足的时候，黑市美元不断走高。受其影响，老板难做，打工一族难熬的问题，在华侨华人社会中日益显露。当黑市美元走高，旅委华侨华人无论是当老板的还是打工的，都损失很大。

早些年，不少华商看好委国市场，进口贸易风生水起，主要进口食品和日用品，委内瑞拉侨胞来源地最多是恩平。有"批发街"之称的恩城万兴路，六七年前就开始有人从这里倒腾商品到委内瑞拉，其出货数量及速度惊人，"委国货运"在恩城如雨后春笋般涌现。然而，随着黑市美元一路走高，华商从家乡进口货物数量已呈明显下降之势。

使老板犯难的事情还有，在黑市美元节节走高时工人的工资该如何支付。因为人们习惯上都把工资所得的委币折算为美元，故当黑市美元天天走高时，工资的增长总跟不上黑市美元的高涨。这样一来，劳资方面的矛盾，特别是本来就存在的"雇工难"问题便日益突出。

（三）政府管制下经营环境的日趋恶劣

1. 限价货——烫手的山芋

政府对食品、日用品等采取限价政策，在玻币贬值前后售卖出，收益是完全不一样的。由于委内瑞拉货币贬值无常，因此限价货便成了烫手的山芋。是硬着头皮赚取蝇头小利还是亏损经营，抑或关门大吉？面临窘境的商家，特别是那些囤着货的厂家和批发商非常犯难。于是，正常的经营秩序被打乱。一方面，很多过去一直以委内瑞拉为"主战场"的食品和其他生活必需品供应商，突然"闭门谢客"，中断供货。另一方面，那些依赖于批发商的零售商要么不敢进货，要么进不到货，造成了一些地方诸如肥皂、牙膏等日用品紧缺的局面。

对于华商来说，限价货有时就像烫手的山芋。限价货，主要是指粟米粉、牛油、牛奶、大米、粉仔、香皂、纸球之类。限价货之所以限价，是因为它们都是广大民众的生活必需品。销量之大，无物可及。然而，如上所述，不知从何时起，限价货成了一些投机商（即二道小贩）的聚财手段。

在委内瑞拉，不少华商经营着杂货店和百货店。杂货店是大米、面粉、粉仔、牛肉、食油等食品的销售渠道；百货店则是肥皂、牙膏等日用品的销售平台。货物的短缺使供货链常常中断，因而，昔日纵横驰骋的华人商家，常常被缺货断货所困扰，拳脚难以施展。作为华商，往往还处于两难境地：没货，则找货难；有货，则放在仓库也难，说不准什么时候"囤积居奇"的帽子会被套到头上。即使是老到的商家，也深陷困局，迷失方向。过去，他们还可以从中国进口一些紧俏商品来委国补充市场，但现在不敢了，因为进得越多，亏得越多。据了解，现在在委内瑞拉无论是经营百货店还是经营杂货店，或是经营进出口贸易，都面临着空前的挑战。例如，全委最大的华人食品商场——华恋社的CM，所有的进口货物都是卖一件少一件，很难进货补充。

与此同时，传统的货物贸易流向也被扭曲。委内瑞拉绝大部分的食品和生活必需品一直以来都是严重依赖进口，然而，在玻币大幅贬值的形势下，委内瑞拉与部分国家（如与其相邻的哥伦比亚）的食品和日用品的进出口贸易逆向而行——委国从食品和日用品的净进口国变成出口国。这样一来，原本食品和日用品严重短缺的委内瑞拉，更是雪上加霜，缺上加缺。

2. 稽查的烦恼

在委内瑞拉，物价大检查之风刮了不止一回。每次稽查都来势迅猛，波及面甚广，常常让人猝不及防。到 2015 年，由多个部门人员组成的稽查队，又在全国展开了新一轮的物价、税务大检查。政府有关人员称，此次行动是为了实施公平价格法，让商家真正地守法经营，让普罗大众能真正得到好处。但近一年多来，货物奇缺、物价飞涨和货币贬值，本已使委内瑞拉的商业一片萧条，不少商家生意惨淡，现在又来个大稽查，搞不好就给关门封铺，使人天天胆战心惊。

（四）哄抢危机

哄抢的发生，固然有不怀好意者的恶意煽动，但更有深刻的社会根源。在委内瑞拉，每次的货物紧缺、物价疯涨，都会有新一轮的哄抢事件发生。

在委内瑞拉，哄抢之风旧已有之，因其纠集的人数众多，搜掠财物有如狂风暴雨，而光天化日之下的明火执仗，更令人惶恐不迭。1989 年 2 月，委内瑞拉发生了第一起暴徒聚众哄抢华人商店事件，震惊世界，后由于当时政局比较稳定，很快便安定下来，但是之后在 2002—2004 年又接连发生了三次哄抢华人商店事件，损失虽然没有第一次大，但这是一小部分别有用心的人专门组织策划、且专门针对华人的，因而更让人觉得可怕。

目前，委内瑞拉经济萧条、货物奇缺，特别是人们必需的食品、日用品，许多超市的货架无货可摆，空空如也，一旦有货来了，便有人疯狂排队抢购。不少店铺为防不测，不得不请军警协助维持秩序，搞不好就会被一些别有用心的人煽动哄抢。

三、在经济危难之时守望相助，同舟共济

（一）熟悉和遵守当地法规

在 2015 年全国性的物价、税务大检查中，杂货店、超市首当其冲，成为检查的重点目标。据一些商铺反映，政府的检查多是突袭式的。因为是突然到来，商家就显得比较被动。检查人员除了检查物价、税务外，还检查有没有囤积，甚至查看店员身份证，如果没有正当居留证明，则被罚款或拘留。在检查时稍有点把柄就被抓住不放，轻则罚款，重则上纲上线，甚至获罪而送上法庭。不少华商虽然在检查前一般都要自查自纠，但还是被检查人员"鸡蛋里面挑骨头"。针对以上情况，各地侨社纷纷采取措施，了解检查动态及有关要求，及时向侨胞宣讲和提出注意事项，尽可能防患于未然。检查中一旦有什么不测，则竭力相助，尽量减少当事人的损失。

1. 邀请当地部门官员说法

由于不少华商对有关法规不了解，导致在某些经营环节上处理不好而被罚被抓，造成不必要的损失，其中以所谓的"囤货"和超价销售问题最为突出。另外，常有执法人员

（有的可能假冒的）以检查为名，行敲诈之实。凡此种种，该怎样应对？华人社团常常为此绞尽脑汁。例如，2013年8月29日中午，CARABOBO物价局长LUISVILCHE应华恋社中华会馆邀请，在会馆为华商就如何守法经营和防止欺诈等问题做了具体的指导。2013年11月28日，华恋社中华会馆举行经济形势报告会，邀请CARABOBO省税务局、物价局和消委会等部门官员上门说法，提醒侨胞在当前复杂多变的经济环境下经营要守法，待客要文明，做事要小心，切勿因小失大。麻拉街董事局举办座谈会，邀请3名专业律师给本省华商讲解有关法例并提出注意事项。根据目前物价、税务检查的项目及华商普遍存在的问题，3名律师重点提出了应注意的事项。又如，玛岛中华会馆、中华商会针对当前新一轮的查货、查价行动，邀请当地物价、卫生等部门官员到会馆为华商举办法律讲座。再如，华恋社中华会馆邀请当地官员给CARABOBO省华商举办法律讲座，就如何应对当前的物价、税务大检查提出了具体的指导性意见。

2. 商会引导会员守法经营

委内瑞拉各省（州）商会成立以来，会员一直看好商会，将之当成一个大家庭。虽然当前经营环境不好，但侨胞还是紧密团结，共同应对。同时，商会始终关心会员的生存问题，每周一次的会务会议从未间断，各位委员及时了解和反映会员的销售动向。他们认为，在恶劣的经济环境下，更应引导会员守法经营、文明经商。有人前来购物，要以礼待人，不要因为一个购物袋或其他区区小事而得罪顾客，以防好事之徒借题发挥，制造混乱。在此关头，和气和忍耐一样重要。政府的检查行动一次比一次严格，商会就不断提醒会员保持清醒头脑，依法依规做好经营，以免被检查人员抓住把柄，小题大作，蒙受损失。

3. 建设华侨自身的法律队伍

现在可知的为侨胞开展律师、会计、保险等事务服务的综合性机构——GVCAF服务中心的各项业务，是在麻拉街正式启动的。该中心由华裔律师冯元蔼与其他4位律师合伙组建。他们都是经济法方面的专才，特别是在商铺注册、申领牌照、劳动仲裁、劳工保险、会计事务等方面有丰富的经验。只要业主需要，可自始至终提供一条龙服务。他们也与委内瑞拉相关部门保持着良好的关系，有利于帮助商家应对诸如物价、税务等检查，化解不利因素，尽可能避免被罚、被扣、被封铺关门等问题发生，确保商家利益。如有官司，也能协助事主提出诉讼或为被告进行辩护。此外，该中心还为当地华人社团、公司或企业免费提供法律咨询，使大家更好地了解有关法律，避免蒙受不必要的损失。

（二）自觉遵守和维护市场秩序，树立守法经营的良好华商形象

这几年来，委币贬值，物资短缺，物价上涨，委内瑞拉政府忙于应对。控制物价，打击暴利，是马杜罗总统执政后的一个"坚定目标"。2014年2月，《控制成本、价格和利润法》开始实施。这项新法，条款之具体、措辞之严厉，可说史无前例。为贯彻执行这一法例而开展的大检查，来势十分凶猛，检查人员除来自保卫社会主义经济总署外，还涵盖消费、物价、税务、卫生、质检、军警、暗查、法院等部门，其队伍之大，检查面之宽，打击力度之大和处罚之严，史无前例。检查中，有被罚款的，也有被没收货物的，还有被关门整顿的。按照《控制成本、价格和利润法》，一旦违法销售限价货的事实确立，有可

能被处以 8—10 年徒刑，并罚款一千到五万个税务单位。在马杜罗看来，物价问题已不仅仅是关系国计民生的事，更是反击敌对势力和反对派挑战的"一场战役"，是关系到"国家安全"和执政根基的问题。

不少在委内瑞拉经营杂货和百货生意的华商，在有的领域还占垄断地位。正当经营会受到法律的保护，反之则受到法律的制裁。不乏华商超价销售被检查队带走的例子。然而，有些侨胞还停留在过去的想法，以为在关键时刻花点钱就可以消灾。据说，事发后还有人抱侥幸心理，以为这样的检查、拘留只要像过去那样"讲讲数"（即讨价还价），问题就解决了，但今天这些办法很可能不灵了，即使当地侨领解救也可能作用不大。然而仍有一部分侨胞对此视而不见，继续我行我素。因此，要引导华商自觉遵守和维护市场秩序，树立守法经营的良好华商形象。

（三）"沟通"与"公关"

华商总希望在生意场上一帆风顺、财源滚滚。但在现实中，"风正一帆悬"是不多见的。华商现在所面对的政治、经济环境都不尽如人意，他们在拼搏中越来越体验到"富从苦中来，财从险中求"。

面对危机四伏的生意场，各地中华会馆和商会想侨胞所想，急侨胞所急，主动、积极地加强与当地军警及相关部门的联系沟通，通过上门拜访或请有关官员举办讲座等，获得有关信息及注意事项，并取得有关部门的同情和支持，使执法者在某些时候、某些方面和某些做法上对华商网开一面，并在人身、财产安全方面给予最大限度的保护。这样的做法，在一些地方已明显见效或逐渐见效。不少侨胞从中越来越体会到，"沟通"才能更好地化解或缓解来自方方面面的压力和危机。

（四）提高警惕，细致入微

如今在委内瑞拉，窃贼、劫匪横行。居住在这里的侨胞要做好自保工作，特别是对远离住家的华人店铺的仓库，更是要加固门户，最好请人看护，以保证自己的人身财产安全。同时要多加小心、多作防范，认真落实保安措施。只有提高警惕，才能防止或减少犯罪分子的作案机会。

（五）未雨绸缪，防患于未然，吃一堑长一智

一直以来，华商在这里一怕劫匪，二怕敲诈。劫匪一般凶相毕露，但敲诈不同，敲诈者披有合法外衣，道貌岸然。他们的权力就是理由，想怎么查就怎么查，爱怎么处罚就怎么处罚。有时候，执法人员一天之内查了货仓又查店面，还要计单对价，即使消市了，也要陪到他们愿意离开为止。

从 2013 年起，政府有关执法人员对限价货物、短缺的家庭服务器和粮食食品的检查遍及全国各地，检查的方法各异，处罚的措施也非常严厉。他们可以把"没问题"查成有问题，当然也可以把"有问题"查成没问题。很多事情看起来都是小问题，但如果被抓到把柄，难免会遭受不必要的损失。但个别华商对此认识不足，认为存在的一些问题，都是鸡毛蒜皮的小事，以至被执法人员处罚。所以，对看来是鸡毛蒜皮的事，也不要掉以轻心。因为任何一点点疏忽，都会给自己带来或大或小的损失。实际上，已有不少华商在检

查中因应对不及或无意中违法违规，被抓了个正着而被罚款、封铺，甚至被告上法庭。所以在委内瑞拉，华侨华人营商无小事，正常情况下一些不经意的小事也可能酿成大祸。

不过，一些执法者之所以敢违法执法，多半也与被敲诈者本身有"猫腻"被抓住把柄不无关系。其中有的问题，本来就不是什么问题，比如餐馆多买了一些大米，只因没有注册"sada"，就被指控"囤积""走私"；商店员工留下一点紧缺货作自购之用，只因还没付款，就被指责是"私藏"等。在正常的情况下，这些问题谁也不会当成是问题。但现在的委内瑞拉处于一种非常状态，任何放着紧缺货不卖的做法，都会被视为犯法。所以，某些看来不是问题的问题便成了可大可小的问题，一旦执法者强词夺理，当事者的"据理力争"就显得苍白无力，最后只好自认倒霉。

在"敲诈"问题上，敲诈者当然可恶，但被敲诈者也该好好反思。俗话说，苍蝇不叮无缝的蛋。过去，或由于管理较松，或由于对有关法例了解不够，或由于利益使然，有的商家在经营上总忽视一些不该忽视的问题，如来货没有正单，售货收款不经银柜打单，商品没明码标价，货物不及时摆上货架等。现在，政府严厉打击超价、囤积和走私，但华商形成的一些老习惯，却一下子转不过弯来，当一轮又一轮的检查到来时，总存在这样那样的问题，受到这样那样的损失，其教训是深刻的。

要应对检查，作为华商，首先要按照政府的有关条例严格检查店铺的情况，做好自查自纠。同时要文明经商、守法经营、礼貌待客，尽量不要因为小事与执法人员或顾客发生冲突。其次，不能超价，不能有过期货，银柜的结数不能少于你当日所卖的限价货的总额，更不能囤积、暗中出售和投机倒把。只有自己做好了，才有可能应对方方面面的检查，避免不必要的损失。实际上，已有华商因不小心而吃了大亏。

在目前情况下，华商不能因为生意不好而随便关门。按照有关规定，停业必须向税务部门申报，不然需照旧纳税。同时，在当前的物价检查尚未结束时，如果欲回避检查而随便关门，会被视作对抗行为。

的确，经商要防患于未然，只要有备，就能无患。一个无缝的蛋，任凭苍蝇怎么叮，也叮不出个所以然来。因此，华商要做的，就是不要让自己成为一个有缝的"蛋"。与此同时，也要提高警惕，害人之心不可有，但防人之心不可无，尤其是在当前恶劣的治安环境下。

（六）据理力争与忍辱负重

不可否认，目前的委内瑞拉，在贪赃枉法、敲诈勒索和无理取闹的人面前据理力争，肯定不是也不可能是华侨华人应对这类事情的基本态度，采取这种态度的人少之又少，因为这取决于居住国的客观社会和经济环境，取决于华侨华人的社会和经济地位。忍辱负重，是华侨华人很不情愿的选择。在"情愿"比"不情愿"更好时，他们唯有选择前者。据理力争，当然属于正当的维权，但在丑陋行为面前选择妥协退让、忍辱负重，也不能不说是目前委内瑞拉华侨华人一种不得已的"曲线维权"。

（七）在艰难中前行，在逆境中寻找机遇

在经济持续低迷的环境中，委内瑞拉的侨胞度过了一年又一年。经受一次又一次的冲击后，几乎所有的商人都在自我拷问，这样的日子什么时候才到头？没有谁能给出一个准

确的答案，但可以肯定的是，在委内瑞拉的政局还处于动荡的时候，在委内瑞拉的货物短缺局面还没有根本扭转的时候，一句话，在委内瑞拉的经济还没走出困境的时候，物价检查行动还会一个接着一个。因为，在委内瑞拉通胀日甚、物价日涨的当前，有些人总有一种错觉，认为这种局面的不可收拾，是因为"不法商人"的所作所为如囤积居奇等所致。简言之，对于委内瑞拉目前的这种局面，要想在短期内扭转是不太可能的。一个粮食和日用品都过分依赖进口的国家，一个财力不足以解决民生问题的国家，一个市场还不开放且十分禁锢的国家，很难一下子找到迅速解决这一困局的钥匙。华侨华人要保持清醒，以使自己在不利的形势中趋利避害、趋吉避凶。

1. "卧倒"策略

面对委内瑞拉日趋恶化的经营环境，有的经营者采取"卧倒"策略，即把店铺门关了，或外出度假，或另谋生计，以此获得一时的超脱。这样的"卧倒"，当然不是心甘情愿，但在"做也一样，不做更好"的情况下，经营者关门休整未必是坏事。当前委内瑞拉的情势，用华人商家自己的话来说，是"越做越黑"。如果以前的"越来越难做"还可以坚持的话，那么"越做越黑"就不是能否坚持的问题了。

商场如战场。一路的经营，华侨华人不但有同行的竞争，更有市场的风险。当前侨胞所面对的，正是这种难以应对的风险。虽然，在艰难困境中，总有善于把握机遇的商家，比如，在委币贬值的情况下，进口贸易不好做就做出口生意。也有的见风使舵，适时转换经营环境，把生意做到别国。但目前更多的委内瑞拉华商是在艰难中等待。所以，在风雨来袭时，"卧倒"也是一种"战斗"，一种保护自己、寻找战机的战斗。识时务者为俊杰，聪明的商家从不轻易做亏本生意。在经营充满风险、无利可图又没有新的出路时，在前路坎坷、举步维艰时，果断"卧倒"，等待时机，然后审时度势，或择机而上，或华丽转身，是一种明智的当然选择，即使这样的"卧倒"空转，会让自己吃些老本。

2. 保持良好的心理定力

很多华商留恋过去的委内瑞拉。这个往昔被称为"人间天堂"的国度，曾给了侨胞大展拳脚的机会。20世纪末，不少乡亲不惜背井离乡、远涉重洋，来到这里尽情创业。但现在，随着委内瑞拉经济的不断衰退，加上黑市美元的不断走高，生意一落千丈，不但老板难做，打工一族也难熬。有侨胞说，现在在委内瑞拉，安全、不亏就是万幸。在逆境和迷惘中，不言放弃，坚守、寻机，成就了委内瑞拉华侨华人的另一种坚强。一直坚守，不是他们有着特别的能耐，也不等于就没有一点点动摇。一方面是由于他们安于现状，在这里已立足多年，生意、生活在当地根深蒂固。另一方面，他们笃信阳光总在风雨后，困难总会过去，机会总会到来。艰难时刻，只要沉得住气，保持良好心态，依法依规经营，就有可能变不利为有利，化风险为机遇。在期盼中，2013年，委内瑞拉首条唐人街在巴埠被正式命名。这条被当地民众称为"快富街"的商业街，是委内瑞拉华商迅速崛起的一个缩影。屹立在"快富街"街头的"唐人街"标志，给当地同时给外埠树立了一个繁荣兴旺的商业地标。值得骄傲的是，在过去的年头中，华人运动会、委内瑞拉华裔小姐选美大赛等华侨华人群体的重大赛事继续举办。比赛不只是为了名次，根本目的是为了树立华侨华人形象，弘扬中华传统文化，激发奋发向上的精神。华裔佳丽同台竞艳，虽然桂冠只戴在一个人的头上，但其所散发的，却是广大华侨华人的迷人风采。体育比赛在角逐、较量背后，大力推动着侨胞在繁忙的商务工作之余，把体育活动融入生活，并通过体育活动磨炼意志和毅力，保持健康的身心和永不言败的精神。

（八）侨社在营商上做好护侨助侨工作

危难之时，侨社是最直接、最可信赖的依靠之一。华侨华人能否依靠一个能遮风挡雨的侨社组织极为重要。委内瑞拉的侨社组织，主要是全国和各省（州）的中华会馆和各类型商会，侨社在过去上百年的岁月中，一步步走来，发展到现在的会馆、商会或福利会，其机构形式和规模大小或有不同，但宗旨却没有改变过，都是为护侨、助侨而产生、存在和发展。只是，护侨、助侨在不同的时期有不同的内容和重点。在孤寡老人比较多的早期，养老送终无疑是个难题，如何让他们老有所依，是社团必须要面对和解决的问题。在杂货店、百货店大发展的时期，如何寻商机、谋发展，商会则大展拳脚。现在，华侨华人的安全问题首当其冲，经营问题也越来越突出。因此，如何保护侨胞的合法权益并确保生命财产安全，是侨社组织不可回避的责任。多年来，特别是近两年来，各地的中华会馆、商会都在加强沟通、合作方面做了大量工作，也收到了成效。目前委内瑞拉的经济形势还没有好转的迹象，不少华商仍然受到敲诈勒索的困扰和盗抢的威胁，侨社工作仍然不断面临着新的课题，护侨、助侨任务依然任重道远。为此，一些地方的华侨华人成立了自己的"护侨小组"，护侨小组已多次在紧要关头妥善处置了绑架、哄抢、勒索之类的案件，成了侨胞的保护神。

与此同时，立足当前，抱团取暖，抱团生存，抱团发展，抱团求安，必不可少。例如，委京会馆众委员为了侨胞的安全，凭借与军界的人脉关系，在当前严峻形势下请求国防部派宪兵驻守会馆门口及在周边街道巡逻，给不良军警及贼匪以有力震慑，再从政府"绿党"部门租借商业用地五百多平方米，用于扩大会馆街市和增设羽毛球场、乒乓球室、桌球室、醒狮武术训练场及中文学校等，让老、中、青、幼侨胞们进入会馆后有更多的文体活动，视会馆如家。会馆侨领曾多次走访政府各部门官员，联络周边各埠华侨华人交换意见，经常穿街走巷发动侨胞向本地贫困家庭及儿童捐赠款物，增进与本地居民友好往来，使侨胞融入当地社会，为侨胞的正当权益搭建信息共享的交流平台。又如，全委华联总会于2001年4月15日成立后，经老前辈冯雪茂、李瑞华两任主席和前委员们的呕心沥血，日益得到旅委华侨华人的信赖。2015年1月10日，陈坚辉当选新一届全委华联总会主席后，深感责任重大。他们将沿着老侨领们开拓的道路向前迈进，为20多万旅委华侨华人服务。这是一项艰巨的工作，上要保持与中国驻委使馆和政府部门及军警的沟通，下要保持与各地侨社的联系合作，既要当桥梁，更要做实事。当前的委内瑞拉正处于艰难时期，不景气的经济和不稳定的社会，都给侨社工作特别是华侨的正当维权工作带来极大的困难。几乎所有的委内瑞拉侨社组织，在每次政府组织的物价检查行动之前，都要苦口婆心地提醒侨胞们谨慎应对，切勿授人以柄。

四、社会治安环境恶化下华侨华人的生存与应对

（一）故意杀人抢劫的犯罪案件

2013年以来，委内瑞拉已经发生了多起华侨华人被杀害的命案。据统计，2014年，

委内瑞拉共有 24 980 人遇害，创历史纪录，平均每天有 82 人遇害身亡，居世界前列。2015 年不到两个月时间，全国被害的仅警察就有 23 人。恐惧，成了委内瑞拉全国性的情绪。

作案劫匪为抢劫而故意杀人，且一开始就开枪置人于死地，被害者毫无防备，是诸多杀人案中最凶恶、最可怕的一种。有的受害人死于劫匪的周密行动。但在当前，社会正处在动乱时期，一些不测往往会在不经意间发生。有的华侨只身一人来委，单打独斗，艰难经营，但死于非命，令人不寒而栗。也有匪徒并非一开始就下手杀人，而是在抢劫行为遭到反抗或不遂的情况下才动手。但并非所有杀人案件都可以在第一时间被发现并报案。

1. 花样繁多的抢劫

委内瑞拉治安差，劫案频发。劫匪的目光多投向在此经商的外国人，华侨华人更是他们频频袭击的主要对象。最近这几年，一些地方的华侨华人被劫，不但财物受损，而且精神也受到极大创伤。劫匪作案手法多样，一度作案数量曾经下降的入室作案，大有卷土重来之势，且作案手段花样繁多。入室打劫，将屋内的值钱物品洗劫一空更是成了他们惯用的伎俩。委内瑞拉发生的大多数劫案，是劫匪为了满足温饱而铤而走险的"民生型"劫案，跟人们印象中司空见惯的"劫财型"劫案不同。劫匪经常因没有达到抢劫目的（通常嫌钱少），或认为受害人不配合而对受害人横加伤害，轻者在受害人身上留下伤痕，重者危及受害人生命，甚至即时置人于死地。

光天化日下的行凶打劫屡见不鲜，由此也反映出委内瑞拉劫匪之猖獗，治安形势之严峻。敢在光天化日下行劫的，不仅是团伙劫匪，还有个体劫匪。

（1）"快餐式"抢劫：即趁受害人毫无防备，以迅雷不及掩耳之势劫人财物，乃至祸及他人性命。"快餐式"抢劫的特点也很明显，就是只抢日常衣食住行所需之物，如食品、日用品，以及难以买到之物。所以，劫匪才铤而走险，通过"快餐式"抢劫满足己之所需。

（2）"风卷残云"式抢劫：即将受害人家中财物劫掠一空，一无所剩。受害人的损失最大，如果银行无存款的话，便注定要家徒四壁了。这种抢劫的动作幅度大，对劫匪来说，"风险"度更高，故往往是团伙作案。

（3）"顺手牵羊"式抢劫：这类抢劫一般没有特定对象，也没有数量目标，只是守株待兔，乘势而为。当然，劫匪能够获得多少财物就看运气了。这类抢劫一般不入室作案，而是趁屋主出门时顺势行事。也有的劫匪是随机作案的，即一时兴起，或"突发奇想"，便下手抢劫。

（4）"专项"式抢劫：目标一般是名贵物品，没有明确的抢劫对象。有一个时期，劫匪专抢手机。新款手机由于功能多、价值高而成为他们的一个行劫目标。不少人对此没有足够的防备，空闲时，在商店或在路上发微信或接听电话，让劫匪有可乘之机。

（5）"守株待兔"式抢劫：这类劫匪既有个体的，也有团伙的。所谓"守株待兔"，就是要捕捉最佳的作案时机，如等待住家人外出无人或屋内人少的时机，因为住户家门难以打开而等待其回来开门时乘势而入，等等。劫匪"守株待兔"的地点并不一定是华侨华人的住家，而是无所不在。时逢乱世，甚至连大商场内也有"守株待兔"者。

（6）"趁火打劫"式抢劫：委内瑞拉货物奇缺，只要有限价的食品和日用品出现在商店，必有排队等候购买的"长龙"。当大家排好队后，劫匪（有的穿军装）脸色一变，声称打劫，恐吓如不从就开枪打死。面对持枪的劫匪，被劫者只好乖乖就范。

（7）"文明"式抢劫：例如有人在商场内一个柜员机提款时，有人走过来用枪指着他（枪用挂袋套着不露出来），轻轻地对他说："打劫，不要出声，跟我来。"劫匪把他带进商场的一个大型五金店，几个在排队付款的同伙走过来，细声地对他说："想要命的就乖乖地帮我们付款。"为了保命，他只能任由劫匪们摆布。

2. 公路遭劫

在公路上，劫匪手法百变，无孔不钻，最常见的，就是劫匪在路上放上"鸡爪钉"，把车胎扎穿，然后乘机抢劫，这种手法屡见不鲜。有时连红绿灯前红灯亮的那一瞬间，都成了他们的作案机会。

在马路上光天化日之下疯狂作案的案件也不鲜见。劫匪冒充警察作案，或警察本身就是劫匪的事情防不胜防；驾车出门，如果没有带上备用轮胎，也可能成为劫匪光顾的对象；串通设套，勒索过路司机，是一种比较"文明"的劫掠方式；在情况复杂的路段，有真警察乘机占便宜的，也有假警察浑水摸鱼的。司机需要格外提高警惕，机智应变。如果贪图方便，把车停在外面街边的停车场，便可能遭劫，劫匪可能就是那些在路边经常帮人泊车的当地年轻人。有时候，劫匪会紧盯某个目标（主要是暴露了带有名贵物品的目标），伺机在公路上进行抢劫。

善良、仁爱、热心助人，是中华民族的传统美德。漂洋过海的旅委华人的古道热肠和豪侠仗义，一直被当地人所称道，同时也使广大侨胞与当地人和睦相处。但也有些心怀鬼胎的劫匪利用华侨华人的善良与仁爱，对之施以毒手，绑架勒索，使他们深受其害。

3. 银行遇劫

银行是华商经常进出的地方，因为经商的华侨同胞总要去银行存款、贷款。一般来说，银行的安保工作相对严密。但在委内瑞拉，银行也不安全，即使到了银行大堂里面，也并不意味着安全，遇劫的事情经常发生。在银行里，有一种引诱式抢劫。作案嫌疑人既不是银行职员，也不是顾客。他们以可以帮忙找熟人办理为名，引诱顾客跟着他走，然后伺机抢劫。使用迷药，也是劫匪的抢劫手段之一。

在应对各种各样劫匪的过程中，华侨同胞在没有绝对生命安全把握的情况下一般是顺从劫匪要求，交出一定数量的财物。也有的急中生智，与劫匪巧妙周旋，以赢得时间，争取外援。也有的侨胞敢于与劫匪展开殊死搏斗，精神尤为可嘉。

4. 绑架案

委内瑞拉的绑架活动很猖獗，似乎成了家常便饭。自 2008 年以来，歹徒持械抢劫、绑架、勒索的花样更多，如"掷石党""快餐式"绑架等。据华侨反映，有的犯罪团伙甚至穿上制服冒充警察，让人防不胜防。不仅华侨华人遭绑架，其他国家来的人也是被绑架的对象。

5. 诈骗案

诈骗案手法也很多。例如，利用人们对国家或公众信息的高信誉度进行诈骗。又如，利用人们瞬时的疏忽进行诈骗。有时骗子也会"变戏法"，以帮侨胞买配件为名，拿了钱后就没了踪影。此外，华侨内部也有诈骗现象。

6. 盗窃行为泛滥

当前，委内瑞拉日用必需品奇缺，紧缺商品往往需要排队等购。此外，很多人因为难以买到日用品，便想到了偷。于是，便催生出一批批以窃货为职业的团伙。这些人流窜作案，手法多变，有组织、有计划，或打一枪换一个地方，或声东击西，趁人不备，屡屡得手，令人防不胜防。有经营超市的华商反映，他的超市最近经常被盗，有时一天发生数起，均是团伙作案。这些年间，群体性的偷盗案件每每可见。群体偷盗往往上演"协同作战""声东击西""围魏救赵"一类战术，令人眼花缭乱。从犯罪性质来说，盗窃罪固然算不上大罪重罪，但物资短缺导致一部分人道德沦丧，由此可见一斑。

7. 当地执法人员滥用公权力

在盗贼横行的环境下，时下的委内瑞拉有时兵匪难分，警方人员鱼目混珠，以执法为由进行敲诈勒索的大有人在。有时候，为达到敲诈勒索的目的，一些不良警察无理取闹，故意挑刺，甚至"鸡蛋里面挑骨头"。他们敲诈勒索的另一惯用手法是栽赃。华侨华人深受其害，面对政府的"商铺大检查"，许多华商无法据理力争，或因语言不通，或怕惹是生非，干脆以钱消灾。久而久之，一些不良警察也就得寸进尺，有恃无恐，专找华商下手，以检查为名，行敲诈勒索之实。不时可以看到，在高速公路上，有的宪兵、警察毫不客气地截停华人车辆，勒索或强抢钱物。有的人为达到目的，还以卑鄙手段如往车内扔白粉之类的毒品进行栽赃，继而用上法庭等手段进行恐吓，逼迫华侨华人就范，任其敲诈。在国际机场，如果是华侨华人脸孔，无论携带行李多少，多是先收缴护照并令其靠边站，然后依次进入室内"检查"，交上"罚款"，才可放行。

查罚也令商家不寒而栗，因为商家要面对的是实施种种检查的政府部门，包括税务、消费、物价、卫生、社保、消防、暗查、宪兵和街坊委员会等，检查项目之多，检查要求之苛刻，往往令人侧目。

如遇非正常的乱查乱罚，就让人有哑巴吃黄连之苦了。所谓非正常检查，就是强行检查不该检，或不属于其部门检查权限的"检查"。在委内瑞拉，职能部门的乱查乱罚已不是新鲜事，冒充职能部门的乱查乱罚也不稀奇。只要抓住一个把柄，就可以软硬兼施，榨取油水。比如，宪兵的职责是守卫边疆，也可在边境、海关、码头、机场、公路等地方设卡检查，也可以查酒驾，在非常时期可以协助有关部门作其他检查（如查价、查货等）。但现在的宪兵，则往往超越其职权范围，无所不查。

按照以往情况，如果以正常的渠道和正常的方式进货，商家有货即有生意，有生意即有钱赚。但现在，由于政府某些执法部门及军方人员不时上店铺突击检查，如存货量稍大，就说是"囤积"货物，就要进行处罚，货物不是充公就是要你拉到平民区限价销售，还要罚款，商家反而可能遭受损失。

有华商这样总结：在委内瑞拉经商，除了常见的盗和抢，还有两大奇观，一是店外排"长龙"。店主怕人多混乱，只好关着门，分一批一批地进入，一批一批地销售。有时为维持秩序，还得请来军警。二是执法者"鸡蛋里面挑骨头"。就算你做得不错，所有证件都齐，但执法人员常常小题大作，或使用障眼法，制造一些麻烦，让华商百口莫辩。这无异于敲诈勒索，可以说是商家防不胜防的问题。这样的事情一旦发生，如若没有"救兵"，只能眼睁睁地任人宰割。

有关部门曾宣布要在全国范围内开展身份证检查行动，其规模虽然不及查税、查价大，但检查中如发现无身份证者或持假身份证者，除罚款外，搞不好就遭送出境。

机场税局无理扣缴华人护照，巧立名目宰割华侨华人之事由来已久，侨胞十分不满，全国华侨华人联合总会也为此做了一定的工作，但效果不明显。如今，机场税局扣缴华侨护照、勒索华人钱财的事情还是不断发生，甚至变本加厉。

8. 纵火案

纵火是歹徒作奸犯科的手段之一，也常常是抢劫等犯罪活动的"补充"和某种情绪的宣泄。歹徒们丧尽天良，往往买不到就抢，抢不到就烧，有时就是抢到了还要再加一把火，目的是毁灭罪证。熊熊烈火在无情地吞噬财物的同时，也在吞噬歹徒们的良知。华商看到这种情况，也只能是远远躲避，如果跟那些失去理智的人纠缠，最终不只是被烧毁商铺财物，可能还会失去生命。

此外，一旦社会动荡或有看不惯的事件发生，心理失衡、心怀不满者，就会把可以燃烧的东西，如旧车胎、木头、垃圾等弄到交通要道、主要街口或攻击的目标（如商铺、房屋等），再倒上廉价汽油，用火点燃，以表达不满和抗议。

（二）委内瑞拉社会安全积重难返环境下华侨华人的应对

委内瑞拉的社会治安多年来一直恶化，成为拉美社会治安最差的国家之一。在全国各地，抢劫、偷盗、绑架事件不时发生，政治谋杀案也经常见诸报端。联合国发展计划年报指出，委内瑞拉谋杀率位居世界第三，70%以上的居民表示缺乏安全感。现在，连中资企业都会严格管控员工外出，怕发生意外。

委内瑞拉非政府组织"委内瑞拉暴力观察"在2013年12月发布的报告指出，2013年，委内瑞拉共发生了24 763起凶杀案，罪犯人数较2012年增长了14%。据说委内瑞拉首都加拉加斯是世界上谋杀率最高的城市之一，而90%的谋杀案都没有破获。据巴西报纸报道，委内瑞拉的刑事破案率只有3%，也就是说，每发生100起杀人案，只有3件案子被侦破。委内瑞拉警察人数占总人口的0.38%，与其他国家相比，警察人数不算少，但实际上只有1/3的警察真正上街管理治安，很多警察被派去保护政府官员、政府办公大楼、外交使团住所、企业和商业写字楼等。委内瑞拉青年人的失业问题严重。据世界劳工组织的报告，委内瑞拉失业率已经下降到2013年的6.4%，但青年人中的失业率却高达17%。在邻国哥伦比亚严厉打击贩毒走私后，委内瑞拉成为毒品走私的新通道，贩毒集团也转移到委内瑞拉境内作案，从而造成委内瑞拉犯罪率的上升。不少刑事案件甚至有军、警或政府人员参与，这些"穿着制服拿着枪的贼"，令人防不胜防。

造成社会治安差的社会原因很多。例如，委内瑞拉有大量的非法武器流入街头，犯罪分子很容易得到武器。委内瑞拉的司法效率低、破案率低，造成一些有法不依的现象。查韦斯执政期间，曾采取一些措施整顿社会秩序，10年中收缴了民间枪支约30万支，但社会治安并未得到明显改善。马杜罗在任代总统的一个多月时间里，在全国建立和启动了国家反敲诈勒索和绑架指挥部，促使全国代表大会通过了禁止向个人出售武器的法律，并在全国开展维护治安的宣传活动。但委内瑞拉的治安问题积重难返，想在短期内一举扭转这种局面，是不现实的。在委内瑞拉，一个杀人嫌犯可以"前脚入后脚出"监狱大门，有钱就可以"摆平"；执法人员经常滥用职权、敲诈勒索、贪赃枉法，社会治安很难好转。所以，在所有的华侨华人眼中，当前的委内瑞拉是他们的打拼经历中最困难的环境。

面对恶劣的治安环境，趋利避害并确保华侨华人的生存和发展，多年来已成为委内瑞拉各地中华会馆的重要工作。有的地方如巴伦西亚、加拉加斯、巴基斯梅托、苏利亚省、马都顶、安省等地中华会馆纷纷成立了护侨小组，由主要侨领挂帅，与军警政界加强联系、密切沟通，以防不测。瓜卡拉华人联谊会与当地警方共建文明，实际上是这一护侨方式的继续和延伸。这一工作做好了，当地治安便多了一重保障。增强自我保护意识，加强与当地警方及其他部门的联系，在工作和生活中筑起一道保护的墙，是在不断恶化的治安形势下避免不必要损失的较为明智的选择。

华侨华人无论生活在哪里，赚了钱后，首先就要改善自己的生活，比如买车、置业等。但目前在委内瑞拉，有90%以上的华侨华人赚钱后不敢张扬，保持低调。华侨华人怕抢劫，怕绑架，怕勒索。他们说，在这里，人人祈求上帝保佑，同时提醒自己小心、保重并时刻提防。以前，不论白天或黑夜，可以随时上街购物、办事或探亲访友和散步，但在险象环生的今天，绝大多数华侨华人傍晚下班后回到家里，吃饭、看电视、睡觉，就成了夜生活的全部。

五、华侨华人在居住地的慈善活动一瞥

乐善好施是中华民族的传统美德。在委内瑞拉，慈善公益之事侨胞年年在做、月月在做，甚至天天都在做。不论什么时候，只要哪个地方有灾有难，哪里就有侨胞捐款赠物的身影。如2008年为四川汶川大地震的捐款赈灾，平常为孤寡老人的养老送终等，不胜枚举。

委内瑞拉华侨华人视该国为第二故乡，长期与当地人相处，彼此结下深厚感情。长期以来，各地的中华会馆、商会，每逢节日都组织侨胞向当地老人院、孤儿院和福利院送衣送物，遇有自然灾害，则伸出援手、奉献爱心，得到政府的高度赞扬，也受到市民的称赞。

委内瑞拉常态化的慈善活动很多，应对突发性灾害的慈善活动也层出不穷，在国际华侨华人社会中也独树一帜，此不赘述。这里只描述该国华侨华人慈善活动的一个最新发展。

2014年10月，华恋社中华会馆做出了一个重大决策：成立"华恋社中华会馆公益慈善基金会"（简称"华基"）。华基是经会馆委员会审议通过后正式成立的。10月23日，华基宣告成立，首批捐款者姓名即被各华媒报端报道。陈坚辉、李锦盛、黄启富、陈坚强等人都捐出了巨款，为华基打下了一个坚实的基础，打开了一扇行善积德的大门。华恋社慈善基金会的成立，充分体现了加省华侨的爱心和热心。同时表明，除了赚钱外，华侨华人还对社会充满责任感和爱心。

据悉，该基金会财政将由专人负责，任何单位和个人不得侵占私分和挪用。所有项目要做到公平、公正、透明。所有受捐物品、善款明细及捐赠情况和公益项目进展情况及时在当地中文媒体公布。基金会所有职员全部义务工作，不收取任何酬劳，并接受全体侨胞监督。

过去所有的赈灾救灾、助困解难，多是分散的，或是临时的，只可惜事情一过，就退

下潮来。华基的不同之处就是要构筑一个平台，让"献爱心、送温暖"活动成为常态，把"一方有难，八方支援"的精神发扬光大。所有的善长仁翁，不一定个个都家财万贯，但每个人都有布施救济的心念。华基顺应广大侨胞乐善好施以及慈善公益事业常态化的趋势，构筑了这个让人随时都可以布施救济的平台。

华基的宗旨是要引导更多的侨胞融入当地社会并致力于公益慈善事业，关心当地的青少年教育，关注当地的弱势群体，大力参与当地的扶危解困活动，以此倡导现代慈善理念和引领慈善风尚。明确的宗旨和目的，把广大侨胞的公益慈善之心紧紧地凝聚在了一起。

秉承这一宗旨，该基金会将面向当地社会实施慈善救助和开展公益活动，除大力参与当地的救急扶危、扶贫、帮困等社会慈善事业外，还将积极为当地青少年的教育事业提供帮助。其主要职责，一是接受加省全体侨胞的社会组织及个人捐款；二是接受加省全体侨胞的物品捐赠，包括日用品、食品、玩具、各种大人和小孩的新旧鞋类与衣物等。所得捐款捐物全部送到当地的孤儿院、老人院和贫穷地区，送给需要帮助的穷人和相关部门；资助贫困地教学环境，增加贫困孩子受教育的机会；资助当地孩子到会馆中文学校学习中文，搭建中委两国儿童的交流平台；资助会馆中文学校聘请西班牙文老师，让更多不精通西班牙文的侨胞接受西班牙文会话的教育；资助会馆中文学校完善教学设施。

为更好地开展慈善活动，该基金会筹建志愿者团队，招募各种专业义工，如医生、翻译、会计、律师等，帮助有需要的侨胞了解当地法律、法规，协助不懂西班牙文的侨胞就诊、翻译等义务工作。

虽然华基的公益慈善活动刚刚起步，但已把行善积德的这扇大门打开。可以看出，华基既要内聚侨胞，也要面向当地社会。作为一项慈善公益事业，它在发动广大侨胞积极参与的同时，也在想方设法地让乡亲们实实在在地分享该基金会的成果。

值得注意的是，华基倡导侨胞的社会责任和与土著人的友谊发展，要在当地的公益慈善事业中展示华人的新形象。委内瑞拉的土著人，目前生活仍然十分贫困，需要社会救助。1993 年，第 48 届联合国大会决定将每年 8 月 9 日定为"国际土著人日"，以呼吁国际社会重视保护土著人的生存和发展权益。相信在不远的将来，这个领域也将看到华侨华人的身影。

虽然今日的委内瑞拉经济衰退，风光不再，但它曾经拥有"南美瑞士"的美誉。这里，有几代侨胞艰难创业的足迹。因此，侨胞更应该抱团取暖，同舟共济，扶携前行，以崛起中的强大祖（籍）国为后盾，以会馆为凝聚点，加强团结，积极探索新的发展空间，等待时机，再创辉煌。

智　利

　　智利于 1970 年 12 月 15 日与中国建立外交关系，是第一个与中国建交的南美洲国家。2004 年 11 月，中智两国建立全面合作伙伴关系。2012 年 6 月，两国关系提升为战略伙伴关系。2015 年，李克强总理访问智利，中智双方签署了政治、经贸、金融、文化、科技等领域的政府间和企业间多项合作协议。受中智两国关系稳定发展的影响，智利华侨华人在经济发展的基础上，在融入当地社会、推广中华文化等方面也取得重大进展，受到智利政府和当地民众的瞩目。此外，智利经济增长放缓，通货膨胀加剧，失业率上升，社会治安恶化，针对华侨华人的犯罪活动猖獗，也严重影响了智利华侨华人的生存发展。

一、智利基本国情

智利概况

国家全名	智利共和国	人口数量	1 782 万（2014 年，智利国家统计局）
地理位置	南美洲	华人人口数量	约 2 万
气候	热带沙漠、高原和热带雨林气候	华人占总人口比例	0.11%
领土面积	756 715 平方千米	主要族群	白人和印欧混血种人占 88.92%，印第安人占 11.08%
执政党及现任总统/总理	"新多数派联盟"/米歇尔·巴切莱特·赫里亚	经济增长率 GDP/通货膨胀率 CPI	1.9% /4.4%
政体	三权分立的共和制	失业率	6.3%
官方语言	西班牙语	GDP	2 580.62 亿美元
首都	圣地亚哥	人均 GDP	14 482 美元

　　智利位于南美洲西南部，安第斯山脉西麓。东邻玻利维亚和阿根廷，北界秘鲁，西濒太平洋，南与南极洲隔海相望。海岸线总长约 1 万千米，是世界上最狭长的国家，有"丝带国"的美誉，又因拥有世界上已知最大的铜矿而有"铜之王国"之称。[①] 1535 年，西班牙殖民者从秘鲁侵入智利北部并于 1541 年建立圣地亚哥城，智利沦为西班牙殖民地，开

---

　　① 高伟浓：《拉丁美洲华侨华人移民史、社团与文化活动远眺》（上册），广州：暨南大学出版社 2012 年版，第 108 页。

启了西班牙对智利将近 300 年的殖民统治。19 世纪初，智利人民在民族英雄贝尔纳多·奥希金斯率领下开展反殖民统治斗争，于 1818 年宣告独立。1973 年以皮诺切特为首的军人开始了长达 17 年的军政府统治。1989 年，社会党、基民党等组成"争取民主联盟"参加议会选举和总统大选，基民党人艾尔文当选总统，从而恢复了代议制民主。①

自军人"还政于民"以来，智利政局保持稳定。2013 年 12 月智利举行大选，中左翼"新多数派联盟"候选人、前总统巴切莱特以较高得票率当选总统，"新多数派联盟"获得参、众两院多数席位。2015 年 5 月，受国内腐败丑闻影响，巴切莱特总统重组内阁。目前，智利政局总体稳定。

二、中国与智利的关系

（一）政治关系稳步向前

中智建交 46 年来，两国关系稳步发展。双方高层接触频繁，在国际多边领域保持良好合作。智利政府坚定奉行一个中国原则。2004 年 11 月，胡锦涛主席访问智利，两国建立全面合作伙伴关系。2012 年 6 月，温家宝总理访问智利，两国建立战略伙伴关系。

2013 年 10 月，亚太经合组织第二十一次领导人非正式会议期间，习近平主席同皮涅拉总统举行双边会见。2014 年 7 月，习近平主席与巴切莱特总统在巴西利亚举行的中拉领导人会晤期间，两国元首举行双边会见。2014 年 11 月，巴切莱特总统来华出席亚太经合组织第二十二次领导人非正式会议并进行工作访问，习近平主席同其会谈，推动了中智战略伙伴关系向前发展。2015 年，李克强总理访问智利，就双边关系及共同关心的问题广泛交换了意见，就进一步深化两国各领域互利友好合作达成重要共识，双方发表了《中华人民共和国政府和智利共和国政府联合声明》，并签署了 10 项合作协议。

中国与智利签署有关贸易、科技、文化、互免外交和公务签证、投资保护、文物保护、植物检疫、民航运输等协议。1988 年，两国建立外交部间政治磋商制度，迄今已举行 13 次磋商。2006 年，两国建立中智议会政治对话委员会，迄今已举行 9 次会议。目前，两国有 14 对友好省市关系，中国在智利伊基克设有总领事馆，智利在上海、广州、香港设有总领事馆。②

（二）经贸合作前景喜人

智利是第一个就中国加入世界贸易组织与中国签署双边协议、承认中国完全市场经济地位的拉美国家。两国建有政府间经贸混委会，迄今已举行 20 次会议。近年来，双边经贸关系保持快速增长势头。

智利还是第一个同中国签署双边自由贸易协定的拉美国家，并于 2006 年、2012 年、2015 年分别签署了双方关于经贸和关税的补充协议。在双边自由贸易协定实施的带动下，

---

① 《智利国家概况》，中华人民共和国外交部网站，http://www.fmprc.gov.cn/web/gjhdq_676201/gj_676203/nmz_680924/1206_681216/1206x0_681218/，2016 年 1 月更新。

② 《中国同智利的关系》，中华人民共和国外交部网站，http://www.fmprc.gov.cn/web/gjhdq_676201/gj_676203/nmz_680924/1206_681216/sbgx_681220/，2016 年 1 月更新。

中智经贸关系快速增长，自 2005 年双边自贸协定签署以来，中智贸易规模增长了 5 倍。据中国海关统计，2015 年 1 月至 11 月双边贸易额为 289.91 亿美元，其中中方出口 121.22 亿美元，进口 168.69 亿美元，同比分别增长 -5.9%、2.2% 和 -11.0%。目前，中国是智利全球第一大贸易伙伴、第一大出口目的地国和第一大进口来源国，智利是中国在拉美的第三大贸易伙伴和进口铜的最大供应国。

中方对智利主要出口机电产品、汽车、纺织品、钢材、家电等，从智利主要进口铜、铁矿砂、纸浆、鱼粉、水果、葡萄酒等。据中国驻智利大使李宝荣介绍："自贸协定签署并实施以来，中智两国贸易实现多元化发展，更多的中国优质产品进入智利市场，目前已有 20 多个中国品牌的汽车行驶在智利大街小巷，市场占有率达到 15%。与此同时，智利葡萄酒和水果在中国已家喻户晓。智利是中国市场进口瓶装葡萄酒的第三大来源地。目前，中国进口水果中 98% 的蓝莓、80% 的樱桃、一半的苹果和食用葡萄都来自智利。2015 年，7 000 多头智利奶牛和近千头羊驼出口到中国。"[①]

2015 年，李克强总理访问智利期间，两国签署了本币互换协议，圣地亚哥成为拉美地区首个人民币清算行所在地。中方给予智方 500 亿元人民币合格境外机构投资者（RQFII）额度。双方还签署了避免双重征税等协定。在中国与智利国家关系发展良好及一系列中智金融、经贸协议等利好消息影响下，一方面，在智利的华侨华人将会获得更多发展的机会；另一方面前往智利的新移民也可能呈现增长的趋势。

（三）文化交流纵深发展

中智签有文化和科技合作协定，多年来，智利为中国在南极开展科考工作予以积极协助，双方在地震和天文领域的交流与合作进展顺利。2013 年 10 月，中国首个海外天文研究机构——中国科学院南美天文研究中心暨中智天文联合研究中心在智利成立。2015 年 9 月，中智天文大数据中心正式揭牌，12 月，外交部部长助理孔铉佑率团视察智利费雷站等 4 国南极科考站[②]。

2015 年 7 月，中国和智利便利人员往来互惠安排正式生效，中智双方互免对方公民因短期旅游、探亲、商务、官方访问、学术交流事由申请签证费用。同时，因上述事由申请入境智利的中国公民，若持有有效期 6 个月以上美国或加拿大签证（过境签证除外），享受免签证待遇。可以预见的是，中智双方的民间交流也日渐通畅、便捷。

2015 年是中智两国建交 45 周年，中国文化部和中国驻智利大使馆举办了以"华艺新颜"为主题的"2015 智利中国文化年"。其间，文化年以演出、展览、电影、讲座和图书出版等多种形式为智利民众呈现内容丰富、精彩纷呈的中国文化大餐。在谭盾作品音乐会《女书》和《武侠三部曲》之后，中国广播民乐团《春之韵》音乐会、浙江歌舞剧院《彩蝶女乐》、江苏演艺集团《木偶之魂》、天津市青年京剧团《京剧精品》，以及北京当代芭蕾舞团《野草》等优秀剧目相继登上智利各地舞台，为智利民众奉献近 50 场精彩演出。与此同时，《中国当代绘画展》《中国当代设计展》《中国电影展》等亦与智利观众见面。

① 冷彤、李丹：《智利与中国合作前景广阔——访中国驻智利大使李宝荣》，新华网，http：//news.xinhuanet.com/world/2015 -05/23/c_1115382700.htm。

② 《中国同智利的关系》，中华人民共和国外交部网站，http：//www.fmprc.gov.cn/web/gjhdq_ 676201/gj_676203/nmz_ 680924/1206_ 681216/sbgx_ 681220/，2016 年 1 月更新。

通过这些活动，提升了中国文化在智利的认知度，也促进了中智文化交流。另外，2015 年 8 月，中国智利文化周活动也在上海举行，两国的文化互动逐渐发展成为长效机制。

三、智利华侨华人概貌

华人移民智利已有近 200 年的历史了，智利华侨习惯称呼那些较早到达智利的华侨华人为"老侨"，"新侨"一般指 2000 年后到智利的华人。以 2000 年为界划分"老侨""新侨"，从一定程度上也能看出智利华侨华人移民的特点。从地域上来划分，2000 年之前的移民主要是以广东为主，其后福建、浙江等地华侨华人逐渐增多。

19 世纪初期即有华侨华人到达智利，在智利独立战争期间，秘鲁等地的华侨苦力由于难以忍受压迫，而智利相对较为自由，对待华侨也较为宽容。于是部分苦力便前往智利谋求发展，甚至成为智利独立运动的战士，为智利的独立战争做出了贡献。

19 世纪中叶，国内爆发农民运动，太平天国运动失败以后，太平军余部约三万人被迫前往南美各地充当"契约矿工"，而到达智利的太平军即有上万人："1862 年，一万多太平军余部连同他们的亲属被运到南美秘鲁的伊基克从事挖鸟粪和硝石矿工的营生。"[1]

1866 年，智利和秘鲁、玻利维亚发生硝石战争，在伊基克的中国太平军余部为了摆脱成为"猪崽华工"的悲惨命运，对太平军原有的编制进行整编，以湖南人翁德容和广东人陈永碌为领袖，协助智利军队攻取伊基克市。战争结束后，鉴于太平军的特殊贡献，智利政府曾决定将伊基克赠给华人，成立一个自治镇，但条件是继续帮助智利攻打秘鲁。不过，太平军不愿意继续为异国当炮灰，拒绝了这个要求，进而选择融入当地社会。

至今，伊基克仍是智利华人较为集中的地方。据统计，伊基克当地人口中有 1/4 的人有华人血统，这里仍保留着很多中国的风俗和习惯，比如，当地语言把中餐馆叫"其发"（广东话吃饭），混沌被称为"完蛋"（浙江话混沌）。除融入当地的华人外，伊基克也是华侨新移民的聚居地。1975 年，智利前总统皮诺切特在伊基克设立 ZOFRI 自由贸易区，凭借优越的地理位置和便利的交通，伊基克发展成为智利乃至南美洲重要的自贸区。2000 年后，智利的华人数量增长迅速，大多为江浙人，主要在圣地亚哥从事进出口贸易和旅游业，另有相当一部分人集中于伊基克，在伊基克的 2 300 家国际公司中，有 50 家由中国人开设，另外还有 400 家大大小小的华商。

总体来说，伊基克人对中国人十分友好，有时甚至当作自家人。曾任伊基克市常任副市长的爱尔奈思多·罗·卡拉斯就是一个广东后裔，虽然不会讲汉语，却认同中国文化。他数次自费来中国，追寻先人的足迹。[2]

据粗略估计，目前在智利的华侨华人总数大约有 2 万人，主要聚居在首都圣地亚哥和北部海港城市伊基克。智利华侨华人主要来自广东、福建、浙江等地。其中，广东又以鹤

① 《横扫千军：太平军余部大胜秘鲁玻利维亚》，新华网，http：//news. xinhuanet. com/mil/2014 - 01/02/c_125945218. htm，2014 年 1 月 2 日。

② 《智利震中城市 1/4 市民有华人血统 可追溯至清末》，搜狐网，http：//history. sohu. com/20140402/n397634503. shtml，2014 年 4 月 2 日。

山为首，据统计，鹤山在智利的华侨华人约为 5 781 人，大部分居住在首都圣地亚哥①。来自广东中山的有 700 人，主要居住在伊基克，福建福清、浙江温州、浙江青田等地华侨紧随其后。目前在智利的青田人约有 600 人。他们虽然都是 2008 年后到达这里的，但在智利所有地方性侨民人数中已跻身第四。在智利的青田籍侨胞大都以家族化发展，他们勤奋、团结、互助，约 100 人在智利首都圣地亚哥从事进口批发业务，其余约 500 人分布在智利全国各省地市，从事零售行业。②

四、智利华商发展面临机遇与挑战

智利虽然是发展中国家，但被誉为拥有"美国的管理制度"和"欧洲的生活方式"，政治、经济制度完善，生活方式休闲。智利独特的国情对华侨华人经济形成重要影响，综合来看，华商在智利面临的投资环境大致有以下几方面特征：其一，智利是个鼓励国际竞争的全方位开放国家，包括其公共事业。如圣地亚哥的公共汽车都进行国际招标，自然资源如铜矿也可以自由买卖。其二，在南美洲国家中，智利的政治经济环境比较有利于发挥华侨华人的聪明才智，最适合有现代化管理理念和文化程度高的华人去发展。其三，当地民众向来追求享受，不注重资金积累，不注重在商业上的发展，这些有利因素给华商的发展提供了机遇。其四，智利极其重视保护工人的利益，工人工作效率低下且经常罢工，华人在智利投资办厂的条件相对不够优越，又给华商进一步发展设置了樊篱。因此，智利华商在职业选择上，多数是以经商为主，投资成本不高的中餐馆和批发零售业等最为常见。

老一代华侨来到智利后，大多选择开餐馆，因为"餐馆利润丰厚，毛利约有七八成"。在开餐馆的华人中，约有七成是广东人，目前仅圣地亚哥就有约 600 家中餐馆。圣地亚哥智京中华会馆 13 位理事中有 12 位是广东人，均以开餐馆为业。智利的中餐馆多数已演化为适合当地人的口味，因而大受当地人欢迎。目前智利圣地亚哥最负盛名的中餐厅为小熊猫餐厅，小熊猫餐厅的创立者为智利华商联合总会的常务副会长王银安先生，经过在智利十多年的创业，小熊猫餐厅已成为圣地亚哥第一家现代化中餐自助餐厅，可容纳 600 人同时就餐，装潢美丽典雅。小熊猫餐厅不仅仅为当地民众品尝地道中餐、了解中餐文化的重要场所，也是华社经常举办各类慈善活动、与当地民众睦邻友好的重要阵地。

2000 年以后到智利的江浙人大多经营进出口贸易和旅游业。"新侨"多数集中在圣地亚哥火车站旁的商业街，从事百货批发零售生意，货品来自大陆。有些人在大陆开设工厂，比如染织厂，商店则设在智利，货品以中低档为主，比较适合当地民众的消费。

智利矿产资源丰富，气候适宜农作物生长，与中国在矿产资源和农作物方面有广阔的合作前景。智利华商总会瞄准商机，积极与当地政府展开合作。2014 年 5 月，智利华商总会便与智利第六大区 33 个城市签订合作协议，这种由华商促成、中智商家相互提供合作项目的经贸合作方式，不仅有助于推动当地经济的发展，也增加了该地区矿产资源和农作物对华出口，扩大了中智两国合作空间，互利共赢，前景广阔。2015 年，智利华商总会继

---

① 《鹤山市侨情概况》，鹤山市外事侨务局网站，http：//tzb. heshan. gov. cn/wuzhuang/ShowArticle. asp？ ArticleID = 579，2015 年 6 月 24 日更新。

② 徐一评：《华人足迹：青田小伙赴地球最南端城市智利开店》，《人民日报（海外版）·美洲刊》，http：//reader. peopledaily. ca/content. aspx？ qkid = 124&pageid = 1829&id = 8244，2014 年 12 月 26 日。

续深化这种合作模式，目前华商总会已经与智利当地 100 多个市政府签署了长期合作协议。①

近些年，智利华侨华人面临的最大困境莫过于智利经济下滑、通货膨胀加剧、社会治安恶化，华侨华人经济利益受到严重威胁。智利首都圣地亚哥火车站为华人贸易批发集中地，其中一座商城，总共有 90 多家店面，其中 70 多家为华人商户，主要从事针织品进口批发贸易。② 他们大多数于 2009 年前后到智利创业，经历了最艰难的创业初期，累积了 4 年到 5 年的销售经验和资本，已经逐渐进入收获的时期。2014 年后，受智利严重的经济增速放缓影响，智利各行业都出现了 2009 年以来前所未有的萧条，受货币不断贬值、资金无形蒸发的影响，许多华商都勉强维持经营。

近几年以来，堪称南美洲治安最好的智利治安越来越恶化，偷盗和抢劫事件频频发生。这给智利华商带来惨重的损失和极大的威胁，也引起了国务院侨办、中国驻智利使领馆、华社及当地政府的注意和重视。

据智利华商安全委员筹备会调查发现，2010 年有一名同胞被抢，损失 400 万比索（约合人民币 36 400 元），2011 年有两名同胞被抢，被抢总额 100 万比索（约合人民币 9 100 元）。自 2012 年后，被抢劫的侨胞数量及被抢金额都骤然增多。2012 年有 10 名同胞被抢，被抢总额 1.086 5 亿比索（约合人民币 98 万多元）。2013 年有 17 名同胞被抢，被抢总额 1.078 亿比索（约合人民币 98 万多元），2014 年有 53 名侨胞被抢，涉及总额也达 3.390 1 亿比索（约合人民币 308 万元）。2015 年头 7 个月，便有 137 名侨胞被抢，涉及被抢金额高达 4.040 55 亿比索（约合人民币 367 万元）。③ 2015 年 8 月，在伊基克保税区又发生重大的抢劫案件，一名华商在回家的路上被 6 名劫匪劫持，车上的 1.27 亿比索（约合人民币 122 万元）现金被抢走。

智利华商面临的利益安全形势引起了中国驻智利大使馆的重视，他们奔走于华社及当地政府之间，为解决此重大问题而努力。2015 年 1 月 28 日，中国驻智利大使馆于洋领事在智利华商联合总会会长王何兴陪同下，专门为侨民生活、经商环境安全，急忙约访了智利内政部公共安全调查局，向调查局负责人海梅·罗哈斯（Jaime Rojas Flores）反映了近期以来旅智华商遭遇的安全威胁和严重损失，并呼吁智利政府当局能高度重视，希望采取强有力的措施，严惩匪贼，安抚民心，共同维护智利良好的国际形象。④

2015 年 2 月，于洋领事、王何兴会长又与当地政府举行"安全防范座谈会"，向智利政府提出建议，希望在华人经商聚集区域设立警察哨所，加强治安巡逻及尽快完善街道监控设施的安装，建立快速报警通道和相关机制，以尽最大努力保护华商财产和维护安全经商环境。

作为联系海外侨胞的侨务部门，国务院侨办对海外华侨华人权益保护的情况非常重

---

① 《智利华商联合总会 2015 年的工作小结和未来设想》，智利华商总会网站，http：//www. chilehs. net/zz/bencan-dy. php? fid =7&id =13072，2016 年 3 月 27 日。

② 徐阿基：《智利华商萧条中艰难维持经营》，广东侨网，http：//gocn. southcn. com/hsxw2010/201411/t2014110 3_ 517907. htm，2014 年 11 月 3 日。

③ 《2015 年智利 137 名侨胞遭抢劫》，智利中文网，http：//www. chilecn. com/32656. html。

④ 《智利华商的安全　惊大使　忙领事　奔走呼吁智利当局政府》，智利中文网，http：//www. chilecn. com/ 26552. html，2015 年 1 月 30 日。

视。为形成海外华侨华人利益保护的长效机制，2014 年以来，国务院侨办在华侨华人人数超过 10 万的城市成立"华助中心"，其主要目的是结合侨胞在住在国遇到的困难和需求，在现有服务侨胞工作的基础上，发挥侨团或服务机构自身能力和优势，倡导建立起来的为侨服务平台。尽管智利华侨华人数量没有达到"华助中心"设立的人数，但因其面临的安全形势日益严峻，国务院侨办以智利华商联合会为依托，成立圣地亚哥"华助中心"，开展对智利侨胞的救助和帮扶工作。2016 年 2 月 25 日，国务院侨办主任裘援平在访问智利侨社期间，亲自为圣地亚哥"华助中心"授牌。

为维护侨商的合法权益，增强法律意识，改善华商聚集区的安全经商环境，智利华侨华人社团也积极行动起来，除了在华社定期举办各种安全防御座谈会、法律法规讲座之外，2015 年 7 月，由智利华商联合总会会长牵头成立了智利华商安全委员会。由该委员会负责调查、收集相关华侨华人被侵害的案例，并与智利政府沟通具体保障华商权益的相关事宜。此外，智利华商联合总会建立了智利华商安全信息网，及时向各华商通报信息，提高侨胞自我安全防范意识。通过这些举措，在 2015 年圣诞销售旺季期间，华社治安问题得到了当地政府的高度关注，在侨胞集中经商的场所增派了警力、加强了巡逻，偷盗和抢劫案件大为减少。

五、侨团助力智利华人融入当地

智利华侨华人人数不多，社团数量也不算太多，但社团活动却非常活跃。目前活跃在智利的华侨华人社团主要有智利智京中华会馆、智利华商联合总会、智利中国和平统一促进会、智利华侨华人妇女联合会、浙江商会、江苏商会、福建总商会、温州商会、智利华侨联谊会、智利北京海外联谊会等。2015 年，作为较早到达智利且人数众多的鹤山侨胞酝酿成立鹤山同乡总会，并于 2016 年 1 月 4 日在圣地亚哥正式成立。另外，在智利的福建侨胞也发出了成立"智利福建省海外同乡联合会"的倡议书，这些新老社团一方面积极为侨胞谋福祉，另一方面也积极开展与当地社会的交流与沟通工作，积极为侨胞融入当地社会、促进华侨华人与当地社会的相互了解而努力。

智利智京中华会馆是智利华侨华人社团的"百年老店"，也是智利历史最为悠久的华人社团。智京中华会馆于 1893 年在圣地亚哥成立，距今已有 123 年历史，起初称智利亚洲会馆，1923 年改名智利智京中华会馆。一直以来，智京中华会馆秉承"慈善，爱国，团结，发展"的宗旨，充分发挥桥梁、纽带作用，坚持正信正行，树立正面的华人形象，发展及推行中文教育事业，倡导公益慈善，深化华人之联谊活动，服务社会，为促进侨胞在智利的发展、侨社和谐作出积极贡献。在 2013 年智京中华会馆 120 周年庆典活动上，时任中国驻智利大使杨万明对智京中华会馆的贡献予以高度赞扬，他指出："作为成立最早的在智侨社，智京中华会馆的建立和发展几近贯穿在智华侨华人发展的历史全过程。成立至今，会馆为团结服务侨胞、增进中智人民友好、弘扬中华传统文化、推动两国各领域合作做出了积极贡献。"[1]

---

[1] 《智利智京中华会馆隆重庆祝成立 120 周年》，智利华人网，http://www.datochinos.com/html/news/clchino/2013-12-01/65389.html，2013 年 12 月 1 日。

智利华商联合总会于 2009 年成立，总部设在智利共和国首都圣地亚哥。华商总会创始会员汇集了来自五湖四海的智利华人社会各界精英。华商总会的宗旨是维护智利华商会员的合法权益，协助会员合法经营、和谐发展，为会员搭建平台，促进会员间相互往来与交流，协助沟通会员企业与政府间的联系，壮大智利华商的实力和影响力，弘扬中华民族优秀文化，推动中智两国的经贸往来，增强中智两国和两国人民的友好情谊。[①] 华商总会成立时间不长，迄今只有短短 7 年时间，但其已然成为智利最为活跃的华侨华人社团，秉承"凝聚侨心，维护侨益，服务侨商，壮大侨力"的信念，智利华商总会为华社利益奔走呼告，充当沟通华社和主流社会的桥梁，在维护华侨利益、凝聚侨力方面发挥了重要作用。

智利华商联合总会会长王何兴自 1984 年起即到智利定居，他在发展自己事业的同时积极引导广大智利侨胞融入当地社会、承担更多的社会责任、切实回馈当地社会，通过一系列善举改善和提高华人在智利的社会形象。

智利是个地震频繁、自然灾害不断的国家。2015 年 3 月，智利北部发生洪水灾害，智利华商在短时间内捐款捐物总值 5 万多美元，捐给当地政府作为救灾物资之用。9 月，智利北部发生了 8.4 级的强烈地震和海啸，虽然人员伤亡不大，但房屋和经济损失惨重。面对灾情，智利华商联合总会秉承了一贯扶危解困的宗旨，组织华商代表驱车千里前往灾区看望灾民、奉献爱心。一方面为灾民送去了部分日用消费品，缓解燃眉之急；另一方面与当地政府共商长远的抗灾大计，赢得了当地政府和民间的好评。嗣后，智利华商联合总会还牵线搭桥，组织中国廊坊的华路天宇集团为地震灾区居民捐赠 20 套住房（价值约 60 万美元）的爱心活动。捐赠仪式在智利首都前国会荣誉大厅举行，智利前总统爱德华多·弗雷先生、智利国会副参议长阿迪莉亚娜·穆尼奥斯女士、时任中国驻智利大使李宝荣先生以及 300 多名智利政府官员，灾民代表和华侨华人各社团负责人出席并见证了捐赠仪式。[②] 弗雷和阿迪莉亚娜对智利华商积极融入当地社会、主动承担社会职责给予了高度赞赏。

除了在突发性的应急事件中积极展现华社的公益爱心、回馈当地社会，拉近与当地民众的关系之外，智利侨团还通过举办常态性的公益活动、文化活动等举措，提供当地民众了解华侨华人、接触中华文化的机会，帮助华人融入当地社会。

每年的春节拜年活动成为当地民众了解中华文化的主要窗口。2016 年 2 月 8 日，中国驻智利大使馆李无无临时代办和十多位旅智社团侨领一起，在华社舞龙舞狮艺术团的陪同下，前往旅智华商工作和生活集中的区域举行了中国春节大拜年活动，得到了旅智侨商的广泛赞誉。同时，也进一步弘扬了中华民族的传统文化，受到了当地民众的普遍关注和好评。

在圣诞节、儿童节（智利儿童节为每年 8 月的第一个星期日）等节日期间，华社也主动邀请当地民众到华社，为当地困难的老人、儿童奉献爱心，通过这种形式，加深当地民众对华侨华人的认识，也帮助华侨华人树立良好正面的形象，更有利于在当地的生存、发展和融合。

① 《智利华商联合总会简介》，智利华商联合总会网站，http://www.chilehs.net/zz/bencandy.php?fid=4&id=2465，2009 年 5 月 22 日。

② 《智利华商捐房灾民　国会大厅情暖民心》，智利华商联合总会网站，http://www.chilehs.net/zz/bencandy.php?fid=7&id=13067，2016 年 1 月 20 日。

六、传承与传播中华文化——任重道远

智利华人数量相对不多，在传承和传播中华文化方面面临着很多困难，但是华社在中国驻智利使领馆、国务院侨办的支持下，智京中华会馆、智利华商联合总会等社团的引领下，积极开展华文教育、兴办华文媒体以及推广中餐文化、中华文化，在艰辛中不断前行。

在智利的华侨华人，较早的移民已繁衍至第五第六代，有的甚至完全融入当地社会，总的来说，"老侨"融入当地社会程度较深，但对中国传统文化的传承还热情未减，对后代的中华文化教育还非常重视。

2003 年，智京中华会馆开办国务院侨办支持建立的中文学校，有学生近百人。中文学校共设 8 个年级，招收 6 ~ 17 岁的学童（插班生年龄不限），可根据各人中文水平插班学习。学校每年分两学期开课，第一学期通常为每年 3 月至 7 月，第二学期为每年 8 月至 12 月，逢周六中午 12 点至下午 4 点授课，教学内容除了汉语拼音、中文综合、中国文化综合、中国历史地理常识等基础课程外，还有手工图画、舞蹈武术及龙狮等中华才艺。[①]

中文学校每年均举行结业典礼，邀请各界人士参与，并对优秀学生予以奖励。在 2015 年结业暨发奖演出大会上，学生表演了中文歌曲合唱、藏族舞蹈、武术龙狮等节目，还进行了中国国情知识抢答。时任中国驻智利大使李宝荣亲自出席，对中文学校的开办予以肯定，并为品学兼优的学生颁奖。智京中华会馆主席吕玉松、智利和平统一促进会会长王为江、智利华商联合总会副会长潘守业和朱建平、智利华侨华人妇女联合会会长陈晓岚、智利温州商会会长林正钱等智利侨界领袖出席结业典礼，可见智利侨界对开展华文教育、传承中华文化的重视。

华文媒体方面，智京中华会馆还办有会员通讯杂志月刊《旅智华声》。成立于 1981 年的智利华侨联谊会，以台湾侨胞为主，也办有小报《智利侨讯》和一个华文学习班，并在伊基克等地区设立分会。智利华商联合总会起初办有《智利华商报》，后来更以电子版的形式推出。智利华社较为注重"网络社区"的建设，办有相关智利中文网、智利华人网、智利华商总会网站等较为活跃的网站，另外，建有智利中文网微信公众号，其他中医保健、商业投资等微信群也是智利华侨华人广泛运用的沟通手段。

智利有较多华侨华人从事餐饮行业，中餐文化在当地遍地开花，但是一直以来，中餐业存在着不良竞争、厨师不足、生存压力大等困境，对中餐业的发展及中餐文化的推广都构成了阻碍。为帮助海外侨社更好地发展中餐业，作为海外"惠侨工程"八大计划之一，2014 年国务院侨办推出了"中餐繁荣计划"，2015 年中餐繁荣网上课堂在西雅图正式上线，2016 年海外"惠侨工程"中餐繁荣基地正式落户扬州大学。2016 年春节前夕，国务院侨办裘援平主任访问智利期间，给智利中餐业带来了一份大礼，中国海外"惠侨工程"中餐繁荣基地、智利"华助中心"、智利比奥比奥大区区政府和智利圣托马斯大学四方共

---

① 《智利智京中华会馆中文学校 2016 年招生启事》，智利中文网，http：//www.datochinos.com/html/news/clchino/2016 - 02 - 09/71946. html。

同签订框架合作协议，将在智利首都和比奥比奥地区分别建立中餐培训基地。[①] 这将有助于智利中餐业的规范化发展，并有助于华社更好地在智利推广中餐文化。

除了中餐繁荣计划，由中国国务院侨办和中国海外交流协会联合主办的"文化中国·四海同春"艺术团也前往智利进行慰侨演出，受到旅智华侨华人和当地民众的热烈欢迎。2016 年 2 月 25 日晚，由中国国内多个艺术团体的演职人员和艺术家组成的艺术团为智利观众奉献了舞蹈、歌曲、唢呐独奏、杂技和魔术等节目，近 900 名华侨华人和当地观众在 2 小时的演出中充分感受东方艺术文化的魅力。

七、结论

2000 年之前，智利华侨华人以"老侨"为主，人数也相对比较稳定，维持在 1 万人左右。进入 2000 年以后，随着中智关系的发展，前往智利经商的华人移民越来越多，十多年来，人数增长迅速。"新侨"在经贸方面比较活跃，具备一定的实力。他们更注重与政府、与主流社会的联系，并运用自身实力争取在智利的合法权益。"新侨"的到来，给智利传统华社注入新的活力，他们与"老侨"一起，在发展中智关系、促进中智经贸发展、传承中华传统文化方面发挥了重要的作用。

总体来说，智利华侨华人与当地社会和谐共处，华社在融入智利主流社会、提升华人形象方面做了大量工作，也收到了良好的效果。但近几年智利经济形势恶化，就业率、贫困率升高，与华侨华人在智利获得巨大的成功形成鲜明对比，因而不少犯罪分子将矛头对准华商，偷盗、抢劫等案件频发，如何切实保护好智利华侨华人的利益，将成为今后侨务部门、驻智使领馆及华社长期关注和工作的重点。

智利华侨华人人数不算多，较早的移民已繁衍至第五第六代，有的甚至完全融入当地社会，总体来说，"老侨"融入当地社会程度较深，但对中国传统文化的传承还热情未减，对后代的中华文化教育常抓不懈。智利也是一个"新侨"人数较多、来源地也较多的国家，但"新侨"与"老侨"表现出较好的聚合力。"老侨"专注于中餐馆行业，"新侨"的重心更集中于商贸领域，他们成立了各自的社团，同时加强彼此之间的合作，运用各自的优势，共同应付复杂多变的经济形势，努力搞好与居住国政府和居住地民族的关系，这是智利华侨华人处理新老侨社、处理侨社与当地社会关系的一大特色。

---

① 《国侨办主任裘援平智利春节送年饭》，智利华人网，http://www.datochinos.com/html/news/clchino/2016 - 02 - 28/71978.html，2016 年 2 月 28 日。

圭亚那

2016 年是中国与圭亚那正式建立外交关系的第 45 年，圭亚那是英语加勒比地区第一个与中国建交的国家，也是该地区最早在中国设立使馆的国家。建立在历史、文化基础上的两国关系发展顺利，长期友好；政治、安全、文化、卫生、贸易和金融等领域的高层互访持续不断。

一、圭亚那基本国情

圭亚那全称为"圭亚那共和国"，1966 年脱离英国独立。印第安语意为"多水之乡"。国民主要是印第安人和黑人，多信奉基督教、印度教和伊斯兰教。它是南美洲唯一以英语为官方语言的国家，也是英联邦成员国。

圭亚那东邻苏里南，南临巴西，西邻委内瑞拉，北邻大西洋，同时与苏里南和委内瑞拉有国界争议。尤其委内瑞拉一再声称埃塞奎博河以西的土地——西属圭亚那（约占圭亚那面积的三分之二）属于委内瑞拉。

圭亚那虽地处南美洲，为南美洲国家联盟的成员国，但传统上及历史上与加勒比海诸岛的关系比较密切。圭亚那面积为 21.5 万多平方千米，位于南美洲东北部。西北与委内瑞拉交界，南与巴西毗邻，东与苏里南接壤，东北濒大西洋。

表 1　圭亚那概况

国家全名	圭亚那共和国	地理位置	南美洲北部	领土面积	21.5 万平方千米
首都	乔治敦	官方语言	英语	主要族群	东印度人、黑人、华人、葡萄牙人、欧洲人和土著印第安人
政体	单一总统制	执政党及主要党派	人民全国大会党/变革联盟、人民进步党	国家元首/政府首脑	总统戴维·格兰杰
人口数量	约74.8 万	华侨华人人口数量	1 396（华人，2002年）；华侨人数大约为 2 000	华侨华人占总人口比例	约0.45%
GDP/人均 GDP	31.42 亿美元/3 945 美元	CPI	2.6%	失业率	10.7%（2006 年）

数据来源：中华人民共和国外交部网站，http://www.fmprc.gov.cn/；圭亚那国家统计局网站，http://www.statisticsguyana.gov.gy/。

在西班牙、法国、荷兰及英国为争夺现如今叫作圭亚那的这块土地而展开相互厮杀并建立殖民地的好几个世纪前，土著人就已经定居于此。先是瓦劳印第安人于公元900年左右抵达此地，接着，加勒比印第安人和阿拉瓦印第安人也先后来到了这里，并定居于此。到1838年，黑奴的彻底解放也波及圭亚那。由于大批解放了的黑奴离开了种植园进入城市，劳动力短缺的现象就凸显了出来。从而迫使殖民者通过契约关系从葡萄牙、印度和中国引入劳工，劳作于种植园。从1846年至1917年，大约25万名契约劳工进入圭亚那。这些劳工以来自印度的最多，故被当地人称为东印度人。从印度引入的这些劳工极大地缓解了种植园的用工荒，同时也对圭亚那的族群融合产生了深远的影响。现在，东印度人的后裔已成为当今圭亚那人口最主要的组成部分。圭亚那是一个政教分离的国家，体现在其多民族的社会结构上——东印度人、非洲人、葡萄牙人、混血种人、土著印第安人、华人。圭亚那总人口为747 884人（2012年统计）。宗教人口的比例如下：基督教54.3%、印度教28.8%、伊斯兰教7.3%、其他5%（2002年统计）。各教派的信众相互尊重，和平相处。圭亚那的官方语言是英语，亦是教育、商务和政府使用语言。[1]

二、华侨华人简史及人口变迁

圭亚那的华人最早来源于19世纪英属殖民地时期，目前最大的华人社区的华人则是当时大批中国劳工的后代。在1853—1879年，共有1.4万多名主要来自于广东的契约华工到达英属加勒比海地区从事甘蔗种植劳动，而这些人的大部分则来到了圭亚那[2]。在1860—1866年进入圭亚那的华人最多，其中包括少量的华人女性，1866年达到最高峰的10 022人。在圭亚那，这些华工滞留于甘蔗种植园的时间要远远超过加勒比地区的华工，而其他地区的华工则有机会从事零售贸易、蔬菜种植等，在圭亚那这些生意则已被葡萄牙人所垄断。1879年后因再无契约华工进入圭亚那，华人的人口开始持续下降。到1960年时，华人的人口仅有4 800人，仅占圭亚那80万总人口的0.6%（这与官方文献数据有一定出入，参见表1的数据来源）。这些卖身华工主要是男性，他们与当地克里奥人（Creole people）[3] 的性关系以及婚姻现象极少发生，而与印度女性的性关系和通婚则较为普遍，一些华人甚至还将其印度裔妻子带回中国。当时，对于印度女性而言，与非洲裔男性通婚会被印度裔社会看作是丢人的，相反，与华人通婚则被广泛接受。"Chiney-dougla"一词被当地人用于指称那些华人与印度人的混血后代。[4]

---

① 参见圭亚那共和国驻华大使馆网站，http：//www.guyanaembassybeijing.cn。

② 另有文献指出，1853—1912年进入英属圭亚那的契约华工共14 189人，参见雷蒙德·特·史密斯著，吉林大学外语系翻译组译：《英属圭亚那》，长春：吉林人民出版社1974年版，第77页。

③ 在16—18世纪时这个名称是指出生于美洲而双亲是西班牙人的白种人，以区别于生于西班牙而迁往美洲的移民。

④ 参见维基网，https：//en.wikipedia.org/wiki/Chinese_Guyanese；"Chinese in Guyana：Their Roots" http：//www.rootsweb.ancestry.com/~guycigtr/。

表2　1861—1991 年圭亚那华侨华人的人口变化（英文文献记录）

时间	1861 年	1871 年	1881 年	1891 年	1911 年	1931 年	1946 年	1960 年	1980 年	1991 年
人口总数	2 629	6 295	4 393	3 714	2 622	2 951	3 567	4 074	1 842	1 338
中国出生的人数	2 629	6 295	4 393	2 475	634	423	548	—	—	—
女性人口数	—	—	—	—	—	—	—	1 843	819	573

注："—"表示缺乏数据。圭亚那统计局提供的 1980 年、1991 年的华裔公民数据为 1 864 人、1 290 人。参见圭亚那国家统计局网站，http：//www. statisticsguyana. gov. gy/。

数据来源：WALTON LOOK LAI，The Chinese in the West Indies 1860 - 1995：a documentary history，The Press University of the West Indies，1998，pp. 280 - 284.

从有关文献资料提供的数据可以发现，圭亚那的华侨华人人口自 1960 年以来呈下降趋势。这是因为随着五年的劳工契约到期并获得自由后，除一部分人选择重返中国外，大多数获得自由的华人选择迁移到其他的加勒比地区，例如，从圭亚那迁往特立尼达、苏里南、法属圭亚那的卡宴或巴拿马的科隆等。从 1872—1887 年的 16 年间，向其他加勒比地区迁移的华人达 3 000 多人。这些华人最开始时是做小自耕农，逐渐地，大多数转变成小商贩活跃于城乡间。到 19 世纪 90 年代，这些地区的华人已经完全摆脱了农业生活转而从事经营贸易。[①]

表3　1872—1910 年迁出圭亚那的华人人口数量

时间	男	女	总数
1872—1876 年	386	47	433
1877—1881 年	1 253	162	1 415
1882—1886 年	767	226	993
1887—1891 年	254	59	313
1892—1896 年	102	37	139
1897—1901 年	39	10	49
1902—1906 年	32	8	40
1907—1910 年	4	3	7
总数	2 837	552	3 389

数据来源：WALTON LOOK LAI，The Chinese in the West Indies 1860 - 1995：a documentary history，The Press University of the West Indies，1998，pp. 281 - 282.

关于圭亚那最新的华人人口的官方统计数据来自于该国 2002 年的全国人口普查。圭亚那统计局在其网站上公布了当年各族群人口的分布状况：全国总人口 751 223 人，其中东印度裔 43. 5%、非洲裔 30. 2%、混血人种 16. 7%、美洲印第安人 9. 2%，最小的族群是

① WALTON LOOK LAI，The Chinese in the West Indies 1860 - 1995：a documentary history，The Press University of the West Indies，1998，p. 210.

白人 0.06%（476 人）、葡萄牙人 0.20%（1 497 人）和华裔人口 0.19%（1 396 人）。①

　　中国大陆和台湾的官方统计数据不仅有圭亚那华裔公民的人数，也包括了华侨的人数，比圭亚那官方的华人人口要多得多，并且都不是精确的数据，而是一个大概的整数或估计数，因此使用这些数据时，我们应保持谨慎。我们认为，虽然圭亚那官方 2002 年统计的华人仅有 1 396 人，但如果加上华侨的人数，应该至少有数千人以上。由于近年来涉及圭亚那华人人口状况的相关研究文献并不多，近期圭亚那华侨华人的数据难有定论。

表4　1987 年以来圭亚那华侨华人人口数量（中文文献记录）*

统计年份	人数	资料来源
1987	6 000	广东梅州市华侨历史学会主办：《梅州侨史》，1996 年 5 月
1993	6 000	周南京：《世界华侨华人词典》，北京大学出版社 1993 年版；方雄普、谢成佳：《华侨华人概况》，中国华侨出版社 1993 年版；有关报刊资料
不详	10 000	马来西亚《星洲日报》，1993 年 11 月 23 日
不详	10 000	暨南大学华侨所编《世界华侨华人概况》**
不详	20 000	马来西亚《星洲日报》，1997 年 1 月 16 日，转引自暨南大学华侨华人文献信息中心
1999	7 000	台湾***

　　注：＊本表数据均援引自中国侨网，http：//www.chinaqw.com/node2/node116/node119/node158/。

　　＊＊此资料来源实际上是张兴汉、刘汉标编著的《世界华侨华人概况·欧洲、美洲卷》，暨南大学出版社 1994 年版。

　　＊＊＊数据来自中国侨网，但其具体的来源信息不详。

　　为什么圭亚那的华侨华人人口从 19 世纪后期开始逐渐减少？原因主要是：第一，中国女性移民太少，使两性人口失去平衡；第二，圭亚那所需劳工数量在短期内涨落太大，难以把握；第三，中国与圭亚那两地相距太远；第四，圭亚那的自然环境和气候欠佳。②由于对当地的生存环境不适应，华侨华人在契约期满后即返回中国大陆，或陆续迁移到其他拉美国家。

三、华侨华人基本情况与参政状况

　　20 世纪至今，圭亚那华人融入主流社会的过程是比较顺利的。从圭亚那总统钟亚瑟的成长历程即可见一斑。作为华裔移民第二代的钟亚瑟是家中的第八个孩子，出生于 1918 年，祖籍广东省大埔县，客家人。出生后即取了英文名为 Arthur Ramond Chung（雷蒙德·

---

　　① 在圭亚那官方公布的长达 70 页的 2012 年人口普查基本数据中，并未提及种族与族群人口状况，华人的人口状况也不得而知。Bureau of Statistics, Guyana. Guyana Population & Housing Census Primary Report：2012. http：//www.statisticsguyana.gov.gy/.

　　② Cecil Clementi 著，陈泽宪译：《中国人在英属圭亚那》，载陈翰笙主编：《华工出国史料汇编》（第 6 辑），北京：中华书局 1984 年版。

阿瑟·钟），并就读于非华人学校——温莎森林的 Blan ken burg and High school，毕业后担任见习测量员，后成为注册测量师。20 世纪 40 年代初期，前往英国深造，加入了伦敦的四个大律师公会之一的中院，并于 1947 年取得大律师资格。之后回圭亚那，被任命为暂委裁判员。1954 年获委任为裁判官，1960 年升任资深裁判官，又担任契约注册局及最高法院的司法常务官。之后成为副按察司，并最终于 1963 年成为上诉庭法官。1970 年 2 月 23 日，圭亚那合作共和国成立，国会选举并任命钟亚瑟为国家元首，即总统。五年任期满后，通过民选又连任，直至 1980 年 10 月 6 日卸任。①

值得一提的是，钟亚瑟的成长过程中较多地受到当地主流文化的影响，而受中华文化和华人社会的影响并不明显。首先，其母亲并非华人，而是来自特立尼达的移民；其次，他从小就上圣公会教堂，受英国宗教文化的影响较大；再次，他从小即就读于非华文学校，并于 27 岁时前往英国大学就读法学专业；最后，大学毕业后开始在圭亚那从事主流社会的白领工作并步步攀升，最终达到任职国家总统的巅峰。这个人生历程表明钟亚瑟的升迁过程中受到华人社会文化的影响比较有限，其融入主流社会的程度也比较高。

与此同时，一些杰出的华人也已经在圭亚那的政治舞台上崭露头角。1950 年 1 月，贾根和伯纳姆在政治事务委员会和英属圭亚那劳工党的基础上创建了由多民族成员组成的"人民进步党"（简称"人进党"），贾根任该党领袖，伯纳姆任主席，克林顿·王（华人）任副主席，贾根夫人珍尼特·贾根（圭亚那籍美国人）任总书记。②

圭亚那华人不仅在国家的政治舞台上有突出的表现，在族群自我发展方面也有较大的进步。在 20 世纪初建立的圭亚那中华会馆起到了聚集华侨华人团体力量的作用。其宗旨是：团结旅圭华侨，维护合法权益。1917 年因各种原因停止活动，1927 年重新筹组成立。二十世纪四五十年代，有相当一部分的圭亚那华侨华人迁徙美国、加拿大等地，致使会馆成员人数逐渐减少，但活动基本上没有间断。到 70 年代以后，随着新侨人数的增加，会务办得更加有声有色。1970 年圭亚那独立时，当选首任总统的雷蒙德·阿瑟·钟曾任该会的名誉会长。广州白云区龙归镇人周文沃时任中华会馆主席。会馆 1985 年设立华文学校——圭亚那乔治敦市中文学校，主要招收会员子女。③

目前，据非官方媒体报道，圭亚那的华侨华人主要来自广州白云区人和镇和龙归镇，居住在首都乔治敦及周边沿海地区，经济社会地位算是中上等，基本都打政府工，在机关、教育、医疗、法律等部门供职。华人为建设圭亚那，付出了血和汗的代价。圭亚那政府在德梅拉拉河畔当年华人登陆地点建了纪念碑。一直以来，圭亚那总统访华，曾深入广东省旅圭华侨亲属家庭慰问，表明华侨华人在中圭关系中具有重要的作用。④

近年来，随着中圭友好关系的不断发展，中国企业和个人被圭亚那的商机所吸引，开始纷纷前往投资。一位华人数年前举家从苏里南迁往圭亚那首都乔治敦，并租下最有名的商贸区 100 多平方米的店面，经营服装贸易。另一些华人则合伙开设了一家面积 1 000 平方米以上的大型服装超市。来自广东的、已移民圭亚那的苏姓老板则利用圭亚那天然的优抚木材资源经营名贵木材生意，如今又转向矿产开发和石油生意，他经营包括金矿在内的

---

① STAFF WRITER, Guyana's first president Arthur Chung dies, Stabroek news, June 24, 2008.
② 吴德明：《民族问题仍然困扰着圭亚那》，《世界民族》2002 年第 2 期。
③ 《白云区华侨港澳志》编辑部：《白云区华侨港澳志》，广州市白云区华侨务办、侨联编辑发行，2000 年 10 月。
④ 参见客家世界网网站，http：//www.kjsj.com/html/rw/keqiao_1454_938.html。

十几个矿区并获得了石油专卖权，正在建设储油罐，近期将会从委内瑞拉进口石油。[①]

圭亚那政府对华侨华人在圭亚那的发展也给予了较大的关注。2010 年 12 月 3 日，圭亚那总统贾格迪奥与华侨华人见面会在我国援建的圭亚那国际会议中心隆重举行，到会华侨华人及中资机构代表等近 500 人，圭内政部长、移民局等要员及圭主要媒体也到会出席，整个环形会场内座无虚席。贾格迪奥总统首先发表讲话，在讲话中他回顾了首批华人 150 年前来圭生活、工作的奋斗历程，对华侨华人来圭工作和生活表示欢迎与感谢，对华人为圭社会经济发展做出重要贡献表示感谢。他阐述了圭政府有关外国人居留、就业、入籍等政策，强调指出任何遵纪守法的华侨华人在圭生活和工作都将受到保护与尊重。圭总统还耐心细致地回答了华侨华人的提问。得知华侨华人普遍存在签证难、移民难的问题，圭总统承诺将为中国合法侨民提供生活、工作便利，鼓励更多中国公司和个人来圭投资发展。[②]

四、圭亚那与中国的关系

1972 年 6 月 27 日，圭亚那和中国建立外交关系。1974 年 12 月，人民全国大会党公布《莎法亚宣言》，宣布该党是"社会主义政党"，实行"合作社会主义"。1980 年修改宪法，改行总统制，使总统成为具有掌管行政的权力。

（一）双边政治关系

1972 年 6 月 27 日，中国与圭亚那建交。近年来，两国友好合作关系发展顺利，高层往来不断，在国际事务中保持良好合作。建交 40 年来，在两国政府和人民的共同努力下，中圭关系取得了长足进展。

中圭双方一直坚持相互尊重、相互支持，是平等互信的好朋友、好伙伴。两国高层互访和议会、政党交往不断，政治互信不断增强。双方相互尊重、平等互利，在国际事务中相互支持。圭亚那历届政府坚定奉行一个中国政策，中国一贯支持圭亚那推动经济社会发展的努力。不久前，中共中央政治局委员、天津市委书记张高丽率中共代表团访问圭亚那，进一步巩固和促进了双边关系与各领域务实合作。良好的政治关系为两国友好合作的深化奠定了基础。

2013 年 6 月，国家主席习近平访问特立尼达和多巴哥期间，同圭亚那总统拉莫塔举行双边会晤。2014 年 7 月，国家主席习近平在巴西出席中国—拉美和加勒比国家领导人会晤，圭总统拉莫塔参加集体会晤。

中方的重要往访有：全国人大常委会副委员长阿沛·阿旺晋美（1981 年 2 月）、陈慕华（1993 年 6 月）和顾秀莲（2007 年 7 月），国务院副总理耿飚（1978 年 7 月）和钱其琛（1998 年 7 月），国务委员吴仪（2003 年 1 月）等。

圭方的重要来访有：总统钟亚瑟（1977 年 4 月）、贾根（1993 年 12 月）和贾格迪奥

① 陈威华、车宏亮：《圭亚那追梦人》，新华网，http://news.xinhuanet.com/world/2014-08/14/c_1112073703.htm。
② 中国驻圭亚那使馆经商处：《圭亚那总统召开在圭华侨、华人见面会》，中国商务部网站，http://www.mofcom.gov.cn/aarticle/jmxw/201012/20101207291061.html。

（2003 年 3 月、2008 年 9 月出席夏季达沃斯年会、2010 年 7 月出席上海世博会加共体日活动），伯纳姆（1975 年 3 月、1977 年 4 月以总理身份来访，1984 年 6 月以总统身份来访）和海因兹（1996 年 7 月、2005 年 7 月、2011 年 12 月和 2014 年 10 月），议长纳拉因（1989 年 6 月）和拉姆克兰（2004 年 5 月）等。

值得一提的是，除了总统钟亚瑟是华人之外，后来成为总理并于 1980 年接替钟亚瑟任总统的伯纳姆（Linden Forbes Sampson Burnham）也与华人有姻亲关系。他的妻子维奥多·维阿林·伯纳姆是华裔圭亚那人，曾担任副总统和副总理、全国妇女运动领导人。伯纳姆上任后，面对困难的经济，采取了紧缩开支、限制出口、增加生产、裁减人员、打击贪污分子等措施，但经济仍不景气。伯纳姆奉行反帝、反殖、反对种族主义和不结盟的对外政策。主张与各国发展友好关系，积极推进加勒比地区一体化运动，倡议建立"加勒比和平区"。与中国保持友好关系，1975 年、1977 年、1984 年三次访华。

圭亚那华侨华人在促进中圭友好关系和维护中国国家统一方面也起到了一定的积极作用。2008 年，当台湾当局为所谓的"入联公投"而兴风作浪之时，圭亚那中国和平统一促进会、圭亚那中华会馆发表声明，反对台湾当局举办"入联公投"，并号召圭亚那华侨华人团结一致，一如既往地坚决反对"台独"分裂势力的活动，尽最大努力促进中国的统一大业，为中华民族的发展做出应有的贡献。①

（二）双边经贸关系

四十多年来，中圭在经贸务实合作方面已取得丰硕的成果。圭亚那承认中国完全市场经济地位。两国签订了投资、贸易、技术、旅游等多个双边经贸合作协定，务实合作涵盖贸易、能源、矿业、木材、农业、电信等众多领域。双方设有经贸混委会机制，迄今已举行了十多次会议并富有成效。两国经济互补性较强，经贸合作发展势头良好。贸易额从建交初的约 100 万美元，增长到如今的 1.47 亿美元，翻了 147 倍。两国经济技术合作的成效也很显著，贝尔吕黏土砖厂、渡船项目、萨那塔纺织厂以及国际会议中心，这些都是成功合作所带来的标志性项目。2014 年，双边贸易额为 2.08 亿美元，其中中方出口 1.67 亿美元，进口 4 022.1 万美元，同比分别增长 14.5%、4.5% 和 90.5%。

中方主要向圭亚那出口机电产品、船舶、纺织品、钢材、高新技术产品、塑料产品、农产品、轮胎等，进口木材、锯材及农产品等。

圭亚那地处南美，作为世界上森林覆盖率最高（97%）的国家，其森林资源非常丰富，拥有众多名贵树种，蕴藏丰富的金矿、铝土矿、钻石矿和丰富的水资源。这都给中国企业的投资带来了机遇。

在圭亚那进行投资的中资企业数量不多，且主要在从事圭亚那亟须的基础设施建设。例如，中国港湾公司帮助乔治敦机场进行扩建的工作、中铁一局的水电站项目、重庆的博赛矿业公司、中国机械进出口公司变电站项目以及中国纸业投资总公司的造林项目等。博赛矿业公司几年前从外国公司手中转购铝矾土矿，落户圭亚那第二大城市林登。博赛公司的到来，不仅拉动了当地就业，还积极推动了民生工程和公益事业发展，这使得它成为当

---

① 《圭亚那华人社团发声明反对台湾当局"入联公投"》，中国侨网，http://www.chinaqw.com/hqhr/hrdt/200803/21/110881.shtml。

地的明星企业。中国机械进出口公司完成了 10 个变电站的建设，并计划最终将其移交给当地政府管理。中国纸业投资总公司已与圭亚那签署了两个 99 年的合同，并计划长期扎根于圭亚那从事造林事业。中资企业的辛勤工作以及积极融入住在国社会的做法，已经开始获得当地政府和民众的认可。[①]

（三）双边人文领域交流与合作

中圭两国文教、卫生、人力资源培训等领域的交流与合作不断丰富。1984 年签订的文化合作协议中相关项目和倡议，使得两国交往互动频繁，双方在体育、教育、广播、新闻及电视等领域的合作密切。多年来，两国还在记者交流、演出团体互访、体育官员、学者、艺术展览和奖学金等交流沟通方面取得了快速的发展。中国民乐和杂技等文艺团组频繁访问圭亚那。中方自 1973 年来每年向圭提供政府奖学金名额。从 2007 年起，中国先后有 3 批青年志愿者在圭从事志愿服务，受到当地民众好评。圭亚那是中国在南美大陆唯一派遣医疗队的国家，显示出中国对发展中圭关系的重视。从 1993 年起，迄今已有 9 期医疗队在圭服务。第 10 期医疗队已于日前抵圭。两国民间友好交往频繁，相互理解和友谊不断加深。中方曾数次向圭派出体育团队、教练，并多次派杂技团、艺术团赴圭访演。圭曾派乒乓球队来华参加亚非拉乒乓球友好邀请赛。2013 年 3 月，圭亚那大学设立孔子学院。2014 年 5 月，圭亚那大学孔子学院正式揭牌。2014 年 5 月 19 日，孔子学院正式在圭亚那大学落成。它是由圭亚那大学和大连外国语大学共同创办的。圭亚那共和国总统唐纳德·拉莫塔阁下和总理塞缪尔·海因斯出席了孔子学院成立大会。[②]

圭亚那也是中国公民出境旅游目的地国。福建省福州市与圭亚那首都乔治敦市建有友好城市关系。中方迄今已派遣 11 期援圭医疗队和 3 批青年志愿者赴圭。[③]

（四）侨乡与圭亚那的两地往来

近年来，中圭之间的官方和民间往来不断，尤其是侨乡官民与圭亚那华侨华人之间的交往日益密切。由于大量的圭亚那华侨华人新移民属于广州籍，广州与圭亚那之间的官民交往最为频繁。

2012 年由广州市侨办莫景洪副主任率领的侨务访问团一行 4 人于 4 月 9—11 日对圭亚那进行了考察访问。访问团拜会了成立于 20 世纪初期的圭亚那中华会馆及圭亚那中国和平统一促进会。与乡亲亲切交谈，了解华人社团开展华文教育的情况，访问团与海外乡亲欢聚一堂，共叙乡情，莫景洪副主任向海外乡亲介绍了广州的经济社会发展概况，并热忱邀请乡亲们常回家看看，感受家乡亚运后日新月异的城乡新貌。这是广州市侨办首个访问团抵达圭亚那看望侨胞，侨胞倍感亲切和温暖。出访期间，访问团分别受到圭亚那总理塞缪尔·海因兹和圭亚那首都乔治敦市市长汉密尔顿·格林的接见。海因兹总统高度赞扬华侨华人为圭亚那经济社会建设做出的贡献，他认为，有了中国人，圭亚那变得更富有。[④]

---

① 陈威华、车宏亮：《圭亚那追梦人》，新华网，http://news.xinhuanet.com/world/2014 - 08/14/c_1112073703.htm。

② 参见圭亚那共和国驻华大使馆网站，http://www.guyanaembassybeijing.cn/。

③ 中华人民共和国外交部网站，http://www.fmprc.gov.cn/。

④ 《广州市侨务访问团出访圭亚那》，广州侨网，http://www.gzqw.gov.cn/site6/zfxxgk/xxgkdh/xxgkml/gzdt/04/47868.shtml。

2014年7月圭亚那原中华会馆主席周文沃,圭亚那外交部移民主任 Choo An Yin 女士(华裔)到广州访问,就华文学校建设、华文教育的开展进行了深入交谈。Choo An Yin 女士表示,作为一名华裔,她将大力支持圭亚那中华会馆的工作,为圭中友好交往创造良好条件。①

五、华侨华人的安全风险

近年来,在圭亚那的华侨华人存在一定的安全风险。安全风险既与华侨华人自身的因素有关,也与圭亚那的政治局势和社会治安环境相关。

据圭亚那当地新闻媒体的报道,近年来包括华侨华人在内的一些外国人在圭亚那经商投资,由于缺乏对当地法律法规的了解和遵守,从而引起了当地民众的负面情绪反应。例如,圭亚那媒体《凯丘新闻报》2012年3月18日刊登的一份读者来信称,华人商店与当地人开的商店存在不公平竞争。该读者称,他发现华人开的商店存在不按规定纳税的问题,华人商店认为自己应纳的税额很少,没必要去申报纳税,税务局也不会来查。此外,该读者还指出,很多华人包括其他外国人一到圭亚那就开店,并没有取得内政部的批准和相关的准证。该读者呼吁相关部门和大众关注此事,并提请议会监督相关法律得到执行。②

圭亚那当地民众不仅已经开始对华侨华人在圭亚那经商过程中可能存在的不遵守法纪产生了一定程度负面情绪反应,而且在行为上也相应地出现了针对华侨华人经营场所的破坏行为。2014年,首都乔治敦连续发生多起暴力抢劫华商案件,给在圭亚那经营的部分华侨华人商户造成财产损失和严重伤害。③ 国内某省侨务机构提示公民拟赴圭亚那的人员和团组需谨慎前往,已在圭亚那的企业和人员要增强安全防范意识,加强人身、商铺、住宅安全防护措施,提高自我防护能力。④

圭亚那近年来的政治局势和社会治安也不十分稳定,以致中国驻圭使馆多次提醒在圭中国公民注意安全。圭亚那大选于2015年5月11日举行。各方普遍认为,鉴于圭亚那社会治安形势向来较为严峻,大选后社会治安形势不确定因素可能增加。中国驻圭亚那使馆再次提醒在圭亚那的中国公民、机构和赴圭中国游客,密切关注大选期间局势发展和安全动态,提高防范意识,强化安保能力,妥善应对各类安全风险。⑤

---

① 广州侨网:《广州市侨办拓展圭亚那侨务公共外交、探讨华文教育》,转引自中国华文网,http://www.huawenworld.com/news/show/1904.aspx。

② 《读者称圭亚那华人商店与当地商店存在不公平竞争》,中国新闻网,http://www.chinanews.com/hr/2012/03-21/3759859.shtml。

③ 《南美洲圭亚那首都发生多起暴力抢劫华商案件》,新浪网,http://news.sina.com.cn/c/2014-08-26/052930742575.shtml。

④ 《圭亚那连续发生暴力抢劫华商案件 谨慎前往》,新华网,http://www.sc.xinhuanet.com/content/2014-08/26/c_1112225385.htm。

⑤ 《再次提醒在圭亚那中国公民当地大选期间注意安全》,海外网,http://huaren.haiwainet.cn/n/2015/0512/c232657-28726083.html。

非洲地区

毛里求斯

毛里求斯概况

国家全名	毛里求斯共和国	人口数量	约 126. 28 万（2015 年 6 月）
地理位置	东经 57°35′，南纬 20°15′	华人人口数量	约 3 万
气候	亚热带海洋性气候	华人占总人口比例	2.3%（2016 年初）
领土面积	2 040 平方千米（包括属岛），本岛面积 1 865 平方千米	主要族群	印巴裔、克里奥尔人、华人、欧洲裔
政体	实行总督制，为英联邦成员国	GDP 经济增长率/通货膨胀率 CPI	3.6%（2014 年）/2.5%（2015 年 2 月）
执政党/现任总统、总理	人民联盟/总理阿内罗德·贾格纳特、总统阿米娜·古里布—法基姆	失业率	7.6%（2015 年 2 月）
官方语言	英语，但普遍使用法语	GDP	127. 12 亿美元（2014 年）
首都	路易港	人均 GDP	9 187 美元（2015 年）

数据来源：http：//www. worldbank. org/en/country/mauritius；http：//mu. mofcom. gov. cn；http：//www. ambchine. mu/chn/。

2015 年，我国与毛里求斯的关系不断深化，双方在政治、经济、文化等领域的联系、交流更加密切。毛里求斯华人社会在 2015 年也有很多新的发展动态。根据搜集到的相关资料，本部分对 2015 年的中毛关系和毛里求斯侨情进行简要分析和总结。

一、毛里求斯基本国情及与中国关系发展

毛里求斯共和国位于印度洋西南方，距非洲大陆 2 200 千米。首都路易港，为全国第一大城市，也是毛里求斯政治、经济、文化中心，人口约 12.88 万。

毛里求斯独立以来，历届政府均坚持维护民族团结与和睦，实行文化多元化政策，保持了政局的长期稳定。毛里求斯独立后一直实行多党制，工党、社会主义战斗党（简称

"社战党")、战斗党轮流执政或联合执政。

2015年，毛里求斯与我国的关系不断加强，双方在政治、经济、文化等诸多领域的联系日益密切。政治方面，毛里求斯总统和许多部长来中国访问，为两国在各个领域的合作打下了基础，签署了许多新的合作协议；经济方面，中国已成为毛里求斯的第二大贸易伙伴国，2015年期间约有9万名中国人到毛里求斯旅游，比2014年增长了41.4%；文化方面，双方开展了一些交流活动。

在政治领域，中毛两国的关系进一步发展。

2015年6月4日至6日，外交部中非合作论坛特使刘贵今访问毛里求斯。访问期间，刘特使分别会见了毛里求斯新任总统法基姆、总理贾格纳特和代外长加扬，就双边关系和中非合作论坛等问题交换意见。刘特使表示，中方愿与毛方共同努力，将两国发展目标紧密结合，推动在航空、金融、司法、电子商务等领域务实合作，不断开拓合作领域，提升合作水平。①

中毛双方的关系在多领域发展，近年来，在环保领域，双方的合作更趋密切。2015年6月11日，驻毛里求斯大使李立会见毛环境、国家应急中心和沙滩管理局部长达亚尔，就加强两国在环境保护、气候变化等领域合作交换意见。李大使表示，中方愿与毛方一道，共同挖掘环保领域合作潜力，加强在气候变化等问题上的交流与互动，共同为保护全球生态环境做出贡献。达亚尔部长表示，毛里求斯作为小岛国生态环境脆弱，希望在可再生能源利用、节能减排等方面加强与中方的交流和合作，借鉴中方先进经验与技术，提高毛方环保及应对气候变化的能力。② 12月12日，毛里求斯民众普遍高度关注的气候变化巴黎大会通过全球气候变化新协议，当天，我国驻毛使馆启动与毛里求斯民间组织合作的濒危动植物保护项目，以实际行动传播中国环保理念，彰显中国外交官投身环保事业的积极态度，在毛里求斯引起热议。③

在文化领域，中毛双方的联系交流也很频繁、密切。其重要的一个原因在于中华文化影响力的日趋增加。双方在影视、文艺、汉语教育、厨艺、中医药等诸多领域商讨或开展了合作。

4月20日，中国电影家协会副主席康健民一行拜会了毛里求斯文化部，就深化中毛影视、媒体合作深入交换意见，共同探讨两国合拍电影、举办电影周、开展影视节目交流等具体合作设想。

同月底，汉字文化国际巡回展开幕式暨毛里求斯汉语优等生颁奖典礼在毛里求斯受到热烈追捧与媒体广泛关注。近年来，随着中毛两国经贸、旅游、人文等各领域合作的不断发展，毛里求斯掀起了一轮又一轮的汉语热。汉语培训班供不应求，汉语考试热度不减。此次汉字文化展和汉语优等生颁奖典礼是一次跨越大洋、跨越族群、跨越语言的

---

① 《外交部中非合作论坛特使刘贵今访问毛里求斯》，中华人民共和国驻毛里求斯共和国大使馆，http://www.ambchine.mu/chn/sbgx/t1271068.htm。

② 《驻毛里求斯大使李立会见毛环境部长达亚尔》，中华人民共和国驻毛里求斯共和国大使馆，http://www.ambchine.mu/chn/xwdt/t1272739.htm。

③ 《环保从我做起，实现中非绿色发展梦》，中华人民共和国驻毛里求斯共和国大使馆，http://www.ambchine.mu/chn/xwdt/t1326371.htm。

深入文化激荡与碰撞，是中国语言和中华文化走出国门、走进非洲、走向世界的一次尝试。①

6月中旬，国侨办厨艺团访问毛里求斯。来自重庆的5名顶级厨艺大师在5天时间里，走进当地中餐馆客串烹饪，与毛里求斯国家电视台合作录制重庆美食大师课，并成功举办"重庆之夜"高端美食秀。3场活动均精准定位，得到当地侨界、餐饮界、媒体以及主流社会的一致好评。②

6月15日，国侨办中医代表团在毛里求斯著名华人私立医院——都市医院为当地民众进行健康咨询和义诊活动。义诊当日早上6点，都市医院外便排起求诊长队，蜿蜒几十米。近700名就诊患者中，很多是非华裔。代表团专家们妙手回春，更创造了"拄拐进来，空手出去""20多年卷曲的手指伸直了"等成功案例，让在场病人惊呼奇迹。毛里求斯国家电视台现场直播了义诊活动，许多病人奔走相告，感叹多年顽疾终遇良医，整个义诊活动在毛里求斯获得热烈反响。③

10月9日晚，在毛里求斯甘地学院剧场，四川侨联"亲情中华"艺术团为旅毛侨胞及毛民众奉献了一场精彩的文艺演出。剧场挤满了上千名观众。毛里求斯公职部部长王纯万、各侨团领袖出席晚会。表演节目融合歌舞、戏剧、杂技等多种形式，使现场观众对中华文化尤其是蜀地民族文化有了更深的了解。10月11日上午，艺术团还在华联会礼堂与部分侨众家长及孩子们进行了联欢。

中毛关系的深入发展，不仅是双方政府相关部门积极参与的结果，两国的民间团体也热情推动中毛关系的发展。2015年6月24日早上8点，"中非民间友好行动"中的营养早餐计划在毛里求斯马赛卡彭小学正式启动，中国驻毛里求斯大使（简称"驻毛大使"）李立、毛里求斯中资企业协会会长陈悦、路易港扶轮社主席希班以及北建工、中水电、中兴、北京住总、中通建、天利纺纱、天利建设、金牛建筑8家中资企业负责人和代表向100多名小学生送上了精心制作的营养早餐。营养早餐计划由毛中资企业协会出资、路易港扶轮社实施，惠及当地3所贫困小学270名学生。2015年初试行实施以来受到学校老师、家长和学生的热烈好评。中国企业的慷慨捐助与积极参与体现了中毛人民友好的情谊。营养早餐计划在"中非民间友好行动"框架下倡议实施，是两国民间和企业家共同创意、发起和实施的项目，充分汲取了民间智慧与力量，为双边合作开创了全新模式，也为双边关系注入了新的活力。④

中国青年志愿者海外服务计划是由团中央、商务部发起实施的长期项目。中国青年志愿者协会主办、重庆团市委承办并招募派遣的第六批援毛里求斯青年志愿者，由16人组成，职业涵盖高校学生、教师、企业职工及机关事业单位工作人员。第六批援毛里求斯青年志愿者自2015年7月21日抵达毛里求斯后，很快克服工作和生活中的困难，在汉语教

---

① 《小小方块字，浓浓文化情——汉字毛里求斯展开幕式侧记》，中华人民共和国驻毛里求斯共和国大使馆，http://www. ambchine. mu/chn/xwdt/t1259990. htm。

② 《走心之旅——国侨办厨艺团访问毛里求斯侧记》，中华人民共和国驻毛里求斯共和国大使馆，http://www. ambchine. mu/chn/xwdt/t1275521. htm。

③ 《国侨办中医代表团为毛里求斯民众义诊》，中华人民共和国驻毛里求斯共和国大使馆，http://www. ambchine. mu/chn/xwdt/t1275530. htm。

④ 《"中非民间友好行动"毛里求斯小学营养早餐计划正式启动》，中华人民共和国驻毛里求斯共和国大使馆，http://www. ambchine. mu/chn/xwdt/t1276802. htm。

学、信息技术和体育教学等领域开展了大量细致深入的服务。自 2008 年项目开始实施以来，已先后派遣六批共 75 名志愿者赴毛从事对外汉语教学、信息技术、体育教学等志愿服务，承担了毛里求斯中国文化周、中国文化宣传暨志愿者活动周等大型活动的志愿服务工作，受到社会各界的广泛关注和好评。①

在经济领域，中毛之间的联系更是日趋加强。

毛里求斯是非洲经济发展比较好的国家。在世界经济论坛 2014—2015 年"全球竞争力排名"中，毛排名全球第 39 位，在撒哈拉以南非洲名列首位。2005 年至今，毛政府加快经济多元化步伐，扶植传统产业，改善投资环境，重点发展旅游、海产品加工、信息通信和金融服务业，努力将毛打造成地区金融、信息、物流中心和连接亚非两大洲的平台。②

2015 年以来，毛里求斯宏观经济运行总体平稳，经济发展的外部环境趋于改善，毛政府努力推动经济增长，取得一定成果。毛与新兴发展中大国及非洲国家的合作日益紧密，也与我国在海洋经济、水利电力、农业技术、劳务等方面进行了密切合作。

2015 年 1 月，我国与毛里求斯就中毛海洋领域合作深入交换意见。"向海发展"是毛未来希望，也是新政府工作重点。毛方期待在海洋科考、海洋经济等领域加强与我国的交流和合作，借鉴我国先进技术与经验，不断拓展两国海洋领域务实合作。③

2 月 5 日，李立大使视察了由中国水利电力对外公司承建的巴加泰勒水坝项目。巴加泰勒水坝对改善毛里求斯全岛供水，特别是缓解居民用水压力意义重大，是毛里求斯政府高度关注的民生工程，毛里求斯政府期待中国企业再接再厉，克服困难，圆满完成项目。④

4 月 23 日，中国援助毛里求斯第 17 期农业技术合作物资移交仪式在毛农业部实验中心举行。自 1972 年两国建交以来，中方为毛方提供了基础设施建设、人力资源培训、派遣志愿者等多种形式的援助，并通过前 16 期的农业技术合作项目，向毛方传授农业技术，帮助其提升农业发展水平、提高农业自主发展能力。

中毛之间劳务合作始于 1989 年，此后发展迅速。2003 年达到高峰，当时中国在毛里求斯劳务人数曾有约 1.2 万人之多，其中绝大部分是纺织工。毛里求斯是中国向非洲外派劳务的主要国家之一。

近年来，由于世界经济形势变化和高油价等影响，中毛劳务合作呈现新特点，纺织劳务萎缩下降，建筑劳务增长迅速。随着毛里求斯政府大力发展基础设施建设，承包工程市场发展较快，对中国建筑劳务需求不断扩大。毛里求斯各主要建筑公司不断加强与中资公司在建筑劳务领域的合作，不过，大量中国建筑工人抵达毛里求斯后，由于现场管理不善、文化差异等，劳资纠纷时有发生，甚至数次发生群体性罢工事件。因此，中方各经营公司在开展对毛里求斯建筑劳务合作时，一方面要认真做好合作方的资信调查，做好合同的商谈和签订工作，增加汇率风险保障和合同提前中止等条款；另一方面要做好国内的人

---

① http://politics.chinaso.com/detail/20160203/1000200032851721454504994685830152_1.html.

② 《毛里求斯经济情况》，中华人民共和国驻毛里求斯共和国大使馆，http://www.ambchine.mu/chn/mlqsgk/t1241955.htm。

③ 《驻毛里求斯大使李立拜会毛新任海洋经济部长库恩朱》，中华人民共和国驻毛里求斯共和国大使馆，http://www.ambchine.mu/chn/xwdt/t1229075.htm。

④ 《驻毛里求斯大使李立陪同毛副总理克兰达维卢视察巴加泰勒水坝项目》，中华人民共和国驻毛里求斯共和国大使馆，http://www.ambchine.mu/chn/xwdt/t1235359.htm。

员招工和培训，加大对劳工的普法教育，切实做好国外劳务现场的一线管理，最大限度地维护中方劳务人员的合法权益。此外，毛里求斯劳动法律法规严格，用工制度及劳动保障要求较高。中国在毛里求斯投资企业和承包工程公司需要了解当地文化背景，加强与毛里求斯劳工部门的沟通，严格遵守毛里求斯劳工法的相关规定，尤其做到国内与工人所签的劳务合同须和毛里求斯劳工法规定一致，以免引发劳资纠纷。[①]

根据 2016 年初我国驻毛里求斯大使馆发布的资料，目前投资毛里求斯的中资企业主要有：[②]

（1）中国水利电力对外公司驻毛里求斯代表处；

（2）中国水电建设集团驻毛里求斯分公司；

（3）中国建筑股份有限公司（毛里求斯分公司）；

（4）中国通信建设集团驻毛里求斯分公司；

（5）中兴通讯股份有限公司驻毛里求斯代表处；

（6）毛里求斯晋非经济贸易合作区有限公司；

（7）北京建工集团有限责任公司毛里求斯分公司；

（8）北京住总有限责任公司驻毛里求斯经理部；

（9）中国江苏国际经济技术合作公司毛里求斯项目部；

（10）华为技术（毛里求斯）有限公司；

（11）天利纺纱（毛里求斯）有限公司；

（12）天利建设有限公司；

（13）宁波泰联国际经贸有限公司驻溢达毛里求斯有限公司代表处；

（14）南京大地建设（集团）股份有限公司；

（15）国家开发银行毛里求斯工作组；

（16）海陵建筑工程公司；

（17）中油泰富蓝海海油有限公司；

（18）鲁海丰海洋发展有限公司；

（19）鑫发海外有限公司（山东蓝越远洋渔业公司）。

我国与毛里求斯发展密切关系，一方面是希冀中毛合作向西拓展，与非洲大陆对接，充分发挥毛里求斯在非洲独特的地理区位优势，将毛里求斯逐步打造成中国对非投资的门户和对非互联互通的枢纽，探索合作建立对非合作金融服务中心、面向非洲的培训平台和连接与非洲各国航空联系的可能性；将毛里求斯打造成中国企业、人员、资金、技术进入非洲的平台，助毛里求斯实现第二次经济奇迹。同时，中毛合作还可向东拓展，向印度洋拓展，重点是加强海洋经济互利合作。中方视毛里求斯为海上丝绸之路的自然延伸，与毛

---

① 《劳务合作需知》，中华人民共和国驻毛里求斯共和国大使馆经济商务参赞处，http：//mu. mofcom. gov. cn/article/zxhz/zhxm/201601/20160101232489. shtml.

② 《驻毛主要中资企业》，中华人民共和国驻毛里求斯共和国大使馆经济商务参赞处，http：//mu. mofcom. gov. cn/article/zxhz/zzjg/201507/20150701035657. shtml.

方探索共建 21 世纪海上丝绸之路的有效途径。①

二、毛里求斯华侨华人社会动态

一般认为，毛里求斯华侨华人约有 3 万人，其中，梅州籍客家人约占 90%，南（海）、顺（德）人及其他籍贯人士约占 10%。另外，目前在毛里求斯的中国工人有 5 000 多人，多为技术工人和生产骨干。②

中国人移居毛里求斯的历史悠久，当前的毛里求斯华人社会已经非常本土化、当地化。不过，整体上，毛里求斯华人社会仍具有比较浓厚的中国情结，尤其在当前中国国家实力和国际影响力更加增强的形势下。这一点可以从 2015 年毛里求斯华人社会的很多活动看出来。2015 年，当地华社举办了多场有关中国文化的活动，以加强当地人对中国的了解，促进双方的联系交流。

2015 年 1 月 31 日，毛里求斯中国大专院校同学会主办的 2015 年迎新春焰火联欢晚会，从毛里求斯各地赶来参加的有当地中资企业和华侨各界朋友近 200 人。③

2 月 7 日晚，毛里求斯华人社团协会举办全侨春节晚宴，毛里求斯总理贾格纳特等多名政要以及华人社团负责人、华侨华人代表等近 1 000 人出席。

2 月 19 日（农历正月初一）早上，毛里求斯华人举办盛大的祭祖活动，近 1 000 名当地华侨华人积极参与，共迎新春。而在每年春节前夕，毛里求斯唐人街文化协会都会举办庆祝春节游行和文艺联欢晚会活动。活动不但有广大华侨华人的热情参与，也吸引了大批的当地其他族裔民众观看。

3 月 8 日，华人妇联会举办庆祝三八国际妇女节的活动。活动得到了中国大使馆和各界热心人士、各友好社团的大力支持及赞助。同日，我国驻毛使馆官员应邀出席了当地华侨华人庆祝元宵节的晚宴。同日，应毛里求斯当地民众尤其是华人的要求，汉语促进会 2015 年度汉语会话学习班继续开班，并聘请有经验教师授课。

3 月 19 日至 27 日，应全国友协邀请，毛里求斯华商经贸专业联合会（简称"毛里求斯华商会"）代表团一行 13 人访华。此次毛里求斯华商会访华，希望重点考察智能手机、家用电器、汽配汽修、五金工具、铝制品、医用耗材及非专利药品、垃圾处理以及房地产投资等行业，以期进一步推动中毛经贸合作。毛里求斯华商会现有会员近 300 名，与毛里求斯政府各部门联系密切，在毛里求斯有重要影响。华商会对华友好，与山西友协建立了

---

① 《王毅：赋予中毛合作更多战略内涵》，中华人民共和国驻毛里求斯共和国大使馆，http：//www. ambchine. mu/chn/xwdt/t1338009. htm；《毛里求斯总统和总理会见王毅》，新华网，http：//news. xinhuanet. com/world/2016－02/03/c_1117973762. htm。

② 《中毛经贸合作简况（2014 年）》，中华人民共和国大使馆驻毛里求斯共和国大使馆经济商务参赞处，http：//mu. mofcom. gov. cn/article/zxhz/hzjj/201406/20140600631802. shtml。

③ 中国大专院校同学会自 2005 年成立以来，一贯秉持和恪守"联络情感，增进友谊，促进华侨社团的和谐和发展"宗旨，在过去的岁月里，曾为孙中山铜像揭幕；曾撰文声讨日本首相安倍谒拜靖国神社。其在为两岸统一、海峡团结、联络增进侨胞之间的情感等方面，发挥了积极促进作用。《记毛里求斯 2015 年中国大专院校迎新春焰火联欢晚会》，http：//chinatownmu. com//xinwenzhongxin/bendixinwen/2015/0202/12090. html。

长效交流机制，为推动中毛关系发展做出了积极贡献。①

3月29日下午，李立大使应邀出席由冰威廉华人妇联会和冰威廉华人乐龄联谊会举办的庆祝三八妇女节活动。李大使盛赞冰威廉华人妇联会秉持爱（祖籍）国爱乡优良传统，在弘扬中华传统文化、促进中毛友好方面所做工作。

6月27日，中国华文教育基金会"完美中国"海外华文教师远程培训课首次落地非洲，在毛里求斯新华学校内举行开课仪式；同时，由国侨办捐助的华星书屋正式启用；受国侨办表彰的刘晓雯等3位优秀教师获发证书。

8月9日，毛里求斯"纪念'二战'胜利70周年委员会"举办了以"铭记历史、珍爱和平"为主题的纪念"二战"胜利和中国人民抗日战争胜利70周年活动，李立大使出席并讲话，毛里求斯公职部部长王纯万、在毛里求斯的中资机构和华侨华人代表等300余人参会。活动邀请了毛里求斯参加过"二战"的老兵讲述参战经历，各侨团代表和中资公司代表也踊跃发言，畅谈抗日战争胜利的伟大意义，讲述毛里求斯华侨华人支援抗战的动人故事，现场气氛热烈。②

此外，2015年间，由于对当地社会发展进步的重要贡献，很多华人得到了毛里求斯政府的赞扬和嘉奖，当地其他华人对此深以为傲，并在当地华文媒体登报恭贺。这些杰出华人及其奖项是：李基昌荣获毛里求斯共和国 GOSK 勋章，侯清发、黄楷能荣获毛里求斯共和国 CSK 勋章，房根发、温带云（女）荣获毛里求斯共和国 OSK 勋章，林淑珍（女）、吴笑霞（女）荣获毛里求斯共和国 MSK 勋章，Ah Yen Jean Marie Clency、邹粉招（女）、刘梅意（女）荣获毛里求斯共和国 PDSM 总统特别勋章，等等。

三、毛里求斯华侨华人社团动态

2015年，毛里求斯的华人社团，尤其是一些历史悠久的传统华人社团，通过在中国传统节日举办各种活动，加强对中国传统文化的传承保护，如酬神、春节、祭祖等中国传统文化活动不断延续。

2015年1月11日，即中国农历十一月廿一日，毛里求斯南顺会馆举办年终酬神大典，酬答神恩。2月7日，华人社团协会在华联会会所举办全侨迎春节暨祝贺新政府成立之宴会，该会下属17家社团积极参与了会务活动。3月15日，汉语促进会汉语会话学习班定在"中华文化宫"开学，该班分为初级班和中级班，学费全免。4月18日，南顺会馆举办春祭大典。4月27日，百姓宗亲会举行春祭大典宴会，曾姓乡亲、梁姓宗亲以及杨姓、胡姓、李姓等多个姓氏宗亲共40多人欢聚一堂，畅叙乡谊。

4月21日，2015年南顺会馆培英活动中心课程时间表发布，其课程包括：健身操、互动汉语、太极、呼啦圈和传统舞蹈、扇舞、太极和功夫扇、粤语初级班、学唱粤语歌、粤语中级班等，这些课程都是在积极传授中国传统文化。

每年举办的唐人街美食与文化节是毛里求斯华人传承弘扬中国传统文化的重头戏，它

---

① 《毛里求斯华商会将访华九类行业寻找经贸合作》，http：//chinatownmu. com/xinwenzhongxin/bendixinwen/2015/0326/13239. html。

② 《李立大使出席毛里求斯纪念二战胜利和中国人民抗日战争胜利70周年活动》，中华人民共和国驻毛里求斯共和国大使馆，http：//www. ambchine. mu/chn/xwdt/t1287945. htm。

是毛里求斯一年一度的文化盛会，每年都会吸引 8 万 ~ 10 万人参与，聚集了美食品鉴、手工艺展览、文艺表演等文化活动。毛里求斯华人大部分都来自广东梅县，因此在大使馆的积极推动下，美食节组委会在 2015 年第一次请来了梅州山歌剧团。另外，毛里求斯中国文化中心在中国文化部主导的部省合作框架下，从黑龙江省请来了兰西挂钱和麦秸画两个非遗项目传承人，邀请他们参加美食节活动，展示作品，使美食节增加了几分类似春节庙会的氛围。① 文化节正式举办前的 5 月 1 日晚，华商总会、华联会在华联会礼堂举办"客家之夜"活动，梅州市艺团和新加坡剧场艺术团莅临表演，并有梅县客家厨师主厨宴会数道菜色。5 月 2 日，第 11 届唐人街美食与文化节在路易港唐人街开幕，活动包括梅州市艺团（一行 23 人）、新加坡剧场艺术团莅临表演；另有 2 名黑龙江艺人表演手工艺。开幕式之后，唐人街舞台上演多姿多彩的文艺节目表演，如龙狮队伍展示技艺，还有选美和时装表演等。

庆祝天后宝诞也是毛里求斯华人传承中华传统文化的重要活动。5 月 9 日、5 月 10 日，即农历三月廿一日、三月廿二日，南顺会馆举办庆祝天后宝诞活动。从 2014 年、2015 年的天后宝诞庆祝活动通告来看，南顺会馆的此项活动已经形成定制，并有较严格的活动程序，主要包括：更衣、迎神、贺诞、超幽、宴庆。除了天后宝诞，南顺会馆还于每年初（农历岁末）举办酬神大典，每年春天举办春祭大典（坟场致祭），每年农历六月举办关圣帝君千秋宝诞庆祝活动等。

6 月 14 日，南顺会馆培英活动中心举办庆祝母亲节活动，包括由培英活动中心的各班学员表演的歌曲、中国民族舞、集体舞等。

2015 年，很多毛里求斯华人社团进行内部的换届选举，选举会议遵循相关法律规定，并经过相关会议程序。各华人社团选举出自己的新任负责班子成员后，通过媒体对外正式公布。

3 月 8 日，汉语促进会举行会员大会，议程如下：审查和追认上年度会员大会会议记录；会长报告一年来会务；财政报告一年收支；委任稽查；其他。

4 月 4 日，新华学校家长/教师联谊会召开年度会员大会。主要议程如下：宣读并追认前理事会的会议记录；会长报告会务；财政报告和追认 2014 年的年度收支；选举新一届理事会职员等。

根据 3 月的选举结果，2015 年 4 月至 2017 年 3 月，华侨书报社理事会的成员为：社长吴松光、副社长林早宏、秘书谢棣年、财政吴炬昌，等等。

在毛里求斯华社具有重要影响的仁和会馆，根据会议选举结果，其 2015 年 4 月至 2017 年 3 月主要职员包括：会长林孟超，第一副会长吴国通，第二副会长李桂涵，秘书李济祥，财政林萍宏，董事林本荣、刘攸宪、李栋泰、林早宏、吴炬昌等 14 人。

南顺会馆 2015—2016 年理事会职员名单：会长霍裕壮、副会长陈焕根、秘书梁秀意、财政关志荣等。其下的培英活动中心：主任邓锦洪、经理岑颖波。

4 月 22 日，华商总会选举出 2015—2016 年理事职员，包括杨宗贵（会长）、黎广来（副会长）、李彩纯（秘书）、叶拱蔚（副秘书）、陈梦德（财政）、管世仁（副财政）。

2015—2016 年，福禄寿联谊会的新任职员主要是：会长林紫红（女）、副会长叶肇

① 《毛里求斯唐人街美食文化节将登场》，新活动网，http://hd.nem365.com/hdkx/2626.html。

兰、财政吴利玉（女）、副财政吴麟光、西文秘书刘增鸿、中文秘书黄导琪。

新中同学会 2015—2016 年新选出的干事为：会长黄导琪、副会长刘兴群、财政李碧霞、中文秘书林惠琴、西文秘书熊利云。

毛里求斯华人社团也积极投身各种社会慈善公益活动，服务当地民众尤其是华侨华人，以扩大自身影响，提高社会地位。

2015 年 2 月 15 日，华商总会在南顺大厦二楼大厅举行年度向老人家派发春节红包活动，向现场 400 多位老人派发红包，其中最长者为 106 岁。阿练王部长、波累市长西度、中国大使馆于江参赞、李海主任等贵宾应邀参加。

为使 60 岁以上老人能及时注射由政府提供的感冒预防针，保护健康，仁和会馆和福禄寿联谊会联合于 2015 年 5 月 3 日上午在仁和礼堂为需要的男女长者们提供服务。

总体来看，由于两国社会经济发展的契合，中毛关系将在未来继续深化。与此同时，由于毛里求斯政府实行文化多元化政策，当地华人社会在政治、经济、文化、教育等领域仍会拥有较为宽松的发展空间。

俄罗斯

2015 年，中俄全面战略协作伙伴关系保持高水平发展，两国首脑多次会面。中俄在双边关系、国际战略、维护国际秩序等方面取得新的成果，并在经济合作领域呈现亮点。中俄发表《中华人民共和国与俄罗斯联邦关于丝绸之路经济带建设和欧亚经济联盟建设对接合作的联合声明》，俄方表态支持丝绸之路经济带建设，中方表示支持俄方积极推进欧亚经济联盟经贸合作方面的协议谈判。此外，俄罗斯加入亚洲基础设施投资银行，体现出对中国承担国际责任和补充现有国际经济体系的支持。2015 年，受西方国家的政治经济制裁以及国际能源价格持续走低的影响，俄罗斯经济延续了 2014 年的困难局面，卢布贬值、外贸出口和财政收入下降，在一定程度上影响了俄罗斯华侨华人的生活。与此同时，在遭到西方国家的制裁和"排挤"后，俄罗斯更加注重与中国发展经济合作关系，华侨华人参与俄罗斯的经济活动有更多的可能。

一、俄罗斯基本国情

俄罗斯是世界上国土面积最大的国家，其国土横跨欧亚大陆，北邻北冰洋，东濒太平洋，西接大西洋，西北临波罗的海芬兰湾。俄罗斯人口数量约为 1.43 亿。由于国土广阔，俄罗斯人口密度低，且分布极不平均，人口主要集中在中央区、伏尔加河沿岸区、北高加索区和乌拉尔区。俄罗斯是世界上民族最多的国家之一，共有 193 个民族，其中俄罗斯族约占总人口的80%，主要少数民族有鞑靼、乌克兰、巴什基尔、楚瓦什、车臣、亚美尼亚、阿瓦尔、摩尔多瓦、哈萨克、阿塞拜疆和白俄罗斯等族。俄语是俄罗斯联邦的官方语言。俄罗斯主要宗教为东正教，其次为伊斯兰教、天主教和犹太教。根据全俄民意研究中心的调查结果，50%～53%的俄罗斯民众信奉东正教，10%信奉伊斯兰教，信奉天主教和犹太教的各为1%，另有约0.8%信奉佛教。

表 1　俄罗斯概况

国家全名	俄罗斯联邦	地理位置	横跨欧亚大陆	领土面积	1 707.54 万平方千米
首都	莫斯科	主要语言	俄语	主要民族	俄罗斯族
政体	总统制	执政党/主要反对党	统一俄罗斯党/俄罗斯联邦共产党、公正俄罗斯党、俄罗斯自由民主党	现任国家元首/政府首脑	弗拉基米尔·弗拉基米罗维奇·普京/德米特里·阿纳托利耶奇·梅德韦杰夫

（续上表）

人口数量	1.441 亿（2015 年）	华侨华人人口数量	约 40 万	华侨华人占总人口比例	0.27%
GDP	1.326 万亿美元（2015 年）	通胀率	12.9%（2015 年）	失业率	5.6%（2015 年）

数据来源：http：//www.worldbank.org/en/country/russia。

二、中俄关系概况及其新发展

1991 年 12 月 27 日，中俄两国签署《会谈纪要》，确认俄罗斯继承苏联与中国的外交关系。此后，中俄关系呈现出不断上升势头。1996 年 4 月，中俄宣布建立"平等信任、面向 21 世纪的战略协作伙伴关系"，并确立国家元首和政府首脑定期会晤机制。2001 年双方签署《中华人民共和国和俄罗斯联邦睦邻友好合作条约》，为两国发展长期战略协作伙伴关系奠定了法律基础。2008 年，中俄签署《中俄国界东段补充叙述议定书》，彻底解决了历史遗留的边界问题，为两国战略协作伙伴关系的深入发展奠定了坚实基础。2010 年 9 月，两国签署《中俄关于全面深化战略协作伙伴关系联合声明》。2012 年 6 月，两国签署《中华人民共和国和俄罗斯联邦关于进一步深化平等互信的中俄全面战略协作伙伴关系的联合声明》。2013 年 3 月，中国国家主席习近平对俄罗斯进行国事访问，两国元首批准了《〈中俄睦邻友好合作条约〉实施纲要（2013 年至 2016 年)》，签署了《中华人民共和国和俄罗斯联邦关于合作共赢、深化全面战略协作伙伴关系的联合声明》。2014 年 2 月 6 日，中国国家主席习近平出席了在俄罗斯索契举行的第 22 届冬季奥林匹克运动会开幕式并与普京总统会晤，这是中国国家元首首次出席在境外举行的大型国际体育赛事开幕式，也是习近平主席连续两年选择俄罗斯作为首访国，充分体现了中俄全面战略协作伙伴关系的高水平和特殊性。

2015 年，中俄关系继续升温。双方高层往来频繁，习近平主席在 5 月和 7 月两次访问俄罗斯，同时俄罗斯总统普京和总理梅德韦杰夫分别于 9 月和 12 月访问中国，中俄全面战略协作伙伴关系保持着高水平发展，中俄两国在双边关系、国际战略、维护国际秩序等方面取得新的成果，尤其在战略与经济合作方面呈现亮点。政治上，中俄关系不断深化发展，成为新型大国关系的典范。两国在涉及国家主权、领土完整等国家核心利益问题上相互支持。在国际与地区事务上，以"不结盟、不对抗、不针对第三国"为指针，在促进世界多极化、稳定国际与地区安全形势上相互协作。

三、俄罗斯华侨华人历史发展及其特点

地理接壤为中俄两国人民往来迁徙提供了天然的便利条件。清朝和沙俄时期，中国移民到俄罗斯经商和谋生的情况逐渐增多。除了自由迁徙外，俄罗斯帝国与中国清朝签订的一系列不平等条约将中国黑龙江以北、外兴安岭以南 60 多万平方千米的领土割让给俄罗斯，这些土地上世代生活着的中国居民除少部分内迁外，大部分成了俄罗斯的居民，使特

定历史条件下的"割地成侨"形成。①此后，俄罗斯开发远东地区，对劳动力的需求进一步增加，催生了中国人来俄罗斯工作的现象，如俄罗斯国家部门和一些私人企业大量招募中国劳工到俄罗斯从事艰险的工作。根据1897年进行的一项普查，当时俄罗斯共居住着约5.7万中国人，其中远东地区有4.1万。②此后华侨数量继续增加，到1910年，按照当地的统计，远东地区的华侨人数已经达到11.14万。③

苏俄"十月革命"和国内战争时期，部分华侨离开了动荡的俄罗斯帝国，但也有许多华工留在俄罗斯参加了苏联的革命事业，在苏维埃政权建立的史册上写下了浓重的一笔。中华人民共和国成立后，中苏两国成为盟国，开展了全方位的往来与合作，大批中国留学生来到苏联，他们中的绝大多数都学成回国，成为新中国建设的重要人才，但也有少数留在苏联。20世纪60年代后，随着中苏关系恶化，两国民间人员往来受到影响，在苏联的华侨数量逐渐减少。

苏联解体后，中国与俄罗斯很快确立了友好合作关系，这为两国民间的交往奠定了良好的基础。20世纪90年代初，随着两国边贸联系的加深，中国移民俄罗斯的人数逐渐增多，1992年签订的《中俄两国关于互免团体旅游签证的协定》极大地方便了中俄两国人民的往来，根据俄罗斯官方1994年公布的统计数据，仅那一年移民俄罗斯的中国人就有20 301人。此后每年进出俄罗斯的中国人基本稳定在50万人次上下。截至2014年12月，在俄罗斯的中国移民存量有257 139人，占俄罗斯外国移民总数的2.3%，其中男性157 985人，女性99 154人。④由于中国移民赴俄罗斯的主要目的是从事商业活动和劳务工作，因此到俄罗斯的中国男性移民数量多于女性移民。另据俄罗斯联邦统计局数字，除2009年以外，2007—2012年中国人向俄罗斯流动呈现出稳步增长的趋势。中国人赴俄罗斯人数不断增多，既是因为中俄整体关系向前发展的大环境，也是受到俄罗斯"中国年"、《中俄投资合作规划纲要》和《中国东北地区与俄罗斯远东及西伯利亚地区合作规划纲要（2009—2018年）》等一系列政策利好的影响。

总体上看，在俄罗斯的中国移民具有以下特点：第一，中国人向俄罗斯移民没有较长且连续的历史发展阶段，最近二十几年才形成了稳定和持续的移民潮流，第二代移民更是最近几年才出现的现象。第二，来俄罗斯的中国移民主要来自于与俄罗斯接近的省份，例如吉林、辽宁、黑龙江、新疆等地区；或是商品经济发达，具有"闯荡"意识的山东、浙江、福建等地。中国移民主要聚居在莫斯科、圣彼得堡、叶卡捷琳堡、伊尔库茨克、海参崴、新西伯利亚等大、中城市。第三，由于俄罗斯的经济发展水平和社会福利并不算优越，来俄罗斯的中国移民多数抱着"过客"的心理，大多数华侨华人并没有良好的俄语基础，更多的是持经济目的而来，从"倒爷"做起，抓住俄罗斯商品经济不发达和机制转型的契机"淘金"。一些具有经济头脑和抓住机会的人因而富了起来，并长期留居，但俄罗斯的华侨华人中群体中并未出现向政界、文化界等社会上层流动的现象。这一方面是由于俄罗斯缺乏移民传统，有排外和种族情结；另一方面也与中国移民整体素质有关。

---

① 李志学：《"割地成侨"：俄罗斯华侨华人史的特殊一页》，《学习与探索》2005年第5期，第157-160页。

② 苏联中央统计局人口普查处：《全苏人口普查简报》（第4辑），转引自阿·格·拉林著，阎国栋译：《俄罗斯华侨历史概述》，《华侨华人历史研究》2005年第2期，第3页。

③ 国务院侨务办公室政研司：《华侨课题研究文集（2002—2003年度）》，2005年，第124页。

④ 数据来源：http：//www.fms.gov.ru。

表2　2007—2012年中国移民入境俄罗斯数量分布

单位：人

年份	因公	旅游	因私	永久居留	过境	商务	合计
2007	183 799	129 749	337 559	366	11 354	102 293	765 120
2008	196 924	127 155	377 693	678	9 891	103 128	815 469
2009	195 158	115 870	309 664	330	4 195	93 364	718 581
2010	203 392	158 061	257 678	1 064	1 293	126 152	747 640
2011	280 453	234 127	198 798	1 768	1 119	129 323	845 588
2012	295 941	343 357	203 038	1 596	1 259	133 797	978 988

数据来源：转引自谢尔盖·梁赞采夫、王祎：《俄罗斯外国劳务移民与中国移民研究》，《华侨华人历史研究》2015年第1期，第41页。

四、俄罗斯经济社会形势及其对华侨华人的影响

（一）俄罗斯经济陷入困难，货币贬值对华侨华人影响不一

由于乌克兰危机，俄罗斯近年来遭受了西方国家的政治与经济制裁，外来投资锐减、资本流出加剧，加上国际能源价格持续走低，这导致严重依赖能源出口收入的俄罗斯的财政收入恶化，进而引发卢布贬值和通货膨胀。卢布的大幅贬值严重影响了普通俄罗斯人的生活。在俄罗斯市场上，很多日常商品是从国外进口的，由于卢布的贬值，进口商品价格比往年要高出不少，物价上涨造成俄罗斯民众的生活成本大幅上升。在这样的经济形势下，华人的生活和华商的经营也受到不同程度的影响。

对于华商而言，卢布贬值导致物价上涨，在俄罗斯销售的进口商品价格涨幅大，销售会较困难。在严峻的经济形势下，俄罗斯民众纷纷"捂紧"了钱袋子，削减了消费开支，许多华商的生意不好做。同时卢布贬值迅速，在俄罗斯经商的华人挣到的卢布利润迅速减少。为此，华商纷纷用卢布去兑换美元，以避免贬值带来的更大损失，但是，随着俄罗斯政府加强资本管制，外汇按以往的渠道汇到国内已经有些困难。一些在俄罗斯从事贸易的华人企业开始缩小业务规模，其中服装鞋帽和餐饮店生意明显清淡，主要原因是以前俄罗斯人为这些商店的主要顾客，现在因卢布大幅贬值而不敢大手花钱，将支出主要集中到生活必需品上。然而，卢布相对人民币的贬值对来俄罗斯旅游和留学的中国人有利，节省了他们的机票费用、住宿费用、学费和生活费用。而且卢布贬值，挤出了前几年由于能源收入高涨而价格虚高的矿产、土地、能源中的泡沫，有利于中资公司的收购。

（二）俄罗斯收紧移民政策，或影响赴俄中国劳工

2012年以来，俄罗斯政府推出了新的移民政策，将吸引移民的焦点转向吸引高科技移民和投资移民。同时，俄罗斯对雇用外国劳动力实施"地理性侧重"，对独联体国家实施移民优惠政策，提高对移民的俄语要求，并加强对非法劳务移民的打击力度。此外，在经

济下行的压力下，俄罗斯政府为了提高本国国民的就业率，计划削减对外国移民的需求。据俄新社 2015 年 10 月 31 日消息称，2016 年度俄政府将仅有的 12.59 万份暂住许可均发放给外国公民。与去年同期相比，该额度缩减 2.53 万份。由政府支配的暂住许可配额根据地区政府的提议而确定，这些提议考虑到本地区移民形势和经济状况，目的在于提高移民政策的效率。俄中央联邦区、西伯利亚联邦区、伏尔加河沿岸联邦区、南部联邦区、西北联邦区、远东联邦区、乌拉尔联邦区、北高加索联邦区、克里米亚联邦区获得的配额许可数量分别为 38 500、21 050、19 500、10 450、10 020、8 880、8 350、7 250、1 900 份。莫斯科和圣彼得堡将分别允许颁发 2 000 份和 1 500 份许可。俄罗斯政府的以上举措将减少赴俄罗斯从事低端劳务工作的华人数量。

（三） 俄罗斯加强与中国的经济合作，或为华商提供更多的机会

由于乌克兰问题，俄罗斯与西方国家的关系陷入冷战结束以来的最低点，西方国家对俄罗斯实施了经济制裁，给俄罗斯造成了严重的经济困难，这使俄罗斯的经济在 2015 年陷入自 2009 年以来最严重的衰退。针对西方的压力，俄罗斯希望通过"东向"政策来化解危机。于是，莫斯科启动了"亚洲轴心"政策，努力扩展与亚洲的关系，同时积极挖掘与中国、韩国、印度以及越南等东亚、东南亚国家经济合作关系。中国作为世界上最重要的经济体之一，并且与俄罗斯保持着友好合作关系，因而受到俄罗斯的特别重视，克里姆林宫"东向"倾斜明显地加强了俄中关系。

在中俄进一步扩大经济合作空间的前景下，俄罗斯的华商也有机会参与，其中俄罗斯远东地区的开发可能为华人提供更多的经济机会。2014 年 12 月，俄罗斯副总理兼总统驻远东联邦区全权代表特鲁特涅夫一行访问中国，会见了汪洋副总理，特鲁特涅夫介绍了建立俄远东跨越式开发区等情况，表示希望中方积极参与俄方远东地区的开发合作。俄罗斯将在远东地区设立类似中国深圳的特区，对参与投资的企业 10 年内减免 90% 的税收优惠。11 日，特鲁特涅夫 11 日在北京举行的"中俄远东地区合作圆桌会"上表示，将把俄罗斯远东地区建设成为"俄罗斯的深圳"。他呼吁中国企业踊跃投资，并承诺给予各种优惠待遇。俄方还决定设立"迎资局"，专门为外资企业提供"行政优惠"。华人在开发远东地区的历史上曾发挥重要的作用，当前在俄远东地区的华人数量远超其他亚太国家在该地区侨民的数量，华人已经熟悉当地环境，就客观条件来说，华人是俄罗斯开发远东地区最便利的力量。一旦俄罗斯真心实意地对中国资本"敞开怀抱"，远东开发的新措施将为中俄经贸关系发展提供了新机遇，促进中俄的区域合作。在俄罗斯对华人、华资的政策趋于开发和公平的背景下，华人、华资也有望成为帮助俄罗斯远东开发的重要力量。

尽管俄罗斯政府开发远东地区的决心很大，但俄罗斯中央和地方政府仍然没有完全放下担心华人控制远东经济命脉的"心理包袱"。对俄罗斯民众而言，面对越来越强大的中国，他们内心深处也存有一些不安全感。俄罗斯地广人稀的远东地区，在 620 万平方千米的面积上只有约 700 万人口，但中国东北三省的人口数量则超过 1.2 亿，与俄罗斯接壤边界长达 3 200 千米。过去，大量中国民众进入俄罗斯远东地区贸易、工作和居住，俄罗斯曾估计，目前在远东地区的中国民众或超过 100 万人。不少俄罗斯舆论担心随着高速运输走廊的建设，尤其是中国至俄罗斯的高铁开通了之后，会有越来越多的中国民众前往俄罗斯居住，再加上俄罗斯人口老化及出生率低已为国内带来人口危机，长久以往，居俄华人

将成为俄罗斯最大的少数族裔。在这种人口的巨大差异和漫长的边界下，不少俄罗斯舆论对中国"一带一路"这种增进两国经贸合作、增加人员往来以及互联互通的政策，既欢迎，又担心。如何克服这种"心理包袱"，考验着俄罗斯政府的智慧。此外，目前，俄罗斯经济"向东看"（即"东向"）主要还是集中在能源和军工两个领域。俄罗斯不仅在2014年5月与中国签署了东线天然气管道合同，还急切地催促中国签署了西线天然气管道备忘录。在石油领域，俄罗斯石油公司同意向中方出售其属下万科尔石油公司10%的股份。此外，中俄双方有关S－400反导系统、苏－35战机的贸易谈判也紧锣密鼓地进行。与以往不同的是，由于受到西方制裁，俄罗斯对华的技术和金融需求在上升。俄罗斯油气、电信和航天领域近来迅速扩大了从中国进口装备的数量，而为了减少美元交易潜在的风险，俄罗斯也与中国签署了货币互换和扩大双边贸易中本币结算的相关协议。①尽管俄罗斯强化了与中国的"准联盟"关系，但其目前偏好亚洲的外交行为并不是因经济发展需要而驱动的，更多的是面对西方制裁的"无奈之举"。除与中国合作的几个大项目外，俄罗斯与中国的经济合作也面临着一些严重的问题。迄今为止，绝大多数俄罗斯与中国之间的重大项目都是由中国的国有企业主导的，而中国的民营企业在俄中贸易中不活跃。此外，中俄经贸合作中也常常出现不和谐，例如2015年11月，俄罗斯主导的欧亚经济联盟公布了关于采取对进入欧亚关税区源自中国的卡车轮胎实施反倾销关税的措施，表现中俄经贸合作还有许多需要加强沟通的地方。

---

① 《俄罗斯经济"向东看"与中俄经贸合作前景》，中国网，http://www.china.com.cn/opinion/think/2015－03/24/content_35139791.htm。

法　国

2015 年法国深陷多重危机，如恐怖袭击、难民潮、国有企业危机、反对党倾轧等。经济低迷、社会动荡，这使部分华商的经济遭遇重创，人身财产受侵犯，但也有华商在困境中寻找机遇，不断探索，创新模式，逆势增长。展望 2016 年，法国经济前景依旧扑朔迷离，奥朗德改革能否成功，拭目以待。华侨华人经济环境有一定改善，华商只有进一步把握经济发展趋势，强化品牌效应，结合新的发展模式，才能在不断的竞争与淘汰中实现突破。

一、法国基本国情与中法关系发展

（一）法国基本国情

法国概况

国家全名	法兰西共和国	地理位置	欧洲西部	领土面积	632 834 平方千米（包括 4 个海外省，其中本土面积 543 965 平方千米）
首都	巴黎	官方语言	法语	主要族群	主要是法兰西人，少数布列塔尼人、巴斯克人、科西嘉人、日耳曼人等
政体	总统制	执政党/主要反对党	社会党/人民运动联盟	现任总统/总理	弗朗索瓦·奥朗德/曼努埃尔·瓦尔斯
人口数量	66 352 469（2015 年 12 月）	华侨华人人口数量	约 53 万①	华侨华人占总人口比例	0.8%
GDP/人均 GDP	20 908.5 亿欧元/31 511 欧元②	CPI	0.1%（2015 年 12 月）	失业率	10.2%（2015 年 12 月）③

数据来源：除华侨华人占总人口比例外，其余未注释数据均来自欧盟官方网站，http：//europa. eu/publications/statistics/index_en. htm，2016 年 2 月 11 日。

---

① 参见国务院侨办 2013 年《海外侨胞概况及结构性分析报告》的相关内容，http：//www. insee. fr/en/themes/info – rapide. asp？id＝123&date＝20160129。

② 依据法国统计局的数据"2015 年经济增长率为 1.1%"计算得出。

③ 数据来源：http：//ec. europa. eu/eurostat/tgm/table. do？tab＝table&language＝en&pcode＝teilm020&tableSelection＝1&plugin＝1。

（二）法国与中国关系发展

1964年1月27日，中法两国建立大使级外交关系。建交后，两国关系总体发展顺利。20世纪90年代初，中法关系因法国政府批准售台武器一度受到严重影响。1994年1月12日，两国政府发表联合公报，法方承诺不再批准法国企业参与武装中国台湾，双边关系恢复正常。两国在政治、经济、文化、科技、教育等各个领域的合作富有成果。2008年，中法关系因涉藏问题出现重大波折。2009年4月1日，中法发表新闻公报，中法关系逐步恢复良好发展势头，各领域合作进展顺利。2010年11月，胡锦涛主席访法，两国元首共同发表联合声明，宣布建设互信互利、成熟稳定、面向全球的中法新型全面战略伙伴关系。2012年5月，奥朗德总统上任后，两国关系继续稳定发展。2015年6月，李克强总理访问法国；11月，奥朗德总统访华；同月，习近平主席赴法国出席气候变化巴黎大会期间会见奥朗德总统。

2015年，中法双边贸易额为514.2亿美元，同比下降7.8%。其中，中方出口额为267.7亿美元，同比下降6.7%；进口额为246.6亿美元，同比下降8.9%。法国是中国在欧盟内的第四大贸易伙伴、第二大实际投资来源国、第四大投资目的国和第四大技术引进国。中国是法国亚洲第一大、全球第五大贸易伙伴。法在华投资主要集中在能源、汽车、航空、通信、化工、水务、医药等领域，大部分为生产性企业。截至2015年11月，法国在华投资项目4 978个，实际投资147.82亿美元。2015年1—11月，中国对法国非金融类直接投资金额为2.33亿美元，同比下降24.8%。截至2015年11月，中国对法国非金融类直接投资存量达50.03亿美元。① 此外，中法两国在科技、文化、教育与军事等方面的双边交往与合作继续保持良好势头。

二、法国侨情概况

第一位法国华侨也是第一位娶法国女子的中国人，他姓黄，教名叫Arcadius（中文原名没有记录）。黄氏在1679年生于福建兴化，1702年底到达巴黎，在法国国王路易十四的图书馆担任翻译工作，他于1713年结婚，1716年在法国去世。② 19世纪中叶，湖北天门人和浙江青田人、温州人，途经西伯利亚辗转到法国、荷兰、德国等西欧国家，成为早期的旅欧华侨。第一次世界大战期间，被招募赴法的华工约有14万人。"一战"后部分华工滞留法国，成为早期的旅法华侨。1919—1921年，中国掀起赴法勤工俭学运动，约有2 000名中国学生抵达法国。1964年，中法建交后，中国大陆移民涌入法国。20世纪70—80年代，法国接纳了大量印支难民，其中绝大部分是华人。1990年以后，法国成为华人移居欧洲的首选目的地，移民人数一直保持较快增长。在法国华人当中，从东南亚各国移民来的华人占40%，浙江温州人、青田人占50%以上，来自中国其他地区的华人只占少部分，主要聚居于大巴黎地区，如巴黎13区、美丽城和龙城唐人街，其余散居在马赛、

---

① 《中国同法国的关系》，中华人民共和国外交部，http://www.fmprc.gov.cn/web/gjhdq_676201/gj_676203/oz_678770/1206_679134/sbgx_679138。

② Elisseeff（Danielle），"Moi, Arcade, Interprete du Roi – Soleil", Paris, Arthaud, 1985, 转引自斐天士（Thierry Pairault）：《法国华人经济地位之初探》，http://www.pairault.fr/documents/com1993.html，2013年11月12日。

里昂、里尔、波尔多、南特、斯特拉斯堡等大城市。①

经济方面，法国华侨华人主要从事餐馆、皮革、家具、制衣、食品杂货、进出口等行业。其中餐饮业、皮革业、服装业是法国华人经济的三大支柱产业。餐饮是传统行业，以潮州菜最为有名，其次是温州菜和粤菜。目前各式中餐馆有8 000家以上。皮革业、服装业以批发为主，温州商人居多，主要从中国进口，到法国销售。过去主要集中在巴黎第3区的庙街和巴黎11区。近年来，东10区、93区等也开始有大量华商进驻，在法国巴黎大区内，从事批发生意的华人公司有2 000余家。其他行业包括百货业、进出口贸易、金融、房地产、法律、会计、旅游、运输等也有华人逐步涉足，其中百货业和进出口贸易发展迅速。②

参政方面，近年来，法华社会逐渐打破长期以来给外界留下的"自我封闭""重商轻政"等刻板印象，开始涉足政坛。同时，第二代、第三代华人新生力量的涌现，为法华社会注入了新的活力。目前法国有选举权的华裔人数有20多万。华裔族群融入主流社会、参政议政的愿望日益凸显，近两年通过多种形式，产生了像巴黎13区副区长陈文雄、法国人民运动联盟政治局委员吴振华等一批积极人士，2014年陈文雄当选为巴黎首位华裔市议员，增进了华裔族群的社会影响力。

社团方面，截至2013年，法国华侨华人社团有117家，③ 其中相对活跃的有20多家。华人社团多以亲缘、业缘、地缘等组建，近年来很多专业性社团逐步涌现。影响力较大的有法国华侨华人会、法国潮州会馆、法国青田同乡会、法国华商总会、法国法华工商联合会、法国亚裔社团联盟、华人融入法国促进会、法国"中国和平统一促进会"、法国华侨教育基金会等。

华文媒体方面，目前有纸媒7家，分别是《欧洲时报》《星岛日报》《法国侨报》《华人街报》《欧洲商报》《大纪元》和《看中国》。中文电视台有通过长城平台的14家电视台和直接在free上收看的新唐人电视台。另外，还有部分中文网站、微博等，如法国中文网、法国侨网、法国华人网等。

华文教育方面，20世纪70年代中期首先在巴黎13区开始，80年代中期出现规模性发展，目前有100多个机构设有各类中文补习班，学生数万人，多为华侨华人子女，其中潮州会馆学校有800多名学生，被国务院侨办评为示范学校。

三、法国政治、经济、社会安全形势变化对华侨华人的影响

（一）大区议会选举使政治结构发生变化，右翼势力壮大，社会反移民情绪增加

2015年12月13日，法国六年一次的大区议会选举换届完成。此次选举"亮点"主要有：一是近60%选民参加了第二轮投票，并采取策略阻止国民阵线获胜，体现了法国选

① 《法国华侨华人概况》，中国日报网，http：//www.chinadaily.com.cn/hqpl/zggc/2012 - 05 - 29/content_6039962.html，2013年12月8日。
② 《法国华人经济的特点与发展趋势》，http：//gocn.southcn.com/qw2index/2006dzkw/，2013年10月12日。
③ 见国务院侨办2013年的《海外侨胞概况及结构性分析报告》。

民成熟的民主共和意识，通过投票拒绝极右政党，捍卫法兰西共和价值。二是右派共和党虽在本土 13 个大区中赢得 7 个大区的控制权，但未获得预期的全胜，左派社会党在 5 个大区领先，超过预期的 2~3 个。三是国民阵线虽然最终没有在任何大区获胜，但力量剧增，其议员从 117 名增加至 358 名，成为某些大区中唯一的反对派。选举充分反映了国民阵线在法国社会中的影响力，其主张排外、退出欧盟、退出欧元、反对移民、反对伊斯兰教。但在许多法国人，特别是左派人士看来，这在本质上具有法西斯意识形态，是对法兰西共和原则的一种威胁，因此对其保持着高度警惕。① 选举结果呈现了目前法国政治格局中政党生态的最新变化：左翼力量明显式微，右翼阵营赢得更多支持；左右阵营党派分化，民众支持的力量较为分散；"联盟搭档"为政党合作提供新经验；传统政党面临信任危机，无党派力量逐步壮大。选举所折射出来的政党生态也反映出法国民众普遍存在的较为负面的社会心态。②

从法国最近三次选举结果看，国民阵线的得票率正在稳步上升。2014 年欧洲议会选举及 2015 年 3 月的省议会选举，其得票率均在 22%~25%，此次选举为 28%，选民总人数达到创纪录的 680 万，其接近打破"天花板"的可能正在增加。时任法国总理的瓦尔斯指出，此次选举显示，法国政治家应更多地去听取法国民众的意见，尽快采取行动，以取得实际效果。政府尤其需要重视就业，积极帮助失业者并加强对年轻人的培训。③ 法国华侨华人也希望此次有惊有险的选举，能在全社会敲响改革警钟，成为传统左右两党求同存异、相互妥协，成就那些必须的改革的契机；大刀阔斧改革劳工法，松绑就业市场，以加强对失业率高居不下之顽疾的改革；减少"官帽"、减少民意代表数量、杜绝政客兼职等的"去政治职业化"，以重塑民众对政治信心的改革。④

（二）经济增长缓慢，失业率居高不下，恐袭事件影响经济环境，部分华商受牵连

2015 年，法国 GDP 增长率为 1.1%。相比之下，德国为 1.7%，而英国为 2.2%。11 月 13 日巴黎恐怖袭击发生后，包括法航、荷航在内的航空公司以及旅游酒店的需求均出现下滑。此外，法国的消费支出也出现下滑。虽然 2015 年法国创下了 2011 年以来最快的 GDP 增长率，但其第四季度增长率疲软，仍使其难以实现 1.5% 的年度目标增长率，⑤ 而全年失业率更是超过 10%。自 2012 年奥朗德总统任期开始后，法国失业率连续 33 个月上升，共有 65.87 万法国人相继失业。法国经济大环境不景气导致大量的国有企业面临破产危机。先是法国著名企业阿尔斯通遭遇财务危机，被美国通用电气收购；后是阿海珐集团由于芬兰项目出现问题而巨额亏损，不得不由法国电力公司出面收购以解除危机。法国总统奥朗德于当地时间 2016 年 1 月 18 日宣布，法国经济进入紧急状态，并宣布将投入 20 亿欧元用于促进就业，减少失业，鼓励企业招聘员工以及一些员工培训的措施；尽快制定出

① 《大区选举后政治格局有什么变化？》，http://www.franceqw.com/thread - 270481 - 1 - 1.html。
② 张金岭：《法国 2015 年省议会选举观察》，《法国研究》2015 年第 3 期。
③ 《国际观察：法国选举极右翼为何受挫》，凤凰网，http://news.ifeng.com/a/20151214/46666871_0.shtml。
④ 《"玻璃天花板"的反思》，http://yanlun.oushinet.com/commented/20151215/215270.html。
⑤ 《GDP 增速减缓失业率依旧高企　法国经济仍步履蹒跚》，金融界，http://gold.jrj.com.cn/2016/01/29180020510167.shtml。

对劳动者有利的经济模式，以适应快速发展的经济全球化和网络化。①

巴黎恐怖袭击事件给当地不少行业带来严重冲击，但影响最大的是旅游。旅游业是法国的重要财富，旅游业所创价值占法国总资产的 7.5%，并创造了国内近 200 万个固定就业岗位，每年为法国带来百亿欧元的贸易顺差。据旅游界的统计显示，巴黎恐袭后，中国游客减少了 30%，日本游客和美国游客更是大减 80%。旅游业同时是法国华侨华人从事的重要行业之一，中国旅游局驻巴黎办事处主任薛桂凤说，恐袭发生后，中国游客已经报名交钱只等启程而最终取消行程的就有 2 000 人左右，那些在观望的和在筹划中的则根本无法统计。法国华人旅游协会、法国文华旅行社、全法华人旅行社协会、安赛尔旅行社等华人组织也报道，很多游客取消了法国行程，它们至少损失了 50% 以上的游客。②

（三）难民危机和恐袭事件影响社会安全秩序，华侨华人屡遭侵犯，带来心理阴影

12 月 22 日，国际移民组织（IOM）表示，2015 年难民问题愈发严峻，已有 100 多万难民涌入欧洲。欧洲正经历着第二次世界大战以来最严重的难民危机。虽然大多数难民去了德国，但按照欧盟分配计划，法国也将接纳数万难民，2015 年总共有 79 130 人向法国申请政治避难，年增幅达 22%。③ 并且，法国国内还有一定数量的非法移民。大量难民、非法移民及无业游民，给社会安全秩序带来严重冲击。2015 年夏天以来，巴黎街头从事乞讨的外来人口激增，这表明法国接待外来难民的救助体系或已处于崩溃状态。在巴黎及周边地区的华人明显感到，入室盗窃案和抢劫案频发，几乎成家常便饭，连巴黎北郊欧拜赫维利埃市华商集中的微信群，被抢新闻也是主要谈资。在北郊运河边有仓库在一个月内曾 3 次被盗。盗贼从屋顶打洞进入仓库内，大肆盗窃，导致这一地区的华侨华人居民人心惶惶。

此外，近年来，国际环境和法国外交政策均发生微妙变化。欧洲周围地缘政治动荡，欧盟及法国都干预不少，引发多种复杂矛盾，导致恐怖主义事件激增。根据欧洲刑警组织近年来发布的《欧盟恐怖主义现状与趋势报告》，2007—2013 年，欧盟成员国共发生 2 208 起恐怖袭击（包含所有成功的、失败的和被阻止的恐袭）事件，其中大多数发生在法国（866 起）、西班牙（937 起）和英国（125 起）。欧洲所面临的恐怖主义威胁正在加剧，法国更是其中的重灾区。近两三年，法国一直被恐怖主义的阴云所笼罩。2013 年，美国《时代》周刊曾引用法国一位高级安全官员的话称，法国正在取代美国成为极端主义和恐怖分子袭击的首要目标。④ 目前，有近 200 名曾在叙利亚与伊拉克参与"伊斯兰国"极端组织的法籍极端分子已经返回法国，成为随时可能引爆法国国内安全问题的"定时炸弹"。"恐袭后遗症"给整个社会带来不安定情绪，也成为极右翼势力崛起的温床。

---

① 《奥朗德宣布法国经济进入紧急状态 大量国企面临破产》，凤凰网，http：//news. ifeng. com/a/20160119/47129460_0. shtml。

② 《恐袭阴影 + 恶劣治安 法国华人旅游业进入寒冬》，http：//huashe. oushinet. com/qsnews/20151230/216688. html。

③ 《2015 年向法国申请避难者增两成》，http：//www. cnfrance. com/info/yiming/20160113/13374. html。

④ 《法国为何成为恐怖主义威胁的重灾区？》，腾讯网，http：//news. qq. com/cross/20151114/T62V43RL. html? sid = &i_f = 755。

（四） 欧元大幅贬值改变中法贸易格局，华商经济遭遇重创

为进一步加强实体经济效果，改善企业和消费者情绪，推动经济增长发展，欧洲央行于2015年3月9日正式启动总额为1.1万亿欧元的资产购买计划。根据这一计划，欧洲央行将每月购买600亿欧元政府和私人债券，持续至2016年9月。欧洲央行同时预计，2015年实际GDP将增长1.5%，2016年为1.9%，2017年为2.1%。该预测反映了油价下跌、欧元汇率走低和欧洲央行货币政策措施的有利影响。① 受量化宽松计划影响，欧元兑美元汇率大幅下跌至1.105 6，创12年以来新低。② 而欧元对人民币汇率更是史无前例地大幅下跌，从2008年4月的1：11.15到2015年3月的1：6.73，欧元汇率7年间缩水近40%。2015年欧元兑人民币最低价为6.517 3，全年平均汇率为7.037。

欧元大幅贬值改变了中法贸易格局。2015年中法贸易额为514.3亿美元，与2014年相比下降7.8%，其中出口267.7亿美元，下降6.7%；进口246.6亿美元，下降8.9%，尤其是3月份欧元量化宽松贬值以来下滑明显。③ 从商品贸易结构看，法国自中国进口的主要商品为机电产品、纺织品及原料、家具、玩具、杂项制品，占法国自中国进口总额的62.6%。贱金属及其制品、鞋靴等轻工产品、塑料橡胶、化工产品等也是法国自中国进口的主要大类商品（HS类），约为法国自中国进口总额的5%。出口商品主要为运输设备、机电产品、化工产品，均出现一定下滑，仅有食品、植物产品等对中国的出口逆势增长。④

2015年，在欧洲经济复苏乏力和法国经济低迷的冲击下，法国多数华商身陷低谷，困难重重。华人批发商圈的发展模式进入"瓶颈期"已是不争的事实，如何从"后危机时代"进入"新常态"，实现经济转型升级，是华商们的共同思考。从2015年中法贸易变化可以看出，法国华商多数从中国进口纺织品、皮革、玩具等货物的行业由于货币贬值而利润缩水，难以为继，遭受重创。然而，这对部分从事向中国出口货物的华商而言，却成为受益者，所以，出现食品、植物产品等对中国的出口逆势增长。

（五） 打击非法移民，吸引技术人才，中国赴法留学生大幅增加

2015年，在难民危机日趋严峻的背景下，法国政府进一步与欧盟及其邻国加强合作，打击非法移民。法国北部港口城市加莱更是欧洲国家面对非法移民潮冲击的前线之一。8月20日，法国和英国签署联合声明，宣布了一系列新措施，以阻止非法移民偷渡行为、打击从法国走私人口到英国的犯罪网络，主要包括：①法国、英国在加莱成立一个由两国警方合作管理的联合指挥控制中心，及时向两国内政部报告任务的执行情况；②法国增加在英法海底隧道的警察数量；③英国在隧道入口处增建栅栏、监控设备等，为此将在两年内拨款一千万欧元。⑤

---

① 《欧洲央行公布量化宽松启动时间　欧元应声跳水》，网易，http：//tech. 163. com/15/0306/17/AK1S235800094ODU. html。

② "Euro Hits 12 – year Low against Dollar"，http：//www. bbc. co. uk/news/business – 31833200.

③ 《货物进出口分国别统计（法国）》，商务数据中心，http：//data. mofcom. gov. cn/channel/includes/list. shtml? channel = mysj&visit = A。

④ 《2015年1—6月中国法国双边贸易额为245.4亿美元　同比下降7.5%》，http：//www. qqjjsj. com/fgjjdt/82353. html。

⑤ 《法英签署联合声明应对非法移民问题》，http：//www. cnfrance. com/info/yiming/20150821/12560. html。

法国还推出一系列提升法国吸引力的措施，移民政策有两大亮点：一是设立一种 4 年期居留证，向那些申请续签居留（即第二年申请居留）并符合条件的外国人直接发放 4 年有效期的居留证；二是为有技术专长和特殊专长的外国人设立"人才护照"。技术人才和特殊人才包括艺术家、科学家、体育运动员、企业主等。政策除了有望吸引创业者、投资者、企业主和其他高端人才外，还有望留住高素质的在法留学生。移居国外的法国人 6 年来以每年 3%-4% 的速度递增，人数已达 161 万，这不包括 50 万未申报者。巴黎及大巴黎地区工商会的调研显示，一些大集团高管、富豪或企业主对这种颇似人才流失的现象感到不安。[1]

与此同时，法国加大对海外留学生的吸引力度。例如，为了吸引更多中国学生赴法学习，法国政府简化了签证申请程序，推出了优秀硕士奖学金项目、埃菲尔奖学金项目等，用于支持赴法攻读硕博学位的优秀中国学生。中法两国建交 50 年之际，法国大使馆还特别推出了"50 周年，50 份奖学金"计划。据法国高等教育署介绍，2013 年赴法留学的中国学生约有 1 万。法国政府计划在 2015 年接收 5 万名中国留学生，至 2020 年使在法中国留学生人数达到 8 万，攻读硕士和博士课程的学生达到 60% 以上。按照法国政府 2013 年宣布放宽留学生找工作和移民的政策，规定法国硕士毕业留学生的"找工作签证"时间由半年延长为一年；机械工程、医学、会计管理等部分专业硕士文凭毕业的留学生，亦可申请延长至 12 个月的"找工作签证"。[2] 而按最新政策，留学生在第二次申请时，可以直接获得 24 年期居留。这将会有更多中国留学生毕业后侨居法国，成为法国华侨华人社会新的力量。

四、结论与趋势

（一）安全牌和就业牌：法国政府推动多项改革，经济温和复苏，华商积极把握良好环境

2015 年，奥朗德政府经历了恐怖袭击、难民潮、国有企业危机、反对党倾轧等磨难。这迫使政府必须做出更多改革。12 月 31 日奥朗德发表电视讲话，宣布 2016 年最优先任务是保护法国人免于恐怖威胁，继续不遗余力地与失业做斗争。奥朗德在总统任期进入最后时期打安全牌和就业牌，希望保住 2017 年再次当选的机会。其新的就业计划将主要围绕以下几点：改革就业仲裁法、金融刺激雇工、改进失业者培训课程等。奥朗德已经承诺，2016 年会为 50 万人提供失业培训计划。[3] 此外，法国国家信托局（CDC）在 2017 年以前将额外拨出 30 亿欧元，其中 15 亿欧元用于建造社会福利住房，其余 15 亿欧元用于公共建筑能源翻新工程，通过基建拉动就业。[4] 关于 2016 年法国经济发展形势，法国央行 2015 年 12 月 4 日预计，法国 2016 年经济增幅将为 1.4%，2017 年增幅将为 1.6%；而该

---

① 《法国将进一步放宽移民政策》，凤凰网，http://finance.ifeng.com/a/20140724/12785411_0.shtml。
② 《法国政府计划 2015 年接收 5 万名中国留学生》，http://zhongguo.oushinet.com/chinanews/20141017/168802.html。
③ 《法国总统奥朗德公布新就业计划》，http://www.cnfrance.com/info/xinwen/20160118/13398.html。
④ 《法国投资 30 亿欧元刺激基建 冀拉动就业》，http://www.cnfrance.com/info/caijing/20160114/13381.html。

行在六个月前预计，2016 年增幅为 1.8%，2017 年增幅为 1.9%，通胀率将分别为 1.0% 和 1.5%。尽管增长前景恶化，但法国央行预计，只要政府继续努力控制支出，到 2017 年或许能达到欧盟的预算赤字目标，即预算赤字不能超过经济产出的 3.0%。① 针对 2016 年的新经济环境变化，法国华侨华人应该充分利用政府各项政策优惠措施，提升劳动力素质，调整经营策略和结构，适应新形势下的经济发展。正如法国经济部部长马克隆 2015 年 12 月 2 日在出席巴黎 13 区华埠研讨会时表示，法国华裔群体是成功融入的典范，在推动法国当前经济改革进程中也做出了积极努力。法国华商应抓住经济改革的机遇，利用开放周日营业的政策，发挥创业精神和展现商业活力，继续为法国的发展做出贡献；继续当好民间大使，鼓舞游客和投资者的信心，推动国际旅游区建设。②

（二）法国政府推出多项措施重振旅游业，使领馆及华人机构应加快调整，适应新形势发展需要

巴黎恐袭发生后，法国的社会秩序很快得到恢复，普通百姓也重回正常生活节奏，但政府加强了安全措施。法国驻华大使顾山表示，在法国面临恐怖主义打击的困难时期，法国对旅游市场更为重视，尤其是中国市场。"恐怖袭击事件并不会对中国民众的签证难度造成任何影响，航班顺利起降、机场正常开放，只是游客在入境时的检查程序会增加。"政府在罗浮宫景区设立了现场报案点，还在警察局的网站推出了中文版，以利于在线报案；同时，推出了短信报警等服务。③ 2014 年 1 月，法国政府已经把原来的签证所需时间缩短至 48 小时，而 2 月初再次宣布针对中国团队游客的又一大利好——法国将给予中国旅游团队 24 小时出签的"创纪录"措施，还计划在重要旅游景区实行店铺周日营业，增设中文指示牌，以进一步提高服务中国游客的水平。④ 针对即将复苏的旅游业，中国驻法使领馆、法国华人旅游机构指出，相关行业应该加强研判可能出现的趋势，增设平台，加强相互间交流合作，做好相关预案，保障来法中国公民的安全和合法权益。使领馆需要进一步与法国相关部门开展持续的、全方位的、多层次的交流，与警方建立并优化在法中国公民安全热线机制和联席会议机制；通过多种渠道提醒在法中国公民务必提高安全意识，重视注意事项。

（三）进一步提高参政意识，推动华人积极参政，打造有利于华商的发展环境

长期以来，华人群体受各种原因影响，对政治比较冷漠。近年来，随着华裔新生代及新移民的崛起，华人参政开始出现起色，并取得一定成功，而越在困难的时候，华人越应该善用手中政治权利，构建有利于自身发展的社会环境。2015 年 12 月 19 日，中欧交流促进会会长、法国塞纳—圣但尼省欧贝维利耶市华人女议员田玲根据自己的从政经验认为，

---

① 《法国央行下调经济增长和通胀预估》，http://www.cnfrance.com/info/caijing/20151205/13175.html。
② 《法国经济部长：华商应抓住经济机遇》，http://www.cnfrance.com/info/xinwen/20151203/13162.html。
③ 《应对旅游"寒冬"欧洲华人旅游界年会举行》，http://huashe.oushinet.com/qsnews/20160114/218177.html。
④ 《恐袭案后法国旅游业呈复苏迹象　重视中国客源》，搜狐网，http://news.sohu.com/20160203/n436720819.shtml。

华人参与法国政治有助于维护自身权益，增加话语权，为当地华人创造更好的发展环境。她支持和助选的候选人——共和党女政治家瓦莱丽·佩克雷斯 2015 年成功当选巴黎大区议会主席。她与佩克雷斯在很多政治理念上拥有共同语言。华人是巴黎大区发展的重要力量，在经济和文化上都有独特之处，在当前法国经济形势下，特别需要华人经济的活力、创造力和自主就业的能力。另一位华裔参政成功人士陈文雄也谈到，对华人经济非常理解的法国经济部部长马克隆在推动 13 区列入巴黎国际旅游区，从而为华商周日营业开启绿灯的过程中起到了关键作用。马克隆主导的《促进经济增长、活动及机会平等法案》主体于 2015 年 8 月获宪法委员会批准，其中将周日营业个数由 5 个增至 12 个，新划分的国际旅游区内的商家获准每个周日营业和延长夜间营业时间等内容被誉为"明星"条款。松绑周日营业也是法国华商长期的一项诉求。法国潮州会馆会长吴武华也表示鼓励会里的成员积极行使公民权利，选出对巴黎大区发展有利的团队。巴黎大区发展与每一个人的切身利益息息相关，全面权衡，选出有利于提高巴黎大区安全系数、增强经济活力、致力于民生建设的团队，将会为华人打造更有利的发展环境。①

---

① 《法国华人积极从政打造有利发展环境》，http://www.cnfrance.com/info/renwu/20151221/13278.html。

英　国

一、英国基本国情

英国概况

国家全名	大不列颠及北爱尔兰联合王国	人口数量	6 451 万（2014 年）
地理位置	西欧岛国，隔多佛尔海峡、英吉利海峡与欧洲大陆相望	华人人口数量	60 万
气候	温带海洋性气候	华人占总人口比例	0.93%
领土面积	24.41 万平方千米	主要族群	白人、亚裔人、黑人、阿拉伯人等
政体	君主立宪制、议会内阁制	GDP 经济增长率/通货膨胀率 CPI	0.6%（2015 年第四季度比 2014 年第四季度）/0.3%（2016 年 2 月）
执政党/现任国家元首、政府首脑	保守党、自由民主党/女王：伊丽莎白二世；内阁首相：戴维·卡梅伦（也译作"大卫·卡梅伦"，其任期至 2016 年 7 月止）	失业率	5.1%（2015 年 11 月至 2016 年 1 月）
官方语言	英语	GDP	2.989 万亿美元（2014 年）
首都	伦敦	人均 GDP	46 334 美元（2014 年）

数据来源：GDP 经济增长率、CPI、失业率来自英国国家统计局网站，http://www.ons.gov.uk，2016 年 4 月 6 日；人口数量与 GDP、人均 GDP 数据来自世界银行网站，http://data.worldbank.org/country/united-kingdom，2016 年 4 月 6 日；领土面积数据来自中国外交部网站。英国华人人数没有特别确切的数据，"60 万"为英国华文媒体中流行的估计数字，其他相关说法可参考后文。

二、当前英国华侨华人的基本人口情况

2016 年中国春节到来之际，英国首相大卫·卡梅伦通过《欧洲时报》表示："在英国，我们见证了华人影响力日益增强。从商业到医疗、从教育到政治领域，华人都发挥了

非常重要的作用。"① 总体来看，随着高素质新移民的增加、第二代华人在当地主流社会的良好表现，以及中英合作关系的加强，英国华侨华人在当地社会的总体地位和形象都在逐步改观。

英国华侨华人的数量也在逐步增长。根据英国政府 2011 年进行的人口普查，英国华裔居民人口大约有 43 万，占英国总人口的 0.7%。②但英国华人自民党创始人杜淑真认为，英国国家统计局低估了英国华人的数量。③那么被低估了多少？根据有关统计，目前在英国持有中国护照的人员总数为 60 万，其中包括 12 万留学生。④此数据原始来源不详，但由于存在数量不少的中国非法移民，在英华侨华人总数至少应高于官方数字。但与澳大利亚、加拿大乃至美国相比，英国领土面积不大，不可能接纳大量外来移民。近年来英国的外来移民政策也总体趋紧，而且华人要进入英国并长期居留下来，还得与南亚、中东、非洲的移民竞争，因此英国华侨华人人口不可能出现急剧的增长，未来更有希望进入并长期居留在英国的还是那些有高等教育背景的移民。

英国本地的一些专业机构采用了与官方接近的华裔人口数字。2015 年 7 月 10 日，英中企业家协会、英国彼得森律师行与英国圣玛丽私人财富管理有限公司合作撰写的《2015英国移民白皮书：在英中国移民数据分析》在伦敦发布，这是首份英国华人移民数据报告。报告发现，在英国常住人口中，华裔人口达到 40 万，占居民总数的 0.7%，相较2001 年的 0.4%，增长迅速。从年龄分布来看，在英华人中，16～24 岁人士占 47%；从经济活动情况来看，全职或非全职雇员所占比例达到 38%，学生总数占比紧随其后，为32%。值得注意的是来自中国的投资移民的增长。据英国移民局官方数据，在世界范围的向英国申请投资移民的人群中，中国籍人士在 2013—2014 年占总申请人数的 35%，2014—2015 年更升至 48%，稳居第一。在 2014 年投资移民英国的中国籍人士中，来自北京、上海、江苏、广东的最多。⑤但是由于英国投资移民金额在 2014 年由 100 万英镑上涨为 200 万英镑，2015 年来自中国的投资移民申请数量有所减少。来自中国的私人投资热门领域包括酒店业、房地产等。

英国华侨华人的就业领域在逐渐变化。与早期华人移民大多从事餐饮等服务行业不同，近年来移民英国的新华人多从事金融、科技等行业。例如，目前仅伦敦就拥有超过1 000 名华人注册会计师，已经成为该行业从业者中的第二大族裔。⑥英籍华裔与其他在西方国家的华人一样，多专注于学术和专业领域，约 20% 的英国华人（即约 5 万人）现在是在法律、医药等行业就职。英籍华裔是全英学术资格比例第三高的群体（20%）。⑦

据英国国家统计局统计，2009 年时，英国的华人从事最多的是住宿和餐饮业。卫生和社会工作及批发零售业分列第二位和第三位。而到 2013 年，排名发生了微妙的变化，尽管从事住宿和食品服务行业、批发零售业的华人居第一、二位，但在教育行业工作的人数

① 《英国首相大卫·卡梅伦：英国见证华人影响力日益增强》，欧洲时报网，2016 年 2 月 4 日。
② 《英 11 名华人参选创纪录"华人参政＋"时代将来临?》，中国新闻网，2015 年 5 月 7 日。
③ 谷阳、李颖、何泆子等：《侨界：华人在英地位显著提升》，《英中时报》，2013 年 12 月 22 日。
④ 张哲：《在英中国人达 60 万　中国站上英国移民榜首位》，人民网，2013 年 12 月 2 日。
⑤ 宋金绪、冯玉珍：《英国首份华人移民报告：华裔人口达 40 万》，《南方都市报》，2015 年 7 月 14 日。
⑥ 李陈士、戴军：《"近平，你好！"——华人华侨期待英中关系"黄金时代"》，《光明日报》，2015 年 10 月 21 日。
⑦ 徐颖：《英国大选：华裔候选人创纪录》，《瞭望东方周刊》，2015 年 5 月 15 日。

跃升至第三位。此外，从事科学技术研究的专业人士也有显著增加，与从事卫生和社会工作的人数相当，并列第四位，而排名第五的则是金融和保险行业。在另外一份研究中还发现，印度人和华人的就业率及收入水平与白人相当，而来自加勒比海地区、非洲、巴基斯坦、孟加拉国等地的居民则远远不如这两个少数族裔。①

英国华侨华人大体分为两个主要的亚群：早年来自香港、东南亚等地的第一代移民和改革开放后陆续前来的中国的新移民。与这两个群体有交叉的次亚群则有留学生群体、"华二代"群体等。由于来自中国大陆的移民迅速增多，普通话已取代粤语成为英国华侨华人群体中最大的本族群语言。

2015年1月，英国媒体报道称，英国大学院校的中国籍新生人数高于欧盟国家来英的新生人数总和。这是历史上的首次。数据显示，在2014年，有58 810名中国籍留学生在英国开始了本科阶段的学习，而来自非英国的欧盟国家的新生人数总和仅为57 190人。②此外，在英中国籍小留学生数量也增长很快。2014年，共有24 391名海外中学生注册英国1 257所私立中学。其中，来自中国内地和香港的学生占了海外总学生人数的38%左右。中国学生去英国读中学，以往绝大多数就读私立寄宿中学，而公立中学主要是为本地孩子免费提供教育的。但近日，BBC英伦网表示，来自中国的学生也在陆续进入英国一流公立中学。③根据英国的保护儿童法等法律，年龄低于18岁的在英留学生必须有合法监护人。中国籍留学生低龄化促使对监护人的需求增大，职业监护人形成了一个行业。

三、当前英国华侨华人的基本经济与生计状况

由于伦敦西区租金、地税的急剧增长，伦敦华埠（即伦敦唐人街）的传统产业如餐饮、中医等受到严重影响，成为英国华社的一个焦点话题。在伦敦唐人街拥有鹿鸣、新龙凤两间酒楼的英国华商总会会长李顺本表示，除了租金增长，事实上地方政府地税近年亦暴涨，他其中一间餐馆的地税从每年15 000英镑涨至128 000英镑，仅2014年就增加8 000英镑，但同期餐厅的上座率却在下降。因移民政策收紧而导致的餐饮业人手短缺更对中餐经营造成沉重打击。因此他与不少早年移民英国的香港餐饮业者均感未来情况无法改善，随时准备放弃在唐人街的店面，往西区外发展。与此同时，在伦敦华埠拥有71家店面的地产业主Shaftesbury PLC公司在截至2014年3月底的半年里，利润增长近50%。但该公司专责唐人街事务的总监表示，根据仲裁，华人餐馆所交租金水平仍低于市价，他同时表示该公司会努力保持伦敦唐人街作为伦敦中餐及亚洲餐饮业中心的特色。④

据《英中时报》估计，到2015年12月末，伦敦唐人街面积将"缩水"1/5。有华人业主创立了伦敦西区（唐人街）租户协会［West End（Chinatown）Tenants' Association］，但创建者之一、餐馆老板文振辉（Jon Man，香港移民第二代）对记者说："我告诉大家成立了这样一个协会，希望租户们加入，一起争取权益，但很多人当时的反应很冷淡。"⑤

① 《英国华人失业率下降 从事住宿和餐饮业人数最多》，中国新闻网，2014年8月5日。
② 小欧、徐一彤：《留英中国籍新生人数超欧盟国家总和》，《英中时报》，2015年1月23日。
③ 陈学敏：《英国公立学校开始招海外生》，《羊城晚报》，2015年6月4日。
④ 《伦敦华埠中餐业受多重打击 华人或被迫外迁》，中国新闻网，2015年4月3日。
⑤ 《伦敦唐人街搬迁 那些川菜馆、包子铺、中超将成为回忆》，《英中时报》，2015年12月5日。

　　尽管伦敦西区（唐人街）租户协会就租金、税收与本地行政部门和地产业主有过一些交涉，但总体来看，伦敦闹市区的租金上涨是大趋势，处于闹市区但又属低端服务业的华人餐饮业确实不易维持，因此华人餐饮业要么转移到非闹市区，要么进行产业转型。事实上一些华人餐饮业者的子女在接受高等教育之后，大多不愿意继承家族的餐饮事业，而此时这些餐饮业者也大多到了或接近退休年龄，因此华人餐饮业的可持续发展确实面临危机。

　　就华人餐饮业来说，它本身存在的一些问题也在妨碍其发展。例如由于周围邻居对伦敦唐人街餐厅可能带来的气味和噪音提出反对，当地议会往往驳回中餐馆业主的开业申请。另外对华人餐馆的"脏乱差""雇佣黑工"等刻板印象仍然存在。华人餐馆的餐食用油、用盐较多也会使一些客源流失，现在一些华人餐馆也在努力推广"健康中餐"，以适应当地客人的需求。

　　当前英国经济正在缓慢复苏，但属于低附加值产业的华人餐饮业、零售业受租金、地税影响，实际收入反而比以往有所下降。此外，它们还要面临来自南亚裔餐饮、零售同行的竞争。对华人雇工来说，房租、交通费的上涨也使他们感到生计窘迫。最近的好消息是，中国访英游客不断增长，为当地华人增加了一些商机和就业机会，如餐饮、导游、导购等。目前一些华人餐饮业人员也在转入装修、房屋出租等投资回报率较高的行业。近年兴起的代购、海淘行业也吸引了不少华人入行。

　　总体来说，英国华人经济与东南亚华人经济的境况差别极大，这与英国的法治完善、税收较高有关，因此英国华人基本上没有超级富豪，除专业人士之外，其他华人绝大多数处于社会下层，但英国的福利制度也使那些年老退休、有病、残障的华人得到基本的生存保障。与下层华人形成鲜明对照的，是近年来自中国大陆的富二代、官二代的奢靡生活。英国华侨华人中的阶级差距使其内部的隔阂、差异性都很大。

　　英国华裔女作家白晓虹曾遇到好几位非法入境的福建农民，他们是在土地被开发商廉价买走后，才出国工作。他们的移民"任务"，不仅是照顾眼前的生计，而且是为了给家里买房、盖房，存钱给孩子将来结婚用。她形容在英国的非法华裔移民工人的特点是：无名无姓，无权无声，无依无靠。她认为这些人的族群身份与早期香港移民相比是比较淡薄的，但阶级意识却被当地的政治环境所激发，他们中许多人参与了伦敦的争取无证移民合法化的运动，并有部分人加入了工会，卷入了劳资斗争。[①]

　　此外，近年来随着英政府大规模削减公共支出，英国各地的华人社区中心均面临运营资金短缺的困境，难以照常为华人提供日常生活方面的服务。由于大多数华人生计艰难、工作压力大，其身心健康都受到影响，年老者则受到老年痴呆症的侵扰。英国的全国华人保健中心（Chinese National Healthy Living Centre）在为华人提供基本医疗保健服务方面做出了许多积极的贡献。

　　对英国华侨华人生存处境影响较大的还有养老问题。能去养老院的人屈指可数，原因是现在英国养老院收费昂贵，一个月要开销 800～1 000 英镑，许多华裔老人无法承担，并且许多华裔老人没有养老金，因为在华人餐馆和杂货店，老板除每周给员工结算工钱之

---

　　① 陈雪莲、汪奥娜：《英国华裔女作家卧底伦敦妓院　暗访揭露底层华工遭遇》，《国际先驱导报》，2015 年 10 月 27 日。

外，并不给付养老金，也不帮员工交足国民保险金。但即便如此，英国华裔老人也不至于十分潦倒，因为他们还可以申请养老金补贴、电费和煤气津贴以及减免房租。而华裔年青一代就比较注重提前做好养老计划，例如某金融业华裔人士介绍说，他首先会加入本公司的养老金计划；其次，他打算买一些用于出租的房子；再次，他还会买一些个人养老金。[①]目前，有大量华裔老移民步入晚年，但英国政府因经济衰退而不断削减国民福利，使得这些华人养老问题已经成为英国华社一个突出的民生问题。

近年来英国的种族主义现象逐渐升温，华人仍是种族歧视的重点对象。英国华人计划（The British Chinese Project，也称"英国华人参政计划"）副主席韦文浩（Michael Wilkes）表示："我们得到了许多有关种族歧视事件的电话和电邮，而由华人通报的案例仍十分稀少。华人团体分散在英国各地，这意味着华人的孤立性，以及越发脆弱的处境。"[②]华人屡受歧视与华人的政治参与度低有较大关系。不过也有华人积极地做出了公开抗争。2015年8月，苏格兰民族党中唯一的华人议员金严红美（音译）在受到带有种族歧视色彩的侮辱性言语攻击，向本党总部反映无果后，以辞职表示抗议。

其实在英国受到种族歧视是可以依法维权的。英国2010年颁布的《平等法》（The Equality Act 2010）是一个能让所有在英人群在面临各类歧视时可以寻求保护的法案。

不过英国华人社会中也存在一些不法行为，招来了社会舆论的批评，影响了华人的整体形象，这些不法行为包括偷税漏税、克扣工资、超时工作、非法入境和非法居留、黑工、学生的论文抄袭、论文买卖、中餐馆售卖鱼翅、暗中工作但谎报失业吃福利等。

四、英国华侨华人社群组织/人际网络的发展

据不完全统计，在中国驻英大使馆登记在册的华人社团总数目前超过300个。目前全英最大的华人社团联合体是全英华人社团联合总会，现有51个下属社团。据《欧洲时报》（英国版）报道，从性质和类型上看，英国的侨团大致可分为以下几类：以地缘为基础组成的同乡会，如英国福建同乡会等；以业缘为基础组成的行业协会，如英国中华餐饮业联合会等；以文缘为基础组成的知识分子团体，如英国中华传统文化研究院；以政治立场为基础组成的统促会，如全英华人华侨中国统一促进会；以戏剧、歌舞或体育项目为特色的文娱团体，如中英戏曲协会、英中舞蹈和文化艺术联会等。[③]

例如成立于1980年的伦敦华人社区中心（英国首间华人社区中心），其使命是维护和推广中国文化、艺术和身份认同，同时帮助华人社区融入英国主流社会。据悉，该中心现为整个欧洲最繁忙的华人社区中心之一，常有英国皇室人员亲自造访。该中心的团队提供以下支持和活动：福利咨询及援助、语言课程、文娱康体活动、长者支持、健怡午餐会、青少年俱乐部和募捐活动等。[④]近年来，由于紧缩的财政政策，英国政府减少了对国内各华人社区中心的资助，后者为拓宽筹资渠道，需进一步改进其运营、服务方式。

又如成立于1978年的伦敦华埠商会，以发展华人福利，联络、团结区内华人商户，

① 黄南希：《英国华人"养老"面面观》，《英中时报》，2015年11月6日。
② 《华社领袖：针对华人的种族歧视屡遭"忽略"》，《英中时报》，2015年1月6日。
③ 杨扬：《促进中英双边关系 英国华人社团与时俱进更具"侨味"》，《欧洲时报》（英国版），2015年10月15日。
④ 《伦敦华人社区中心成立35周年 将办慈善晚宴筹款》，中国侨网，2015年10月10日。

发挥互爱相助精神为宗旨，致力于提高华埠声誉，改善区内生活水平。邀请英国政要、英国主流社会人士参与华社活动，反映华埠民情。从 2003 年起，伦敦华埠商会开始在伦敦地标性场所特拉法加广场举办中国新春庆典活动，每年都吸引了数十万民众前来观看，那已成为伦敦一项重要盛事。另外，随着中英间经贸往来的发展，英国华人金融家协会、英国中华总商会、英国青年华人企业家、英中经贸交流促进会等一批专业侨团应运而生，逐渐加强与祖（籍）国各方面的联系，以促进中英双边关系为使命，经常举办有关的研讨会、论坛、回国考察团等。侨团一方面为中国招商引资、招才纳智等事业做出贡献；另一方面，为有意愿回国创新创业的专业人士提供信息交流、项目沟通的平台。①值得一提的是，中国知名侨校暨南大学英国校友会于 2015 年 10 月 25 日在伦敦成立，刘彦博士当选第一届英国校友会会长，陈曙光当选执行会长，林健邦、邱帆、薛方亮、凌芳媚、李志强等为副会长，明伟杰为秘书长。

当然，也有一些老侨团因成员老化、资金缺乏，陷入运营困境，例如成立于 1916 年的伦敦华侨互助工团。

一些老侨团在衰落，但新移民的社群组织方式因社交媒体而有了更活泼、方便的方式。据《欧洲时报》（英国版）报道，随着新移民群体的增加，70 后、80 后、90 后妈妈族群逐渐成为英国新一代华人妈妈主力军。与以往相比，她们的整体教育水平更高，也更习惯通过社交网络给自己缓解海外育儿的压力。因此近两年来，在英国以育儿为主题的各种微信妈妈群、公众号以及网站等新媒体平台应运而生。据不完全数据统计，仅伦敦地区内就有上百个微信妈妈群，例如以跨文化育儿为特色的育儿公众号和网站"合璧儿"，以妈妈群体实用信息为主打的公众号"英国养娃那些事儿"，以组织亲子和妈妈社交等线下活动为主的微信群"万能妈妈群"，也有以国际化双语平台提供中英两国教育专家育儿观点的公众号"语言学习与国际教育工作坊"等。②另外社交媒体也为英国华社提供了便捷的慈善互助渠道。2015 年 6 月 21 日，伯明翰一个华人家庭遭遇重大车祸。英国上海华人华侨联合会会长严根琴女士闻讯立刻在名为"英国商群"（目前已更名为"英国华人企业家俱乐部"）的微信群里分享，呼吁募捐。该群很快将善款送到了遇难者家中。

迄今为止，华裔留学生的人数占全英留学生总数的 1/3。"英国华人计划"希望与华裔留学生形成互助关系。该机构副主席韦文浩认为："很多留学生由于没有投票权，没有人愿意代表他们发言，他们的意见以及所遇到的问题也很难被重视。'英国华人计划'希望能够为更多的华人发声，并使政府更关注英国华人的生活现状，这也包括所有正在英国生活的留学生。"③总体来看，中国留英学生自己的社团组织非常多，但与当地华裔社会的联系比较缺乏，这两大群体应加强合作以利于资源共享。

五、英国华侨华人融入当地主流社会的努力

英国 2011 年人口普查最新数据分析显示，少数族裔较一般英国白人更可能成为精英

---

① 杨扬：《促进中英双边关系 英国华人社团与时俱进更具"侨味"》，《欧洲时报》（英国版），2015 年 10 月 15 日。

② 严振羽、侯清源、伯玥玥等：《海外华人妈妈开启新媒体育儿时代 通过社交媒体分享经验》，《欧洲时报》（英国版），2015 年 3 月 13 日。

③ 《"英国华人参政计划"团队开展针对华裔学生问卷》，中国新闻网，2015 年 3 月 23 日。

专业人士，并担任管理职务。从事医生、律师、公务员、高层管理等一级（Class 1）职务的人士中，印度裔排名第一，占 15.4%；华裔占 12.8%，排名第二。而若将学生人口剔除在统计之外，精英职业人士中，华裔更以 19.1% 的绝对优势居首，印度裔以 17.8% 位居第二。两种族裔的精英职业人士比例相当于英国白人的近两倍。①英国华侨华人在专业领域内的良好发展与华裔学生从小到大努力学习是分不开的。据 BBC 新闻报道称，英国财政研究所（IFS）近日公布的一项最新调查显示，英国的少数族裔中学生的升学率"总体看起来非常高"，尤其是华裔（最高：75.7%）和印度裔学生（其次：65.4%），相比他们同辈的英国白人学生拥有更大的升入大学殿堂的可能。而按照族裔划分，英国白人中学生进入大学的比例最低（32.6%），排名垫底。②华裔新生代受到良好教育，为他们在职场上的发展和成为社会中等阶层打下了良好基础。

2015 年英国的各种成功人士榜单使许多华裔精英更加为人所知。

2015 年 1 月，英国公布女王新年授勋名单，在 1 251 名被授勋者中有 3 名华人，包括在餐饮业的丘玉云、华社工作者 Luana Wai Wai Smith、向英国大学捐赠巨额资金的香港商人潘迪生。

2015 年 11 月 26 日，英国首届"华人商业领军人物颁奖盛典"于伦敦举行。获奖人名单如下：①年度商业领袖 Arthur Siu Hong Fan，中银国际总裁；②国际贡献奖 Yang Du，汤森路透中国战略部主管；③新兴商业领袖 Peng Zhang，"英国那些事儿"创始人兼主编；④银行业杰出奖 Rongrong Huo，汇丰控股（伦敦）人民币业务部主管；⑤资产管理杰出奖 Xia Wang，Ark Wealth 联合创始人兼首席投资官；⑥会计和金融杰出奖 Suwei Jiang，普华永道（英国）合伙人兼中国业务主管；⑦中小企业杰出奖 Ning Li，MADE. COM 创始人兼首席执行官；⑧大型企业杰出奖 Raymond Wen Li，BBC 中文总监。③

旨在表彰和提升华裔女性形象的英国"木兰奖"颁奖典礼暨慈善晚宴于 2015 年 11 月 9 日在伦敦科林西亚酒店隆重举行。获奖名单包括：①年度青年成就奖得主余晚晚（Wendy Yu），梦天集团董事、天使投资人，英国时装委员会最年轻也是唯一一位中国籍赞助人。②教育贡献奖得主 Kay - Tee Khaw CBE，剑桥大学医学教授，在公共卫生领域、临床老年医学等方面研究成绩卓越，赢得国际声誉。③艺术文化贡献奖得主黄瀞亿（Ching - He Huang），她的食谱书在英、美、荷等数十个国家出版发行，在英国多家电视台开设中餐美食烹饪节目，并创建中餐快餐企业。④科技贡献奖得主焦煜（Avril Jiao），英国葛兰素史克制药集团高级项目管理人，多次获得研究类奖项，2014 年因创新发展了生物催化剂提取方式而获得葛兰素史克的特别科学奖。⑤商务创业贡献奖得主 Eileen Burbidge MBE，伦敦最具影响力的风险投资家之一、英国创投公司 Passion Capital 合伙人、英国科技城主席、英国财政部金融科技特使，也是英国首相商务顾问组成员之一，曾在美国硅谷多家科技公司任职，包括苹果、雅虎、Skype 等。⑥社区与公共服务贡献奖得主 Wendy Choi，伯明翰海外华人中文学校校长、伯明翰华裔女性协会主席，为当地和英格兰中部华社发展、中文教育推广和中华文化传承做出贡献。⑦慈善事业贡献奖得主 Juanita Yau，曼彻斯特慧

① 《调查指英国精英行业少数族裔比例高　华裔排名第二》，中国新闻网，2015 年 5 月 20 日。
② 吴艳洁：《英国华裔中学生升学率75%排名第一　白人学生垫底》，澎湃新闻，2015 年 11 月 11 日。
③ 任姝玥：《英国首届华人商业领军人物揭晓》，《英中时报》，2015 年 12 月 1 日。

妍社华人妇女中心创始人和主席，26 年来为华裔和其他少数族裔提供教育、心理辅导、理财、家庭支持、医疗看护等公共服务。⑧国际成就奖得主赵善敏（Sein Chew），国际女性论坛（IWF）的首位华裔主席，Unity 资产管理公司创始人兼首席执行官，是香港地区广有影响力的女性。⑨木兰之星奖得主黄子芳（Catherine Wong），旅英钢琴家。①

2015 年 10 月 19 日，华人资料及咨询中心·莎士比利第二届杰出女性志愿者年度奖颁奖典礼在上议院举办。该奖项旨在庆祝并表扬为英国华人小区付出贡献和支持的女性志愿者，2015 年度志愿者奖获奖人为张毓珊女士。其他 2015 年度杰出女性志愿者奖得奖者包括：拾爱赌博关注使团创立者邓安馨、致力于帮助华人妇女的邱李惠霞，以及致力于传扬中华文化的黄钊美。②

在英国演艺界，华裔音乐人 Stevie Hoang、华裔女演员和主持人 Jing Lusi（陆思敬）等均有一定的知名度。近年受到英国当地舆论关注的华裔专业人士还有许多，如银饰艺术家英国刘楠楠、设计师 Anne Marie、Yee Kwan 冰淇淋品牌创立人陈怡群等。习近平主席2015 年 10 月访英期间，为英国女王担任翻译的是林超伦，他出生于中国福建莆田，现为英国外交部的首席中文翻译。

不得不指出的是，英国华侨华人中融入主流社会程度较好的人群，除一些留学生之外，更多的是当地出生的华裔新生代。但是这些华二代往往不能读写中文，族群意识比较淡漠，生活习性与当地人无异。不过这些华二代在成长过程中，终究会发现自己与当地人不同的族群特性，以及为此遭受一些种族歧视。对此他们往往面临两种选择：一是更加消除自己的族群特性，完全认同当地社会；二是对自己的族群文化特性产生自觉意识，试图使自己成为兼有不同文化身份的人。而他们的长辈往往会注意为自己的孩子保留一些中华文化特性，例如"英国华人计划"主席李贞驹就刻意培养自己的混血儿子韦文浩参与华社政治活动，目前韦文浩已经是"英国华人计划"的副主席，并正在清华大学学习汉语。

不过也有不少英国华二代有自己的主见。在英国出生的陆勤业（Johnny Luk）是慈善机构 Inspired & Hired 的创始人，在英国贸易投资总署负责"全球企业家特别项目"。对于到底是英国人还是中国人，陆勤业认为不必纠结于此，他更倾向于做一个"世界公民"。③

六、2015 年英国华人参政创造历史最好成绩

长期以来，英国华人给人以患有政治冷漠症的印象。学者张鑫发现，英国华人不仅仅是对参与选举没有兴趣，参与投票与表达族群诉求的意识也非常薄弱。目前为止没有非常精确的数据统计华人参与投票的比例，但媒体和部分华人政党领袖的估计数字不足两成。调查发现，华人对英国政治的关注程度相对较低，大部分的受访者表示他们从未注册过投票，平时也比较少的关注英国政治，原因有以下一些：①语言障碍；②族群散居；③缺乏对英国政治制度的系统知识；④相对薄弱的政治教育；⑤经济因素。④

---

① 严振羽、孙浩玮：《英国 2015 "木兰奖"揭晓 九位华裔女性获殊荣》，《欧洲时报》（英国版），2015 年 11 月 12 日。
② 《英华人小区杰出女性志愿者获奖表扬》，《英中时报》，2015 年 10 月 30 日。
③ 《不再迷失"身份" 英国华人后代对未来充满信心》，中国新闻网，2014 年 1 月 9 日。
④ 张鑫：《英华人对政治关注程度较低 受五因素阻碍》，中国新闻网，2014 年 3 月 25 日。

有分析认为，目前英国华人社群碎片化程度比较高，比起其他少数族裔更缺乏凝聚力。这或许是制约着华人政治参与的重要因素。英国华人的来源地比较复杂，既有早期香港移民的后代，也有不少东南亚地区和台湾地区的移民，还有来自中国大陆的新移民。华人社群内部往往形成分散的小圈子，横向联系较弱。华人之间语言沟通的困难加剧了社群内部的文化隔膜，使华人的凝聚力大打折扣。此外，在英国，华人居住较为分散，分布在众多选区中，选票难以集中形成力量。①

因此，华人在英国被认为是"沉默的族群"，普遍比较低调，不喜欢抛头露面。但是，由于华人社会结构的改变和华人自身的努力，这种刻板印象已经逐步被打破。2010 年英国国会选举，有创纪录的 8 位华裔候选人参选，他们是独立候选人成世雄，保守党的吴克刚、李泽文，自民党的杜淑真、凌家辉、李沛腾和谢晓明，以及北爱联合党的卢曼华。2015 年的国会选举，华裔候选人人数再次打破历史纪录，达到了 11 人，他们是保守党国会议员候选人林程远、Alan Mak（中文名麦大粒）、何易、王鑫刚、黄精明（Jackson Wong），工党国会议员候选人丽贝卡·布莱克、莎拉·欧文（Sarah Owen），自民党国会议员候选人凌家辉，张敬龙（Steven Cheung）、李沛腾，绿党国会议员候选人陈俭明（James Chan）。他们大都 30 岁出头，多数是华二代，而何易与王鑫刚是来自中国大陆的新移民。他们都是专业人士，来自医疗、法律、金融、商贸、传媒及工程等多个领域。

2015 年的英国大选结果同样刷新了英国华人参政历史：汉普郡哈文特选区保守党的华裔候选人 Alan Mak 成功当选下议院议员，成为英国下议院首位华人议员。2015 年英国华人参政的另一个好消息则是 5 月份华裔商人叶稳坚代表保守党在伯明翰 Sutton New Hall 区议会选举中获胜，成为伯明翰的首位华裔议员。叶稳坚是伯明翰地方法官，也是"英国华人计划"副主席之一。

但是《印度时报》在报道 Alan Mak 当选时提醒说："作为对比，印度裔从 1885 年就当选英国议会议员了。"②当然，必须承认在参政成绩和向主流社会的融入度方面，华人还需继续追赶英国的南亚裔。

不过随着英国华人参政热情的提高和投票率的提高，英国政界对华裔选票越来越重视，英国三大主要党派已分别建立了华人分部，分别是保守党华人之友、华人工党及华人自民党。华裔参政也从一种零星式的个人行为，转变为在主流政党下有组织的集体行为。在培养华人参政人才方面，除 2006 年创立的"英国华人计划"之外，还有 2013 年由韦鸣恩勋爵创立的英国华裔"青年领袖计划"。2015 年 2 月，中国国务院侨办主任裘援平访英期间，会见了"英国华人计划"主席李贞驹、英国华人工党主席梁辛尼、英国华人自民党主席钟翠映、英国首位华人市长陈德梁、英国保守党华人之友总监黄精明、英国自民党国会议员参选人张敬龙等华裔参政人士，并鼓励他们积极融入主流社会。

过去华人为生计奔波，很难有精力和财力保障参与政治活动。但是越来越多的在职场上成功的华裔新生代在这方面没有太大顾忌，反而对主流社会的公共事务很感兴趣，因此英国政坛上的华裔参选人越来越多。

据《英中时报》的报道，2015 年 11 名华人大选候选人的身份背景如下：

---

① 李继东：《华人参政"添火" 政治冷漠"解冻"》，《人民日报》（海外版），2015 年 2 月 9 日。

② 李凡：《海外华人参政步子刚迈开 水平待提高》，《人民日报》（海外版），2015 年 6 月 1 日。

　　绿党国会议员候选人陈俭明为第二代华人移民，父母来自中国。他在利兹受训后成为一名急诊部医生，曾在非洲各地做义工，于 2014 年 7 月加入绿党。

　　自民党国会议员候选人凌家辉时年 34 岁，于一家财经媒体集团担任经理。他出生于华威郡，父母是香港移民。1999 年念大学期间加入自民党。

　　自民党国会议员候选人张敬龙时年 26 岁，英国华人自民党副主席，目前在英国一家银行工作。他出生于香港，11 岁时随父母移民英国，19 岁时参选欧洲议会选举，成为当年参选的最年轻候选人。

　　自民党国会议员候选人李沛腾时年 40 岁，牛津大学毕业，是执业律师。他从小在英国长大，母亲是新加坡华人，父亲是英国人。他于 2003 年参加地方议会选举，当选区议员，接着当选为西伯克郡的萨切姆镇镇长。

　　工党国会议员候选人丽贝卡·布莱克时年 36 岁，来自有华人血统的家庭，在英国 Redditch 区的政府公屋里出生长大。她曾先后两次参加地区议员选举并获胜。

　　工党国会议员候选人莎拉·欧文出生英国，其母是马来西亚华人，其父是英国人。她目前担任英国上议院议员阿伦·舒格的政治顾问，并参与制定工党的全国小企业政策。从政前任职于国民医疗服务（NHS）系统。

　　保守党国会议员候选人林程远出生于英国，职业是儿科医生，曾就读于伦敦政治经济学院和剑桥大学。自 2012 年 7 月至今任伊斯林顿选区保守党主席。

　　保守党国会议员候选人 Alan Mak 是来自香港的第二代移民，在约克出生长大，是一位律师及企业家。2000 年加入保守党，协助黑格（英国前外相）竞选，并以志愿者身份参与该党竞选、募捐及政策制定。曾任保守党学生组织 Coningsby Club 主席。

　　保守党国会议员候选人何易出生于中国重庆，时年 30 岁。2004 年赴英国伯明翰大学学习电子通信专业，毕业后就职于 Aberavon 的塔塔钢铁集团，是英国皇家特许工程师。2011 年加入保守党。

　　保守党国会议员候选人王鑫刚来自中国东北。2001 年起先后就读于帝国理工大学、牛津大学及哈佛商学院，目前在伦敦金融城某投资银行担任高级经理。此外他还担任学校校董和地方裁判官等公职。2014 年 5 月曾代表保守党参加地方议会议员选举但失利。

　　保守党国会议员候选人黄精明时年 31 岁，在荷兰出生，父亲是新加坡华人，母亲是成长在荷兰的印度尼西亚华人。他现在是一名执业律师与合伙人，2009 年加入保守党，2011 年成为上议院议员韦鸣恩勋爵的政治顾问。2013 年，保守党华人之友成立，黄精明被任命为总干事。①

　　必须要说明的是，在上述 11 位华裔精英站上参政第一线的背后，有英国华人社会的鼎力支持。

　　2015 年 3 月 26 日，英国 BBC 中文网举行"2015 年英国政治与华人小区座谈会"，与各政党候选人和相关代表共同讨论华裔参政议题。3 月下旬，伯明翰华人小区中心举行选举座谈会，邀请了英国三大党派代表出席，向华人介绍各党的施政纲领，而华人也可借此机会向他们表达诉求，希望在制定政策时能考虑华人的需要。

　　4 月 8 日，"英国华人计划"在伯明翰启动"环英选民登记巴士"巡游活动，历时两

---

　　①　叶叶、林斯允：《大选两周倒计时　十一位华人上阵在即》，《英中时报》，2015 年 4 月 24 日。

周，途经 8 个华人集中居住的城市，包括伯明翰、伦敦、剑桥、曼城、谢菲尔德、诺丁汉、利物浦及格拉斯哥，于 4 月 20 日选民登记投票截止日完成环英选民登记之旅，鼓励华人登记并踊跃参与投票。5 月初，"英国华人计划"在剑桥举办竞选论坛，由本地保守党、工党、自民党、绿党的国会议员候选人一同进行辩论，并针对经济、移民、教育、健康等政策即场为华人小区解答问题。

2010 年的大选，最后数据统计华人选民只有 20% 参加投票，另外的 80% 完全没有声音。华人群体往往认为参加投票也不会让自己的生活有什么变化，李贞驹说："我们是第三大少数族群，要通过投票来反映我们的存在和重要性，这样英国政府在做白皮书、绿皮书的时候，会有我们的声音；当他们在制定某项新的政策的时候，会征求华人的意见；参与投票会影响英国未来十年小区服务的拨款，包括教育、医疗服务、房屋、公共交通设施、技能培训服务及紧急服务等。但是，如果华人还是停滞不前，我们连反映的机会都没有。"[1]把投诉换成投票，华人才能真正有自己的话语权。李贞驹还分析说："在很多地区，如伦敦北部的 Hendon、Hampstead 和 Kilburn 地区，华人居民的比例已经大到可以左右该选区的议员人选。如果这些选区的华人能够在大选投票日出来投票，英国的华人将会书写新的历史。"[2]

英国首位华人市长并曾两次当选伦敦红桥区区议员的陈德梁建议说，有志于参政的华裔可从参选基层的区议会做起。区议会内的很多议员都是教师、律师、社工、出租车司机、商人，他们都是因为对小区福祉有兴趣才参加政党、出来竞选。英国中央及地方政府，需要不同阶层、背景的市民参与咨询、讨论工作的机会很多，多参与才能了解议会的运作和模式，"多参与，多付出，多融入，多发言才是彻底和长远参政的途径"[3]。

作为对华裔参政热情渐高的回应，特别是华人选民中对保守党的支持率比较高（这可能是因为华裔对英国保守党所主张的自由经济和"小店主"自强精神比较认同），英国保守党最近几年内花了很多精力和时间与华人小区接触，举行了 50 多场活动，让英国议会和政府高官倾听华人的声音。2016 年 2 月 24 日晚，工党党魁科尔宾（Jeremy Corbyn）率多位工党要员出席华人工党的春节晚宴，显示工党对华人社区的重视。

值得一提的是，英国参政的华二代基本上无意凸显自己的华裔身份，甚至绝大多数不会读写华文。例如当选下议院议员的 Alan Mak，尽管不少香港媒体此前都称他为麦大粒，但他在接受 BBC 中文网采访时表示，他从不使用中文名字，自己的名字就是 Alan Mak，也不会讲广东话。他坦言他的服务对象是他所在选区的所有选民，而非特定的族群。[4]

七、中英关系与英国华侨华人

2015 年 2 月 23 日，中国国务院侨办主任裘援平前往英国伦敦华人社区中心，看望在那里的华人长者，并与伦敦华埠商会主席邓柱廷、伦敦华人社区中心主席邱玉云共同为英国首家"华助中心"（即海外华侨华人互助中心，国侨办的惠侨重点项目之一）揭牌。

① 《11 华裔角逐英大选 英华人须改政治沉默投票争话语权》，中国新闻网，2015 年 4 月 2 日。
② 陈甲妮：《英国大选选情胶着 华人选票至关重要》，英国华闻网，2015 年 4 月 13 日。
③ 《我在英国争权益 多参与，多付出，多融入》，《欧洲时报》（英国版），2014 年 6 月 13 日。
④ 《史上第一个华裔英国国会议员：我代表的不是华人》，欧洲时报网，2015 年 5 月 9 日。

习近平主席 2015 年 10 月 19 日至 23 日访英，这是 10 年来中国国家主席首次对英国进行国事访问。《英中时报》《英国侨报》和《欧洲时报》（英国版）等在英华媒纷纷进入"高访时间"，报纸、网络、微博、微信多平台立体发力，为旅英华侨华人烹制了一场新闻信息的盛宴。此次国事访问前夕，《欧洲时报》（英国版）做的准备可谓充分。特刊推出了《外交回望：黄金时代水到渠成》《中英博物馆合作　探索古今中国》《从莎翁到战马　英中共舞》《英国故事　写下中国记忆》等长篇报道，报道主题涵盖经贸、商业、戏剧、足球、音乐等各个领域。作为在一线采访的华媒从业者，《英国侨报》记者崔雅仪感慨万千，道出了许多旅英华人心中的骄傲："当我亲耳听见国歌伴随黄金马车奏响，那一刻，真的是泪湿眼眶。"[1]

2015 年 10 月习近平主席访英期间，伦敦皮卡迪里广场上的两块巨幅电子屏上出现了一行中英文欢迎词："近平，你好！""Nihao, Jinping!"这是英国中华总商会和全英华侨华人向到访的中国领导人发出的亲切问候。英国中华总商会主席张劲龙表示，中国国家元首 10 年后再度对英进行国事访问，标志着中英关系进入"黄金时代"。随着中英关系的快速发展，越来越多来自金融、房地产、生物制药、高技术等多个领域的中国投资者到英国投资兴业，以伦敦为企业国际化战略的"桥头堡"。英国中华总商会也随着这股双边经贸合作的热潮而快速壮大，既支持中国投资者来英发展，也帮助英国华商走进中国，将英国领先的产业资源、科技、网络引入中国，在双向合作中互利共赢。伦敦华埠商会主席邓柱廷也表示非常关心此次习近平主席的到访，认为这将极大地加深中英两国的关系，并大大提高在英华人的自信心。[2]

2015 年习近平访英期间，两国领导人共同发布《中英关于构建面向 21 世纪全球全面战略伙伴关系的联合宣言》。英国也是第一个宣布加入亚投行的西方大国。中英的全面合作中包括了"三大对接"，即"一带一路"倡议和英方基础设施建设升级改造计划对接，"中国制造 2025"和"英国制造 2050 战略"对接，"长江经济带"和"英格兰北方经济中心合作"对接，以充分释放两国合作潜力，实现互利共赢。2015 年也是中英交流年。上述中英关系的种种利好消息，都有助于英国华侨华人在政治、经济、社会、文化各方面的发展，并增强他们身为华裔的自豪感。

① 高炳：《习近平访英点燃侨界热情　英国华媒跨入高访时间》，《人民日报》（海外版），2015 年 10 月 23 日。

② 李陈士、戴军：《"近平，你好！"——华人华侨期待英中关系"黄金时代"》，《光明日报》，2015 年 10 月 21 日。

荷 兰

2015 年，中荷关系进一步加深，荷兰国王威廉·亚历山大于 10 月来华访问，两国在金融贸易、航空航天、影视、卫生、教育、科技、大熊猫保护合作等领域，签署了一系列双边合作文件。荷方表示愿积极参与"一带一路"相关合作，支持"一带一路"规划与欧洲投资计划对接合作。荷方还表示支持加强欧盟同中国关系，将在轮任欧盟主席期间（2016 年上半年）积极推动两国间的自由贸易和人员往来。2015 年荷兰总体经济在缓慢增长，经济复苏仍需要一定时间。荷兰华人社会经济发展势头平稳，华侨华人的参政意识在逐渐上升，华人社会总体融合程度不断加深。

一、荷兰基本国情

荷兰王国由荷兰本土，圣俄斯塔休斯、博纳尔、萨巴 3 个海外特别行政区和阿鲁巴、库拉索、荷属圣马丁 3 个自治国组成。[①] 荷兰经济高度发达，人均 GDP 位于世界前列，其农产品出口、食品加工、造船、石化等行业处于全球领先地位。

表 1　荷兰概况

国家全名	荷兰王国	地理位置	欧洲西北部以及加勒比海地区	领土面积	41 543 平方千米
首都	阿姆斯特丹	官方语言	荷兰语	主要族群	大多数为荷兰族，摩洛哥人、土耳其人、苏里南人、华人为较大的少数族裔
政体	君主立宪制	执政党/主要反对党	自由党、工党/新自由党、社会党	国家元首/政府首脑	威廉·亚历山大/马克·吕特

---

① 《荷兰国家概况》（更新时间：2015 年 7 月），中华人民共和国外交部，http://www.fmprc.gov.cn/web/gjhdq_676201/gj_676203/oz_678770/1206_679234/1206x0_679236/。

（续上表）

人口 数量	约 1 697.6 万①	华侨华人 人口数量	20.20 万（估计②）	华侨华人占 总人口比例	1.19%
GDP/ 人均 GDP	8 800 亿美元/ 52 071 美元	CPI	116.58③（较 2014 年增加 0.75）	失业率	6.8%④

数据来源：荷兰中央统计局，http：//www. cbs. nl/en – GB/menu/cijfers/default. htm；《荷兰国家概况》（更新时间：2015 年 7 月），中华人民共和国外交部，http：//www. fmprc. gov. cn/web/gjhdq_676201/gj_676203/oz_678770/1206_679234/1206x 0_679236/。

二、荷兰华侨华人概况

（一）荷兰华侨华人简史

中国人最早来到荷兰是在 1607 年。有记载的第一个来荷兰的中国人叫恩浦，从荷属东印度来到荷兰。⑤ 其后，有零零星星的华人来到荷兰的土地上，他们并没有在此永久定居，只是进行游历和短期的逗留。19 世纪末，一些来自荷属东印度的华人家庭或为做生意，或因读书而移居荷兰。⑥

而来自中国本土的华人移民则出现得相对较晚，最初为一些船员和小商贩。据载，受雇于荷兰轮船公司的船员由于待货、候签、疾病等滞留在荷兰两大港口城市，其中有一部分"跳船"后留居荷兰，成为最早的一批"荷兰华侨"。荷兰早期侨领如梅中微、钟心如、蔡志坚、梁鸿基和邓容等皆属此类。商贩则主要来自浙江温州和山东。温州 1876 年被列为商埠，温州人出国经商时涉足荷兰。而青岛在 1898 年被德国强行租占之后，陆续有山东人到德国做生意，其中一些商人将分公司开到了与德国邻近的荷兰。⑦

在 20 世纪上半叶，受两次世界大战的影响，中国人前往并移民欧洲的数量并不多。20 世纪 50 年代，全世界掀起了民族独立运动，亚非拉国家纷纷摆脱宗主国的控制，其中荷属东印度独立之时，华裔知识分子已经属于当地中产阶层，受教育程度较高且会说荷兰语，他们选择加入荷兰国籍并移民荷兰。这一部分群体构成了欧洲华侨华人社会中总体知

---

① 此为截至 2015 年 11 月的数据，荷兰中央统计局，http：//www. cbs. nl/en – GB/menu/cijfers/default. htm。截至 2016 年 1 月 10 日，在荷兰登记居住人数为 16 981 608 人，荷兰中央统计局，http：//www. cbs. nl/en – GB/menu/themas/bevolking/cijfers/extra/bevolkingsteller. htm。

② 笔者根据"2008 年荷兰华人为 16 万"的人口数据估算得出，其中 2008 年数据来自第 15 届欧洲华侨华人社团联合会提供的资料，转引自荷兰百年华人志庆典基金会编：《荷兰华人百年》，澳门：中华出版社 2011 年版，第 94 页。

③ 2015 年度数据，荷兰中央统计局，http：//statline. cbs. nl/Statweb/publication/？DM = SLEN&PA = 71311eng&D1 = 0 – 6&D2 = 0&D3 =（1 – 39）– l&LA = EN&VW = T，2006 年基数为 100。

④ 截至 2015 年 9 月，经季度性调整后，荷兰国内的失业率有所下降。荷兰中央统计局，http：//www. cbs. nl/en – GB/menu/cijfers/default. htm。

⑤ 梅旭华：《试述早期华人移民荷兰》，《华侨华人历史研究》1994 年第 1 期。

⑥ 李明欢：《华人移民荷兰开端考》，《八桂侨刊》1993 年第 1 期，第 31 页。

⑦ 李明欢：《华人移民荷兰开端考》，《八桂侨刊》1993 年第 1 期，第 32 页。

识含量最高的群体。① 20 世纪 70 年代以来，随着中国实行改革开放，向外移民的政策逐渐放宽，有不少人也移民荷兰。进入 21 世纪后，中国与世界的交往更加频繁，有大量中国人以留学、工作、经商、委派、结婚等各种形式前往荷兰。

（二）当代华人人口分布与结构

荷兰官方根据出生地和其父母的出生地原则统计的华人数量，2014 年为 85 313 人，其中，中国大陆 64 097 人，香港 18 218 人，澳门 116 人，台湾 2 882 人。② 考虑到第三代华人、非正常移民及来自印度尼西亚、苏里南、越南、柬埔寨、老挝、新加坡等国的华人，这一数字明显偏低。笔者在 2014 年的报告中，依据欧洲华侨华人社团联合会 2008 年的统计资料，结合荷兰官方统计的华人人口增长率进行估算，预计在荷兰生活的华侨华人 2015 年将突破 20 万，达到 20.14 万人。③

荷兰华侨华人主要分布在鹿特丹、海牙、阿姆斯特丹等大城市，侨团、侨胞分散于各地，所以未出现有特定聚集于唐人街的情况，大部分侨团也无固定会所。早期移民因多经营餐饮、旅游业，故多聚居于阿姆斯特丹与鹿特丹两大城市；新近的一部分台湾移民则因多从事电子产品、自行车、运输、贸易业等，较集中于鹿特丹及安多芬地区。

目前荷兰华人中，来自中国大陆的华人占据了主要部分，约占全体华人移民数量的 3/4；其次是来自香港的华人移民，约占全体华人移民数量的 1/5。通过第一代华人移民与第二代华人移民的对比发现，第一代华人移民占了很大的比例。另外，通过对比发现，无论是来自中国大陆地区，还是来自港澳台地区，双方父母均出生于荷兰本土外的华人移民二代数量一直占据主体地位。④

当地华侨华人生活、婚姻情况值得关注。近年来，荷兰当地华人人口增幅比较稳定，其中祖籍为中国大陆地区的华人增幅为年均 1 000 人，而祖籍为台湾地区的则每年稳定在 550～600 人（参见表 2）。在性别比例方面，来自中国大陆、香港、澳门和台湾地区的第二代华人群体均出生于荷兰本土，男女比例也相对均衡。与第一代华人相比，在已婚人群当中，来自中国不同地区的华人群体，其男女比例都比较均衡。在婚姻状况方面，从未结婚者仍然占据了大多数，主要来自中国内地和香港地区，女性离婚数量高于男性。⑤

连续多年的婚姻状况数据大致可以反映出荷兰华人当前的婚姻状况。根据近六年已婚者和离婚者的数据对比分析发现：来自中国大陆地区的移民群体离婚率相对来自香港、澳门和台湾地区的要高得多。来自中国大陆的移民群体的婚姻稳定程度不如香港和台湾地

---

① 根据李明欢教授在 "百年暨南文化素质教育讲堂" 上发表的《欧洲百年华侨华人史》录音整理，载于暨南大学新闻网，http：//zxdj. jnu. edu. cn/jt/jzlc/2013/11/25/20521925397. html，2013 年 11 月 25 日。

② 数据来源于荷兰中央统计局，http：//statline. cbs. nl/Statweb/publication/？DM = SLEN&PA = 37325eng&D1 = a&D2 = 0&D3 = 0&D4 = 0&D5 = 50，99，122，221&D6 = 17 − 18&LA = EN&HDR = G3，T，G4&STB = G5，G1，G2&VW = T。

③ 《海外侨情观察》编委会编：《海外侨情观察：2014—2015》，广州：暨南大学出版社 2015 年版，第 274 − 275 页。

④ 数据统计截至 2014 年 8 月 20 日，参见 http：//statline. cbs. nl/Statweb/publication/？DM = SLEN&PA = 37325eng&D1 = 0，2 − 4&D2 = 0&D3 = 0&D4 = 0&D5 = 50，99，122，221&D6 = 12 − 18&LA = EN&HDR = G3，T，G4&STB = G5，G1，G2&VW = T。

⑤ 数据截至 2014 年 8 月 20 日，参见 http：//statline. cbs. nl/Statweb/publication/？DM = SLEN&PA = 37325eng&D1 = 0&D2 = 1 − 2&D3 = 0&D4 = 1 − 4&D5 = 50%2c99%2c122%2c221&D6 = 12 − 14%2c16 − 18&LA = EN&HDR = G3%2cT%2cG5&STB = G2%2cG4%2cG1&P = T&VW = T。

区。通过对近六年丧偶者的数据对比分析发现：女性丧偶者相对于男性丧偶者明显居多。因此，按照自然死亡（非其他因素导致）的假设，可以推测荷兰地区的华人女性寿命普遍长于男性。另外，通过对近六年离婚者的数据进行对比分析发现：无论是来自中国大陆地区还是来自港澳台地区的华人，女性离婚者数量一直比男性高出很多，由此可见，荷兰第一代华人女性的婚姻状况不如男性稳定。

表 2   华侨华人性别构成

单位：人

年度	来源地区	数量	
		男	女
2008	中国大陆地区	7 363	8 847
	台湾地区	538	736
2009	中国大陆地区	8 510	9 611
	台湾地区	577	779
2010	中国大陆地区	9 502	10 256
	台湾地区	575	797
2011	中国大陆地区	10 207	11 164
	台湾地区	580	847
2012	中国大陆地区	11 576	12 324
	台湾地区	608	877
2013	中国大陆地区	12 506	13 400
	台湾地区	553	854
2014	中国大陆地区	13 088	14 104
	台湾地区	525	893
2015	中国大陆地区	13 170	15 050
	台湾地区	556	976

数据来源：数据截至 2015 年 8 月 12 日，参见 http：//statline. cbs. nl/Statweb/publication/？ DM = SLEN&PA = 03743ENG&D1 = 1 – 2&D2 = 0&D3 = 45，180&D4 = 12 – 19&LA = EN&HDR = T&STB = G1，G2，G3&VW = T。

（三）华侨华人经济

因为欧债危机和欧元汇率的波动，华商在海外的生意受到了很大的影响，事业发展也面临着诸多困局。[①] 面对危机，华商纷纷寻求经营模式的转型。在过去的一年中，欧洲华商的多元化"抱团"发展、经营规模升级，不但使自己成为当地失业率最低的群体，还为当地人提供了就业岗位，成为当地经济复苏的"利好"。

---

① 《欧洲华商多元化"抱团"发展　成当地经济复苏利好》，中国新闻网，http：//www. chinanews. com/hr/2015/ 11 – 11/7617128. shtml，2015 年 11 月 11 日。

根据荷兰中央统计局 2016 年 2 月公布的数据，有相当一部分非荷兰籍外国人在荷兰开展商务活动，其中华人占了一定的比例。目前，已经有 23 000 名非荷兰籍的外国人在荷兰与荷兰人开展商务活动，其中华人占比约为 1.3%。如果按国籍划分，华人位列在荷兰开展生意的前十位。截至 2014 年，在荷兰华人所开展的所有商务活动中，贸易行业占比最高，占据总体份额的 43.2%；而旅馆和餐饮业位居第二，占比约为 25.9%；位居第三的是不动产和商务服务，占比约为 24.8%；第四位为信息和通讯业，占比约为 4.9%；而交通和仓储业、工业和能源行业的占比均很小，分别为 0.8% 和 0.4%。① 通过与排名前十位的国家进行比较可以看出，贸易行业是华人的主要行业，而不动产和商务服务几乎与传统的餐饮业持相同的份额。

近年来，前往荷兰旅游的中国游客数量逐渐增多，荷兰方面也十分注重增强与当地华商的关系。虽然荷兰 2015 年总体经济增长缓慢，但华侨华人经济形势发展平稳，并没有出现大的波动。另外，从宏观角度来看，欧洲多国加入中国主导的亚投行将进一步促进人民币国际化的步伐，也将为华商带来发展机遇。中国加速推进"一带一路"战略，华侨华人无疑将成为其中极为重要的参与者。②

（四）中文教育

荷兰是欧洲开展中文教育最好的国家之一，荷兰中文学校的历史可追溯到 1930 年，当时第一所中文学校（那时称"中文班"）设于鹿特丹长顿斯特莱的唐人区。③ 截至 2013 年，荷兰全国现有约 40 所华人创办的中文学校，学生数千人，分布于阿姆斯特丹、鹿特丹、乌特勒支、海牙等城市。④

目前，荷兰教育部已经将中文纳入荷兰中学的外语选修课，但荷兰的华文教育仍存在中文学校经费不足、华人对学习中文重要性认识不够以及教学人才缺乏等问题。⑤ 在中文教育方面，孔子学院起到了十分重要的作用。截至 2015 年 1 月，荷兰共建有 2 所孔子学院，分别是莱顿大学孔子学院、格罗宁根大学孔子学院；6 所孔子课堂，分别是特雷西亚学校孔子课堂、文森特梵高基督综合学校孔子课堂、康定斯基中学孔子课堂、洛伦茨中学孔子学堂、卡尔斯中学孔子学堂、豪茨瓦尔顿中学孔子学堂。⑥ 随着中国经济的发展，中国在海外的被认知度不断提高，越来越多外国人开始学习汉语。

荷兰当地的华文教育机构积极探索教育改革，注重利用新媒体来加强自身传播。乌特勒支中文学校与荷兰一网签署了合作协议，借助荷兰一网全新的新媒体平台，推动海外华

① "Statistics Netherlands：23 thousand people with a non – Dutch nationality start up their own business"，荷兰中央统计局，http：//www. cbs. nl/en – GB/menu/themas/bedrijven/publicaties/artikelen/archief/2016/23 – duize nd – startende – onderne-mers – met – een – niet – nederlandse – nationaliteit. htm，2016 年 2 月 5 日。

② 《欧洲华商希望"华丽转身" 背靠中国有啥优势?》，环球网，http：//world. huanqiu. com/hot/2015 – 07/7052546. html，2015 年 7 月 20 日。

③ 《华文教育：荷兰华人中文教育纵横（上）》，中国新闻网，http：//www. chinanews. com/2002 – 09 – 11/26/221536. html，2002 年 9 月 11 日。

④ 《荷兰华人社会中文教育蓬勃发展》，国务院侨务办公室，http：//qwgzyj. gqb. gov. cn/hwzh/175/2373. shtml。

⑤ 《中国侨联主席访欧听侨声：我们还能为侨胞做些什么》，中国新闻网，http：//www. chinanews. com/zgqj/2011/08 –01/3224924_3. shtml，2011 年 8 月 1 日。

⑥ 孔子学院总部网站，http：//www. hanban. edu. cn/confuciousinstitutes/node_10961. htm。

文教育与中华文化传播，进一步引领荷兰华文教育的拓展与提升。①另外，除了传统的汉语教育，荷兰当地的华文教育机构也注重中国文化的传播，由语言教育上升为文化教育，尤其是经典国学的教育。由中国文化网络传播研究会与（荷兰）丹华文化教育中心联合举办的丹华国学班是荷兰第一个国学课堂，国学课堂采了"诗书礼乐""四菜一汤"的国学教学体系，让学生们深入浅出地学习和吸收中华民族优秀传统文化。② 荷兰中文教育协会主办的六届朗诵演讲比赛暨欧洲邀请赛，再次在阿姆斯特丹中央图书馆成功举行。除了荷兰各地 16 所中文学校派出选手参赛外，还邀请到包括法国、英国和瑞典在内的其他欧洲国家选手前来参赛，覆盖面之广为历届之最。③

（五）华人社团

欧洲各国都有许多华人社团。总体来看，目前荷兰的华人社团有百余个，包括全国性和地方性的社团。各社团之间在一些影响大的事件时相互展开合作。荷兰的侨团之间还是以团结为重，相互支持，相处和谐。④ 总体来看，荷兰当地华人社团仍然起到了维系与祖国情感，促进当地华人社会融合，帮助华人群体进步等积极的作用。纵观 2015 年，荷兰当地华人社团中也发生了一些新事件。

第一，欧洲华商会成立，荷兰中国文化基金会会长傅旭敏担任了首任会长，欧洲华商会旨在协调组织在欧洲的各类商业机构和人员的力量，实现信息与资源的互通互享，促进华侨华人在欧洲的顺利发展。⑤ 华商会的成立，必将促进荷兰当地华人商业的进一步发展。

第二，荷兰华人企业家集团成立，这成为推动华人企业管理体制更新的新力量。2015年 12 月由荷兰华人邵建波、郭文魁、胡志兴、邵建雄 4 人组建的荷兰华人企业家集团开始正式运营工作。这标志着荷兰华人餐饮企业已经摆脱家庭式传统管理方式，向更高一步现代化高级管理时代飞跃。集团将以会员制的方式，整合当前可利用资源，共享发展成果，使有雄心壮志的企业拓宽发展，同时让有更高发展需求企业加盟，促进产业优势循环，实现抱团取暖，共享优势资源。企业家集团为解决荷兰中餐饮食行业的多元化采购问题，以及协商与供应商保持统一价格等方面将起到推动作用。⑥

第三，中国留学生在荷开展创业，受到了荷兰华商创业基金的资助。随着祖国经济建设和社会的发展，越来越多的国内青年学子加入海外留学人员队伍，在欧洲，他们已成为海外华人社会的重要组成部分和新鲜血液。这些青年留学人员在科技、文化等领域充分发挥自身的教育优势，不仅学有所长，而且学有所用，将自己的知识转化为财富，寻求创

---

① 《荷兰温籍中文学校华文教育搭上新媒体"快车"》，中国侨网，http：//www.chinaqw.com/hwjy/2015/11 – 03/69225.shtml，2015 年 11 月 3 日。

② 《荷兰丹华学校开设写字课　让学生体验国学文化》，中国侨网，http：//www.chinaqw.com/hwjy/2015/11 – 25/71703.shtml，2015 年 11 月 25 日。

③ 《荷兰中文朗诵演讲赛举行　70 余位选手"秀"中文》，中国侨网，http：//www.chinaqw.com/hwjy/2015/05 – 19/50017.shtml，2015 年 5 月 19 日。

④ 王剑光：《浅谈荷兰华侨华人社会》，《侨务工作研究》2011 年第 1 期。

⑤ 《各国华侨齐聚浙江青田　欧洲华商会今日正式成立》，凤凰网，http：//nb.ifeng.com/zjxw/detail_2015_11/08/4533180_0.shtml，2015 年 11 月 8 日。

⑥ 《荷兰华人企业家集团成立　中餐步入新体制高管时代》，中国新闻网，http：//www.chinanews.com/hr/2015/12 – 07/7659762.shtml，2015 年 12 月 7 日。

业。2015 年 11 月 5 日，由荷兰瑞安教育基金会和荷兰（EUTON）欧通投资咨询公司联合举办的"创业梦想基金"捐赠仪式在乌特勒支 Wok de Mallejan 举行，两家单位各向"爱游欧洲自驾联盟"捐赠 5 000 欧元，用于启动研发以移动终端上的 App 为主要形式的欧洲中文自助游服务平台。① 海外留学生在当地创业是一个新鲜现象，值得我们进一步关注。

第四，欧洲华人校友会、华人科学协会在注重自身发展的同时，也长期致力于构建海外华人与中国科学发展的桥梁。2015 年 12 月荷兰华人学者与工程师协会（VCWI）在代尔夫特举办了第十届年会，新老理事完成了工作交接。该协会作为一个独立的、非政治性、非营利性的协会团体，聚集了在荷华人高级专业技术人才，活跃在荷兰的研究机构、大学、工业界和政府组织等各行各业，堪称在荷华人科技界的精英团体。②而中荷两国在科学技术领域创设人才交流平台，增进在科学技术领域的交流与合作，引荐海外高层次人才回国（来华）创业创新等方面，已成为中荷科技交流活动中一个充满活力和极具影响力的组织。

（六）华侨华人与当地社会

荷兰华人与当地社会关系总体良好，但华人利益受损的社会事件仍然时有发生。2015 年 4 月 4 日，一位 52 岁的华人在鹿特丹的一家超市购买奶粉时，遭到了超市 3 名警卫的殴打，但是荷兰警方在商店的监控录像中没有发现被打的画面。事发之后，当地华人借助华文网站寻求目击证人，为受害华人维权。③ 7 月 13 日，荷兰《布拉邦日报》发表了文章，文中指华人抢购荷兰婴儿奶粉已经形成一种现象，而被抢购的那些奶粉，最终被运往中国。④ 对此现象，当地华人反应不一，既有人认为代购奶粉行为有失偏颇，对自身行为缺乏反思；又有人认为荷兰媒体故意为之，寻求新闻卖点。

当然，华人的正能量也在不断迸发。2016 年新年伊始，一架从阿姆斯特丹起飞的荷兰皇家航空客机上一名华裔医生为一位发烧的 2 岁儿童进行了紧急救助，使其暂时脱离了危险。⑤ 这一事件虽小，但是关键时刻出手相助，利用自己的专业技能为人排忧解难，势必会给华人群体增加不少"印象分"。

另外，中国传统医学在荷兰逐渐发展，促进了华人与当地社会的互动。2016 年 1 月 10 日荷兰华人中医药学会在阿姆斯特丹召开了成立大会。该协会宗旨是引导在荷华人中医师遵守当地法律和相关行业协会的法规，搭建医疗交流平台，提高医疗水平，更好地为荷兰当地患者服务，保护在荷华人中医师的应有地位，协助解决华人中医师的突发事件。如今，荷兰已有中医针灸师 4 000 多人，其中约有 200 名华人中医师。中医针灸诊所也有 2 000 多家；接受中医治疗的对象有 90% 为荷兰当地人。此外，近年的中药和推拿也逐渐

---

① 《欧洲中国留学生"创业梦想基金"在荷启动》，中国新闻网，http：//www.chinanews.com/hr/2015/11 - 06/7609876.shtml，2015 年 11 月 6 日。

② 《荷兰华人学者与工程师协会办年会 新一届 10 人理事会诞生》，《欧洲时报》，2015 年 12 月 22 日。

③ 《华人在 K 店买奶粉被打 寻目击证人帮忙讨公道》，荷乐网，http：//bbs.gogodutch.com/forum.php? mod = viewthread&tid = 933345&highlight = 华人，2015 年 4 月 8 日。

④ 《买奶粉的华人女子被形容为"匹诺曹"》，荷乐网，http：//bbs.gogodutch.com/forum.php? mod = viewthread&tid = 975338&highlight = 华人，2015 年 7 月 15 日。

⑤ 《男童飞机上突然昏迷 新加坡华裔医生紧急施救》，中国侨网，http：//www.chinaqw.com/hqhr/2016/01 - 07/76221.shtml，2016 年 1 月 7 日。

得到不少医疗保险公司的认可。①

总体来看，荷兰华人与当地社会之间的关系呈良性发展趋势，但是，奶粉代购事件值得我们深思，华人与当地社会的关系仍然值得我们继续关注。

三、中荷关系

中荷两国于 1954 年 11 月建立代办级外交关系，1972 年 5 月升格为大使级外交关系。②进入 21 世纪后，两国关系发展比较稳定，双方互访频繁。2015 年，荷兰首相及国王分别来华访问，两国关系进一步密切。

近年来，在双方共同努力下，中荷关系日趋成熟。相互尊重、合作共赢已经成为主旋律。

第一，在政治方面，2015 年两国高层交往频繁，中荷两国继续稳步推进共同确定的开放务实的全面合作伙伴关系。2015 年 3 月荷兰首相马克·吕特访华；同年 10 月荷兰国王威廉·亚历山大对中国进行了国事访问。两国高层频繁互动，推动两国关系进入"蜜月期"，双方依托政治、经贸和人文对话三大支柱，深化全面合作伙伴关系。中方表示，中荷双方要始终以建立高水平的政治互信为目标，共同维护双边关系大局。中方愿同荷方加强人权、司法领域的交流合作，就维护世界和平与稳定、应对气候变化等全球性问题加强沟通。威廉·亚历山大国王表示，中国提出的"一带一路"建设和亚洲基础设施投资银行倡议具有重要意义，荷方愿积极参与相关合作，并支持"一带一路"规划与欧洲投资计划对接合作。③

第二，在经济方面，中荷经贸关系密切发展，一直以来双方贸易保持高度增长。从 2003 年起，荷兰连续 12 年保持"中国在欧盟第二大贸易伙伴"（2014 年降至第三）的地位，成为中国在欧盟的第二大出口市场。自 1980 年以来中国对荷贸易一直顺差，但中国对荷出口额度的 70% 都属转口贸易，50% 以上属于加工贸易。目前，共有 400 多家中资企业在荷兰设立运营机构。尤其是随着"一带一路"倡议的不断推进与落实，中荷双方的经济相互影响程度不断加深，目前中国对欧出口约有 40% 经由荷兰进入欧洲。荷兰有 7 500 余家外国企业设立了万余家运营机构，其中的中国企业就有 530 余家。④ 另外，2015 年，多家荷兰公司与中荷企业签约共同建设"数据中心"，⑤ 将数字技术和互联网作为合作对象，共同促进企业发展。

第三，在文化方面，中华传统文化在荷兰得到了很好的保护和发扬。荷兰龙泉大悲寺

---

① 《荷兰华人中医药学会在阿姆斯特丹正式成立》，中国侨网，http：//www.chinaqw.com/hqhr/2016/01 - 14/76905.shtml，2016 年 1 月 14 日。

② 《荷兰国家概况》（更新时间：2015 年 7 月），中华人民共和国外交部，http：//www.fmprc.gov.cn/web/gjhdq_676201/gj_676203/oz_678770/1206_679234/1206x0_679236/。

③ 《习近平同荷兰国王威廉·亚历山大会谈》，央广网，http：//china.cnr.cn/news/20151027/t20151027_520286209.shtml？liebao，2015 年 10 月 27 日。

④ 《荷兰国家概况》（更新时间：2015 年 7 月），中华人民共和国外交部，http：//www.fmprc.gov.cn/web/gjhdq_676201/gj_676203/oz_678770/1206_679234/sbgx_679238/。

⑤ 《驻荷兰大使陈旭出席华为与多家中荷企业"建设数据中心战略合作"签约仪式并致辞》，中华人民共和国外交部，http：//www.fmprc.gov.cn/web/zwbd_673032/jghd_673046/t1305622.shtml，2015 年 10 月 13 日。

于 2015 年 12 月进行了开光大典，来自荷兰、德国、意大利、法国、比利时、中国等国的 1 500 多位华侨华人代表、佛学专家及信者、留学生和当地居民参加了开光大典。荷兰乌特勒支市市长 J. H. C. Van Zanen、荷兰佛教联盟主席 Michael Ritman 等嘉宾出席了揭纱仪式。① 除了中华传统文化之外，中国现代艺术也受到了荷兰当地民众的欢迎。上海芭蕾舞团从 2015 年 12 月 17 日起在荷兰各大城市进行了多场商业巡演，并邀请了多位欧洲知名艺术家联合出演，既展示了中国对于现代西方文化的艺术掌控力，也增进了当地民众对中国的了解。②

四、荷兰政治经济形势对华侨华人的影响

2015 年荷兰平均通胀率为 0.6%，在过去的 50 年中，仅 1986 年和 1987 年的通胀率低于这一水平。此外，据欧洲调和消费者物价指数（HICP）衡量，2015 年荷兰通胀率为 0.2%，创 1997 年 HICP 统计设立以来最低值。③

中荷贸易历经 20 多年的发展，荷兰不仅为中资企业"试水"欧洲搭建了良好平台，更为它们深入耕耘欧洲市场、孕育国际化梦想提供了土壤。中荷贸易早期以转口贸易居多，很多中国出口的产品是经过荷兰的港口、机场输送到欧洲各地，荷兰成为中国企业物流通往欧洲的一个门户。如今，荷兰已成为中国企业赴欧投资的第三大目的国，是中国企业青睐的投资目的地，有很多中国大企业已经在荷兰设立研发中心。

2015 年荷兰华侨华人与当地社会关系平稳，主要表现在以下几个方面：

第一，在政治方面，中荷双方进入"蜜月期"，两国高层交往频繁，荷兰首相和国王于 2015 年先后访华，增进了两国政治互信。2016 年上半年，荷兰担任欧盟轮值主席国，荷方表示愿意在此期间，加强欧盟与中国的关系。因此，在政治互信的大环境下，荷兰一些本土公司十分看好"一带一路"下中国公司的投资热潮，荷兰的一些专业服务机构已雇用会说中文的工作人员，以提供更周到的服务。④ 我们有理由相信，两国政治和睦将惠及当地华人。

第二，在经济方面，"一带一路"倡议催动中荷企业双向投资加速。鹿特丹不仅是"一带一路"的终点、"陆丝"和"海丝"的汇合之处，还是新亚欧大陆桥经济走廊的欧洲终端。2015 年 10 月随荷兰国王来中国访问的鹿特丹市市长表示，鹿特丹渴望通过水路在中国的"一带一路"计划中扮演重要角色。

第三，在社会方面，华人代购奶粉事件成为荷兰当地媒体的年度主题之一，无论事实如何，当这种代购涉及商业行为时，当地华人仍应该遵守地方法律法规，提升在此方面的法律意识。从 2015 年荷兰华侨华人所经历的事件来看，华人社会在荷兰仍然受到一些不

---

① 《荷兰龙泉大悲寺举行开光大典》，欧洲新闻网，http://shijue.oushinet.com/HD/20151222/215952.html，2015 年 12 月 22 日。

② 《中国"天鹅军团"舞动荷兰 首次以古典芭蕾全剧形式在欧商演》，《欧洲时报》，2016 年 1 月 4 日。

③ 《2015 年荷兰通胀率降至 1987 年以来最低》，中华人民共和国商务部，http://www.mofcom.gov.cn/article/i/jyjl/m/201601/20160101229212.shtml，2016 年 1 月 8 日。

④ 《"一带一路"催动中荷企业双向投资加速》，http://finance.jrj.com.cn/biz/2016/01/11171920392584.shtml，2016 年 1 月 10 日。

公正的待遇。同时，部分华人由于文化素质水平不高，自身很难遵守或是无意间触犯了当地的文化习俗；或是由于缺乏法律常识，违反了当地的法律法规，这些都给当地华人带来了负面影响。

总体来看，荷兰华人的总体形象仍然是积极正面的，且由于中荷两国合作的不断加深，交往不断密切，当地华人参政意识不断增强，荷兰华人商业进一步增长，华人的社会地位将逐渐提高，尤其是以留学生为主的知识群体。他们既受到了良好的教育，又富有创业精神，新生代华人群体已经逐渐在荷兰崭露头角。

五、荷兰侨情未来发展趋势

目前就中荷两国经济形势来看，中荷务实合作成果颇丰，因此在这样一个大背景之下，两国的政治、文化、社会交流将会逐渐深入，荷兰当地华人社会也会受益。荷兰侨情未来发展趋势，我们维持 2014 年底报告中的如下判断：

第一，华侨华人人口规模将进一步扩大。荷兰中央统计局的数据显示，从 1996 年至 2014 年底，在荷华裔人口的数量一直处于增长的态势。[①]

第二，华侨华人经济实力将进一步增强。华商传统经营的中餐业总体发展顺利，餐饮业开始摒弃以前的低价竞争方式，开始抱团取暖，寻求新的增长方式。在欧洲经济整体下滑的大背景下，荷兰中餐业实现了逆势上涨。[②] 除此之外，华人超市、进出口批发零售业务、中医诊所药房、中文印刷、美容美发等行业逐渐兴起，还有华人开设了律师所、会计行和翻译公司等技术含量高的公司和企业。

第三，华人社会地位逐渐提高。这主要表现在大多数荷兰华侨华人已加入荷兰国籍，成为荷兰多元文化的一个重要组成部分，他们参政议政的意识在增强，在中华文化传承、发挥中荷文化间桥梁作用等方面展示了积极向上的精神面貌。此外，年轻的华人二代群体由于受教育水平高，熟悉当地的语言环境，相较于他们的父辈，社会融入程度更高，参与社会的意愿更强烈。

---

① 荷兰中央统计局，http：//statline. cbs. nl/Statweb/publication/？ DM = SLEN&PA = 37325ENG&D1 = 0&D2 = 0&D3 = 0&D4 = 0&D5 = 50&D6 = a&LA = EN&VW = T，2014 年 8 月 20 日。

② 《廉价实惠 经济危机下荷兰中餐业仍现逆势增长》，中国侨网，http：//www. chinaqw. com/hqhr/2014/08 - 15/14203. shtml，2014 年 8 月 15 日。

意大利

2015 年，意大利华人社会出现一些新变化。首先，旅意华人人数继续增加，华人企业正逐步转型；其次，华人社团成员渐显年轻化、知识化；再次，随着新生代华人比重提升，华人的政治诉求愈来愈强。华人在寻求发展的同时，也暴露出一些问题，如华人维权意识薄弱、治安问题频出、文化冲突明显等；另外，一些华人企业经营不规范、安全设施不到位、偷税漏税等，致使华人社会悲剧不断上演。华人企业如何成功转型、规范经营，华人又如何融入当地主流社会，都将在未来一段时间内成为意大利华人的主要任务。

一、意大利基本国情及中意关系

意大利共和国位于欧洲南部，主要由亚平宁半岛和地中海中的西西里岛及撒丁岛组成，国土面积 301 333 平方千米。截至 2016 年 1 月，其人口总数为 6 080 万。主要居民为意大利人，少数民族有法兰西人、拉丁人等。据统计，截至 2016 年初，意大利华人移民达 332 189 人，其中长期移民为 140 757 人，非长期移民 191 432 人，在亚洲移民中居首位，占意大利人口总数的 0.55%。① 意大利主要语言为意大利语，个别地区讲法语、德语和斯洛文尼亚语。大部分居民信奉天主教。主要城市有首都罗马、时尚之都米兰、水都威尼斯、工业之城都灵、古城佛罗伦萨等。意大利是发达工业国，欧洲第四大、世界第八大经济体，服务业、旅游业及对外贸易尤为突出。2015 年，意大利服务业依旧保持上升的势头，产值约占国民生产总值的 2/3。在私有经济为主体的体制下，意大利中小企业占企业总数的 99.8% 以上，被誉为"中小企业王国"。同时，地区经济发展极不平衡，南北差异较为明显。近年来，由于遭受全球金融危机和欧洲债务危机的双重打击，意大利经济一直持续衰退。根据意大利国家统计局最新公布的数据显示，在连续三年衰退后，2015 年意大利经济开始增长，全年增速 0.8%②。

---

① 《意大利外国人及移民人数（非欧盟成员国）》，http：//dati. istat. it/Index. aspx？lang = en&SubSessionId = 6de0f03d – ce09 – 42ee – 9b0a – 1865be6f7ae9&themetree id = –200.

② 《2015 年意大利经济增长 0.8%　三年衰退后重返增长》，http：//it. mofcom. gov. cn/article/f/zwjingji/201603/20160301268984. shtml。

表 1　意大利概况

国家全名	意大利共和国	地理位置	位于欧洲南部，包括亚平宁半岛及西西里岛、撒丁岛等岛屿	领土面积	301 333 平方千米
首都	罗马	官方语言	意大利语	主要民族	意大利人
政体	议会共和制	执政党	民主党、力量党等多党联合执政	现任总统/总理	塞尔焦·马塔雷拉/马泰奥·伦齐
人口数量	6 080 万（2016 年 1 月）	华侨华人人口数量	332 189（2015 年）	华侨华人占总人口比例	0.55%
GDP/人均 GDP	1.616 万亿欧元/25 300 欧元（2014 年）	CPI	1.22%（2013 年）	失业率	12.7%（2014 年）

数据来源：意大利国情基本数据来源于中华人民共和国外交部网站；意大利华侨华人数据来源于意大利国家统计局。详见：《意大利国家概况》，http：//www.fmprc.gov.cn/web/gjhdq_676201/gj_676203/oz_678770/1206_679882/1206x0_679884/；《意大利外国人及移民人数（非欧盟成员国）》，http：//dati.istat.it/Index.aspx? lang = en&SubSessionId = 6de0f03d – ce09 – 42ee – 9b0a – 1865be6f7ae9&themetreeid = – 200。

　　2015 年是中意全面建交 45 周年。自建交以来，两国在各个领域友好合作、发展顺畅，并建立起全面战略伙伴关系。近年来，两国高层互访频繁，政治互信不断加强，双边关系得到进一步发展。国家领导人习近平、贾庆林、李克强等曾先后出访意大利，而贝卢斯科尼、普罗迪、纳波利塔诺等也相继访华。

　　两国双边经贸关系和经济技术合作不断取得新进展。目前，意大利是中国在欧盟的第五大贸易伙伴，中国是意大利在亚洲的第一大贸易伙伴。2014 年，双边贸易额达 480.4 亿美元，同比增长 10.7%。我国对意出口 287.6 亿美元，同比增长 11.7%；进口 192.9 亿美元，同比增长 9.2%。到 2015 年，受中国经济增长放缓的影响，双边贸易额有所下滑。2015 年 1—11 月，双边贸易额为 402.2 亿美元，同比下降 7.3%。我国对意出口 250 亿美元，同比下降 3.7%；进口 152.2 亿美元，同比下降 12.8%。另外，中国企业及金融机构也积极参与意大利私有化进程，以并购、入股、合资等方式与意大利企业开展合作。2015 年，中国化工集团以 71 亿欧元成功收购了意大利倍耐力公司 26.2% 的股权。在经济技术合作方面，发展迅速。截至 2015 年 11 月，意在华投资项目合计 5 405 个，实际投入 66.5 亿美元。其中 2015 年 1—9 月，意对华新增投资项目 146 个，实际使用 1.5 亿美元。至 2015 年 11 月，我国在意非金融类直接投资累计达 7.73 亿美元。①

　　与此同时，2015 年两国在文化、科技、教育等领域的双边合作也取得丰硕成果。4 月，中意签署《2015—2019 年文化合作执行计划》；11 月，第六届"中意创新合作周"

---

　　① 《中国同意大利的关系》，中华人民共和国外交部，http：//www.fmprc.gov.cn/web/gjhdq_676201/gj_676203/oz_678770/1206_679882/sbgx_679886/。

（原中意创新论坛）在华成功举办；12 月，意中华医药学会代表大会在罗马召开，① 中医在意大利的合法地位得到承认。截至目前，中意两国已建立 80 对友好省市和地区关系。双方已在意大利合作建立 11 所孔子学院、20 多所孔子课堂。值得一提的是，世博会期间（5 月 1 日至 10 月 31 日），双方在米兰举行中意创新论坛、农业食品经贸论坛、丝绸之路旅游日、省区市主题周（日）、企业日等活动，为双方深化合作搭建了平台。中方 20 多个地方代表团访问了世博会和意大利北部、中部地区，达成 200 余项合作意向，近千家中国企业在世博会期间举行了 200 多场企业对接。

中意两国之所以在经贸、文化、科技、教育等领域保持如此良好的发展态势，与意大利华侨华人的桥梁和纽带作用息息相关。意大利华侨华人利用其熟知两国国情、民情和商情的优势，以及长期积累的人力资本和社会资本，积极在中意两国之间牵线搭桥，促进两国政府或民间交流与合作。首先，就意大利而言，曼托瓦市市长马蒂亚·帕拉齐（Mattia Palazzi）利用当地华侨华人总会来推进曼托瓦市与中国在经贸、文化方面的合作，向中国游客和华人推广曼托瓦旅游资源，帮助曼托瓦企业家开拓中国市场及吸引中国企业家来曼托瓦投资发展，促进中华文化与意大利及其他移民所在国的文化相互交融；② 意大利对华友好协会先后聘请周洪春、刘建国等侨领担任要职③，致力于发展中意友好关系，增进民族文化认知，并以"一带一路"为契机，推动地区经济发展。

就中国而言，意大利中资企业联合华商与罗马市政府共商投资合作，促进中国企业对意投资，特别是投身于罗马公共设施建设与投资，参与丝绸之路经济带建设，拓展双边经贸交流。④ 广东省驻意大利经贸代表通过意大利华侨华人贸易总会，扩大广东与意大利传统经贸交流，深化两地文化、科技等多领域的务实合作，共同参与"一带一路"建设；⑤ 江苏海安经济技术开发区通过威尼托华侨华人工商联合会推动中意海安生态园投资合作和商品交易，并对中意海安生态园产业情况、发展潜力和绿色、低碳、节能、环保等项目进行了重点推介。⑥

二、意大利基本侨情

2015 年，随着中国改革开放的不断深入、"一带一路"战略的深入发展，越来越多的中国人走出国门。其中，前往意大利的中国人更是逐年增加。据统计，截至 2016 年初，

---

①《以中医药联通意中　意中华医药学会代表大会召开》，中国侨网，http：//www. chinaqw. com/hqhr/2015/12 - 14/73602. shtml。

②《意大利曼托瓦新任市长邀当地华社商讨　促中意交流》，中国侨网，http：//www. chinaqw. com/hqhr/2015/12 - 30/75446. shtml。

③《意对华友协聘请侨领担任协会领导 共促交流与合作》，中国新闻网，http：//www. chinanews. com/hr/2015/08 - 13/7464409. shtml；《意大利对华友好协会聘普拉托侨领任名誉主席》，中国侨网，http：//www. chinaqw. com/hqhr/ 2015/07 - 13/56744. shtml。

④《意大利中资企业联合华商与罗马市府共商投资合作》，中国侨网，http：//www. chinaqw. com/hqhr/2015/05 - 26/50922. shtml。

⑤《广东驻意大利经贸代表与华商座谈　促交流合作》，中国新闻网，http：//www. chinanews. com/hr/2015/11 - 18/7629401. shtml。

⑥《江苏海安在意大利举办推介会　绿色产业唱主角》，中国新闻网，http：//www. chinanews. com/hr/2015/12 - 21/7680536. shtml。

旅意华侨华人人数已经达到 332 189。然而，由于近年来欧洲经济普遍疲软、竞争激烈，再加上意大利政府的大力排查，华人小而精的传统经营方式正面临着巨大的挑战，不少华商开始转型，以实现规范化、多元化发展。同时，因为新生代华人（华二代、华三代、年轻华人）比重在不断提升，年龄不到 30 岁的华裔人口占意大利华人人口总数的 50%，①华人融入主流社会的进程也在加快。另外，面临日益严重的治安问题，华人不再选择沉默，敢于发出自己的呼声，政治诉求也愈来愈强。

（一）人口分布广泛

根据 2015 年 1 月 1 日意大利统计局发布的数据，意大利华侨华人（拥有合法身份）主要分布在意大利北部，即伦巴第（Lombardia）、托斯卡纳（Toscana）、威尼托（Veneto）和中北部的艾米利亚—罗马涅（Emilia – Romagna）四大区，且呈增长的趋势。

表 2　意大利华侨华人分布区

意大利大区（按华侨华人居住人口排列）	华侨华人				占移民总数的百分比	相比去年增加/减少
	男（人）	女（人）	总和（人）	百分比		
伦巴第（Lombardia）	31 684	31 269	62 953	23.7%	5.46%	10.4%
托斯卡纳（Toscana）	22 276	21 151	43 427	16.3%	10.98%	− 0.5%
威尼托（Veneto）	16 354	16 100	32 454	12.2%	6.34%	3.2%
艾米利亚—罗马涅（Emilia – Romagna）	14 019	13 857	27 876	10.5%	5.19%	− 0.5%
拉齐奥（Lazio）	10 410	10 191	20 601	7.7%	3.24%	− 8.3%
皮埃蒙特（Piemonte）	9 652	9 440	19 092	7.2%	4.49%	3.1%
坎帕尼亚（Campania）	7 146	5 697	12 843	4.8%	5.90%	18.8%
马尔凯（Marche）	5 127	4 811	9 938	3.7%	6.85%	0.8%
西西里岛（Sicilia）	3 878	3 762	7 640	2.9%	4.39%	10.3%
普利亚（Puglia）	2 652	2 463	5 115	1.9%	4.34%	5.6%
利古里亚（Liguria）	2 340	2 269	4 609	1.7%	3.32%	3.2%
阿布鲁佐（Abruzzo）	2 078	1 976	4 054	1.5%	4.70%	2.7%
弗留利—威尼斯朱利亚（Friuli – Venezia Giulia）	1 736	1 747	3 483	1.3%	3.24%	4.1%
撒丁岛（Sardegna）	1 691	1 533	3 224	1.2%	7.15%	5.8%
卡拉布利亚（Calabria）	1 465	1 343	2 808	1.1%	3.07%	4.9%

---

① 《多元即优势　意大利主流媒体关注华二代跨文化属性》，中国侨网，http：//www.chinaqw.com/hqhr/2015/10 – 09/66404. shtml。

（续上表）

意大利大区 （按华侨华人居住人口排列）	华侨华人				占移民 总数的百分比	相比去年 增加/减少
	男 （人）	女 （人）	总和 （人）	百分比		
翁布里亚（Umbria）	1 120	1 097	2 217	0.8%	2.23%	−7.0%
特伦蒂诺—阿尔托阿迪杰 （Trentino – Alto Adige）	1 117	1 044	2 161	0.8%	2.25%	1.5%
巴斯利卡塔（Basilicata）	438	391	829	0.3%	4.55%	0.6%
瓦莱达奥斯塔 （Valle d'Aosta）	133	130	263	0.1%	2.90%	4.0%
莫利塞（Molise）	131	120	251	0.1%	2.32%	−2.7%
总计	135 447	130 391	265 838		5.30%	3.5%

注：根据 2015 年 1 月 1 日意大利统计局发布的数据整理所得，当时意大利移民总和为 5 014 437 人。详见《意大利官方统计截至 2015 年 1 月 1 日华侨移民人数及各大区分布情况》，http：//mp. weixin. qq. com/s？ __biz = MzA3NzA4MzAwMg = = &mid = 207155359&idx = 1&sn = 2045589affb75b03fa17c934cd4214df&scene = 4#wechat_redirect。

表 3　意大利各区华侨华人人口增长数

单位：人

大区/主要城市	2015 年	2014 年	2013 年	2012 年	2011 年	2010 年	2009 年
阿布鲁佐（Abruzzo）/佩斯卡拉	4 054	3 948	3 541	3 327	4 457	4 468	3 982
巴斯利卡塔（Basilicata）/马特拉	829	824	796	645	796	745	689
卡拉布利亚（Calabria）	2 808	2 676	2 507	2 342	2 733	2 354	2 088
坎帕尼亚（Campania）/那不勒斯	12 843	10 815	8 588	7 184	8 189	7 698	7 280
艾米利亚—罗马涅 （Emilia – Romagna）/博洛尼亚	27 876	28 026	24 615	21 807	23 809	21 386	19 367
弗留利—威尼斯朱利亚 （Friuli – Venezia Giulia）	3 483	3 345	3 024	2 761	2 899	2 684	2 461
拉齐奥（Lazio）/罗马	20 601	22 459	16 380	14 427	14 890	12 634	10 783
利古里亚（Liguria）/热那亚	4 609	4 468	3 760	3 279	3 332	2 932	2 652
伦巴第（Lombardia）/米兰	62 953	57 002	50 653	44 465	46 023	41 291	37 454
马尔凯（Marche）/安科纳	9 938	9 861	9 061	8 152	9 163	8 152	7 263
莫利塞（Molise）	251	258	222	216	271	238	195
皮埃蒙特（Piemonte）/都灵	19 092	18 518	16 027	14 219	14 131	12 542	11 422
普利亚（Puglia）/巴里	5 115	4 845	4 165	3 725	4 451	3 800	3 408
撒丁岛（Sardegna）	3 224	3 048	2 669	2 547	2 872	2 548	2 314
西西里岛（Sicilia）	7 640	6 928	6 263	6 001	6 639	5 919	5 137

（续上表）

大区/主要城市	2015 年	2014 年	2013 年	2012 年	2011 年	2010 年	2009 年
托斯卡纳（Toscana）/佛罗伦萨、普拉托	43 427	43 641	38 074	31 901	31 673	28 526	26 052
特伦蒂诺—阿尔托阿迪杰（Trentino – Alto Adige）	2 161	2 129	1 984	1 772	1 835	1 631	1 453
翁布里亚（Umbria）/佩鲁贾	2 199	2 365	2 060	1 725	1 900	1 569	1 330
瓦莱达奥斯塔（Valle d'Aosta）	263	253	256	228	224	192	153
威尼托（Veneto）/威尼斯	32 454	31 437	28 722	26 341	29 647	27 043	24 782
合计	265 820	256 846	223 367	197 064	209 934	188 352	170 265

注：根据 2015 年 1 月 1 日意大利统计局发布的数据整理所得，当时意大利移民人数总和为 5 014 437。详见《意大利官方统计截至 2015 年 1 月 1 日华侨移民人数及各大区分布情况》，http：//mp. weixin. qq. com/s？__biz = MzA3NzA4MzAwMg = = &mid = 207155359&idx = 1&sn = 2045589affb75b03fa17c934cd4214df&scene = 4#wechat_redirect。

（二）华人企业逐步转型

意大利华人的人数分布奠定了华人企业的分布格局。在意大利，华人企业多集中于意大利北部，从事的行业也相对集中，主要是贸易、制造和服务等行业，技术含量不高，生产设备简陋。2014 年 8 月，根据意大利小手工业企业联合会公布的报告，经济危机期间在意华人企业数量逆势增长，且普遍集中在伦巴第、托斯卡纳、威尼托和艾米利亚—罗马涅这四大区。其中，伦巴第 14 000 家、托斯卡纳 11 800 家、威尼托 8 000 家、艾米利亚—罗马涅 6 800 家，占意大利华人企业总数的 60%。在华人企业中，从事商品贸易的约有 24 050 家、制造业（纺织服装）约 18 200 家、餐饮住宿约 13 700 家。[1] 到 2015 年初，意大利境内 40% 的个体手工业企业由移民掌管，华人占 1/3；其次是皮货加工，华人占 33.2%，而从事金属制品加工的华人移民企业只占 10%。[2] 然而，在互联网时代，华人传统百元店、小型零售店、中餐馆的营生手段越来越难以在意大利立足，华人企业不得不面临转型。同时，在意大利当局的引导和鼓励下，华人企业开始向着规模化、正规化、多元化方向发展。其表现之一就是大型百货超市的出现。许多华商为了抵御危机，抢占市场，纷纷采取扩大经营规模的战略，以期靠"大船出海"的优势，使自己变危机为商机，谋求更大的发展。在这种情况下，面积为几千平方米的华人大型百货超市陆续出现。如意大利北部的特雷维索，华商刘建国控股经营了一家大型综合百货超市（保蕾），品种齐全，包括服装、箱包、鞋袜、玩具、家庭用品等生活必需品。

表现之二是华人企业产品升级。长期以来，意大利华人受文化水平的影响，从事的都是一些原始、低端的产业，技术含量不高，竞争力也不强。因此，提高产品质量，加快转

---

① 《经济危机期间在意华人企业数量逆势增长》，中国新闻网，http：//www. chinanews. com/hr/2014/08 – 18/6504231. shtml。

② 《意大利 40% 个体手工业企业由移民掌控 1/3 为华商》，中国侨网，http：//www. chinaqw. com/hqhr/2015/01 – 22/34935. shtml。

型升级乃当务之急。在普拉托，华人服装公司开始追求高质量并雇用熟练的技术人员；在东海岸的格罗塔佐利纳，华商胡允周创办了一家食品加工企业——味美食品（集团）有限公司，为华商转型升级探明了道路，树立了新形象。该企业集科研、生产、批发于一体，严格执行欧盟卫生标准，并通过欧洲食品安全标准的 CE 认证及 HACCP 体系，拥有一流的工业化生产设备①。

表现之三是"抱团"、合作模式不断加强。过去"单打独斗"与"数量规模型"的"温州模式"已难以适应企业的发展，"团队作战"与"质量效益型"越来越备受华商的青睐。在普拉托，已有 278 家华人企业加入中小企业协会（CNA WORLD CHINA，简称"CNA"）华人企业协会，并在 CNA 华人企业协会的领导下，与当地社会以及各机构部门进行正常的沟通和交流，尊重当地和国家各项政策法规，积极融入主流社会，推动中意两国经贸交流。②

表现之四是电子商务的使用。随着新一代华人的成长，他们发挥其年轻的优势、创新的理念，将"西式经营"与"中式勤恳"结合起来，创造出新的商业模式。意大利"你好"百货连锁集团董事长、曼托瓦华侨华人总会会长叶建毅，受国内蓬勃发展的电子商务的启发，组建电子商务团队，依托阿里巴巴集团的平台和新媒体微信营销，销售业绩大幅度递增，公司旗下的意大利奢侈品在中国境内的电商销售已位居行业前列。除此之外，年轻华人还多层次、多领域地发展经营，如酒庄的经营，旅游、房地产的开发，向时尚、高端产业的进军等。③

（三）华人社团渐显年轻

2015 年，意大利华人社团迎来换届高峰。在威尼托，华侨华人工商联合会顺利完成第五届会长团改选，30 岁出头的温州籍侨胞刘建国当选为会长；12 月 5 日，意大利威尼斯华侨华人企业家联合总会举行换届大会暨第二届会长团就职典礼，青年企业家王金华、苏文义分别就任会长和理事长；12 月 19 日，旅意福建华侨华人同乡总会第六届换届筹备工作会议选举陈天明为会长；12 月 22 日，在米兰浙江华侨华人联谊会换届大会上，米兰中青年企业家朱金亮再次当选会长，温州小伙朱建民被推选为副秘书长。这些社团的侨领年龄普遍不高，但组织管理能力出众、服务公益的社会责任感强，且均为行业中的佼佼者。如侨领刘建国，旗下管理着 16 家大型综合超市，意大利本土员工超过 300 人。另外，侨团还十分注意吸收在意学者、知识分子加入。青年侨领的不断增多和成长，必将加速华人社团实力和影响力的提升，这对于推动华人社会的融入、促进中意交流将具有十分重要的现实意义和深远的历史意义。

---

① 《意大利地方政府名车队为华商"站台"　力挺华企》，中国侨网，http：//www.chinaqw.com/hqhr/2015/12－22/74519.shtml。

② 《普拉托华人积极谋"变"　CNA 华人企协甘当领头羊》，中国侨网，http：//www.chinaqw.com/hqhr/2015/11－10/69923.shtml。

③ 《意大利阿雷焦当地媒体赞叹华人总是投资有方》，中国侨网，http：//www.chinaqw.com/hqhr/2015/07－20/57562.shtml。

（四）华人呼声、政治诉求不断增强

一直以来，意大利华人治安问题备受关注。近年，华人社区治安状况严重恶化，针对华人的抢劫、偷盗、绑架、放火等恶性刑事治安案件频频发生，严重扰乱当地华侨华人的正常生活，使华人财产蒙受重大损失，人身安全受到巨大威胁。对此，华人不再选择沉默，而是团结一致，共同维护自己的人身和财产安全。

2016 年 1 月 16 日，在普拉托华人聚集区，约 300 名华人手举"拒绝暴力""和平""我爱普拉托"等中意文小旗，在广场参与静坐，敦促政府加强治安管理。① 除此之外，普拉托当地华侨社团及相关协会也联合起来，共同商议如何应对。为此，普拉托华人华侨联谊会、普拉托华商会、旅意福建华侨华人同乡总会、意大利普拉托华侨华人佛教总会、普拉托华人服装行业协会、CNA 华人企业协会、托斯卡纳华裔协会、孔普斯特剧场、普拉托联络中心以及社会各界华人专门召开会议，探讨解决的可行方案与措施，包括成立"服务中心"，负责华人治安案件，宣传和普及自我保护意识；协调、安排安保巡逻，争取官方机构支持；申请举办游行活动，表达华人的心声。② 在罗马，各侨团联合发起"反暴力，要安全"大游行，得到华侨华人的积极响应。数千名来自意大利各地的华侨华人在罗马华人商业区维多利奥公园集合，手举中意两国国旗及意文标识的象征"和平"的彩虹旗，沿途高呼中意文"反暴力，要安全"口号。

另外，在追求安全的同时，华人参政意识也逐渐增强。由于意大利一些地方仍然存在种族歧视的现象，意大利媒体对中国及华人的宣传比较片面，这造成许多当地人认为华人在意大利只顾赚钱而不关心政治。随着选举权对移民的开放，意大利华人不失时机地表达其政治诉求。如在罗马、米兰以及西海岸的拉斯佩齐亚的市长选举中，华人踊跃参选，向为华侨发声、对华侨有益的候选人投上其宝贵的一票。华人参议委员会与意大利众议院议员"中国之友"协会商议，积极争取并维护旅意华人在居住国的权益，拓展华侨华人在意大利的生活和发展环境，并积极推进中意两国在经济、文化、旅游等领域的交流和发展。③

三、意大利华人企业面临的问题

华人在意大利寻求发展的同时，也面临着一系列的问题。一方面，华人自身维权意识薄弱，治安问题频出，文化冲突明显；另一方面，华人企业经营不规范，雇佣黑工，偷税漏税，工厂设施简陋，卫生条件较差，缺乏安全生产意识，致使悲剧在华人社会不断上演。

---

① 《意大利普拉托华人静坐示威　促当地政府加强治安》，中国侨网，http：//www.chinaqw.com/hqhr/2016/01 - 17/77113.shtml。

② 《意普拉托侨界举行会议　商议应对华人治安环境恶化》，中国侨网，http：//www.chinaqw.com/hqhr/2016/01 -25/77823.shtml。

③ 《米兰市长初选在即　米兰侨领呼吁华人打入主流社会》，中国侨网，http：//www.chinaqw.com/hqhr/2016/02 - 06/79229.shtml。

（一）维权意识薄弱，治安问题频出

意大利华人大多来自浙江、福建等地，更关心的是生存和经济问题，故而，同其他族裔的移民相比，维权意识较为淡薄。而一些华人企业为了节约成本，不惜使用破旧的生产设备，也不安装消防设施和应急通道，更肆无忌惮地雇佣大量黑工，剥削现象十分严重。在佛罗伦萨附近的成衣制造业重地——普拉托，有几千家华人制衣厂，大多不合法律规定而存在。2013 年 12 月，当地一家华人制衣厂发生严重火灾，夺去 7 名工人性命。

另外，华人又因"勤恳拼命会赚钱、现金总在身边放"而成为各路窃贼的首要目标。而意大利立案手续十分烦琐，需要填写较为复杂的意文表单，且笔录、口录耗时极长，报案后也未见得能够追回损失，因而许多受害华人不愿浪费时间；或因语言沟通困难而选择不去报警。这种自认倒霉、不多追究的图省事态度，一定程度上助长了犯罪分子"欺负"华人的势头。所以，意大利治安问题始终是困扰所有华侨华人的一块心病。2015 年，华人被偷盗、抢劫、枪杀的案件不胜枚举。[①]

（二）文化理念、教育方式差异日渐凸显

东西方社会由于历史、文化的不同，经常会在跨文化交流过程中产生冲突和碰撞。华人受儒家文化的影响，奉行"养不教，父之过""棒子底下出孝子"的观点，父母扮演的角色不仅仅是"生养育人"，更是子女成龙成凤的管教者；西方国家则受宗教及政治的影响，推崇个人自由与价值，本着"尊重孩子个性"的教育理念，讲究"引导"和"激励"。这样，因教育方式和文化理念存在差异而出现的事例在意大利不断发生。

在罗维戈，一中国父亲因管教儿子并将其赤身裸体赶出家门而被认为是虐待孩子，遭到意大利宪兵逮捕；在雷焦艾米利亚，一对华人夫妇因将 6 岁孩子独留家中而被控监管不力；在特尔尼，另一对华人夫妇因将孩子关在货车里而被控遗弃未成年人。这些行为在国内可能不会受到法律的制裁。由此可见，文化差异也是阻碍旅意华人融入意大利社会的原因之一。

（三）违规经营

有部分华人违规经营受到当局的查封。在当局看来，未经许可就擅自经营违反了市场公平竞争的原则，容易形成恶性竞争，质量也没有保证。2015 年初，帕多瓦一家华人理发店因没有营业许可证而被勒令停业和查封；5 月，阿塞米尼一名 45 岁华人被警方起诉，因他将住宅改造成一个加工厂，非法经营、处理和加工海参，加工时也不遵守任何卫生准则，其后又直接将生产垃圾倒进河中，污染了环境，受到警察的查封。而另一项统计数字显示，从 2014 年 9 月 1 日至 11 月 30 日，普拉托省、皮斯托亚省和佛罗伦萨省检查的 859 家华人企业，仅有 242 家符合要求，62 家企业被查封或已经关闭，447 家企业有违规行为，93 家企业没有运作。[②]

---

① 《意大利华人酒吧再遭恶性抢劫　治安成华商心病》，中国新闻网，http：//www.chinanews.com/hr/2015/09 - 17/7528964. shtml。

② 《意大利 859 家华人企业接受检查　其中 242 家符合要求》，中国新闻网，http：//www.chinanews.com/hr/2014/12 - 08/6856014. shtml。

违规经营的另一个表现是走私和出售伪劣产品。2015 年 1 月,威尼斯财政警察在一家华人商店里发现一批冒牌的球队纪念品,包括各个球队的围巾、钥匙链、贴画、队旗、胸针和包类商品;2015 年 7 月,罗马省税务指挥部发动代号为"黄色火焰"的行动,出动150 名警力和一架直升机,突击检查当地一个大型批发商场,发现了大量假冒"意大利制造"的服装。最后,检察院以"窝藏和出售贴有虚假商标的工业产品罪"起诉涉事的 35名华商业主和有关公司的法人代表,扣押的资产总价值超过 550 万欧元,还有 10 辆豪华轿车,135 个银行户头和保险箱。[①]

(四) 华人企业偷税漏税、安全设施不到位

在意大利,部分华人企业还有偷税漏税行为。2015 年 6 月 5 日,都灵一名华人在携巨款赴上海的途中被米兰海关税务扣押,原因是其手提行李中的 335 000 欧元与他经营餐馆所申报的年收入不符,并且违反了出境所带现金的最高额度。另根据意大利海关军警 2015年最初 5 个月的检查,近 2 000 名旅客中就有 500 人违反了关于携带/输送现金的规定,共发现大约 2 000 万欧元非法运送资金。警察查扣 35 万多欧元,罚款近 20 万欧元。在 4 月份进行的 "Flying Cash"(飞钱)行动结束后,发现持续违规运送资金额高达 5 200 多万欧元,[②] 而这些钱很多都涉及偷税漏税。

因消防设施不到位引起的事故也不稀奇。2016 年 1 月 14 日,在罗马华商集中的仓库区中一家华商鞋业仓库发生严重火灾,大火导致 1 人死亡、2 人受伤,失火面积 2 000 多平方米,至少 2 家大型仓库被完全烧毁,附近多家仓库亦受牵连。除有人蓄意纵火外,更暴露出消防设施存在严重的问题,多个仓库的消防水龙头不是没水就是水压不够。[③]

四、意大利华人与当地居民的关系

长期以来,意大利华人只是一门心思地经营自己的生意,忽视与当地居民的交流和合作,虽对当地经济做出了突出的贡献,却始终得不到主流社会的认可。特别是在意大利遭受到经济危机之时,华人有时会成为当地人发泄的对象。他们认为是华人采取违规经营、偷税漏税等不良手段抢夺了自己的就业机会。华人社会相对封闭,致使华人与当地居民之间的隔阂一步步加深。但是,随着意大利年轻华人比重的提升,华人群体的特征也在发生变化。2015 年,意大利华人与当地居民关系有所改善。

首先,华人与当地居民之间的交流频繁。就政府层面而言,意大利天主教民主党、全国副主席安东尼奥·阿基利诺(Antonio Aquilino)与旅居罗马的华侨华人座谈,了解华人遇到的困难和需求,并提出解决方案请华人讨论、评估,以帮助华人融入主流社会。同时,华侨华人不断参加意大利举办的各项活动,如"乒乓球赛""足球赛""'百面墙'三

---

① 《涉嫌假冒意大利制造 罗马 35 名华商财产遭查封》,中国侨网,http://www.chinaqw.com/hqhr/2015/07 - 30/58890. shtml。

② 《米兰机场一华人携带巨额现金被扣 疑漏税所得》,中国侨网,http://www.chinaqw.com/hqhr/2015/06 - 05/52176. shtml。

③ 《罗马华商仓库区一鞋仓库发生大火 一华人死亡》,中国侨网,http://www.chinaqw.com/hqhr/2016/01 - 16/77056. shtml。

日之带你发现多元文化的普拉托"等，促进两族群交流。华人各社团及侨领积极参加意大利的公益事业。如 12 月 14 日，意大利华侨华人贸易总会会长陈正溪、米兰浙江华侨华人联谊会会长朱金亮、欧联通讯社代表应邀出席意大利"稀有病种"慈善募捐晚会，支持意大利的慈善事业。

其次，华人积极融入当地社会，重塑华人的形象。以前，华人为了招揽生意，会在街道两旁的电线杆、店铺和居民住宅的墙上随意张贴中文广告，或直接在墙上乱涂乱画，引起当地民众强烈的不满和反感，当地政府只能通过罚款等严厉措施来加以制止。为此，普拉托当地 50 多名华人手拿扫帚、铲刀、海绵刷和抹布等，自发上街对街道两侧的"牛皮癣"小广告进行清洗，这既树立了华人在当地的新形象，又获得当地民众和媒体的称赞。

再次，一些新生代华人敢于站出来维护华人的形象。意大利经济连续多年不景气，一些政客和媒体为了转移社会矛盾及选举等需要，喜欢拿华人作"替罪羊"，无故放大和编造出种种谣言妖魔化华人，致使华人形象受损。2016 年 1 月 19 日，一名意大利华侨二代勇敢地站了出来，与意大利华人街网站一起用意大利语录制一段视频，将意大利一些媒体强扣在华人头上的如华人在意大利不交税、华人让意大利人失业等不实谣言逐条进行驳斥，有力地维护了华人的形象和面貌。

总之，意大利华人正为融入当地社会做出实质性的努力和改变。虽说取得的成果不是很大，但是，相信不久的将来华人与当地民众之间的关系将会不断深化。

五、结论

由于经济危机的困扰，意大利华人生存和发展受到极大的挑战。加之华人企业自身存在的一些问题，如安全隐患、偷税漏税、违规经营等，导致企业时不时遭到当地执法部门的检查和查封，并蒙受巨大的经济损失。华人喜欢随身携带现金的习惯，也使他们经常陷入安全困境。此外，文化差异因东西方理念不同而不断显现。因此，如何提高安全和防范意识、规范经营、转型升级，以及如何融入当地主流社会将是华人及华人企业接下来面临的主要任务。

西班牙

2015 年西班牙经济受全球金融市场波动影响不大，实现自 2007 年经济危机以来最大增幅。西班牙是欧洲新兴移民移入国，接纳越来越多中国移民。旅居西班牙的华人移民行为与其他国家的移民截然不同，大多为了所谓的商业扩张来到西班牙。经过 30 多年的努力，西班牙华人已经在当地立足，逐步融入当地社会，不过西班牙国内仍然存在对华人的潜在歧视和排斥，西班牙警方也频繁针对华人展开反洗钱行动。为此，西班牙华侨华人需要转换思想，开阔眼界，利用自身优势，合法经营，打破陈旧经营模式，勇于拓展市场，走出灰色地区，立足转型发展。

一、西班牙基本国情

西班牙概况

国家全名	西班牙王国	地理位置	中南半岛中南部	领土面积	505 925 平方千米
首都	马德里	官方语言	西班牙语	主要民族	卡斯蒂利亚人，少数民族有加泰罗尼亚人、加利西亚人和巴斯克人
政体	议会君主制	执政党/主要反对党	人民党/西班牙工人社会党、"我们能"党、公民党	国家元首/政府首脑	费利佩六世/马里亚诺·拉霍依·布雷
人口数量	48 146 134①（2015 年 7 月）	华侨华人人口数量	186 031（合法登记）②	华侨华人占总人口比例	0.38%
GDP	1.636 万亿美元	CPI	−0.8③	失业率	22.5%

2015 年西班牙经济受全球金融市场波动影响不大，实现了明显增长，根据西班牙国家

---

① https：//www. cia. gov/library/publications/the － world － factbook/geos/sp. html.
② 《2015 年统计数据中的旅西华人》（截至 2016 年 1 月 7 日），http：//www. eulam. com/html/201601/17/533752. html。
③ 西班牙国家统计局，http：//www. ine. es/dyngs/INEbase/en/operacion. htm? c = Estadistica_C&cid = 1254736176802& menu = ultiDatos&idp = 1254735976607。

统计局的数据，2015 年西班牙国内生产总值增长 3.2%，[①] 实现自 2007 年经济危机以来的最大增幅，西班牙经济在经历了五年的衰退后终于开始进入初步复苏时期。西班牙失业人口庞大，根据西班牙就业部门统计，2015 年达 4 039 508 人，制造业持续疲软是其主因，失业现状已经成为新政府推动国家前进的"拦路虎"。2015 年 12 月 20 日的西班牙大选尘埃落定，人民党以微弱优势胜出，获得的支持率为 28.72%，社工党 22.02% 紧随其后。根据投票比率，西班牙国会众议院共 350 个席位将由投票比率决定各党派席位。人民党将由 2011 年的 186 席降到 123 席，社工党由 2014 年的 110 席降到 90 席，可以说西班牙政治已经大翻天。

二、中西经贸政治关系

近年来，中西经贸合作持续发展，西班牙是中国在欧盟的第六大贸易伙伴。中国是西班牙在欧盟外的第一大贸易伙伴。2000 年到 2015 年，中国对西班牙投资超过 26 亿欧元，其中 90% 以上集中在 2012 年。2015 年，中国在西班牙投资企业超过 2 000 家。据欧盟统计局数据，2015 年 1—9 月，西班牙与中国双边货物进出口额为 203.5 亿美元，下降 1.8%。[②] 西班牙对中国出口 36.8 亿美元，下降 11.3%，占其出口总额的 1.7%。西班牙自中国进口 166.7 亿美元，增长 0.6%，占其进口总额的 7.1%。机电产品一直是西班牙对中国出口的主力产品，2015 年 1—9 月出口额为 5 亿美元，占出口总额 13.6%。矿产品、化工产品和贱金属及制品分别是西班牙对中国出口的第二大类、第三大类和第四大类商品。西班牙自中国进口的主要商品为机电产品、纺织品及原料、贱金属及制品和家具玩具，1—9 月进口额分别为 46.7 亿美元、30.8 亿美元、16.3 亿美元和 16.0 亿美元，占西班牙自中国进口总额的 28.0%、18.5%、9.8% 和 9.6%，其中机电产品、贱金属及制品和家具玩具分别增长 0.9%、5.6% 和 3.8%，纺织品及原料下降 4.7%。在机电产品中，电机和电气产品进口 27.8 亿美元，增长 0.4%；机械设备进口 18.9 亿美元，增长 1.5%。在纺织品及原料中，非针织或非钩编的服装进口 13.5 亿美元，下降 4.7%；针织或钩编的服装进口 10.5 亿美元，下降 6.5%。中国是西班牙纺织品及原料、家具玩具、鞋靴伞等轻工产品和皮革制品及箱包的第一大进口来源地，分别占其进口市场份额的 20.0%、29.6%、33.6% 和 30.0%。

中国与西班牙 1973 年 3 月 9 日建交。两国在政治、经贸、文化、科技、教育、司法等领域的友好合作关系不断发展。双方签有引渡条约、被判刑人移管条约、刑事司法互助条约、航空协定、文化协定、经济和工业合作协定、科技合作基础协定、避免双重征税协定、投资保护协定和打击有组织犯罪合作协定。2015 年 11 月 16 日，国家主席习近平在土耳其会见西班牙首相拉霍依时强调西班牙是中国在欧盟内值得信赖的好朋友和重要的合作伙伴，指出西班牙是欧盟重要成员国，在欧盟内部发挥独特作用和重要影响。

[①] 《西班牙国内生产总值 2015 年增长 3.2%　达到经济危机以来最大增幅》，http://www.eulam.com/html/201601/30/535177.html，2016 年 1 月 30 日。

[②] 《2015 年 1—9 月西班牙货物贸易及中西双边贸易概况》，http://countryreport.mofcom.gov.cn/record/view110209.asp? news_id=47443。

三、西班牙侨情现状及变化

（一）西班牙移民生活贫困，华人非最大移民团体

西班牙有 40% 的移民处于贫困状态，在整个欧洲内情况只比目前严重处于经济危机中的希腊稍好，位列倒数第二，西班牙本国居民贫困状况反而并不太靠后。旅居西班牙的华人由于移民行为与其他国家的移民截然不同，大多为了所谓的商业扩张来到西班牙，因此该群体的贫困人口数量非常低，几乎可以忽略不计。

中国人其实并不是西班牙最大的移民群体。① 比如在巴塞罗那，根据加泰罗尼亚数据中心 2014 年的数据，巴塞罗那共有 273 121 个外国人，占巴塞罗那总人口的 1/5。其中意大利人比例最高，占巴塞罗那外国人口的 9.16%，共 25 000 人。排名第二的是巴基斯坦人，占 7.42%。第三位是华人，占 6.02%，集中在 Sant Andreu 地区。也就是说，意大利人才是巴塞罗那最大的外国人群体。

西班牙存在着极少数的"极端种族主义"公民，他们一般都行为偏激，会针对华人做出一些歧视、侮辱和排斥的举动。同为外来移民的一些拉美移民对华人的态度是负面的，鄙夷、不屑甚至仇视，这主要是因为华人在西班牙一直非常努力创业、工作，平均收入远远高于拉美人，同样努力工作的拉美人，一直徘徊在社会中下层，基本没有像华人那样去创业的，彼此之间存在巨大落差，看着华人富裕、稳定的生活，一些拉美移民内心产生仇富心理，对华人的态度越来越恶劣。

2015 年适逢西班牙大选，纵观华人对于西班牙首相候选人的态度，大部分还是希望从左派获得更多的优惠政策，部分华人希望拉霍依能推出更多有利于个体户的政策，以使自己免受经济危机的过大冲击。西班牙政府陆续出台移民新政策，对有关旅西华人普遍关心的"买房换居留"政策中的三代移民、身份续签及工作权利等移民政策进行了一系列改革。② 2013 年 9 月，为了吸引国外投资，激活国内房地产市场，西班牙政府制定了"买房换居留"的政策，但政策实施两年后由于政策行政程序烦琐、等待时间过长而效果不明显，截至 2015 年 8 月仅有 530 人通过这一政策获得居留权。西班牙政府对"买房换居留"政策实施了一些宽松措施，包括经济上依赖于申请人的双方父母及 18 周岁以上未婚子女可随性；居留续签期限改为一年换两年再换五年长期居留，获得长期身份后，保留房产，无须居住，即可长期保持身份；以法律形式明确标注，获得身份即可工作；签署预售合同，并将剩余房款全部转入西班牙账户后，即可申请 6 个月的投资签证，获得房产地契后，可直接来到西班牙换取两年居留卡。新政要比之前更为宽松，对于希望投资西班牙的人更有吸引力。

（二）西班牙华人人口以及移民发展

根据西班牙国家统计局的统计，2015 年，西班牙共有 186 031 名合法登记的中国人。

---

① 《中国人是巴塞罗那移民最多的团体》，http://www.eulam.com/html/201512/29/531866.html，2015 年 12 月 29 日。

② 《西班牙大幅放松移民政策的背后："这里依然需要移民"》，http://www.eulam.com/html/201508/16/518425.html，2015 年 8 月 16 日。

这些旅西华人大部分都生活在首都马德里，共 49 831 人。华人人数第二多的大区是加泰罗尼亚大区，共 49 773 名华人定居。第三位是瓦伦西亚大区，有 20 475 名华人。第四位是安达卢西亚大区，有 19 496 名华人定居。华人大都是青壮年，男性人数 95 598，要高于女性的 90 433，华人性别比例基本平衡。19 岁以下华人青少年较多，有 53 057 人。

在西班牙，旅西华人除了经营餐馆、百元店等传统行业以外，还开有互联网公司、时装连锁店、照明产品批发店以及投资咨询公司等。华人在西班牙从事行业呈多样化发展。总体上旅西华人可以分为三类：第一类是 20 世纪 80 年代来到西班牙的第一批华人移民。这些人到西班牙谋生主要是因为贫穷。此外，中国当时所兴起的"出国潮"，也是部分第一代华人来西班牙的缘由。第二类旅西华人是华二代，也就是第一代移民在西班牙的子女们。第三类旅西华人是来西班牙大学留学，并且最终留在这里的留学生。在旅西华人中，较为成功的业主基本都是来西 20 年或 25 年以上，属于第一批华人创业者。这些人大多数都是经营百元店起家，在有了一定的积累后扩大经营，或转行。他们的成功除了归功于中国是世界工厂的现实以外，也与其家族融资和联合经营是分不开的。此外，也有成功华人一直坚守自己的老本行，如百元店、中餐馆等。这些人基本都是行业中的佼佼者和领军人物。随着中西贸易的发展，以及中国经济在近些年来的飞速发展，现在开始有旅西华人从事从西班牙向中国出口产品的贸易，取得了不俗的成绩。除了第一代成功华人以外，许多第二代华人开始崭露头角，并且已经成绩斐然。这些华人所从事的行业比他们的父辈更加多元化，同时他们也没有像其父母当初创业时受过很多苦累。另外，在个人素质上，第二代华人也比第一代好许多，他们中的很多人都受过良好的教育，并且会多国语言。

如今，马德里大街小巷都充满了华人的美容中心和"低成本"的时装店，这些店铺也成为真正的连锁扩张行业。华人的投资主要集中在第三产业，已经成为罗马尼亚人和摩洛哥人之外在马德里的第三大外来移民群体，创造的财富远远高于其他外来国家移民。据统计，旅西华人创业老板的数量达到华人总数的一半。马德里南部的 Fuenlabrada 地区的 Cobo Calleja 仓库区，有近 400 家华人小商品、百货、服装批发仓库，该地区已经成为欧洲最大的贸易批发产业。仓库里都是家居用品，由成千上万个分销商销售到西班牙的各个角落。很多服装批发商，分销商可以直接来该地区进货，满大街停靠的都是中国企业家的车、进货的面包车以及罗马小商贩的车。

华人企业家在西班牙的商业扩张最典型的例子是"低成本"时装连锁店 Mulaya，被称作"中国的 Zara"。目前，该华人时装连锁品牌已经在马德里拥有 14 家店面，坐落在繁华并且人流量大的各种各样街道。主要经营当今最流行款式和花色的服装，但价位比西班牙 Inditex 公司旗下品牌低廉。马德里帕尔拉市（Parla）的华人最多，华人店面也最集中。近年，华人对帕尔拉市投资力度不断加大，华人对整个帕尔拉市的经济发展影响深远。[①]华人除继续从事纺织品、鞋类、配件贸易、百货商品等传统行业以外，也开始向高科技领域进军。由于帕尔拉市交通方便，拥有直接通往马德里任何地区的城际列车，华人投资者计划将帕尔拉市空置的 Pau－5 工业用地打造为使用风能、太阳能、特殊农业以及废水回收技术的产业园区，帕尔拉市政府也极力希望促成投资事宜。

① 《中国投资者想把 Parla 打造成为西班牙的"硅谷"》，http://www.eulam.com/html/201512/29/531850.html，2015 年 12 月 29 日。

（三）西班牙华人社团发挥凝聚作用，非营利性组织促进中西融合

西班牙的华人组织以商会和同乡会组织为主，近年来发展迅速。2011年西班牙共有大小侨团120个（含台湾地区社团15个）。其中最大的侨团组织是西班牙华侨华人协会。①

西班牙华侨华人协会设在马德里，是1983年6月6日由已故著名爱国华侨陈迪光创办的，也是创立时间最早、影响最大的全国性华人侨社组织，在西班牙华侨华人史上具有里程碑意义。该协会创立于马德里，现任会长为毛峰。1996年8月18日，陈迪光发起成立了西班牙青田同乡会。青田华侨华人是西班牙华人社会的拓荒者，在漫长的西班牙华人社会历史上，青田人的历史从来没有间断过，在20世纪70年代青田人始终是西班牙华人社会的主体。20世纪90年代末，西班牙70%以上的华侨华人是青田人，西班牙也是青田人旅居海外最为集中的国家。

西班牙中国百货华商会成立于2009年1月13日。在商会成立的6年多时间里，该商会会员们团结一心，发扬爱国主义优良传统，不仅为西班牙经济建设发展做出贡献，也在四川汶川地震等重大事件中，向灾区伸出援手，积极捐款赈灾。同时，商会在引导侨胞融入当地社会、排解华商遇到的困难等方面，积极做出努力，为建设和谐的侨界环境，做出了极大的贡献。

西班牙加泰罗尼亚华侨华人社团联合总会于2003年在西班牙巴塞罗那成立。总会为非营利组织，其宗旨是沟通、协调、理顺各行业协会和各民间团体的关系，为提高华人在当地的政治、经济、社会地位，争取和维护华侨华人的整体利益而努力。该会目前已吸纳了19个加泰罗尼亚自治区主要行业协会和民间团体为会员。

西班牙巴塞罗那中华总商会成立于2012年9月，是西班牙加泰罗尼亚地区最年轻的华人社团。创会后，在爱国护侨、促进融入、推动中西经贸发展和支持祖国经济建设等方面做出了贡献。2015年12月29日，巴塞罗那中华总商会举行换届，曹启震获选为新任会长。②

诚信基金会是一家非营利性的独立私人机构，2013年由诚信集团成立，3年来不遗余力地促进中国文化和华人社会在西班牙的融入，现任负责人为张振荣（Julia Zhang）女士。③诚信集团拥有长达13年的历史，旗下有诚信法税顾问公司、诚信行政事务所、诚信培训中心、ZAI在西传媒集团、诚信传媒公司、西班牙信投公司、诚信基金会、西班牙你好文化交流协会8家机构。诚信基金会为帮助中国移民学习西班牙语，开展了"轻轻松松学西语"的免费远程教学课程。2014年，为更好地帮助旅西华人在西班牙生活和学习，集团开展了SATIC（中文办案服务）项目，与马德里大区的多家警察局积极合作，通过免费电话翻译，协助西班牙语沟通有困难的华人在警察局报案。诚信基金会积极与西班牙政府及非政府机构合作，翻译西班牙国家警察局《安全经商指南》，帮助国家警察局在华人群体中进行推广和宣传；每年与西班牙红十字会合作开展"黄金抽奖活动"；向中国移民

① 王晓萍、刘宏编：《欧洲华侨华人与当地社会关系：社会融合·经济发展·政治参与》，广州：中山大学出版社2011年版，第160页。
② 《巴塞中华总商会第四届换届大会暨圣诞年会隆重举行》，http://www.eulam.com/html/201512/29/531851.html，2015年12月29日。
③ 诚信基金会网站，http://fundacionorient.org/。

介绍马德里大区商务局的旅游推广计划。2015 年，诚信基金会与马德里大区政府合作，开发了第一个中文的马德里生活指南手机应用程序，那是一款专门针对马德里华人居民和游客的应用程序。2015 年诚信基金会因其对慈善的贡献而在红十字会获奖，基金会理事长成为马德里大区政府移民论坛的理事。[①] 马德里大区政府移民论坛是隶属于马德里大区移民局的一个组织，成员中有政府机构代表、移民协会代表、非营利机构代表等，定期举办活动和会议，商讨移民中存在的问题及解决方法。该组织相当于大区政府在移民方面的顾问，负责向大区政府提供有建设性的建议，协助大区政府制定有关移民政策、法律、法规等，论坛成员每 3 年更换一次，一般由马德里大区根据移民社团积极参加大区的情况提名，从提名中选举，选举获胜者成为新一届论坛成员。

（四）华文教育及西班牙华二代认同疑惑

西班牙华文教育面临适学儿童年龄差距大、学习环境相对较少、难以培养中文学习兴趣等难题。马德里华人基督教会爱华中文学校，简称马德里爱华中文学校，创建于 2005 年，属于西班牙格雅教育机构，现有学生 600 多名，从学前班到六年级共 34 个班级。爱华中文学校有两个校区，总校坐落在被称为"唐人街"的 USERA 区，分校区设在 SAN FERMIN 区的西班牙私立学校。学校分星期六和星期天这两天上下午四个时间段上课。爱华中文学校拥有一支高学历的师资队伍，从院长到教师都具有高等学历，2011 年被国侨办授予"海外华文教育示范学校"称号。学校的办学宗旨是：传播中华文化、培养汉语人才，本着方便侨胞与服务侨胞的目的，做好华文教育工作，为中西两国的融合交流做出努力。

马德里中文学校是由西班牙华侨华人协会和西班牙华侨华人妇女联合会于 1996 年 10 月创办的。近 20 年来，学校的工作取得了显著成绩，受到侨胞们的一致好评。马德里中文学校的办学宗旨是把中华民族的根留住，使中华文化在华侨华人的子孙中代代相传，弘扬发展中华文化，使西班牙人也了解中华文化，促进中西文化交流。

华人来到西班牙不过 30 多年时间，早期到来的华人由于语言、社会生活环境以及工作性质等诸多问题，在融入当地社会进程中并不十分顺利。在华一代努力融入西班牙社会的过程中，华二代也开始茁壮成长。由于西班牙语是他们的母语，生活习惯也和西班牙人相差无几，他们融入西班牙的过程应该更加顺畅，然而由于华二代没有最基本的文化归属感和文化认同感，他们并没有完全融入当地社会。大多数华二代的父母没有高学历，到西班牙的主要目的是挣钱，这些华一代对于中国文化底蕴的了解和认识不足，导致华二代不能从华一代获知中国的文化底蕴，一定程度上丧失了对中国文化的认同感和归属感。大多数华一代语言基础不好，也不主动融入当地社会，往往局限在自己的圈子里，最终与当地社会产生距离。很多华二代由于父母没有让他们认知自己与当地人的差异，往往性格孤僻，容易受到排斥和凌辱，从心底抵触西班牙文化，也失去了对西班牙文化的认同感和归属感。

---

① 《JULIA 张振荣女士 入选马德里大区论坛成员》，http://chinatown.ouhua.info/news/2015/05/08/2050646.html，2015 年 5 月 8 日。

（五）西班牙华文媒体贴近侨界，促进侨胞融入当地

西班牙欧华传媒集团旗下有中文报刊《欧华报》《欧华报》（西班牙语版）和欧华网、欧华西班牙文网、欧华微信公众平台、欧华官方微博、欧华报 Facebook 专业、欧华外联部、欧华翻译社、欧华科技专业网站设计中心等。《欧华报》创刊于 2002 年 12 月 8 日，总部设在马德里，在西班牙重要城市巴塞罗那和瓦伦西亚设有记者站，在中国大陆也有代表处和兼职记者。《欧华报》是国际期刊协会和西班牙期刊协会的正式会员刊物，是中国新闻社和新华社的海外合作伙伴。《欧华报》也是广东省侨办、浙江省杭州市侨办、上海《新民晚报》选定的海外合作媒体之一，中央电视台四套和凤凰卫视欧洲台的合作伙伴。《欧华报》重视与西班牙主流媒体的互动和交流，多次与西班牙政府部门和亚洲之家联合举办各种大型活动，努力扩大华文媒体在主流社会的影响力，争取话语权。《欧华报》的宗旨是：为侨胞再现天下大事，为侨胞提供实用服务，为侨胞丰富业余生活，为侨胞展现思乡之情，引导移民融入当地社会，推动中西两国的经贸、文化交流，全方位为广大中国移民服务，坚持爱国爱乡、反独促统、团结融入、客观公正的鲜明立场。[①] 西班牙欧浪网也是西班牙华文媒体传媒集团下属的大型综合性网站。此外，创刊 20 多年的《华新报》严格遵循贴近侨民、贴近侨界、贴近生活的办报宗旨，积极贯彻促进中西人民友谊、促进华人社会安定团结、促进侨胞融入当地社会的工作方针，逐步成熟并不断壮大。

在 2015 年西班牙大选期间，西班牙华文媒体报道选情，推出了《西班牙大选常识》《华人关注选举 期待对外来移民利好》等文章。以西班牙华文传媒集团为例，其旗下的《华新报》《中国报》以及欧浪网对大选都进行了跟踪报道，并有专门评论员对大选进行解读，以便于旅西华人第一时间了解西班牙新的政治走向和政策变动。[②] 2015 年，在新媒体转型的浪潮中，西班牙华文传媒集团试水"视听新媒体"，在欧浪网上开通播报新闻的视频平台。平台开通后，视频新闻涵盖了华社运动会、马德里"太极热"等话题，点击率和阅读量一路攀升，成为颇受华人欢迎的新闻播报方式。2016 年春节过后，正在筹备的新闻直播间也开启了，将以新闻直播的方式为华社播报新闻。

四、旅西华人面临的主要问题及西班牙政府的措施

（一）西班牙警方频繁针对华商展开反洗钱行动，华人暴力惨案时有发生

近年西班牙经济长期低迷，华商逆境而上令西班牙社会对华商误解颇多，一些人把经济低迷的责任嫁祸到华商头上，不惜用打压的方式破坏华人带来的移民红利。此外，由于西班牙政局不稳，部分政客为了赢得保守派支持，别有用心地使用"反华"言论充当政治筹码。华人自身由于过多重视同乡联系，内部较为封闭，与当地融入度不高。同时，华人参政少、政治敏锐性差导致其对当地某些政策和制度不够了解。

西班牙警方对"华人洗钱"的打击行动越来越多，每次轰动性的行动，都会给旅西华

---

① http：//www. ouhua. info/aboutus/.
② 《华媒转型》，人民网，http：//paper. people. com. cn/rmrbhwb/html/2016 – 01/08/content_1646243. htm，2016 年 1 月 8 日。

人的名誉和形象造成极大影响。2015 年 2 月 23 日，数百名持枪国家警察和宪兵带着警犬，出现在 Cobo Calleja 仓库区，执行所谓的代号"鹈鹕"的反洗黑钱行动。[①] 2015 年 5 月 11 日，西班牙国家宪兵发起"毒蛇行动"，逮捕 27 名涉嫌洗钱犯罪的华人。一审中，17 人因有确实证据参与洗黑钱被判关押在监狱中，不准保释；9 人需支付 1 万到 2 万欧元保释金；其中 1 人被释放，但被法院没收护照，并要求一个月出庭两次。[②]

2016 年 2 月 17 日西班牙宪兵中央行动纵队（UCO）和马德里反腐调查厅调查组搜查了中国工商银行马德里分行，代号"影子行动"（Operation Shadow）。西班牙马德里法院称此次行动是为了铲除一个通过金融和企业大规模清洗黑钱，并转移到中国的组织，涉案金额预计达 3 亿欧元，数位工行员工被捕。[③] 中国外交部回应，希望西班牙方面切实依法、公正处理中国工商银行马德里分行遭搜查一事。在这次的"影子行动"事件中，西班牙媒体没有将旅西华人"拖"进来，甚至说西班牙的华人群体对工行涉嫌洗钱事件并不知情。事件发生前，西班牙媒体曾在工行门口架好设备，准备对该事件大肆报道，给工行的形象包括华人形象带来大损，意图使旅西华人形象像经历"帝王行动"后一样再次一落千丈，重新进入一个新的深渊。面对这种危机和困境，海外华人要意识到自己公共外交大使的身份，主动宣传中国人、中国企业的正面形象，影响周围的住在国友人，让他们知道有些报道是过分的、不属实的。

华人中的暴力致死等惨案时有发生。[④] 2015 年 7 月 10 日，在马德里的一家中餐馆，1 名山东大厨由于与福建籍同事发生争执，被其刺死。2015 年 8 月 28 日，瓦罗西亚 1 名 62 岁的华人祖母及其 10 岁的孙女被亲生女儿（妈妈）杀死，酿成惨剧。2015 年 11 月 13 日，西班牙西部城市 Torrelavega 开店的华人在制止店内偷窃的不良青年时，遭对方残酷殴打致重伤，最终不治身亡。2015 年 12 月 6 日，巴塞罗那华人批发商聚集的 Badalona 仓库区发生一起一死一重伤的恶性华人暴力殴斗事件。

（二）西班牙主流媒体对旅西华人歪曲报道被告上法庭

多年来，西班牙电视五台为了增加其社会影响力，多次恶意歪曲事实，违背新闻真实性原则及规范，制作众多辱华节目，恶意抹黑西班牙华人社会形象。2015 年 6 月，有华人以一纸诉状将西班牙电视五台告上法庭，马德里 60 号民事法庭 6 月 18 日对此案正式开庭审理，这是电视五台的法人代表有史以来第一次被华人告到被告席。[⑤] 庭审过程中，电视五台提出利用 15 分钟时间在他们早间收视率最高的新闻节目中让华人代表出镜与主持人面对面进行交流，从而挽回华人的正面形象，打破之前的不实传言的解决方法，得到在场

① 《痛定思痛　"鹈鹕"行动震动西班牙华人》，http：//chinatown. ouhua. info/news/2015/02/25/2036501. html，2015 年 2 月 25 日。

② 《西班牙"毒蛇行动"确认 17 名华人被捕　不得保释》，http：//www. eulam. com/html/201505/19/509298. html，2015 年 5 月 19 日。

③ 《西班牙反腐法院和宪兵突击搜查中国工商银行马德里分支》，http：//www. eulam. com/html/201602/17/536518. html，2016 年 2 月 17 日。

④ 《〈中国报〉2015 年旅西华人十大新闻》，http：//www. eulam. com/html/201512/27/531683. html，2015 年 12 月 27 日。

⑤ 《旅西华人控告电视五台辱华案审理　被告拒经济赔偿》，中国新闻网，http：//www. chinanews. com/hr/2015/06 – 23/7359714. shtml。

华人的赞同。

（三） 西班牙政府着手开展面向华人的沟通服务，积极推进华人参政

伴随着华人群体在西班牙社会的影响力不断增大，西班牙政府各部门早已开始重视面向华人的沟通服务，对华人政府官员的需求也越来越大。2014 年底，马德里市政府通过西班牙青田同乡会的引荐，顺利招聘到一名华人政府职员。2015 年 1 月，马德里市政府再次委托西班牙青田同乡会为其推荐一位职员，其后旅西华人周蓉女士顺利任职一家公共部门。[①]

为了让广大西班牙人正确了解旅西华人，马德里大区移民局于 2015 年 3 月 12 日推出纪录片《马德里新一代华人企业家》。[②] 该片记录了一批来自各行各业的中国年轻创业者，他们从事的行业涵盖从律师事务所到旅行社，从大型文具企业到连锁甜品店，从中文时尚杂志再到进出口贸易等。纪录片不但介绍了他们的工作，还描述了他们聘请西班牙员工和融入西班牙社会的情况。很多西班牙权威人士就此发表意见，如西班牙税务局局长明确表示中国移民是西班牙市民的榜样，他们是所有移民里就此缴纳赋税最多的移民。

五、结论

西班牙华侨华人需要转换思想，开阔眼界，利用自身优势，抓住中国和西班牙合作中日益增加的各种机遇，借力发展。面对中西经贸关系飞速发展带来的商机，旅西华人由于通晓两国语言、文化和社会状况，拥有天时、地利、人和，只要找到合适的切入点，就能拓宽所从事的行业，开发新的经济增长点，为在西班牙的发展开辟新的天地。

从事华人百元店的旅西华商在辛勤工作的同时，有时会忽略产品质量，某些百元店给人的印象是低成本下生产出的"廉价"品，产品质量不过关。如果没有好的产品质量作保障，生意再好，也终有大厦倾颓的一日。旅西华商亟须从根本做起，管控货源产品质量，提高自身形象，为此应当善于学习新鲜的经营与消费理念，紧抓消费者心理，重视自身品质，只有产品过硬，才能走出一条可持续发展的道路。同时，华商经营必须正规合法，打破陈旧经营模式，勇于拓展市场，走出灰色地区，立足转型发展。

尽管如此，西班牙国内仍然存在对华人的潜在歧视和排斥。[③] 对于频频受到打击的华商而言，随着中国与拉美地区合作的不断展开，不局限于西班牙本土，转战同为西班牙语区的拉美国家或许是一种选择。

---

① 《旅西华人入职马德里市政府　被赞显华人地位提高》，中国新闻网，http：//www.chinanews.com/hr/2015/03 - 30/7169643. shtml，2015 年 3 月 30 日。

② 《西班牙华商题材纪录片首映引关注　树立华人新形象》，中国新闻网，http：//www.chinanews.com/hr/2015/03 - 15/7129937. shtml，2015 年 3 月 15 日。

③ 《旅西华商再陷是非风波　为什么华商又被"黑"？》，中国新闻网，http：//www.chinanews.com/hr/2015/05 - 15/7278402. shtml，2015 年 5 月 15 日。

匈牙利

1949 年 10 月 4 日，匈牙利宣布承认中华人民共和国；10 月 6 日，两国建立外交关系。建交后，两国友好关系全面发展，领导人互访等各种形式的往来密切，各领域合作不断加强，两国人民的友谊进一步加深，双方在国际事务中相互支持，密切配合。

一、匈牙利基本国情

匈牙利是一个位于欧洲中部的内陆国家，与奥地利、斯洛伐克、乌克兰、罗马尼亚、塞尔维亚、克罗地亚和斯洛文尼亚接壤，截至 2014 年 12 月，全国总人口为 984.9 万人，首都为布达佩斯。官方语言为匈牙利语，这是欧洲最广泛使用的非印欧语系语言。

匈牙利是欧洲内陆国家，位于多瑙河冲积平原，依山傍水，西部是阿尔卑斯山脉，东北部是喀尔巴阡山。著名的多瑙河从斯洛伐克南部流入匈牙利，恰恰把匈牙利截成东、西两部分。匈牙利资源贫乏，但山河秀美，建筑壮丽。一年四季受地中海气候与大西洋暖流的影响，冬暖夏热。

表 1　匈牙利概况

国家全名	匈牙利共和国	地理位置	欧洲中部	领土面积	93 030 平方千米
首都	布达佩斯	官方语言	匈牙利语	主要民族	匈牙利族以及吉卜赛、罗马尼亚、克罗地亚、塞尔维亚等族
政体	议会共和制	执政党/主要党派	青民盟/匈牙利社会党、自民盟	国家元首/政府首脑	总统格维尔·拉斯洛/总理欧尔班·维克多
人口数量	984.9 万	华侨华人人口数量	华人 6 154、华侨 8 852（2011 年）	华侨华人占总人口比例	0.15%
GDP/人均 GDP	1 371.04 亿美元/13 903 美元	CPI	-0.24	失业率	7.7%

数据来源：除表中特别注明外，所有数据均为 2014 年 12 月数据。中华人民共和国外交部，http://www.fmprc.gov.cn/；另见匈牙利中央统计局网站相关内容，http://www.ksh.hu/?lang=en。

匈牙利经济发达，人均生活水平较高，自东欧剧变后，匈牙利经济高速发展。到 2014 年，匈牙利的人均国内生产总值按国际汇率计算已经达到 1.39 万美元，这已经达到中等发达国家水平。主要民族为匈牙利（马扎尔）族，约占 90%。少数民族有吉卜赛、斯洛伐克、罗马尼亚、克罗地亚、塞尔维亚、斯洛文尼亚、德意志等族。

2015 年前三个季度匈牙利经济获得平稳增长，GDP 比上年同期增长 2.8%。由于农业、投资的增速放缓，因此第三季度的 GDP 只比去年同期增长 2.4%。对外贸易发展较好，1—11 月出口总额达 839 亿欧元，比去年同期增长 7.3%，估计全年比去年出口增长 6.5%，进口增长 7.7%。1—11 月失业人数为 28.3 万人，失业率 6.3%，与去年同比下降 0.9%。[1]

二、中匈关系

（一）政治外交

中国与匈牙利建立外交关系至今已有 67 年。建交以来，双方在国际事务中相互支持，密切配合。在中国抗美援朝、争取国家统一、恢复在联合国合法席位等问题上，匈牙利积极支持中国立场。1989 年匈牙利剧变后，双边交往一度减少。1991 年 3 月，钱其琛外长应邀访匈，这是匈牙利剧变后中国外长首次访匈，对中匈关系的发展具有重要意义。1994 年 9 月和 1995 年 7 月，匈总统根茨和江泽民主席实现互访。自此，中匈双方之间的高层互访不断，2003 年 8 月，匈牙利总理迈杰希对中国进行正式访问，双方签署《中华人民共和国政府和匈牙利共和国政府联合声明》。2004 年 6 月，胡锦涛主席对匈牙利进行国事访问，中匈签署联合声明。2005 年 9 月，匈牙利总理久尔恰尼访问中国。2011 年 6 月温家宝总理访问匈牙利，2014 年 2 月会见匈牙利总理欧尔班。这些高层互访都标志着中匈关系进入发展黄金期。[2]

（二）双边经贸关系和经济技术合作

2015 年，匈牙利与中国合作关系进入了一个全新的发展阶段。匈牙利作为首届中国—中东欧国家经贸论坛主办国，对"16＋1 合作"机制的创建做出了突出贡献。6 月，匈牙利与中国签署了《中华人民共和国政府和匈牙利政府关于共同推进丝绸之路经济带和 21 世纪海上丝绸之路建设的谅解备忘录》，成为第一个同中国签署此类合作文件的欧洲国家，在共建"一带一路"方面发挥了引领和先行作用。[3] 两国政府在 11 月签署了《中华人民共和国政府与匈牙利政府关于匈塞铁路匈牙利段开发、建设和融资合作的协议》，这一"16＋1 合作"框架下的首个互联互通项目已正式启动。

中匈在金融领域的合作也取得了很大进展。双方共同签署了关于人民币主权债券发行合作的谅解备忘录，匈政府计划于 2016 年发行人民币主权债券。这将成为中东欧地区首只、全球第三只人民币主权债券，旨在使匈牙利企业和金融机构通过中国金融市场的借贷开展投资活动。同时，中东欧地区首个人民币清算中心——中国银行匈牙利人民币清算行正式启动服务，这标志着两国金融合作迈出新的重大步伐。[4]

中国企业积极参与匈牙利的经济建设。以华为公司为例，华为匈牙利公司自 2004 年成立以来，在当地投资累计已达 2 亿欧元。沃达丰匈牙利公司提供的 4G 网络技术和匈牙

① Hungarian Central Statistical Office, "Statistical Report: Economy and Society", January - November 2015, pp. 1 - 5.
② 中华人民共和国驻匈牙利大使馆网站，http://www.chinaembassy.hu/chn/zxgx/zzgx/t63971.htm.
③ 静水：《中匈文化交流："厚积"之上再谱新篇》，《中国文化报》，2015 年 6 月 15 日。
④ 刘键：《中匈经贸关系全面深化》，新浪网，http://news.sina.com.cn/c/2015-12-29/doc-ifxmxxsr3942108.shtml.

利电信公司提供的 IP 电视技术等，都由华为公司给予支持。2014 年，华为匈牙利公司营业额增长 18%，达到近 380 亿福林（约合 1.26 亿欧元）。华为匈牙利公司除制造、物流业务外，还承担欧洲地区的售后服务，布达佩斯总部员工 2015 年增至 290 人。[①]

截至 2015 年底，两国企业已签署总额 20 亿美元的合作协议，其中包括：建信金融租赁有限公司与匈威兹航空公司签署价值 14 亿美元的租赁协议、国开行与匈牙利进出口银行签署 5 亿美元的金融合作框架协议、华为公司与匈久尔大学签署 30 万美元的合作协议、中兴公司与匈 EPS 停车公司关于合作建设智能停车系统协议等。[②]

（三）在文化、教育、卫生与科技等方面的双边交往和合作

中匈两国在文化教育领域合作密切。1997 年双方签署了关于相互承认学历、学位证书的协议。2004 年 9 月，中匈两国政府合作创办布达佩斯匈中双语学校，这是目前欧洲地区唯一一所同时使用住在国语言和汉语教学的全日制公立学校。建校之初仅有 4 个年级共 87 名学生，现已发展到 8 个年级共 13 个班，在籍学生有 320 名。学校现有教师 31 人，设有匈语、中文、数学、自然、英语、物理、化学、计算机、音乐、体育、绘画等课程。匈语授课时间占 65%，汉语授课时间占 35%。[③]

孔子学院在匈牙利多所大学的设立也将中匈教育文化合作推向深入。2006 年 12 月，孔子学院在罗兰大学设立，由北京外国语大学与匈牙利罗兰大学共同建设，是匈牙利第一所孔子学院，目前正成为面向中东欧 16 国培训本土汉语教师的区域中心。匈牙利罗兰大学孔子学院成立后，除了成人班以外，还在匈牙利全国 27 所大、中、小学开设汉语课程，进行汉语教学及推广。目前，孔子学院拥有 43 名汉语母语专业教师，注册学生有 3 000 余人，教学点辐射至全国 10 个主要城市，达 33 处。这些教学点为匈牙利政府机构、匈牙利各大公司、中国驻匈机构公司员工的一对一学习提供量身定制的汉语课程。此后，赛格德大学、米什科尔茨大学等先后建立了孔子学院，佩奇大学与中国河北联合大学合作建设了中医特色孔子学院。

孔子学院的兴办、中国国际地位的提高使汉语在匈牙利得到了迅速的推广，各汉语教学机构教育规模连年扩大。匈中双语学校的建立为汉语推广奠定了坚实的基础。这所为解决当地华侨华人子女就学问题而设立的学校，经过 6 年的发展，非华裔学生人数（占 51%）已超越华人子女，而且每年一年级新生中非华裔学生的比例已由 2004 年的 19% 发展为 2009 年的 85%。这些数字与 20 世纪 80 年代初期在匈牙利的汉语学习者只有 20 多人相比，不得不说是一个巨大的飞跃。2008 年中国奥运会的成功召开和 2009 年上海世博会的成功举办都让汉语学习者的数量有了大幅度的增加。2010 年，据不完全统计，匈牙利的汉语学习者已有 4 500 余人，比 2008 年增长了 3.76%，比 1980 年增长了近 150 倍。随着中匈两国交往日益密切，匈牙利人深刻认识到汉语实际上是一门非常值得引起重视的语言，它可帮助拓宽个人前途发展。同时，随着越来越多的中国人来到匈牙利经商，匈牙利人也开始认为掌握汉语在职业规划上有着非常重要的作用，因此匈牙利汉语学习者人数呈

[①] 刘键：《华为继续扩展在匈牙利业务》，《经济日报》，2015 年 2 月 26 日。

[②] 刘键：《中匈经贸关系全面深化》，新浪网，http：//news. sina. com. cn/c/2015－12－29/doc－ifxmxxsr3942108. shtml。

[③] 杨永前：《布达佩斯匈中双语学校庆祝建校 10 周年》，新华网，http：//news. xinhuanet. com/world/2014－09/06/c_1112387402. htm。

逐年递增趋势。①

表 2　1930—2011 年匈牙利汉语使用人口数量的变化

		1930 年	1970 年	1980 年	1990 年	2001 年	2011 年
以汉语为母语	男	14	0	0	193	1 347	3 084
	女	1	0	0	11	1 067	2 735
	合计	15	0	0	204	2 414	5 819
汉语非母语，但会说汉语	男	0	0	0	91	1 792	836
	女	0	0	0	43	1 842	773
	合计	0	0	0	134	3 634	1 609

数据来源：此表数据包括匈牙利公民和获得匈牙利"蓝卡"的人员。见匈牙利中央统计局网站的相关内容，http：//www. ksh. hu/population_and_vital_events。

匈牙利中央统计局数据显示，全国人口中与家人或朋友使用汉语交流的人数（应包括匈牙利公民和获得匈牙利"蓝卡"的人员）2001 年为 2 547，2011 年则为 6 072。

将匈牙利"汉语热"推向高潮的是匈牙利国家电视一台所开播的中文新闻。该台从 2016 年 1 月 4 日晚起开始播出中文新闻，向在匈牙利生活和工作的中国人用中文播报匈牙利新闻。匈牙利媒体支持与财产管理基金会发表公告说，启动中文新闻的重要因素是，中国是匈牙利具有战略意义的经济伙伴。中文新闻的名称为"匈牙利新闻联播"，每次时长控制在 5 分钟以内，于每晚 23 时 45 分至 24 时之间播出。②

中匈两国均拥有深厚的文化传统。近年来，两国文化交流不断取得新的成果。2012 年两国音协为纪念匈牙利音乐教育家柯达伊诞辰 130 周年举办了系列纪念活动。2013 年匈牙利交响乐团（米什科尔茨）首次来华巡演。2014 年中匈建交 65 周年时，匈牙利政府在匈牙利艺术宫举办图片展。同年 10 月，中国外文局和中国驻匈牙利大使馆在布达佩斯艺术宫举行《美丽中国·美丽匈牙利》画册首发式暨同名摄影展、《诗经》中匈文本再版发行仪式。2015 年 1 月 29 日，由匈牙利国家美术馆、中华艺术宫、北京画院共同主办的"蒙卡奇和他的时代：世纪之交的匈牙利艺术"在北京画院美术馆开展，展出 19 世纪著名画家蒙卡奇及其追随者的作品。20 世纪 50 年代，蒙卡奇的作品就曾在北京、上海巡展，对中国现实主义以及写实主义艺术创作产生了深远影响。继 1930 年和 1938 年匈牙利展出齐白石作品之后，2015 年 4 月，"天然之趣——北京画院院藏齐白石精品展"在布达佩斯民族画廊开幕，展出了齐白石创作生涯特别是中晚期的 108 幅绘画精品等。③

中匈科技合作关系良好并富有积极成果。合作领域涉及电子、化工、通信、电力机械、交通工具生产、制铝、真空技术等，合作方式从交换技术资料、种子、苗木，发展到互派专家考察组、共同研究、互换科技成果等。

两国在旅游领域的交流与合作持续发展。2002 年 12 月，中国正式批准匈牙利为中国

---

① 曾曦：《匈牙利汉语学习者现状分析与对策》，辽宁师范大学硕士学位论文，2011 年，第 10 页。
② 《匈牙利国家电视台播中文新闻》，《中国有线电视》2016 年第 1 期。
③ 静水：《中匈文化交流："厚积"之上再谱新篇》，《中国文化报》，2015 年 6 月 15 日。

公民出境旅游目的国。据统计，2014年匈牙利来华旅游人数达2.08万人次，其在我国游客中的知名度也越来越高，已成为我国公民赴中东欧地区旅游的重要目的地。2015年为"中国—中东欧国家旅游合作促进年"。3月，"中国—中东欧国家旅游合作促进年"启动仪式在布达佩斯举行，中国国务院总理李克强和匈牙利总理欧尔班均发去贺信。与此同时，中国国家旅游局还与匈牙利等中东欧16国旅游部门共同在布达佩斯组织了中国旅游信息日、中国美食之夜、中国—中东欧旅游合作中文网站上线仪式等多项活动。此外，部分旅游企业组织近700名中国游客赴匈牙利旅游，匈牙利政府专门为中国游客举办了"你好，匈牙利"大型推介活动。[1]

三、华侨华人的发展状况

（一）人口变迁

1988年10月中匈签订《中匈互免签证协议》成为中国新移民进入匈牙利的新起点，当年的中国新移民实际为0，而1991年则迅速跃升至4万人左右。[2] 据匈牙利警方的数据，1989年至1990年间，平均每月收到中国人的居留申请约3 000件，1990年全年入境中国人近11 621万人，1991年又增加到27 330人，1992年10 128人，1993年7 885人，1994年8 979人，1996年13 946人。1996年，匈牙利警方向398名持中国护照者颁发匈牙利"蓝卡"（永久居留卡），另有5 000人获得"黄卡"（暂时居留卡）。[3] 2001年，尽管匈牙利警方和边境管理机构估计进入匈牙利的中国新移民在3万~10万人，但实际上持有匈牙利居留证的中国人从未超过1万人。[4]

表3　1995—2015年匈牙利华侨人口数量的变化

单位：人

年份	男	女	合计	占亚洲侨民总数之比（%）	占外国侨民总数之比（%）
1995	2 394	1 075	3 469	36.0	2.5
1996	2 891	1 385	4 276	37.4	3.1
1997	4 383	2 256	6 639	44.2	4.7
1998	5 088	2 721	7 809	46.7	5.3
1999	5 132	3 174	8 306	45.5	5.5

① 静水：《中匈文化交流："厚积"之上再谱新篇》，《中国文化报》，2015年6月15日。
② Pal Nyiri, "New Asian Migration to Eastern Europe: The Case of the Chinese in Hungary", http：//www. eurozine. com, October 18,1999.
③ 李明欢：《欧洲华侨华人史》，北京：中国华侨出版社2002年版，第553、557页。
④ Pal Nyiri, "Chinese Migration to Eastern Europe", *International Migration*, 2003, Vol. 41, No. 3.

（续上表）

年份	男	女	合计	占亚洲侨民总数之比（%）	占外国侨民总数之比（%）
2000	5 407	3 454	8 861	45.9	5.8
2001	3 269	2 550	5 819	46.2	5.3
2002	3 852	2 988	6 840	47.5	5.9
2003	3 569	2 851	6 420	47.6	5.5
2004	3 713	3 077	6 790	46.1	5.2
2005	3 781	3 075	6 856	45.3	4.8
2006	4 737	3 847	8 584	46.3	5.6
2007	4 937	4 042	8 979	45.5	5.4
2008	5 606	4 612	10 218	45.7	5.8
2009	5 874	4 835	10 709	45.5	5.8
2010	6 101	5 072	11 173	44.5	5.6
2011	6 494	5 335	11 829	45.0	5.7
2012	5 546	4 568	10 114	40.9	7.0
2013	6 219	5 285	11 504	42.5	8.1
2014	6 749	5 967	12 716	44.1	9.0
2015	8 556	7 911	16 467	48.6	11.3

数据来源：此表数据仅限于获得"蓝卡"（永久居留卡）和"黄卡"（暂时居留卡）的中国人，不含无证居留人员。详见匈牙利中央统计局网站的相关内容，http://www.ksh.hu/population_and_vital_events。

随着中国新移民和其他来自第三世界移民的短时间大量涌入，有关新移民"损害本国社会安宁"的负面舆论开始出现在匈牙利的媒体上，并引发匈牙利议会的激烈辩论，从而导致匈牙利内政部于 1991 年 10 月 8 日颁布和实施《移民控制法》。该法明确提出将所有在匈牙利从事不法生意、无合法居留的外国人全部驱逐出境。与此同时，中匈两国重新规定从 1992 年起中国人入境必须持有由匈牙利使馆签发的有效签证，而且必须在申请人护照签发地申请，这意味着那些已经进入匈牙利但未获得"蓝卡"或"黄卡"的中国人必须返回中国申请新的签证才能重返匈牙利。新移民法的实施，加上匈牙利官方的种种限制，使得初来乍到的中国人"梦碎匈牙利"。约 1 万人于 1992 年离开匈牙利，有些重返中国，有些则转往相邻的罗马尼亚、捷克和南斯拉夫等国家。[1] 1999—2000 年，居留在匈牙利的中国新移民仅存 1 万~2 万人。2007 年移民到匈牙利的中国公民仅有 1 800 多人，占当年 2.3 万匈牙利新移民的 8%。[2]

2013 年匈牙利国会修订移民法，正式将匈牙利国债移民项目写入移民法，在移民方面

① 李明欢：《欧洲华侨华人史》，北京：中国华侨出版社 2002 年版，第 558－560 页。
② Dorottya Nagy, "Fiery Dragons: Chinese Communities in Central and Eastern Europe, with Special Focus on Hungary and Romania", *Religions & Christianity in Today's China*, 2011, Vol. 1, No. 1, p. 76.

比许多欧洲国家显得更为开放。自新移民法于 2015 年 4 月启动以后，许多新移民在一年时间内便可获得永久居留证，甚至无须登陆、无须移民监、无语言要求，一次办理，全家获得永久居留权。匈牙利国债移民项目至今已平稳运营了三年，并取得了令人瞩目的成绩。据匈牙利移民局最新的统计数据显示，至今总共有 3 429 位主申请人（及 5 961 名家属）申请了居留卡，其中有 2 946 位主申请人来自中国，占 86%，有超过 1 300 个家庭已经获得了匈牙利"永居"身份，表明国债移民项目在中国地区取得了显著的成绩。而中国新移民的迅速剧增也推高了后来者的国债移民成本。2015 年初，由于国债移民项目的日益火爆，匈牙利国会对移民国债投资金额第一次进行审核、调整，于 1 月 1 日正式将国债的认购金额提升至 30 万欧元（仍是 5 年后全款返还投资者）。虽然价格增长了 5 万欧元，但与其他欧洲国家移民投资金额相比还是相当具有竞争力的，再加上全程国内办理、无风险、无移民监、无语言要求等其他优势，国债移民项目依旧是众多移民投资者的首选欧洲项目。①

那么，近年来，匈牙利的华侨华人人口数量究竟是多少？虽然 2012—2015 年华人人口的确切数据存在缺失，但 1995—2015 年间匈牙利华侨人口的官方数据却比较详尽（见表 3）。这 21 年间，持有居留证的匈牙利华侨从 3 469 人增长到 16 467 人，增长了 375%。到 2015 年，匈牙利华侨人数几乎占到亚洲侨民人数的一半，占全部匈牙利外国侨民总数的 11.3%。同年，亚洲侨民为 33 868 人、北美洲侨民为 6 008 人（其中美国 3 090 人）、非洲为 4 985 人、大洋洲为 606 人，而欧洲侨民的人数最多，为 100 501 人。在所有居住在匈牙利的各国侨民中，中国侨民的人数位居第三，排在罗马尼亚侨民（28 641 人）和德国侨民（18 773 人）之后。这 21 年来，匈牙利华侨人口中，男性的数量明显比女性多。不过，两者的差距呈逐年递减之势，由 1995 年的 2.2∶1 减少到 2015 年的 1.1∶1。

表 4　1980—2011 年匈牙利华人人口数量的变化

单位：人

年份	男	女	合计
1980	0	0	0
1990	0	0	0
2001	1 059	1 004	2 063
2011	3 038	2 846	5 884

数据来源：此表数据限于匈牙利公民。详见匈牙利中央统计局网站的相关内容，http：//www.ksh.hu/populati on_and_vital_events。

匈牙利华人人口数据也是在 2001 年的全国普查之后才开始出现的，当年为 2 063 人。10 年之后的 2011 年则是 5 884 人，增长了 1 倍多。10 多年来男性的人数比女性的人数略多一些，与华侨人口的性别之比基本相似。

---

① 《匈牙利国债移民项目 2015 年回顾》，中国网，http：//news.china.com.cn/live/2016 – 02/29/content_35391594.htm。

（二）经济生活

在匈牙利的华侨华人以从事贸易业者居多，大部分都自己开公司，已成为匈牙利商品批发零售市场的主要开发者和参与者，在匈牙利以及周边的欧洲各国进口中国商品领域发挥了重要作用。

自 20 世纪 90 年代开始，中国新移民在布达佩斯建立了"四虎市场"。这成为中国商品进入中东欧的集散中心，中东欧许多国家主要的露天市场都与这个"四虎市场"有着密切的联系，许多批发业务也在此经营。根据华商介绍，当年可能有 5 万~7 万中国人将大量来自中国的轻工产品通过匈牙利这个桥头堡输往中东欧各国。匈牙利康曼德公司看准了这一巨大的商机，与匈牙利国家铁路局洽谈租下了火车站货运场近 30 公顷的土地，建起 3 000 多间"巴威隆"（摊位），招引了数千位中国商家进场经营。"四虎市场"也在中东欧地区引领起一股"中国风"。1999 年开始，首先是罗马尼亚建起了"红龙市场"，紧接着波兰建起了"GD 市场"、乌克兰建起了"敖德萨中国市场"。随后，捷克、斯洛伐克等国大大小小的中国市场如雨后春笋般冒出来。中国产品从这些市场出发，直接走进了中东欧乃至全欧洲的千家万户。但"四虎市场"的经营条件一直没有得到较好的改善，离开"四虎市场"铁皮棚的华商不断增多，部分华商融资买下了"四虎市场"对面已濒临破产的匈牙利铁路桥梁工厂，将其改建成华人自己的批发市场——欧洲广场。此外，华丽的"布达佩斯唐人街"（莫罗里中心，Monori Center）也拔地而起，成为环境优雅、档次高的中国商品集散地。"四虎市场"曾经一位难求的"巴威隆"摊位逐渐严重贬值，最终于 2014 年 6 月彻底关闭。① 直到前些年，匈牙利这些中国商品集散中心的角色才开始被波兰所取代。但在布达佩斯开办的"中国品牌贸易中心"则仍声称自己是中国商品在欧洲的集散中心。②

与此同时，华侨华人还经营华文媒体，有约 10 份中文的报纸杂志和网站。如今的匈牙利华人已经走过了最初的创业阶段，进入事业扩张期。华人有钱，已成为当地人的共识，用当地人的话来说："这里的华人几乎个个是老板。"③

（三）华侨华人社团

匈牙利华侨华人社团比较活跃。匈牙利华侨华人社团联合总会，简称匈华总会，是匈牙利最大的华社侨团，1998 年 3 月获批成立。匈华总会是由 20 多个匈牙利华社成员社团组成，注册时的成员社团有中匈友好促进会、华侨华人联合总会、匈牙利中国和平统一促进会、市场华商自治会、华人工商联、中华总商会、中匈友好经贸科技发展协会、妇联会、中匈文化交流协会、体育协会、武术协会、匈牙利华人移民互助协会、东北商会、福建同乡会、福建商会、温州商会、河南商会、四川同乡会、广东同乡会、天津同乡会、山东同乡会、上海商会、陕西商会、丽水商会、福建青田同乡会、福建明溪商会、浙江温州

---

① 张红：《在匈华人：淡定目送"四虎市场"》，《人民日报》（海外版），2014 年 6 月 20 日。

② Dorottya Nagy，"Fiery Dragons：Chinese Communities in Central and Eastern Europe，with Special Focus on Hungary and Romania"，*Religions & Christianity in Today's China*，2011，Vol. 1，No. 1，p. 76.

③ 《华人在匈牙利的生活经历：匈牙利被中国承包了?》，网易，http：//j. news. 163. com/docs/17/2015081419/B10TOIS89001OIS9. html。

瑞安同乡会、福清同乡会等。2015 年 3 月，匈牙利华侨华人社团联合总会主席余美明应邀列席在北京召开的全国政协十二届三次会议。2015 年 7 月匈牙利侨界在布达佩斯举行活动，纪念中国人民抗日战争暨世界反法西斯战争胜利 70 周年，并在多瑙河游船上举行纪念音乐会。此次活动由匈华总会主办。匈牙利中国和平统一促进会等 37 个社团和单位负责人及退伍军人代表等 300 多人出席。①

匈牙利华侨华人社团在维护祖国利益方面发挥了积极的作用。1995 年失窃的福建大田阳春村章公祖师肉身坐佛在匈牙利自然科学博物馆的展览中现身。2015 年 3 月，匈华总会执行主席刘文建、秘书长李震等到博物馆进行实地调查并进行敬拜活动，之后积极与匈牙利和荷兰国家博物馆、荷兰收藏家、阳春村村民及中国相关部门和法律界人士进行联系，全力追讨章公祖师肉身坐佛。10 月，匈华总会和福建商会组织人员赴阿姆斯特丹，在荷兰国家博物馆前举行章公祖师诞辰纪念活动。12 月底，匈华总会和福建商会在匈牙利接待了前来欧洲进行取证的中国律师团刘洋律师。2015 年 10 月，匈牙利中国和平统一促进会在布达佩斯台湾大酒楼隆重举行台湾光复 70 周年活动，活动组织者表示，纪念台湾光复是为了牢记历史，不忘过去，弘扬中华民族的伟大胜利精神，激励两岸同胞团结一心维护国家主权和领土完整，促进两岸和平稳定发展，推动祖国和平统一进程。这些社会活动得以顺利开展，表明匈牙利华侨华人社团具有较强的族群动员能力。②

匈牙利华侨华人社团还积极参与匈牙利的社会公益事业，获得主流社会的赞誉。2015 年以来，大批难民涌入匈牙利，匈牙利政府和社会为妥善安置他们做出了艰苦努力，并动用了各方资源和物资为难民提供必要的人道主义帮助。匈牙利各大华侨社团联合驻匈华商企业向匈牙利红十字会捐赠了大量物资。2015 年 9 月 7 日，匈牙利国家红十字会总部举行了捐赠物资交接仪式，会上捐赠的物资有防寒毛毯 1 750 条、防雨衣 1 800 件、双肩包 30 个、毛衣绒裤等各种衣物近 1 000 件及手电筒等必需品，总价值达 485 万福林。匈牙利国家红十字主席 Kardos István 在接受物资后表示："我要向匈牙利所有华侨华人表示衷心感谢，你们已和这个国家的所有人民连接成一体，我们把你们看成是自己的兄弟、自己的家人，从很多年前开始，匈牙利的华人侨团就和我们融合在一起，你们在这里为有序发展而努力工作着，并且，中国文化和你们的实干精神已经为这个国家做出了贡献，我代表匈牙利红十字会再次表示衷心的感谢。"③

与此同时，居住在匈牙利的一些中国新移民开始在一位卫理公会韩国裔传教士的带领下参与宗教活动，并组成了华人基督教社团。起初这样的宗教社团主要是在学校的建筑物中开展活动，后来发展到可以在布达佩斯的基督教教堂活动。1992 年，华人基督教会正式在官方注册，并在匈牙利各主要城市建立了几个大的社团，聚集了大量的在匈牙利谋生的

① 卢秀钦：《匈牙利侨界纪念抗战胜利 70 周年 赵一曼孙女出席》，中华网，http：//news. china. com/focus/kzdyb/11169818/20150727/20085616. html。

② 《匈牙利华媒评选出 2015 匈牙利华侨华人十大新闻》，中国侨网，http：//www. chinaqw. com/hqhr/2015/12 - 30/75539. shtml.

③ 冯德其：《众侨团联手献爱心 与当地人心手相牵》，欧洲万事达网，http：//www. wsd. hu/hrst/2015/09 - 25/10639. shtml。

中国新移民，成为他们集会、信息交流的重要组织。①

（四）华文媒体

匈牙利华侨华人虽然人数不是很多，但华人媒体的数量并不少。先后办有《联合报》《布达佩斯时报》《万事达报》《新导报》和《欧洲论坛》等。电子网站有"欧洲万事达网"。

《万事达报》创刊于 2005 年 10 月 7 日，为半月刊，每期 24 版，内容主要是匈牙利新闻、匈华新闻、中国新闻、国际新闻、社会新闻、世界华人、体育新闻、娱乐新闻、健康、海西乡音、文化、小说等，发行量为 2 000 份，发行地区为匈牙利全国。报社隶属的万事达公司 1993 年于匈牙利成立。1998 年万事达广告公司成立，这是匈牙利华人最早成立的专业广告制作公司。2005 年组建欧洲万事达传媒集团，如今的万事达不光保持了平面制作的优势，还在影视制作、产品摄影与《欧洲万事达杂志》《欧洲万事达时报》《万事达匈牙利文杂志》和欧洲万事达中文电视网、路牌广告、电线杆招牌广告、城市灯箱、站台广告、有轨电车广告、公车广告、地铁广告、地方电视台广告等诸多领域进行全面开拓，为客户提供一整套、多方位的全面服务。2012 年 7 月 18 日，匈牙利欧洲万事达传媒集团与《文汇报》建立合作伙伴关系。《万事达报》的《匈牙利华人新闻》是深受在匈华人喜爱的栏目，其以图文并茂的形式，报道在匈华人的工作生活情况、成功华人的典型，以及祖籍国与在匈华人的交流和互访情况。

集团旗下还有《万事达匈牙利文杂志》（月刊），全彩版发行量为 2 000 本，免费赠阅。《万事达匈牙利文杂志》主要把中国的文化、风景、美食介绍给匈牙利人，让匈牙利人通过杂志了解中国。欧洲万事达中文电视网是集团自采自编的电视网，只需点击即可轻松收看旅匈华人的电视新闻，是旅匈华人身边的电视传媒，同时电视网又与中国的中央电视台四套的节目《华人世界》建立合作关系，为其拍摄旅匈华人的节目。②

《新导报》创建于 2000 年 4 月，发行量为 3 000 份左右，免费发行于匈牙利及周边各国，与中新社、中国央视以及各地侨办有着良好的合作关系。《新导报》是匈牙利一家经常参与采访国家及政府各种重要事件的亚洲（裔）媒体，与匈牙利总统府、总理办公室、外交部、文化部、经济部、国家警察局、记者协会等机构的新闻部门有着良好关系，经常参与各种采访交流活动，向华侨华人传递匈牙利的政治、经济、文化和社会动态等方面的新闻和信息。2007 年至今，《新导报》与凤凰卫视签约成立驻布达佩斯特约记者站，源源不断地为凤凰卫视提供新闻信息。《新导报》根据受众获取信息习惯的变化，紧随时代潮流，除了在创刊的同时推出网络版外，还相继推出了形式生动活泼的电子报、网站手机版，开通了 QQ 空间、新浪微博、Facebook 和微信公众平台等。③

《欧洲论坛》创刊于 1999 年 3 月 13 日，逢周六出版，由匈牙利华侨华人社团联合总

---

① Dorottya Nagy, "Fiery Dragons：Chinese Communities in Central and Eastern Europe, with Special Focus on Hungary and Romania", *Religions & Christianity in Today's China*, 2011, Vol. 1, No. 1, p. 76; Dorottya Nagy, "Displaying Diaspora：Chinese Christian Presence in Hungary after 1989", *AHEA* (Journal of the American Hungarian Educators Association), 2012, Vol. 5.

② 《万事达传媒集团》，http：//www. ouhuamedia. com/members/Hungary% 20/20130705/74. html。

③ 齐志：《华文媒体——匈牙利华人的"娘家"》，《军事记者》2015 年第 3 期。

会主办。总部设在布达佩斯，在欧洲各国设有代理处和特约通讯员。

《联合报》前身为《欧亚新闻报》，创办于 1999 年 4 月，2011 年更名为"联合报"，为综合性新闻周报，发行于匈牙利境内及周边国家。报纸秉持公正、客观的报道立场，及时传递新闻和各种服务资讯，是《人民日报》（海外版）唯一的匈牙利合作伙伴，是中国新闻社的海外合作伙伴，也是上海《新民晚报》的海外合作伙伴。

《布达佩斯时报》创刊于 2000 年 8 月 2 日，系中文周报，共 32 版，设《匈牙利新闻》《环球视点》《中国新闻》《军事新闻》《财经新闻》等栏目。《布达佩斯时报》的《国际新闻》专版侧重于各国与中国的关系发展的报道，深受在匈华侨华人欢迎。

然而，匈牙利华文媒体的发展并不十分顺利，它们面临较多困境：一是发行量之困。匈牙利首都布达佩斯，是欧洲华人比较集中的地方之一，有 3 万多人，但华文报纸却有 9 家，在这些报纸中，发行量最大的《新导报》也只发行 3 000 份左右。二是内容之困。一方面由于报纸内容受到当地政府的严格监管，若有背离当地政府的政治倾向，就会被勒令关闭，因此读者较为关注的政治敏感话题不会登出；另一方面则是采编力量较为薄弱，这就影响报纸的信息量。相当多的媒体，大量下载网上稿件、转载其他媒体稿件。三是市场之困。不少华文媒体往往依靠一个华人社区或一个华人市场支撑。例如《布达佩斯时报》靠的是当地的温州华人社区和"四虎市场"支撑着。四是读者之困。并非所有华人都认可华文报纸，因此购买华文报纸的人并不太多。五是人才之困。许多华文媒体缺乏专业人才。①

四、华侨华人面临的挑战

据匈牙利华文报纸《欧洲论坛》2014 年 12 月 2 日报道，匈牙利华商集中经营的各大商贸中心受到匈牙利海关和税务等部门的联合大检查已经持续近一个月的时间，这使整个华商市场一片萧条，经营遭受严重影响。匈牙利华侨华人社团联合总会也召开数次紧急会议，商量对策，呼吁匈牙利当局停止长时间对华商市场封锁式检查。匈华总会主席余美明说，这次史无前例的大检查，海关和税务封门把守、一店重复多次检查、警车巡逻、遇上运货车就拦截检查，给华商和前来上货的周边国家客户带来了极大恐慌。若长期这样下去，华商市场将面临倒闭，数千华商公司在匈牙利生存受到严重威胁。匈牙利华侨华人社团联合总会和匈牙利甘茨华人商会等其他社团组织目前正积极与匈牙利相关部门沟通和对话，要求尽快结束对华商市场封锁检查，协助华商市场尽快解决存在的问题，恢复华商的正常经营环境。②

这也许是匈牙利华商市场经受的多次检查中较大的一次。我们需要思考的问题是，为什么匈牙利官方一直对华商市场经营者缺乏信任？为什么不采取正常的检查手段，而是采取了特别严厉的措施？这就需要我们了解匈牙利官方和社会对华商、华人的态度。

据匈牙利时事周刊 HETEK 曾组织的一期"匈牙利华人的生活"专题报道，匈牙利的

---

① 胡舜文：《我眼中的欧洲华文媒体》，《军事记者》2010 年第 12 期。
② 刘文建：《匈牙利侨团呼吁当局停止持续对华商市场封锁检查》，中国新闻网，http://www.chinanews.com/hr/2014/12-02/6835466.shtml，2014 年 12 月 2 日。

华商市场曾发生过多次官方检查。仅 2006 年，税务部门就总共动用了 220 位检查人员对华商云集的"四虎市场"进行了六次检查，结果发现"忘了开发票"的情况高达 76%。一个到处打游击的练摊小贩说："一旦对市场进行海关检查，中国商人立即关掉商亭。"他认为，每个商人为了检查，都会对检查者进行贿赂，一般来说花 5 000 欧元可以免除打开货柜。税务检查人员不时遇到当事人塞钱的情况。当匈牙利的老百姓谈起居住在匈牙利的华侨华人时，就会联想到市场和价格便宜的劣质商品。①

HETEK 周刊在调查中访谈了一些匈牙利人，他们认为部分华侨华人不遵守当地法规，甚至连交通规则也不遵守。在华侨华人中间有许多技术很差、花钱买来驾照的司机。一些华侨华人不注意公共卫生也常引起匈牙利当地人的反感。匈牙利的一些华侨华人是否真的如 *HETEK* 周刊报道的那样在当地不注意遵守法律法规和公共秩序？匈牙利本地人是否对华侨华人存在着偏见？这需要我们今后开展相应的实地调查。②

五、结论

总之，近年来中匈关系发展态势良好，匈牙利的经济社会发展状况也有利于当地华侨华人的发展。随着 2013 年匈牙利推出了国债移民项目，今后中国新移民将以投资移民为主，这将对匈牙利华侨华人的人口结构产生一定的影响。在经济生活领域，居住在匈牙利的绝大多数华侨华人都从事经营活动，他们对匈牙利的经济发展尤其是中匈之间跨国贸易的贡献不容小觑。不过，值得重视的是，匈牙利的部分居民对当地华侨华人的印象偏向于负面，而匈牙利官方针对华商的市场监管则越来越严厉。这样的生存和发展环境富有挑战性，它要求华侨华人尽快地适应匈牙利的法制和社会规范并融入当地社会，当地的华侨华人社团应充分发挥沟通与协调的作用，以改善华侨华人与当地社会的关系。

---

① 《聚焦匈牙利华人》，http：//www.360doc.com/content/16/0320/12/31809885_543782029.shtml。
② 《聚焦匈牙利华人》，http：//www.360doc.com/content/16/0320/12/31809885_543782029.shtml。

澳大利亚

2015 年，中澳关系有突破性发展，中国的"一带一路"战略与澳大利亚的"北部大开发计划"以及"面向亚洲"政策包含许多共识，两国政府正在努力对接；6 月 17 日，两国政府正式签署《中华人民共和国政府和澳大利亚政府自由贸易协定》；6 月 29 日，澳大利亚财政部部长霍基在北京参加亚洲基础设施投资银行成立协议的签署仪式。截至 2015 年末，中国仍为澳大利亚最大贸易伙伴，同时继续保持澳大利亚第一大出口市场和第一大进口来源地的地位。中澳两国共同探索建立包容互鉴、合作共赢的战略关系比其他国家拥有更多的有利条件，困扰双方关系的种种不稳定因素因此可能保证在可控范围内。

2015 年，澳大利亚的商业创新和投资移民政策出现调整，提高了申请人的投资风险，规定投资资金要注入风险较高的投资基金，而不是风险较低的政府债券；加强审核程序，具体表现在审核周期延长，审核要求提高；对居住时间的要求更加严格，规定主申请人和副申请人都要到澳大利亚居住，副申请人每年的居住时间要达到 180 天；对投资领域进行限制，规定移民申请人的资金向农业、能源、采矿技术、医疗技术和制造业等领域倾斜。中国人是重大投资签证的主力军，因此澳大利亚政府该项移民政策的变革对中国投资移民的影响很大。澳大利亚技术移民政策的微调有利于不断增多的中国留学生身份的技术移民。

2015 年澳大利亚华人参政议政的热情和信心高涨，新南威尔士州的大选中华裔候选人具有多样性也富有代表性，无论是籍贯、年龄、背景、职业、抵澳时间、所持执政理念和政纲都各有不同，但相同的是都提出要代表华人发声。结果，2015 年的新州大选有了历史性的突破，新州的政坛迎来了历史上首位华裔下议员 Jenny Leong。在维州和新州大选后，华人社团举行座谈，旨在增进华侨华人青年精英对澳大利亚政治体系、政治历史的了解，激发他们的参政热情；加强与政界的沟通和交流，提高对在澳参政的了解和开展青年工作的能力，加强爱国社团对青年的吸引力和凝聚力。尽管华人一直都在努力融入澳大利亚主流社会，但在历史与现实种种因素影响下，华人团结一心迈进澳大利亚主流社会从而有效地保护华人的权益的路途依然任重道远，显得尤为重要。如果澳大利亚缺少正面的华裔政界、商界领袖，那么华人在澳大利亚的地位难以提高。

一、澳大利亚基本国情

表1　澳大利亚概况

国家全名	澳大利亚联邦	人口数量	24 047 000（2016 年 4 月）
地理位置	位于南半球，东濒太平洋的珊瑚海和塔斯曼海，北、西、南三面临印度洋，与印度尼西亚、巴布亚新几内亚、所罗门群岛、新喀里多尼亚、新西兰等隔海相望	华人人口数量	866 205（2015 年，根据血缘计算），其中有 319 000 人出生在中国大陆地区
气候	北部热带气候（热带草原气候、热带沙漠气候、热带雨林气候），南部温带气候（亚热带温润气候、地中海气候、温带海洋性气候）	华人占总人口比例	约占总人口的 4.0%（根据血缘计算）
领土面积	7 741 220 平方千米	主要族群	白人占 92%，主要是英国人和爱尔兰人的后裔
政体	君主立宪制，联邦制	GDP 增长率	2.4%（2015 年）
执政党/现任总理	自由党/马尔科姆·特恩布尔	失业率	5.8%（2016 年 3 月）
官方语言	英语	GDP	1.489 万亿美元（2015 年）
首都	堪培拉	人均 GDP	65 400 美元（2015 年）

数据来源：主要数据来自澳大利亚统计局和维基百科，http：//www. abs. gov. au/websitedbs/D3310114. nsf/home/home? opendocument#from－banner＝GT 及 http：//en. wikipedia. org/wiki/Economy_of_Australia。

二、中澳关系发展

2015 年的中澳关系有突破性发展。第一，中国政府倡导的"一带一路"发展战略是中国为进一步融入世界经济、加强与相关各国互惠互利合作而制定的发展蓝图。与此同时，澳大利亚政府非常重视澳北地区的发展。中国的"一带一路"战略与澳大利亚的"北部大开发计划"以及"面向亚洲"政策包含许多共识，中澳两国政府正在努力对接。2015 年 10 月 31 日，澳大利亚北领地政府公布：中国某企业以 5.06 亿澳元价格，获得达尔文港的 99 年租赁权。在协议中，澳大利亚政府承认后者将持有达尔文港码头八成股份。① 达尔文港作为亚洲通往澳大利亚的"北大门"，其经济、战略价值意义非凡。第二，2015 年 6 月 17 日，中澳两国政府正式签署《中华人民共和国政府和澳大利亚政府自由贸易协定》（下称"中澳自贸协定"）。两国自贸协定谈判历时十年，内容涵盖货物、服务、

---

① 《中国岚桥集团获达尔文港租赁权》，《经济日报》，2015 年 10 月 15 日。

投资等十几个领域，实现了"全面、高质量和利益平衡"的目标。该协定已于 2015 年 12 月 20 日正式生效。中澳自贸协定是中国与其他国家迄今已商签的贸易投资自由化整体水平最高的自贸协定之一，将开启中澳"零关税"时代的大幕。第三，2015 年 3 月 24 日，澳大利亚内阁批准了签署加入中国牵头的亚洲基础设施投资银行的谅解备忘录。6 月 29 日，澳大利亚财政部部长霍基在北京参加亚投行成立协议的签署仪式。澳大利亚财政部和外交部的联合声明表示，"加入亚投行将使澳大利亚获得与邻邦及最大贸易伙伴合作，以促进经济增长和就业的巨大机会"。同时，"亚投行将与民间部门密切合作，为澳大利亚企业利用亚洲基础设施增长的机会铺平道路"。澳大利亚将在五年内向亚洲基础设施投资银行出资 9.3 亿澳元（约为 7.19 亿美元），成为亚投行的第六大股东。①

截至 2015 年末，中国仍为澳大利亚最大贸易伙伴，同时继续保持澳大利亚第一大出口市场和第一大进口来源地的地位。2015 年中澳经贸投资合作进入"升级版"，双边务实合作达到前所未有的水平。2015 年 7 月，澳大利亚与中国的货物贸易总额为 126.12 亿澳元，同比增长 12.16%。其中，澳对华出口 74.06 亿澳元，同比增长 7.5%，占其货物贸易出口总额的 34.45%；澳自华进口 52.06 亿澳元，同比增长 19.51%，占其进口总额 22.25%。该月澳大利亚实现对华贸易顺差 22 亿澳元。② 2015 年中澳双边货物贸易达到 1 428.36 亿澳元，同比增长 1.0%，澳大利亚实现货物贸易顺差达到 194.86 亿澳元。这在全球经济低迷的形势下显得尤为不易。③

"国之交，在于民相亲。"2015 年中澳两国的民间联系继续蓬勃发展。据《澳大利亚人报》报道，从 2014 年 9 月到 2015 年 9 月的 12 个月中，中国游客在澳大利亚的消费达到了 77 亿澳元，增速是所有游客支出平均增速的 3 倍多。中国游客的支出同比增长了 43%，澳元的贬值也使海外游客更愿意在澳大利亚花钱。至此，中国游客的支出已经超过了澳旅游业在 2010 年设定的 74 亿澳元的年度目标。而英国、美国和加拿大游客的支出总额仅为 75 亿澳元。根据澳大利亚旅游研究所的数据，入境游客的支出总额增长了 13%，达到创纪录的 348 亿澳元。中国游客消费出现 43% 的增长的同时，游客人数也增加了 1/4。④

近年，在美国实施"亚太再平衡"战略的背景下，澳大利亚政府紧随美日之后，对包括东海防空识别区、南海等在内的一系列问题反应激烈，甚至出现危险的冒进势头，使国际舆论一度惊呼"美国南锚重启"，给中澳两国关系带来一丝阴影。然而，中澳两国虽然文化背景、政治体制、发展阶段不同，但双方没有根本的利害冲突，也没有任何历史包袱，共同利益远远大于分歧。更加紧密的经贸合作有助于相关国家关系的稳定发展，这一原理同样适用于中澳两国。中澳关系迅速发展，经济利益和安全利益已经没有清晰的界限，维持、加强经济利益对维护安全利益举足轻重，而坚固的安全利益对于经济发展也至关重要。中澳两国共同探索建立包容互鉴、合作共赢的战略关系比许多国家拥有更多的有

---

① 《澳大利亚加入亚投行》，环球网，http：//china.huanqiu.com/News/mofcom/2015-06/6781593.html，2015 年 6 月 26 日。

② 《今年七月份中澳贸易稳步增长》，中华人民共和国商务部，http：//www.mofcom.gov.cn/article/tongjiziliao/fuwzn/ckts/201509/20150901108796.shtml，2015 年 9 月 10 日。

③ 《中国经济充满活力前景光明——黄任刚在澳中工商业委员会猴年新春宴会上的讲话》，中华人民共和国商务部，http：//www.mofcom.gov.cn/article/tongjiziliao/fuwzn/ckts/201602/20160201259263.shtml，2016 年 2 月 21 日。

④ 《澳媒：中国游客在澳大利亚消费超过英美加三国总和》，中华人民共和国商务部，http：//www.mofcom.gov.cn/article/tongjiziliao/fuwzn/ckts/201512/20151201203633.shtml，2015 年 12 月 7 日。

利条件，困扰双方关系的种种不稳定因素因此可能保证在可控范围内。

三、澳大利亚移民政策的新变化及其影响

2015 年 7 月 1 日，澳大利亚政府对"重大投资者签证"（Significant Investor Visa，SIV）的新规定正式出台，新政规定投资将仅限于创业基金、小/微型上市公司股票的管理基金和平衡型基金，政府债券不再是合规的投资标的。在具体投向上，至少 100 万澳元需要通过许可的风投基金流入初创型、成长型企业中；至少 150 万澳元通过专门投资澳大利亚证券交易所小型上市公司的基金流入新兴上市公司。此外，草案还严格控制投资直接流向居住型地产，商业地产也必须通过正规的基金进行投资（详见表 2）。在新的"重大投资者签证"政策下，澳大利亚政府将不再允许移民申请人把 500 万澳元全部投资到现金、房产或政府债券等安全的投资选项，而是硬性规定申请人要把一定比例的资金投到长期型风险资本基金及澳大利亚证券交易所小型上市公司。[①]

表2　2015 年 7 月 1 日前后"重大投资者签证"政策的变化

2015 年 7 月 1 日前	2015 年 7 月 1 日后
（1）投资 500 万澳元购买政府债券或符合条件的基金或者非上市私营企业	（1）将不再允许投资到政府债券中
（2）四年投资期满即可申请永久居留签证	（2）至少 100 万澳元投资到澳大利亚风险投资基金
（3）无年龄、语言、评分要求，资金来源证明宽松	（3）至少 150 万澳元投资到澳交所小型上市公司股票的管理基金，投资管理人必须有超过 1 亿澳元的管理资产额
（4）无移民监，每年只需住满 40 天	（4）任何单一投资者在风险投资基金中的比例不能超过 30%
（5）无须经商，对申请人也没有经商背景要求	（5）禁止直接投资到房地产
	（6）限制投资到民用房地产，管理型基金中民用房地产的比例不允许超过 10%，将来继续允许部分资金通过管理型基金流入商业地产
	（7）禁止"反贷"这种抽回投资的方式
	（8）允许"基金的基金"的管理基金投资

2015 年 7 月 1 日，澳大利亚政府又推出"卓越投资者签证"（Premium Investor Visa，

① 《澳洲移民新政策将在 2015 年 7 月 1 日正式实行》，http://yimin.liuxue86.com/y/2432033.html，2015 年 5 月 16 日。

PIV)，规定海外移民申请者在澳大利亚投资1 500万澳元，1年后就可以获得永久居留权。"卓越投资者签证"政策细则尚未公布，但是澳大利亚政府已表明，食品与农业、开采技术和服务业、天然气和能源业、医疗技术和医药业以及高级制造业这五个领域符合投资要求。澳大利亚政府希望借此获得更好的投资经济效果。可以预见，相对资金要求更高的"卓越投资者签证"将成为澳大利亚移民的新宠，代替"重大投资者签证"目前的地位。

总而言之，2015年澳大利亚的商业创新和投资移民政策的调整主要是针对高资产移民申请人，对创业移民申请人来说，除了申请处理时间有一定延期外，其他变化不大。2015年澳大利亚投资移民政策的主要变化有：①提高了申请人的投资风险，规定投资资金要注入风险较高的投资基金，而不是风险较低的政府债券；②加强审核程序，具体表现在审核周期延长、审核要求提高；③对居住时间的要求更加严格，规定主申请人和副申请人都要到澳大利亚居住，副申请人每年的居住时间要达到180天；④对投资领域进行限制，规定移民申请人的资金向农业、能源、采矿技术、医疗技术和制造业等领域倾斜。

澳大利亚政府特意将SIV签证的代码定为188或888，希望因此吸引将8视为幸运数字的中国投资者。中国人是重大投资签证的主力军，澳大利亚政府收到的SIV签证申请，90%来自中国内地或香港。因此澳大利亚政府该项移民政策的变革对中国投资移民的影响很大。2015年7月1日之后，来自中国的SIV签证申请数量暴跌。一位澳大利亚自由党议员认为，因为商业移民政策的调整，澳大利亚可能放弃了每年72亿澳元的投资。①

2015—2016财年，澳大利亚移民配额总数与前一年保持一致，依然是190 000个永久移民名额。其中包括128 550个技术移民名额（包含雇主担保、普通技术移民和商务类别），约占总数的68%；另外有57 400个由直系家属担保的家庭移民名额，大概占总数的30%。在近130 000个技术移民配额中，由雇主担保的签证名额总计有48 250个，独立技术移民签证名额有43 990个，各州及领地提名签证名额总计为28 850个，商务创新及投资签证名额为7 260个，杰出人才签证有200个名额。② 在2015—2016财年技术移民新的职业列表中，城市规划师、牙医和牙科专家3个职业被移除，而车身修理工与家具木工新增其中。技术移民职业列表的配额上限显示，会计行业减幅50%，计算机行业有高达1万名配额。③ 2015年11月，澳大利亚联邦议会通过了《移民修正法案》（*Migration Amendment*）。该项法案不仅适用于457签证项目，而且适用于其他临时以及永久技术移民签证类别。该法案中明确表明，雇主不能向签证申请者收取任何"好处"（Benefits）。也就是说，除了金钱之外，雇主不能从雇员处收取任何个人财务、服务、礼物等，其中包括从签证申请者的薪水中扣除部分收入、支付商品或服务以及不支付员工薪酬等。另外，移民局还规定，签证申请者不能通过性（也就是为雇主"献身"）的方式来获得担保资格。如果违反任何上述法律规定，签证申请者的申请会遭取消。违法的个人将面临6.48万澳元的罚款，违法的公司则将面临32.4万澳元的罚款。违法者还将面临长达2年的监禁。该法案还规定，457签证持有者必须在抵澳的90天内取得强制许可或注册证明。如果已在澳大利亚，则为获得签证后的90天内取得以上证明。这也意味着，他们必须在抵澳的90天内

① 《澳大利亚重大投资签证申请数量暴跌》，新快报，http://www. xkb. com. au/html/immi/yimingonglue/2016/0211/164510. html，2016年2月11日。

② 《2015—2016澳洲移民配额大盘点》，新快报，http://www. auaac. com/Australia/policy/517110082015. html。

③ 《2015—2016澳大利亚技术移民新政策解析》，https://www. douban. com/group/topic/77861451/。

开始工作；对于已在澳大利亚的人来说，则是在获得签证后的 90 日内开始工作。受雇于小商业雇主的 457 签证持有者必须享有和大企业同样的工作待遇。该法案于 2015 年 12 月初正式施行。

2016 年 1 月，澳大利亚总理特恩布尔宣布了内容长达 16 页的"全国创新与科学工作议程"的 10 亿元创新项目，表示联邦政府在该项目中会降低外国研究生获得永久居留权的难度。在科学、技术、数学或特定的信息通信技术科目上取得专业的博士或硕士研究生资格的学生将受益于该项目，也能实现移民。另外，还计划对 457 签证制度进行改革，通过放宽 457 签证的方式鼓励更多企业家以及高技能工人来澳大利亚工作。这表明，澳大利亚政府正在调整移民政策，使其能够更好地服务于澳大利亚社会，为国家带来其所缺乏的技术劳动力。与此同时，澳大利亚政府也在加强对雇主的监管，保证移民政策不会遭到滥用，移民不会遭遇不公。澳大利亚华人移民中技术移民的比例较高，因此这些措施对华人移民来说是利好消息。

四、澳大利亚华人人口概况

澳大利亚统计局最新数据显示，澳大利亚总人口中海外出生人口的比例创新高，达到 120 多年来的高位。2015 年，超过 28% 的澳大利亚人在国外出生，是 1985 年以来的最高比例。在增长最快的海外出生群体中，中国大陆排第九位，年平均增速为 7.8%。[1] 澳大利亚移民和边境保护部推出的澳大利亚人口报告显示，来自亚洲国家，特别是来自印度、中国和菲律宾的移民人数显著增长。虽然，英国人和新西兰人依然是澳大利亚数量最多的两个海外出生人口族群，但中国大陆出生的移民以 319 000 人排名第三。报告还指出，英语依然是澳大利亚人在家中使用的第一语言，汉语排名第二。[2] 由此可见，澳大利亚已成为全球范围内华人移民首要定居国之一，而且华人移民人数仍在不断攀升。在 1996 年 6 月到 2013 年 6 月的 17 年间，澳大利亚海外出生的人口增长率高达 51.2%，达到了 640 万人。在这 17 年间，来自中国大陆的移民人口总数达到 42.7 万，高于印度和越南的移民人数。2012—2013 财年，有 27 334 名中国人移居澳大利亚，仅少于新西兰和印度的移民人数；有 7 690 名中国人逾期不归，位列榜首；而 2014 年 62 000 名逾期不归的入境者中，中国人依然占据第一位。[3] 澳大利亚统计局 2014 年公布的数据显示，悉尼、墨尔本和珀斯这三个城市里的华人最多。中国大陆出生人口最聚集的地区分别是悉尼 Hurstville 区（36%）、悉尼 Rhodes 区（29%）、悉尼 Burwood 区（28%）、悉尼 Allawah 区（24%）、悉尼 Campsie 区（23.4%）、悉尼 Ultimo 区（22%）、墨尔本 Box Hill 区（22%）、悉尼 Haymarket 区（21.6%）、悉尼 Eastwood 区（19.6%）、悉尼 Homebush West 区（19.5%）、悉

---

① 《海外出生澳人创新高　增长最快竟非中国》，新快报，http：//www.xkb.com.au/html/immi/yimingonglue/2016/0330/167404.html，2016 年 3 月 30 日。

② Department of Immigration and Border Protection，"The People of Australia：Statistics from the 2011 Census"，https：//www.immi.gov.au/media/publications/statistics/immigration－update/people－australia－2013－statistics.pdf.

③ "Australia's Migration Trends 2012－13"，http：//www.immi.gov.au/pub－res/Documents/statistics/migration－trends－2012－13.pdf.

尼 Wolli Creek 区 （19.2%） 和墨尔本 Clayton 区 （17.8%）。[①]

中国学生赴澳留学人数在过去的 10 年里一直保持稳定的增长，并且名列在澳各国留学生人数首位。一份由中国出国留学教育中介机构新近推出的报告显示，对于中国学生来说，澳大利亚依旧是继美国之后的第二大留学目的国，排在加拿大和英国前面。在出国留学市场份额中，美国占有 28.44%，澳大利亚占有 23.9%。同时，中国在澳留学生人数超过印度、越南、韩国和马来西亚几个国家留学生的总和，占澳大利亚境内留学生总数的 28.5%。近年澳大利亚政府针对赴澳留学生不断出台多项利好政策，比如向学士学位以上的大学毕业生发放毕业后工作签证，该签证将允许他们毕业后在澳最多工作 4 年，且无论何种专业课程都可适用，对从事何种职业也没有特别限制。学生也可以选择在偏远地区就读，这样可以获得 5 分的移民加分；或是选择紧缺移民职业列表的专业就读，比如机械、土木工程专业、护理、教育等。这些政策使中国留学生留在澳大利亚有了更大的可能。

五、澳大利亚华人参政议政

澳大利亚的华人数量在迅速增多，并且在商业及各专业领域中成就斐然。一个成熟的华人社会正在逐步形成，华人的社会地位、从政参政意识发生了根本性的转变，尤其是近年来华人积极参与主流社会的各项事业与政治事务，开创了澳大利亚历史上华人参政的新天地。华人从政是华人参政议政最直接的一种形式，其影响范围广、效果迅速而明显。

2015 年澳大利亚新南威尔士州（下称"新州"）的大选中，各党、各派的上议院或下议院的议席竞选均出现了多名华裔背景的候选人。这次参与新州大选的华裔候选人具多样性也富有代表性。无论是籍贯、年龄、背景、职业、抵澳时间、所持执政理念和政纲都各有不同，但相同的是，他们都提出要代表华人发声，希望更能激起华人参政议政的热情和信心。这些华裔候选人中，有家族在"淘金"时代就赴澳的第三代移民，也有新移民；既有数十年服务社区的老将，也有刚毕业的"90 后"的年轻面孔，如工党上议院候选人黄堃（Kun Huang）年仅 24 岁；既有充满激情第一次竞选的，也有不屈不挠再次参加竞选的；有竞选上议员的，也有竞选下议员的；既有工党和自由党这些主要党派的代表，也有绿党、团结党推出的代表，还有独立候选人；有来自中国香港、中国内地的，也有来自澳大利亚本土的。他们中既有当地市议员，也有从医、从商、高校任职者等。他们的年代跨度从"50 后"到"90 后"不等。他们关注的议题广泛，包括新州的电力资产、福利、医疗、教育、治安、经济发展、弱势群体等。[②] 在此基础上，2015 年的新州大选有了历史性突破，新州的政坛迎来了历史上首位华裔下议员 Jenny Leong，她在 New Town 选区[③]击败工党候选人 Penny Sharpe，成功当选为当地的下议员。新州绿党候选人 Jenny Leong 此次胜

---

① Department of Immigration and Border Protection, "The People of Australia：Statistics from the 2011 Census", https：//www. immi. gov. au/media/publications/statistics/immigration – update/people – australia – 2013 – statistics. pdf.

② 《澳洲新州大选华裔候选人蓄势待发 90 后勇闯政坛》，凤凰网，http：//finance. ifeng. com/a/20150325/13581509_2. shtml，2015 年 3 月 25 日。

③ New Town 选区是澳大利亚新南威尔士州最新设立的一个选区，占地 10.3 平方千米。它是为了适应悉尼内城区迅速增长的人口而设，包括以下区域：Redfern、Surry Hills、Camperdown、Enmore、Petersham、Darlington、Stanmore、Chippendale、Lewisham、Erskineville 和 New Town。

出具有非常不一样的意义，新州的政坛已经出现多位华裔上议员，而在各地区的市议会中，也出现不少华人市议员的身影。然而在 Jenny Leong 之前，新州尚未有华裔下议员。[①]

澳大利亚维多利亚州大选中，工党和自由党竞争激烈，共有 14 位华裔候选人参选，他们是工党 Clarinda 选区下议院候选人林美丰（Hong Lim）、工党 Mt. Waverley 选区下议院候选人杨千慧（Jennifer Yang）、工党 Western Metro 选区上议院候选人蒋天麟（Stanley Chiang）、工党 Eastern Victoria 选区上议院候选人 Harriet Shing、自由党 Northern Metro 选区上议院候选人廖婵娥（Gladys Liu）、自由党 S. E. Metro 选区上议院候选人华珏靓（George Hua）、自由党 Southern Metro 选区上议院候选人王中坚（Ken Wong）、自由党 Richmond 选区下议院候选人吕为然（Weiran Lv）、自由党 Pascoe Vale 选区下议院候选人 Jacqueline Khoo、Tarneit 选区下议院独立候选人 Chin Loi、动物权益党（Animal Justice Party）Northen Metro 选区上议院候选人 Bruce Poon、提升澳洲党 Nepean 选区上议院候选人 Laura Yue、澳洲基督党（Australian Christians）Mt. Waverley 选区下议院候选人郑冲（Stephen Chong Zheng）以及家庭第一党（Family First）Pascoe Vale 选区下议院候选人 Thomas Ha。尽管最后只有工党的林美丰继续连任，工党 Eastern Victoria 选区候选人 Harriet Shing 当选上议员，其他的华裔候选人均没有当选，但是对华人社区来说，这次选举有两方面意义：①华裔候选人之多创下历史之最，共有 14 位华裔代表各政党竞逐上、下两院议席。他们之中既有工党老将林美丰，也有第一次参加竞选的杨千慧；既有工党和自由党这些主要党派的代表，也有小党派如动物权益党、澳洲基督党、提升澳洲党的候选人，还有独立的华裔候选人。这些候选人分别来自中国香港、中国台湾、中国大陆、柬埔寨和越南等不同地区。②华人社区整体的参政热情空前高涨。不仅参与竞选的候选人频频亮相，宣传自己的政治主张，华人社区也调动论坛、报纸、电台等各种资源，组织许多活动支持华裔候选人，并且有有史以来最多的华裔志愿者协助竞选。更值得一提的是，不少在澳大利亚就读的中国留学生积极参与竞选工作，亲身体验澳大利亚民主体制的运作。

提高华人社会地位最有利的武器是参政。华人参政不仅有一个正常表达他们意见的机会，同时，也是逐步提高华人地位的必要途径和标志。近年来，由于华人参政意识兴起，华人参政在澳大利亚已不罕见，每逢选战，必有华人身影。目前的澳大利亚华人从政，大部分集中在市议会一级，特别是华人居住较为集中的大都市周边地区。虽然在澳大利亚各市政府担任市议员和市长的华人不少，但是人数也在 20 人以内。据统计，目前，澳大利亚的议会中，占有人口比例 10% 的亚裔人士只占议员比例的 1.7%。[②] 在维多利亚州议会中，作为最大的少数民族，华裔议员人数比犹太地区、土耳其、意大利和黎巴嫩等的人数少很多。华裔是澳大利亚的一个主要族群，应该积极参与民主政治、行使政治权利，在相关的议题上最大限度地争取权益，但是华人参政只有热情是不够的，更需要在深入了解澳大利亚政党政治、民主选举程序的基础上，研究华人参政的策略、方式、方法以及一些具

---

① 《澳洲女华裔击败对手成新州史上首位华裔下议员》，网易，http://news.163.com/15/0330/09/ALUQ0SML00014JB6.html，2015 年 3 月 30 日。

② 《职业从政能成为澳大利亚华人的选择吗?》，http://www.radioaustralia.net.au/chinese/2014 - 06 - 16/% E8% 81% 8C% E4% B8% 9A% E4% BB% 8E% E6% 94% BF% E8% 83% BD% E6% 88% 90% E4% B8% BA% E6% BE% B3% E5% A4% A7% E5% 88% A9% E4% BA% 9A% E5% 8D% 8E% E4% BA% BA% E7% 9A% 84% E9% 80% 89% E6% 8B% A9% E5% 90% 97% EF% BC% 9F/1322508。

体操作的问题。新州大选结束后，澳大利亚的一些政要就如何培养参政能力与华裔青年举行了座谈。澳大利亚中国和平统一促进会会长黄向墨表示，此次座谈会的主旨是增进华侨华人青年精英对澳大利亚政治体系、政治历史的了解，激发他们参政热情；加强与政界的沟通和交流，提高青年对在澳参政的了解和开展工作的能力，加强爱国社团对青年的吸引力和凝聚力。这种有益于培养澳华青年参政能力的座谈会要在和统会形成机制，持之以恒，长期适时举办。①

六、展望

2015 年中澳关系发展令人瞩目，展现出缔造不同社会制度、不同历史文化、不同发展阶段国家和谐相处、合作共赢典范的前景。可以预见，随着中澳一系列政治、经济协定的全面实施，将有更多的中国人到澳大利亚留学、工作或定居。许多移民专家认为，澳大利亚 2015 年采取措施改进签证计划，目的是吸引中国富豪们的投资。尽管这些中国富豪将给澳大利亚带去巨额的投资，但是，一些澳大利亚律师和经纪公司要求政府说明有关资金来源的规定。另外，一些澳大利亚人认为，中国投资者的到来将导致当地房价上涨。"亚洲入侵"这个虽然未成主流论调却一直存在的观念已经有死灰复燃之势。2015 年，华人在澳大利亚遭受种族歧视的事件屡见不鲜；在麦当劳有澳大利亚白人男子拒绝接受华人拿给他的汉堡，说中国人做的汉堡他不吃；澳大利亚最大的超市查封的账号多为华人姓氏，等等。据统计，约 25% 的华裔移民曾在公共场所遭遇种族歧视。②

尽管华人已经成为澳大利亚继英国人和新西兰人的第三大外来族裔，汉语也是继英语之后的第二大语言，并且很多澳大利亚华人"生活（得）真的很不错"，但是他们在政界缺乏"话语权"，既"不在电视上，也不出现在公共场合"，在司法部门更是凤毛麟角。这说明，尽管华人一直都在努力融入澳大利亚主流社会，却在历史与现实种种因素的影响下，始终未能真真正正地融入。随着澳大利亚华裔人口的迅速增多，在认同尊重主流社会的前提下，华人社区关心澳大利亚的时事发展，勇于维护华人自身合法的权益，注重自身的形象，鼓励带动越来越多的华人参与主流政治，培养年青一代的华裔政治精英，提高澳大利亚华裔族群的权利意识，团结一心向澳大利亚主流社会迈进，从而有效地保护华人的权益，显得尤为重要。如果澳大利亚缺少正面的华裔政界、商界领袖，那么华人在澳大利亚的地位可能难以提高。

---

① 《澳大利亚政要就如何培养参政能力与华裔青年座谈》，人民网，http：//chinese. people. com. cn/n/2015/0526/c42309 - 27054507. html，2015 年 5 月 25 日。

② 《外媒：澳洲华裔仍遭种族歧视　社会宽容度有待提高》，http：//huaren. haiwainet. cn/n/2016/0112/c232657 - 29537846. html，2016 年 1 月 12 日。

新西兰

　　2015 年，中新关系无论是政府层面还是民间层面均持续推进，特别是文化交流领域再上一个新台阶。随着新西兰的经济复苏，赴新的中国新移民数量比前两年有所上升，目前新西兰华侨华人人口数量在 20 万左右。不过，有一些新移民在新西兰获得合法永居身份后，会再移民到机会更多的其他发达国家发展事业。在华文教育方面，汉语目前已超过法语和西班牙语，成为新西兰小学最受欢迎的外语语种。在参政方面，尽管新西兰国会已有华人代表，可是相比其他族裔，华裔参选的成功率低，华裔选民的投票率也比其他族裔低。值得关注的一个现象是，新西兰本土人对华人的好感度有所下降。导致这种现象的原因，除了主流媒体对中国人赴新炒房的负面报道外，还有一些历来持反移民立场的右翼政客的煽风点火。尽管有上述不利华人的舆论存在，但新西兰吸引外来人才和资本推动本国经济发展的基本国策短期内不会变。

一、新西兰基本国情和中新关系

（一）基本国情

新西兰概况

国家全名	新西兰	地理位置	太平洋西南部，由南北两大岛及小岛组成	领土面积	269 652 平方千米
首都	惠灵顿	官方语言	英语	主要族群	欧裔（74.6%）、毛利人（15.6%）、亚裔（12.2%）、太平洋岛裔（7.8%）①
政体	议会君主立宪制	执政党/主要反对党	国家党/工党	国家元首/政府首脑	杰里·迈特帕里/约翰·基
人口数量	4 666 928②	华侨华人人口数量	约 20 万③	华侨华人占总人口比例	4.3%

　　① Statistics New Zealand，"New Zealand in Profile：2015"，http：//www. stats. govt. nz/browse_for_stats/snapshots － of － nz/nz － in － profile － 2015. pdf.

　　② Statistics New Zealand，"Population Clock"，http：//www. stats. govt. nz/tools_and_services/population_clock. aspx，March 1，2016.

　　③ 2013 年新西兰公布的人口普查数据，新西兰华人人口为 171 411 人，2014—2015 年迁入新西兰的华人新移民总计约 2 万人，再加上人口的自然增长，估计如今的新西兰华人人口约为 20 万人。

（续上表）

GDP/ 人均 GDP	243 380 300 新西兰元①/ 53 277 新西兰元②	CPI	0.5%③	失业率	5.3%④

（二）中新关系

中新关系一直是中国与西方发达国家关系中最友好的。最近两年不仅两国首脑进行多次会晤，而且地方政府和民间交流持续推进。2014 年 9 月，约翰·基大获全胜，开启他的总理第三任期。11 月，习近平访新，与约翰·基举行会谈，双方决定将中新关系提升为全面战略伙伴关系，共建中新两国利益共同体。此后，两国关系在各领域不断深化，政治互信不断增强，两国高层交往密切，经贸联系更加紧密，人文交流频繁开展。2015 年，中新合作关系迈入全面合作新时期。7 月，新西兰国家元首迈特帕里访华，与习近平会晤；11 月，李克强总理与约翰·基举行了会谈，之后习近平主席又在菲律宾马尼拉与约翰·基会晤。9 月，首届中国和新西兰市长论坛在厦门开幕，推动了中国与新西兰地方政府的交流合作。

从两国的经贸关系看，中国仍是新西兰最大的出口目的地和进口来源国。据新西兰统计局公布的数据，2015 年新西兰与中国贸易总额达到 188.84 亿新西兰元，比 2014 年略升了 1.2%；其中对中国出口额为 86.13 亿新西兰元，同比下降 13.8%；而自中国进口额达到 102.71 亿新西兰元，同比上涨了 18.3%。⑤旅游业一直是新西兰的创汇产业，在全球经济不景气的状况下，赴新西兰的中国游客数量大量增长，为新西兰经济的发展注入了新的动力。据统计，截至 2015 年 4 月的一年度里，已有 30.2 万名中国游客到访新西兰，同比增长超过 26%，这也是中国旅新游客年首次突破 30 万人次大关，仅 2015 年 4 月就有超过 3.1 万名中国游客抵达新西兰。事实上，自 2012 年起，中国已稳居新西兰第二大旅游客源国，仅次于澳大利亚。如今，中国游客在新西兰的平均停留天数为 8.2 天，总花费超过 10 亿新西兰元。⑥

2015 年，中新两国的文化交流再上一个新台阶，开创了多个"第一"。9 月，新西兰首次宣传"中文周"活动，彰显了两国人文交流的深化。新西兰"中文周"是由西方国家民间发起成立的第一个全国性的"中文语言周"，将成为新西兰民众学习汉语和了解中

---

① Statistics New Zealand，"GDP in Current Prices Year Ended September 2015"，http：//www. stats. govt. nz/browse_for_stats/snapshots – of – nz/top – statistics. aspx.

② Statistics New Zealand ，"GDP Per Capita in Current Prices Year Ended September 2015 "，http：//www. stats. govt. nz/browse_for_stats/snapshots – of – nz/top – statistics. aspx.

③ Statistics New Zealand，"From the December 2014 Quarter to the December 2015 Quarter, The CPI increased 0.1 Percent"，http：//www. stats. govt. nz/browse_for_stats/economic_indicators/CPI_inflation/ConsumersPriceIndex_HOTPDec15qtr. aspx

④ Statistics New Zealand ，"Labour Market Statistics：December 2015 Quarter"，http：//www. stats. govt. nz/browse_for_stats/income – and – work/employment_and_unemployment/LabourMarketStatistics_HOTPDec15qtr. aspx.

⑤ 中华人民共和国驻新西兰大使馆经济商务参赞处：《新西兰公布 2015 年全年贸易数字》，http：//nz. mofcom. gov. cn/article/zxhz/zzjg/201602/20160201247053. shtml，2016 年 1 月 30 日。

⑥ 《新西兰国际游客增长快 中国最抢眼》，《中国旅游报》，2015 年 5 月 29 日。

国的一个重要平台，为推动中华文化进一步融入新西兰社会并增进中新两国人民之间的友谊做出积极贡献。① 12 月 11 日，位于惠灵顿市的新西兰中国文化中心正式揭牌，标志着两国文化交流进入崭新阶段，在中新文化关系史上具有标志性意义。该中心将秉持友好、合作的理念，向新西兰各界介绍中国文化，为新西兰民众了解中国提供优质服务，也将积极向中国介绍新西兰和新西兰文化，致力于成为中新双方的共享平台。② 此外，2015 年 4月 19 日，中影动画产业有限公司与新西兰国际集团签约，双方计划联合投资 1.2 亿元人民币制作动画电影《困兽》，预计于 2016 年在全球发行。③ 这是首部中国与新西兰联合制作的动画电影，对两国的文化产业合作具有重要的意义。

二、新西兰侨情新发展

（一）新移民与华人人口的增长

据 2013 年新西兰人口普查统计，华人人口达到 171 411 人，是新西兰亚裔人口中的最大族群（占 36.3%），紧随其后的是印度裔（32.9%）。华人人口中有七成以上出生于新西兰之外，其中，中国大陆新移民占了绝大多数。④如果加上这两年赴新华人新移民数量（合计约 2 万人），以及人口的自然增长，目前新西兰华人人口数量应在 20 万左右。

2015 年，入境新西兰的国际移民数创历史新高。新西兰统计局公布的数据，截至 2015 年 11 月，新西兰净增移民 63 659 人，达到了历史最高水平，是两年前同期移民数量的 3 倍多。其中最大来源国是印度，2015 年 1—11 月共有 13 268 人；紧随其后的是中国，移民数量为 8 759 人，之后菲律宾和英国移民。⑤ 2015 年永久新移民新西兰的华人为 11 036 人，占到当年总量的 9.1%，比 2014 年增长了 1 500 多人。⑥ 不过，中国新移民数量虽然比前两年有所上升，但排名已从第一位跌至第二位，为印度移民所取代。

中国留学生是新西兰潜在的移民源。中国一直是新西兰重要的国际留学生来源地。仅以惠灵顿地区为例，新西兰移民局的数据显示，2015 年全年在惠灵顿地区共发放学生签证 5 643 份，比上一年上升了 12%，即增加了 592 名国际学生。其中来自中国的学生占 33%，其次是印度和美国，分别占 10% 和 7%。⑦ 截至 2016 年 1 月 31 日的过去一年度里，

---

① 《方遒代办出席首届"新西兰中文周"启动仪式》，http：//www. chinanz - education. org/publish/portal97/tab4722/info118276. htm，2015 年 9 月 8 日。

② 《新西兰中国文化中心揭牌　力促两国文化交流》，中国新闻网，http：//www. chinanews. com/hr/2015/12 - 13/7668762. shtml，2015 年 12 月 13 日。

③ 《中国新西兰首次合拍动画电影》，《国际商报》，2015 年 4 月 21 日。

④ Statistics New Zealand，"2013 Census Quick Stats about Culture and Identity"，http：//www. stats. govt. nz/Census/2013 - census/profile - and - summary - reports/quickstats - culture - identity. aspx.

⑤ 《至 11 月新西兰年度新增移民数量是 2013 年同期三倍　创纪录》，新西兰中华新闻网，http：//www. chinane-ws. co. nz/bencandy. php？fid = 1&id = 356557。

⑥ Statistics New Zealand，"New Zealand Trade，Investment，and Migration by Country-fact Sheets"，http：//www. sta-ts. govt. nz/browse_for_stats/industry_sectors/imports_and_exports/trade - investment - migration - factsheets. aspx.

⑦ 《新西兰惠灵顿国际学生大增　三分之一为中国留学生》，中国侨网，http：//www. chinaqw. com/hqhr/2016/03 - 12/82176. shtml，2015 年 7 月 2 日。

来自中国的移民人数是 1.1 万，其中超过一半曾持有学生签证。①

最受华人喜爱的城市当属新西兰第一大城市奥克兰，其次是首都惠灵顿。奥克兰因温暖宜人的气候及近年来充满活力、发展迅速的经济而颇受欢迎，近七成华人移民选择在此安居。新西兰亚洲基金会于 2015 年 3 月发布报告，分析了华人在奥克兰的分布状况。按华人占当地居民数的比例，奥克兰华人居住最密集的区域依次为北岸的 Pinehill（23.4%），西区的 Lynmall（20.8%），东区的 Mission Heights（18.5%），中区的 Epsom Central（18.2%），东区的 Pigeon Mountain（17.9%）、Murvale（17.8%），北岸的 Fairview（17.8%），东区的 Murvale（17.8%），中区的 Grafton West（16.3%）及中区的 Central East（15.9%）。② 不过，由于奥克兰人口聚集过多，显得比较拥挤，有华人开始将目光转到其他地区。一直被描画为白人的"退休天堂"的陶朗加（Tauranga）正在受到一些追求慢节奏生活的华人的追捧。

移居新西兰的中国移民人数在增长，不过同时有一个现象引起学界的关注：那就是新西兰华人往其他国家（特别是澳大利亚）的再移民。新西兰梅西大学亚洲研究院刘良妮博士（Liangni Sally Liu）所做的调查研究显示：不少获得新西兰合法永居身份的中国移民似乎更热衷到新西兰外去寻找更多的机会，他们将新西兰作为前往第三国发展和回国找更好工作的跳板；不过有些人表示可能会回到新西兰过退休生活。数据表明，有 1/5 的中国移民会在获批永久居民后离开新西兰。基于 477 名受访者的回馈，刘博士发现，很多中国人并不是因为经济而移民到新西兰，但很多与经济相关的因素影响了他们跨越国境的举动。刘博士在报告中写道："移民新西兰意味着他们可以享受到很多的福利，他们能获得新西兰的教育和工作经验。而这些都有利于他们的职业追求，在其他地方获得更好的收入和福利。"③ 那些选择留在新西兰的人说，他们之所以这样做是因为在这里他们感到舒适，喜欢这里的社会和自然环境，对他们来说，这些比经济因素更为重要。

身为移民专家的社会学家保罗·斯潘利（Paul Spoonley）说，刘博士的研究表明新西兰在留住技术移民的政策方面做得不佳。斯潘利说，很多技术移民来新西兰的人努力赚钱养家，但是发现在这里赚的钱却不如移民前多。"我们正在失去经验丰富的技术移民，但我们也应该明白，这些身怀一技之长的人可以选择住在不同地方。"而向来对外来移民没有好感的新西兰优先党党魁温斯顿·彼得斯（Winston Peters）则说，新西兰的移民政策是"幼稚的"；"中国移民把新西兰当作了一个退路，但是新西兰需要这些移民在年轻力壮的时候贡献力量，而不是帮他们养老"。④

---

① 《新西兰移民、游客数持续创纪录　中国人仍是主力》，中国侨网，http：//www. chinaqw. com/hqhr/2016/02 -25/80775. shtml。

② 《新西兰华人喜欢住哪里?》，《今日看点》，2015 年 3 月 22 日。

③ Liangni Sally Liu，"Contesting Transnational Mobility among New Zealand's Chinese Migrants from an Economic Perspective – What does an Online Survey Tell?"，*Journal of Chinese Overseas*，Vol. 11，No. 2，pp. 146 – 173；Liangni Sally Liu，"Examining Trans-Tasman Migration of New Immigrants to New Zealand from the People's Republic of China：A Quantitative Survey"，*Asia Pacific Viewpoint*，2015，Vol. 56，No. 2，pp. 297 – 314.

④ Lincoln Tan，"Study Reveals come-and-go Migrants"，http：//www. nzherald. co. nz/nz/news/article. cfm? c_id =1&objectid = 11445066，May 8，2015.

（二）华人的总体社会经济状况

在 2013 年的人口普查中，在 15 岁以上的华人人口中，就业率为 57.1%，不过稍低于亚裔总体 58.7% 的水平，也远低于新西兰的总体就业率 62.3%。华人在新西兰各族裔中受过高等教育的人口比重高于其他族裔，但就业率和人均收入却低于其他族裔。2013 年的统计显示，15 岁以上的华人年收入中位数仅为 1.6 万新西兰元，远低于欧裔、印度裔。[①] 而与此形成鲜明对比的是，华人对新西兰经济的贡献则远超出平均水平。统计数据显示，每年新西兰籍华人对人均国内生产总值的贡献高达 110 亿新西兰元，平均每人 6.5 万新西兰元，比奥克兰的人均 GDP 5.1 万新西兰元高出很多。这是个非常矛盾和令人费解的现象。

（三）商界和科技界青年才俊崭露头角

在新西兰商界和科教界，涌现出一批华人精英，彰显出华人的成就和贡献，不仅为华社增光彩，也获得主流社会的佳评。2015 年 3 月 20 日，"新西兰华商 2014 年度评选"揭晓，新西兰中旅的 Lisa Li 获得最佳贡献奖，New Zealand New Milk 的 Kai Zhang 获得行业领先奖，领导风范奖由 Graeme Wong 获得。"新西兰华商年度评选"前身为"新西兰华人经济人物评选"，过去已成功举办两届，成为新西兰华社认知度很高的品牌活动，并成为华商与主流社会相互融合的平台。[②]

2015 年 3 月 21 日，新西兰华人青年商会 2015 年鸡尾酒会在奥克兰的朗廷酒店隆重举行，为本年度青年商界精英颁奖。这个青年商会成立于 2010 年，总部位于奥克兰，商会的成员大都生活在新西兰，从事行业遍及贸易、金融、建筑、房地产、出版、旅游、餐饮服务、律师服务、培训机构等。许多会员已是取得成就的企业家、经济师、工程师、会计师、律师、新闻工作者等，是年轻的精英和企业经营的决策者。本次获奖的商界青年俊杰有：奥克兰唐会的创始人王洋获得最佳商业新锐奖；2 Degree 电信连锁经营店 5 家分店的董事长以及 Breo 新西兰创始人 Alex Su、后花园新西兰房地产在线的董事长 Sam Yin 获得最佳商业创新奖；新西兰 NZNC 国家学院的董事长吴迪、"逸居"新西兰房产投资建筑咨询创始人 Pauline Gao、太极资产管理有限公司创始人张志镭获得最佳市场开拓奖；新西兰著名大律师 MBC 律师事务所的合伙人 Richard Chen 获得最佳专业合伙人奖；新西兰丰田汽车总经理 Eric Zhang、新西兰电信公司 Spark 商业部 East Tamaki 总经理的 Dave Yu 获得最佳品牌奖；新西兰华融集团公司的董事长 York Zhang、新西兰商业银行亚洲部和移民事务部的总经理 Frank Cui 获得最佳商业领导人奖。

在科技界，29 岁的新西兰华裔药剂师 Amy Chan 在哮喘病的研究领域做出了创新贡献，她的一项关于"智能吸入器"的研究，给新西兰患哮喘病的儿童们带来了福音，大大

---

① 《华人被赞对新西兰经济贡献大　就业率居各族裔之首》，中国侨网，http://www.chinaqw.com//kong/2015/07-02/55393.shtml，2015 年 7 月 2 日。

② 《新西兰华商年度评选揭晓　彰显华人商业成就及贡献》，中国新闻网，http://www.chinanews.com/hr/2015/03-22/7148250.shtml，2015 年 3 月 22 日。

提高了患病儿童的用药效果。① 新西兰怀卡托科学会的华裔 Jiafa Luo（罗家发，音译）博士发明的利用"氮足迹"来测定毒素的方法被公认为是汉密尔顿科学卓越奖的有力竞争者。罗博士的研究目标主要在于提高氮肥的利用效率，降低放牧系统中氧化亚氮的损耗。他是 16 名入围汉密尔顿科学卓越奖的科学家之一。②

（四）华文教育的发展

2015 年初的最新调查发现，汉语首次超过法语和西班牙语，成为新西兰小学最受欢迎的外语语种。2010 年时新西兰全国大约有 8 000 名小学生学习汉语，到了 2014 年学习汉语的小学生人数已经超过了 2.4 万人。③ 随着新西兰学习中文人数的不断上涨，中文教师短缺的状况显得日益严重。在全新西兰，目前大约有 300 所新西兰中小学校开设了中文课。新中双方对于汉语教育都极其重视。中国教育部还专门向新西兰派遣了汉语教师，以帮助新西兰的学校。④ 2015 年 3 月 12 日，新西兰第 17 家孔子课堂惠灵顿女子高中孔子课堂揭牌成立，助力华文教育的发展。3 月 23 日，新西兰的第一家"汉语图书角"也正式落户惠灵顿市图书馆。该图书角的设立进一步丰富了新西兰汉语教学以及中国研究的资源，拉近了当地人民与中国文化的距离。⑤ 新西兰政府也投入资金，予以支持，帮助更多学校开设中文课程。目前新西兰已有 120 所中学开设汉语普通话课程，稍低于开设日语课程的学校数量（160 所）。⑥

（五）华侨华人社团新动向

习近平主席提出"一带一路"战略之后，新西兰华侨华人社团也积极组织和规划，为中国与新西兰的建筑业、金融业、旅游业搭建加速交流与合作的平台。随着中国移民投资新西兰的资本及人员越来越多，各地的新西兰中国商会也先后成立，搭建华人企业与当地政府和商会沟通的桥梁。2015 年 7 月，新西兰房地产行业中第一个华人协会——新西兰华人房地产协会（CREANZ）正式成立。10 月中旬，世界江门青年大会在境外的第十个联络分会——新西兰五邑青年联合会正式成立。该会致力于加强五邑青年与世界各国、中国各省份、新西兰各族裔青年之间的了解、交流和合作，建立互助互信平台，共同发展，为江门乡亲、海外华社和中国及新西兰两国贡献青年人的热情和能量。⑦

新西兰华侨华人社团助力中新文化交流。2015 年 8 月 29 日，奥克兰首届京剧汇演在东区的 Elim Christian 中心成功举办，向观众呈现了《春闺梦》《铡美案》等京剧经典曲

① 《新西兰 29 岁华裔药剂师研究哮喘病　实现重大突破》，中国新闻网，http：//www.chinanews.com/hr/2015/10－23/7585681.shtml，2015 年 10 月 23 日。
② 《新西兰华裔成果显著　入围汉密尔顿科学卓越奖》，中国新闻网，http：//www.chinanews.com/hr/2015/09－01/7501390.shtml，2015 年 9 月 1 日。
③ 《汉语首超法语西班牙语　成新西兰小学最受欢迎外语》，中国新闻网，http：//www.chinanews.com/hr/2015/02－13/7061113.shtml，2015 年 2 月 13 日。
④ 《新西兰孩子为什么要学中文？》，http：//blog.sina.com.cn/s/blog_5de708810102wm4i.html，2016 年 2 月 26 日。
⑤ 《新西兰第一家"汉语图书角"落户惠灵顿》，http：//www.chinanz－education.org/publish/portal97/tab4722/info115038.htm。
⑥ 《获政府资金支持　新西兰逾百所学校开设汉语课程》，中国侨网，http：//www.chinaqw.com/hwjy/2015/10－30/68755.shtml，2015 年 10 月 30 日。
⑦ 《新西兰五邑青年联合会成立》，《江门日报》，2015 年 10 月 20 日。

目。本届京剧汇演由新西兰中国文化艺术团体联合会和新西兰北京会联合主办，协办单位有新西兰京剧社、奥克兰京剧研习社、中华文化学会、天津同乡联谊会、奥克兰北岸京剧票社、马努考京剧票房、华人互助慈善基金会，此外还有新西兰多家华文媒体的配合与支持。①

新西兰华侨华人社团着力向主流社会展现华人社区的正面形象。2016 年初，在中国的传统元宵佳节之际，新西兰中华房地产联合会在奥克兰主办了一场节日慈善募捐拍卖晚宴活动，邀请了新西兰政要以及华社各界共 600 多人参加。此次活动的目的就是要充分增强华侨华人在异国他乡的凝聚力，向新西兰主流社会彰显华人有爱心、友善、充满正能量的高尚形象。

华侨华人社团密切关注中国海峡两岸关系与和平统一大业。2015 年 11 月 15 日下午，新西兰中国和平统一促进会在奥克兰亚洲图书文化中心举办了"习近平和马英九两岸领导人促进两岸和平发展讲话精神"的座谈会。② 与会者一致认为，习近平和马英九的会面是划时代的里程碑，也是所有中国人期盼已久的大事。

（六）政治参与近况

近 30 年来，在新西兰的地方议会和国会选举中，频频看到华裔的身影。不过，总体来说，华裔参选的成功率较低，华裔选民在选举中的投票率也比其他族裔低。2014 年国会选举中，除了国家党的杨健获胜外，包括工党霍建强在内的 4 位华裔候选人均落败。工党是新西兰的第二大主流政党，少了华人议员的声音，华人的权益维护和保障肯定会受到影响。从参与选举投票意向和投票率看，新西兰纵向移民调查（Longitudinal Immigrant Survey：NZ）结果显示，新西兰的印度裔和韩裔居民投票参与意向较高，分别为 91% 和 87%，仅次于英国移民的 93%；华人的选举参与意向则相对较低，仅为 77%。真实参与投票的比例更低。事实上，仅有过半华人和韩裔投出了自己的选票，印度裔的投票率则为 2/3，而英国移民的投票率也不过 55%。③ 此外，华人政治捐献是新西兰国家党竞选资金的重要来源，在 2014 年的国会选举中，一位赵姓商人一次就为国家党捐献了 49 000 新西兰元。④

新西兰前国会议员霍建强称华人存在"伪参政"现象。他说，华人参政议政的热情增加了，但存在"伪参政"现象：即更乐于与总理、部长等政要合影，而不是辩论政策。一些人参政主要是"热衷与政要建立自己的联系，而不是为整个华裔族群的整体利益出发"；至于政党的取舍，基本上是基于"谁赢就支持谁"，而不是依据政治主张和政策取向。⑤

---

① 《奥克兰首届京剧汇演：国粹之花异域绽放　中华文化海外纷呈》，新西兰中华新闻网，http：// www. chinanews. co. nz/bencandy. php？fid＝1&id＝356146。

② 《新西兰中国和统会座谈"习马会"　主流政要应邀热议》，新西兰中华新闻网，http：// www. chinanews. co. nz/bencandy. php？fid＝1&id＝356444。

③ 《新西兰移民突破 40%　新移民选举参与度下降引探讨》，中国新闻网，http：//www. chinanews. com/hr/2014/ 04－03/6027270. shtml，2014 年 4 月 3 日。

④ Claire Trevett，"Donors Funnel ＄4m to National"，http：//www. nzherald. co. nz/nz/news/article. cfm？c＿id＝ 1&objectid＝11444408，May 7，2015。

⑤ 《新西兰华人议员谈华人参政　国会议员每天忙什么？》，中国侨网，http：//www. chinaqw. com/hqhr/2015/ 11－13/70317. shtml，2015 年 11 月 13 日。

这实际上是海外华人参政需要普遍突破的一个关口。如果不成为党派的固定投票人群，也就没有党派上层愿意为华裔族群奔走。

可喜的是，来自中国大陆的新移民表现出参与新西兰主流政治的热情。2016年2月15日，从中国赴新西兰留学继而定居当地的"80后"青年殷浩（Howie Yin），接到新西兰国家党通知，被新西兰执政党国家党 Kelston 选区正式任命为该区副主席。他在新西兰参加过地方参选议员竞选，并且当选为党派地区副主席。

（七）新西兰本土人对华人的好感度下降

新西兰亚洲基金会于2016年3月公布了《新西兰人亚裔感知力报告2015》（*New Zealand's Perceptions of Asia and Asian Peoples—2015 Annual Survey*）。该调查结果基于在2015年8月对1 001名随机电话调查访问对象的回答总结得出，调查结果有±3.1个百分点的误差。在所有受访对象中，大概70%为欧裔或白种人，11%为毛利人，4%为亚洲人。报告显示，虽然亚裔族群对新西兰的经济、文化等都做出了突出贡献，但新西兰在了解亚洲、了解亚裔的问题上仍然有很长的路要走。接近2/3（63%）的受访对象表示，他们对亚洲以及亚裔族群知之甚少。不过从个人层面来看，调查也发现新西兰人感觉与亚裔群体的联系日益紧密。2015年超半数（51%）的受访对象表示与亚裔群体有很多接触，这一数字在1998年只有30%。在亚裔族群中，新西兰人对日裔的好感度最高，而对华人的好感度偏低，而且与前些年相比降了一些。以从0～100为计量单位，新西兰人对华裔和印度裔的好感度为64（与1998年相比分别下降了4个点），东南亚地区亚裔为65（比1998年下降了5个点），韩裔为66（比1998年下降了2个点）。虽然总体上也下降了4个点，但新西兰人对日本族裔人群的好感度仍然是最高的，达到69。[①]

当被问及为何对亚裔人群"冷漠"时，受访对象普遍认为，房市现状和媒体的集中负面报道起了很大作用，奥克兰理工大学族群研究问题专家 Edwina Pio 教授认为，媒体有责任让新西兰人认识"更为客观全面"的亚洲。新西兰亚洲基金会执行主席 Simon Draper 表示，调查显示出媒体报道在某种程度上对新西兰人如何看待亚裔族群有很明显的导向作用。新西兰日裔社群领袖马萨·关川（Masa Sekikawa）表示，新西兰人之所以对日裔族群印象尚可，主要是因为日本人很少炒房。

（八）新西兰右翼政客发表针对华人移民和留学生的歧视言论

移民及相关的就业、住房问题一直是新西兰各政党关注的焦点。随着移民新西兰的人口不断增加，移民及华人问题便成了一些政客捞取政治资本和吸引大众眼球的手段。2015年新西兰的外来移民数量攀升，使得优先党党魁温斯顿·彼得斯又向新西兰移民政策开火。他指责新西兰移民政策让本国成为太平洋的笑柄，并说在不久的将来新移民的数量会引起民愤，更多的新西兰人需要依靠救济金来维持生计；而另外一些公民将因为高昂的房价而不得不租房子住。他批评新西兰目前的移民政策迫使新西兰人需要与新移民竞争住房及工作机会。彼得斯认为，大部分想要得到新西兰永久居留资格的国际留学生均就职于技

---

① "New Zealand's Perceptions of Asia and Asian Peoples—2015 Annual Survey", http：//www. asianz. org. nz/bulletin/perceptions－asia－2015－survey；http：//www. asianz. org. nz/sites/default/files/PoA infographic low res. pdf.

术性较低的工作场所，例如超市、酒店等，这使很多年轻的本土新西兰人丢了饭碗。①

针对华人投资者和留学生的歧视言论不时出现。2015 年 7 月 11 日，新西兰最大的反对党工党在新西兰主流媒体《先驱报》上发表言论，称华人和来自中国的投资是导致奥克兰房价暴涨的主因。不过，工党内部也有不同的声音。工党种族关系主席 Dame Susan Devoy 表示，工党利用华人炒高房价的问题来提升支持率是错误的言论。她说："在这些问题上纠结，会促使种族主义问题的恶化。"②

三、新西兰移民政策变化对中国新移民和留学生的影响

新西兰政府对移民政策适时调整，以推动新西兰不同地区的经济发展。移民政策的调整将成为改变中国技术移民和投资移民流向及分布的风向标。2015 年 7 月 26 日，新西兰移民部部长迈克尔·伍德豪斯（Michael Woodhouse）代表国家党政府宣布了新的移民政策。新政策旨在引导劳动力、技能和投资流向奥克兰以外地区，促进新西兰区域经济的发展。新的移民政策规定，从 2015 年 11 月 1 日起，对于技术移民新西兰居留签证申请者，如果他在奥克兰以外地区找到雇主工作担保，他的奖励加分将由以前的 10 分提高到 30 分。对于创业移民类别申请者，如果他愿意去奥克兰以外地区建立或购买生意，那么他在申请工签时的奖励加分将由原来的 20 分提高到 40 分。但获得奖励加分的申请者在得到签证后，必须在其所在地区工作至少 12 个月。

新西兰亦对创业移民政策做出调整。2014 年 3 月新西兰政府把长期商务签证（Long Term Business Visa）更名为创业工作签证（Entrepreneur Work Visa），并对申请人采用了新的打分制。申请人的最低投资额度为 10 万新西兰元，以确保他们能创造高增长和创新的企业，并保有理想的出口前景。申请创业工作签证的移民必须达到 120 分，否则将会被拒签。创业工作签证的年限被延长至 3 年，前 12 个月为创业工作的初始阶段，持证者需在此期间建立和维持一个有效的商业运转网络。③ 创业工作签证是允许申请人在新西兰自主创业的短期签证类别，这类签证获得者只有在新西兰成功创办具备出口潜力、高速增长的创新性企业，且企业至少顺利运行 6 个月，才有资格申请创业居留签证（Entrepreneur Residence Category）。这种签证类别的设立降低了对投资新西兰的最低门槛，对于想通过投资方式进入新西兰的中国移民来说有利，但同时它对投资移民之于新西兰经济的实际贡献提出了更高的要求，提高了获得永久居留身份的难度。新西兰对中国创业和投资移民的数额未设限制，这无疑会刺激此类移民的增长。

新西兰移民局对中国移民发放的其他类短期工作签证做了配额限制。比如，在任何一个时间段内，中餐馆技术性厨师临时性进入新西兰的特殊配额不得超过 200 人，中国传统医学从业者不超过 200 人，华文教师不超过 150 人，中国武术教练不超过 150 人，中国导

① 《高涨移民潮引优先党党魁 Peters 又向新西兰移民政策开火》，新西兰中华新闻网，http://www.chinanews.co.nz/bencandy.php?fid=1&id=355638。

② 《华人炒高新西兰房价话题又引工党内讧》，新西兰中华新闻网，http://www.chinanews.co.nz/bencandy.php?fid=1&id=355990。

③ Immigration New Zealand, "Immigration New Zealand Instructions: Amendment Circular No. 2015/10", http://www.immigration.govt.nz/NR/rdonlyres/C2ED13E4-3A13-406E-8DCF-5D1360DC88AB/0/AmendmentCircular201510.pdf.

游不超过 100 人，对审计师、汽车电工、计算机应用工程师、幼教、电影动画师、大学和高等教育教师等发放签证的总数每年不超过 1 000 人。[①] 上述限制的主要目的是避免外籍工作者对本地劳工产生冲击。

在留学政策上，为了吸引国际留学生，2015 年 11 月新西兰教育部和移民局推出一种新的学生签证——"一站式"学生签证，有效期最长可达 5 年。持有该签证的国际学生可以在新西兰一些特定的教育机构连续就读多达三个不同的课程项目。在一所教育机构学习或者在具有合作关系的不同教育机构学习都可以获得"一站式"学生签证，有效期最长达 5 年。[②] 新西兰政府对学生在学习期间兼职工作的政策也做出了相应的调整，以吸引国际学生来新学习。进入高等教育机构学习的学生，可以在学期和假期工作，而十六七岁的学生签证持有者只要取得了他们教育提供者和父母的书面同意许可后，就可以兼职工作，一个学生签证持有者可以在签证有效期内每周工作 20 小时。上述宽松的学生签证政策和兼职工作政策，使来自中国的学生数量出现增长。

四、结论

新西兰作为大洋洲的一个环境适宜、经济发达、社会保障体系完善的岛国，是世界上居美、加、澳三国之后的第四个移民天堂。赴新西兰的中国移民数量经历数年的低谷后，2015 年再次突破万人大关，与 2002—2003 年高峰时期差不多持平，这与新西兰经济的复苏和一系列吸引外来移民的优惠政策有关。在中新两国政治、经济、文化关系保持友好、稳定发展的大环境下，新西兰的华侨华人抓住大好机遇，在中新经贸合作和人文交流领域大展拳脚。获得新西兰合法永久身份的中国大陆新移民中有相当一部分曾经是留学生。他们的受教育水平高于其他族裔，可是其收入水平却不及欧裔和印度裔，令人有些费解。另一些中国人则是以投资移民身份进入新西兰，其中有不少人将资金投入房地产，一定程度上推高了新西兰的房价，这是导致新西兰某些媒体和右翼政客不时对中国新移民"开火"的原因之一。这些负面言论虽然不占新西兰舆论主流，但还是需要引起华侨华人的重视。可以预见，为了提振新西兰的经济，新西兰短期内不会放弃其吸引外来人才和资本的基本国策，只不过会随时调整移民配额和计分体系，并引导移民前往奥克兰之外的地方，以便刺激新西兰不同地区的经济发展。移民政策的调整将成为改变中国技术移民和投资移民流向及分布的风向标。

---

① Immigration New Zealand, "Immigration New Zealand Instructions: Amendment Circular No. 2015/10", http://www.immigration.govt.nz/NR/rdonlyres/C2ED13E4 - 3A13 - 406E - 8DCF - 5D1360DC88AB/0/AmendmentCircular201510.pdf.

② 《新西兰将推 5 年期"一站式"学生签证 下月实施》，中国侨网，http://www.chinaqw.com/hdfw/2015/11 - 27/72035.shtml，2015 年 11 月 27 日。